BABOK®

v3

GUIDE DU CORPUS DE CONNAISSANCES DE L'ANALYSE D'AFFAIRES®

IIBA® International Institute of Business Analysis™

I0894836

International Institute of Business Analysis, Toronto, Ontario, Canada.

Versions 1.0 et 1.4 publiées en 2005. Version préliminaire 1.6 publiée en 2006. Version 1.6 à l'état final publiée en 2008. Version 2.0 publiée en 2009. Version 3.0 publiée en 2015.

ISBN-13 : 978-1-927584-14-9

Toute demande de renseignements sur cette publication, toute demande de droits d'utilisation du contenu des présentes ou toute correction doit être envoyée par courriel à l'adresse info@iiba.org.

Table des matières

Chapitre 4 : Élicitation et collaboration

Chapitre 5 : Gestion du cycle de vie des exigences

Chapitre 6 : Analyse de la stratégie

Chapitre 7 : Analyse des exigences et définition de la conception

Chapitre 8 : Évaluation de la solution

Chapitre 9 : Compétences fondamentales

Chapitre 10 : Techniques

Préface

IIBA® a été fondée en octobre 2003 à Toronto, au Canada, afin de soutenir la communauté d'analyse d'affaires en :

- créant et développant la prise de conscience et la reconnaissance de la valeur et de la contribution de l'analyste d'affaires,
- définissant le *Business Analysis Body of Knowledge®* (*BABOK®, Guide du corpus de connaissances de l'analyse d'affaires*),
- fournissant un forum de contribution et de partage des connaissances à la profession d'analyse d'affaires, et
- reconnaissant publiquement et en certifiant les professionnels qualifiés par le biais d'un programme de certification reconnu à l'échelle mondiale.

Le Comité du corpus de connaissances a été formé en octobre 2004 afin de définir et de rédiger une norme globale pour la pratique d'analyse d'affaires. En janvier 2005, IIBA a publié la version 1.0 du *Guide to the Business Analysis Body of Knowledge®* (*Guide BABOK®*) afin d'obtenir un retour et des commentaires de la part des personnes concernées. Cette version comportait un plan du contenu proposé et quelques définitions essentielles. La version 1.4 fut publiée en octobre 2005, avec une ébauche de contenu dans certaines connaissances. La version 1.6, qui comprenait des informations détaillées sur la plupart des domaines de connaissances, fut publiée sous une forme provisoire en juin 2006 et actualisée en vue d'intégrer les errata en octobre 2008.

Le Comité du corpus de connaissances a ensuite élaboré une version 2.0 du *Guide to the Business Analysis Body of Knowledge®* (*Guide BABOK®*), avec les conseils d'équipes spécialisées dans la rédaction et les retours d'experts, de professionnels et de revues publiques. La version 2.0 présentait des concepts tels que le schéma de classification des exigences et les modèles intrants/extrants. Elle fut publiée en 2009 et devint une norme mondialement reconnue dans la pratique d'analyse d'affaires.

À la suite de la publication de la version 2.0, IIBA a fait appel à de nombreux experts reconnus dans le domaine de l'analyse d'affaires et ses domaines connexes, afin de solliciter leurs commentaires au sujet du contenu de cette édition. Le Comité du corpus de connaissances a ainsi utilisé ces commentaires afin de planifier la vision et la portée de cette révision, et a travaillé avec des équipes spécialisées dans la rédaction afin de revoir et d'actualiser le contenu. L'ébauche révisée du *Guide to the Business Analysis Body of Knowledge®* (*Guide BABOK®*) a été relue par des équipes de réviseurs professionnels et experts. Le Comité du corpus de connaissances a employé les commentaires fournis pour améliorer et affiner le texte, puis a soumis le contenu à la communauté d'analyse d'affaires en 2014 afin d'obtenir leur retour. Les milliers de commentaires issus de cette revue publique ont ensuite été utilisés pour poursuivre la révision du texte, aboutissant finalement au *Guide to the Business Analysis Body of Knowledge®* (*Guide BABOK®*) version 3.0.

Le but de cette révision était de :

- intégrer de nouveaux concepts et pratiques utilisés depuis la dernière révision,
- aborder l'expansion et l'évolution de la portée d'activité de la profession,
- intégrer les leçons apprises des professionnels qui ont travaillé sur la version actuelle,
- améliorer la lisibilité et la convivialité du guide,
- améliorer l'uniformité et la qualité des textes et des illustrations, et
- améliorer la cohérence avec d'autres normes généralement acceptées en lien avec la pratique de l'analyse d'affaires.

Les principaux changements de la présente version incluent :

- l'intégration du Modèle des concepts de base de l'analyse d'affaires (BACCM™),
- la portée élargie du rôle de l'analyse d'affaires dans la création de meilleurs résultats d'affaires,

- l'intégration de Perspectives, qui décrivent les moyens spécialisés grâce auxquels les professionnels de l'analyse d'affaires offrent une valeur unique à l'entreprise,
- des Compétences fondamentales nouvelles et étendues afin de mieux refléter les ensembles de compétences variées des analystes d'affaires, et
- de nouvelles techniques ayant émergé dans la pratique d'analyse d'affaires.

Cette publication remplace la version 2.0 du *Guide to the Business Analysis Body of Knowledge®* (*Guide BABOK®*).

Le *Guide BABOK®* comporte une description des pratiques communément admises dans le domaine de l'analyse d'affaires. Le contenu présent dans cette édition a fait l'objet d'une vérification par le biais de revues menées par des professionnels, de sondages réalisés au sein de la communauté d'analyse d'affaires et de discussions menées avec des experts reconnus de ce domaine. Les données mises à la disposition d'IIBA montrent que les tâches et les techniques décrites dans cette publication sont utilisées par la majorité des professionnels de l'analyse d'affaires. Conséquemment, nous pouvons avoir confiance que les tâches et techniques décrites dans le *Guide BABOK®* devraient être applicables dans la plupart des contextes où l'analyse d'affaires est effectuée, la majorité du temps.

Les pratiques décrites dans cette publication du *Guide BABOK®* ne doivent pas être interprétées comme obligatoires en toutes circonstances, mais doivent plutôt être adaptées aux conditions spécifiques dans lesquelles l'analyse d'affaires est effectuée. De plus, les pratiques qui ne sont pas communément admises par la communauté d'analyse d'affaires au moment de la publication peuvent s'avérer tout aussi efficaces, voire plus efficaces, que les pratiques décrites dans le *Guide BABOK®*. Lorsque de telles pratiques deviendront généralement acceptées et que des données seront collectées pour vérifier leur efficacité, elles seront intégrées aux éditions futures de cette publication. IIBA encourage tous les praticiens de l'analyse d'affaires à s'ouvrir à de nouvelles approches et à de nouvelles idées, et souhaite encourager l'innovation dans la pratique de l'analyse d'affaires.

L'IIBA souhaite exprimer ses remerciements et les remerciements de la communauté de l'analyse d'affaires à tous ceux et celles qui ont consacré leur temps et leurs efforts au développement de cette révision, ainsi qu'à ceux et celles qui nous ont fourni des commentaires informels d'une autre manière.

Préambule

Guide du corpus de connaissances de l'analyse d'affaires

Le projet de traduction du corpus de connaissances de l'analyse d'affaires, communément appelé *Guide BABOK®* a été initié par les chapitres de l'IIBA de Montréal et de Québec. Il est soutenu financièrement par le Secrétariat du Conseil du Trésor – Québec.

La traduction proposée est une version française canadienne. Le projet a été mené grâce à une équipe de bénévoles. Le processus de traduction a d'abord compris la détermination d'un glossaire des termes les plus communs de la technique en analyse d'affaires publié en 2016. Ce glossaire est disponible sur le site de l'IIBA.

La traduction du Guide BABOK® fut complétée avec l'aide de la firme de traduction TransPerfect dans le but de créer une mémoire de traduction numérique qui pourra être réutilisée pour les versions subséquentes. Un travail colossal de révision fut accompli par une équipe de bénévoles des chapitres de Montréal et Québec afin de bien représenter le sens de la version originale et la terminologie française canadienne en analyse d'affaires. Finalement, une deuxième équipe de bénévoles a effectué le contrôle-qualité final afin d'assurer la cohérence de l'ensemble du guide ainsi que de la mise en page.

Veuillez noter que lors de cette traduction, nous avons gardé l'ordre de présentation alphabétique originale en anglais dans les différentes listes, p.ex. les techniques du chapitre 10.

Cette version du Guide BABOK® traduit en français canadien demeure une première itération, pouvant être utilisée par les communautés francophones afin de participer à la mission de l'IIBA et promouvoir la profession et la valeur de l'analyse d'affaires. Chacun pourra personnaliser sa formation et sa documentation en fonction de la réalité de son pays.

Malgré les efforts des bénévoles, nous sommes conscients que certaines traductions sont perfectibles et nous vous invitons à faire part de vos suggestions en indiquant la page, le texte actuel et le texte proposé dans un courriel à l'IIBA : info@iiba.org.

L'utilisation du genre masculin a été adoptée afin de faciliter la lecture et n'a aucune intention discriminatoire.

Cette traduction du *Guide BABOK®* v3 n'a pu se concrétiser que par les efforts d'une équipe de bénévoles persévérants et passionnés en analyse d'affaires. L'IIBA® tient à remercier tous ces bénévoles (ci-dessous) ainsi que le Secrétariat du Conseil du Trésor :

- Camille Amathe (Chargé de projet)
- Harold Arsenault (Réviseur principal)
- Georges Bryson (Réviseur principal)
- Yves Nicole (Réviseur principal)
- Dumitru Burcin (Réviseur)
- MaximeGil-Blaquière (Réviseur)
- Ellie Kluka (Réviseur)
- Pier-Yves Poulin (Réviseur)
- Jérémie Guay (Contrôle-qualité)
- André Laferrière (Contrôle-qualité)
- Christine Roy (Contrôle-qualité)
- Jean-Daniel Veer (Contrôle-qualité)
- Louis-Charles Gauthier (Contrôle-qualité)
- Xuan-Hoa Tran (Contrôle-qualité)
- Médiatrice Uwimpuhwe (Contrôle-qualité)
- Pascal Laplante (Contrôle-qualité)
- Paul Stapleton (Responsable du service des publications globales de l'IIBA)

1 Introduction

Le Guide du Business Analysis Body of Knowledge® (*Guide BABOK®*, *Guide du corpus de connaissances de l'analyse d'affaires*) représente une norme reconnue à l'échelle mondiale pour la pratique d'analyse d'affaires. Le *Guide BABOK®* décrit les domaines de connaissances de l'analyse d'affaires ainsi que les activités, les compétences fondamentales, les techniques et les perspectives sur la manière d'approcher l'analyse d'affaires.

1.1 Objectif du Guide BABOK®

L'objectif principal du *Guide BABOK®* consiste à définir la profession d'analyste d'affaires et à proposer un ensemble de pratiques communément admises. Il aide les professionnels à évoquer et à définir les compétences requises pour réaliser un travail d'analyse d'affaires efficace. Le *Guide BABOK®* aide également les personnes qui travaillent avec des analystes d'affaires ou qui les emploient à comprendre les compétences et connaissances attendues de la part d'un professionnel qualifié.

L'analyse d'affaires représente une vaste profession, dans laquelle les analystes d'affaires sont susceptibles de travailler sur de nombreux types d'initiatives au sein d'une entreprise. Les professionnels peuvent faire appel à différentes compétences, connaissances, aptitudes, terminologies et comportements dans le cadre de leurs activités d'analyse d'affaires. Le *Guide BABOK®* offre un cadre commun pour l'ensemble des perspectives et décrit les tâches d'analyse d'affaires réalisées en vue d'analyser correctement un changement ou d'en évaluer la nécessité. Ces tâches peuvent varier tant dans leur forme que dans leur ordre ou importance pour les analystes d'affaires individuels ou les différentes initiatives.

Les six domaines de connaissances du *Guide BABOK®* (planification et surveillance de l'analyse d'affaires, élicitation et collaboration, gestion du cycle de vie des exigences, analyse de la stratégie, analyse des exigences et définition de la conception (RADD), et évaluation de la solution) décrivent la pratique d'analyse d'affaires telle qu'elle est appliquée dans le cadre d'un projet ou sur l'ensemble de l'évolution de l'entreprise et de son amélioration continue. Le schéma suivant démontre la manière dont trois des domaines de connaissances favorisent la mise en place d'une valeur d'affaires avant, pendant et après le cycle de vie d'un projet.

Figure 1.1.1: L'analyse d'affaires au-delà des projets

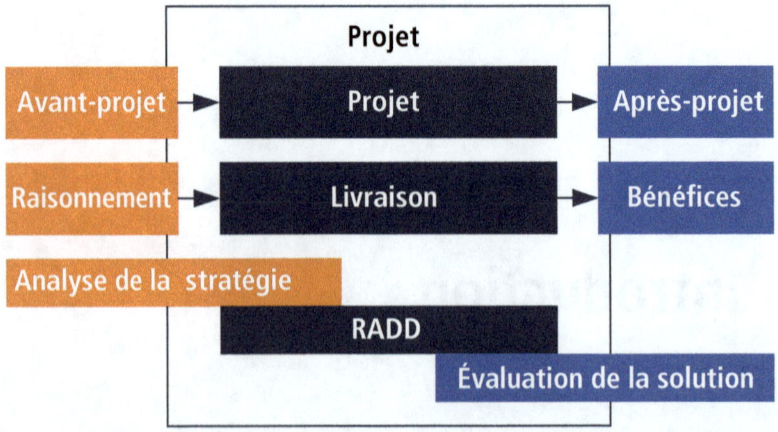

1.2 Qu'est-ce que l'analyse d'affaires?

L'analyse d'affaires est la pratique consistant à favoriser le changement dans une entreprise en définissant les besoins et en recommandant des solutions qui offrent une valeur aux parties prenantes. L'analyse d'affaires permet à une entreprise d'exprimer ses besoins et de justifier les changements, ainsi que de concevoir et de décrire des solutions en mesure d'apporter une valeur.

L'analyse d'affaires est réalisée sur un ensemble d'initiatives au sein d'une entreprise, ces initiatives peuvent être stratégiques, tactiques ou opérationnelles. L'analyse d'affaires peut être réalisée dans le cadre d'un projet ou sur l'ensemble de l'évolution et de l'amélioration continue de l'entreprise. Il est possible de l'utiliser afin de mieux saisir l'état actuel, définir l'état futur et déterminer les activités requises en vue d'évoluer de l'état actuel à l'état futur.

L'analyse d'affaires peut être réalisée à partir d'un vaste éventail de perspectives. Le *Guide BABOK®* décrit plusieurs de ces perspectives : agilité, intelligence d'affaires, technologie de l'information, architecture d'affaires et gestion des processus d'affaires. Une perspective peut être considérée comme une lentille, à travers laquelle le professionnel de l'analyse d'affaires observe ses activités en se basant sur le contexte actuel. Une ou plusieurs perspectives sont susceptibles de s'appliquer à une initiative, et les perspectives soulignées dans le *Guide BABOK®* ne représentent pas l'ensemble des contextes de l'analyse d'affaires ou l'ensemble complet des disciplines de l'analyse d'affaires.

1.3 Qui est un analyste d'affaires?

Un analyste d'affaires est une personne qui réalise des tâches d'analyse d'affaires décrites dans le *Guide BABOK®*, quel que soit son titre ou son rôle dans l'organisation. Les analystes d'affaires ont pour mission de découvrir, de synthétiser et d'analyser les informations provenant de sources variées au sein d'une entreprise, notamment les outils, les processus, la documentation et les parties prenantes. L'analyste d'affaires doit cerner les besoins réels des parties prenantes, tâche qui nécessite souvent d'investiguer et de clarifier les désirs exprimés, afin de déterminer les problèmes et les causes sous-jacentes.

L'analyste d'affaires joue un rôle dans l'alignement des solutions conçues et proposées avec les besoins des parties prenantes. Parmi les activités des analystes d'affaires se trouvent :

- comprendre les problèmes et les buts de l'entreprise,
- analyser les besoins et les solutions,
- concevoir des stratégies,
- conduire le changement, et
- faciliter la collaboration des parties prenantes.

Parmi les autres titres des professionnels de l'analyse d'affaires se trouvent :

- architecte d'affaires,
- analyste des systèmes d'affaires,
- analyste de données,
- analyste d'entreprise,
- conseiller en gestion,
- analyste des processus,
- chef de produit,
- responsable de produit,
- ingénieur chargé des exigences, et
- analyste de systèmes.

1.4 Structure du Guide BABOK®

Le contenu principal du *Guide BABOK®* se compose de tâches en analyse d'affaires organisées par domaines de connaissances. Les domaines de connaissances sont un ensemble de tâches connexes sur le plan logique (mais non séquentielles). Ces tâches décrivent les activités spécifiques permettant d'atteindre le but de leur domaine de connaissances associé.

Les sections Principaux concepts de l'analyse d'affaires, Compétences fondamentales, Techniques et Perspectives constituent le contenu élargi du *Guide BABOK®*, destiné à aider les analystes d'affaires à mieux réaliser leurs tâches d'analyse d'affaires.

- **Principaux concepts de l'analyse d'affaires** : définit les principaux termes requis pour comprendre l'ensemble des contenus, des concepts et des idées du *Guide BABOK®*.
- **Compétences fondamentales** : fournit une description des comportements, des caractéristiques, des connaissances et des qualités personnelles favorisant une pratique efficace de l'analyse d'affaires.
- **Techniques** : propose des moyens de réaliser les tâches d'analyse d'affaires. Les techniques décrites dans le *Guide BABOK®* ont pour but d'aborder les techniques les plus courantes et les plus répandues au sein de la communauté d'analyse d'affaires.
- **Perspectives** : décrit les différents points de vue de l'analyse d'affaires. Les perspectives aident les analystes d'affaires à travailler à partir de points de vue différents afin de se

montrer plus efficaces dans la réalisation de tâches d'analyse d'affaires, en fonction du contexte de l'initiative.

1.4.1 Principaux concepts

Le chapitre consacré aux principaux concepts de l'analyse d'affaires offre une compréhension élémentaire des idées centrales nécessaires pour comprendre le *Guide BABOK®*.

Ce chapitre se compose de :

- Modèle des concepts de base de l'analyse d'affaires (BACCM™)
- Principaux termes
- Schéma de classification des exigences
- Parties prenantes
- Exigences et conception

1.4.2 Domaines de connaissances

Les domaines de connaissances représentent les domaines d'expertise spécifique en analyse d'affaires, englobant plusieurs tâches.

Les six domaines de connaissances sont :

Chaque domaine de connaissances comprend une représentation visuelle de ses intrants et extrants.

- **Planification et surveillance de l'analyse d'affaires** : décrit les tâches réalisées par les analystes d'affaires afin d'organiser et coordonner les efforts des analystes d'affaires et des parties prenantes. Ces tâches donnent des extrants utilisés en tant que lignes directrices clés pour les autres tâches dans le *Guide BABOK®*.
- **Élicitation et collaboration** : décrit les tâches réalisées par les analystes d'affaires afin de préparer et de réaliser les tâches d'élicitation et de confirmer les résultats obtenus. Ce domaine de connaissances décrit également la communication avec les parties prenantes une fois l'information de l'analyse d'affaires rassemblée, ainsi que la collaboration continue avec ces personnes tout au long des activités d'analyse d'affaires.
- **Gestion du cycle de vie des exigences** : décrit les tâches réalisées par les analystes d'affaires afin de gérer et de préserver les exigences et les informations de conception du début à la fin. Ces tâches décrivent l'établissement de relations significatives entre les exigences et les éléments de la conception, ainsi que l'évaluation, l'analyse et l'obtention d'un consensus sur les changements proposés concernant les exigences et les éléments de la conception.
- **Analyse de la stratégie** : décrit le travail d'analyse d'affaires qui doit être effectué pour collaborer avec les parties prenantes en vue de déterminer un besoin d'importance stratégique ou tactique (le besoin d'affaires), de permettre à l'entreprise de satisfaire ce besoin et d'harmoniser la stratégie qui en découle pour la modification avec des stratégies de niveau inférieur et de niveau supérieur.
- **Analyse des exigences et définition de la conception** : décrit les tâches réalisées par les analystes d'affaires afin de structurer et d'organiser les exigences identifiées au cours des activités d'élicitation, de préciser et de modéliser les exigences et les éléments de la conception, de valider et de vérifier les informations, de déterminer les options de la solution correspondant aux besoins d'affaires, et d'estimer la valeur potentielle pouvant être obtenue pour chaque option de la solution. Ce domaine de connaissances comprend les activités incrémentales et itératives, allant de la conception initiale et l'exploration du besoin à la transformation de ces besoins en solution spécifique recommandée.

- **Évaluation de la solution** : décrit les tâches réalisées par les analystes d'affaires afin d'évaluer la performance et la valeur offertes par une solution utilisée par l'entreprise, et de recommander l'élimination d'obstacles ou de contraintes qui empêchent la pleine obtention de la valeur.

Le schéma suivant montre la relation générale entre les domaines de connaissances.

Figure 1.4.1: Relations entre les domaines de connaissances

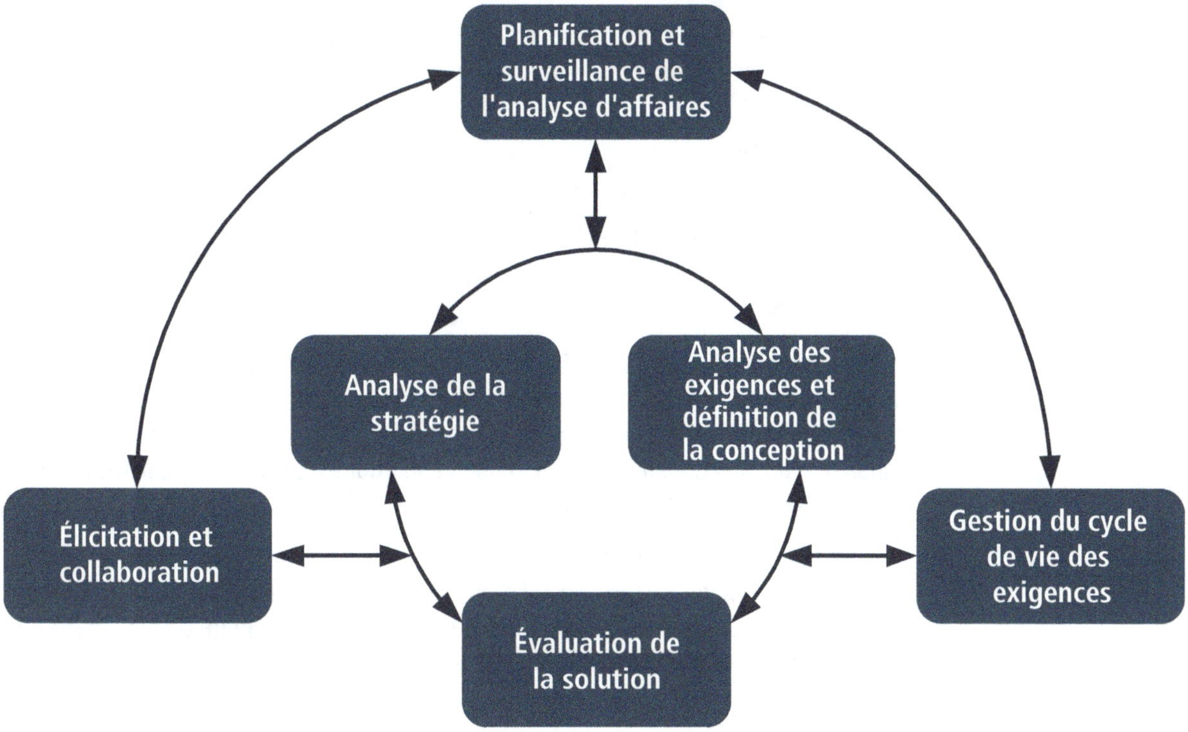

1.4.3 Tâches

Une tâche est un travail distinct pouvant être réalisé de façon formelle ou informelle dans le cadre de l'analyse d'affaires. Le *Guide BABOK®* définit une liste de tâches d'analyse d'affaires. La définition d'une tâche donnée est applicable à tous les efforts de l'analyse d'affaires, indépendamment du type d'initiative. Un analyste d'affaires peut effectuer d'autres activités attribuées par son organisation, mais ces activités supplémentaires ne sont pas considérées comme faisant partie de la profession d'analyste d'affaires.

Les tâches sont regroupées en domaines de connaissances. Les analystes d'affaires réalisent des tâches relevant de chaque domaine de connaissances de façon consécutive, itérative ou simultanée. Le *Guide BABOK®* ne préconise aucun processus ou ordre dans lequel les tâches doivent être réalisées. L'ordre importe peu, à partir du moment où les intrants nécessaires à une tâche sont présents. Une initiative d'analyse d'affaires peut commencer par n'importe quelle tâche, même si Analyser l'état actuel (p. 103) ou Mesurer la performance de la solution (p. 165) sont les candidats les plus plausibles.

Chaque tâche du *Guide BABOK®* est présentée sous le format suivant :

- Objectif
- Description
- Intrants

- Éléments
- Lignes directrices et outils
- Techniques
- Parties prenantes
- Extrants

.1 Objectif

La section Objectif fournit une brève description de la raison pour laquelle un analyste d'affaires effectue la tâche, ainsi que la valeur créée au cours de la réalisation de cette tâche.

.2 Description

La section Description explique plus en détail la nature de la tâche, la raison pour laquelle elle est réalisée ainsi que ce qu'elle doit permettre d'atteindre.

.3 Intrants

La section Intrants répertorie les intrants de la tâche. Les intrants sont les informations utilisées ou transformées en vue de produire un extrant et représentent les informations nécessaires au démarrage d'une tâche. Elles peuvent être générées de façon explicite en dehors du cadre de l'analyse d'affaires ou par une tâche d'analyse d'affaires. Les intrants générés en dehors du cadre de l'analyse d'affaires sont identifiés par le qualificatif « (extérieur) » dans la liste d'intrants.

Il ne faut pas partir de l'hypothèse que la présence d'intrants signifie que le livrable associé est terminé ou se trouve au stade final. Les intrants doivent seulement être suffisamment exhaustifs pour permettre un démarrage réussi du travail. Un nombre illimité d'exemples d'intrants peut exister au cours du cycle de vie d'une initiative.

La section Intrants comprend une représentation visuelle des intrants et des extrants, les autres tâches utilisant les extrants ainsi que les lignes directrices et les outils répertoriés dans la tâche.

.4 Éléments

La section Éléments décrit les principaux concepts requis pour comprendre la manière de réaliser la tâche. Les éléments ne sont pas obligatoires dans la réalisation d'une tâche, et leur utilisation peut dépendre de l'approche de l'analyse d'affaires.

.5 Lignes directrices et outils

La section Lignes directrices et outils répertorie les ressources requises afin de transformer les intrants en extrants. Une ligne directrice fournit des instructions ou des descriptions sur la raison ou la manière de réaliser une tâche. Un outil est utilisé pour réaliser une tâche.

Parmi les lignes directrices et outils peuvent se trouver des extrants d'autres tâches.

.6 Techniques

La section Techniques répertorie les techniques qui peuvent être utilisées afin de réaliser la tâche d'analyse d'affaires.

.7 Parties prenantes

La section Parties prenantes se compose d'une liste générique de parties prenantes susceptibles de participer à la réalisation de cette tâche ou qui seront affectées par sa réalisation. Le *Guide BABOK®* ne préconise pas que ces rôles doivent être pourvus pour une initiative donnée.

.8 Extrants

La section Extrants décrit le résultat obtenu par la réalisation de la tâche. Les extrants sont créés, transformés ou leur statut est modifié après la réalisation réussie d'une tâche. Un extrant peut être un livrable ou faire partie d'un livrable plus important. La forme d'un extrant dépend du type d'initiative entreprise, des normes adoptées par l'organisation et du bon jugement de l'analyste d'affaires, en vue d'en faire un moyen adéquat de satisfaire les besoins d'information des principales parties prenantes.

À l'image des intrants, une tâche peut être finalisée alors qu'un extrant ne se trouve pas encore au stade final. Les tâches qui utilisent un extrant spécifique ne doivent pas nécessairement attendre la fin de celui-ci pour commencer le travail relatif à la tâche.

1.4.4 Compétences fondamentales

Les compétences fondamentales reflètent les connaissances, les aptitudes, les comportements, les caractéristiques et les qualités personnelles qui aident une personne à réussir dans le rôle d'analyste d'affaires. Ces compétences fondamentales ne sont pas limitées à la profession d'analyste d'affaires, mais la bonne exécution de tâches et de techniques dépend souvent de la maîtrise d'une ou de plusieurs compétences fondamentales.

Les compétences fondamentales présentent la structure suivante :

- Objectif
- Définition
- Indicateurs de l'efficacité

.1 Objectif

La section Objectif décrit la raison pour laquelle il est plus avantageux pour les analystes d'affaires de disposer de cette compétence fondamentale.

.2 Définition

La section Définition décrit les aptitudes et l'expertise impliquées dans la mise en application de cette compétence.

.3 Indicateurs de l'efficacité

La section Indicateurs de l'efficacité décrit la manière de déterminer si une personne maîtrise cette compétence fondamentale.

1.4.5 Techniques

Les Techniques fournissent des informations supplémentaires sur la manière dont une tâche peut être réalisée.

La liste des techniques indiquées dans le *Guide BABOK®* n'est pas exhaustive. Il existe de nombreuses techniques qui peuvent être appliquées successivement ou conjointement avec d'autres techniques dans le but de réaliser une tâche. Les analystes d'affaires sont encouragés à modifier les techniques existantes ou à en créer de nouvelles afin de les adapter au mieux à leur situation et aux buts de la tâche à effectuer.

Les techniques présentent la structure suivante :

- Objectif

- Description
- Éléments
- Considérations d'utilisation

.1 Objectif

La section Objectif décrit la fin pour laquelle la technique est utilisée ainsi que les circonstances dans lesquelles elle est la plus susceptible d'être applicable.

.2 Description

La section Description décrit la nature de la technique et la manière dont elle est utilisée.

.3 Éléments

La section Éléments décrit les principaux concepts requis pour comprendre la manière d'utiliser la technique.

.4 Considérations d'utilisation

La section Considérations d'utilisation décrit les conditions dans lesquelles la technique peut s'avérer plus ou moins efficace.

1.4.6 Perspectives

Les perspectives sont utilisées dans le travail d'analyse d'affaires afin de mettre l'accent sur les tâches et techniques spécifiques au contexte de l'initiative. La plupart des initiatives sont susceptibles d'intégrer une ou plusieurs perspectives. Parmi les perspectives comprises dans le *Guide BABOK®* se trouvent :

- Agilité
- Intelligence d'affaires
- Technologie de l'information
- Architecture d'affaires
- Gestion des processus d'affaires

Ces perspectives ne se veulent pas une tentative de représenter l'ensemble des perspectives possibles à partir desquelles l'analyse d'affaires est réalisée. Les perspectives évoquées dans le *Guide BABOK®* représentent quelques-uns des points de vue les plus communs de l'analyse d'affaires au moment de sa rédaction.

Les perspectives ne sont pas incompatibles, dans le sens où une initiative donnée est susceptible d'employer plus d'une perspective.

Les perspectives présentent la structure suivante :

- Portée du changement
- Portée de l'analyse d'affaires
- Méthodologies, approches et techniques
- Compétences fondamentales
- Impact sur les domaines de connaissances

.1 Portée du changement

La section Portée du changement décrit les parties de l'entreprise comprises dans le changement lorsque ce point de vue est adopté, et dans quelle mesure il affecte les objectifs et les opérations de l'entreprise. La portée du changement permet également de déterminer les types des problèmes résolus, la nature des solutions recherchées ainsi que l'approche destinée à fournir ces solutions et en mesurer la valeur.

.2 Portée de l'analyse d'affaires

La section Portée de l'analyse d'affaires décrit les principales parties prenantes, notamment un profil des types de promoteurs les plus plausibles, les parties prenantes ciblées et le rôle de l'analyste d'affaires au sein d'une initiative. Elle définit également les résultats probables attendus de la part du travail d'analyse d'affaires dans cette perspective.

.3 Méthodologies, approches et techniques

La composition de cette section dépend de chaque perspective. Dans chacun des cas, elle décrit les méthodologies, les approches ou les techniques communes et spécifiques à l'application de l'analyse d'affaires dans la perspective. Les méthodologies et les approches constituent des manières spécifiques de réaliser le travail d'analyse d'affaires. Les techniques présentées dans cette section ne sont pas intégrées au chapitre Techniques du *Guide BABOK®*, mais s'appliquent tout particulièrement à la perspective.

Dans la perspective Architecture d'affaires, des modèles de référence sont répertoriés à la place de méthodologies ou d'approches. Dans la perspective Gestion des processus d'affaires, des cadres méthodologiques sont répertoriés à la place des approches.

.4 Compétences fondamentales

La section Compétences fondamentales décrit les compétences les plus répandues dans la perspective.

.5 Impact sur les domaines de connaissances

La section Impact sur les domaines de connaissances décrit la manière dont les domaines de connaissances sont appliqués ou modifiés. Elle explique également la manière dont les activités spécifiques dans une perspective correspondent aux tâches dans le *Guide BABOK®*.

2 Principaux concepts de l'analyse d'affaires

Le chapitre Principaux concepts de l'analyse d'affaires comprend des informations qui constituent une base pour l'ensemble des autres contenus, concepts et idées du Guide BABOK®. Il offre aux analystes d'affaires une compréhension élémentaire des idées centrales nécessaires à l'interprétation et à l'utilisation du Guide BABOK® dans leur pratique d'analyse d'affaires quotidienne.

Ce chapitre se compose de :

- **Modèle des concepts de base de l'analyse d'affaires (BACCM™)** : définit un cadre conceptuel pour la profession d'analyste d'affaires.
- **Principaux termes** : fournit les définitions des concepts essentiels, soulignés en raison de leur importance dans le Guide BABOK®.
- **Schéma de classification des exigences** : identifie les niveaux ou les types d'exigences qui aident l'analyste d'affaires et d'autres parties prenantes à catégoriser les exigences.
- **Parties prenantes** : définit les rôles et les caractéristiques des groupes ou des personnes qui participent ou qui sont concernés par les activités d'analyse d'affaires dans le cadre d'un changement.
- **Exigences et conceptions** : décrit la différence entre les exigences et les conceptions, ainsi que leur importance, en lien avec l'analyse d'affaires.

2.1 Le modèle des concepts de base de l'analyse d'affaires

Le modèle des concepts de base de l'analyse d'affaires (BACCM™) représente un cadre conceptuel pour l'analyse d'affaires. Il comprend la nature de l'analyse d'affaires et ce que cela signifie pour les professionnels effectuant des tâches d'analyse d'affaires, quels que soient la perspective, le secteur, la méthodologie ou le niveau dans l'organisation. Il se compose de six termes présentant une signification commune à l'ensemble des analystes d'affaires, et les aide à évoquer l'analyse d'affaires ainsi que ses corrélations avec une terminologie commune. Chacun de ces termes est considéré comme un concept de base.

Les six concepts de base du BACCM sont : changement, besoin, solution, partie prenante, valeur et contexte. Chaque concept de base est une idée essentielle à la pratique d'analyse d'affaires. Chacun de ces concepts est égal et indispensable. Chaque concept de base est défini par les cinq autres concepts et ne peut être entièrement compris que si les autres concepts sont également compris. Aucun concept n'est plus important ou significatif qu'un autre. Ils jouent un rôle essentiel pour comprendre le type d'information recueillie, analysée ou gérée dans les tâches d'analyse d'affaires.

Le BACCM peut être utilisé afin de :

- décrire la profession et le domaine de l'analyse d'affaires,
- discuter de l'analyse d'affaires avec une terminologie commune,
- évaluer les liens des principaux concepts dans l'analyse d'affaires,
- réaliser une meilleure analyse d'affaires en évaluant de manière holistique les liens entre ces six concepts, et
- évaluer l'impact de ces concepts et les relations à tout moment au cours d'une activité afin d'établir une base et une voie à suivre.

Table 2.1.1: Le BACCM

Concept de base	Description
Changement	Il s'agit de l'acte de transformation en réponse à un besoin. Les travaux de changement ont pour objectif d'améliorer la performance d'une entreprise. Ces améliorations sont étudiées et contrôlées grâce aux activités d'analyse d'affaires.
Besoin	Il s'agit d'un problème à résoudre ou une opportunité à saisir. Les besoins peuvent entraîner des changements en incitant les parties prenantes à agir. Les changements peuvent également entraîner des besoins en réduisant ou en améliorant la valeur offerte par les solutions existantes.
Solution	Il s'agit d'une manière spécifique de satisfaire un ou plusieurs besoins dans un contexte. Une solution satisfait un besoin en résolvant un problème auquel les parties prenantes sont confrontées ou en permettant aux parties prenantes de profiter d'une opportunité.
Partie prenante	Il s'agit d'un groupe ou d'une personne ayant un lien avec le changement, le besoin ou la solution. Les parties prenantes sont souvent définies en termes d'intérêt envers, d'impact et d'influence sur le changement. Les parties prenantes sont regroupées selon leur rapport avec les besoins, changements et solutions.

Table 2.1.1: Le BACCM (Suite)

Concept de base	Description
Valeur	Il s'agit de la valeur, l'importance ou l'utilité de quelque chose pour une partie prenante dans un contexte. La valeur peut être considérée comme une amélioration, un gain ou un rendement potentiel ou réalisé. Il est également possible que la valeur diminue sous forme de pertes, de risques et de coûts. La valeur peut être tangible ou intangible. La valeur tangible est directement mesurable et présente souvent une composante pécuniaire importante. La valeur intangible est mesurée de façon indirecte. Elle présente souvent une composante motivationnelle importante, comme la réputation de l'entreprise ou le moral des employés. Si la valeur peut parfois être évaluée en termes absolus, elle est bien souvent évaluée en termes relatifs : une option de solution est plus judicieuse qu'une autre du point de vue d'un ensemble donné de parties prenantes.
Contexte	Il s'agit des circonstances qui influencent le changement, qui en subissent les effets et qui permettent de le comprendre. Les changements se produisent dans un certain contexte, ce dernier rassemblant tout ce qui concerne le changement au sein de l'environnement. Le contexte peut comprendre les attitudes, comportements, croyances, concurrents, cultures, données démographiques, buts, gouvernements, infrastructures, langues, pertes, processus, produits, projets, ventes, saisons, terminologie, technologie, météorologie et tout autre élément correspondant à la définition.

Les concepts de base peuvent être utilisés par les analystes d'affaires afin d'évaluer la qualité et l'exhaustivité du travail effectué. Chaque description de domaine de connaissances comporte des exemples de la manière dont les concepts de base peuvent être utilisés ou appliqués au cours des tâches au sein du domaine de connaissances. Lorsqu'ils prévoient ou mettent en place une tâche ou une technique, les analystes d'affaires peuvent réfléchir à la manière dont chaque concept de base est traité en se posant des questions telles que :

- Quels sont les types de changements que nous réalisons?
- Quels sont les besoins que nous essayons de satisfaire?
- Quelles sont les solutions que nous créons ou modifions?
- Qui sont les parties prenantes impliquées?
- Qu'est-ce qui représente de la valeur pour les parties prenantes?
- Dans quels contextes la solution et nous-mêmes nous trouvons-nous?

Si l'un des concepts de base change, nous devons réévaluer ces concepts de base ainsi que leurs liens en rapport avec la livraison de valeur.

Figure 2.1.1: Le BACCM

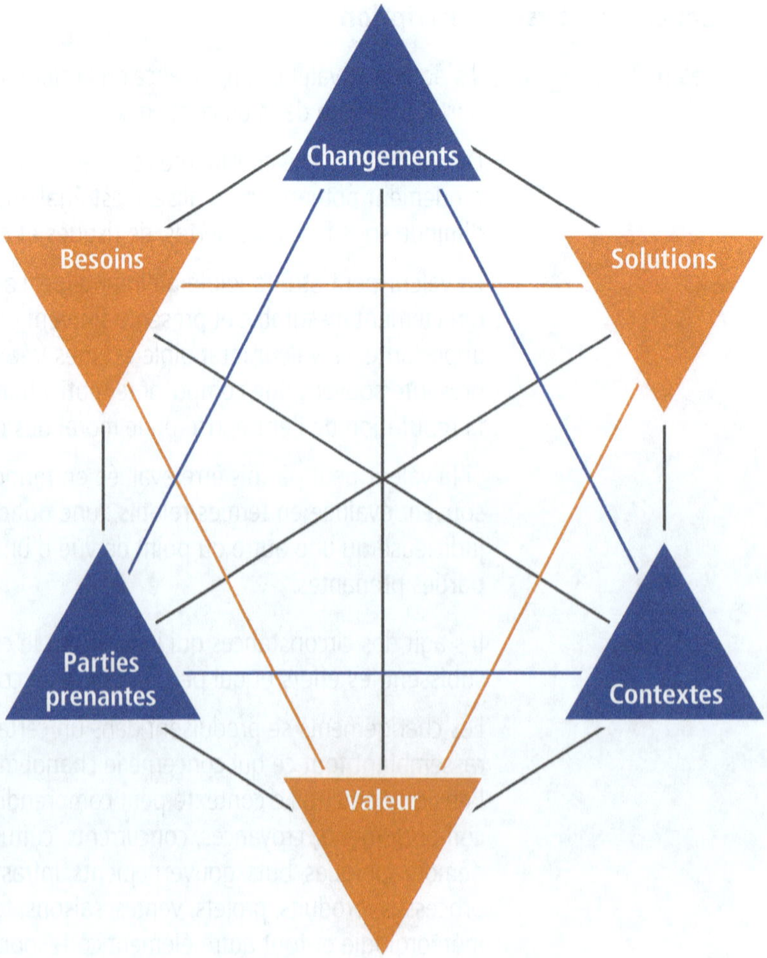

2.2 Principaux termes

Analyse d'affaires

Pour plus d'informations, se référer à Qu'est-ce que l'analyse d'affaires? (p. 2).

Le *Guide BABOK®* décrit et définit l'analyse d'affaires comme la pratique consistant à favoriser le changement dans une entreprise en définissant les besoins et en recommandant des solutions qui offrent une valeur aux parties prenantes.

Informations de l'analyse d'affaires

Les informations de l'analyse d'affaires font référence au vaste ensemble varié d'informations analysées, transformées et rapportées par les analystes d'affaires. Il s'agit d'informations de toutes sortes, de tous niveaux de détails, utilisées en tant qu'intrant du travail d'analyse d'affaires ou extrant de celui-ci. Parmi les exemples d'informations de l'analyse d'affaires se trouvent les résultats d'élicitation, les exigences, les conceptions, les options de solution, la portée de la solution et la stratégie de gestion du changement.

Il est essentiel d'étendre l'objet de nombreuses activités d'analyse d'affaires d'« exigences » à « informations », afin de s'assurer que tous les intrants et les extrants de l'analyse d'affaires sont soumis aux tâches et activités décrites dans le *Guide BABOK®*. À titre d'exemple, l'exécution de « Planifier la gestion des informations de l'analyse d'affaires » comprend l'ensemble des exemples indiqués ci-dessus. Si le *Guide BABOK®* décrivait « Planifier la gestion des exigences », celui-ci exclurait certains extrants importants, tels que les résultats d'élicitation, les options de solution et la stratégie de gestion du changement.

Conception

Pour plus d'informations, se référer à Exigences et conceptions (p. 18).

Une conception est une représentation utilisable d'une solution. La conception se concentre sur la compréhension de la manière dont la valeur peut être obtenue par une solution si celle-ci est mise en place. La nature de la représentation peut être un document (ou un ensemble de documents) et varier fortement selon les circonstances.

Entreprise

Une entreprise est un système composé d'une ou de plusieurs organisations et des solutions utilisées afin d'atteindre un ensemble partagé d'objectifs communs. Ces solutions (également appelées capacités organisationnelles) peuvent être constituées de processus, outils ou informations. Aux fins de l'analyse d'affaires, les frontières de l'entreprise peuvent être définies en lien avec le changement et ne doivent pas être limitées aux frontières d'une entité légale, d'une organisation ou d'une unité organisationnelle. Une entreprise peut comprendre un nombre illimité de sociétés, gouvernements ou tout autre type d'organisation.

Organisation

Il s'agit d'un groupe de personnes autonome dirigé par un seul individu ou un comité, travaillant en vue d'atteindre des buts et objectifs communs. Les organisations présentent souvent une frontière clairement définie et fonctionnent sur une base continue, à l'inverse d'une équipe de projet ou initiative, qui peut être dispersée une fois ses objectifs atteints.

Plan

Un plan est une proposition visant à réaliser ou atteindre quelque chose. Les plans décrivent un ensemble d'événements, les liens entre les événements, l'ordre attendu, le calendrier, les résultats ou aboutissements, les matériaux et ressources requis ainsi que les parties prenantes impliquées.

Exigence

Pour plus d'informations, se référer à Exigences et conceptions (p. 18).

Une exigence est une représentation utilisable d'un besoin. Les exigences se concentrent sur la compréhension du type de valeur pouvant être obtenu lorsqu'une exigence est satisfaite. La nature de la représentation peut être un document (ou un ensemble de documents), mais peut varier fortement selon les circonstances.

Risque

Le risque est l'effet de l'incertitude sur la valeur d'un changement, une solution ou l'entreprise. Les analystes d'affaires collaborent avec d'autres parties prenantes en vue d'identifier, évaluer et prioriser les risques, et gérer ces risques en modifiant la probabilité d'apparition des conditions ou événements à l'origine de l'incertitude : atténuer les conséquences, éliminer la source du risque, éviter complètement le risque en décidant de ne pas commencer ou poursuivre une activité à l'origine du risque, partager le risque avec d'autres parties ou accepter, voire même augmenter le risque afin de considérer une opportunité.

2.3 Schéma de classification des exigences

Aux fins du *Guide BABOK®*, le schéma de classification suivant décrit les exigences :

- **Exigences d'affaires** : énoncés de buts, objectifs et résultats décrivant la raison pour laquelle un changement a été initié. Elles peuvent s'appliquer à l'ensemble d'une entreprise, un secteur d'activité ou une initiative spécifique.
- **Exigences des parties prenantes** : elles décrivent les besoins des parties prenantes, devant être satisfaits afin de répondre aux exigences d'affaires. Elles peuvent servir de pont entre les exigences d'affaires et les exigences de solution.
- **Exigences de solution** : elles décrivent les capacités et les qualités d'une solution correspondant aux exigences des parties prenantes. Elles offrent le niveau de détail adéquat pour permettre le développement et la mise en place de la solution. Les exigences de solution peuvent être divisées en deux sous-catégories :
  - **exigences fonctionnelles** : elles décrivent les capacités dont doit disposer une solution en termes de comportement et les informations que la solution est destinée à gérer, et
  - **exigences non–fonctionnelles ou exigences de qualité de service** : elles ne sont pas directement liées au comportement fonctionnel de la solution, mais décrivent plutôt les conditions dans lesquelles une solution doit rester efficace ou les qualités qu'une solution doit posséder.
- **Exigences de transition** : elles décrivent les capacités dont doit disposer la solution et les conditions qu'elle doit respecter afin de simplifier la transition de l'état actuel à l'état futur, mais qui ne sont plus requises une fois le changement terminé. Elles sont différentes des autres types d'exigences en raison de leur nature temporaire. Les exigences de transition abordent des sujets tels que la conversion de données, la formation et la continuité des opérations.

Pour plus d'informations, se référer à Analyse des exigences non-fonctionnelles (p. 299).

2.4 Parties prenantes

Chaque tâche comprend une liste de parties prenantes, susceptibles de participer à l'exécution de cette tâche ou qui seront concernées par celle-ci. Une partie prenante est un individu ou un groupe avec lequel un analyste d'affaires est susceptible d'interagir de façon directe ou indirecte. Le *Guide BABOK®* n'exige pas que ces rôles soient pourvus pour une initiative donnée. Toute partie prenante peut être une source d'exigences, d'hypothèses ou de contraintes.

Cette liste n'a pas pour objectif de constituer une liste exhaustive de l'ensemble des classifications possibles de parties prenantes. Des exemples supplémentaires de personnes adaptées à chacun de ces rôles génériques sont indiqués dans les définitions ci-dessous. Dans la plupart des cas, chaque catégorie comprendra plusieurs rôles de parties prenantes. De la même manière, un individu peut occuper plus d'un rôle.

Aux fins du *Guide BABOK®*, la liste générique des parties prenantes comprend les rôles suivants :

- analyste d'affaires,
- client,
- expert du domaine,
- utilisateur final,
- expert du domaine de mise en œuvre,
- soutien opérationnel,
- chef de projet,
- régulateur,

- promoteur,
- fournisseur et
- testeur.

2.4.1 Analyste d'affaires

L'analyste d'affaires est intrinsèquement une partie prenante dans l'ensemble des activités d'analyse d'affaires. Le Guide BABOK® part du principe que l'analyste d'affaires est responsable et garant de l'exécution de ces activités. Dans certains cas, l'analyste d'affaires peut également être responsable de la réalisation d'activités imputables au rôle d'une autre partie prenante.

2.4.2 Client

Un client utilise ou peut utiliser des produits ou des services offerts par l'entreprise, et peut disposer de droits contractuels ou moraux que l'entreprise est dans l'obligation de respecter.

2.4.3 Expert du domaine

Un expert du domaine est une personne disposant de connaissances approfondies dans un domaine relatif au besoin d'affaires ou à la portée de la solution. Ce rôle est souvent attribué à des utilisateurs finaux ou des individus qui possèdent des connaissances approfondies en ce qui concerne la solution, tels que des dirigeants, responsables des processus, personnel juridique, consultants et autres.

2.4.4 Utilisateur final

Les utilisateurs finaux sont des parties prenantes en interaction directe avec la solution. Parmi ces personnes peuvent se trouver tous les participants à un processus d'affaires ou des individus qui utilisent le produit ou la solution.

2.4.5 Expert du domaine de mise en œuvre

Un expert du domaine de mise en œuvre est une partie prenante disposant de connaissances spécialisées dans la mise en œuvre d'un ou de plusieurs composantes de la solution.

Il n'est pas possible de définir une liste de rôles d'experts du domaine de mise en œuvre adaptés à toutes les initiatives, mais parmi les rôles les plus communs on peut retrouver : libraire de projet, responsable du changement, responsable de la configuration, architecte de solution, développeur, administrateur de base de données, architecte de l'information, analyste de l'ergonomie, formateur et consultant en changement organisationnel.

2.4.6 Soutien opérationnel

Le soutien opérationnel est responsable de la gestion et de la maintenance quotidiennes d'un système ou d'un produit.

Il n'est pas possible de définir une liste de rôles de soutien opérationnel adaptés à toutes les initiatives, mais parmi les rôles les plus communs on peut retrouver : analyste des opérations, analyste produit, centre de service et responsable des versions.

2.4.7 Chef de projet

Les chefs de projet sont responsables de la gestion du travail nécessaire en vue de fournir une solution correspondant à un besoin d'affaires. Ils doivent également s'assurer que les objectifs du projet sont atteints tout en équilibrant les facteurs du projet, notamment la portée, le budget, le calendrier, les ressources, la qualité et le risque.

Il n'est pas possible de définir une liste exhaustive de rôles de gestion de projet adaptés à toutes les initiatives, mais parmi les rôles les plus communs on peut retrouver : responsable de projet, responsable technique, responsable produit et chef d'équipe.

2.4.8 Régulateur

Les régulateurs sont responsables de la définition et de la mise en application des normes. Ils peuvent imposer des normes sur la solution en vue de respecter la législation, les normes de gouvernance d'entreprise, les normes d'audit ou encore les normes définies par les centres de compétences organisationnels. Le gouvernement, les organismes de réglementation et les auditeurs peuvent aussi occuper ce rôle.

2.4.9 Promoteur

Les promoteurs doivent mettre en place l'action aboutissant à la définition d'un besoin d'affaires et développer une solution correspondant à ce besoin d'affaires. Ils autorisent la réalisation du travail et contrôlent le budget ainsi que la portée de l'initiative. Le promoteur de projet et les dirigeants peuvent aussi occuper ce rôle.

2.4.10 Fournisseur

Un fournisseur est une partie prenante située en dehors des frontières d'une organisation ou unité organisationnelle donnée. Les fournisseurs offrent des produits ou services à l'organisation, et peuvent avoir des droits et des obligations contractuelles et morales à prendre en compte. Les prestataires, distributeurs et consultants peuvent aussi occuper ce rôle.

2.4.11 Testeur

Les testeurs doivent déterminer la manière de vérifier que la solution correspond aux exigences définies par l'analyste d'affaires et réaliser le processus de vérification. Ils doivent également s'assurer que la solution respecte les normes de qualité applicables, et que le risque d'anomalies ou de défaillances est pris en compte et réduit au minimum. L'analyste en assurance qualité peut aussi occuper ce rôle.

2.5 Exigences et conceptions

L'élicitation, l'analyse, la validation et la gestion des exigences sont invariablement considérées comme des activités de base de l'analyse d'affaires. Mais il est important de noter que l'analyste d'affaires est également responsable, à un certain niveau, de la définition de la conception dans une initiative. Le niveau de responsabilité de la conception varie en fonction de la perspective à partir de laquelle un analyste d'affaires travaille.

Les exigences sont centrées sur le besoin, et les conceptions sont centrées sur la solution. La différence entre exigence et conception n'est pas toujours claire, dans la mesure où les mêmes techniques sont utilisées pour obtenir, modéliser et analyser chacune d'entre elles. Une exigence mène à une conception, qui peut à son tour entraîner la découverte et l'analyse d'autres exigences : le changement de cap est souvent subtil.

La classification en tant qu'exigence ou conception peut devenir moins importante à mesure que le travail de l'analyste d'affaires évolue vers une meilleure compréhension du besoin et sa réalisation finale. Les tâches du *Guide BABOK®*, telles que Suivre les exigences (p. 79) ou Spécifier et modéliser les exigences (p. 134), peuvent faire référence à des exigences, mais l'idée est d'inclure également les conceptions.

L'analyse d'affaires peut s'avérer complexe et récursive. Une exigence (ou un ensemble d'exigences) peut être utilisée pour définir une conception, et cette conception peut ensuite être utilisée afin d'obtenir d'autres exigences, utilisées pour définir des conceptions plus détaillées. L'analyste d'affaires a la possibilité de remettre les exigences et les conceptions à d'autres parties prenantes, qui peuvent développer les détails de façon plus poussée. Mais que la conception soit effectuée par l'analyste d'affaires ou une autre personne, l'analyste d'affaires vérifie habituellement les conceptions finales afin de s'assurer qu'elles correspondent aux exigences.

Le tableau suivant fournit quelques exemples de base de la manière dont les informations peuvent être considérées comme une exigence ou une conception.

Table 2.5.1: Exigences et conceptions

Exigence	Conception
Afficher six mois de données de vente dans plusieurs unités organisationnelles dans une vue unique.	Schéma d'un tableau de bord.
Réduire le temps requis pour préparer une commande client.	Modèle de processus.
Enregistrer et accéder à l'historique médical d'un patient.	Maquette d'écran affichant des champs de données spécifiques.
Élaborer une stratégie, des buts et des objectifs d'affaires pour une nouvelle entreprise.	Modèle de capacité d'entreprise.
Fournir des informations en anglais et en français.	Prototype avec un texte affiché en anglais et en français.

Les parties prenantes peuvent présenter un besoin ou une solution à un besoin supposé. L'analyste d'affaires utilise les activités indiquées dans Élicitation et collaboration (p. 51), Analyse de la stratégie (p. 99), Analyse des exigences et définition de la conception (p. 131) et Évaluation de la solution (p. 161) pour transformer cette requête en exigence ou conception. Quel que soit le point d'intérêt de la partie prenante, l'importance du rôle d'analyste d'affaires réside dans sa capacité à se poser en permanence la question « pourquoi ? ». Par exemple, « Pourquoi l'exigence ou la conception est-elle nécessaire pour apporter une valeur à une entreprise et simplifier la réalisation des buts et objectifs d'une entreprise ? ».

Figure 2.5.1: Cycle des exigences et conception

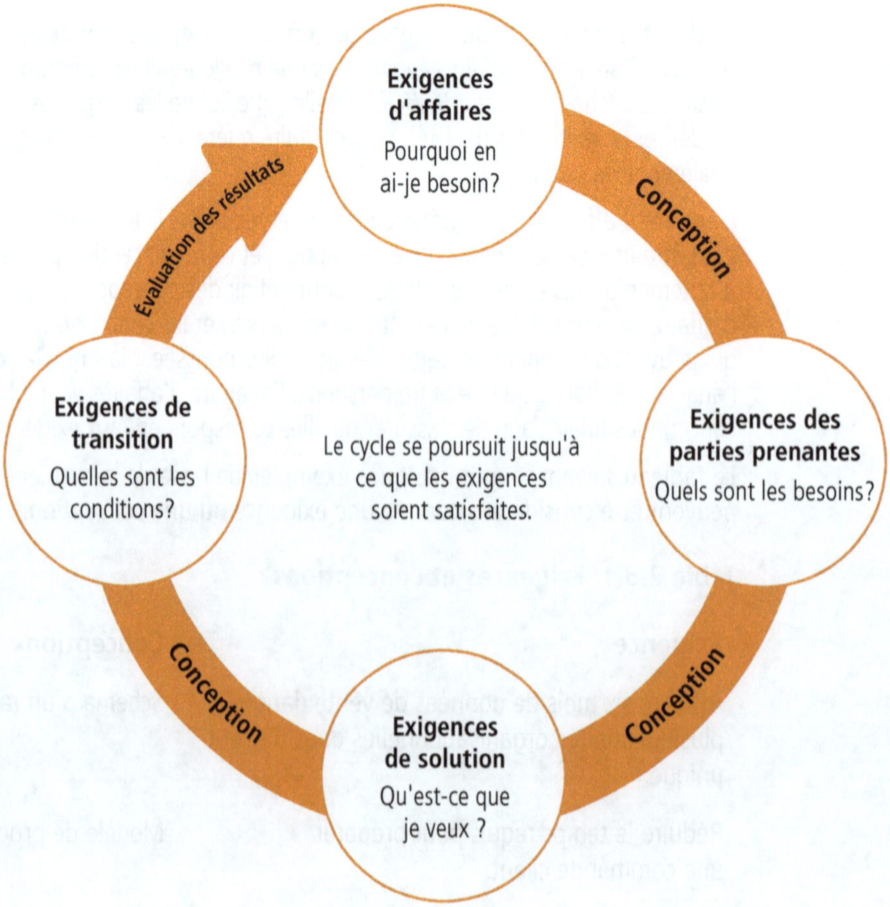

3 Planification et surveillance de l'analyse d'affaires

Les tâches du domaine de connaissances de la planification et de la surveillance de l'analyse d'affaires organisent et coordonnent les efforts des analystes d'affaires et des parties prenantes. Ces tâches donnent des extrants utilisés en tant que lignes directrices clés pour les autres tâches dans le *Guide BABOK®*.

Le domaine de connaissances de la planification et de la surveillance de l'analyse d'affaires contient les tâches suivantes :

- **Planifier l'approche de l'analyse d'affaires** : décrit la planification du travail d'analyse d'affaires, de la création ou de la sélection d'une méthode à la planification des activités, tâches et livrables individuels.
- **Planifier l'engagement des parties prenantes** : décrit la connaissance des parties prenantes qui sont pertinentes pour le changement, ce dont les analystes d'affaires ont besoin de leur part et ce qu'elles doivent obtenir des analystes d'affaires, et le meilleur moyen de collaborer.
- **Planifier la gouvernance de l'analyse d'affaires** : définit les composantes de l'analyse d'affaires utilisée pour soutenir la fonction de gouvernance de l'organisation. Cette étape fait en sorte que les décisions soient prises adéquatement et de façon uniforme et qu'elles suivent un processus qui fait en sorte que les décisionnaires aient l'information nécessaire. Parmi les exemples, citons la gestion des exigences, la gestion des risques de l'analyse d'affaires et la répartition des ressources d'analyse d'affaires.
- **Planifier la gestion de l'information de l'analyse d'affaires** : définit comment l'information élaborée par des analystes d'affaires (dont les exigences et les conceptions) est saisie, stockée et intégrée à d'autres informations pour une utilisation à long terme.
- **Identifier les améliorations du rendement de l'analyse d'affaires** : décrit comment le travail de gestion et de surveillance ainsi que d'analyse d'affaires arrive à assurer le respect des engagements et la concrétisation d'opportunités d'apprentissage et d'amélioration continue.

Le modèle des concepts de base de la planification et de la surveillance de l'analyse d'affaires

Le modèle des concepts de base de l'analyse d'affaires (BACCM™) décrit les relations parmi les six concepts de base. Le tableau suivant décrit l'utilisation et l'application de chacun des concepts de base dans le contexte de la planification et de la surveillance de l'analyse d'affaires.

Table 3.0.1: Le modèle des concepts de base de la planification et de la surveillance de l'analyse d'affaires

Concepts de base	Pendant la planification et la surveillance de l'analyse d'affaires, les analystes d'affaires...
Changement : l'acte de transformation en réponse à un besoin.	sont responsables de déterminer comment les changements apportés aux résultats de l'analyse d'affaires seront demandés et autorisés.
Besoin : un problème à résoudre ou une opportunité à saisir.	choisissent une approche de l'analyse d'affaires qui offre une analyse adéquate du changement.
Solution : une manière spécifique de satisfaire un ou plusieurs besoins dans un contexte.	évaluent si le rendement de l'analyse d'affaires a été un principal facteur contributif de la mise en œuvre réussie d'une solution.
Partie prenante : un groupe ou une personne ayant un lien avec le changement, le besoin ou la solution.	effectuent une analyse des parties prenantes pour voir à ce que les activités de planification et de surveillance reflètent les besoins et tiennent compte des caractéristiques des parties prenantes.
Valeur : la valeur, l'importance ou l'utilité de quelque chose pour une partie prenante dans un contexte.	mènent des analyses du rendement pour voir à ce que les activités d'analyse d'affaires continuent d'offrir une valeur suffisante aux parties prenantes.
Contexte : les circonstances qui influencent le changement, qui en subissent les effets et qui permettent de le comprendre.	assurent une connaissance approfondie du contexte analysé pour mettre au point une approche de l'analyse d'affaires efficace.

Figure 3.0.1: Schéma d'intrants/extrants de la planification et de la surveillance de l'analyse d'affaires

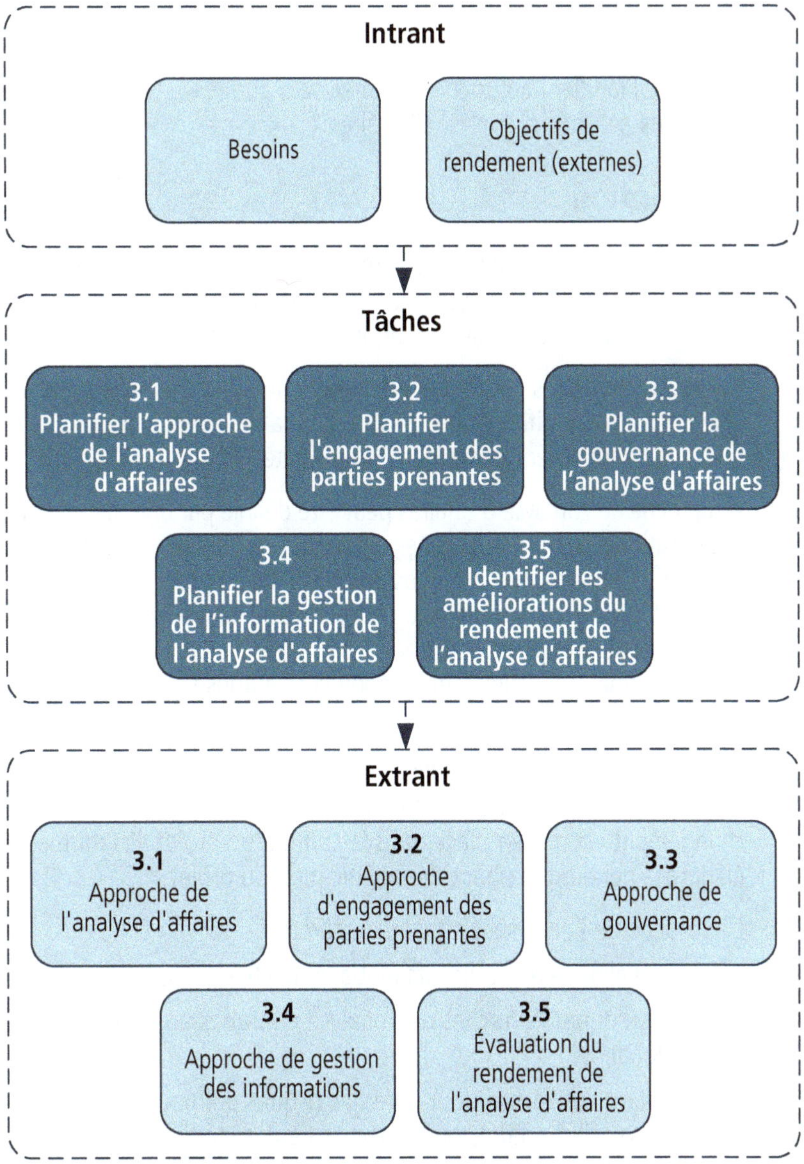

3.1 Planifier l'approche de l'analyse d'affaires

3.1.1 Objectif

Le but de Planifier l'approche de l'analyse d'affaires est de définir une méthode appropriée pour mener les activités d'analyse d'affaires.

3.1.2 Description

Les approches de l'analyse d'affaires décrivent la méthode générale qui sera utilisée pour effectuer du travail d'analyse d'affaires sur une initiative donnée, quand et comment les tâches seront effectuées, et les livrables qui seront produits.

L'analyste d'affaires pourrait également définir un ensemble initial de techniques à utiliser. Cette liste peut être modifiée à mesure que l'initiative avance et que l'analyste d'affaires comprend mieux le changement et ses parties prenantes.

L'approche de l'analyse d'affaires peut être définie par une méthodologie ou des normes organisationnelles. Dans certaines organisations, des éléments de l'approche de l'analyse d'affaires peuvent être normalisés et rendus officiels dans un processus d'analyse d'affaires pouvant être répété et mis à profit pour chaque effort. Même lorsqu'il existe une approche normalisée, cette dernière peut être adaptée aux besoins d'une initiative précise. L'adaptation peut être gouvernée par des normes qui définissent les approches autorisées, les éléments de ces processus qui peuvent être adaptés et les lignes directrices générales de sélection d'un processus.

Si les normes organisationnelles sont absentes, l'analyste d'affaires consulte les parties prenantes concernées pour déterminer comment le travail sera fait. Par exemple, si le changement est mis en place dans le cadre d'un projet, les normes et l'approche peuvent être élaborées pendant la phase de planification du projet.

L'approche de l'analyse d'affaires devrait :

- être alignée aux objectifs globaux du changement,
- coordonner les tâches de l'analyse d'affaires aux activités et livrables du changement global,
- inclure des tâches pour gérer les risques qui pourraient réduire la qualité des livrables d'analyse d'affaires ou empêcher l'efficacité des tâches,
- mettre à profit les approches et sélectionner des techniques et outils qui ont bien fonctionné dans le passé.

3.1.3 Intrants

- **Besoins** : L'approche de l'analyse d'affaires est définie par le problème ou l'opportunité auxquels l'organisation est confrontée. Il faut absolument examiner ce qui est connu du besoin au moment de la planification, tout en reconnaissant que la connaissance évolue au fil des activités d'analyse d'affaires.

Figure 3.1.1: Schéma d'intrants/extrants de planification de l'approche de l'analyse d'affaires

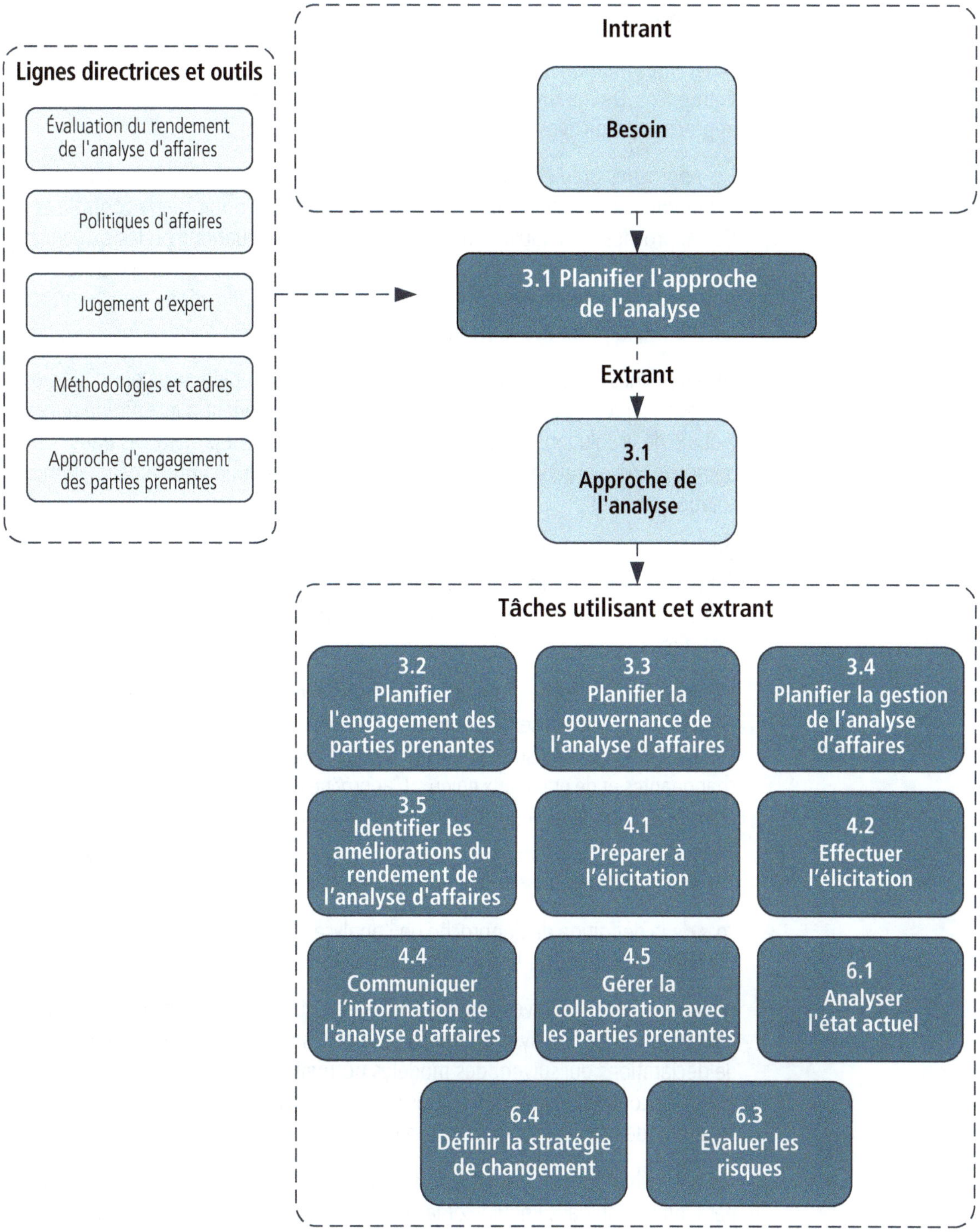

3.1.4 Éléments

.1 Approche de planification

Différentes méthodes de planification sont utilisées dans différentes perspectives, industries et entreprises. De nombreuses méthodes de planification s'inscrivent sur un continuum entre les approches prédictives et adaptatives.

Les approches prédictives sont axées sur la réduction au minimum d'incertitudes initiales et la définition de la solution avant la mise en œuvre, pour optimiser le contrôle et réduire les risques. Ces approches sont souvent à privilégier dans des situations où les exigences peuvent être expressément définies avant la mise en œuvre, où le risque d'une mauvaise mise en œuvre est trop élevé pour être acceptable ou lorsque les communications avec les parties prenantes amènent d'importantes difficultés.

Les approches adaptatives sont axées sur la création rapide de valeur d'affaires dans de courtes itérations en retour d'une acceptation d'un degré supérieur d'incertitude qui entoure l'exécution globale de la solution. Ces approches sont généralement préférables dans l'adoption d'une approche d'exploration afin de trouver la meilleure solution ou l'amélioration progressive d'une solution existante.

Différentes approches pourraient être utilisées avec la même initiative. Parmi d'autres facteurs, l'analyste d'affaires pourrait examiner les normes de l'organisation, sa tolérance pour l'incertitude et l'expérience de différentes approches dans la planification des activités d'analyse d'affaires.

Peu importe l'approche retenue, la planification est une tâche essentielle pour offrir une valeur ajoutée à une entreprise. La planification s'organise habituellement plus d'une fois dans une initiative donnée, à mesure que les plans sont mis à jour en fonction de conditions d'affaires changeantes et de nouveaux enjeux. L'approche de l'analyse d'affaires devrait décrire comment les plans seront modifiés si des changements sont requis.

.2 Formalité et niveau de détail des livrables de l'analyse d'affaires

Lors de la définition de l'approche de l'analyse d'affaires, examinez le niveau de formalité qui se prête à l'approche et à la planification de l'initiative.

Les approches prédictives exigent normalement des documents et des déclarations officiels. L'information de l'analyse d'affaires peut être saisie dans un document officiel ou un ensemble de déclarations qui suivent des modèles normalisés. L'information est saisie à divers niveaux de détail. Le contenu et le format précis de l'information de l'analyse d'affaires peuvent varier selon les méthodes organisationnelles, les processus et les modèles utilisés.

Les approches adaptatives tablent davantage sur la définition des exigences et des conceptions par l'interaction dans l'équipe et la collecte de commentaires sur une solution fonctionnelle. Les déclarations sur les exigences obligatoires sont souvent limitées à une liste des exigences priorisées. D'autres documents d'analyse d'affaires peuvent être créés à la discrétion de l'équipe. Ce sont en général des modèles conçus pour améliorer la connaissance de l'équipe d'un problème précis. De la documentation officielle est souvent produite après que la solution est mise en œuvre pour faciliter le transfert des connaissances.

Parmi les autres facteurs qui pourraient influencer l'approche, on retrouve les éléments suivants :

- le changement est complexe, et le risque élevé,

- l'organisation se trouve dans, ou interagit avec, des industries fortement réglementées,
- des contrats ou ententes exigent un caractère officiel,
- les parties prenantes sont réparties géographiquement,
- les ressources sont externalisées,
- le roulement du personnel est élevé et les membres de l'équipe pourraient être inexpérimentés,
- les exigences doivent être officiellement approuvées, et
- l'information de l'analyse d'affaires doit être conservée à long terme ou transférée en vue d'une utilisation dans des initiatives à venir.

Figure 3.1.2: Formalité et niveau de détail des livrables de l'analyse d'affaires

	Approche	
	Prédictive	**Adaptative**
Définition de la solution	Définie avant la mise en œuvre pour maximiser le contrôle et minimiser les risques.	Définie en plusieurs étapes pour obtenir la meilleure solution ou améliorer une solution existante.
Niveau de formalisme	Les informations formelles sont saisies dans des modèles normalisés.	Les informations informelles sont recueillies grâce à l'interaction et à la rétroaction de l'équipe.
Activités	Les activités nécessaires à la réalisation des produits livrables sont d'abord identifiées, puis divisées en tâches.	Les activités sont divisées en plusieurs étapes où les produits livrables sont identifiées en premier suivis des tâches annexes.
Durée	Les tâches sont exécutées lors de phases spécifiques.	Les tâches sont exécutées de façon répétée.

.3 Activités d'analyse d'affaires

Une approche de l'analyse d'affaires offre une description des types d'activités qu'effectuera l'analyste d'affaires. Souvent, les méthodologies adoptées par l'organisation influencent les activités retenues.

Intégrer des activités d'analyse d'affaires à l'approche de l'analyse d'affaires englobe ce qui suit :

- identifier les activités requises pour mener à bien chaque livrable, pour ensuite diviser chaque activité parmi différentes tâches,
- diviser le travail en itérations pour cerner les livrables de chaque itération, puis cerner les activités et tâches connexes, et
- utiliser une initiative semblable précédente en tant que grandes lignes et appliquer les tâches et activités détaillées propres à l'initiative actuelle.

.4 Choix du moment du travail d'analyse d'affaires

Les analystes d'affaires déterminent quand les tâches d'analyse d'affaires doivent être effectuées et si le niveau d'effort de l'analyse d'affaires devra varier au fil du temps. Ce type de planification amène le besoin de déterminer si les tâches d'analyse d'affaires effectuées dans les autres domaines de connaissances seront effectuées principalement dans des phases précises ou par itérations au cours de l'initiative.

Le choix du moment des activités d'analyse d'affaires peut également varier selon :

- la disponibilité des ressources,
- la priorité ou l'urgence de l'initiative,
- d'autres initiatives concurrentes, et
- des contraintes comme des modalités contractuelles ou des échéances réglementaires.

.5 Complexité et risque

La complexité et l'ampleur du changement, ainsi que le risque général que représente l'effort pour l'organisation, sont pris en compte lors de la détermination de l'approche de l'analyse d'affaires. À mesure qu'augmentent ou diminuent la complexité et le risque, la nature et la portée de chaque travail d'analyse d'affaires peuvent être modifiées et reflétées dans l'approche.

L'approche peut également être modifiée en fonction du nombre de parties prenantes ou de ressources d'analyse d'affaires qui font partie de l'initiative. À mesure qu'augmente le nombre de parties prenantes, l'approche peut être ajustée pour que soient ajoutées d'autres étapes du processus afin de mieux gérer le travail d'analyse d'affaires.

Parmi les autres facteurs qui peuvent modifier la complexité se trouvent :

- l'ampleur du changement,
- le nombre de domaines ou de systèmes d'affaires touchés,
- les facteurs géographiques et culturels,
- les complexités technologiques, et
- tout risque qui peut entraver l'effort de l'analyse d'affaires.

Parmi les facteurs qui peuvent toucher le niveau de risque d'un effort de l'analyse d'affaires se trouvent :

- le niveau d'expérience de l'analyste d'affaires,
- l'étendue de la connaissance du domaine de l'analyste d'affaires,
- le niveau d'expérience des parties prenantes dans la communication des besoins,
- les attitudes de la partie prenante au sujet du changement et de l'analyse d'affaires en général,
- le temps consacré par les parties prenantes aux activités d'analyse d'affaires,
- tout cadre, méthode, outil ou technique imposé par les politiques et les pratiques organisationnelles, et
- les normes culturelles de l'organisation.

.6 Acceptation

L'approche de l'analyse d'affaires est examinée et acceptée par les principales parties prenantes. Dans certaines organisations, le processus d'analyse d'affaires peut être plus structuré et exiger des principales parties prenantes qu'elles approuvent l'approche pour voir à ce que toutes les activités d'analyse d'affaires aient été cernées, que les estimations soient réalistes et que les rôles et responsabilités proposés soient corrects. Tout problème souligné par les parties prenantes lors de l'examen de l'approche est noté par l'analyste d'affaires, après quoi des solutions sont cherchées. Les parties prenantes jouent également un rôle dans l'examen et l'acceptation des changements à l'approche à mesure que des altérations sont apportées en fonction des conditions changeantes dans l'initiative.

3.1.5 Lignes directrices et outils

- **Évaluation du rendement de l'analyse d'affaires** : fournit les résultats d'évaluations précédentes qui doivent être examinés et incorporés à toutes les approches de planification.
- **Politiques d'affaires** : définissent les limites dans lesquelles les décisions doivent être prises. Elles peuvent être définies par des règlements, des contrats, des ententes, des accords, des garanties, des certifications ou d'autres obligations légales. Ces politiques peuvent influencer l'approche de l'analyse d'affaires.
- **Jugement d'expert** : utilisé pour déterminer l'approche de l'analyse d'affaires. Une expertise peut être fournie de différentes sources, dont les parties prenantes de l'initiative, les centres d'excellence organisationnels, des consultants ou des associations et groupes de l'industrie. L'expérience de l'analyste d'affaires et d'autres parties prenantes doit entrer en ligne de compte au moment de sélectionner ou de modifier une approche.
- **Méthodologies et cadres** : déterminent l'approche qui sera utilisée en établissant des méthodes, techniques, procédures, concepts de travail et règles. Elles pourraient devoir être adaptées pour mieux correspondre aux besoins du défi d'affaires en question.
- **Approche d'engagement des parties prenantes** : le fait de connaître les parties prenantes et leurs préoccupations et intérêts peut influencer les décisions prises afin de déterminer l'approche de l'analyse d'affaires.

3.1.6 Techniques

- **Remue-méninges** : utilisés pour identifier des activités, techniques et risques d'analyse d'affaires et d'autres éléments pertinents pour concrétiser l'approche de l'analyse d'affaires.
- **Dossiers d'affaires** : utilisés pour savoir si des éléments du problème ou de l'opportunité dépendent expressément de délais, ont une valeur élevée ou si une incertitude particulière plane autour d'éléments du besoin ou de la solution possibles.
- **Analyse de la documentation** : utilisée pour passer en revue les actifs organisationnels qui pourraient aider à planifier l'approche,
- **Estimation** : utilisée pour déterminer combien de temps sera requis pour effectuer les activités d'analyse d'affaires,
- **Analyse financière** : utilisée pour évaluer comment différentes approches (et les options d'exécution possibles) influent sur la valeur offerte,

- **Décomposition fonctionnelle** : utilisée pour scinder des processus ou approches d'analyse d'affaires en composantes plus réalisables,
- **Entretiens** : utilisés pour aider à construire le plan avec une personne ou un petit groupe,
- **Gestion des points de suivi** : utilisée pour surveiller tout problème soulevé pendant des activités de planification avec des parties prenantes. Elle peut aussi suivre de près les éléments liés au risque mentionnés pendant des discussions lors de l'établissement de l'approche,
- **Leçons apprises** : utilisées pour identifier l'expérience d'une entreprise (à la fois les réussites et les défis) lors de la planification de l'approche de l'analyse d'affaire,
- **Modélisation des processus** : utilisée pour définir et consigner l'approche de l'analyse d'affaires,
- **Revues** : utilisées pour valider l'approche de l'analyse d'affaires retenue auprès des parties prenantes,
- **Analyse et gestion des risques** : utilisées pour identifier et mitiger les risques afin de sélectionner la bonne approche de l'analyse d'affaires,
- **Modélisation de la portée** : utilisée pour déterminer les limites de la solution en tant qu'intrant de la planification et de l'estimation,
- **Sondage ou questionnaire** : utilisés pour identifier des activités, techniques et risques d'analyse d'affaires et d'autres éléments pertinents pour concrétiser l'approche de l'analyse d'affaires.
- **Ateliers de travail** : utilisés pour bâtir le plan dans un contexte d'équipe.

3.1.7 Parties prenantes

- **Expert du domaine** : peut être une source de risque si sa participation est requise et sa disponibilité est réduite. L'approche adoptée peut dépendre de la disponibilité et du niveau de participation à l'initiative.
- **Chef de projet** : détermine que l'approche est réaliste pour le calendrier global et les échéanciers. L'approche de l'analyse d'affaires doit être compatible avec autres activités.
- **Régulateur** : peut être requis pour une approbation de certains aspects de l'approche de l'analyse d'affaires ou des décisions prises dans l'adaptation du processus, surtout dans des organisations où le processus d'analyse d'affaires est vérifié.
- **Promoteur** : peut faire part de besoins et d'objectifs pour l'approche et fait en sorte que les politiques de l'organisation sont suivies. L'approche adoptée peut dépendre de sa disponibilité et de son niveau de participation à l'initiative.

3.1.8 Extrants

- **Approche de l'analyse d'affaires** : cerne l'approche de l'analyse d'affaires et les activités qui seront effectuées dans une initiative, incluant ceux qui feront les activités, le moment idéal et l'ordonnancement du travail, les livrables qui seront produits ainsi que les techniques d'analyse d'affaires qui pourront être utilisées. Les extrants restants du domaine de connaissances de la planification et de la surveillance de l'analyse d'affaires peuvent être intégrés à une approche globale ou être indépendants et reposer sur une méthode, une organisation et une perspective.

3.2 Planifier l'engagement des parties prenantes

3.2.1 Objectif

Le but de Planifier l'engagement des parties prenantes consiste à planifier une approche afin d'établir et de conserver des relations de travail efficaces avec les parties prenantes.

3.2.2 Description

Planifier l'engagement des parties prenantes englobe une analyse exhaustive des parties prenantes qui dégage toutes les parties prenantes concernées et qui analyse leurs caractéristiques. Les résultats de l'analyse sont ensuite utilisés pour définir les meilleures approches de collaboration et de communication pour l'initiative et pour planifier adéquatement les risques pour les parties prenantes.

Lors de la planification de l'engagement des parties prenantes, le degré de complexité peut augmenter de façon disproportionnée, à mesure qu'augmente le nombre de parties prenantes qui participent aux activités d'analyse d'affaires. C'est un facteur important, car des techniques nouvelles ou différentes pour la gestion des parties prenantes peuvent être requises lorsque l'engagement passe de la collaboration avec quelques parties prenantes à des dizaines, des centaines ou même des milliers de personnes.

3.2.3 Intrants

- **Besoins** : connaître le besoin d'affaires et les parties de l'entreprise qu'il touche facilite l'identification des parties prenantes. Le besoin peut également évoluer à mesure que se déroule l'analyse des parties prenantes.
- **Approche de l'analyse d'affaires** : incorporer l'approche de l'analyse d'affaires globale à l'analyse des parties prenantes, à la collaboration et aux approches de communication est nécessaire pour assurer l'uniformité entre les approches.

Figure 3.2.1: Schéma d'intrants/extrants de Planifier l'engagement des parties prenantes

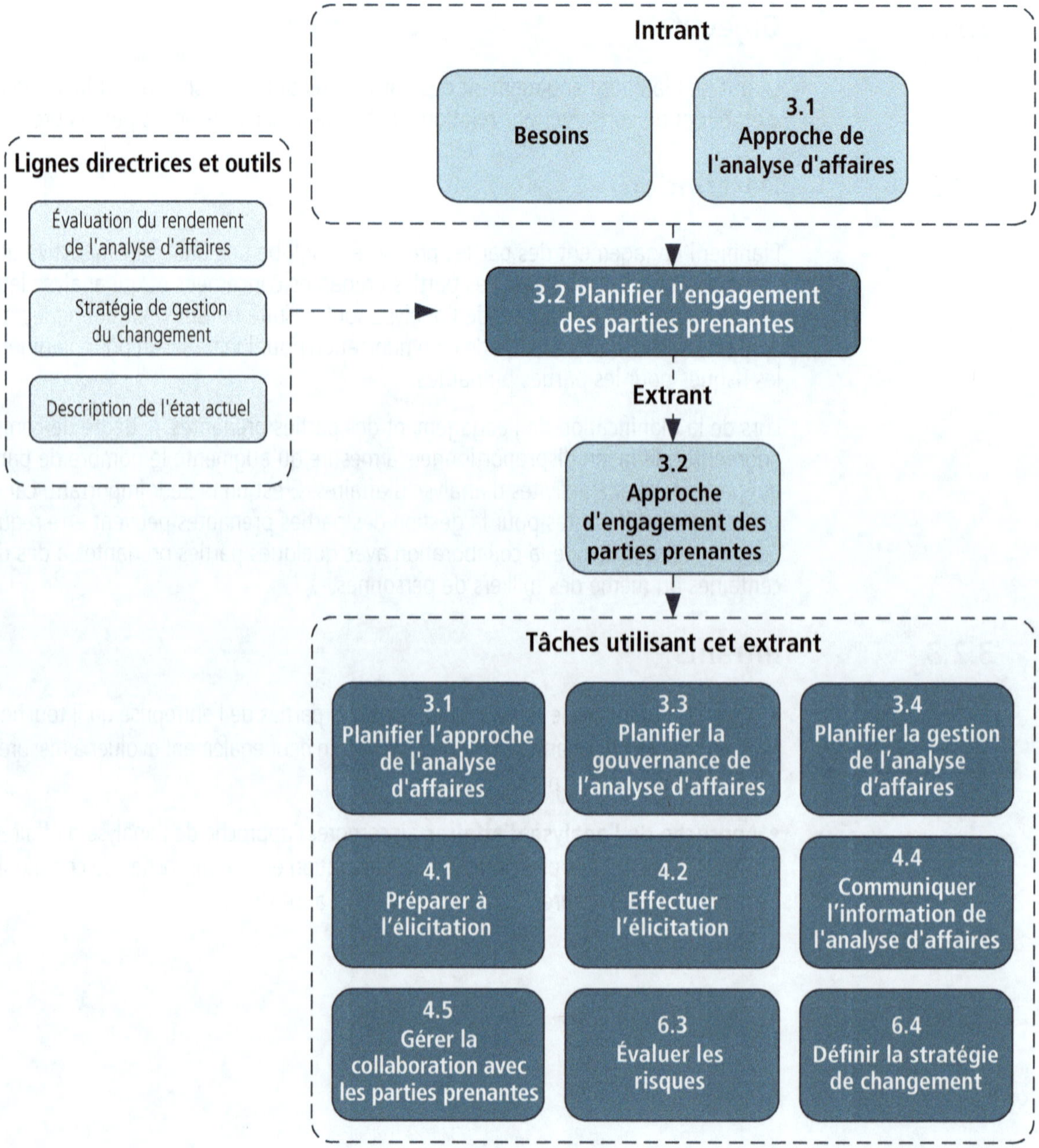

3.2.4 Éléments

.1 Effectuer une analyse des parties prenantes

L'analyse des parties prenantes englobe l'identification des parties prenantes (qui seront directement ou indirectement touchées par le changement) et leurs caractéristiques, ainsi que l'analyse de l'information une fois qu'elle est recueillie. L'analyse des parties prenantes est effectuée à répétition, à mesure que les activités d'analyse d'affaires se poursuivent.

Une liste des parties prenantes exhaustive et détaillée fait en sorte que les parties prenantes ne soient pas oubliées. Savoir qui sont les parties prenantes, connaître l'effet des changements proposés pour elles et l'influence qu'elles peuvent avoir sur le changement est fondamental pour connaître les besoins, les souhaits et les attentes qui doivent être satisfaits par une solution. Si les parties prenantes ne sont pas cernées, l'analyste d'affaires peut omettre d'identifier des besoins critiques. Les besoins de parties prenantes identifiés tardivement exigeront souvent une révision de tâches d'analyse d'affaires qui sont en cours ou qui sont achevées. Cela peut augmenter les coûts et diminuer la satisfaction des parties prenantes.

La façon dont les analystes d'affaires effectuent l'analyse des parties prenantes peut varier d'un projet, d'une méthode et d'une organisation à l'autre. L'organigramme d'une entreprise et ses processus d'affaires peuvent servir de source initiale de détermination des parties prenantes internes. Le promoteur peut également identifier des parties prenantes. Les parties prenantes à l'extérieur de l'organisation peuvent être identifiées et mises au jour en comprenant tout contrat existant qui peut être en place, les fournisseurs anticipés qui peuvent avoir un rôle à jouer selon les relations existantes avec l'organisation ainsi que les organismes réglementaires et gouvernementaux qui peuvent influencer le travail. Les actionnaires, clients et fournisseurs entrent également en ligne de compte lors de la recherche de parties prenantes externes.

Rôles

Les analystes d'affaires identifient les rôles de parties prenantes pour savoir où et comment les parties prenantes contribueront à l'initiative. Il importe que l'analyste d'affaires connaisse les divers rôles dont est responsable une partie prenante dans l'organisation.

Attitudes

Les attitudes des parties prenantes peuvent avoir un effet favorable ou défavorable sur un changement. Les analystes d'affaires identifient les attitudes des parties prenantes pour comprendre entièrement les facteurs qui peuvent toucher les gestes et les comportements d'une partie prenante. Savoir comment une partie prenante perçoit l'initiative donne l'opportunité à l'analyste d'affaires de planifier expressément sa collaboration et son engagement avec cette partie prenante.

Les analystes d'affaires analysent les attitudes des parties prenantes à l'égard :

- des objectifs d'affaires, objectifs de l'initiative et toute solution proposée,
- de l'analyse d'affaires en général,
- du niveau d'intérêt envers le changement,
- du promoteur,
- des membres de l'équipe et d'autres parties prenantes, et
- de la collaboration et d'une approche d'équipe.

Les parties prenantes qui partent avec une attitude positive peuvent être de solides promoteurs et d'excellents contributeurs. D'autres parties prenantes pourraient ne pas voir la valeur du travail, mal comprendre la valeur ajoutée ou s'interroger sur l'effet qu'aura le changement sur elles. Les parties prenantes qui doivent jouer des rôles stratégiques et participer intensément à des activités d'analyse d'affaires, mais qui voient un changement d'un mauvais œil, pourraient avoir besoin d'approches de collaboration qui augmentent leur coopération.

Autorité décisionnelle

Les analystes d'affaires identifient le niveau d'autorité que possède une partie prenante dans les activités d'analyse d'affaires, sur les livrables et sur les changements au travail d'analyse d'affaires. Connaître les niveaux d'autorité d'entrée de jeu élimine la confusion pendant l'effort de l'analyse d'affaires et fait en sorte que l'analyste d'affaires collabore avec les bonnes parties prenantes lorsqu'il a besoin d'une décision ou qu'il cherche des approbations.

Niveau de pouvoir ou d'influence

Connaître la nature de l'influence et des structures et canaux d'influence dans une organisation peut s'avérer d'une aide inestimable lorsqu'on cherche à bâtir des relations et la confiance. Connaître l'influence et l'attitude que chaque partie prenante peut avoir permet d'orchestrer des stratégies visant à obtenir l'approbation et la collaboration. Les analystes d'affaires évaluent le degré d'influence requis pour mettre en place un changement en comparaison avec le degré d'influence qu'apportent les principales parties prenantes. Si l'influence requise et l'influence que possède la partie prenante ou que l'on perçoit chez elle ne correspondent pas, les analystes d'affaires élaborent des plans de risque, des interventions et d'autres stratégies qui pourraient être nécessaires pour obtenir le niveau de soutien adéquat.

.2 Définir la collaboration avec les parties prenantes

Assurer une collaboration efficace avec les parties prenantes est essentiel pour assurer leur engagement continu aux activités d'analyse d'affaires. La collaboration peut être spontanée. Toutefois, la plupart du temps, la collaboration est un geste intentionnel et planifié et comprend des activités et résultats précis déterminés à l'avance pendant les activités de planification.

L'analyste d'affaires peut planifier différentes approches de collaboration pour les parties prenantes internes et externes et les approches peuvent différer selon l'activité d'analyse d'affaires. L'objectif est de sélectionner les approches qui sont les plus efficaces pour répondre aux besoins de chaque groupe de parties prenantes et voir à ce que leurs intérêts et leur implication demeurent dans l'ensemble de l'initiative. Voici des facteurs à considérer afin de planifier la collaboration :

- le choix du moment et la fréquence de la collaboration,
- l'emplacement,
- les outils offerts, dont des wikis et communautés en ligne,
- les méthodes de prestation, comme en personne ou virtuelle, et
- les préférences des parties prenantes.

Les facteurs de planification peuvent être notés sous forme de plan de collaboration avec les parties prenantes. À mesure que les facteurs changent, les plans peuvent être révisés et des ajustements et adaptations peuvent être faits pour voir à l'engagement continu des parties prenantes.

.3 Besoins de communication des parties prenantes

L'analyste d'affaires évalue :

- ce qui doit être communiqué,
- la bonne méthode d'exécution (écrite ou verbale),
- qui est le bon public,
- quand la communication doit avoir lieu,
- la fréquence de la communication,
- l'emplacement géographique des parties prenantes qui recevront les communications,
- le niveau de détail adéquat pour la communication et la partie prenante, et
- le niveau de formalité de la communication.

Les facteurs liés à la communication peuvent être notés sous la forme d'un plan de communication avec les parties prenantes. Les analystes d'affaires créent et examinent les plans de communication avec les parties prenantes pour voir à ce que leurs exigences et attentes en matière de communication soient respectées.

3.2.5 Lignes directrices et outils

- **Évaluation du rendement de l'analyse d'affaires** : fournit les résultats d'évaluations précédentes qui doivent être examinés et incorporés.
- **Stratégie de gestion du changement** : utilisée pour améliorer l'évaluation de l'effet sur les parties prenantes et l'élaboration de stratégies d'engagement des parties prenantes plus efficaces.
- **Description de l'état actuel** : fournit le contexte dans lequel le travail doit être réalisé. Ces renseignements mèneront à une analyse des parties prenantes plus efficace et à une meilleure connaissance de l'effet du changement souhaité.

3.2.6 Techniques

- **Remue-méninges** : utilisés pour produire la liste des parties prenantes et identifier les rôles et responsabilités des parties prenantes.
- **Analyse des règles d'affaires** : utilisée pour cerner les parties prenantes qui étaient à la source des règles d'affaires.
- **Analyse de la documentation** : utilisée pour passer en revue les actifs existants de l'organisation qui pourraient aider à planifier l'engagement des parties prenantes.
- **Entretiens** : utilisés pour interagir avec des parties prenantes précises pour obtenir plus d'information ou de connaissances sur les groupes de parties prenantes.
- **Leçons apprises** : utilisés pour identifier l'expérience d'une entreprise (à la fois ses réussites et ses défis) lors de la planification de la mobilisation des parties prenantes.
- **Cartographie heuristique** : utilisée pour trouver les parties prenantes potentielles et comprendre les liens entre elles.
- **Modélisation de l'organisation** : utilisée pour déterminer si les unités organisationnelles ou personnes citées ont des besoins et intérêts uniques qui devraient entrer en ligne de compte. Les modèles organisationnels décrivent les rôles et fonctions dans l'organisation et les façons dont les parties prenantes interagissent, ce qui peut contribuer à identifier les parties prenantes qui seront touchées par un changement.
- **Modélisation des processus** : utilisée pour classer les parties prenantes selon les systèmes qui appuient leurs processus d'affaires.
- **Analyse et gestion des risques** : utilisées pour identifier et mitiger les risques relatifs à l'initiative et issus des attitudes des parties prenantes ou de l'incapacité des parties prenantes principales pour participer à l'initiative.
- **Modélisation de la portée** : utilisée pour élaborer des modèles de portée à montrer aux parties prenantes qui ne s'inscrivent pas dans la portée de la solution, mais qui interagissent avec elle d'une certaine façon.
- **Listes des parties prenantes, cartographie ou personas** : utilisés pour représenter le lien entre les parties prenantes et la solution et leurs liens mutuels.
- **Sondage ou questionnaire** : utilisés pour cerner les caractéristiques partagées d'un groupe de parties prenantes.

- **Ateliers de travail** : utilisés pour interagir avec des groupes de parties prenantes pour obtenir plus d'information sur les groupes de parties prenantes.

3.2.7 Parties prenantes

- **Clients** : une source de parties prenantes externes.
- **Expert du domaine** : peut aider à identifier des parties prenantes et peut être amené lui-même à jouer un ou plusieurs rôles dans l'initiative.
- **Utilisateur final** : une source de parties prenantes internes.
- **Chef de projet** : peut être en mesure d'identifier et de recommander des parties prenantes. La responsabilité de trouver des parties prenantes et de les gérer peut être partagée avec l'analyste d'affaires.
- **Régulateur** : peut exiger que des représentants ou groupes de parties prenantes précis participent aux activités d'analyse d'affaires.
- **Promoteur** : peut exiger que des représentants de parties prenantes précis participent aux activités d'analyse d'affaires.
- **Fournisseur** : une source de parties prenantes externes.

3.2.8 Extrants

- **Approche d'engagement des parties prenantes** : contient une liste des parties prenantes, de leurs caractéristiques analysées et des rôles et responsabilités liés au changement. Elle indique également les approches de collaboration et de communication que l'analyste d'affaires utilisera pendant l'initiative.

3.3 Planifier la gouvernance de l'analyse d'affaires

3.3.1 Objectif

Le but de Planifier la gouvernance de l'analyse d'affaires consiste à définir comment les décisions sont prises au sujet des exigences et conceptions, dont les revues, le suivi du changement, les approbations et la priorisation.

3.3.2 Description

Les analystes d'affaires font en sorte qu'un processus de gouvernance soit en place et clarifient toute ambiguïté. Un processus de gouvernance identifie les décisionnaires, le processus et l'information requis pour la prise de décisions. Un processus de gouvernance décrit comment les décisions d'approbations et les décisions de priorisation sont prises pour les exigences et les conceptions.

Pour planifier l'approche de gouvernance, les analystes d'affaires identifient :

- comment le travail d'analystes d'affaires sera abordé et priorisé,
- en quoi consiste le processus de proposition d'un changement à l'information de l'analyse d'affaires,

- qui a le pouvoir et la responsabilité de proposer des changements et qui devrait faire partie des discussions sur le changement,
- qui est responsable d'analyser les demandes de changement,
- qui a le pouvoir d'approuver les changements, et
- comment les changements seront documentés et communiqués.

3.3.3 Intrants

- **Approche de l'analyse d'affaires** : incorporer l'approche de l'analyse d'affaires globale à l'approche de gouvernance est nécessaire pour assurer l'uniformité entre les approches.
- **Approche d'engagement des parties prenantes** : cerner les parties prenantes et connaître leurs besoins de communication et de collaboration est utile pour déterminer leur participation à l'approche de gouvernance. L'approche d'engagement peut être mise à jour au terme de l'approche de gouvernance.

Figure 3.3.1: Schéma d'intrants/extrants de planification de la gouvernance de l'analyse d'affaires

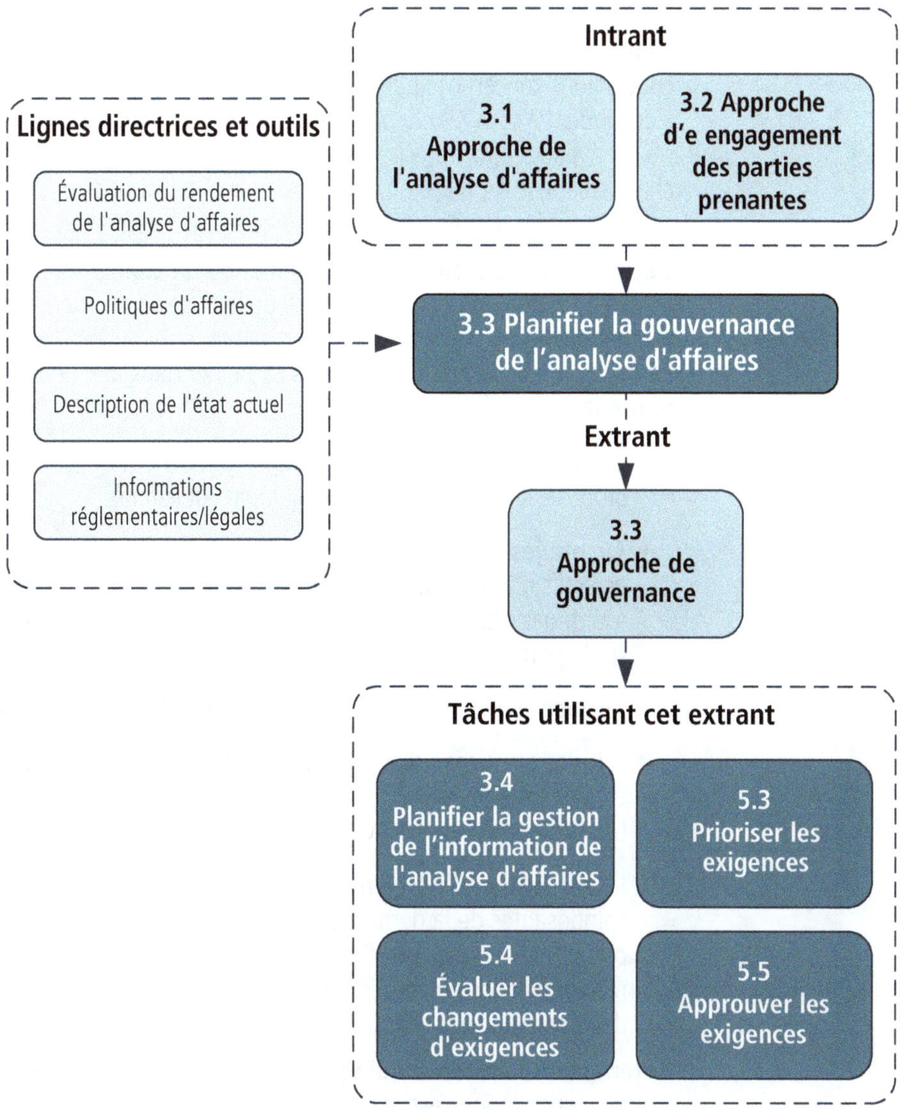

3.3.4 Éléments

.1 Prise de décisions

Des décisions sont prises dans l'ensemble de l'initiative. Une partie prenante peut jouer différents rôles dans le processus décisionnel, comme :

- participer aux discussions entourant la prise de décision,
- servir d'expert du domaine, offrir son expérience et ses connaissances au processus décisionnel,
- réviser l'information, et
- approuver les décisions.

Le processus décisionnel définit ce qui se passe lorsque les équipes ne peuvent pas parvenir à un consensus, en identifiant des voies de transmission aux échelons supérieurs et les principales parties prenantes qui détiennent le pouvoir décisionnel ultime.

.2 Processus de suivi du changement

Lorsque les analystes d'affaires mettent au point un processus de suivi du changement, ils :

- **Déterminent le processus de demande de changements** : précisent les exigences et les conceptions concernées par le processus de suivi du changement et déterminent si elles s'appliquent à tous les changements ou uniquement aux changements d'ampleur, de coût ou de niveau d'effort précis. Ce processus décrit en détail les étapes de proposition d'un changement, le moment où les changements peuvent être proposés, qui peut les proposer et comment les demandes de changement sont annoncées.
- **Déterminent les éléments de la demande de changement** : identifient l'information à inclure dans une proposition à l'appui de la prise de décisions et de la mise en œuvre, si elle est approuvée.
  Parmi les composantes éventuelles à examiner dans une demande de changement se trouvent :
  - **Estimations de coûts et de temps** : pour chaque domaine touché par le changement proposé, le coût prévu du changement est estimé.
  - **Avantages** : une explication de l'alignement du changement à l'initiative et aux objectifs d'affaires pour montrer comment le changement ajoute une valeur. Parmi les avantages étudiés se trouvent des avantages financiers et tactiques, comme des effets sur la portée, le temps, le coût, la qualité et les ressources.
  - **Risques** : une analyse des risques pour l'initiative, la solution ou les objectifs d'affaires.
  - **Priorité** : le niveau d'importance du changement par rapport à d'autres facteurs comme les objectifs organisationnels, les exigences de conformité réglementaire et les besoins des parties prenantes.
  - **Interventions** : l'intervention pour le changement comprend une évaluation des composantes de la demande de changement (coût, temps, bénéfices, risques et priorité). Il est fréquent d'identifier plusieurs interventions alternatives, comme celles recommandées par le demandeur et d'autres parties prenantes, pour que les décisionnaires puissent faire un choix qui servira au mieux les besoins de l'initiative.
- **Déterminent la priorité qui sera accordée aux changements** : la priorité du changement proposé est établie par rapport à d'autres intérêts concurrentiels dans l'initiative en cours.

- **Déterminent comment les changements seront consignés** : des normes de gestion de la configuration et de traçabilité établissent les bases du produit et les pratiques de contrôle de la version qui déterminent quelle mesure de référence sera touchée par le changement.
- **Déterminent comment les changements seront communiqués** : comment les changements proposés, les changements examinés et les changements approuvés, refusés ou reportés seront annoncés aux parties prenantes.
- **Déterminent qui effectuera l'analyse d'impact** : préciser qui sera chargé d'effectuer une analyse des impacts du changement proposé dans l'initiative.
- **Déterminent qui autorisera les changements** : inclure le choix des personnes qui peuvent approuver les changements et l'information de l'analyse d'affaires que leur autorité couvre.

.3 Approche de priorisation du plan

Pour plus d'informations, se référer à Prioriser les exigences (p. 86).

Échéanciers, valeur prévue, interdépendances, contraintes de ressources, méthodologies adoptées et d'autres facteurs influencent comment les exigences et les conceptions sont priorisées.

Pour planifier le processus de priorisation, les analystes d'affaires déterminent :

- le caractère officiel et la rigueur du processus de priorisation,
- les participants à la priorisation,
- le processus qui consiste à décider comment se fera la priorisation, dont les techniques de priorisation utilisées, et
- les critères à utiliser pour la priorisation. Par exemple, les exigences peuvent être priorisées selon le coût, le risque et la valeur.

L'approche devrait également déterminer les parties prenantes qui joueront un rôle dans la priorisation.

.4 Plan d'approbations

Une approbation officialise l'entente entre toutes les parties prenantes selon laquelle le contenu et la présentation des exigences et des conceptions sont exacts, adéquats et contiennent assez de détails pour permettre le progrès continu.

Le choix du moment et la fréquence des approbations reposent sur l'ampleur et la complexité du changement et des risques connexes liés à l'abandon ou au report d'une approbation.

L'analyste d'affaires doit déterminer le type d'exigences et de conceptions à approuver, le choix du moment des approbations, le processus à suivre pour les'obtenir et qui approuvera les exigences et les conceptions.

Pour planifier le processus d'approbation approprié, les analystes d'affaires tiennent compte de la culture organisationnelle et du type d'information approuvée. Par exemple, de nouveaux systèmes ou processus pour des industries fortement réglementées comme les finances, l'industrie pharmaceutique ou le secteur de la santé exigeront probablement des examens fréquents et rigoureux et une approbation de spécifications très détaillées. Pour les autres types d'initiatives, un processus d'approbation moins intensif peut être plus approprié et mener à une mise en œuvre plus rapide.

Planifier les approbations comporte également le calendrier d'événements où les approbations se feront et la façon dont elles seront suivies. La disponibilité des parties prenantes, leur attitude et leur volonté de contribuer déterminent l'efficacité du processus d'approbation et peuvent considérablement modifier les échéances de livraison.

3.3.5 Lignes directrices et outils

- **Évaluation du rendement de l'analyse d'affaires** : fournit les résultats d'évaluations précédentes qui doivent être examinés et incorporés à toutes les approches de planification.
- **Politiques d'affaires** : définissent les limites dans lesquelles les décisions doivent être prises. Elles peuvent être définies par des règlements, des contrats, des ententes, des garanties, des certifications ou d'autres obligations légales.
- **Description de l'état actuel** : fournit le contexte dans lequel le travail doit être réalisé. L'information peut indiquer comment prendre de meilleures décisions.
- **Informations réglementaires/légales** : décrivent les règles ou règlements législatifs qui doivent être suivis et peuvent servir à élaborer un cadre qui assure une prise de décision d'affaires solide.

3.3.6 Techniques

- **Remue-méninges** : utilisés pour générer une liste initiale de noms de parties prenantes potentielles qui pourraient nécessiter des rôles d'approbation dans le processus de gouvernance défini.
- **Analyse de la documentation** : utilisée pour évaluer les processus ou modèles de gouvernance existants.
- **Entretiens** : utilisés pour cerner les approches et participants de prise de décision, de suivi du changement, d'approbation ou de priorisation auprès d'une personne ou d'un petit groupe.
- **Gestion des points de suivi** : utilisée pour surveiller des enjeux qui se présentent lors de la planification d'une approche de gouvernance.
- **Leçons apprises** : utilisées pour déterminer si des initiatives passées ont identifié des expériences utiles du suivi qui peuvent servir dans des initiatives actuelles ou futures.
- **Modélisation de l'organisation** : utilisée pour comprendre les rôles/responsabilités dans l'organisation, dans le but de définir une stratégie de gouvernance qui met à contribution les bonnes parties prenantes.
- **Modélisation des processus** : utilisée pour noter le processus ou la méthode de gouvernance de l'analyse d'affaires.
- **Revues** : utilisées pour examiner le plan de gouvernance proposé auprès des principales parties prenantes.
- **Sondage ou questionnaire** : utilisés pour identifier les approches possibles de prises de décision, de suivis des changements, d'approbations, identifier les méthodes de priorisation et identifier les participants.
- **Ateliers de travail** : utilisés pour identifier, au sein d'une équipe de travail, les approches possibles de prises de décision, de suivis des changements, d'approbations, identifier les méthodes de priorisation et identifier les participants.

3.3.7 Parties prenantes

- **Expert du domaine** : peut être une source éventuelle de changement demandé ou identifié en tant que partie requise dans les discussions sur les changements.
- **Chef de projet** : travaille avec l'analyste d'affaires pour voir à ce que la gouvernance de projet globale s'aligne à l'approche de gouvernance de l'analyse d'affaires.
- **Régulateur** : peut imposer les règles ou règlements qui doivent entrer en ligne de compte lors de la détermination du plan de gouvernance de l'analyse d'affaires. Peut également être une source de changement demandé.
- **Promoteur** : peut imposer ses propres exigences sur la façon dont l'information de l'analyse d'affaires doit être gérée. Participe à des discussions sur le changement et approuve les changements proposés.

3.3.8 Extrants

- **Approche de gouvernance** : cerne les parties prenantes qui auront la responsabilité et le pouvoir de prendre des décisions sur le travail d'analyse d'affaires, dont celles qui devront établir les priorités et qui approuveront les changements à l'information de l'analyse d'affaires. Elle définit également le processus qui sera utilisé pour gérer les exigences et concevoir des changements dans l'initiative.

3.4 Planifier la gestion de l'information de l'analyse d'affaires

3.4.1 Objectif

Le but de Planifier la gestion de l'information de l'analyse d'affaires est d'élaborer une approche qui encadre la façon dont l'information de l'analyse d'affaires sera stockée et consultée.

3.4.2 Description

L'information de l'analyse d'affaires comprend toute l'information que les analystes d'affaires élicitent, créent, rassemblent et diffusent dans l'analyse d'affaires. Les modèles, énoncés sur la portée, préoccupations des parties prenantes, résultats de l'élicitation, exigences, conceptions et options de la solution ne sont que quelques exemples. Ils comprennent les exigences et conceptions, des expériences des utilisateurs légères à des documents des exigences officiels, jusqu'à des prototypes fonctionnels.

La gestion de l'information comprend l'identification :

- de la façon dont l'information doit être organisée,
- du niveau de détail auquel les informations doivent être capturées,
- de tout lien entre les renseignements,
- de la façon dont l'information peut être utilisée dans de multiples initiatives et dans l'entreprise,
- de la façon dont l'information doit être consultée et entreposée, and
- des caractéristiques de l'information qui doit être tenue à jour.

La gestion de l'information fait en sorte que l'information de l'analyse d'affaires soit organisée de façon fonctionnelle et utile, qu'elle soit facilement accessible par le personnel approprié et qu'elle soit conservée pendant la durée nécessaire.

3.4.3 Intrants

- **Approche de l'analyse d'affaires** : incorporer l'approche de l'analyse d'affaires globale à l'approche de gestion de l'information est nécessaire pour assurer l'uniformité entre les approches.
- **Approche de gouvernance** : définit comment les analystes d'affaires gèrent les changements aux exigences et aux conceptions, comment les décisions et les approbations pour les livrables d'analyses d'affaires seront faites et comment les priorités seront fixées.
- **Approche d'engagement des parties prenantes** : cerner les parties prenantes et comprendre leurs besoins de communication et de collaboration est utile pour déterminer leurs besoins de gestion de l'information précis.

Figure 3.4.1: Schéma d'intrants/extrants de la Planification de la gestion de l'information de l'analyse d'affaires

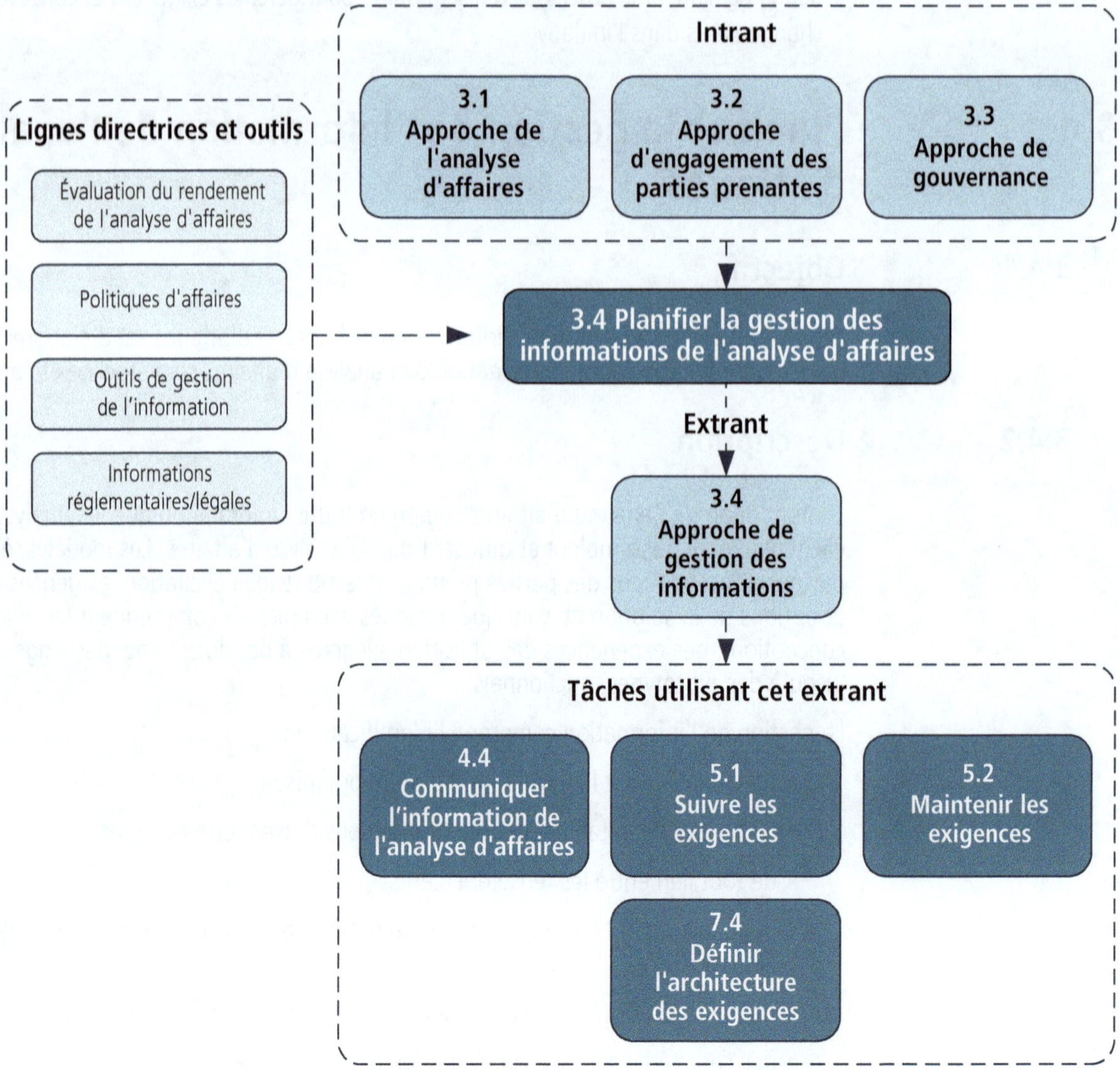

3.4.4 Éléments

.1 Organisation de l'information de l'analyse d'affaires

Les analystes d'affaires sont chargés d'organiser l'information de l'analyse d'affaires de façon à permettre un accès et une utilisation efficaces. L'information doit être bien structurée, pour qu'elle ne soit pas difficile à trouver, qu'elle n'entre pas en conflit avec d'autres informations ou qu'elle ne soit pas doublée inutilement.

L'analyste d'affaires détermine comment il vaut mieux structurer et organiser l'information de l'analyse d'affaires au début de l'initiative. Pour ce faire, il doit tenir compte du type et de la quantité d'information à recueillir, de l'accès des parties prenantes et de leurs besoins d'utilisation et de la taille et de la complexité du changement. Les relations entre les types d'information doivent être définies pour une meilleure gestion de l'effet d'information nouvelle ou modifiée à l'avenir.

.2 Niveau d'abstraction

Le niveau d'abstraction décrit l'ampleur et la profondeur de l'information fournie. L'information représentée peut être fortement conceptuelle ou résumée, ou encore très détaillée. Pour déterminer le niveau de détail dont chaque partie prenante pourrait avoir besoin à mesure que l'initiative évolue, il faut examiner les besoins de la partie prenante, la complexité de ce qui est expliqué et l'importance du changement. Au lieu de présenter la même information à toutes les parties prenantes, les analystes d'affaires doivent présenter l'information avec l'ampleur et la profondeur de détails appropriées selon le rôle de chaque partie prenante. L'information de l'analyse d'affaires qui porte sur un sujet d'importance significative ou qui comporte un niveau de risque élevé est souvent représentée en plus de détails.

.3 Plan de l'approche de traçabilité

L'approche de traçabilité repose sur :

Pour plus d'informations, se référer à Suivre les exigences (p. 79).

- la complexité du domaine,
- le nombre de vues d'exigences produites,
- tout risque lié aux exigences, aux normes organisationnelles et aux exigences réglementaires applicables, et
- une connaissance du coût et des bénéfices liés à la traçabilité.

Les analystes d'affaires planifient pour voir à ce que l'approche ait un niveau de détail qui ajoute une valeur sans frais généraux excessifs.

.4 Planifier la réutilisation des exigences

La réutilisation des exigences peut faire épargner à une organisation du temps, des efforts et des coûts, à condition que les exigences soient accessibles et structurées de façon à appuyer leur réutilisation.

Parmi les exigences qui sont des candidats potentiels pour une utilisation à long terme figurent celles qu'une organisation doit respecter continuellement, dont :

- exigences réglementaires,
- obligations contractuelles,
- normes de qualité,

- ententes sur les niveaux de service,
- règles d'affaires,
- processus d'affaires, et
- exigences qui décrivent les produits fabriqués par l'entreprise.

Les exigences peuvent également être réutilisées pour décrire des caractéristiques ou services communs utilisés dans des systèmes, processus ou programmes multiples.

Pour que les exigences soient utiles au-delà du changement actuel, les analystes d'affaires planifient la réutilisation des exigences en déterminant comment structurer, stocker et consulter les exigences au mieux pour qu'elles soient utilisables et accessibles pour des efforts de l'analyse d'affaires futurs.

Pour que les exigences soient réutilisées, elles doivent être clairement nommées, définies et stockées dans un référentiel accessible par d'autres analystes d'affaires.

.5 Stockage et accès

L'information de l'analyse d'affaires peut être stockée de nombreuses façons. Les décisions de stockage dépendent de nombreux facteurs, comme qui doit accéder à l'information, la fréquence à laquelle elle est nécessaire et les conditions d'accès qui doivent être réunies. Les normes organisationnelles et les outils offerts influencent aussi les décisions de stockage et d'accès. L'approche de l'analyse d'affaires définit comment divers outils seront utilisés dans l'initiative et comment l'information sera saisie et stockée dans ces outils. Les outils peuvent orienter la sélection de techniques d'analyse d'affaires, les notations à utiliser et la façon dont l'information est organisée.

Le référentiel peut devoir contenir de l'information autre que les exigences et les conceptions. Il devrait être en mesure d'indiquer l'état de tout renseignement stocké et permettre la modification de ces renseignements au fil du temps.

.6 Attributs des exigences

Les attributs des exigences donnent de l'information sur les exigences et contribuent à la gestion continue des exigences tout au long du changement. Ils sont prévus et déterminés avec les exigences elles-mêmes.

Les attributs des exigences permettent aux analystes d'affaires d'associer l'information à des exigences individuelles ou des groupes connexes d'exigences. L'information consignée par les attributs aide l'équipe à faire des compromis efficaces entre les exigences, à cerner les parties prenantes touchées par les changements potentiels et à comprendre l'effet d'un changement proposé.

Voici certains attributs des exigences souvent utilisés :

- **Référence absolue** : donne un identifiant unique. La référence n'est pas modifiée ni réutilisée si l'exigence est retirée, modifiée ou supprimée.
- **Auteur** : donne le nom de la personne qui doit être consultée si l'exigence devait être ultérieurement jugée ambiguë, nébuleuse ou conflictuelle.
- **Complexité** : indique la difficulté de la mise en œuvre de l'exigence.
- **Propriété** : indique la personne ou le groupe qui a besoin de l'exigence ou qui sera responsable d'entreprise une fois la solution mise en œuvre.
- **Priorité** : indique l'importance relative des exigences. La priorité peut référer à la valeur relative d'une exigence ou à la séquence où elle sera mise en œuvre.

- **Risques** : indique des événements incertains qui peuvent toucher les exigences.
- **Source** : indique l'origine de l'exigence. La source est souvent consultée si l'exigence change ou si plus d'information sur l'exigence ou le besoin qui a créé l'exigence doit être obtenue.
- **Stabilité** : indique la maturité de l'exigence.
- **État** : indique l'état de l'exigence, la question de savoir si elle est proposée, acceptée, vérifiée, reportée, annulée ou mise en œuvre.
- **Urgence** : indique l'urgence du besoin de l'exigence. Il est habituellement nécessaire de la préciser séparément de la priorité uniquement si une échéance de mise en œuvre existe.

3.4.5 Lignes directrices et outils

- **Évaluation du rendement de l'analyse d'affaires** : fournit les résultats d'évaluations précédentes qui doivent être examinés et incorporés à toutes les approches de planification.
- **Politiques d'affaires** : définissent les limites dans lesquelles les décisions doivent être prises. Elles peuvent être définies par des règlements, des contrats, des ententes, des garanties, des certifications ou d'autres obligations légales.
- **Outils de gestion de l'information** : chaque organisation utilise certains outils pour stocker, extraire et partager de l'information de l'analyse d'affaires. Ils peuvent être aussi simples qu'un tableau blanc ou aussi complexes qu'un wiki global ou un outil de gestion des exigences robuste.
- **Informations réglementaires/légales** : décrivent les règles ou règlements législatifs qui doivent être suivis et aident à déterminer comment l'information de l'analyse d'affaires sera gérée.

3.4.6 Techniques

- **Remue-méninges** : utilisés pour aider les parties prenantes à mettre au jour leurs besoins d'information de l'analyse d'affaires.
- **Entretiens** : utilisés pour aider des parties prenantes précises à mettre au jour leurs besoins d'information de l'analyse d'affaires.
- **Gestion des points de suivi** : utilisée pour surveiller des enjeux avec des processus de gestion de l'information actuels.
- **Leçons apprises** : utilisées pour créer une source d'information pour analyser des approches de gestion efficaces de l'information de l'analyse d'affaires.
- **Cartographie heuristique** : utilisée pour cerner et classer les types de renseignements qui doivent être gérés.
- **Modélisation des processus** : utilisée pour noter le processus ou la méthode de gestion de l'information de l'analyse d'affaires.
- **Sondage ou questionnaire** : utilisés pour demander aux parties prenantes de contribuer à la définition de la gestion de l'information de l'analyse d'affaires.

- **Ateliers de travail** : utilisés pour mettre au jour les besoins de gestion de l'information de l'analyse d'affaires dans un contexte de groupe.

3.4.7 Parties prenantes

- **Expert du domaine** : pourrait devoir accéder à de l'information de l'analyse d'affaires et travailler avec elle et voudra avoir de l'information de l'analyse d'affaires la plus précise possible en lien avec son domaine d'expertise.
- **Régulateur** : peut définir des règles et processus liés à la gestion de l'information.
- **Promoteur** : examine, commente et approuve l'information de l'analyse d'affaires.

3.4.8 Extrants

- **Approche de gestion des informations** : comprend l'approche définie du stockage, de la consultation et de l'utilisation d'information de l'analyse d'affaires pendant le changement et après le changement.

3.5 Identifier les améliorations du rendement de l'analyse d'affaires

3.5.1 Objectif

Le but d'Identifier les améliorations de rendement de l'analyse d'affaires consiste à évaluer le travail d'analyse d'affaires et à planifier l'amélioration des processus au besoin.

3.5.2 Description

Pour surveiller et améliorer le rendement, il faut établir les mesures de rendement, effectuer l'analyse du rendement, rendre compte des résultats de l'analyse et cerner toute mesure préventive, corrective ou du développement. L'analyse du rendement doit se faire dans le cadre d'une initiative. Une fois que les améliorations du rendement sont cernées, elles deviennent des lignes directrices pour la prochaine situation où une tâche est exécutée.

3.5.3 Intrants

- **Approche de l'analyse d'affaires** : cerne les livrables de l'analyse d'affaires qui seront produits, les activités qui devront être faites (dont le moment et la personne responsable) et les techniques utilisées.
- **Objectifs de rendement (externes)** : décrivent les résultats de rendement escomptés qu'une entreprise ou une organisation espère atteindre.

Figure 3.5.1: Schéma d'intrants/extrants d'Identifier les améliorations du rendement de l'analyse d'affaires

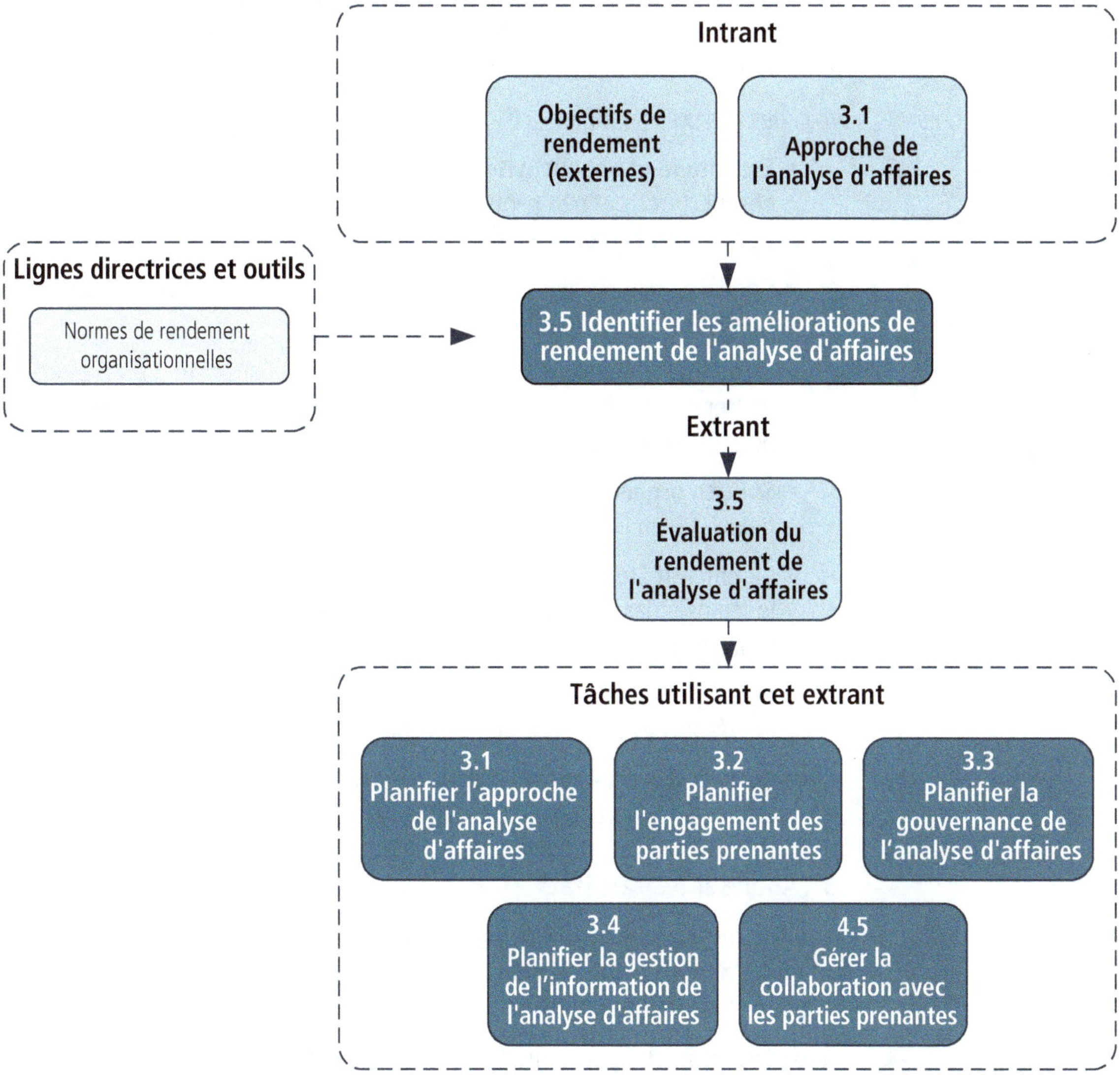

3.5.4 Éléments

.1 Analyse du rendement

Ce qui constitue du travail efficace d'analyse d'affaires dépend du contexte d'une organisation ou d'une initiative précise. Les rapports sur le rendement de l'analyse d'affaires peuvent être informels et oraux ou formellement documentés. Les rapports sur le rendement de l'analyse d'affaires sont conçus et adaptés selon les besoins des divers types d'examinateurs.

.2 Mesures d'évaluation

Si des mesures actuelles existent, l'analyste d'affaires peut les utiliser ou en choisir de nouvelles. L'analyste d'affaires peut également demander des mesures d'évaluation des parties prenantes.

Les mesures de rendement peuvent reposer sur les échéances des livrables précisées dans le plan d'analyse d'affaires, des mesures comme la fréquence des changements aux produits du travail d'analyse d'affaires, le nombre de cycles d'examen requis, l'efficience des tâches ou la rétroaction qualitative de parties prenantes et de pairs quant aux livrables de l'analyste d'affaires. Des mesures du rendement adéquates permettent à l'analyste d'affaires de déterminer les situations où des problèmes peuvent miner le rendement de l'analyse d'affaires ou de cerner des possibilités d'amélioration. Les mesures peuvent être à la fois quantitatives et qualitatives. Les mesures qualitatives sont subjectives et peuvent être fortement influencées par les attitudes et perceptions de la partie prenante et autres critères subjectifs.

Toutes les mesures du rendement encouragent certains comportements et en dissuadent d'autres. Des mesures mal choisies peuvent amener des comportements qui nuisent à l'entreprise dans son ensemble.

Voici des mesures possibles :

- **Exactitude et exhaustivité** : déterminer si les produits du travail de l'analyste d'affaires étaient corrects et pertinents à leur livraison ou si des révisions continues étaient nécessaires pour obtenir l'acceptation des parties prenantes.
- **Connaissance** : évaluer si l'analyste d'affaires avait les connaissances ou l'expérience pour mener la tâche affectée.
- **Efficacité** : évaluer si les produits du travail de l'analyste d'affaires étaient faciles à utiliser en tant que livrables autonomes ou s'ils nécessitaient des explications élargies pour être compris.
- **Soutien organisationnel** : évaluer si des ressources adéquates étaient disponibles pour mener à bien les analyses d'affaires au besoin.
- **Significatif** : tenir compte des avantages tirés des produits du travail et évaluer si le coût, le temps et les ressources investis pour créer les produits du travail étaient justifiés pour la valeur offerte.
- **Stratégique** : se demander si les objectif d'affaires ont été atteints, si des problèmes ont été résolus et si des améliorations ont été faites.
- **Respect des échéances** : évaluer si l'analyste d'affaires a livré le travail à temps selon les attentes des parties prenantes et le calendrier.

.3 Analyser les résultats

Le processus d'analyse d'affaires et les livrables sont comparés à l'ensemble de mesures définies. L'analyse peut être effectuée avec le processus d'analyse d'affaires, les ressources investies et les livrables.

Le rendement peut également être déterminé selon le point de vue des parties prenantes qui reçoivent le travail de l'analyste d'affaires. Parfois, un gestionnaire de personnel ou un centre d'excellence peut prendre cette décision et fournir des évaluations. Toutes les parties prenantes peuvent contribuer à l'évaluation de la valeur du travail d'analyse d'affaires, mais les organisations peuvent différer quant à la personne responsable d'établir les cibles par rapport auxquelles le rendement est mesuré.

.4 Mesures d'amélioration recommandées

Une fois l'analyse des résultats de rendement faite, l'analyste d'affaires fait appel aux parties prenantes appropriées pour identifier les actions suivantes :

- **Préventive** : réduit la probabilité d'un événement à effet négatif.

- **Corrective** : établit la façon de réduire l'effet négatif d'un événement.
- **Amélioration** : établit des moyens d'augmenter les chances ou les retombées d'événements positifs.

Ces mesures sont susceptibles d'induire des changements à l'approche de l'analyse d'affaires, à des processus répétables et à des outils.

3.5.5 Lignes directrices et outils

- **Normes de rendement organisationnelles** : peuvent comprendre des mesures ou attentes de rendement pour du travail d'analyse d'affaires mandaté par l'organisation.

3.5.6 Techniques

- **Remue-méninges** : utilisés pour produire des idées d'opportunités d'amélioration.
- **Entretiens** : utilisés pour obtenir des évaluations du rendement de l'analyse d'affaires.
- **Gestion des points de suivi** : utilisée pour suivre des problèmes qui surviennent pendant l'analyse d'affaires en vue d'une résolution ultérieure.
- **Leçons apprises** : utilisées pour cerner des changements recommandés aux processus d'analyse d'affaires, livrables, modèles et autres actifs du processus organisationnel qui peuvent être incorporés à l'initiative actuelle et au travail futur.
- **Mesures et Indicateurs clés de performance (ICP)** : utilisés pour déterminer les mesures appropriées pour évaluer le rendement de l'analyse d'affaires et comment elles peuvent être surveillées.
- **Observation** : utilisée pour attester du rendement de l'analyse d'affaires.
- **Analyse des processus** : utilisée pour analyser les processus d'analyse d'affaires existants et cerner des opportunités d'amélioration.
- **Modélisation des processus** : utilisée pour définir des processus d'analyse d'affaires et savoir comment améliorer ces processus pour réduire les problèmes issus de transferts, améliorer les durées des cycles ou modifier comment le travail d'analyse d'affaires est effectué pour appuyer des améliorations aux processus en aval.
- **Revues** : utilisées pour identifier les changements aux processus d'analyse d'affaires et livrables qui peuvent être ajoutés au travail futur.
- **Analyse et gestion des risques** : utilisées pour identifier et mitiger les risques liés à la gestion des conditions ou événements potentiels qui peuvent impacter le rendement de l'analyse d'affaires.
- **Analyse de la cause fondamentale** : utilisée pour identifier la cause sous-jacente des échecs ou difficultés dans la réalisation du travail d'analyse d'affaires.
- **Sondage ou questionnaire** : utilisés pour obtenir des commentaires de parties prenantes sur leur satisfaction à l'égard des activités d'analyse d'affaires et des livrables.
- **Ateliers de travail** : utilisés pour obtenir des évaluations du rendement de l'analyse d'affaires et générer des idées de possibilités d'amélioration.

3.5.7 Parties prenantes

- **Experts du domaine** : doivent être tenus au fait des activités d'analyse d'affaires pour établir des attentes entourant leur participation au travail et obtenir leurs commentaires sur les améliorations possibles à l'approche.
- **Chef de projet** : est chargé d'assurer la réussite du projet et doit être tenu au courant de l'état actuel du travail d'analyse d'affaires. Si des problèmes potentiels ou possibilités d'amélioration sont dégagés, le chef de projet doit être consulté avant que des changements soient apportés pour évaluer si ces changements auront un effet sur le projet. Il peut également livrer des rapports sur le rendement de l'analyse d'affaires au promoteur et aux autres parties prenantes.
- **Promoteur** : peut exiger des rapports sur le rendement de l'analyses d'affaires pour aborder les problèmes à mesure qu'ils sont découverts. Un gestionnaire d'analyste d'affaires peut également parrainer des initiatives visant à améliorer le rendement des activités d'analyse d'affaires.

3.5.8 Extrants

- **Évaluation du rendement de l'analyse d'affaires** : inclut une comparaison du rendement actuel avec le rendement réel, identifie la cause fondamentale des écarts par rapport au rendement attendu, des approches proposées pour régler les problèmes et d'autres conclusions pour mieux comprendre le rendement du processus d'analyse d'affaires.

4 Élicitation et collaboration

Le domaine de connaissances Élicitation et collaboration décrit les tâches que les analystes d'affaires effectuent pour obtenir de l'information de parties prenantes et confirmer les résultats. Il décrit également la communication avec les parties prenantes une fois l'information de l'analyse d'affaires rassemblée.

L'élicitation consiste à faire émerger ou ressortir l'information provenant des parties prenantes ou d'autres sources. C'est la voie principale vers la découverte des exigences et d'information pour la conception et elle peut nécessiter de parler directement aux parties prenantes, de rechercher sur des sujets, d'expérimenter ou de simplement recevoir de l'information. La collaboration est le rassemblement de deux personnes pour travailler ensemble pour atteindre un objectif commun. Le domaine de connaissances Élicitation et collaboration décrit comment les analystes d'affaires identifient et concluent une entente de compréhension mutuelle de tous les types d'information de l'analyse d'affaires. Le travail d'élicitation et collaboration n'est jamais une « phase » en analyse d'affaires : c'est plutôt une activité qui se poursuit aussi longtemps que l'analyse d'affaires se fait.

L'élicitation et la collaboration peuvent être planifiées, non planifiées ou les deux. Des activités planifiées comme des ateliers de travail, des expériences et/ou des sondages peuvent être structurées et organisées à l'avance. Des activités non planifiées se produisent sans préavis, comme des collaborations ou conversations de dernière minute ou « juste à temps ». L'information de l'analyse d'affaires issue d'une activité non planifiée peut exiger une exploration approfondie au moyen d'une activité planifiée.

Éliciter de l'information de l'analyse d'affaires n'est pas une activité isolée. L'information est élicitée en effectuant toute tâche qui comprend une interaction avec des parties prenantes et pendant que l'analyste d'affaires effectue des travaux d'analyse indépendants. L'élicitation peut déclencher une élicitation additionnelle pour des détails afin de combler des écarts ou d'augmenter la compréhension.

Le domaine de connaissances de l'élicitation et de la collaboration se compose des tâches suivantes :

- **Préparer à l'élicitation** : il s'agit de s'assurer que les parties prenantes ont l'information qu'elles doivent fournir et qu'elles comprennent la nature des activités qu'elles vont effectuer. La préparation établit également un ensemble partagé d'attentes concernant les résultats de l'activité. La préparation peut également inclure l'identification de sources de recherche ou la préparation afin de mener une expérience pour voir si un changement au processus mène réellement à une amélioration.
- **Effectuer l'élicitation** : cela décrit le travail effectué pour comprendre les besoins des parties prenantes et identifier des solutions possibles qui peuvent répondre à ces besoins. Pour ce faire, il est possible d'interagir directement avec les parties prenantes, de faire des recherches ou de mener des expériences.
- **Confirmer les résultats de l'élicitation** : il faut faire en sorte que les parties prenantes aient une connaissance partagée des résultats de l'élicitation, que l'information élicitée soit documentée correctement et que l'analyste d'affaires ait l'information recherchée à même une activité d'élicitation. Cette tâche comporte également la comparaison de l'information reçue avec d'autres renseignements pour relever des incohérences ou écarts.
- **Communiquer l'information de l'analyse d'affaires** : il s'agit de fournir aux parties prenantes l'information dont elles ont besoin, au moment où elles en ont besoin. L'information est présentée sous forme utilisable avec la bonne technologie et les bons concepts.
- **Gérer la collaboration avec les parties prenantes** : cela décrit le travail avec les parties prenantes afin de les impliquer dans le processus global d'analyse d'affaires et s'assurer que l'analyste d'affaires puisse offrir les résultats nécessaires.

Le modèle des concepts de base d'Élicitation et collaboration

Le modèle des concepts de base de l'analyse d'affaires (*BACCM™*) décrit les relations parmi les six concepts de base.

Le tableau suivant décrit l'utilisation et l'application de chacun des concepts de base dans le contexte de l'élicitation et de la collaboration.

Table 4.0.1: Le modèle des concepts de base d'Élicitation et collaboration

Concepts de base	Pendant l'élicitation et la collaboration, les analystes d'affaires...
Changement : l'acte de transformation en réponse à un besoin.	utilisent différentes techniques d'élicitation pour identifier entièrement les caractéristiques du changement, dont des préoccupations qu'ont les parties prenantes au sujet du changement. Le changement lui-même peut déterminer les types et l'étendue appropriés de l'élicitation et de la collaboration.
Besoin : un problème à résoudre ou une opportunité à saisir.	élicitent, confirment et communiquent les besoins et l'information de l'analyse d'affaires. Une élicitation est itérative et incrémentale car la connaissance des besoins peut évoluer avec le temps.
Solution : une manière spécifique de satisfaire un ou plusieurs besoins dans un contexte.	élicitent, confirment et communiquent des caractéristiques nécessaires ou souhaitées des solutions proposées.
Partie prenante : un groupe ou une personne ayant un lien avec le changement, le besoin ou la solution.	gèrent la collaboration avec des parties prenantes qui participent au travail d'analyse d'affaires. Toutes les parties prenantes peuvent participer dans différents rôles et à différents moments pendant un changement.
Valeur : la valeur, l'importance ou l'utilité de quelque chose pour une partie prenante dans un contexte.	collaborent avec des parties prenantes pour évaluer la valeur relative d'information fournie par l'élicitation et appliquer différentes techniques pour confirmer et communiquer cette valeur.
Contexte : les circonstances qui influencent le changement, qui en subissent les effets et qui permettent de le comprendre.	appliquent différentes techniques de l'élicitation pour identifier l'information au sujet du contexte en lien avec le changement.

Figure 4.0.1: Schéma d'intrants/extrants d'Élicitation et collaboration

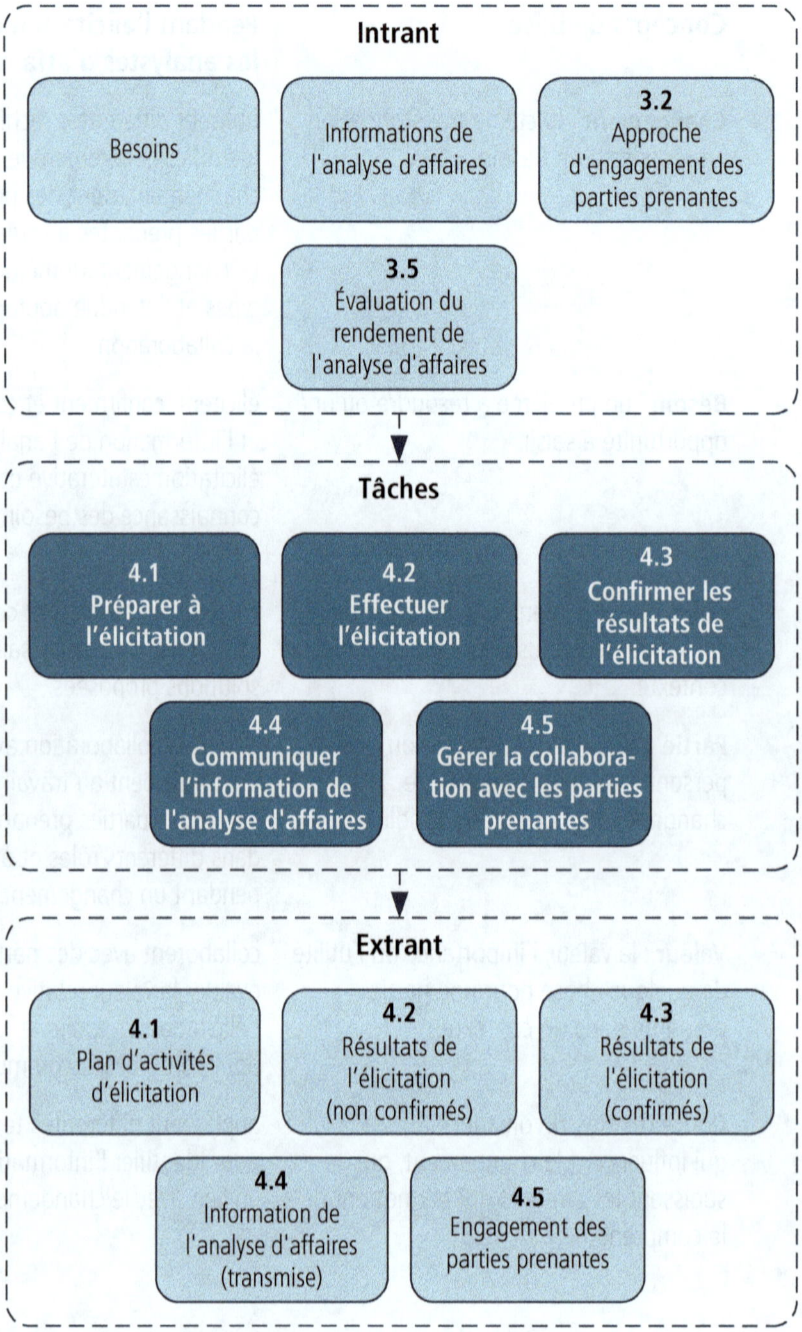

4.1 Préparer à l'élicitation

4.1.1 Objectif

Le but de Préparer à l'élicitation est de comprendre la portée de l'activité d'élicitation, de choisir des techniques appropriées et de planifier (ou obtenir) du matériel et des ressources de soutien adéquats.

4.1.2 Description

Les analystes d'affaires se préparent pour l'élicitation en définissant les résultats escomptés de l'activité en tenant compte des parties prenantes touchées et des buts de l'initiative. Pour ce faire, ils doivent déterminer les produits du travail qui seront créés avec les résultats de l'élicitation, choisir les techniques les plus appropriées à la création de ces résultats, établir la logistique de l'élicitation, identifier tout document de soutien requis et comprendre les circonstances pour favoriser la collaboration pendant une activité d'élicitation.

4.1.3 Intrants

- **Besoins** : guident la préparation en termes de la portée et de l'objectif d'activités d'élicitation. L'élicitation peut permettre de découvrir les besoins. Cependant, pour commencer, un besoin doit exister même s'il n'a pas encore été entièrement élicité ou compris.
- **Approche d'engagement des parties prenantes** : comprendre les besoins de communication et de collaboration des parties prenantes aide à planifier et préparer des événements d'élicitation appropriés et efficaces.

Figure 4.1.1: Schéma d'intrants/extrants de Préparer à l'élicitation

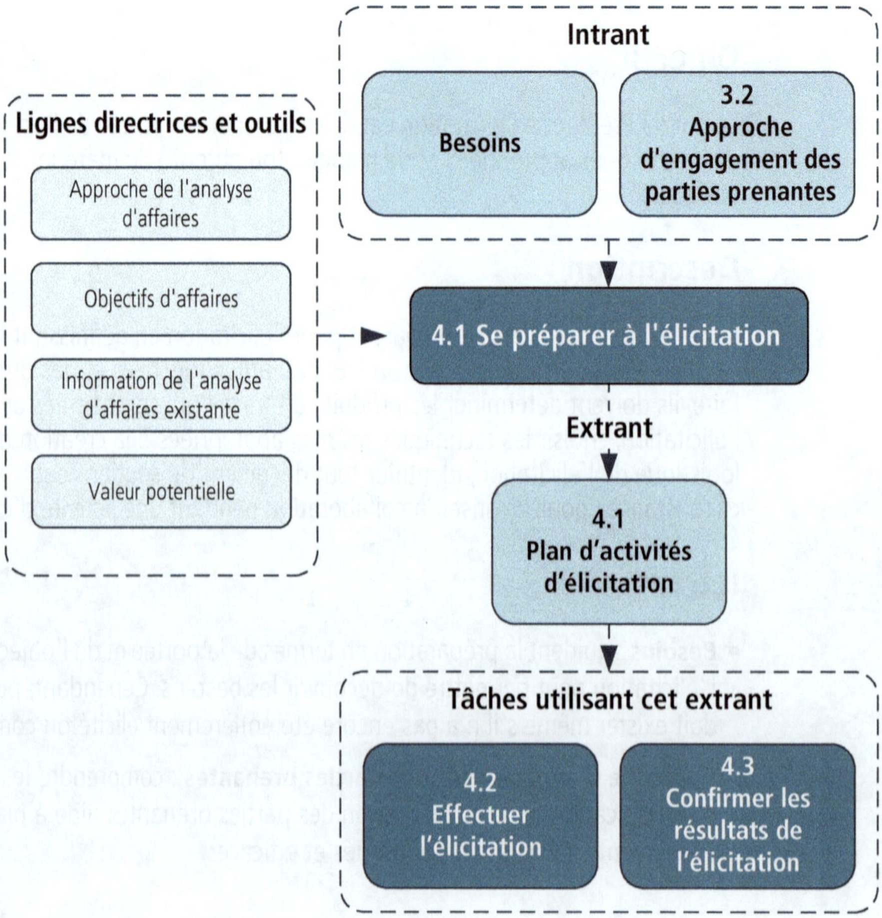

4.1.4 Éléments

.1 Comprendre la portée de l'élicitation

Pour déterminer le type d'information que l'analyse d'affaires a à découvrir pendant l'activité d'élicitation et les techniques qui peuvent être utilisées, les analystes d'affaires prennent en compte :

- le domaine d'affaires,
- la culture et l'environnement d'entreprise,
- les emplacements des parties prenantes,
- les parties prenantes concernées et la dynamique de leur groupe,
- les extrants attendus provenant de l'élicitation,
- les compétences de l'analyste d'affaires,
- d'autres activités d'élicitation réalisées pour compléter celle-ci,
- les stratégies ou les approches à la solution,
- la portée de la solution future, et

- des sources possibles d'information de l'analyse d'affaires qui pourraient s'intégrer à l'activité d'élicitation précise.

Comprendre la portée de l'activité d'élicitation permet aux analystes d'affaires de réagir si l'activité s'éloigne de la portée prévue. Cela leur permet de reconnaître si des personnes et ressources ne sont pas accessibles à temps.

.2 Sélectionner les techniques d'élicitation

Dans la plupart des cas, de multiples techniques sont utilisées pendant une activité d'élicitation. Les techniques utilisées dépendent de contraintes de coût et de temps, des types de sources d'information de l'analyse d'affaires et de leur accès, de la culture de l'organisation et des résultats escomptés. L'analyste d'affaires peut également tenir compte des besoins des parties prenantes, de leur disponibilité et de leur emplacement (co-localisées ou dispersées). Choisir les bonnes techniques et voir à ce que chaque technique soit effectuée correctement est extrêmement important pour la réussite de l'activité d'élicitation. Lors du choix de techniques d'élicitation, les analystes d'affaires tiennent compte :

- des techniques couramment utilisées dans des initiatives semblables,
- des techniques spécifiquement adaptées à la situation, et
- des tâches requises pour préparer, exécuter et mener à bien chacune d'elles.

En raison de dynamiques et de situations évolutives, l'analyste d'affaires pourrait devoir ajuster les choix initiaux en incorporant des techniques plus appropriées. Une connaissance approfondie de la diversité des techniques disponibles aide l'analyste d'affaires à s'adapter aux circonstances évolutives.

.3 Préparation de la logistique

La logistique est préparée avant une activité d'élicitation. La logistique pour chaque activité d'élicitation comprend l'identification :

- des objectifs de l'activité,
- des participants et de leurs rôles,
- des ressources prévues, dont les personnes, les salles et les outils,
- des emplacements,
- des canaux de communication,
- des techniques, et
- des langues parlées et écrites par les parties prenantes.

Un ordre du jour peut également être créé lorsque d'autres parties prenantes sont impliquées

.4 Obtenir le matériel de soutien

Les analystes d'affaires identifient les sources d'information qui sont nécessaires pour mener l'activité d'élicitation. Beaucoup d'information pourrait être nécessaire pour mener l'élicitation, dont les personnes, les systèmes, les données historiques, le matériel et les documents. Parmi les documents pourraient se trouver des documents existants du système, des règles d'affaires pertinentes, des politiques organisationnelles, des règlements et des contrats. Le matériel de soutien pourrait également prendre la forme d'extrants du travail d'analyse, comme des versions préliminaires de modèles d'analyse (voir **Spécifier et modéliser les exigences** (p. 134)). Les analystes d'affaires procurent ou créent le matériel et les outils nécessaires. De la planification additionnelle pour une élicitation expérimentale pourrait être requise si de nouveaux outils, équipement ou techniques doivent être utilisés.

.5 Préparation des parties prenantes

Les analystes d'affaires pourraient devoir éduquer les parties prenantes sur la façon dont une technique d'élicitation fonctionne ou le type d'information nécessaire. Il pourrait être utile d'expliquer une technique d'élicitation à des parties prenantes qui ne participent pas à l'activité pour les aider à comprendre la validité et la pertinence de l'information élicitée. Les parties prenantes peuvent ne pas coopérer ou être réfractaires pendant une activité d'élicitation si elles estiment qu'elle ne cadre pas avec leurs objectifs individuels ou si elles n'en comprennent pas le but ou le processus. Pour préparer l'élicitation, l'analyste d'affaires doit s'assurer d'avoir l'appui de toutes les parties prenantes concernées.

Les analystes d'affaires peuvent également préparer les parties prenantes en demandant qu'elles examinent le matériel de soutien avant l'activité d'élicitation pour qu'elle soit aussi efficace que possible. Un ordre du jour devrait être fourni à l'avance pour appuyer les parties prenantes et pour qu'elles arrivent préparées pour l'activité, avec le bon état d'esprit et l'information nécessaire.

L'élicitation par la recherche ou l'exploration peut également être une activité individuelle pour l'analyste d'affaires, sans faire appel à d'autres parties prenantes.

4.1.5 Lignes directrices et outils

- **Approche de l'analyse d'affaires** : établit la stratégie générale à utiliser pour orienter le travail d'analyse d'affaires. Cela comprend la méthodologie générale, les types de parties prenantes et la façon dont elles devraient participer, la liste des parties prenantes, la planification du travail, le format et le niveau de détail attendus des résultats de l'élicitation, et les défis et incertitudes identifiés.
- **Objectifs d'affaires** : décrivent l'orientation souhaitée requise pour atteindre l'état futur. Ils peuvent servir à planifier et à préparer des activités d'élicitation et à élaborer le matériel de soutien.
- **Information de l'analyse d'affaires existante** : peut fournir une meilleure connaissance des buts de l'activité d'élicitation et aider à préparer l'élicitation.
- **Valeur potentielle** : décrit la valeur à réaliser en mettant en place l'état futur souhaité et peut servir à façonner les événements d'élicitation.

4.1.6 Techniques

- **Remue-méninges** : utilisés pour obtenir un consensus sur les sources d'information de l'analyse d'affaires qui devraient être consultées et pour déterminer les techniques d'élicitation qui pourrait être les plus efficaces.
- **Exploration de données** : utilisée pour identifier l'information ou les tendances qui exigent une enquête poussée.
- **Analyse de la documentation** : utilisée pour identifier et évaluer les sources potentielles de soutien.

- **Estimation** : utilisée pour estimer le temps et les efforts requis pour l'élicitation et le coût connexe.
- **Entretiens** : utilisés pour identifier des préoccupations sur l'élicitation prévue et peuvent servir à demander l'autorisation de procéder avec des options précises.
- **Cartographie heuristique** : utilisée pour identifier les sources d'information de l'analyse d'affaires qui devraient être consultées et parvenir à un consensus en collaboration à cet égard et à déterminer les techniques d'élicitation qui pourraient être les plus efficaces.
- **Analyse et gestion des risques** : utilisées pour identifier et mitiger les risques liés aux conditions ou situations qui pourraient perturber l'élicitation ou affecter la qualité et la validité des résultats de l'élicitation. Les plans de l'élicitation doivent être ajustés pour éviter, transférer ou atténuer les risques les plus importants.
- **Listes des parties prenantes, cartographie ou personas** : utilisées pour déterminer qui devrait être consulté pendant la préparation à l'élicitation, qui devrait participer à l'événement et les rôles appropriés pour chaque partie prenante.

4.1.7 Parties prenantes

- **Expert du domaine** : fournit du matériel de soutien ainsi que des conseils sur les autres sources d'information de l'analyse d'affaires à consulter. Peut également contribuer à organiser la recherche, les expériences et à faciliter l'élicitation.
- **Chef de projet** : s'assure que les personnes et les ressources appropriées soient disponibles pour l'élicitation.
- **Promoteur** : a l'autorisation nécessaire pour approuver ou refuser un événement d'élicitation planifié et autoriser et exiger la participation de parties prenantes précises.

4.1.8 Extrants

- **Plan d'activités d'élicitation** : utilisé pour chaque activité d'élicitation. Il comprend la logistique, la portée de l'activité d'élicitation, des techniques choisies et du matériel de soutien.

4.2 Effectuer l'élicitation

4.2.1 Objectif

Le but de Effectuer l'élicitation est d'obtenir, d'explorer et d'identifier de l'information pertinente au changement.

4.2.2 Description

Il existe trois types communs d'élicitation :

- **L'élicitation collaborative** : comprend une interaction directe avec les parties prenantes et s'en remet à leurs expériences, à leur expertise et à leur jugement.
- **La recherche** : comprend la découverte et l'étude systématiques d'information de matériel ou de sources qui ne sont pas directement connus par les parties prenantes qui participent au changement. Les parties prenantes pourraient toujours participer à la recherche. La recherche peut comprendre l'analyse de données historiques pour identifier des tendances ou résultats passés.
- **Les expériences** : impliquent l'identification d'information qui ne pourrait pas être connue sans test sous forme d'essai contrôlé. Certains renseignements ne peuvent être tirés de personnes ou de documents car ils ne sont pas connus. Les expériences peuvent aider à découvrir ce type d'information. Les expériences comprennent notamment les études par observation, les preuves de concept et les prototypes.

Une ou plusieurs techniques d'élicitation peuvent servir à produire le résultat escompté dans la portée de l'élicitation.

Les parties prenantes peuvent collaborer à l'élicitation en :

- participant à l'activité d'élicitation et en interagissant pendant l'activité, et
- faisant des recherches, étudiant et fournissant une rétroaction sur les documents, les systèmes, les modèles et les interfaces.

4.2.3 Intrants

- **Plan d'activités d'élicitation** : comprend les activités et techniques d'élicitation prévues, la logistique des activités (par exemple, date, heure, lieu, ressources, ordre du jour), la portée de l'activité d'élicitation et les sources disponibles de renseignements de base.

Figure 4.2.1: Schéma d'intrants/extrants de Effectuer l'élicitation

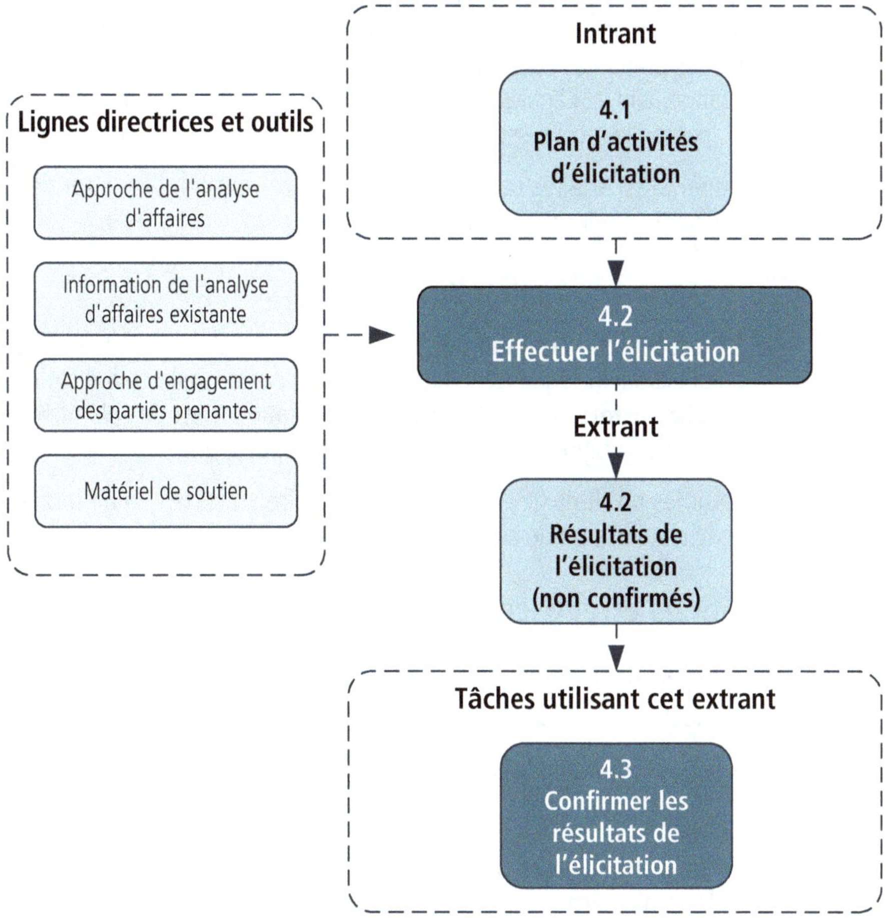

4.2.4 Éléments

.1 Guider l'activité de l'élicitation

Connaître les représentations proposées de l'information de l'analyse d'affaires, qui ont été définies dans la planification contribue à garantir que les activités d'élicitation soient axées sur la production de l'information prévue au niveau de détail souhaité. Cela s'applique à chaque instance d'une activité d'élicitation dans le cadre d'un changement et peut varier selon l'activité. Afin de guider et de faciliter la réalisation des résultats escomptés, les analystes d'affaires considèrent :

- les buts et les visées de l'activité d'élicitation,
- la portée du changement,
- les formes d'extrants que l'activité produira,
- les autres représentations que les résultats de l'activité appuieront,
- comment les extrants s'intègrent à ce qui est connu,
- qui fournit l'information,
- qui utilisera l'information, et
- comment l'information sera utilisée.

Bien que la plupart de ces facteurs soient considérés lors de la planification de l'activité d'élicitation (consultez **Préparer à l'élicitation** (p. 55)), ils sont tout aussi importants lors de son exécution afin qu'elle reste sur la bonne voie pour l'atteinte de ses objectifs. Par exemple, les parties prenantes pourraient tenir des discussions qui dépassent la portée de l'activité ou du changement, et l'analyste d'affaires doit l'identifier immédiatement pour déterminer les prochaines étapes, en le reconnaissant et en continuant ou en orientant la conversation ailleurs.

L'analyste d'affaires utilise également ces renseignements pour déterminer si l'élicitation a été suffisante, pour mettre fin à l'activité.

.2 Saisir les résultats de l'élicitation

L'exécution de l'élicitation est souvent itérative et se déroule en une série de séances, en parallèle ou en séquence, en fonction de la portée de l'activité d'élicitation (consultez **Préparer à l'élicitation** (p. 55)). Si l'activité d'élicitation n'est pas planifiée, les résultats sont pris en compte et intégrés aux résultats planifiés appropriés.

Saisir les résultats de l'élicitation aide à faire en sorte que l'information produite pendant les activités d'élicitation soit enregistrée à titre de référence et pour utilisation future.

4.2.5 Lignes directrices et outils

- **Approche de l'analyse d'affaires** : influence comment chaque activité d'élicitation est effectuée, car elle détermine les types d'extrants qui seront requis selon l'approche.
- **Information de l'analyse d'affaires existante** : peut guider les questions posées pendant l'élicitation et l'approche utilisée pour obtenir de l'information de diverses parties prenantes.
- **Approche d'engagement des parties prenantes** : fournit des approches de collaboration et de communication qui pourraient être efficaces pendant l'élicitation.
- **Matériel de soutien** : comprend tout matériel pour préparer l'analyste d'affaires et les participants avant l'élicitation et tout renseignement, outil ou équipement à utiliser pendant l'élicitation.

4.2.6 Techniques

- **Analyse comparative et analyse du marché** : utilisées en tant que source d'information de l'analyse d'affaires en comparant un processus, un système, un produit, un service ou une structure avec une référence externe, telle une organisation similaire ou une base de référence fournie par une association de l'industrie. L'analyse du marché sert à déterminer ce que veulent les clients et ce que fournissent les concurrents.
- **Remue-méninges** : utilisés pour générer de nombreuses idées auprès d'un groupe de parties prenantes dans une courte période, et pour organiser ces idées et les classer selon la priorité.
- **Analyse des règles d'affaires** : utilisée pour identifier les règles qui encadrent les décisions d'affaires dans une organisation et qui définissent, contraignent ou habilitent les activités organisationnelles.
- **Jeux collaboratifs** : utilisés pour développer une meilleure connaissance d'un problème ou stimuler des solutions créatives.

- **Modélisation des concepts** : utilisée pour identifier des termes clés et idées importantes et définir les liens mutuels.
- **Exploration de données** : utilisée pour identifier des renseignements pertinents et des tendances.
- **Modélisation des données** : utilisée pour comprendre les relations entre les entités pendant l'élicitation.
- **Analyse de la documentation** : utilisée pour examiner les systèmes existants, contrats, procédures et politiques d'affaires, normes et règlements existants.
- **Groupes de discussion** : utilisés pour identifier et comprendre des idées et attitudes d'un groupe.
- **Analyse d'interface** : utilisée pour comprendre l'interaction et les caractéristiques de cette interaction entre deux entités, telles que deux systèmes, deux organisations ou deux personnes ou rôles.
- **Entretiens** : utilisés pour poser des questions à des parties prenantes pour dévoiler des besoins, identifier des problèmes ou découvrir des opportunités.
- **Cartographie heuristique** : utilisée pour générer de nombreuses idées auprès d'un groupe de parties prenantes dans une courte période et pour organiser ces idées et les classer selon la priorité.
- **Observation** : utilisée pour avoir une meilleure compréhension de la façon dont le travail est effectué actuellement, possiblement dans différents endroits et dans différentes circonstances.
- **Analyse des processus** : utilisée pour connaître les processus actuels et identifier des opportunités d'amélioration dans ces processus.
- **Modélisation des processus** : utilisée pour éliciter des processus auprès des parties prenantes pendant les activités d'élicitation.
- **Prototypage** : utilisées pour éliciter et valider les besoins des parties prenantes au moyen d'un processus itératif qui crée un modèle d'exigences ou de conceptions.
- **Sondage ou questionnaire** : utilisés pour éliciter de l'information de l'analyse d'affaires, dont de l'information sur les clients, les produits, les pratiques de travail et les attitudes, d'un groupe de personnes, de façon structurée et dans une période relativement courte.
- **Ateliers de travail** : utilisés pour éliciter de l'information de l'analyse d'affaires, dont de l'information sur les clients, les produits, les pratiques de travail et les attitudes, d'un groupe de personnes, en collaboration et de façon facilitée.

4.2.7 Parties prenantes

- **Client** : fournira de l'information de l'analyse d'affaires précieuse pendant l'élicitation.
- **Expert du domaine** : possède une expertise dans certains aspects de la situation et peut fournir les informations de l'analyse d'affaires requises. Il guide et aide souvent l'analyste d'affaires à identifier les sources de recherche appropriées et peut aider à organiser la recherche, les expériences et à faciliter l'élicitation.

- **Utilisateur final** : l'utilisateur de solutions actuelles et futures, qui devrait participer à l'élicitation.
- **Expert du domaine de mise en œuvre** : conçoit et met en place une solution, fournit une expertise de spécialiste et peut participer à l'élicitation en posant des questions de clarification et en offrant des solutions de rechange.
- **Promoteur** : autorise l'élicitation et fait en sorte que les parties prenantes qui doivent y participer y participent.
- **Toute partie prenante** : peut avoir des connaissances ou de l'expérience pertinentes pour participer à des activités d'élicitation.

4.2.8 Extrants

- **Résultats de l'élicitation (non confirmés)** : information saisie sous un format propre à l'activité d'élicitation.

4.3 Confirmer les résultats de l'élicitation

4.3.1 Objectif

Le but de Confirmer les résultats de l'élicitation consiste à valider l'information recueillie pendant une session d'élicitation et à assurer l'exactitude et la cohérence avec d'autres informations.

4.3.2 Description

L'information élicitée est confirmée pour que les problèmes soient identifiés et réglés avant que des ressources s'engagent à utiliser cette information. Cette revue peut détecter des erreurs, des omissions, des conflits et des ambiguïtés.

Les résultats de l'élicitation peuvent être comparés à leur source et à d'autres résultats de l'élicitation pour en assurer leur cohérence. Il pourrait être nécessaire de collaborer avec des parties prenantes pour que leurs intrants soient correctement capturés et confirmer qu'elles acceptent les résultats déduits mais non exprimés lors de l'élicitation. Si l'information est inexacte, l'analyste d'affaires détermine ce qui est exact, ce qui, par conséquent, peut conduire à davantage d'activités d'élicitation. Engager des ressources envers des activités d'analyse d'affaires axées sur des résultats d'élicitation non confirmés peut faire en sorte que des attentes de parties prenantes ne soient pas comblées. Si les résultats sont inégaux, d'autres efforts d'élicitation pourraient devoir être déployés pour remédier aux lacunes.

Confirmer les résultats de l'élicitation est une révision beaucoup moins rigoureuse et formelle que celle qui se fait pendant l'analyse.

4.3.3 Intrants

- **Résultats de l'élicitation (non confirmés)** : information saisie sous un format propre à l'activité d'élicitation.

Figure 4.3.1: Confirmer les résultats de l'élicitation

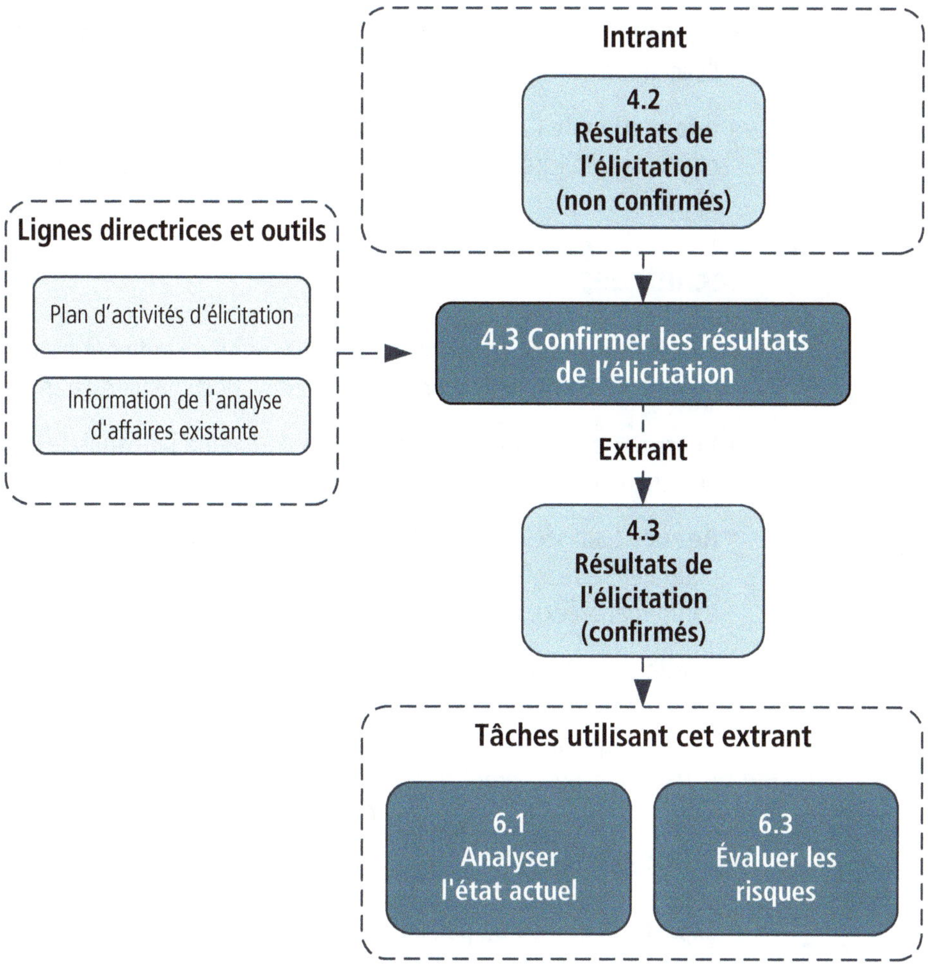

4.3.4 Éléments

.1 Comparer les résultats de l'élicitation à l'information source

La tâche **Effectuer l'élicitation** (p. 60) décrit des sources à partir desquelles les résultats de l'élicitation peuvent être puisés, dont des documents et des connaissances de parties prenantes. L'analyste d'affaires peut mener des réunions de suivi où les parties prenantes peuvent corriger les résultats de l'élicitation. Les parties prenantes peuvent également confirmer les résultats de l'élicitation de façon indépendante.

.2 Comparer les résultats de l'élicitation aux autres résultats d'élicitation

Les analystes d'affaires comparent les résultats recueillis au moyen de multiples activités d'élicitation pour confirmer que l'information est cohérente et présentée avec exactitude. Au fur et à mesure que les comparaisons sont établies, les analystes d'affaires identifient des variations dans les résultats et les résolvent en collaboration avec des parties prenantes. Des comparaisons peuvent également être établies avec des données historiques pour confirmer des résultats d'élicitation plus récents.

Des incohérences dans les résultats de l'élicitation sont souvent découvertes lorsque des analystes d'affaires élaborent des spécifications et des modèles. Ces modèles peuvent être développés pendant une activité d'élicitation pour améliorer la collaboration.

4.3.5 Lignes directrices et outils

- **Plan d'activités d'élicitation** : utilisé pour guider les sources alternatives et les résultats de l'élicitation qui doivent être comparés.
- **Information de l'analyse d'affaires existante** : peut servir à confirmer les résultats d'activités d'élicitation ou élaborer d'autres questions pour obtenir de l'information plus détaillée.

4.3.6 Techniques

- **Analyse de la documentation** : utilisée pour confirmer les résultats de l'élicitation par rapport à l'information source ou à d'autres documents existants.
- **Entretiens** : utilisés pour confirmer l'information de l'analyse d'affaires et que l'intégration de cette information est exacte.
- **Revues** : utilisées pour confirmer un ensemble de résultats d'élicitation. De telles révisions pourraient être informelles ou formelles, selon les risques présentés par l'absence d'information exacte, utile et pertinente.
- **Ateliers de travail** : utilisés pour réviser des résultats d'élicitation provisoires avec tout niveau de structure. Un ordre du jour, des scripts ou des scénarios de tests prédéterminés peuvent servir à traiter les résultats de l'élicitation. Une rétroaction est ensuite demandée aux participants, puis enregistrée.

4.3.7 Parties prenantes

- **Experts du domaine** : personnes munies de connaissances, d'expérience ou d'expertise substantielles au sujet de l'information de l'analyse d'affaires élicitée ou du changement ou de la solution, qui aident à confirmer que les résultats de l'élicitation sont exacts et à identifier des omissions, incohérences et conflits dans les résultats d'élicitation. Elles peuvent également confirmer que la bonne information de l'analyse d'affaires a été élicitée.
- **Toutes les parties prenantes** : tous les types de parties prenantes peuvent devoir confirmer les résultats de l'élicitation.

4.3.8 Extrants

- **Résultats de l'élicitation (confirmés)** : extrant intégré qui, selon l'analyste d'affaires et d'autres parties prenantes, reflète correctement l'information saisie et s'avère pertinent et utile en tant qu'intrant pour des travaux ultérieurs.

4.4 Communiquer l'information de l'analyse d'affaires

4.4.1 Objectif

Le but de Communiquer l'information de l'analyse d'affaires est de voir à ce que les parties prenantes aient une connaissance commune de l'information de l'analyse d'affaires.

4.4.2 Description

Les analystes d'affaires doivent transmettre de l'information appropriée aux parties prenantes au bon moment et dans un format qui répond à leurs besoins. On prend soin d'exprimer l'information sous forme de langage, de ton et de style approprié pour l'audience.

La communication d'information de l'analyse d'affaires est bidirectionnelle et itérative. Il faut déterminer les destinataires, le contenu, le but, le contexte et les résultats escomptés. La tâche **Planifier l'engagement des parties prenantes** (p. 31) évalue les besoins de communication et planifie les messages anticipés.

Communiquer de l'information ne se limite pas à la diffuser et à supposer qu'elle a été reçue et comprise. Les analystes d'affaires engagent les parties prenantes pour s'assurer qu'elles comprennent l'information et pour obtenir leur accord. L'analyste d'affaires donne suite à tout désaccord. La méthode de communication de l'information peut devoir changer si les parties prenantes ne la reçoivent ou ne la comprennent pas. De multiples formes de communication pourraient être requises pour les mêmes renseignements.

4.4.3 Intrants

- **Informations de l'analyse d'affaires** : tout type d'information à tout niveau de détail utilisé en tant qu'intrant ou extrant du travail d'analyse d'affaires. L'information de l'analyse d'affaires devient un intrant pour cette tâche lorsque le besoin est découvert afin de communiquer l'information à des parties prenantes additionnelles.
- **Approche d'engagement des parties prenantes** : décrit les groupes de parties prenantes, les rôles et les besoins généraux qui entourent la communication d'information de l'analyse d'affaires.

Figure 4.4.1: Schéma d'intrants/extrants de Communiquer l'information de l'analyse d'affaires

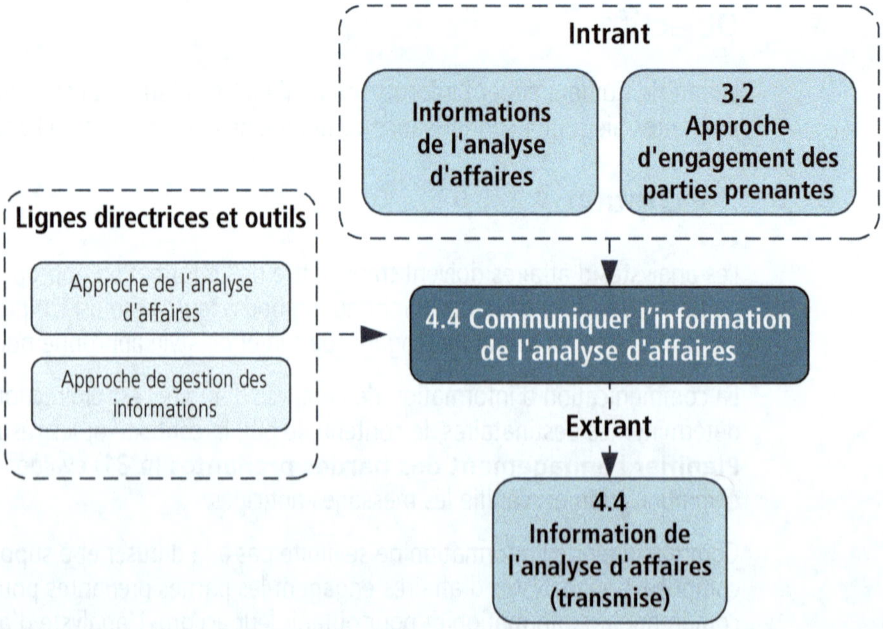

4.4.4 Éléments

.1 Déterminer les objectifs et le format de la communication

Des ensembles d'information de l'analyse d'affaires peuvent être préparés pour plusieurs raisons, y compris, sans s'y limiter, ce qui suit :

- communication d'exigences et de concepts aux parties prenantes,
- évaluation préliminaire de la qualité et de la planification,
- évaluation de solutions de rechange potentielles,
- revues et approbations formelles,
- intrants de la conception de solutions,
- conformité aux obligations contractuelles et réglementaires, et
- entretien pour la réutilisation.

Le but principal de créer un ensemble est de transmettre de l'information de façon claire et sous un format utilisable pour les activités de changement continu. Pour déterminer comment présenter les exigences, les analystes d'affaires posent les types de questions suivantes :

- Qui est l'audience de l'ensemble?
- Que comprendra chaque type de partie prenante dans la communication et quels seront ses besoins?
- Quel est le style de communication ou d'apprentissage préféré de chaque partie prenante?
- Quelle information est-il important de communiquer?
- La présentation et le format de l'ensemble, et l'information qui s'y trouve, sont-ils appropriés pour le type de public?
- Comment l'ensemble appuie-t-il d'autres activités?

- Y a-t-il des contraintes réglementaires ou contractuelles à respecter?

Parmi les formes possibles d'ensembles peuvent se trouver :

- **Documentation officielle** : repose habituellement sur un gabarit utilisé par l'organisation et peut comprendre du texte, des matrices ou des diagrammes. C'est un enregistrement de l'information stable et facile à utiliser à long terme.
- **Documentation informelle** : peut comprendre du texte, des diagrammes ou des matrices utilisés pendant un changement, mais qui ne font pas partie d'un processus organisationnel officiel.
- **Présentations** : fournissent un aperçu de haut niveau et approprié qui permet de comprendre les objectifs d'un changement, les fonctions d'une solution ou des informations pour faciliter la prise de décision.

On examine le meilleur moyen de combiner et de présenter le contenu pour véhiculer un message cohésif et efficace à un ou plusieurs groupes de parties prenantes. Les ensembles peuvent être conservés dans divers référentiels en ligne ou hors-ligne, dont des documents ou des outils.

.2 Communiquer l'ensemble de l'analyse d'affaires

Le but de communiquer l'ensemble de l'analyse d'affaires consiste à fournir aux parties prenantes le niveau approprié de détail sur le changement, pour qu'elles puissent comprendre l'information qu'il contient. Les parties prenantes ont l'opportunité de passer l'ensemble en revue, de poser des questions sur l'information et de faire part de toute préoccupation.

Choisir la bonne plateforme de communication est également important. Parmi les plateformes de communication courantes se trouvent :

- **Collaboration de groupe** : utilisée pour transmettre l'ensemble à un groupe de parties prenantes pertinentes au même moment. Elle permet des discussions immédiates sur l'information et des enjeux connexes.
- **Collaboration individuelle** : utilisée pour transmettre l'ensemble à une seule partie prenante à la fois. Elle peut servir à obtenir une compréhension individuelle de l'information lorsqu'un contexte de groupe est impossible, n'est pas plus productif ou ne donnera pas les meilleurs résultats.
- **Courriel ou autres méthodes non verbales** : utilisés pour transmettre l'ensemble lorsque l'information a un niveau de maturité élevé et qu'elle ne nécessite aucune ou peu d'explications verbales pour l'appuyer.

4.4.5 Lignes directrices et outils

- **Approche de l'analyse d'affaires** : décrit comment les divers types d'information seront diffusés et non ce qui sera diffusé. Décrit le niveau de détail et de structure requis, la fréquence des communications et la façon dont les communications pourraient être impactées par le nombre et la répartition géographique des parties prenantes.
- **Approche de gestion des informations** : aide à déterminer comment l'information de l'analyse d'affaires sera constituée et transmise aux parties prenantes.

4.4.6 Techniques

- **Entretiens** : utilisés pour transmettre individuellement de l'information aux parties prenantes.

- **Revues** : utilisées pour fournir aux parties prenantes l'opportunité d'exprimer des commentaires, de demander des ajustements requis, de comprendre les réponses et interventions requises et de donner leur approbation. Les revues peuvent servir pendant la collaboration de groupe ou individuelle.
- **Ateliers de travail** : utilisés pour fournir aux parties prenantes l'opportunité d'exprimer des commentaires et de comprendre les ajustements, réponses et actions requises. Ils sont également utiles pour obtenir un consensus et fournir des approbations. Ils sont habituellement utilisés pendant la collaboration de groupe.

4.4.7 Parties prenantes

- **Utilisateur final** : doit avoir des communications fréquentes, pour connaître l'information de l'analyse d'affaires pertinente.
- **Client** : doit avoir des communications fréquentes, pour connaître l'information de l'analyse d'affaires pertinente.
- **Expert du domaine** : doit comprendre l'information de l'analyse d'affaires pour la confirmer et la valider pendant l'initiative de changement.
- **Expert du domaine de mise en œuvre** : doit connaître et comprendre l'information de l'analyse d'affaires, surtout les exigences et concepts, à des fins de mise en œuvre.
- **Testeur** : doit connaître et comprendre l'information de l'analyse d'affaires, surtout les exigences et concepts, à des fins de test.
- **Toutes les parties prenantes** : il faudra probablement communiquer avec tous les types de parties prenantes à un certain moment pendant l'initiative de changement.

4.4.8 Extrants

- **Information de l'analyse d'affaires (transmise)** : l'information de l'analyse d'affaires est estimée transmise lorsque les parties prenantes ciblées ont compris son contenu et ses retombées.

4.5 Gérer la collaboration avec les parties prenantes

4.5.1 Objectif

Le but de Gérer la collaboration avec les parties prenantes est d'encourager les parties prenantes à atteindre un but commun.

4.5.2 Description

Le travail d'analyse d'affaires se prête à de nombreuses occasions de collaboration entre des groupes de parties prenantes sur les produits du travail de l'analyse d'affaires. Les parties prenantes ont divers degrés d'influence et d'autorité quant à l'approbation de produits du travail et sont également une source importante de besoins, de contraintes et d'hypothèses. À mesure que progresse le travail d'analyse d'affaires, l'analyste d'affaires identifie les parties prenantes, confirme leurs rôles et communique avec elles pour voir à ce que les bonnes parties prenantes participent aux bons moments et aux rôles appropriés.

Gérer la collaboration de parties prenantes est une activité continue. Bien que la gestion de la collaboration avec des parties prenantes commence une fois que les parties prenantes ont été choisies et analysées, de nouvelles parties prenantes peuvent être choisies à tout moment dans une initiative. À mesure que de nouvelles parties prenantes sont choisies, leur rôle, influence et liens par rapport à l'initiative sont analysés. Le rôle, la responsabilité, l'influence, l'attitude et l'autorité de chaque partie prenante peuvent changer avec le temps.

Plus marqué est l'effet du changement ou sa visibilité dans l'organisation, plus la gestion de la collaboration avec les parties prenantes attire de l'attention. Les analystes d'affaires gèrent la collaboration avec les parties prenantes pour tirer profit de réactions positives et atténuer ou éviter les réactions négatives. L'analyste d'affaires devrait continuellement surveiller et évaluer l'attitude de chaque partie prenante pour déterminer s'il peut avoir un quelconque effet sur leur contribution aux activités d'analyse d'affaires.

De mauvaises relations avec les parties prenantes peuvent avoir de nombreux effets néfastes sur l'analyse d'affaires, dont :

- le défaut de fournir de l'information de qualité,
- de fortes réactions négatives aux revers et obstacles,
- une résistance au changement,
- l'absence de soutien au travail d'analyse d'affaires et de participation à ce dernier, et
- l'information de l'analyse d'affaires est ignorée.

Ces effets peuvent être évités en partie au moyen de relations solides, positives et axées sur la confiance avec les parties prenantes. Les analystes d'affaires gèrent activement les liens avec les parties prenantes qui :

- fournissent des services à l'analyste d'affaires, dont des intrants aux tâches d'analyse d'affaires et d'autres activités de soutien,
- dépendent des services fournis par l'analyste d'affaires, dont les extrants de tâches d'analyse d'affaires, et
- participent à l'exécution de tâches d'analyse d'affaires.

4.5.3 Intrants

- **Approche d'engagement des parties prenantes** : décrit les types d'engagement attendus des parties prenantes et comment ils pourraient devoir être gérés.
- **Évaluation du rendement de l'analyse d'affaires** : fournit de l'information clé sur l'efficacité des tâches d'analyse d'affaires exécutées, dont celles axées sur l'engagement des parties prenantes.

Figure 4.5.1: Schéma d'intrants/extrants de Gérer la collaboration avec les parties prenantes

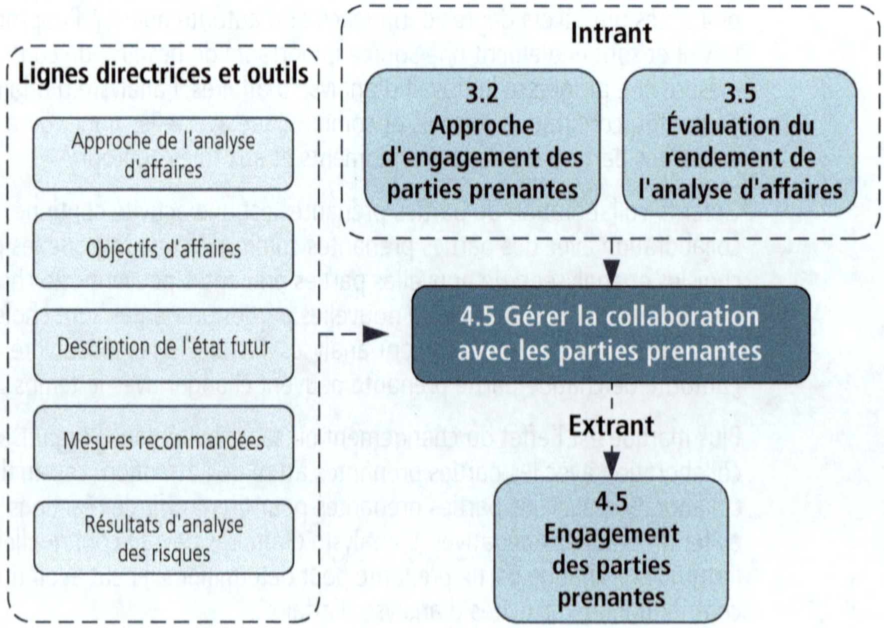

4.5.4 Éléments

.1 Obtenir un accord sur les engagements

Les parties prenantes participent à des activités d'analyse d'affaires qui peuvent exiger des engagements de temps et de ressources. L'analyste d'affaires et les parties prenantes identifient et approuvent ces engagements aussi tôt dans l'initiative que possible. Les détails précis des engagements peuvent être communiqués de façon formelle ou informelle, tant que l'on comprend explicitement les attentes et les résultats escomptés de l'engagement.

Des dialogues et des négociations sur les conditions générales des engagements sont possibles. Des compétences en négociation, en communication et en résolution de différends efficaces sont importantes pour bien gérer les parties prenantes (consultez **Négociation et résolution des conflits** (p. 208)).

.2 Surveillance de l'engagement des parties prenantes

Les analystes d'affaires surveillent la participation et le rendement des parties prenantes, pour que :

- les bons experts du domaine et autres parties prenantes participent efficacement,
- les attitudes des parties prenantes et leur intérêt restent constants ou s'améliorent,

- les résultats de l'élicitation soient confirmés rapidement, et
- les ententes et engagements soient maintenus.

Les analystes d'affaires sont continuellement à l'affût des risques suivants :

- les parties prenantes sont réaffectées à d'autres tâches,
- les activités d'élicitation n'offrent pas la qualité d'information de l'analyse d'affaires requise, et
- les approbations sont retardées.

.3 Collaboration

Les parties prenantes sont plus susceptibles d'appuyer le changement si les analystes d'affaires collaborent avec elles et encouragent le libre cours de l'information, des idées et d'innovations. Un engagement véritable des parties prenantes exige que toutes les parties prenantes impliquées se sentent écoutées, sentent que leur opinion compte et que leurs contributions sont reconnues. La collaboration comprend des communications régulières, fréquentes et bidirectionnelles. Les liens de collaboration aident à maintenir la libre circulation d'information lorsque des obstacles et revers se produisent et favorisent un effort partagé pour régler les problèmes et atteindre les résultats voulus.

4.5.5 Lignes directrices et outils

- **Approche de l'analyse d'affaires** : décrit la nature et le niveau de collaboration requis de la part de chaque groupe de parties prenantes pour effectuer des activités d'analyse d'affaires planifiées.
- **Objectifs d'affaires** : décrivent l'orientation souhaitée requise pour atteindre l'état futur. Ils peuvent orienter des parties prenantes diversifiées vers une vision commune des résultats d'affaires souhaités.
- **Description de l'état futur** : définit l'état futur souhaité et la valeur attendue, qui peuvent servir à faire converger diverses parties prenantes vers l'objectif commun.
- **Mesures recommandées** : communiquer ce qui devrait être fait pour améliorer la valeur d'une solution peut susciter le soutien et faire converger des parties prenantes vers un objectif commun.
- **Résultats d'analyse des risques** : les risques liés aux parties prenantes devront être atténués pour que les activités de collaboration des parties prenantes réussissent.

4.5.6 Techniques

- **Jeux collaboratifs** : utilisés pour stimuler le travail d'équipe et la collaboration en immergeant temporairement les participants dans une situation ludique et sécuritaire, où ils peuvent partager leurs connaissances et expériences sur un sujet donné, identifier des hypothèses cachées et explorer ces connaissances de façon inhabituelle lors d'interactions normales.
- **Leçons apprises** : utilisées pour comprendre la satisfaction ou l'insatisfaction des parties prenantes et leur offrir l'occasion d'améliorer les relations de travail.
- **Analyse et gestion des risques** : utilisées pour identifier et gérer les risques liés à la participation et à l'engagement des parties prenantes.

- **Listes des parties prenantes, cartographie ou personas** : utilisées pour déterminer qui peut participer au travail d'analyse d'affaires, montrer les liens informels entre les parties prenantes et comprendre quelles parties prenantes devraient être consultées sur différents types d'information de l'analyse d'affaires.

4.5.7 Parties prenantes

- **Toutes les parties prenantes** : tous les types de parties prenantes qui pourraient participer à la collaboration pendant le changement.

4.5.8 Extrants

- **Engagement des parties prenantes** : volonté des parties prenantes de participer à des activités d'analyse d'affaires et d'interagir avec l'analyste d'affaires au besoin.

5 Gestion du cycle de vie des exigences

La Gestion du cycle de vie des exigences décrit les tâches réalisées par les analystes d'affaires afin de gérer et maintenir les exigences et les informations de conception du début à la fin. Ces tâches décrivent l'établissement de relations fructueuses entre les exigences et les conceptions, l'évaluation des changements apportés aux exigences et aux conceptions lorsque des changements sont suggérés, ainsi que l'analyse et l'obtention d'un consensus sur les changements.

L'objectif de la gestion du cycle de vie des exigences consiste à s'assurer que la société, la partie prenante ainsi que les conceptions et exigences de la solution sont harmonisées entre elles, et que la solution permet de les mettre en place. Elle implique un certain niveau de contrôle des exigences et de la manière dont les exigences seront mises en œuvre dans la solution à élaborer et fournir au bout du compte. Elle permet également de s'assurer que les informations de l'analyse d'affaires sont disponibles pour un usage ultérieur.

Le cycle de vie des exigences :

- commence par la représentation d'un besoin d'affaires en tant qu'exigence,
- se poursuit par le biais du développement d'une solution, et
- se termine lorsqu'une solution et les exigences qui la représentent sont abandonnées.

La gestion des exigences ne prend pas fin une fois que la solution est mise en œuvre. Les exigences continuent à fournir de la valeur tout au long de la vie d'une solution lorsqu'elles sont gérées de façon appropriée.

Dans le domaine de connaissances de la gestion du cycle de vie des exigences, le concept de cycle de vie est séparé de la méthodologie ou du processus utilisés pour régir le travail d'analyse d'affaires. Le cycle de vie fait référence à l'existence de différent(e)s phases ou états par lesquel(le)s les exigences passent dans le cadre d'un changement. Les exigences peuvent se trouver dans différentes phases à la fois.

Les phases indiquées ici ne sont pas conçues pour constituer une liste exhaustive.

Figure 5.0.1: Gestion du cycle de vie des exigences

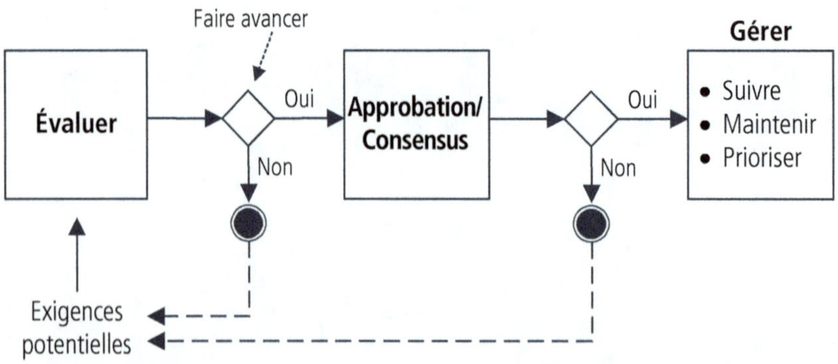

Le domaine de connaissances de la gestion du cycle de vie des exigences comprend les tâches suivantes :

- **Suivre les exigences** : il s'agit d'analyser et de préserver les relations entre les exigences, les conceptions, les composantes de la solution et d'autres produits pour l'analyse d'impact, la couverture et l'allocation.
- **Maintenir les exigences** : il s'agit de s'assurer que les exigences et les conceptions sont justes et actualisées tout au long du cycle de vie et de faciliter la réutilisation, le cas échéant.
- **Prioriser les exigences** : il s'agit d'évaluer la valeur, le caractère urgent et les risques associés aux exigences et conceptions spécifiques, afin de s'assurer que l'analyse et/ou le travail fourni sont effectués sur celles qui sont les plus importantes à tout moment.
- **Évaluer les changements d'exigences** : il s'agit d'évaluer les exigences nouvelles des parties prenantes, ou celles en évolution, afin de déterminer si elles doivent être modifiées en fonction de la portée d'un changement.
- **Approuver les exigences** : cette étape inclut les parties prenantes impliquées dans le processus de gouvernance afin d'obtenir une validation et un accord en termes d'exigences et de conceptions.

Le modèle des concepts de base dans la gestion du cycle de vie des exigences

Le modèle des concepts de base de l'analyse d'affaires (BACCM™) décrit les relations entre les six concepts de base.

Le tableau suivant décrit l'usage et l'application de chaque concept de base dans le contexte de la gestion du cycle de vie des exigences.

Table 5.0.1: Le modèle des concepts de base dans la gestion du cycle de vie des exigences

Concepts de base	Lors de la gestion du cycle de vie des exigences, les analystes d'affaires...
Changement : l'acte de transformation en réponse à un besoin.	gèrent la manière dont les changements suggérés à l'égard des exigences et des conceptions sont évalués au cours d'une initiative.
Besoin : un problème à résoudre ou une opportunité à saisir.	suivent, priorisent et maintiennent les exigences afin de s'assurer que le besoin est rencontré.
Solution : une manière spécifique de satisfaire un ou plusieurs besoins dans un contexte.	permettent de suivre les exigences et les conceptions par rapport aux composantes de la solution afin de s'assurer que la solution satisfait le besoin.
Partie prenante : un groupe ou une personne ayant un lien avec le changement, le besoin ou la solution.	travaillent en étroite collaboration avec les principales parties prenantes afin de favoriser la compréhension, l'accord et la validation des exigences et des conceptions.
Valeur : la valeur, l'importance ou l'utilité de quelque chose pour une partie prenante dans un contexte.	conservent les exigences en vue d'une réutilisation afin d'étendre la valeur au-delà de l'initiative actuelle.
Contexte : les circonstances qui influencent le changement, qui en subissent les effets et qui permettent de le comprendre.	analysent le contexte afin de favoriser le suivi et la priorisation des activités.

Figure 5.0.1: Schéma d'intrants/extrants de gestion du cycle de vie des exigences

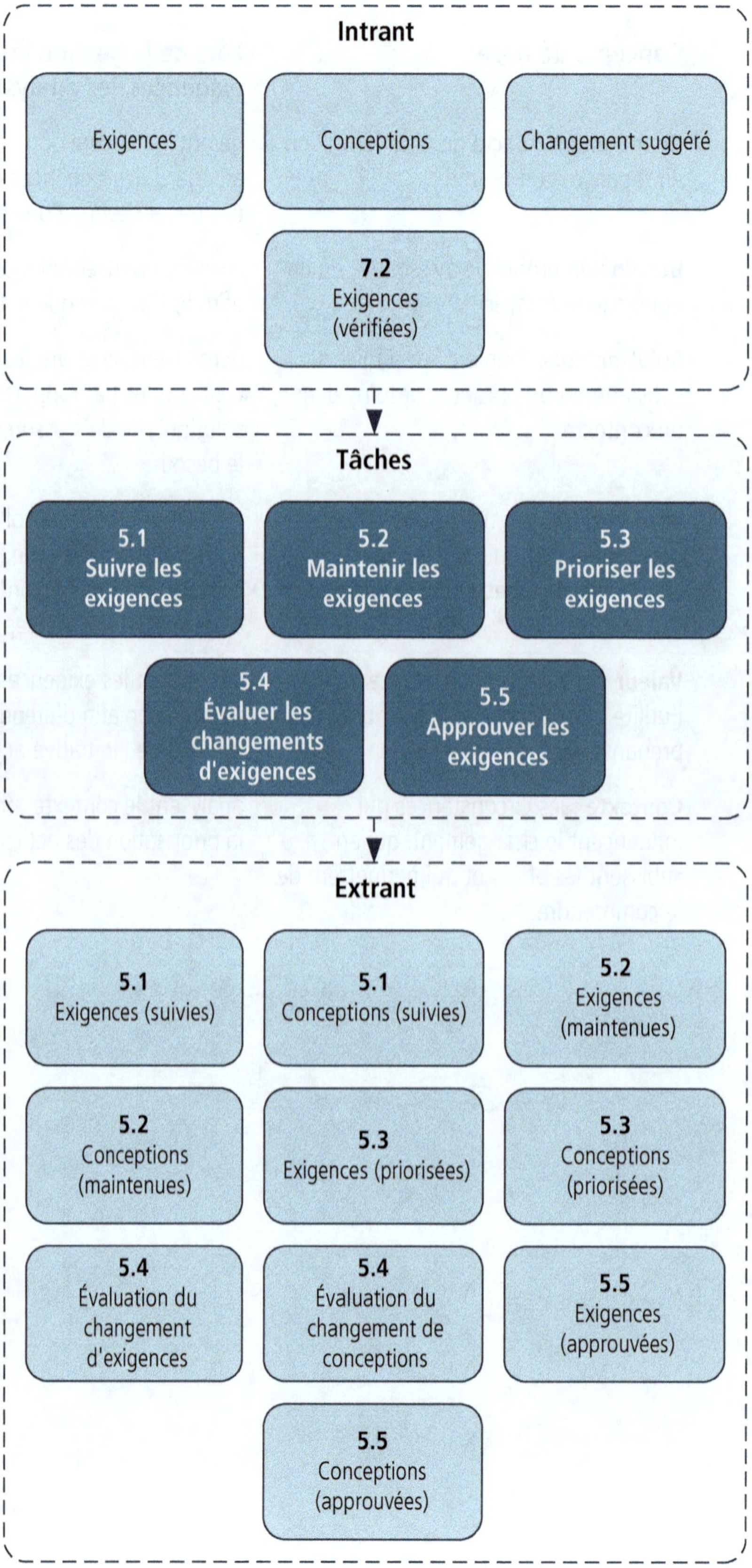

5.1 Suivre les exigences

5.1.1 Objectif

L'objectif de Suivre les exigences consiste à s'assurer que les exigences et les conceptions à différents niveaux sont harmonisées entre elles, et à gérer les effets du changement à un certain niveau sur les exigences correspondantes.

5.1.2 Description

La traçabilité des exigences identifie et documente l'origine de chaque exigence, notamment sa traçabilité antérieure, sa traçabilité postérieure et sa relation avec d'autres exigences. La traçabilité est utilisée afin de s'assurer que la solution est conforme aux exigences et de favoriser la gestion de la communication, des coûts, du temps, du risque, du changement et de la portée. Elle est également utilisée pour détecter les fonctionnalités absentes ou identifier si certaines fonctionnalités mises en œuvre ne sont pas compatibles avec une exigence.

La traçabilité permet :

- une analyse d'impact plus rapide et simple,
- une détection plus fiable des incohérences et des écarts dans les exigences,
- une meilleure visibilité sur la portée et la complexité d'un changement, et
- une évaluation fiable des exigences traitées ou non.

Pour plus d'informations sur l'allocation, se référer à Définir l'architecture des exigences (p. 146).

Il est souvent difficile de représenter les besoins et les solutions de manière précise sans prendre en compte la relation qui existe entre eux. La traçabilité est certes importante, mais l'analyse d'affaires permet de comparer le nombre de types de relation avec l'avantage offert par leur représentation. La traçabilité favorise également l'allocation des exigences et la planification de la version en fournissant une ligne de vue directe de l'exigence au besoin exprimé.

Les images suivantes montrent des exemples de représentations visuelles de la traçabilité pour un processus et des exigences logicielles.

Figure 5.1.1: Traçabilité des processus

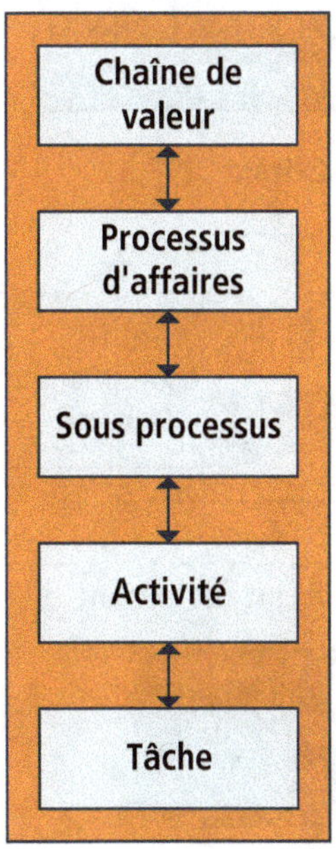

Figure 5.1.2: Traçabilité des exigences logicielles

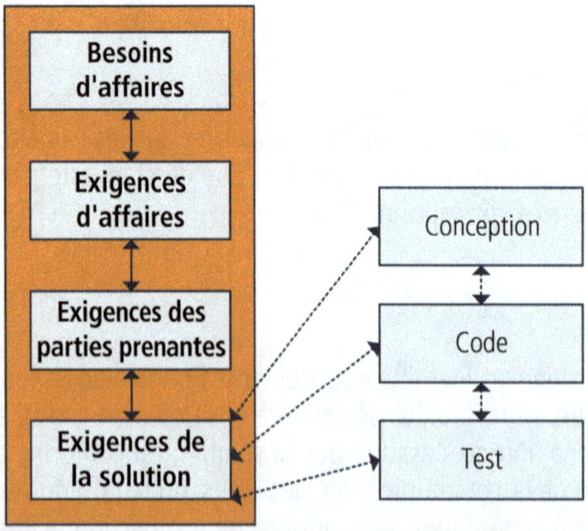

5.1.3 Intrants

- **Exigences** : elles peuvent être reliées à d'autres exigences (notamment des buts, objectifs, exigences d'affaires, exigences des parties prenantes, exigences de la solution et exigences de transition), composantes de la solution, visuels, règles d'affaires et autres produits.
- **Conceptions** : elles peuvent être reliées à d'autres exigences, composantes de la solution et produits.

Figure 5.1.3: Schéma d'intrants/extrants du suivi des exigences

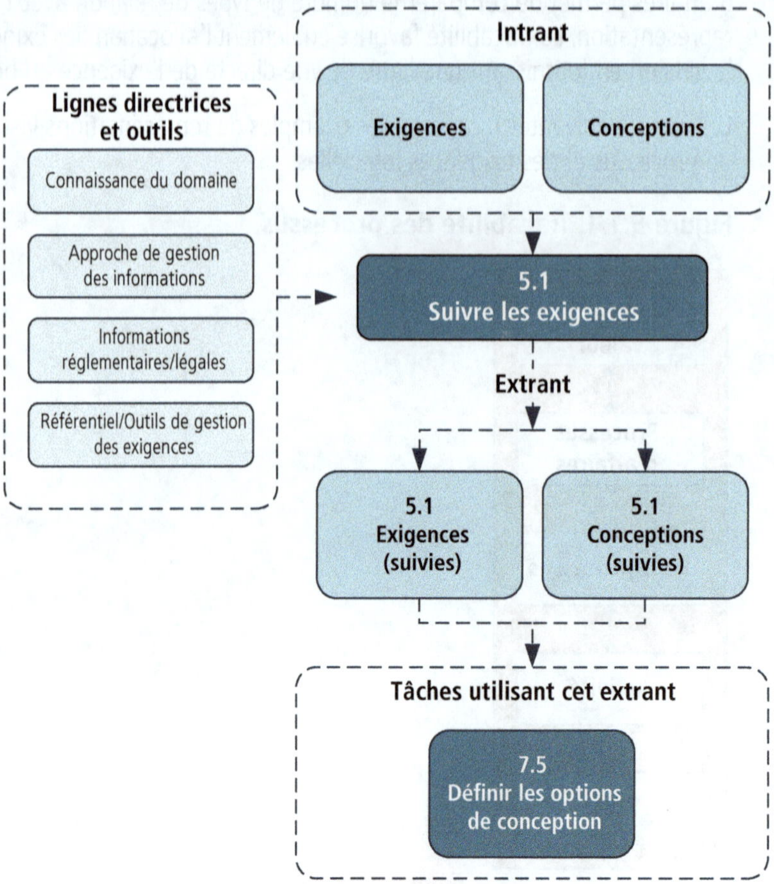

5.1.4 Éléments

.1 Niveau de formalisme

Lors du suivi des exigences, les analystes d'affaires tiennent compte de la valeur que chaque lien est censé offrir ainsi que de la nature et de l'utilisation des relations spécifiques créées.

L'effort requis pour suivre les exigences augmente considérablement lorsque le nombre d'exigences ou le niveau de formalisme augmente.

.2 Relations

Il existe plusieurs types de relations prises en compte par l'analyste d'affaires lorsque celui-ci définit l'approche de traçabilité :

- **Dérivé** : il s'agit de la relation entre deux exigences, utilisée lorsqu'une exigence est dérivée d'une autre. Ce type de relation est adapté si l'on souhaite relier les exigences à différents niveaux d'abstraction, par exemple, une exigence de la solution dérivée de l'exigence d'une partie prenante ou d'une exigence d'affaires.
- **Dépendance** : il s'agit de la relation entre deux exigences, utilisée lorsqu'une exigence dépend d'une autre. Parmi les types de relations de dépendance se trouvent :
  - **Nécessité** : elle intervient lorsqu'il n'est utile de mettre en œuvre une exigence spécifique que si une exigence connexe est également mise en œuvre.
  - **Effort** : il intervient lorsqu'une exigence est plus facile à mettre en œuvre quand une exigence connexe est également mise en œuvre.
- **Satisfaction** : il s'agit de la relation entre un élément de mise en œuvre et les exigences qu'il satisfait, comme par exemple la relation entre une exigence fonctionnelle et une composante de la solution qui permet de l'implémenter.
- **Validation** : il s'agit de la relation entre une exigence et un scénario d'essai ou autre élément pouvant déterminer si une solution satisfait l'exigence.

.3 Référentiel de traçabilité

La traçabilité des exigences est documentée et maintenue conformément aux méthodes identifiées par l'approche de l'analyse d'affaires. Les outils de gestion des exigences peuvent fournir de véritables avantages lorsqu'il est nécessaire de suivre un grand nombre d'exigences, considérées comme ingérables avec les approches manuelles.

5.1.5 Lignes directrices et outils

- **Connaissance du domaine** : il s'agit de la connaissance et de l'expertise dans le domaine d'affaires, requises pour permettre la traçabilité.
- **Approche de gestion des informations** : elle fournit des décisions à partir de la planification des activités en ce qui concerne l'approche de traçabilité.
- **Informations réglementaires/légales** : elles décrivent les réglementations ou règles législatives devant être suivies. Celles-ci doivent être prises en compte lors de la définition des règles de traçabilité.
- **Référentiel/Outils de gestion des exigences** : ils sont utilisés pour enregistrer et gérer les informations de l'analyse d'affaires. Un outil peut être aussi simple qu'un document texte et aussi complexe qu'un outil de gestion des exigences dédié.

5.1.6 Techniques

- **Analyse des règles d'affaires** : utilisée pour associer les règles d'affaires aux exigences qu'elles soutiennent ou aux règles qui soutiennent les exigences.
- **Décomposition fonctionnelle** : utilisée pour décomposer la portée de la solution en petites composantes pour l'allocation et pour établir un lien entre les concepts de haut niveau et les concepts de bas niveau.
- **Modélisation des processus** : utilisée pour afficher visuellement le processus d'état futur et associer les exigences au processus d'état futur.
- **Modélisation de la portée** : utilisée pour représenter visuellement la portée et associer les exigences au domaine de la portée soutenu par l'exigence.

5.1.7 Parties prenantes

- **Clients** : ils sont affectés par la manière et le moment où les exigences sont mises en œuvre, et pourraient être consultés concernant les relations de traçabilité. Ils peuvent également les valider.
- **Expert du domaine** : il peut avoir des recommandations concernant l'ensemble d'exigences devant être relié à la composante de la solution ou à une version.
- **Utilisateur final** : il peut demander des relations de dépendance spécifiques permettant à certaines exigences d'être mises en œuvre au même moment ou dans un ordre précis.
- **Expert du domaine de mise en œuvre** : la traçabilité permet de s'assurer que la solution développée correspond au besoin d'affaires et révèle les dépendances entre les composantes de la solution au cours de l'implémentation.
- **Soutien opérationnel** : la documentation de traçabilité fournit une autre source de référence pour soutenir le service d'assistance.
- **Chef de projet** : la traçabilité favorise la gestion de la portée et du changement du projet.
- **Promoteur** : il est requis pour approuver les différentes relations.
- **Fournisseurs** : ils sont affectés par la manière et le moment où les exigences sont mises en œuvre.
- **Testeur** : il doit comprendre l'endroit et la manière dont les exigences sont mises en œuvre lors de la création de plans et de scénarios d'essai, et peut relier les scénarios d'essai aux exigences.

5.1.8 Extrants

- **Exigences (suivies)** : elles ont des relations clairement définies avec les autres exigences, composantes de la solution ou versions, phases ou itérations dans le cadre de la portée d'une solution, de manière à ce que la couverture et les effets du changement soient clairement identifiables.
- **Conceptions (suivies)** : il s'agit de relations clairement définies avec les autres exigences, composantes de la solution ou versions, phases ou itérations dans le cadre de la portée d'une solution, de manière à ce que la couverture et les effets du changement soient clairement identifiables.

5.2 Maintenir les exigences

5.2.1 Objectif

L'objectif de Maintenir les exigences consiste à maintenir la justesse et la cohérence des exigences tout au long du changement et au-delà pendant l'ensemble du cycle de vie des exigences, et à favoriser la réutilisation des exigences dans d'autres solutions.

5.2.2 Description

Une exigence qui représente un besoin continu doit être maintenue afin de s'assurer qu'elle reste valide au fil du temps.

Afin d'optimiser les avantages du maintien et de la réutilisation des exigences, ces dernières doivent être :

- représentées de manière invariable,
- vérifiées et approuvées à l'aide d'un processus standardisé qui définit des droits d'accès adaptés et garantit la qualité, et
- facilement accessibles et compréhensibles.

5.2.3 Intrants

- **Exigences**: elles comprennent les buts, objectifs, exigences d'affaires, exigences des parties prenantes, exigences de la solution et exigences de transition. Ces dernières doivent être maintenues tout au long de leur cycle de vie.
- **Conceptions**: elles peuvent être maintenues tout au long de leur cycle de vie, selon les besoins.

Figure 5.2.1: Schéma d'intrants/extrants du maintien des exigences

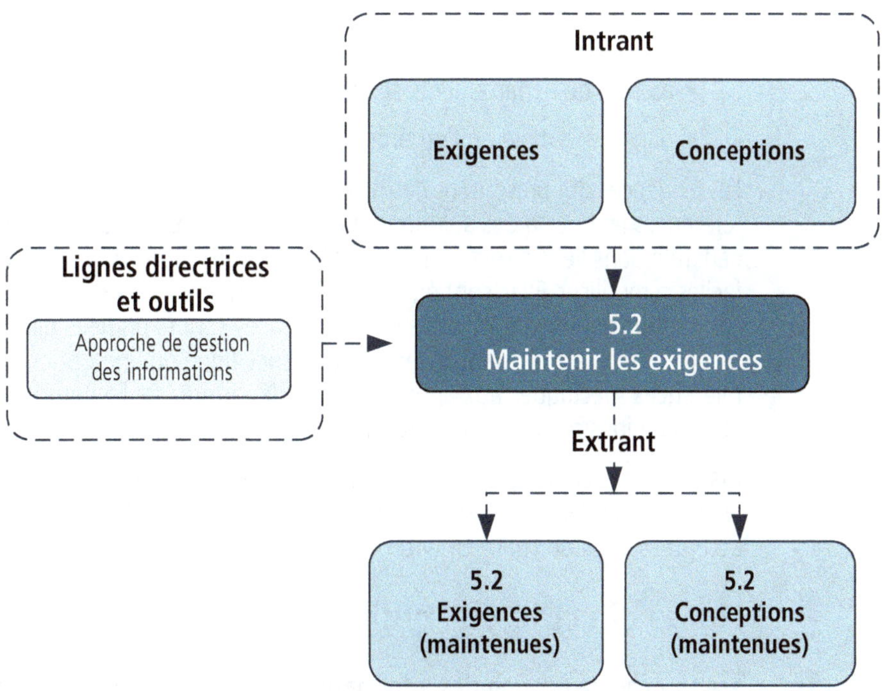

5.2.4 Éléments

.1 Maintenir les exigences

Les exigences sont maintenues afin de s'assurer qu'elles restent correctes et actualisées après un changement approuvé. Les analystes d'affaires doivent réaliser cette maintenance pour garantir le respect de ce niveau de précision. Afin d'assurer le maintien adéquat des exigences, celles-ci doivent être clairement nommées et définies, et facilement accessibles pour les parties prenantes.

Les analystes d'affaires maintiennent également les relations entre les exigences, les ensembles d'exigences et les informations de l'analyse d'affaires associées, afin de garantir que le contexte et l'intention initiale de l'exigence sont préservés. Des référentiels dotés de taxonomies reconnues favorisent l'établissement et le maintien des liens entre les exigences conservées, et facilitent la traçabilité des exigences et des conceptions.

.2 Maintien des attributs

Lors de l'élicitation des exigences, les analystes d'affaires établissent les attributs des exigences. Des informations telles que la source, la priorité et la complexité des exigences favorisent la gestion de chacune d'entre elles tout au long du cycle de vie. Certains attributs changent à mesure que les analystes d'affaires découvrent de nouvelles informations et approfondissent leur analyse. Un attribut peut changer même si l'exigence ne change pas.

.3 Réutilisation des exigences

Il existe des situations qui permettent de réutiliser des exigences.

Les exigences susceptibles d'être utilisées sur le long terme par l'organisation sont identifiées, clairement nommées, définies et stockées de manière à ce qu'elles soient faciles à récupérer par d'autres parties prenantes. Selon le niveau d'abstraction et le besoin prévu qui doit être satisfait, les exigences peuvent être réutilisées :

- au sein de l'initiative actuelle,
- au sein d'initiatives similaires,
- au sein de départements similaires, et
- dans l'ensemble de l'organisation.

Les exigences qui présentent des niveaux d'abstraction élevés peuvent être écrites avec des références limitées à des solutions spécifiques. Les exigences qui sont représentées de façon générale, sans liens directs vers un outil ou une structure organisationnelle spécifique, sont plus faciles à réutiliser. Elles sont également moins susceptibles de faire l'objet d'une révision pendant un changement. Lorsque les exigences sont exprimées plus en détail, elles sont associées plus étroitement à une solution spécifique ou une option de la solution. Des références spécifiques aux applications ou départements limitent la réutilisation des exigences et conceptions au sein d'une organisation.

Les exigences conçues pour être réutilisées reflètent l'état actuel de l'organisation. Les parties prenantes valident les exigences proposées pour être réutilisées avant que celles-ci ne soient acceptées dans un changement.

5.2.5 Lignes directrices et outils

- **Approche de gestion des informations** : elle indique la manière dont les exigences seront gérées dans le cadre de la réutilisation.

5.2.6 Techniques

- **Analyse des règles d'affaires** : utilisée pour identifier des règles d'affaires similaires dans l'entreprise en vue de faciliter la réutilisation.
- **Diagrammes de flux de données** : utilisés pour identifier des flux d'informations similaires dans l'entreprise en vue de faciliter la réutilisation.
- **Modélisation des données** : utilisée pour identifier une structure de données similaire dans l'entreprise en vue de faciliter la réutilisation.
- **Analyse de la documentation** : utilisée pour analyser la documentation existante au sujet d'une entreprise, pouvant servir de base au maintien et à la réutilisation des exigences.
- **Décomposition fonctionnelle** : utilisée pour identifier les exigences associées aux composantes et pouvant être réutilisées.
- **Modélisation des processus** : utilisée pour identifier des exigences associées aux processus et pouvant être réutilisées.
- **Cas d'utilisation et scénarios** : utilisés pour identifier une composante de la solution pouvant être utilisée par plusieurs solutions.
- **Récits utilisateur** : utilisés pour identifier les exigences associées à l'histoire et pouvant être réutilisées.

5.2.7 Parties prenantes

- **Expert du domaine** : il revient régulièrement sur les exigences maintenues afin de s'assurer qu'elles reflètent les besoins indiqués avec exactitude.
- **Expert du domaine de mise en œuvre** : il utilise les exigences maintenues lors du développement de tests de régression et de la réalisation d'une analyse d'impact pour favoriser une amélioration.
- **Soutien opérationnel** : les exigences maintenues sont susceptibles d'être citées en référence pour confirmer l'état actuel.
- **Régulateur** : les exigences maintenues sont susceptibles d'être citées en référence pour confirmer la conformité aux normes.
- **Testeur** : les exigences maintenues sont utilisées par les testeurs pour favoriser la création de plans et de scénarios d'essai.

5.2.8 Extrants

- **Exigences (maintenues)** : elles sont définies une fois et sont disponibles pour une utilisation à long terme par l'organisation. Elles peuvent devenir des actifs de processus organisationnels ou être utilisées dans le cadre d'initiatives futures. Dans certains cas, une exigence qui n'a pas été approuvée ou mise en œuvre peut être maintenue pour une initiative future potentielle.
- **Conceptions (maintenues)** : elles peuvent être réutilisées une fois définies, par exemple, de la même manière qu'une composante autonome peut être mise à disposition pour une utilisation future potentielle.

5.3 Prioriser les exigences

5.3.1 Objectif

L'objectif de Prioriser les exigences consiste à classer les exigences dans l'ordre de leur importance relative.

5.3.2 Description

La priorisation est l'action de classer les exigences afin de déterminer leur importance relative pour les parties prenantes. Lorsqu'une exigence est priorisée, elle reçoit un niveau de priorité plus ou moins important. La priorité peut faire référence à la valeur relative d'une exigence ou à l'ordre dans lequel elle sera mise en œuvre. La priorisation constitue un processus continu et les priorités évoluent avec le contexte.

Les interdépendances entre les exigences sont déterminées et peuvent être utilisées comme base de la priorisation. Il s'agit d'un exercice essentiel pour garantir l'obtention d'une valeur maximale.

5.3.3 Intrants

- **Exigences** : il s'agit de toute exigence sous la forme de texte, matrices ou schémas, prête à être priorisée.
- **Conceptions** : il s'agit de toute conception sous la forme de texte, prototypes ou schémas, prête à être priorisée.

Figure 5.3.1: Schéma d'intrants/extrants de priorisation des exigences

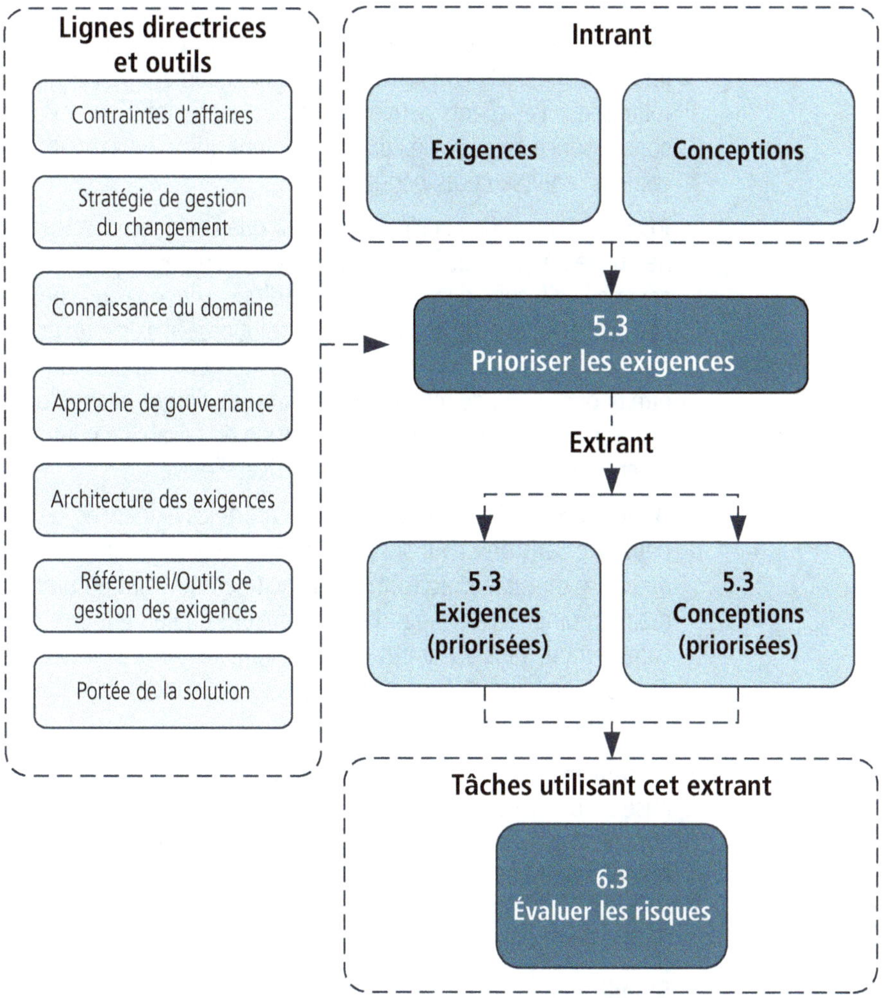

5.3.4 Éléments

.1 Base de la priorisation

La base sur laquelle les exigences sont priorisées est convenue par les parties prenantes concernées, tel que cela est défini dans le domaine de connaissances Planification et surveillance de l'analyse d'affaires.

Parmi les facteurs classiques qui influencent la priorisation se trouvent :

- **Bénéfice** : il s'agit de l'avantage reçu par les parties prenantes en conséquence de la mise en œuvre d'une exigence, mesuré par rapport aux buts et objectifs du changement. Le bénéfice fourni peut référer à une fonctionnalité spécifique, à la qualité souhaitée, à un objectif d'affaires ou à un but stratégique. Si les parties prenantes sont nombreuses, chaque groupe peut percevoir les bénéfices différemment. Des actions de négociation et de résolution des conflits peuvent être engagées pour parvenir à un consensus au sujet du bénéfice général.
- **Sanction** : il s'agit des conséquences produites par l'absence de mise en œuvre d'une exigence donnée. Ce phénomène comprend la priorisation des exigences afin de satisfaire les contraintes d'affaires (de l'entreprise et/ou réglementaires), qui prennent le pas sur les intérêts des autres parties prenantes. La sanction peut également faire

référence à la conséquence négative du fait de ne pas mettre en œuvre une exigence permettant d'améliorer l'expérience d'un client.

- **Coût** : il s'agit des efforts et ressources requis pour mettre en œuvre l'exigence. Les informations sur le coût proviennent généralement de l'équipe de mise en œuvre ou du fournisseur. Les clients peuvent modifier la priorité d'une exigence après avoir pris connaissance du coût. Le coût est souvent utilisé en association avec d'autres critères, comme l'analyse coûts-bénéfices.
- **Risque** : il s'agit de la probabilité pour que l'exigence n'apporte pas la valeur potentielle ou ne puisse pas du tout être respectée. Ce phénomène peut être lié à de nombreux facteurs, comme la difficulté d'implémentation d'une exigence ou la possibilité qu'une partie prenante n'accepte pas une composante de la solution. S'il existe un risque que la solution ne soit pas réalisable d'un point de vue technique, l'exigence la plus difficile à mettre en œuvre peut être priorisée afin de réduire les ressources utilisées avant d'apprendre qu'une solution proposée ne peut être fournie. Une étude de faisabilité peut pas être réalisée afin de déterminer les options présentant un risque élevé.
- **Dépendances** : il s'agit des relations entre les exigences, dans lesquelles une exigence ne peut être satisfaite sauf si l'autre exigence est également satisfaite. Dans certains cas, il peut être possible d'accroître l'efficacité en mettant en place des exigences liées au même moment. Les dépendances peuvent également être extérieures à l'initiative, comprenant, sans s'y limiter, les décisions de l'équipe, les engagements de financement et la disponibilité des ressources. Les dépendances sont identifiées dans le cadre de la tâche Suivre les exigences (p. 79).
- **Facteur temps** : il s'agit de la date de « péremption » de l'exigence, après laquelle la mise en œuvre de l'exigence perd une valeur significative. Les scénarios de délais de commercialisation, dans lesquels le bénéfice tiré est exponentiellement supérieur si la fonctionnalité est proposée avant la concurrence, entrent dans ce critère. Il peut également être question d'une fonctionnalité saisonnière, qui ne présente une valeur qu'à un moment précis de l'année.
- **Stabilité** : il s'agit de l'éventualité d'un changement de l'exigence, parce qu'elle nécessite une analyse supplémentaire ou que les parties prenantes ne sont pas parvenues à un consensus à son sujet. Si une exigence n'est pas stable, elle peut se voir octroyer une priorité inférieure afin de réduire les remaniements non anticipés et les efforts gâchés.
- **Conformité réglementaire ou à une politique** : ces exigences doivent être mises en œuvre afin de satisfaire les contraintes d'affaires (de l'entreprise et/ou réglementaires), qui prennent le pas sur les intérêts des autres parties prenantes.

.2 Enjeux de priorisation

La priorisation représente une évaluation de la valeur relative. Chaque partie prenante a sa propre définition de la valeur, ce qui peut entraîner des conflits entre elles. Les parties prenantes peuvent également avoir des difficultés à positionner une exigence comme faiblement prioritaire, au risque d'impacter la capacité à réaliser les compromis nécessaires. De plus, les parties prenantes peuvent (de façon intentionnelle ou non) utiliser la priorisation.

Les différents types d'exigences ne répondent pas aux critères de la même manière, et peuvent sembler contradictoires. Les parties prenantes seront parfois amenées à réaliser des compromis en matière de priorisation.

.3 Priorisation continue

Les priorités peuvent changer à mesure que le contexte évolue et que d'autres informations deviennent disponibles. Au départ, la priorisation est réalisée à un niveau plus élevé d'abstraction. Puis, tandis que les exigences sont affinées, la priorisation intervient à un niveau plus granulaire et intègre les bases de priorisation supplémentaires requises. La base de priorisation peut différer selon le stade du changement. Par exemple, les parties prenantes peuvent prioriser au départ les bénéfices, et l'équipe de mise en œuvre peut ensuite choisir de modifier la priorité des exigences selon l'ordre dans lequel elles doivent être implémentées - en raison de contraintes techniques. Une fois que cette équipe a fourni le coût de chaque exigence, les parties prenantes peuvent à nouveau modifier la priorisation.

5.3.5 Lignes directrices et outils

- **Contraintes d'affaires** : il s'agit des statuts réglementaires, obligations contractuelles et politiques d'entreprise pouvant définir les priorités.
- **Stratégie de gestion du changement** : elle fournit des informations sur les coûts, les délais et la réalisation de la valeur, utilisées pour déterminer la priorité des exigences.
- **Connaissance du domaine** : il s'agit des connaissances et de l'expertise du domaine d'affaires, requises afin de permettre la priorisation.
- **Approche de gouvernance** : elle expose l'approche de priorisation des exigences.
- **Architecture des exigences** : elle est utilisée pour comprendre la relation avec les autres exigences et produits.
- **Référentiel/Outils de gestion des exigences** : il s'agit de l'intégration d'un attribut des exigences pour la priorisation, qui peut aider l'analyste d'affaires à classer et accéder aux exigences par priorité.
- **Portée de la solution** : elle est prise en compte lors de la priorisation des exigences afin de s'assurer que la portée est bien intégrée.

5.3.6 Techniques

- **Gestion du carnet de commandes** : utilisée pour comparer les exigences à prioriser. La liste des fonctionnalités peut être l'endroit où la priorisation est maintenue.
- **Dossiers d'affaires** : utilisés pour évaluer les exigences par rapport aux objectifs et buts identifiés afin de déterminer l'importance.
- **Analyse décisionnelle** : utilisée pour identifier les exigences présentant une valeur élevée.
- **Estimation** : utilisée pour fournir des estimations servant de base à la priorisation.
- **Analyse financière** : utilisée pour évaluer la valeur financière d'un ensemble d'exigences et la manière dont l'échéance de la livraison affecte la valeur.
- **Entretiens** : utilisés pour comprendre la base de priorisation ou les priorités d'une partie prenante seule ou d'un petit groupe.
- **Gestion des points de suivi** : utilisée pour suivre les problèmes soulevés par les parties prenantes au cours de la priorisation.
- **Priorisation** : utilisée pour faciliter le classement des exigences.

- **Analyse et gestion des risques** : utilisées pour identifier et gérer les risques liés à la priorisation dans le but d'influencer le résultat de l'analyse et ainsi atteindre celui qu'elles souhaitent.
- **Ateliers de travail** : utilisés pour comprendre la base de priorisation ou les priorités des parties prenantes dans un cadre de groupe organisé.

5.3.7 Parties prenantes

- **Client** : il vérifie que les exigences de priorisation apportent une valeur du point de vue du client ou de l'utilisateur final. Le client peut également négocier pour changer la priorisation sur la base de la valeur relative.
- **Utilisateur final** : il vérifie que les exigences de priorisation apportent une valeur du point de vue du client ou de l'utilisateur final.
- **Expert du domaine de mise en œuvre** : il fournit des intrants en lien avec les dépendances techniques et peut négocier pour changer la priorisation sur la base de contraintes techniques.
- **Chef de projet** : il utilise la priorisation en tant qu'intrant dans le plan de projet et la gestion des évolutions et demandes de changement futures.
- **Régulateur** : il peut vérifier que la priorisation respecte les contraintes réglementaires et légales.
- **Promoteur** : il vérifie que les exigences priorisées offrent une valeur d'un point de vue organisationnel.

5.3.8 Extrants

- **Exigences (priorisées)** : il s'agit des exigences priorisées ou classées disponibles pour un travail supplémentaire, permettant de s'assurer que les exigences dont la valeur est la plus élevée sont traitées en premier.
- **Conceptions (priorisées)** : il s'agit des conceptions priorisées ou classées disponibles pour un travail supplémentaire, permettant de s'assurer que les conceptions dont la valeur est la plus élevée sont traitées en premier.

5.4 Évaluer les changements d'exigences

5.4.1 Objectif

L'objectif d'Évaluer les changements d'exigences consiste à évaluer les implications des changements suggérés sur les exigences et les conceptions.

5.4.2 Description

La tâche Évaluer les changements d'exigences est réalisée lorsque de nouveaux besoins ou solutions possibles sont déterminés. Ceux-ci peuvent correspondre ou non à la stratégie de gestion du changement et/ou la portée de la solution. L'évaluation doit être réalisée afin de déterminer si un changement suggéré serait en mesure d'accroître la valeur de la solution et, le cas échéant, les actions à entreprendre.

Les analystes d'affaires évaluent l'effet potentiel du changement sur la valeur de la solution, et si les changements suggérés créent des conflits avec d'autres exigences ou augmentent le niveau de risque. Ils veillent également à ce que chaque changement suggéré puisse être associé à un besoin.

Lorsqu'ils évaluent les changements, les analystes d'affaires déterminent si chaque changement suggéré :

- correspond à la stratégie globale,
- affecte la valeur apportée à l'entreprise ou aux groupes de parties prenantes,
- impacte le délai de livraison ou les ressources requises pour fournir la valeur, et
- modifie les risques, opportunités ou contraintes associés à l'initiative globale.

Les résultats de l'évaluation doivent favoriser les approches décisionnelles et de suivi du changement définies par la tâche Planifier la gouvernance de l'analyse d'affaires (p. 36).

5.4.3 Intrants

- **Changement suggéré** : il peut être déterminé à tout moment et impacter l'un des aspects du travail d'analyse d'affaires ou des livrables achevés. Il existe de nombreux facteurs à l'origine d'une suggestion de changement, notamment les changements stratégiques, les parties prenantes, les exigences juridiques ou changements réglementaires.
- **Exigences** : elles nécessitent parfois une évaluation afin d'identifier l'impact d'une modification suggérée.
- **Conceptions** : elles nécessitent parfois une évaluation afin d'identifier l'impact d'une modification suggérée.

Figure 5.4.1: Schéma d'intrants/extrants de l'évaluation des changements d'exigences

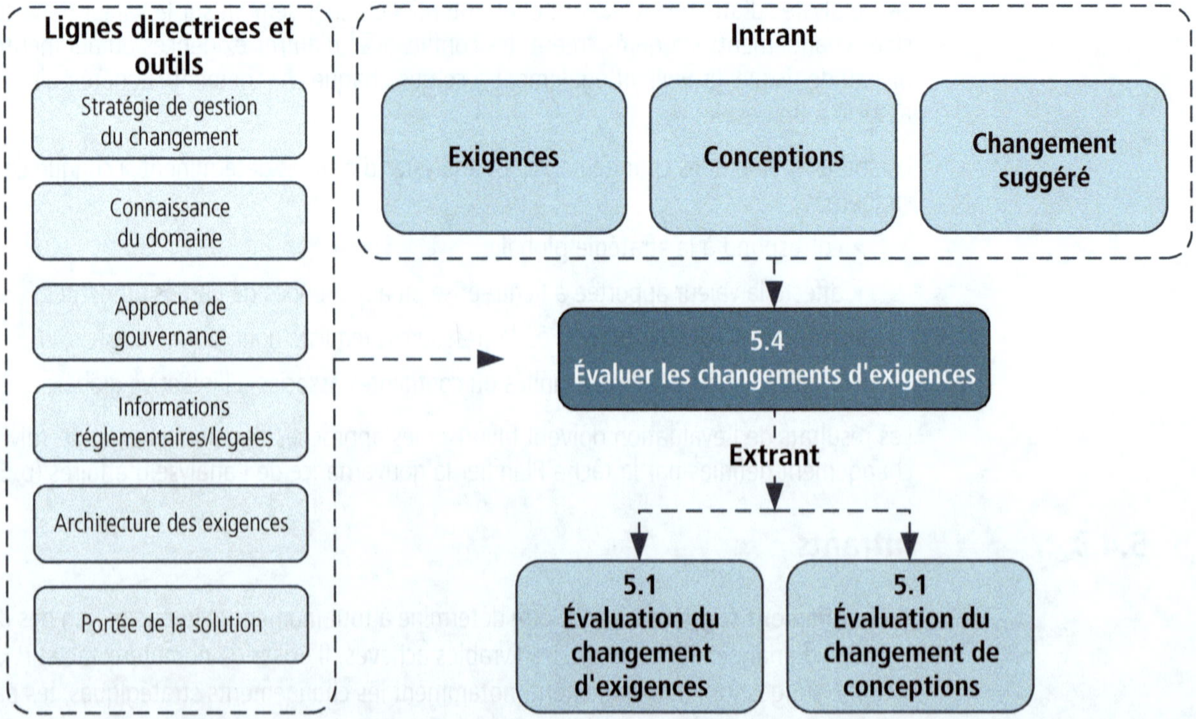

5.4.4 Éléments

.1 Formalités d'évaluation

Les analystes d'affaires déterminent les formalités du processus d'évaluation sur la base des informations disponibles, l'importance présumée du changement et le processus de gouvernance. Bon nombre des changements suggérés sont susceptibles de ne pas être pris en considération ou d'être refusés avant même qu'une validation formelle ne soit requise. Une approche prédictive peut indiquer une évaluation plus formelle des changements suggérés. Dans ce cas, l'impact de chaque changement peut entraîner un bouleversement. Le changement peut potentiellement générer un remaniement substantiel des tâches et activités réalisées au cours des activités précédentes. L'approche adaptative est susceptible de nécessiter un niveau de formalités moins important dans l'évaluation des changements suggérés. Un remaniement est certes nécessaire en lien avec chaque changement, mais les approches adaptatives tentent tout de même de réduire l'impact des changements en utilisant des techniques de mise en œuvre itératives et incrémentales. Cette idée d'évolution continue peut réduire le besoin d'une évaluation formelle de l'impact.

.2 Analyse d'impact

L'analyse d'impact est réalisée afin d'évaluer l'effet d'un changement. Dans cette optique, la traçabilité représente un outil très pratique. Lorsqu'une exigence change, sa relation avec les autres exigences ou composantes de la solution peut être revue. Chaque exigence ou composante liée peut également nécessiter un changement afin de s'adapter à la nouvelle exigence.

Lorsqu'ils considèrent les changements ou ajouts aux exigences existantes, les analystes d'affaires évaluent l'impact du changement suggéré en réfléchissant aux points suivants :

- **Bénéfice** : il s'agit de l'avantage obtenu en acceptant le changement.

- **Coût** : il s'agit du coût total de mise en œuvre du changement, comprenant le coût de réalisation du changement, le coût du remaniement associé et les coûts d'opportunité tels que le nombre de fonctionnalités devant être sacrifiées ou reportées si le changement est approuvé.
- **Impact** : il s'agit du nombre de clients ou processus d'affaires affectés si le changement est accepté.
- **Calendrier** : il s'agit de l'impact sur les engagements de livraison existants si le changement est approuvé.
- **Urgence** : il s'agit du niveau d'importance, comprenant les facteurs à l'origine de besoins tels que des questions de sécurité ou de réglementation.

.3 Résolution d'impact

Selon l'approche prévue, différentes parties prenantes (notamment l'analyste d'affaires) peuvent être autorisées à approuver, refuser ou reporter le changement suggéré. L'ensemble des impacts et décisions résultant de l'analyse du changement doit être documenté et communiqué à l'ensemble des parties prenantes. La tâche Planifier la gouvernance de l'analyse d'affaires (p. 36) permet de déterminer la manière dont les décisions et les changements sont réalisés et communiqués au sein d'une initiative.

5.4.5 Lignes directrices et outils

- **Stratégie de gestion du changement** : elle décrit l'objectif et l'orientation des changements, établit le contexte du changement et identifie les composantes essentielles au changement.
- **Connaissance du domaine** : il s'agit des connaissances et de l'expertise en lien avec le domaine d'affaires, requises afin d'évaluer les changements suggérés en matière d'exigences.
- **Approche de gouvernance** : elle fournit des conseils concernant le suivi du changement et les processus décisionnels ainsi que les rôles des parties prenantes au sein de ce processus.
- **Informations réglementaires/légales** : elles décrivent les réglementations ou règles législatives devant être suivies. Ces informations peuvent impacter les exigences et doivent être prises en compte lors de la réalisation de changements.
- **Architecture des exigences** : les exigences pouvant être reliées entre elles, l'analyste d'affaires examine et analyse les relations entre les exigences afin de déterminer celles qui seront impactées par la demande d'un changement d'exigence.
- **Portée de la solution** : elle doit être prise en compte lors de l'évaluation des changements, afin de saisir pleinement l'impact d'un changement suggéré.

5.4.6 Techniques

- **Dossiers d'affaires** : utilisés pour justifier un changement suggéré.
- **Analyse des règles d'affaires** : utilisée pour évaluer les changements apportés à des règles et des politiques d'affaires, et développer des conseils adéquats.
- **Analyse décisionnelle** : utilisée pour faciliter le processus d'évaluation du changement.
- **Analyse de la documentation** : utilisée pour analyser tout document existant qui facilite la compréhension de l'impact du changement.

- **Estimation** : utilisée pour déterminer l'ampleur du changement.
- **Analyse financière** : utilisée pour estimer les conséquences financières d'un changement suggéré.
- **Analyse d'interface** : utilisée pour aider les analystes d'affaires à identifier les interfaces susceptibles d'être affectées par le changement.
- **Entretiens** : utilisés pour comprendre l'impact sur l'organisation ou ses actifs à partir d'une partie prenante seule ou en petit groupe.
- **Gestion des points de suivi** : utilisée pour surveiller tout problème ou conflit découvert pendant l'analyse d'impact.
- **Analyse et gestion des risques** : utilisées pour identifier et gérer les risques liés au changement.
- **Ateliers de travail** : utilisés pour comprendre l'impact ou résoudre des changements dans un contexte de groupe.

5.4.7 Parties prenantes

- **Client** : il fournit des commentaires sur l'impact que le changement entraînera sur la valeur.
- **Expert du domaine** : il dispose d'une certaine expertise dans certains aspects de la situation et peut fournir un aperçu de la manière dont le changement impactera l'organisation et la valeur.
- **Utilisateur final** : il il utilise la solution ou une composante de la solution, et peut fournir des informations sur l'impact du changement sur ses activités.
- **Soutien opérationnel** : il fournit des informations sur sa capacité à soutenir le fonctionnement de la solution et sur son besoin de comprendre la nature du changement dans la solution afin de la prendre en charge.
- **Chef de projet** : il étudie l'évaluation du changement d'exigences afin de déterminer si un travail de projet supplémentaire est requis pour assurer une mise en œuvre réussie de la solution.
- **Régulateur** : ses modifications sont prises en compte par les auditeurs pour confirmer la conformité aux normes.
- **Promoteur** : il est responsable de la portée de la solution et peut fournir des connaissances à utiliser lors de l'évaluation du changement.
- **Testeur** : il est consulté afin d'établir l'impact des changements suggérés.

5.4.8 Extrants

- **Évaluation du changement d'exigences** : il s'agit de la recommandation destinée à approuver, modifier ou refuser des changements suggérés à l'égard d'exigences.
- **Évaluation du changement de conceptions** : il s'agit de la recommandation destinée à approuver, modifier ou refuser des changements suggérés à l'égard d'une ou plusieurs composantes de conception.

5.5 Approuver les exigences

5.5.1 Objectif

L'objectif de Approuver les exigences consiste à obtenir l'approbation des exigences et conceptions afin de permettre la poursuite du travail d'analyse d'affaires et/ou l'élaboration de solutions.

5.5.2 Description

Les analystes d'affaires doivent garantir une communication claire des exigences, conceptions et autres informations de l'analyse d'affaires aux principales parties prenantes responsables de la validation de ces informations.

La validation des exigences et des conceptions peut être formelle ou informelle. Les approches prédictives réalisent généralement l'approbation à la fin de la phase ou pendant les réunions planifiées de suivi du changement. Les approches adaptatives n'approuvent les exigences que lorsque l'élaboration et la mise en œuvre d'une solution respectant l'exigence peuvent débuter. Les analystes d'affaires travaillent avec les principales parties prenantes afin de parvenir à un consensus sur les exigences nouvelles et modifiées, communiquer le résultat des discussions, ainsi que suivre et gérer la validation.

5.5.3 Intrants

- **Exigences (vérifiées)** : il s'agit d'un ensemble d'exigences dont la qualité a été vérifiée afin de s'assurer qu'elles peuvent être utilisées en tant qu'ensemble de travaux fiable pour d'autres spécifications et développements.
- **Conceptions** : il s'agit d'un ensemble de conceptions dont la capacité à être utilisé pour d'autres spécifications et développements a été déterminée.

Figure 5.5.1: Schéma d'intrants/extrants d'approbation des exigences

Lorsqu'une exigence a été approuvée, elle représente un produit d'analyse d'affaires finalisé qui est mis en œuvre.

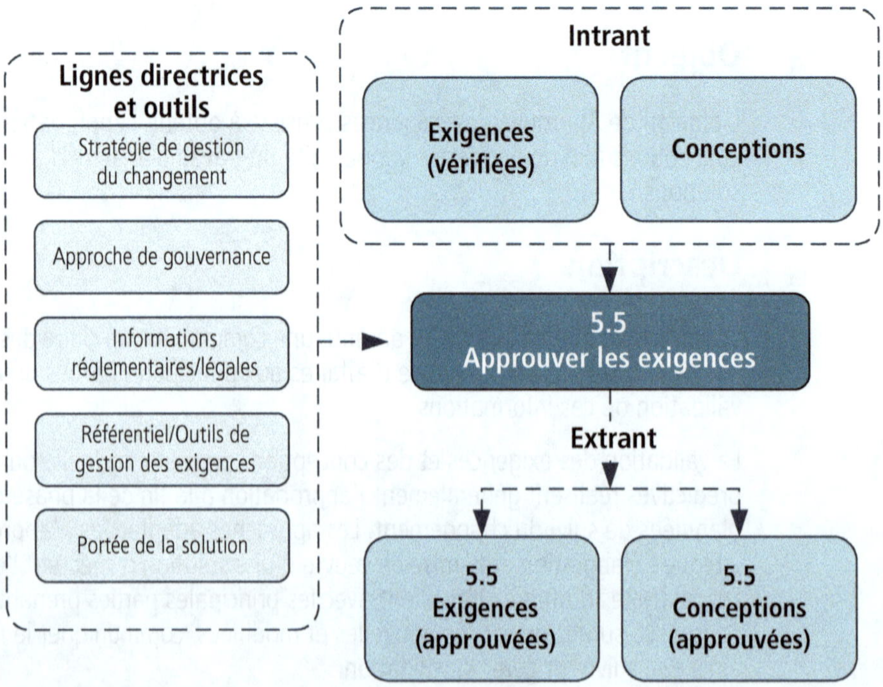

5.5.4 Éléments

.1 Compréhension des rôles des parties prenantes

Le processus de validation est défini par la tâche Planifier la gouvernance de l'analyse d'affaires (p. 36). Une partie de la définition du processus de validation consiste à comprendre les rôles des parties prenantes et les niveaux d'autorité. Les analystes d'affaires doivent obtenir les validations de la part des parties prenantes et comprendre qui détient le pouvoir décisionnel et l'autorité suffisante pour approuver l'initiative. Les analystes d'affaires tiennent également compte des éventuelles parties prenantes influentes, qui doivent être consultées ou informées des exigences. Certaines d'entre elles peuvent disposer de l'autorité suffisante pour approuver ou refuser les changements, mais elles sont susceptibles – pour la plupart – d'influencer ces décisions.

.2 Gestion des problèmes et des conflits

Afin de préserver le soutien des parties prenantes en ce qui concerne la solution, un consensus entre ces personnes est généralement recherché avant de demander la validation des exigences. L'approche permettant de déterminer la manière de consolider les décisions et résoudre les conflits dans une initiative est abordée dans la tâche Planifier la gouvernance de l'analyse d'affaires (p. 36).

Les groupes de parties prenantes présentent souvent des points de vue différents et des priorités divergentes. Un conflit peut alors survenir entre ces personnes, en raison d'une variation des interprétations des exigences ou des conceptions ainsi que des valeurs contradictoires qui les composent. L'analyste d'affaires facilite la communication entre les parties prenantes dans les zones de conflit, de manière à ce que chaque groupe dispose d'une meilleure appréciation des besoins des autres. La résolution des conflits et la gestion des problèmes peuvent être réalisées régulièrement, dans la mesure où l'analyste d'affaires étudie les exigences et les conceptions et a pour objectif de garantir leur validation.

.3 Obtention d'un consensus

Les analystes d'affaires doivent s'assurer que les parties prenantes disposant de l'autorité suffisante pour fournir une validation comprennent et acceptent les exigences. L'approbation confirme que les parties prenantes estiment qu'une valeur suffisante sera créée pour l'organisation pour justifier l'investissement dans une solution. Les analystes d'affaires obtiennent l'approbation en examinant les exigences ou les changements par rapport aux exigences avec les personnes ou groupes responsables, et en demandant leur validation concernant la solution ou les conceptions décrites.

Les analystes d'affaires utilisent les méthodes et les moyens décrits dans les tâches Planifier la gouvernance de l'analyse d'affaires (p. 36) et Communiquer l'information de l'analyse d'affaires (p. 67) pour présenter les exigences aux parties prenantes en vue d'obtenir leur validation. Ils peuvent faciliter ce processus d'approbation en répondant aux questions ou en fournissant des informations supplémentaires lorsqu'elles sont requises.

Il n'est pas nécessaire d'obtenir un accord complet pour réussir un changement, mais si l'accord n'est pas suffisant, les risques associés doivent être identifiés et gérés en conséquence.

.4 Suivi et communication de l'approbation

L'analyste d'affaires enregistre les décisions de validation, éventuellement par le biais d'outils de suivi et de gestion des exigences. Afin de communiquer le statut des exigences, il est essentiel de conserver des dossiers précis concernant les statuts actuels d'approbation. Les parties prenantes doivent être en mesure de déterminer les exigences et les conceptions qui sont approuvées et qui sont en attente de mise en œuvre. De plus, il peut être utile de conserver un historique d'audit des changements apportées aux exigences : ce qui a été changé, qui a réalisé le changement, le motif du changement et la date du changement.

5.5.5 Lignes directrices et outils

- **Stratégie de gestion du changement** : elle fournit des informations qui aident à gérer le consensus entre les parties prenantes concernant les besoins de chacune d'entre elles.
- **Approche de gouvernance** : elle détermine les parties prenantes qui disposent de l'autorité suffisante pour approuver les informations de l'analyse d'affaires, et indique la date d'obtention de ces approbations, ainsi que la manière dont elles s'harmoniseront avec les politiques organisationnelles.
- **Informations réglementaires/légales** : elles décrivent les réglementations ou règles législatives devant être suivies. Elles sont susceptibles d'impacter le processus d'approbation des exigences et conceptions.
- **Référentiel/Outils de gestion des exigences** : il s'agit d'un outil permettant d'enregistrer les approbations d'exigences.
- **Portée de la solution** : elle doit être prise en compte lors de la validation des exigences afin d'en évaluer précisément l'alignement et l'exhaustivité.

5.5.6 Techniques

- **Critères d'évaluation et d'acceptation**: utilisés pour définir les critères de validation.
- **Analyse décisionnelle** : utilisée pour résoudre les problèmes et obtenir un accord.
- **Gestion des points de suivi** : utilisée pour suivre les problèmes identifiés au cours du processus d'accord.

- **Revues** : utilisées pour évaluer les exigences.
- **Ateliers de travail** : utilisés pour faciliter l'obtention de l'approbation.

5.5.7 Parties prenantes

- **Client** : il peut jouer un rôle actif dans la vérification et l'approbation des exigences et des conceptions, afin de s'assurer que les besoins sont satisfaits.
- **Expert du domaine** : il peut être impliqué dans la vérification et l'approbation des exigences et des conceptions, tel que cela est défini par la désignation des responsabilités et des rôles des parties prenantes.
- **Utilisateur final** : il utilise la solution ou une composante de la solution, et peut fournir des informations sur l'impact du changement sur ses activités.
- **Soutien opérationnel** : il doit s'assurer que les exigences et conceptions sont réalisables dans le cadre des contraintes imposées par les normes technologiques et les plans de capacité organisationnelle. Le personnel de soutien opérationnel peut jouer un rôle dans la vérification et l'approbation des exigences.
- **Chef de projet** : il est responsable d'identifier et de gérer les risques associés à la conception, au développement, à la livraison, à la mise en œuvre, au fonctionnement et au maintien de la solution. Le chef de projet peut gérer les activités du plan de projet en ce qui concerne la vérification et/ou l'approbation.
- **Régulateur** : Il doit fournir des recommandations sur la relation entre les exigences déclarées et les réglementations spécifiques. Ce processus peut être formel, avec un audit, ou informel, avec l'ajout d'intrants aux tâches de gestion du cycle de vie des exigences.
- **Promoteur** : il doit vérifier et approuver le dossier d'affaires, la solution ou la portée du produit, ainsi que l'ensemble des exigences et conceptions.
- **Testeur** : il doit vérifier que les normes d'assurance qualité sont réalisables avec les informations de l'analyse d'affaires, par exemple en s'assurant que les exigences sont testables.

5.5.8 Extrants

- **Exigences (approuvées)** : il s'agit des exigences convenues par les parties prenantes et prêtes à être utilisées dans les efforts de l'analyse d'affaires ultérieurs.
- **Conceptions (approuvées)** : il s'agit des conceptions convenues par les parties prenantes et prêtes à être utilisées dans les analyses d'affaires ou efforts de développement de solution ultérieurs.

6 Analyse de la stratégie

La stratégie définit le moyen le plus efficace d'appliquer les capacités d'une entreprise afin d'atteindre un ensemble de buts et d'objectifs souhaités. Les stratégies peuvent exister pour l'ensemble de l'entreprise, pour une division, un département ou une région, et pour un produit, un projet ou une itération.

Le domaine de connaissances Analyse de la stratégie décrit le travail d'analyse d'affaires qui doit être effectué pour collaborer avec les parties prenantes en vue d'identifier un besoin d'importance stratégique ou tactique (le besoin d'affaires), de permettre à l'entreprise de satisfaire ce besoin et d'aligner la stratégie qui en découle pour la modification avec des stratégies de niveau inférieur et supérieur.

L'analyse de la stratégie se concentre sur la définition des états futurs et de transition requis pour répondre au besoin d'affaires, et le travail nécessaire est à la fois défini par ce besoin et la portée de la solution. Elle couvre la pensée stratégique de l'analyse d'affaires, ainsi que la découverte ou l'imagination de solutions possibles qui permettront à l'entreprise de créer une valeur ajoutée pour les parties prenantes et/ou d'en tirer avantage pour elle-même.

L'analyse de la stratégie fournit le contexte de l'analyse des exigences et de la définition de la conception pour un changement donné. Elle doit être réalisée lorsqu'un besoin d'affaires est déterminé, permettant ainsi aux parties prenantes d'établir s'il est nécessaire de répondre à ce besoin ou non. L'analyse de la stratégie représente une activité continue, qui évalue les éventuelles évolutions de ce besoin, son contexte ou toute autre nouvelle information susceptible d'indiquer qu'un ajustement est requis dans la stratégie de changement.

L'image suivante illustre le spectre de valeur à mesure que les activités d'analyse d'affaires progressent, de la valeur potentielle à la valeur réelle.

Figure 6.0.1: Spectre de valeur de l'analyse d'affaires

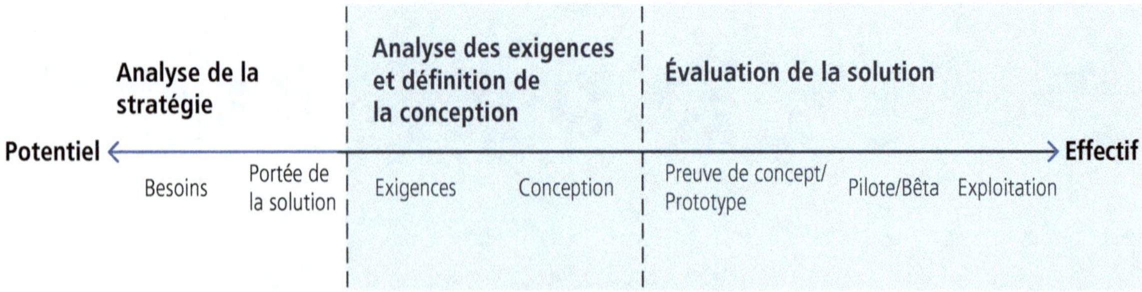

Lors de l'analyse de la stratégie, les analystes d'affaires doivent prendre en compte le contexte dans lequel ils travaillent et déterminer dans quelle mesure l'éventail des résultats possibles est prévisible. Lorsqu'un changement présente un résultat prévisible, l'état futur et les états de transition possibles peuvent généralement être clairement définis, et une stratégie claire peut être planifiée. Si le résultat d'un des changements est difficile à prévoir, il peut nécessaire que la stratégie soit être plus axée sur la limitation du risque, la vérification des hypothèses et le changement de cap jusqu'à la détermination d'une stratégie permettant d'atteindre les objectifs d'affaires ou jusqu'à la fin de l'initiative. Ces tâches peuvent être réalisées dans n'importe quel ordre, même si elles sont souvent exécutées simultanément, car la stratégie doit être façonnée en fonction de ce qui est concrètement réalisable.

Une stratégie peut être intégrée dans un plan stratégique, la vision d'un produit, un dossier d'affaires, la feuille de route d'un produit ou autres artefacts.

Le domaine de connaissances Analyse de la stratégie comprend les tâches suivantes :

- **Analyser l'état actuel** : il s'agit de comprendre le besoin d'affaires et son lien par rapport au fonctionnement actuel de l'entreprise. Cette analyse pose une base de référence et un contexte pour le changement.
- **Définir l'état futur** : définit les buts et les objectifs qui démontreront que le besoin d'affaires a été satisfait et définit les parties de l'entreprise qui devront changer afin d'atteindre ces buts et objectifs.
- **Évaluer les risques** : comprend les incertitudes entourant le changement, considère l'effet potentiel de ces incertitudes sur la capacité à générer de la valeur par le biais d'un changement et recommande des actions pour gérer ces risques, le cas échéant.
- **Définir la stratégie de changement** : effectue une analyse des écarts entre l'état actuel et futur, évalue les options permettant d'atteindre l'état futur et recommande l'approche qui a la valeur la plus élevée pour atteindre l'état futur, y compris les états de transition éventuellement nécessaires.

Le modèle des concepts de base dans l'analyse de la stratégie

Le modèle des concepts de base de l'analyse d'affaires (BACCM™) décrit les relations entre les six concepts de base. Le tableau suivant décrit l'usage et l'application de chaque concept de base dans le contexte de l'Analyse de la stratégie.

Table 6.0.1: Le modèle des concepts de base dans l'analyse de la stratégie

Concepts de base	Lors de l'Analyse de la stratégie, les analystes d'affaires…
Changement : l'acte de transformation en réponse à un besoin.	définissent l'état futur et développent une stratégie de changement afin d'atteindre cet état futur.
Besoin : un problème à résoudre ou une opportunité à saisir.	établissent les besoins dans l'état actuel et priorisent ces besoins afin de déterminer l'état futur souhaité.
Solution : une manière spécifique de satisfaire un ou plusieurs besoins dans un contexte.	définissent la portée d'une solution dans le cadre du développement d'une stratégie de changement.
Partie prenante : un groupe ou une personne ayant un lien avec le changement, le besoin ou la solution.	collaborent avec les parties prenantes afin de comprendre le besoin d'affaires et d'élaborer une stratégie de changement ainsi qu'un état futur correspondant à ces besoins.
Valeur : la valeur, l'importance ou l'utilité de quelque chose pour une partie prenante dans un contexte.	examinent la valeur potentielle de la solution afin de déterminer si un changement est justifié.
Contexte : les circonstances qui influencent le changement, qui en subissent les effets et qui permettent de le comprendre.	prennent en compte le contexte de l'entreprise dans le développement d'une stratégie de changement.

Figure 6.0.1: Schéma d'intrants/extrants de l'Analyse de la stratégie

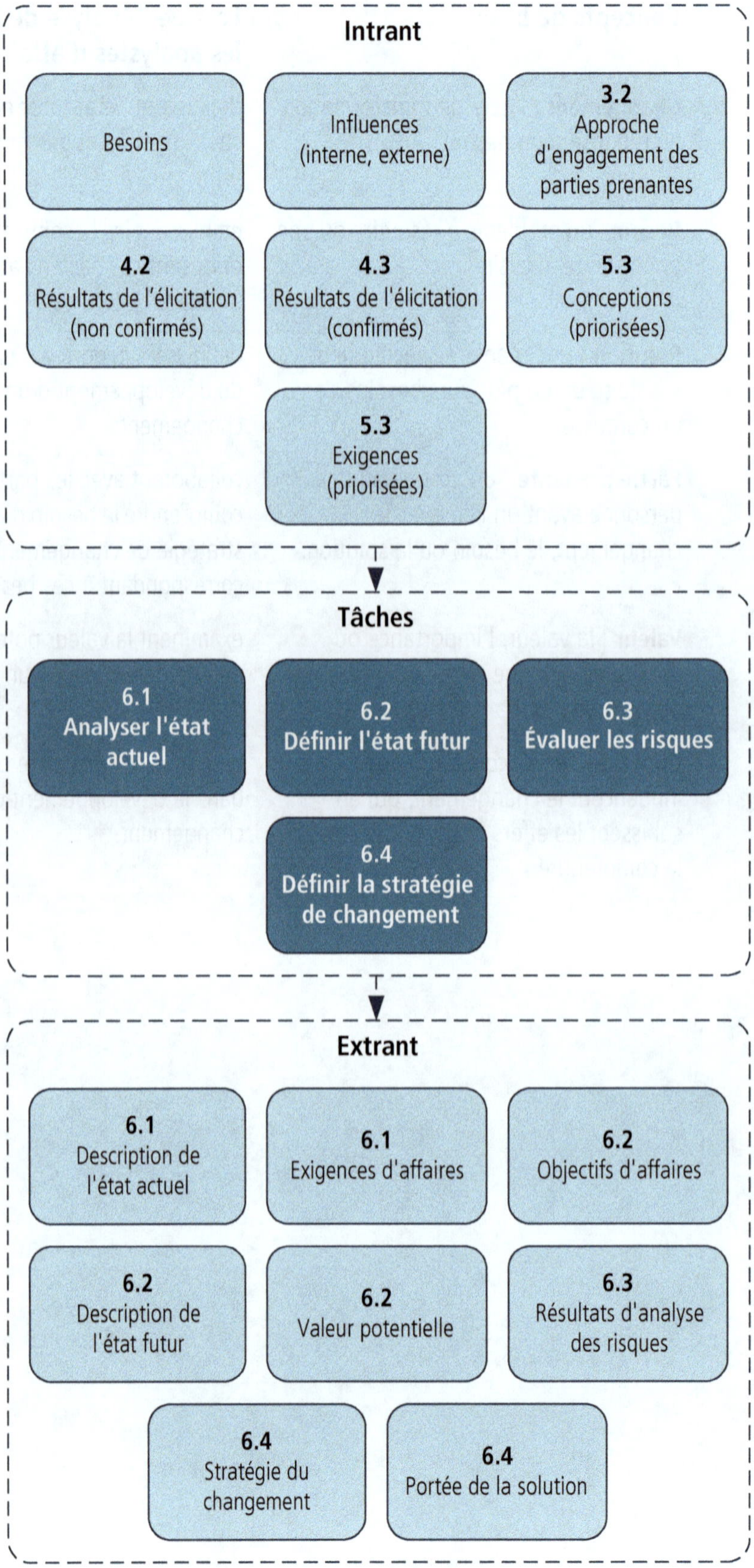

6.1 Analyser l'état actuel

6.1.1 Objectif

L'objectif de l'analyse de l'état actuel est de comprendre les raisons pour lesquelles une entreprise a besoin de changer certains aspects de son fonctionnement, et les éléments qui seraient directement ou indirectement affectés par ce changement.

6.1.2 Description

Le point de départ de tout changement est une compréhension de pourquoi le changement est nécessaire. Un changement potentiel est déclenché par des problèmes ou des opportunités qui ne peuvent être traités sans modifier l'état actuel. Les analystes d'affaires travaillent pour aider les parties prenantes à accepter le changement en explorant et en articulant les besoins d'affaires qui sont à l'origine du désir de changement. En l'absence d'une compréhension claire des besoins d'affaires, il est impossible de développer une stratégie cohérente et l'initiative de changement qui en résulte est vouée à être menée par un ensemble conflictuel de demandes de parties prenantes.

Le changement survient toujours dans un contexte de parties prenantes, processus, technologie et politiques existants, qui constituent l'état actuel de l'entreprise. Les analystes d'affaires examinent l'état actuel dans le contexte du besoin d'affaires, afin de comprendre ce qui influence les changements proposés et comment ces derniers pourraient affecter l'état actuel. L'état actuel est examiné de manière suffisamment approfondie pour valider le besoin de changement et/ou la stratégie de changement. Il est essentiel de comprendre l'état actuel de l'entreprise avant le changement afin d'établir ce qui doit changer pour atteindre l'état futur souhaité et la manière dont l'effet du changement sera évalué.

La portée de l'état actuel décrit les importantes caractéristiques existantes de l'environnement. Les limites de la portée de l'état actuel sont déterminées par les composantes de l'entreprise et son environnement, dans la mesure où ils se rapportent aux besoins. L'état actuel peut être décrit à différents niveaux, allant de l'entreprise dans son ensemble aux plus petites composantes d'une solution. La création d'un modèle de l'état actuel peut nécessiter une collaboration à l'intérieur et à l'extérieur de l'entreprise. Lorsqu'il s'agit de petits efforts, la portée peut concerner uniquement une petite composante de l'entreprise.

L'état actuel d'une entreprise est rarement statique lorsqu'un changement est élaboré et mis en œuvre. Les influences internes et externes, ainsi que d'autres changements organisationnels, peuvent affecter l'état actuel de manière à forcer les modifications dans l'état futur souhaité, la stratégie de changement, ou les exigences et conceptions.

6.1.3 Intrants

- **Résultats de l'élicitation** : ils sont utilisés pour définir et comprendre l'état actuel.
- **Besoins** : le problème ou l'opportunité auquel est confrontée une entreprise ou une organisation entraîne souvent le lancement d'un travail d'analyse d'affaires afin de mieux comprendre ces besoins.

Figure 6.1.1: Schéma d'intrants/extrants d'analyse de l'état actuel

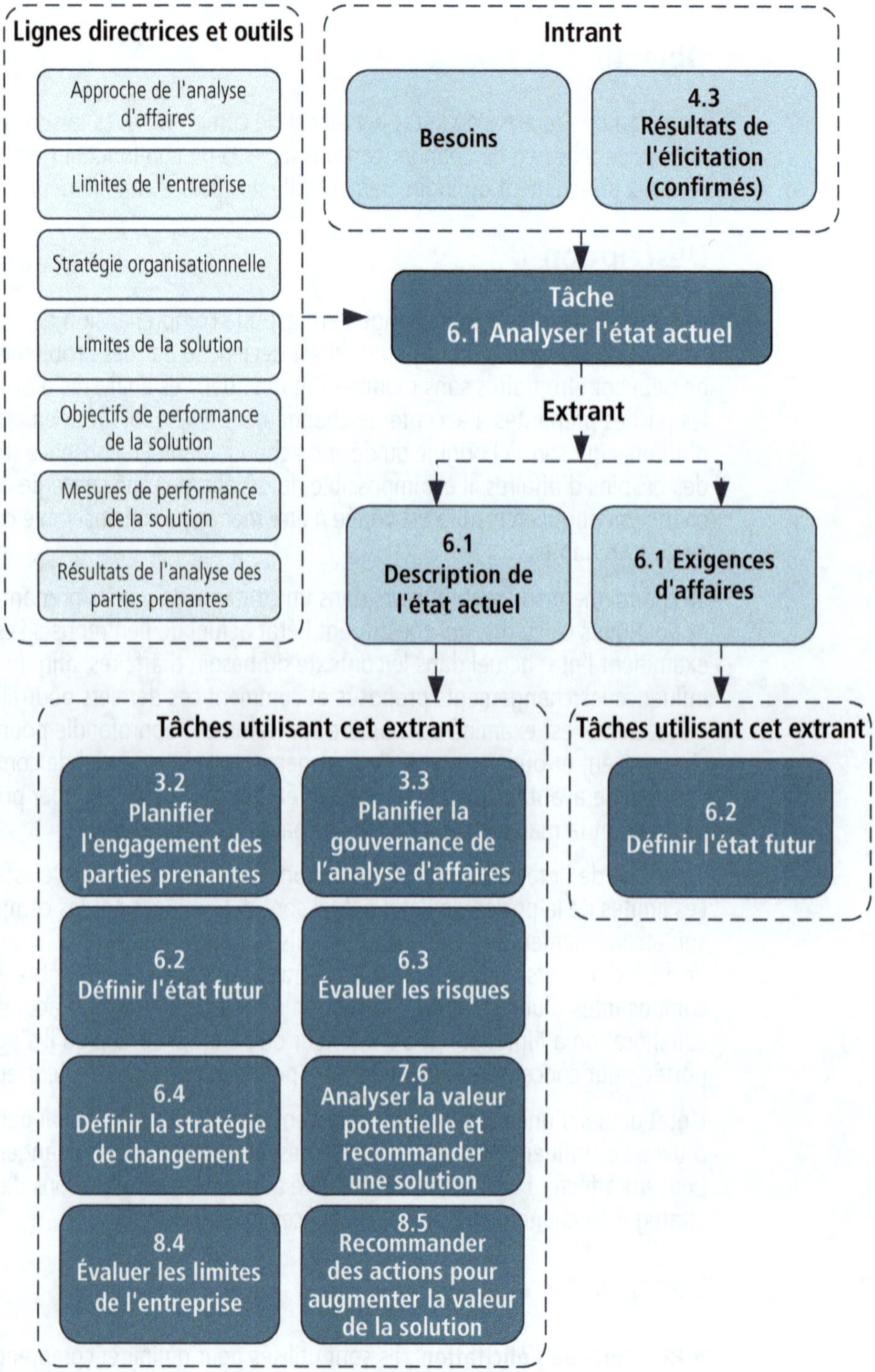

6.1.4 Éléments

.1 Besoins d'affaires

Les besoins d'affaires sont les problèmes et les opportunités revêtant une importance stratégique auxquels l'entreprise est confrontée. Un problème rencontré par l'organisation, comme la plainte d'un client, une perte de revenu ou une nouvelle opportunité sur le marché, entraînent généralement l'évaluation d'un besoin d'affaires.

Un besoin d'affaires peut être identifié à de nombreux niveaux différents de l'entreprise :

- **De façon descendante** : un objectif stratégique devant être atteint.
- **De façon ascendante** : un problème avec l'état actuel d'un processus, d'une fonction ou d'un système.
- **Depuis la gestion intermédiaire** : un gestionnaire a besoin d'informations supplémentaires pour prendre des décisions éclairées ou doit mettre en place des fonctions supplémentaires pour satisfaire des objectifs d'affaires.
- **Depuis des éléments externes** : il peut s'agir d'une demande d'un client ou de la concurrence sur le marché.

La définition du besoin d'affaires est souvent l'étape la plus critique dans l'effort de l'analyse d'affaires. Une solution doit satisfaire les besoins d'affaires afin d'être considérée comme réussie. La manière dont le besoin est défini détermine les solutions de rechange qui seront prises en compte, les parties prenantes qui seront consultées et les approches de la solution qui seront évaluées. Les besoins d'affaires sont toujours exprimés du point de vue de l'entreprise, et non d'une partie prenante en particulier.

Les besoins d'affaires sont souvent identifiés ou exprimés avec une solution présumée. L'analyste d'affaires doit alors évaluer les hypothèses et contraintes généralement cachées dans l'énoncé du problème, afin de s'assurer que le problème adéquat est solutionné et que la gamme la plus large possible de solutions de rechange est prise en compte.

Une solution répondant à un ensemble de besoins d'affaires doit avoir le potentiel de générer des avantages pour l'entreprise ou ses parties prenantes, ou d'éviter les pertes susceptibles de se produire en son absence. Parmi les facteurs pris en compte par l'analyste d'affaires se trouvent :

- les effets indésirables causés par le problème dans l'organisation et la quantification de ces impacts (par ex. perte de revenu potentielle, inefficacité, clients insatisfaits, employés démoralisés),
- les avantages attendus de la part d'une solution potentielle (par ex. augmentation du revenu, baisse des coûts, part de marché accrue),
- la rapidité avec laquelle le problème pourrait potentiellement être résolu ou l'opportunité saisie et le coût de l'inaction, et
- la source sous-jacente du problème.

Les besoins d'affaires guident l'analyse globale de l'état actuel. Bien qu'il ne soit pas nécessaire de détailler tous les aspects de l'état actuel avant de développer davantage la stratégie de changement, cette exploration permet souvent de découvrir les causes plus profondes du problème ou de l'opportunité qui a déclenché l'enquête (qui deviennent alors des besoins d'affaires supplémentaires).

.2 Culture et structure organisationnelle

La structure organisationnelle définit les relations formelles entre les personnes qui travaillent dans l'entreprise. Bien que les relations et les réseaux de communication ne soient pas limités à cette structure, celle-ci les influence fortement et la structure hiérarchique peut favoriser ou limiter un changement potentiel.

La culture organisationnelle est composée des croyances, valeurs et standards partagés par les membres d'une organisation. Ces croyances sont à la base des actions entreprises par une organisation. Les analystes d'affaires effectuent une évaluation culturelle afin de :

- identifier si des changements culturels sont requis pour mieux atteindre les objectifs,

- identifier si les parties prenantes comprennent les raisons de l'état actuel de l'entreprise et la valeur qu'il offre, et
- vérifier si les parties prenantes considèrent l'état actuel comme satisfaisant ou si un changement est requis.

.3 Capacités et processus

Les capacités et processus décrivent les activités réalisées par une entreprise. Ils comprennent également les connaissances dont dispose l'entreprise, les produits et services qu'elle fournit, les fonctions qu'elle gère et les méthodes qu'elle utilise pour prendre des décisions. Les processus ou capacités de base décrivent les fonctions essentielles de l'entreprise, qui la différencient des autres. Ils sont mesurés par des indicateurs de performance pouvant être utilisés afin d'évaluer les avantages d'un changement.

Les analystes d'affaires peuvent utiliser :

- Une vision centrée sur les capacités de l'entreprise lorsqu'ils recherchent des solutions innovantes qui associent les capacités existantes en vue de produire un nouveau résultat. Cette vision, axée sur les capacités, est utile dans ce type de situation car elles sont généralement organisées dans une hiérarchie fonctionnelle avec des liens vers d'autres capacités, simplifiant ainsi l'identification des écarts.
- Une vision centrée sur les processus de l'entreprise lorsqu'ils recherchent des manières d'améliorer la performance des activités actuelles. Cette vision, axée sur les processus, est utile dans ce type de situation, car les processus sont organisés dans un système global au sein de l'entreprise afin d'offrir une valeur aux clients. Il est ainsi plus facile de s'assurer qu'un changement augmente bel et bien la performance.

.4 Technologie et infrastructure

Les systèmes d'information utilisés par l'entreprise aident les personnes à mettre en œuvre les processus, prendre des décisions et interagir avec les fournisseurs et les clients. L'infrastructure décrit l'environnement de l'entreprise en termes de capacités et composantes physiques. Elle peut inclure des composantes telles que le matériel informatique, les installations physiques et la logistique ainsi que leur fonctionnement et entretien.

.5 Politiques

Les politiques définissent la portée de la prise de décision à différents niveaux d'une entreprise. Elles abordent généralement les opérations courantes plutôt que des changements stratégiques. Elles s'assurent que les décisions sont prises correctement, conseillent le personnel sur les comportements et actions autorisés et appropriés, soutiennent la gouvernance et déterminent quand et comment de nouvelles ressources peuvent être acquises. L'identification des politiques pertinentes peut influencer la portée d'une solution et représenter une contrainte quant aux types d'action pouvant être effectués.

.6 Architecture d'affaires

Aucun élément de l'état actuel ne doit être évalué de façon entièrement isolée du reste. Les analystes d'affaires doivent comprendre la manière dont tous les éléments de l'état actuel s'associent et se soutiennent afin de recommander des changements efficaces. L'architecture d'affaires existante satisfait généralement un ensemble de besoins d'affaires et de parties prenantes. Si ces besoins ne sont pas pris en compte ou ne sont plus satisfaits par une transition suggérée ou un état futur, les changements sont susceptibles d'entraîner une perte de valeur.

.7 Actifs internes

Les analystes d'affaires identifient les actifs d'entreprise utilisés dans l'état actuel. Les ressources peuvent être tangibles ou intangibles, comme les ressources financières, les brevets, la réputation et les marques.

.8 Influences externes

Il existe des influences externes sur l'entreprise qui ne participent pas à un changement mais peuvent présenter des contraintes, des dépendances ou des facteurs sur l'état actuel.

Parmi les sources d'influence externe se trouvent :

- **Structure de l'industrie** : différentes industries ont des manières différentes de créer de la valeur. Il s'agit d'un élément exerçant une influence particulièrement importante lorsqu'un changement suggéré implique l'arrivée dans un nouveau secteur.
- **Concurrents** : la nature et l'intensité de la concurrence entre les entreprises au sein d'une industrie peuvent être importantes. L'arrivée d'un nouveau concurrent peut également changer la nature de l'industrie ou accroître la concurrence.
- **Clients** : la taille et la nature des segments de clientèle existants et potentiels peuvent exercer une influence, comme un pouvoir de négociation et un certain degré de sensibilité au prix. D'autre part, l'émergence de moyens alternatifs permettant aux clients de satisfaire leurs besoins pourrait représenter une opportunité de création de valeur ou un risque.
- **Fournisseurs** : la variété et la diversité des fournisseurs peuvent exercer une influence, de même que le pouvoir des fournisseurs sur leurs clients.
- **Environnement politique et réglementaire** : l'impact actuel et potentiel des lois et réglementations a souvent une influence sur l'industrie.
- **Technologie** : le potentiel d'amélioration de la productivité des innovations technologiques récentes et attendues pourrait influer sur le besoin.
- **Facteurs macroéconomiques** : les contraintes et les opportunités qui existent au sein de l'environnement macroéconomique existant et attendu (par ex. commerce, chômage ou inflation) sont susceptibles d'influencer le besoin.

Certaines de ces sources utilisent une terminologie différente en fonction du type d'entreprise – à but lucratif, à but non lucratif ou agence gouvernementale. Par exemple, un pays ne possède pas de clients, mais des citoyens.

6.1.5 Lignes directrices et outils

- **Approche de l'analyse d'affaires** : elle établit la manière dont l'analyste d'affaires réalise l'analyse de l'état actuel.
- **Limites de l'entreprise** : elles sont utilisées pour comprendre les défis existant dans l'entreprise.
- **Stratégie organisationnelle** : une organisation aura un ensemble de buts et d'objectifs qui orienteront les opérations, établiront la direction et donneront une vision de l'état futur. Cette stratégie peut être établie de manière implicite ou explicite.
- **Limites de la solution** : elles sont utilisées pour comprendre l'état actuel et les défis inhérents aux solutions existantes.

- **Objectifs de performance de la solution** : ils permettent de mesurer la performance actuelle d'une entreprise ou d'une solution, et servent de référence pour établir les objectifs d'état futur et mesurer l'amélioration.
- **Mesures de performance de la solution** : elles décrivent la performance réelle des solutions existantes.
- **Résultats de l'analyse des parties prenantes** : les parties prenantes de l'ensemble de l'organisation contribueront à la compréhension et à l'analyse de l'état actuel.

6.1.6 Techniques

- **Analyse comparative et analyse du marché** : permettent de comprendre où se trouvent les opportunités d'amélioration dans l'état actuel. Parmi les cadres spécifiques pouvant s'avérer utiles se trouvent l'analyse des 5 forces, PEST, STEEP, CATWOE et autres.
- **Analyse de capacité de l'entreprise** : détermine les écarts et les priorise en lien avec la valeur et le risque.
- **Canevas du modèle d'affaires** : permet de comprendre la proposition de valeur offerte par l'entreprise à ses clients, les facteurs critiques en vue d'offrir cette valeur et le coût ainsi que les sources de revenus qui en résultent. Ce modèle est utile pour comprendre le contexte de tout changement et identifier les problèmes et opportunités susceptibles d'avoir un impact significatif.
- **Dossiers d'affaires** : utilisés pour enregistrer des informations concernant l'opportunité et le besoin d'affaires.
- **Modélisation des concepts** : utilisée pour saisir les principaux termes et concepts dans le domaine d'affaires, et définir les relations qui les unissent.
- **Exploration de données** : utilisée pour obtenir des informations sur la performance de l'entreprise.
- **Analyse de la documentation** : elle permet d'analyser la documentation existante concernant l'état actuel, notamment (sans s'y limiter) les documents créés pendant la mise en œuvre d'une solution, les manuels de formation, les rapports de problèmes, les informations sur les concurrents, les accords avec les fournisseurs, les analyses comparatives publiées de l'industrie, les tendances technologiques publiées et les mesures de performance.
- **Analyse financière** : utilisée pour comprendre la rentabilité de l'état actuel et la capacité financière permettant de réaliser le changement.
- **Groupes de discussion** : permettent d'obtenir la rétroaction des clients ou utilisateurs finaux sur l'état actuel.
- **Décomposition fonctionnelle** : décompose les systèmes complexes ou les relations dans l'état actuel.
- **Entretiens** : facilitent le dialogue avec les parties prenantes afin de comprendre l'état actuel et tout besoin découlant de l'état actuel.
- **Gestion des points de suivi** : permet de suivre et de gérer les problèmes découverts à propos de l'état actuel.

- **Leçons apprises** : permettent d'évaluer les échecs et les opportunités d'amélioration dans les initiatives passées, susceptibles de créer un besoin d'affaires en vue d'améliorer un processus.
- **Mesures et Indicateurs clés de performance (ICP)** : évaluent la performance de l'état actuel dans une entreprise.
- **Cartographie heuristique** : utilisée pour explorer les aspects pertinents de l'état actuel et mieux comprendre les facteurs pertinents affectant le besoin d'affaires.
- **Observation** : peut fournir des opportunités pour comprendre les besoins dans l'état actuel qui n'ont pas été nommés précédemment par une partie prenante.
- **Modélisation de l'organisation** : décrit les rôles, responsabilités et structures hiérarchiques qui existent dans l'organisation à l'état actuel.
- **Analyse des processus** : détermine les opportunités d'amélioration de l'état actuel.
- **Modélisation des processus** : décrit la manière dont le travail est réalisé dans la solution actuelle.
- **Analyse et gestion des risques** : identifie et gère les risques dans l'état actuel.
- **Analyse de la cause fondamentale** : fournit une meilleure compréhension des causes à l'origine de problèmes dans l'état actuel afin de clarifier un besoin.
- **Modélisation de la portée** : permet de définir les limites de la description de l'état actuel.
- **Sondage ou questionnaire** : permettent de comprendre l'état actuel selon un groupe étendu, varié ou hétérogène de parties prenantes.
- **Analyse FFOM** : évalue les forces, faiblesses, opportunités et menaces de l'état actuel de l'entreprise.
- **Évaluation du fournisseur** : permet de déterminer si les fournisseurs qui font partie de l'état actuel respectent bien leurs engagements, ou si des changements sont nécessaires.
- **Ateliers de travail** : engagent les parties prenantes à décrire ensemble l'état actuel et leurs besoins.

6.1.7 Parties prenantes

- **Client** : utilise la solution existante et peut transmettre des intrants concernant des problèmes avec une solution actuelle.
- **Expert du domaine** : est expert dans certains aspects de l'état actuel.
- **Utilisateur final** : utilise directement la solution et peut transmettre des intrants concernant des problèmes avec une solution actuelle.
- **Expert du domaine de mise en œuvre** : est expert dans certains aspects de l'état actuel.
- **Soutien opérationnel** : directement impliqué dans le soutien des opérations de l'organisation et fournit des informations sur sa capacité à soutenir le fonctionnement d'une solution existante ainsi que des éventuels problèmes connus.
- **Chef de projet** : peut utiliser les informations sur l'état actuel en tant qu'intrant pour la planification.

- **Régulateur** : peut fournir une interprétation des réglementations pertinentes qui s'appliquent à l'état actuel sous la forme de politiques d'entreprise, règles d'affaires, procédures ou responsabilités de poste. Le régulateur peut apporter une contribution unique concernant l'évaluation opérationnelle en raison de l'apparition de nouvelles lois et réglementations auxquelles il est nécessaire de se conformer.
- **Promoteur** : peut fournir le contexte de performance des solutions existantes.
- **Fournisseur** : il peut s'agir d'un élément influent externe de l'état actuel.
- **Testeur** : peut fournir des informations sur les problèmes avec des solutions existantes.

6.1.8 Extrants

- **Description de l'état actuel** : il s'agit du contexte de la portée, des capacités, ressources, performance, culture, dépendances, infrastructure et influences externes de l'entreprise, et les relations significatives entre ces éléments.
- **Exigences d'affaires** : il s'agit d'un problème, d'une opportunité ou des contraintes définis sur la base de la compréhension de l'état actuel.

6.2 Définir l'état futur

6.2.1 Objectif

L'objectif de Définir l'état futur consiste à déterminer l'ensemble de conditions nécessaires à la satisfaction du besoin d'affaires.

6.2.2 Description

Tout changement intentionnel doit comprendre une définition de succès. Le travail des analystes d'affaires est de s'assurer que l'état futur de l'entreprise est bien défini, réalisable avec les ressources disponibles, et que les principales parties prenantes sont parvenues à une vision consensuelle partagée du résultat. Tout comme dans l'analyse de l'état actuel, l'objectif de l'analyse de l'état futur n'est pas de créer une description complète du résultat avec un niveau de détail soutenant directement la mise en œuvre. L'état futur est défini avec un niveau de détail qui :

- permet d'identifier et d'évaluer les stratégies concurrentes dans l'atteinte de l'état futur,
- fournit une définition claire des résultats qui satisfont les besoins d'affaires,
- détaille la portée de la solution,
- permet d'évaluer la valeur associée à l'état futur, et
- permet d'atteindre un consensus parmi les principales parties prenantes.

La description de l'état futur peut comprendre le contexte relatif à l'état futur proposé. Elle décrit les composantes nouvelles, supprimées et modifiées de l'entreprise. Elle peut comprendre les changements apportés aux limites de l'organisation elle-même, comme l'arrivée sur un nouveau marché ou la réalisation d'une fusion ou acquisition. L'état futur peut également se composer de changements simples apportés à des composantes existantes d'une organisation, comme un changement d'étape dans un processus ou la suppression d'une caractéristique dans une application existante. Le changement peut être nécessaire pour une composante de l'entreprise, notamment (sans s'y limiter) :

- les processus d'affaires,
- les fonctions,
- les secteurs d'activité,
- les structures de l'organisation,
- les compétences du personnel,
- les connaissances et compétences,
- la formation,
- les installations,
- les outils de bureau,
- les localisations de l'organisation,
- les données et informations,
- les systèmes d'application, et/ou
- l'infrastructure technologique.

Les descriptions peuvent comprendre des modèles visuels et du texte afin de montrer clairement les détails et limites de la portée. Les relations pertinentes entre les entités sont identifiées et décrites. Le travail requis pour décrire l'état futur varie en fonction de la nature du changement, et les résultats attendus à la suite de celui-ci peuvent comprendre des mesures spécifiques ou des résultats librement définis. La description de l'état futur permet aux parties prenantes de comprendre la valeur potentielle pouvant être atteinte grâce à une solution, qui peut être utilisée dans le cadre du processus décisionnel relatif à la stratégie de changement. Dans les environnements dans lesquels les changements entraînent des résultats et une valeur prévisibles, et présentant un nombre important de changements susceptibles d'augmenter la valeur, l'objectif de l'analyse de l'état futur est de recueillir suffisamment d'informations pour réaliser les meilleurs choix possibles parmi les options potentielles. Lorsqu'il est difficile de prévoir la valeur obtenue par un changement, l'état futur peut être défini par l'identification de mesures de performance appropriées (afin de produire un ensemble de mesures convenues pour la valeur d'affaires) et la stratégie de changement favorisera l'exploration de plusieurs options.

6.2.3 Intrants

- **Exigences d'affaires** : il s'agit des problèmes, opportunités ou contraintes que l'état futur devra traiter.

Figure 6.2.1: Schéma d'intrants/extrants de la définition de l'état futur

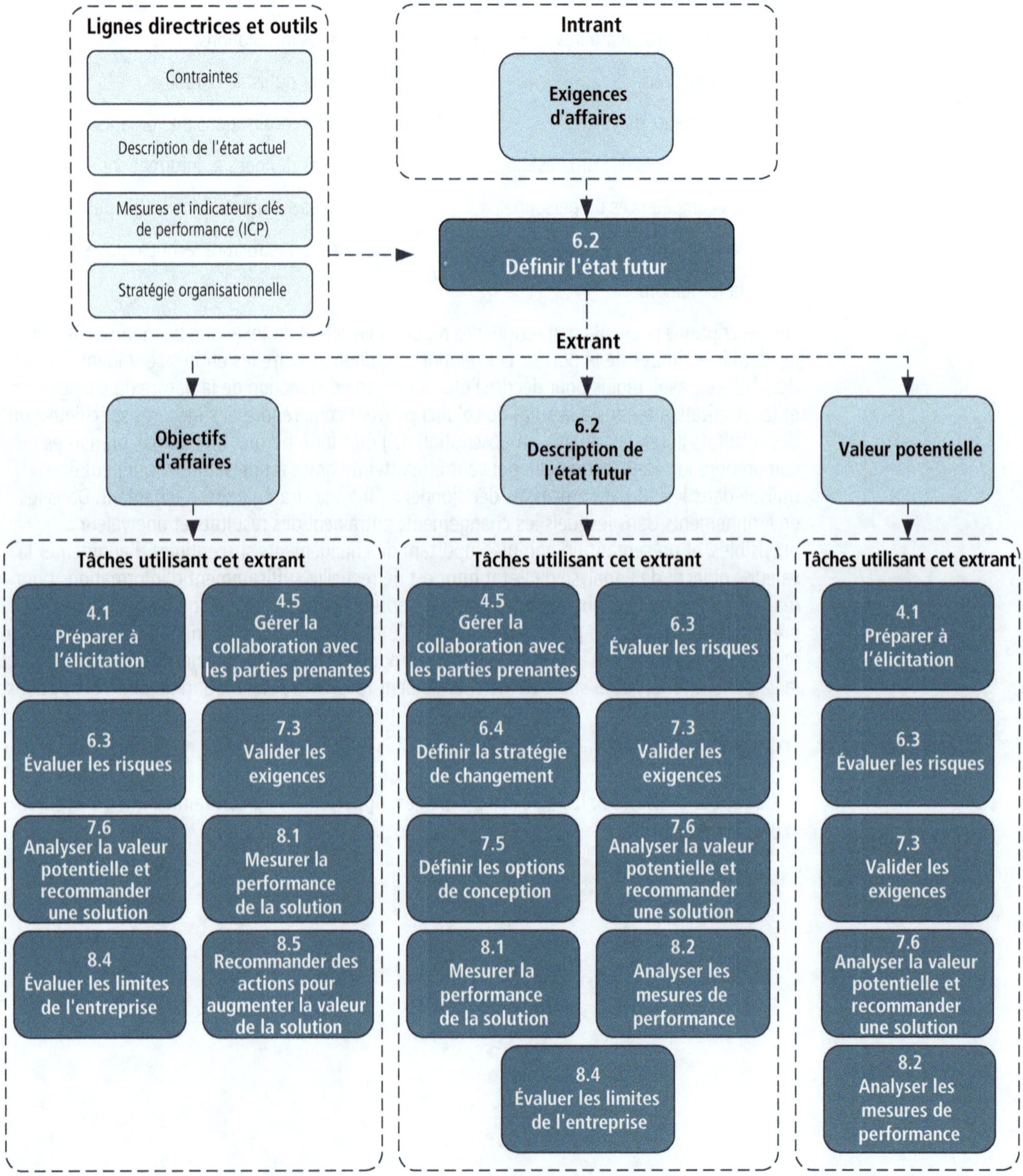

6.2.4 Éléments

.1 Buts et objectifs d'affaires

Un état futur peut être décrit en termes de buts ou d'objectifs d'affaires afin de guider le développement de la stratégie de changement et d'identifier la valeur potentielle. Les buts et les objectifs d'affaires décrivent les résultats que l'organisation souhaite obtenir. Ils peuvent être liés aux changements que l'organisation cherche à accomplir, ou aux conditions actuelles qu'elle souhaite maintenir.

Les buts sont des énoncés qualitatifs, continus et à long terme d'un état ou d'une condition que l'organisation souhaite établir et maintenir. Il s'agit par exemple de :

- Créer une nouvelle capacité, comme un nouveau produit ou service, traiter un désavantage concurrentiel ou créer un nouvel avantage concurrentiel.
- Améliorer les revenus en augmentant les ventes ou en réduisant les coûts.
- Accroître la satisfaction des clients.
- Accroître la satisfaction des employés.
- Se conformer à de nouvelles réglementations.
- Améliorer la sécurité.
- Réduire le temps de livraison d'un produit ou service.

Les buts de haut niveau peuvent être décomposés afin de répartir la stratégie générale en branches pouvant conduire aux résultats souhaités, comme une satisfaction accrue des clients, l'excellence opérationnelle et/ou la croissance de l'entreprise. Par exemple, un but peut consister à « augmenter le nombre de clients à revenu élevé », puis être ensuite affiné pour devenir« augmenter de 30 % le nombre de clients à revenu élevé dans la tranche d'âge 30-45 dans les 6 mois ».

Lorsque les buts sont analysés, ils sont convertis en objectifs plus descriptifs, granulaires et spécifiques, et reliés aux mesures qui permettent d'évaluer objectivement la réalisation de l'objectif. Les objectifs mesurables permettent aux équipes de savoir si les besoins ont été satisfaits et si un changement s'est avéré efficace. La définition d'objectifs mesurables est souvent essentielle afin de justifier la réalisation du changement. Elle peut représenter une composante essentielle dans un dossier d'affaires relatif au changement. La vérification de l'état SMART des objectifs représente un test courant pour les évaluer :

- **S**pécifique : description d'un élément présentant un résultat observable,
- **M**esurable : suivi et mesure du résultat,
- **A**tteignable : test de la faisabilité de l'action,
- **R**éaliste : alignement avec la vision, la mission et les objectifs de l'entreprise,
- **T**emporellement défini : définition d'un cadre temporel cohérent avec le besoin.

.2 Portée de l'environnement de la solution

Il faut prendre des décisions concernant l'éventail de solutions prises en compte afin de satisfaire les buts et objectifs d'affaires. La portée de l'environnement de la solution définit les types d'options pris en compte lors de la recherche de solutions potentielles, notamment les changements dans la structure ou la culture de l'organisation, les capacités et processus, la technologie et l'infrastructure, les politiques, les produits ou services, ou même la création ou la modification des relations avec les organisations situées actuellement en dehors de la portée de l'entreprise. Les solutions dans chacun de ces domaines nécessitent généralement une expertise spécifique de la part de l'analyste d'affaires et de l'équipe de prestation. Dans ce cas, l'analyse peut être réalisée à différents niveaux de l'entreprise et la portée de la solution n'est pas nécessairement liée à la taille du changement. Même un petit changement peut entraîner la nécessité de vérifier les objectifs d'affaires au niveau de l'entreprise afin de garantir l'alignement.

Lorsque plusieurs états futurs peuvent correspondre aux besoins d'affaires, buts et objectifs, il est important de déterminer ceux qui seront pris en compte. Cette décision se base généralement sur la valeur offerte aux parties prenantes et nécessite de comprendre les stratégies de changement possibles. Ces considérations essentielles pour la décision dépendent des objectifs généraux de l'entreprise, mais impliquent l'obligation de comprendre la valeur quantitative et qualitative de chaque option, le temps requis pour atteindre chaque état futur et le coût d'opportunité pour l'entreprise.

.3 Contraintes

Les contraintes décrivent les aspects de l'état actuel, les aspects de l'état futur prévu qui ne peuvent être changés par la solution ou les éléments obligatoires de la conception. Ces contraintes doivent être étudiées avec soin afin de s'assurer qu'elles sont exactes et justifiées.

Les contraintes peuvent se composer des éléments suivants :

- restrictions budgétaires,
- restrictions de temps,
- technologie,
- infrastructure,
- politiques,
- limites du nombre de ressources disponibles,
- restrictions liées aux compétences de l'équipe et des parties prenantes,
- obligation de ne pas affecter certaines parties prenantes par la mise en œuvre de la solution,
- conformité aux réglementations, et
- toute autre restriction.

.4 Culture et structure organisationnelle

Les relations de travail formelles et informelles qui existent au sein de l'entreprise peuvent nécessiter une évolution afin de permettre d'atteindre l'état futur souhaité. Les changements apportés aux rapports hiérarchiques peuvent encourager les équipes à travailler en plus étroite collaboration et simplifier l'alignement des buts et objectifs. Il peut être nécessaire de changer des éléments de la structure et de la culture de l'organisation afin de favoriser l'état futur. La description des composantes de l'état futur offre un aperçu des conflits, impact et limites potentiels.

.5 Capacités et processus

Il s'agit d'identifier de nouveaux types d'activité ou de changement dans la manière dont les activités sont réalisées afin d'atteindre l'état futur. Des capacités et processus nouveaux ou modifiés seront nécessaires pour fournir de nouveaux produits ou services, se conformer aux nouvelles réglementations ou améliorer la performance de l'entreprise.

.6 Technologie et infrastructure

Si la technologie et l'infrastructure actuelles sont insuffisantes pour satisfaire le besoin d'affaires, l'analyste d'affaires doit identifier les changements requis pour atteindre l'état futur souhaité.

Les technologies existantes peuvent imposer des contraintes techniques sur la conception de la solution, comme la langue de développement, les plateformes matérielles et logicielles ou encore des applications logicielles devant être utilisées. Les contraintes techniques peuvent également comprendre des limitations telles que l'utilisation des ressources, la taille et l'échéance des messages, la taille du logiciel, le nombre maximum et la taille des fichiers, les dossiers et les éléments de données. Elles intègrent également l'ensemble des normes d'architecture informatique devant être respectées.

.7 Politiques

Si les politiques actuelles sont insuffisantes pour satisfaire le besoin d'affaires, l'analyste d'affaires doit identifier les changements requis pour atteindre l'état futur souhaité.

Les politiques représentent une source courante de contraintes pour une solution ou son environnement. Les politiques d'entreprise peuvent imposer les solutions mises en œuvre en fonction de certains niveaux d'approbation, du processus d'obtention de l'approbation et de critères nécessaires qu'une solution devra satisfaire pour pouvoir bénéficier d'un financement. Dans certains cas, un changement apporté à une politique existante peut présenter des solutions de rechange qui n'auraient pas été considérées autrement.

.8 Architecture d'affaires

Les éléments de l'état futur doivent se soutenir mutuellement de manière efficace et contribuer à la satisfaction des objectifs et buts d'affaires. De plus, ils doivent être intégrés à l'état futur global souhaité par l'entreprise dans son ensemble et soutenir cet état futur.

.9 Actifs internes

Lorsqu'ils analysent les ressources, les analystes d'affaires identifient les ressources nécessaires afin de maintenir l'état actuel et de mettre en place la stratégie de changement, et déterminent les ressources qui peuvent être utilisées pour atteindre l'état futur souhaité. L'évaluation des ressources existantes et requises est prise en compte lors de la réalisation d'une analyse de faisabilité des approches de solution possibles pour la stratégie de changement.

.10 Identifier les hypothèses

La plupart des stratégies sont fondées sur un ensemble d'hypothèses dans le cas d'un environnement très incertain. Il est souvent difficile, voire impossible, de prouver que la mise en place d'une nouvelle capacité permet de satisfaire un besoin d'affaires, même lorsqu'il semble raisonnable de partir du principe que la nouvelle capacité aura l'effet souhaité. Ces hypothèses doivent être identifiées et clairement comprises, afin de pouvoir prendre les décisions appropriées si l'hypothèse s'avère invalide plus tard. Les stratégies de changement mises en place dans les environnements incertains peuvent être structurées afin de tester les hypothèses aussi tôt que possible, et permettre ainsi une réorientation ou un arrêt de l'initiative.

.11 Valeur potentielle

La satisfaction des objectifs d'affaires seule ne justifie pas la transition vers un état futur. La valeur potentielle doit être évaluée afin de voir si elle suffit pour justifier un changement.

Lorsqu'ils définissent l'état futur, les analystes d'affaires identifient la valeur potentielle de la solution. La valeur potentielle de l'état futur représente le bénéfice net de la solution une fois les coûts d'exploitation déduits. Un changement doit alors apporter une valeur supérieure pour l'entreprise par rapport à celle qui aurait été atteinte en l'absence d'action. Cependant, il est possible que l'état futur présente une baisse de valeur par rapport à l'état actuel pour certaines parties prenantes, ou même pour l'entreprise dans son ensemble. Par exemple, de nouvelles réglementations ou une concurrence accrue devront peut-être être résolues pour que l'entreprise puisse continuer à fonctionner, mais pourraient tout de même réduire la valeur globale obtenue.

Lorsqu'ils déterminent l'état futur, les analystes d'affaires tiennent compte de la valeur potentielle accrue ou réduite des :

- opportunités externes révélées par l'évaluation des influences externes,
- points forts inconnus des nouveaux partenaires,
- nouvelles technologies ou connaissances,
- perte potentielle d'un concurrent sur le marché, et
- adoption imposée d'une composante du changement.

Les analystes d'affaires identifient les opportunités de modifications potentielles de la valeur, ainsi que la probabilité que les composantes individuelles du changement proposé accroissent la valeur. Ils estiment ensuite la valeur potentielle totale en rassemblant l'ensemble des opportunités.

La valeur potentielle, comprenant les détails des coûts et bénéfices attendus et le résultat probable si aucun changement n'est réalisé, représente une composante essentielle pour la création d'un dossier d'affaires dédié au changement. Relier les descriptions de valeur potentielle aux mesures de valeur réelle atteinte permet aux parties prenantes de comprendre le changement de valeur attendu. La plupart du temps, l'état futur ne permet pas de saisir toutes les opportunités d'amélioration. Toutes les opportunités non traitées peuvent rester valides une fois la solution mise en œuvre et doivent être notées pour être éventuellement analysées dans d'autres changements.

Outre la valeur potentielle de l'état futur, cette analyse doit prendre en compte le niveau d'investissement acceptable permettant d'atteindre l'état futur. Bien que l'investissement réel dépende de la stratégie de changement, ces informations permettent de bien la sélectionner.

6.2.5 Lignes directrices et outils

- **Description de l'état actuel** : elle fournit le contexte dans lequel le travail doit être réalisé. Elle est souvent utilisée comme point de départ pour l'état futur.
- **Mesures et indicateurs clés de performance (ICP)** : les indicateurs clés de performance et les mesures qui seront utilisés pour déterminer si l'état futur souhaité a été atteint.
- **Stratégie organisationnelle** : elle décrit la voie, la méthode ou l'approche sélectionnée par une entreprise ou une organisation pour atteindre son état futur souhaité. Cette stratégie peut être établie de manière implicite ou explicite.

6.2.6 Techniques

- **Critères d'évaluation et d'acceptation** : utilisés pour identifier ce qui rend l'état futur acceptable et/ou quelles options peuvent être évaluées.
- **Tableau de bord prospectif** : utilisé pour définir des cibles permettant de mesurer l'état futur.
- **Analyse comparative et analyse du marché** : utilisées pour prendre des décisions concernant les objectifs d'affaires de l'état futur.
- **Remue-méninges** : utilisés en collaboration pour trouver des idées pour l'état futur.
- **Analyse de capacité de l'entreprise** : utilisée pour prioriser les écarts de capacité en lien avec la valeur et le risque.

- **Dossiers d'affaires** : utilisés pour enregistrer les résultats souhaités concernant l'initiative de changement.
- **Canevas du modèle d'affaires** : utilisé pour planifier la stratégie de l'entreprise en déterminant l'infrastructure requise, la base de clientèle ciblée, la structure des coûts financiers et les sources de revenu nécessaires afin d'atteindre la valeur proposée aux clients dans l'état futur souhaité.
- **Analyse décisionnelle** : utilisée pour comparer les différentes options d'état futur et comprendre laquelle représente le meilleur choix.
- **Modélisation des décisions** : utilisée pour modéliser des décisions complexes concernant les options d'état futur.
- **Analyse financière** : utilisée pour estimer les retours financiers potentiels obtenus par le biais d'un état futur proposé.
- **Décomposition fonctionnelle** : utilisée pour décomposer les systèmes complexes dans l'état futur afin de faciliter la compréhension.
- **Entretiens** : utilisés pour parler avec les parties prenantes afin de comprendre l'état futur qu'elles souhaitent, les besoins qu'elles veulent satisfaire et les objectifs d'affaires qu'elles souhaitent atteindre.
- **Leçons apprises** : utilisées pour déterminer les opportunités d'amélioration qui seront traitées et la manière dont l'état actuel peut être amélioré.
- **Mesures et Indicateurs clés de performance (ICP)** : utilisés pour déterminer le moment auquel il sera considéré que l'organisation a atteint ses objectifs d'affaires.
- **Cartographie heuristique** : utilisée pour développer des idées concernant l'état futur et comprendre les relations qui les unissent.
- **Modélisation de l'organisation** : utilisée pour décrire les rôles, responsabilités et structures hiérarchiques qui existeront dans l'organisation à l'état futur.
- **Modélisation des processus** : utilisée pour décrire la manière dont le travail sera réalisé dans l'état futur.
- **Prototypage** : utilisé pour modéliser les options de l'état futur et peut également aider à déterminer la valeur potentielle.
- **Modélisation de la portée** : utilisée pour définir les limites de l'entreprise dans l'état futur.
- **Sondage ou questionnaire** : utilisés pour comprendre l'état futur souhaité par les parties prenantes, les besoins qui doivent être satisfaits et les objectifs d'affaires qui doivent être atteints.
- **Analyse FFOM** : utilisée pour évaluer les forces, faiblesses, opportunités et menaces pouvant être exploités ou atténués par l'état futur.
- **Évaluation du fournisseur** : utilisée pour évaluer la valeur potentielle fournie par les options de la solution du fournisseur.
- **Ateliers de travail** : utilisés pour travailler avec les parties prenantes en vue d'établir une description collaborative de l'état futur.

6.2.7 Parties prenantes

- **Client** : il peut s'agir de consommateurs ou d'acheteurs ciblés dans un état futur, qui seront prêts et capables, ou non, de consommer dans le futur état.
- **Expert du domaine** : il fournit un aperçu sur l'état actuel et les états futurs potentiels.
- **Utilisateur final** : il utilise ou fait partie d'une solution et sera directement impacté par l'état futur.
- **Expert du domaine de mise en œuvre** : il fournit des informations sur la faisabilité de parvenir à l'état futur.
- **Soutien opérationnel** : il est directement impliqué dans le soutien des opérations de l'entreprise et fournit des informations sur sa capacité à gérer les opérations d'un état futur proposé.
- **Chef de projet** : il peut fournir de l'information sur les caractéristiques d'un état futur souhaité raisonnable et gérable.
- **Régulateur** : il veille à ce que les lois, réglementations ou règles soient respectées dans l'état futur souhaité. Les interprétations des réglementations pertinentes doivent être intégrées à la description de l'état futur sous la forme de politiques d'entreprise, règles d'affaires, procédures ou responsabilités de rôle.
- **Promoteur** : il contribue à déterminer les besoins d'affaires à satisfaire et définit les objectifs d'affaires qu'un état futur permettra d'atteindre. Il autorise et assure le financement afin de permettre la progression vers l'état futur.
- **Fournisseur** : il peut contribuer à définir l'état futur s'il soutient la mise en œuvre du changement ou fournit un élément du fonctionnement dans l'état futur.
- **Testeur** : il est responsable d'assurer que l'état futur envisagé soit suffisamment testé et peut contribuer à définir et cibler un niveau de qualité approprié.

6.2.8 Extrants

- **Objectifs d'affaires** : il s'agit de la direction dans laquelle l'entreprise souhaite s'orienter afin d'atteindre l'état futur.
- **Description de l'état futur** : la description de l'état futur comprend les limites des composantes proposées, nouvelles, supprimées ou modifiées de l'entreprise, et la valeur potentielle attendue de l'état futur. Elle peut inclure les capacités, politiques, ressources, dépendances, infrastructure, influences externes et relations entre chaque élément pour l'état futur souhaité.
- **Valeur potentielle** : il s'agit de la valeur pouvant être obtenue en mettant en place l'état futur proposé.

6.3 Évaluer les risques

6.3.1 Objectif

L'objectif de la partie Évaluer les risques consiste à comprendre les conséquences indésirables des forces internes et externes de l'entreprise au cours d'une transition vers un état futur, ou une fois celui-ci atteint. Une compréhension de l'impact potentiel de ces forces peut être utilisée pour formuler une recommandation sur un plan d'action.

6.3.2 Description

L'évaluation des risques comprend l'analyse des risques et des stratégies d'atténuation permettant de gérer ces risques. Ces risques peuvent être liés à l'état actuel, un état futur souhaité, un changement en soi, une stratégie de changement ou toute tâche réalisée par l'entreprise.

Les risques sont analysés en ce qui concerne :

- les conséquences possibles si le risque se concrétise,
- l'impact de ces conséquences,
- la probabilité du risque, et
- la période potentielle où le risque peut se produire

La collecte des risques est utilisée comme intrant pour sélectionner ou coordonner une stratégie de changement. L'évaluation de risque peut aboutir au choix d'accepter un risque si l'effort requis pour modifier le risque ou le niveau de risque l'emporte sur la perte probable. Si les risques sont compris et le changement se produit, alors les risques peuvent être gérés afin de minimiser leur impact global sur la valeur.

Important Un certain nombre de méthodes utilisent le « risque positif » comme manière de gérer les opportunités. Mais si la définition formelle du risque dans le *Guide BABOK®* n'écarte pas cet usage, les « opportunités » sont prises en compte en tant que besoins (et gérées en conséquence), et le risque est utilisé pour certains événements pouvant entraîner des résultats négatifs.

6.3.3 Intrants

- **Objectifs d'affaires** : la description de la direction souhaitée afin d'atteindre l'état futur peut être utilisée pour identifier et évoquer des risques potentiels.
- **Résultats de l'élicitation (confirmés)** : il s'agit de la compréhension de ce que les différentes parties prenantes considèrent comme des risques dans la réalisation de l'état futur souhaité.
- **Influences** : il s'agit des facteurs internes et externes à l'entreprise, qui impactent l'atteinte de l'état futur souhaité.
- **Valeur potentielle** : la description de la valeur à réaliser en mettant en œuvre l'état futur proposé fournit un point de repère permettant d'évaluer les risques.
- **Exigences (priorisées)** : selon leur priorité, les exigences influencent les risques qui sont définis et compris dans le cadre de la réalisation de la solution.

Figure 6.3.1: Schéma d'intrants/extrants de l'évaluation des risques

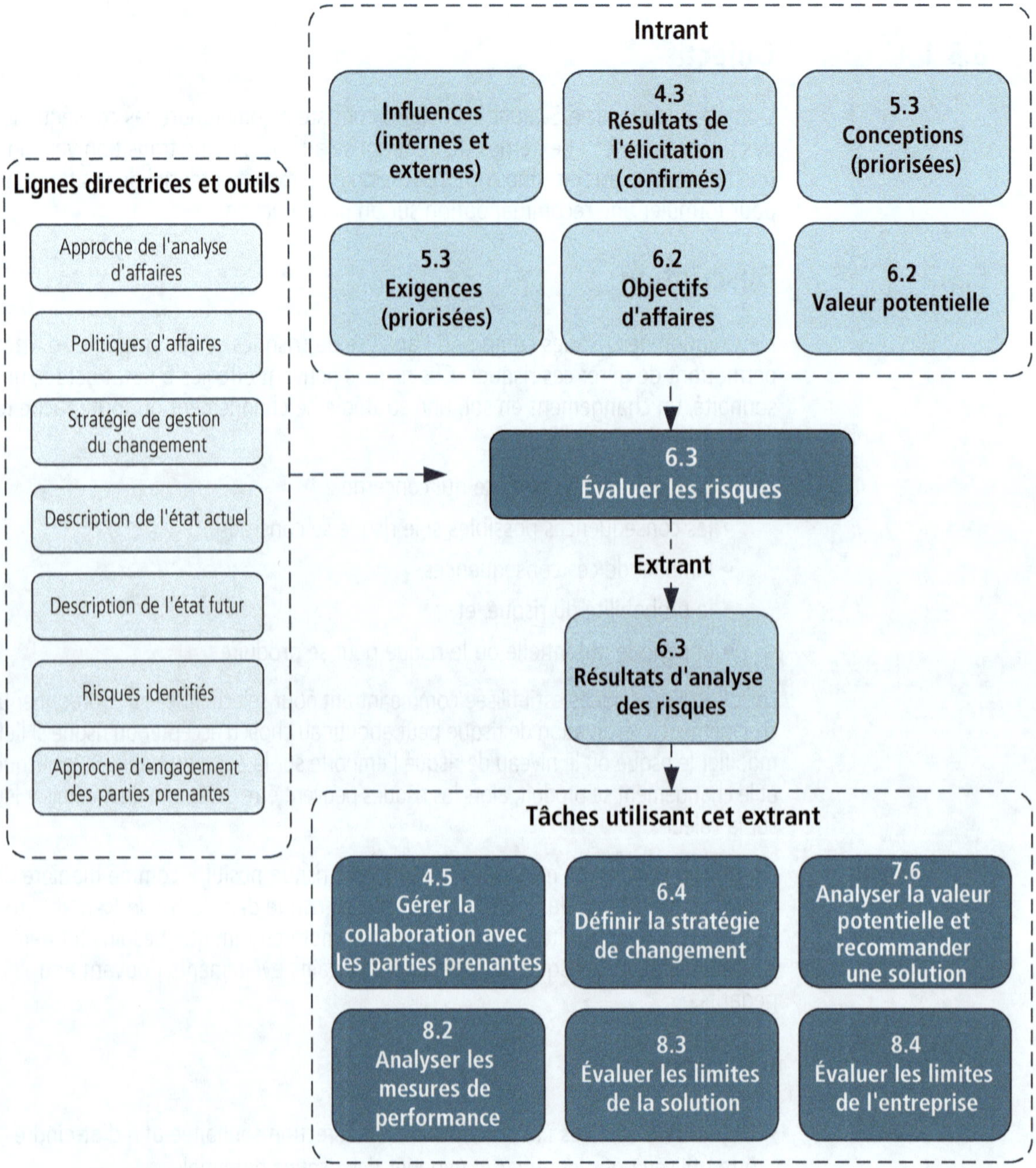

6.3.4 Éléments

.1 Inconnus

Lors de l'évaluation d'un risque, il y aura une incertitude quant à la probabilité qu'il se produise et sur son impact éventuel. L'analyste d'affaires collabore avec les parties prenantes afin d'évaluer les risques sur la base des connaissances actuelles. Et même s'il n'est pas possible de connaître toutes les conséquences d'une stratégie de changement donnée, il est toujours possible d'estimer l'impact d'événements ou de conditions inconnus ou incertains. Les analystes d'affaires prennent en compte les contextes historiques dans des situations similaires afin d'évaluer les risques. Les leçons apprises des changements passés et le jugement expert des parties prenantes aident les analystes d'affaires à guider l'équipe dans l'établissement de l'impact et de la probabilité des risques pour le changement actuel.

.2 Contraintes, hypothèses et dépendances

Les contraintes, hypothèses et dépendances peuvent être analysées pour évaluer les risques et peuvent parfois même être une source de risques. Dans le cas où l'un de ces éléments est lié à une composante d'un changement, celui-ci peut être pris en compte comme un risque en identifiant l'événement ou la condition ainsi que les conséquences pouvant se produire en raison de cette contrainte, hypothèse ou dépendance.

.3 Incidence négative sur la valeur

Les risques sont exprimés en tant que conditions qui augmentent la probabilité ou la gravité d'une incidence négative sur la valeur. Les analystes d'affaires identifient et expriment clairement chaque risque, et estiment sa probabilité et son impact afin d'en déterminer le niveau. Les analystes d'affaires estiment le niveau de risque total à partir de l'ensemble des risques cumulés, indiquant ainsi l'impact potentiel global des risques évalués. Dans certains cas, le niveau de risque global peut être quantifié en termes financiers ou en temps, efforts ou autre mesure.

.4 Tolérance au risque

La tolérance au risque représente le niveau d'incertitude qu'une partie prenante ou une entreprise est prête à accepter en échange d'une valeur potentielle.

En général, il existe trois grandes manières de décrire l'attitude face au risque :

- **Aversion au risque** : une réticence à accepter beaucoup d'incertitude, il peut être préférable soit d'éviter une ligne de conduite comportant un niveau de risque trop élevé, ou d'investir davantage (et donc d'accepter une valeur potentielle inférieure) pour réduire les risques.
- **Neutralité** : un certain niveau de risque est acceptable, à condition que le plan d'action n'aboutisse pas à une perte, même si les risques surviennent.
- **Recherche du risque** : il s'agit de la volonté d'accepter ou même de prendre plus de risques afin d'obtenir une valeur potentielle plus élevée.

Une personne ou une organisation peut présenter différentes tolérances aux risques selon le moment. Si le niveau de tolérance est peu élevé, les stratégies d'évitement, de transfert ou d'atténuation seront privilégiées. Si la tolérance au risque est élevée, le niveau de risque accepté sera plus important. En règle générale, les risques les plus importants sont gérés, quel que soit le niveau de tolérance au risque.

.5 Recommandation

Les analystes d'affaires recommandent une façon de procéder en fonction de l'analyse des risques. Ils travaillent avec les parties prenantes afin de comprendre le niveau de risque global ainsi que leur tolérance au risque.

La recommandation qui en découle se retrouve souvent dans l'une des catégories suivantes :

- tirer parti des avantages d'un changement quel que soit le niveau de risque,
- tirer parti des avantages d'un changement tout en investissant pour réduire le niveau de risque (probabilité et/ou impact),
- rechercher des manières d'accroître les avantages d'un changement pour surpasser le risque,

- identifier des manières de gérer et optimiser les opportunités, et
- ne pas tirer parti des avantages d'un changement afin d'éviter les risques.

Si l'entreprise va de l'avant avec le changement malgré les risques, les parties prenantes doivent être tenues informées afin de surveiller les risques et les conséquences si ces risques surviennent. Certains risques peuvent modifier l'état actuel de l'entreprise et nécessiter une révision de la stratégie de changement. Dans ce cas, un plan d'action peut être développé avant que le risque ne se concrétise.

6.3.5 Lignes directrices et outils

- **Approche de l'analyse d'affaires** : elle guide la manière dont l'analyste d'affaires analyse les risques.
- **Politiques d'affaires** : elles définissent les limites dans lesquelles les décisions doivent être prises. Ces politiques peuvent imposer ou régir les aspects de la gestion du risque.
- **Stratégie du changement** : elle fournit le plan pour passer de l'état actuel à l'état futur et atteindre les résultats d'affaires souhaités. Cette approche doit être évaluée afin de comprendre les risques associés au changement.
- **Description de l'état actuel** : elle fournit le contexte dans lequel le travail doit être réalisé. Cette description peut être utilisée pour identifier les risques associés à l'état actuel.
- **Description de l'état futur** : elle permet d'identifier les risques associés à l'état futur.
- **Risques identifiés** : ils peuvent être utilisés comme point de départ pour réaliser une évaluation plus minutieuse du risque. Ces risques peuvent provenir des résultats de l'analyse de risques, des activités d'élicitation, d'expériences précédentes d'analyse d'affaires ou être basées sur l'opinion d'un expert.
- **Approche d'engagement des parties prenantes** : le fait de comprendre les parties prenantes de façon individuelle et en groupe aide à identifier et évaluer l'impact potentiel des forces internes et externes.

6.3.6 Techniques

- **Remue-méninges** : utilisés pour identifier les risques potentiels d'évaluation en collaboration avec les parties prenantes.
- **Dossiers d'affaires** : utilisés pour enregistrer les risques associés aux différentes stratégies de changement.
- **Analyse décisionnelle** : utilisée pour identifier et examiner les conséquences potentielles de différentes décisions et qui permet de prendre une décision optimale dans des conditions incertaines.
- **Analyse de la documentation** : utilisée pour analyser les documents existants pour identifier des risques potentiels, contraintes, hypothèses et dépendances.
- **Analyse financière** : utilisée pour comprendre l'effet potentiel des risques sur la valeur financière de la solution.
- **Entretiens** : utilisés pour comprendre ce que les parties prenantes considèrent comme des risques et les différents facteurs de ces risques.

- **Leçons apprises** : utilisées pour documenter les défaillances des changements passés pouvant constituer des risques pour le changement actuel.
- **Cartographie heuristique** : utilisée pour identifier et catégoriser les risques potentiels et comprendre leurs relations.
- **Analyse et gestion des risques** : utilisées pour déterminer et gérer les risques.
- **Analyse de la cause fondamentale** : utilisée pour déterminer et résoudre le problème sous-jacent à l'origine d'un risque.
- **Sondage ou questionnaire** : utilisés pour comprendre ce que les parties prenantes considèrent comme des risques et les différents facteurs de ces risques.
- **Ateliers de travail** : utilisés pour comprendre ce que les parties prenantes considèrent comme des risques et les différents facteurs de ces risques.

6.3.7 Parties prenantes

- **Expert du domaine** : contribue à l'évaluation du risque basée sur ses connaissances sur la préparation requise dans son domaine d'expertise.
- **Expert du domaine de mise en œuvre** : contribue à l'évaluation du risque basé sur ses connaissances relatives à la préparation nécessaire dans son domaine d'expertise.
- **Soutien opérationnel** : soutient les opérations de l'entreprise et peut repérer les risques probables ainsi que leur impact.
- **Chef de projet** : aide à évaluer le risque. Il s'agit du principal responsable de la gestion et de l'atténuation du risque pour le projet.
- **Régulateur** : repère les risques associés au respect des lois, règles et réglementations.
- **Promoteur** : doit comprendre les risques pour autoriser et financer le changement.
- **Fournisseur** : Il peut y avoir des risques associés au choix d'avoir recours à un fournisseurs.
- **Testeur** : repère les risques dans la stratégie de changement, du point de vue de la validation ou de la vérification.

6.3.8 Extrants

- **Résultats d'analyse des risques** : le fait de comprendre les risques associés à la réalisation de l'état futur, et d'identifier les stratégies d'atténuation qui seront utilisées pour éviter ces risques, diminue le niveau de risque.

6.4 Définir la stratégie de changement

6.4.1 Objectif

Définir la stratégie de changement consiste à développer et à évaluer différentes approches au changement, puis à sélectionner l'approche recommandée.

6.4.2 Description

L'élaboration d'une stratégie de changement est plus simple lorsque l'état actuel et l'état futur sont déjà définis, car ils fournissent alors un contexte au changement.

La stratégie de changement décrit clairement la nature du changement en termes de :

- contexte du changement,
- différentes approches potentielles,
- justification de la raison pour laquelle une approche de changement représente la meilleure stratégie,
- investissement et ressources requis pour atteindre l'état futur,
- manière dont l'entreprise réalise la valeur une fois la solution fournie,
- principales parties prenantes dans le changement, et
- états de transition en cours de route.

La représentation adéquate d'une stratégie de changement dépend du point de vue de l'équipe du changement et des parties prenantes. La stratégie de changement peut être présentée dans le cadre d'un dossier d'affaires, un énoncé de travail (EDT), un plan stratégique d'entreprise ou d'autres formats.

Définir une stratégie de changement consiste généralement à définir plusieurs approches avant de sélectionner la plus appropriée à la situation. Les stratégies de changement peuvent atteindre uniquement certaines parties d'un état futur dans un premier temps, et donc comprendre uniquement certaines composantes d'une solution globale. À chaque état de transition menant vers l'état futur, la stratégie de changement doit être en mesure de clarifier quelles parties de la solution sont complétées et lesquelles ne le sont pas, ainsi que les parties de la valeur qui peuvent être réalisées ou non.

6.4.3 Intrants

- **Description de l'état actuel** : fournit le contexte relatif à l'état actuel et prend en compte l'évaluation des influences internes et externes à l'entreprise.
- **Description de l'état futur** : fournit le contexte relatif à l'état futur souhaité.
- **Résultats d'analyse des risques** : décrivent les risques repérés et l'exposition à chacun des risques.
- **Approche d'engagement des parties prenantes** : le fait de comprendre les besoins de collaboration et de communication des parties prenantes permet de déterminer les activités relatives au changement qui doivent être intégrées à la stratégie de changement.

Figure 6.4.1: Schéma d'intrants/extrants de la définition de la stratégie de changement

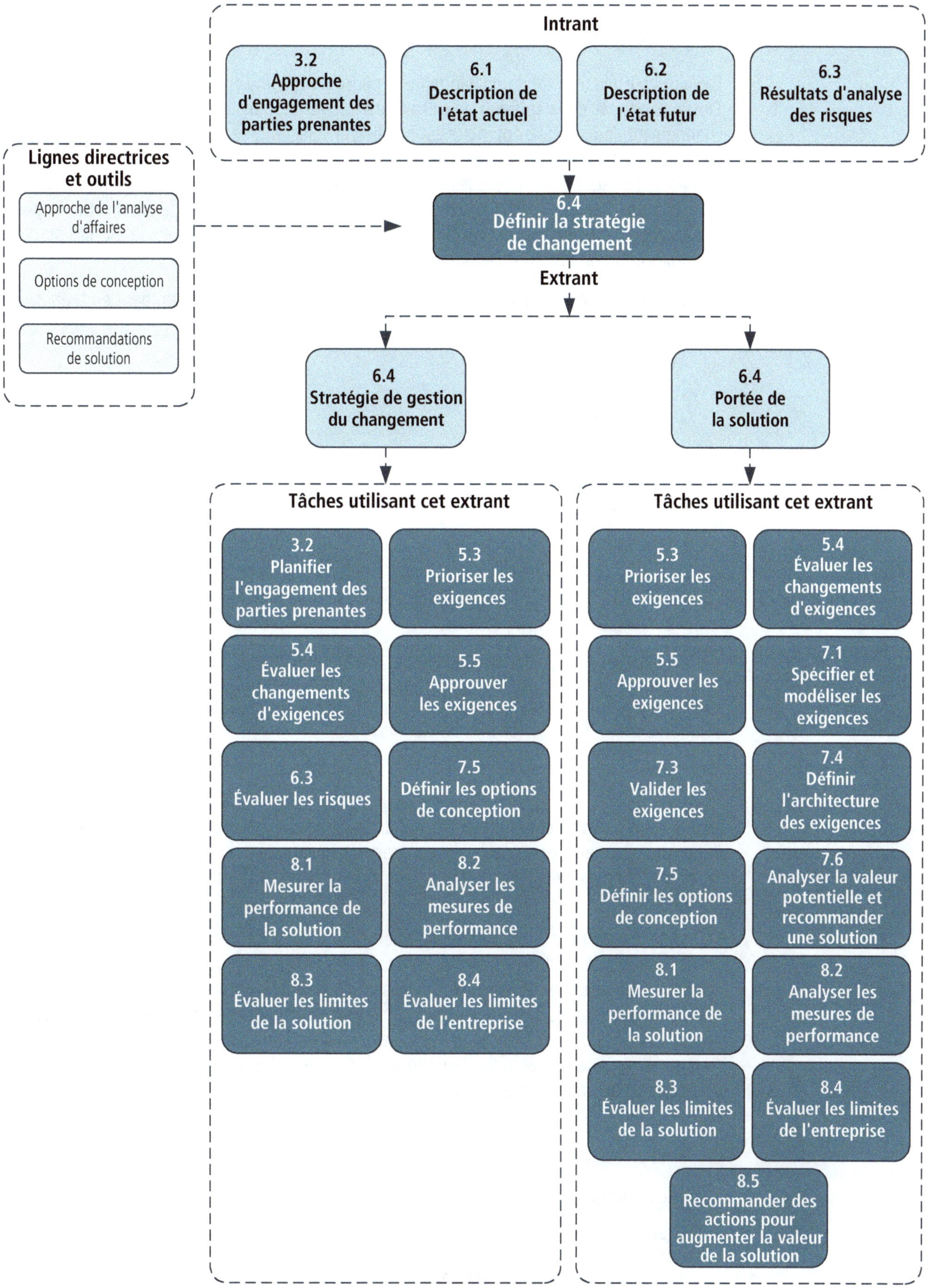

6.4.4 Éléments

.1 Portée de la solution

La solution est le résultat d'un changement, permettant à une entreprise de satisfaire un besoin. Plusieurs options de la solution peuvent être évaluées et, dans le cadre d'une stratégie de changement, la meilleure approche est justifiée et sélectionnée. La portée de la solution définit les limites de la solution, et sa description est suffisamment détaillée pour que les parties prenantes puissent comprendre les nouvelles capacités offertes par le changement. Elle décrit également la manière dont la solution suggérée favorise les objectifs de l'état futur. La portée de la solution est susceptible d'évoluer tout au long d'une initiative, dans la mesure où de nouvelles informations sont découvertes.

La portée de la solution peut être décrite de différentes manières, notamment en termes de :

- capacités,
- technologie,
- règles d'affaires,
- décisions d'affaires,
- données,
- processus,
- ressources,
- connaissances et compétences,
- modèles et descriptions de marchés,
- fonctions,
- emplacements,
- réseaux,
- structures organisationnelles,
- flux de travail,
- événements,
- séquence,
- motivations ou
- logique d'affaires.

La portée de la solution peut également comprendre des descriptions de composantes de la solution exclues de la portée afin de clarifier.

.2 Analyse d'écart

Une analyse d'écart permet d'identifier la différence entre les capacités de l'état actuel et de l'état futur. Pour effectuer une analyse d'écart, il convient de définir les états actuels et futurs, et le fait d'utiliser les mêmes techniques pour les définir facilite cette analyse et simplifie la comparaison.

L'analyse d'écart peut contribuer à identifier les écarts qui empêchent l'entreprise de satisfaire les besoins et d'atteindre les objectifs. Elle peut être utilisée afin de déterminer si l'entreprise est en mesure de satisfaire ses besoins en utilisant sa structure, ses ressources, ses capacités et sa technologie existantes. Dans le cas où l'entreprise est capable de satisfaire le besoin avec les capacités de l'état actuel, le changement sera vraisemblablement faible, voire inexistant. Dans tout autre cas, une stratégie de changement sera nécessaire pour créer des capacités manquantes ou améliorer les capacités existantes. Les capacités analysées dans une analyse d'écart peuvent comprendre :

- les processus,
- les fonctions,
- les secteurs d'activité,
- les structures organisationnelles,
- les compétences du personnel,
- les connaissances et compétences,
- la formation,
- les installations,

- les emplacements,
- les données et informations,
- les systèmes d'application, et
- l'infrastructure technologique.

Les écarts devront être évalués dans les états de transition et futur.

.3 Évaluation du degré de préparation de l'entreprise

Les analystes d'affaires analysent l'entreprise afin d'évaluer sa capacité à réaliser le changement et à maintenir ce dernier dans l'état futur. L'évaluation du degré de préparation prend en compte la capacité de l'entreprise à réaliser le changement, mais également à utiliser et maintenir la solution, et à atteindre la valeur à partir de la solution. L'évaluation inclut également le degré de préparation culturelle des parties prenantes et le degré de préparation opérationnel dans la réalisation du changement, la chronologie entre le moment où le changement est mis en œuvre et celui où la valeur est atteinte, et les ressources disponibles pour soutenir l'effort de changement.

.4 Stratégie de changement

Une stratégie de changement est un plan d'activités et événements clés de haut niveau, utilisé pour faire passer l'entreprise de l'état actuel à l'état futur. Les stratégies de changement peuvent constituer une initiative unique composée de petits changements, pouvant être structurés comme ensemble ou séquence de projets ou comme divers efforts d'amélioration continue. Chaque élément du changement peut ne pas répondre entièrement au besoin, nécessitant alors plusieurs changements.

Au cours de l'élaboration d'une stratégie de changement, plusieurs options sont identifiées, explorées et décrites avec suffisamment de détail pour déterminer quelles options sont réalisables. Les solutions de rechange peuvent être identifiées par le biais de remue-méninges et de recours à des experts du domaine. Parmi les sources d'idées se trouvent les idées antérieures, changements antérieurs, autres stratégies sur le marché et approches des concurrents.

Une stratégie de changement préférée est choisie parmi l'ensemble d'options et développée plus en détail. La stratégie de changement idéale doit être sélectionnée en considérant :

- le degré de préparation organisationnel permettant de réaliser le changement,
- les coûts majeurs et investissements requis pour réaliser le changement,
- les échéances pour réaliser le changement,
- l'alignement avec les objectifs d'affaires,
- les échéances de réalisation de la valeur, et
- les coûts d'opportunité de la stratégie de changement.

Les analystes d'affaires peuvent développer un dossier d'affaires pour chaque stratégie de changement potentielle, afin de favoriser la prise de décision. Le coût d'opportunité de chaque stratégie de changement doit également être pris en compte. Ce coût fait référence aux avantages qui peuvent être obtenus en sélectionnant une autre stratégie de changement. Les options sélectionnées et rejetées représentent une composante importante de la stratégie finale : elles permettent aux parties prenantes de comprendre les avantages et les inconvénients des différentes approches de la réalisation du changement.

Lors de la définition de la stratégie de changement, il faut aussi tenir compte de l'investissement pour réaliser le changement en vue d'atteindre l'état futur. Les avantages nets d'un état futur peuvent être très élevés, mais si l'investissement est intolérable (ils ne peuvent tout simplement pas se le permettre), l'entreprise peut décliner cette opportunité et investir dans autre chose.

La valeur potentielle, y compris les détails des avantages et des coûts attendus, sont des éléments clés pour pour réaliser un dossier d'affaires sur le changement. Relier les descriptions de valeur potentielle aux mesures de valeur réelle atteinte permet aux parties prenantes de comprendre le changement de valeur. Bien que chaque changement facilité par les analystes d'affaires vise à augmenter la valeur, certains changements réduisent la valeur dans certaines parties d'une entreprise et l'augmentent dans d'autres.

.5 États de transition et la planification de mise en œuvre

Dans de nombreux cas, l'état futur devra être atteint au fil du temps et non par le biais d'un simple changement. L'entreprise devra donc fonctionner dans un ou plusieurs états de transition. La planification de mise en œuvre a pour but de déterminer les exigences à inclure dans chaque version, phase ou itération du changement. Les analystes d'affaires facilitent les discussions relatives à la planification de mise en œuvre afin d'aider les parties prenantes à prendre des décisions. De nombreux facteurs orientent ces décisions – comme le budget global, les échéances ou contraintes de temps, les contraintes en matière de ressources, les programmes de formation ainsi que la capacité de l'entreprise à absorber les changements dans un délai défini. Il peut exister des politiques ou contraintes organisationnelles à respecter pour toute mise en œuvre. Les analystes d'affaires sont alors présents pour planifier le calendrier de la mise en œuvre afin de minimiser la perturbation des activités de l'entreprise et de s'assurer que toutes les parties comprennent l'impact sur l'organisation.

6.4.5 Lignes directrices et outils

- **Approche de l'analyse d'affaires** : oriente la manière dont l'analyste d'affaires définit une stratégie de changement.
- **Options de conception** : décrivent les différentes manières de satisfaire les besoins d'affaires. Chaque option comprend son propre ensemble d'enjeux relatifs au changement. La stratégie de changement sera influencée par l'option choisie ainsi que l'approche de changement qui sera utilisée.
- **Recommandations de solution** : identifier les solutions possibles qui peuvent être recherchées pour atteindre l'état futur, en tenant compte des recommandations de divers experts du domaine, aide l'analyste d'affaires à déterminer quelles solutions ou stratégies de changement recommandés à l'organisation.

6.4.6 Techniques

- **Tableau de bord prospectif** : utilisé pour définir les mesures utilisées afin d'évaluer l'efficacité de la stratégie de changement.
- **Analyse comparative et analyse du marché** : utilisées pour prendre des décisions quant à la stratégie de changement appropriée.
- **Remue-méninges** : utilisés pour trouver des idées de stratégie de changement en collaboration avec les parties prenantes..
- **Analyse de capacité de l'entreprise** : utilisée pour prioriser les écarts de capacité en lien avec la valeur et le risque.
- **Dossiers d'affaires** : utilisés pour recueillir des informations concernant la stratégie de changement recommandée et d'autres stratégies potentielles évaluées mais non recommandées.
- **Canevas du modèle d'affaires** : utilisés pour définir les changements requis dans l'infrastructure actuelle, la base de clientèle et la structure financière de l'organisation, en vue d'atteindre la valeur potentielle.

- **Analyse décisionnelle** : utilisée pour comparer différentes stratégies de gestion du changement et choisir la plus adaptée.
- **Estimation** : utilisée pour déterminer des échéances aux activités de la stratégie de changement.
- **Analyse financière** : utilisée pour comprendre la valeur potentielle associée à une stratégie de changement et évaluer les stratégies par rapport aux objectifs définis pour le retour sur investissement.
- **Groupes de discussion** : utilisés pour rassembler les clients ou utilisateurs finaux en vue de solliciter leurs impressions sur la solution et la stratégie de changement recommandées.
- **Décomposition fonctionnelle** : utilisée pour décomposer les composantes d'une solution en parties lors du développement d'une stratégie de changement.
- **Entretiens** : utilisés pour discuter avec les parties prenantes en vue de décrire entièrement la portée de la solution et la portée du changement, et comprendre leurs suggestions relatives à une stratégie de changement.
- **Leçons apprises** : utilisées pour comprendre les erreurs dans les changements passés afin d'améliorer cette stratégie de changement.
- **Cartographie heuristique** : utilisée pour définir et explorer des idées de stratégies de changement.
- **Modélisation de l'organisation** : utilisée pour décrire les rôles, les responsabilités et les structures hiérarchiques requis au cours du changement et faisant partie de la portée de la solution.
- **Modélisation des processus** : utilisée pour décrire la manière dont le travail sera réalisé dans la portée de la solution ou au cours du changement.
- **Modélisation de la portée** : utilisée pour définir les limites des descriptions de la portée du changement et de la portée de la solution.
- **Analyse FFOM** : utilisée pour prendre des décisions quant à la stratégie de changement appropriée.
- **Évaluation du fournisseur** : utilisée pour déterminer si des fournisseurs sont intégrés à la stratégie de changement, afin de mettre en œuvre le changement ou faire partie de la solution.
- **Ateliers de travail** : utilisés pour travailler avec les parties prenantes afin de collaborer à développer des stratégies de changement.

6.4.7 Parties prenantes

- **Client** : peut acheter ou consommer la solution issue du changement. Les clients peuvent également être impliqués dans un changement en tant que testeurs ou membres d'un groupe de discussion, dont la rétroaction est prise en compte dans l'évaluation du degré de préparation de l'entreprise.
- **Expert du domaine** : possède une expertise dans certains aspects du changement.

- **Utilisateur final** : utilise une solution, fait partie de la solution ou utilise la solution temporairement au cours du changement. Les utilisateurs finaux peuvent être des clients ou des personnes qui travaillent dans l'entreprise où se situe le changement. Les utilisateurs peuvent être impliqués dans un changement en tant que testeurs ou membres d'un groupe de discussion, dont les données sont prises en compte dans l'évaluation du degré de préparation de l'entreprise.
- **Expert du domaine de mise en œuvre** : possède une expertise dans certains aspects du changement.
- **Soutien opérationnel** : directement impliqué dans le soutien des opérations de l'entreprise, et fournit des informations sur sa capacité à soutenir la gestion d'une solution pendant et après un changement.
- **Chef de projet** : responsable de la gestion du changement et de la planification des activités détaillées pour mener à bien un changement. Dans un projet, le chef de projet est responsable de la portée du projet qui couvre l'ensemble du travail à réaliser par l'équipe de projet.
- **Régulateur** : veille au respect des lois, réglementations ou règles au cours et à l'issue du changement. Le régulateur est susceptible de fournir des intrants uniques dans l'évaluation du degré de préparation de l'entreprise, car il peut exister des lois et des réglementations auxquelles il est obligatoire de se conformer avant ou en conséquence d'un changement planifié ou finalisé.
- **Promoteur** : autorise et assure le financement pour la finalisation de la solution et soutient le changement.
- **Fournisseur** : peut aider à mettre en œuvre le changement ou être intégré à la solution une fois le changement terminé.
- **Testeur** : doit s'assurer que le changement fonctionne avec des paramètres acceptables, respecte le résultat souhaité et offre des solutions satisfaisant un niveau de qualité adéquat. Le testeur est souvent impliqué dans la validation des composantes d'une solution, dont les résultats seront ajoutés à l'évaluation du degré de préparation de l'entreprise.

6.4.8 Extrants

- **Stratégie de gestion du changement** : l'approche que l'organisation suivra pour guider le changement.
- **Portée de la solution** : la portée de la solution qui sera réalisée grâce à l'exécution de la stratégie de changement.

7 Analyse des exigences et définition de la conception

Le domaine de connaissances Analyse des exigences et définition de la conception décrit les tâches réalisées par les analystes d'affaires afin de structurer et organiser les exigences détectées au cours des activités d'élicitation, préciser et modéliser les exigences et les conceptions, valider et vérifier les informations, identifier les options de la solution correspondant aux besoins d'affaires, et estimer la valeur potentielle pouvant être obtenue pour chaque option de la solution. Ce domaine de connaissances comprend les activités incrémentales et itératives, allant de la conception initiale et l'exploration du besoin à la transformation de ces besoins en solution spécifique recommandée.

Pour plus d'informations, se référer à Exigences et conceptions (p. 18).

Les exigences et les conceptions représentent des outils importants utilisés par les analystes d'affaires afin de définir et de guider le changement. La différence principale entre les exigences et les conceptions réside dans la manière dont elles sont utilisées, et par qui. Les conceptions d'une personne peuvent être les exigences d'une autre personne. Les exigences et les conceptions peuvent être à un niveau élevé ou très détaillées, selon ce qui est approprié pour les personnes qui utilisent ces informations.

Le rôle de l'analyste d'affaires dans la modélisation des besoins, exigences, conceptions et solutions est déterminant pour la réalisation d'analyses approfondies et la communication avec les autres parties prenantes. La forme, le niveau de détail et ce qui est modélisé dépendent du contexte, du public et de l'objectif.

Les analystes d'affaires analysent la valeur potentielle des exigences et des conceptions. En collaboration avec des experts en implémentation, les analystes d'affaires définissent des options de solution pouvant être évaluées afin de recommander l'option qui répond le mieux aux besoins et qui apporte le plus de valeur.

L'image suivante illustre le spectre de valeur à mesure que les activités d'analyse d'affaires progressent, de la valeur potentielle à la valeur réelle.

Figure 7.0.1: Spectre de valeur de l'analyse d'affaires

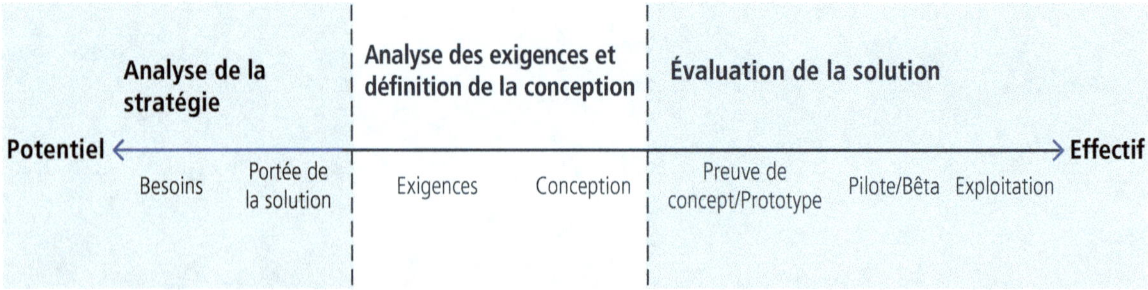

Le domaine de connaissances Analyse des exigences et définition de la conception comprend les tâches suivantes :

- **Spécifier et modéliser les exigences** : cette partie décrit en détail l'ensemble d'exigences ou de conceptions à l'aide de techniques analytiques.
- **Vérifier les exigences** : s'assure qu'un ensemble d'exigences ou de conceptions a été développé avec suffisamment de détails pour pouvoir être utilisé par une partie prenante particulière, qu'il est cohérent au niveau interne et qu'il est de haute qualité.
- **Valider les exigences** : cette partie permet de s'assurer qu'un ensemble d'exigences ou de conceptions offre une valeur d'affaires et soutient les buts et objectifs de l'organisation.
- **Définir l'architecture des exigences** : cette partie structure l'ensemble des exigences et conceptions, de manière à ce qu'elles soutiennent les objectifs globaux de l'entreprise pour le changement et fonctionnent efficacement comme un tout cohérent.
- **Définir les options de la solution** : il s'agit ici d'identifier, explorer et décrire les différents moyens possibles pour satisfaire le besoin.
- **Analyser la valeur potentielle et recommander une solution** : cette partie permet d'évaluer la valeur d'affaires associée à une solution potentielle et compare les différentes options, notamment les compromis, afin de déterminer et de recommander l'option de la solution offrant la meilleure valeur générale.

Le Modèle des concepts de base dans l'Analyse des exigences et la définition de la conception

Le modèle des concepts de base de l'analyse d'affaires (BACCM™) décrit les relations entre les six concepts de base. Le tableau suivant décrit l'usage et l'application de chaque concept de base dans le contexte de l'Analyse des exigences et définition de la conception.

Table 7.0.1: Le modèle des concepts de base dans l'analyse des exigences et la définition de la conception

Concepts de base	Lors de l'Analyse des exigences et la définition de la conception, les analystes d'affaires...
Changement : l'acte de transformation en réponse à un besoin.	transforment les résultats de l'élicitation en exigences et conceptions afin de définir le changement.
Besoin : un problème à résoudre ou une opportunité à saisir.	analysent les besoins afin de recommander une solution correspondant aux besoins.
Solution : une manière spécifique de satisfaire un ou plusieurs besoins dans un contexte.	définissent des options de la solution et recommandent celle qui est la plus susceptible de satisfaire le besoin avec la meilleure valeur.
Partie prenante : un groupe ou une personne ayant un lien avec le changement, le besoin ou la solution.	adaptent les exigences et les conceptions de manière à ce qu'elles soient compréhensibles et utilisables par chaque partie prenante.
Valeur : la valeur, l'importance ou l'utilité de quelque chose pour une partie prenante dans un contexte spécifique.	analysent et quantifient la valeur potentielle des options de la solution.
Contexte : les circonstances qui influencent, sont influencées par et permettent de comprendre le changement.	modélisent et décrivent le contexte dans des formats compréhensibles et utilisables par toutes les parties prenantes.

Figure 7.0.1: Schéma d'intrants/extrants de l'analyse des exigences et définition de la conception

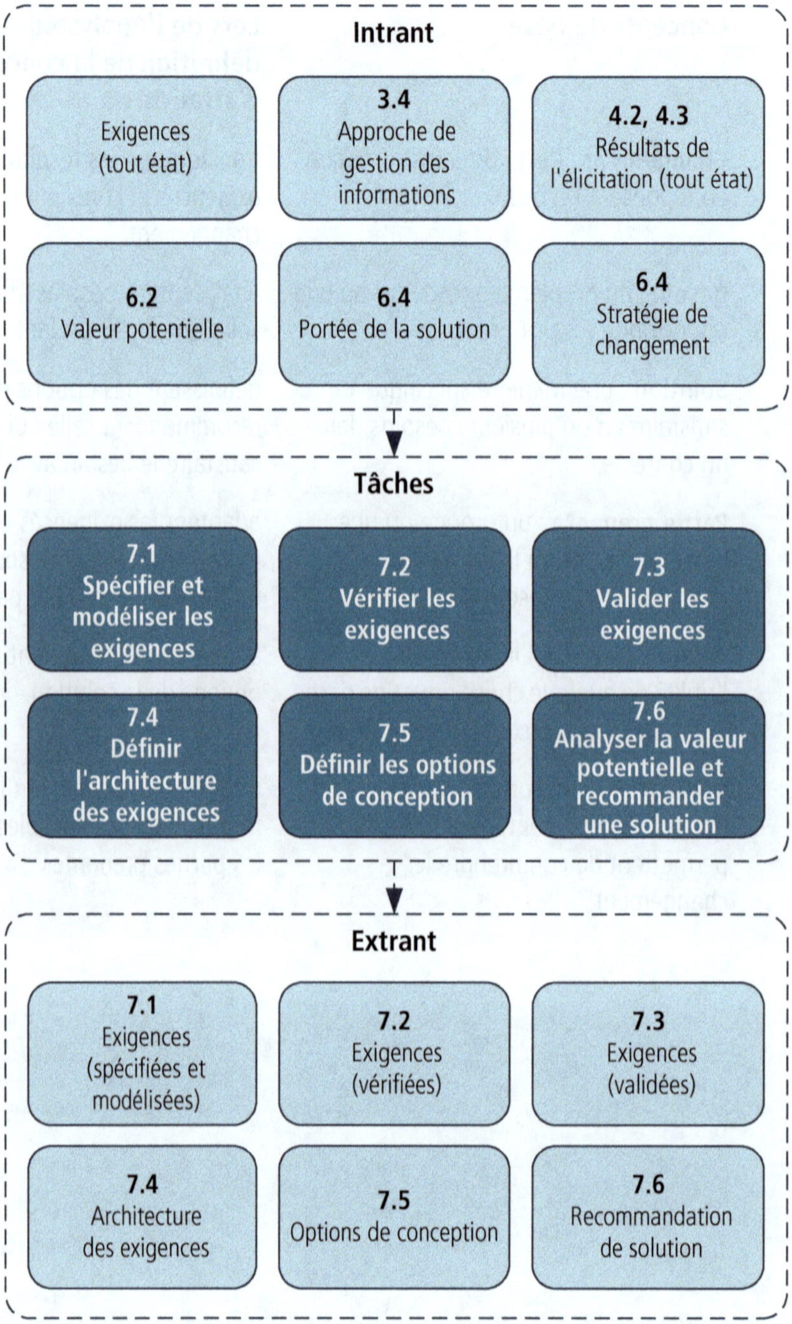

7.1 Spécifier et modéliser les exigences

7.1.1 Objectif

L'objectif de la partie Spécifier et modéliser les exigences consiste à analyser, à synthétiser et à affiner les résultats de l'élicitation en exigences et conceptions.

7.1.2 Description

Spécifier et modéliser les exigences décrit les pratiques d'analyse des résultats d'élicitation et de création de représentations de ces résultats. Lorsque l'activité de spécification et modélisation se concentre sur la compréhension du besoin, les extrants sont considérés comme des exigences. Lorsque l'activité de spécification et modélisation se concentre sur une solution, les extrants sont considérés comme des conceptions.

Important Dans de nombreux environnements informatiques, le mot « conception » est utilisé spécifiquement pour désigner les conceptions techniques créées par les développeurs de logiciels, architectes de données et autres experts du domaine d'implémentation. Tous les livrables d'affaires sont considérés comme « exigences ».

Outre les modèles utilisés pour représenter les exigences, cette tâche comprend également la collecte d'informations concernant les attributs ou métadonnées relatifs aux exigences. Les activités de spécification et de modélisation sont liées à l'ensemble des types d'exigences.

7.1.3 Intrants

- **Résultats de l'élicitation (tout état)** : la modélisation peut débuter avec n'importe quel résultat d'élicitation et peut nécessiter davantage d'élicitation afin de clarifier ou de développer les exigences. L'élicitation et la modélisation peuvent être réalisées de manière séquentielle, itérative ou simultanée.

Figure 7.1.1: Schéma d'intrants/extrants de spécification et modélisation des exigences

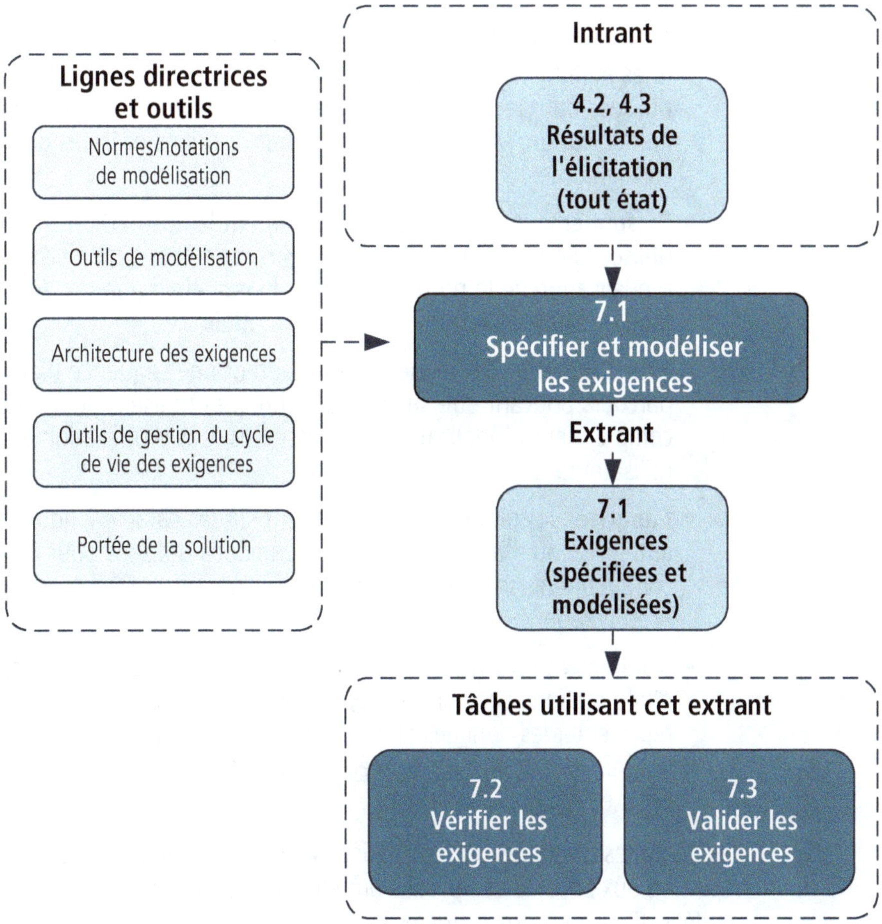

7.1.4 Éléments

.1 Modéliser les exigences

Un modèle est un moyen visuel et descriptif pour transmettre des informations à un public spécifique, en vue de favoriser l'analyse, la communication et la compréhension. Les modèles peuvent également être utilisés afin de confirmer les connaissances, repérer les informations redondantes et les écarts dans les informations dont disposent les analystes d'affaires.

Les analystes d'affaires choisissent parmi un ou plusieurs des formats de modélisation suivants :

- **Matrices** : une matrice est utilisée lorsque l'analyste d'affaires modélise une exigence ou un ensemble d'exigences présentant une structure complexe mais uniforme, et qui peuvent être divisés en éléments s'appliquant à chaque entrée du tableau. Les matrices peuvent être utilisées pour créer des dictionnaires de données, une traçabilité des exigences ou une analyse d'écart. Elles servent également à prioriser les exigences et à enregistrer d'autres attributs des exigences et métadonnées.
- **Schémas** : un schéma est une représentation visuelle, souvent picturale, d'une exigence ou d'un ensemble d'exigences. Cet outil est particulièrement utile pour illustrer la complexité d'une manière qui serait difficile à exprimer avec des mots. Les schémas peuvent également être utilisés pour définir des limites dans les domaines d'affaires, catégoriser et créer des hiérarchies d'éléments, et montrer des composantes d'objets tels que les données et leurs relations.

Les analystes d'affaires utilisent un ou plusieurs formats de modèle pour déterminer les catégories spécifiques et les modèles spécifiques dans les catégories utilisées. Parmi les catégories de modèle se trouvent :

- **Personnes et rôles** : les modèles représentent les organisations, groupes de personnes, rôles et leurs relations dans une entreprise et envers une solution. Les techniques utilisées pour représenter les personnes et leurs rôles comprennent Modélisation de l'organisation, Matrice des rôles et autorisations et Listes des parties prenantes, cartographie ou personas.
- **Raisonnement** : les modèles représentent la raison d'un changement. Les techniques utilisées pour représenter les raisons comprennent Modélisation des décisions, Modélisation de la portée, Canevas du modèle d'affaires, Analyse de la cause fondamentale et Analyse des règles d'affaires.
- **Flux d'activité** : les modèles représentent une séquence d'actions, d'événements ou de parcours pouvant être suivis. Les techniques utilisées pour représenter les flux d'activité comprennent Modélisation des processus, Cas d'utilisation et scénarios et Récits utilisateur.
- **Capacité** : les modèles se concentrent sur les caractéristiques ou les fonctions d'une entreprise ou d'une solution. Les techniques utilisées pour représenter les capacités comprennent Analyse de capacité de l'entreprise, Décomposition fonctionnelle et Prototypage.
- **Données et informations** : les modèles représentent les caractéristiques et l'échange d'informations dans une entreprise ou une solution. Les techniques utilisées pour représenter les données et les informations comprennent Dictionnaires de données, Diagrammes de flux de données, Modélisation des données, Glossaires, Modélisation de l'état et Analyse d'interface.

Les analystes d'affaires doivent utiliser la combinaison de modèles la mieux adaptée pour répondre aux besoins des parties prenantes dans un contexte donné. Chaque technique de modélisation présente ses forces et ses faiblesses, et offre des informations uniques sur le domaine d'affaires.

.2 Analyser les exigences

Les informations d'analyse d'affaires sont décomposées en composantes afin d'examiner plus en détail :

- tout ce qui doit changer pour satisfaire le besoin d'affaires,
- tout ce qui doit rester inchangé pour satisfaire le besoin d'affaires,
- les composantes manquantes,
- les composantes inutiles, et
- toute contrainte ou hypothèse impactant les composantes.

Le niveau de décomposition requis ainsi que le niveau de détail spécifié varient selon la connaissance et la compréhension des parties prenantes, le potentiel de malentendu ou de mauvaise compréhension, les normes organisationnelles et les obligations réglementaires ou contractuelles, entre autres.

L'analyse fournit une base de discussion permettant d'atteindre une conclusion concernant les options de la solution.

.3 Représenter les exigences et les attributs

L'analyste d'affaires repère les informations destinées aux exigences et leurs attributs par le biais des résultats d'élicitation. Les exigences doivent être explicitement représentées et inclure suffisamment de détails pour qu'elles démontrent les caractéristiques d'exigences et de qualité des conceptions (voir Vérifier les exigences (p. 140)). Différents attributs peuvent être précisés pour chaque exigence ou ensemble d'exigences. Ces attributs sont sélectionnés lors de la planification de gestion des informations (voir Planifier la gestion de l'information de l'analyse d'affaires (p. 41)).

En ce qui concerne la spécification des exigences, celles-ci peuvent également être catégorisées selon le schéma décrit dans la tâche Schéma de classification des exigences (p. 16). Les résultats de l'élicitation contiennent généralement des informations de différents types, il est donc naturel de s'attendre à ce que différents types d'exigences soient spécifiés simultanément. La catégorisation des exigences permet de s'assurer que ces dernières sont parfaitement comprises, que les ensembles – quel que soit leur type – sont complets, et qu'une traçabilité adéquate existe entre les types.

.4 Mettre en œuvre les niveaux d'abstraction appropriés

Le niveau d'abstraction d'une exigence varie selon le type d'exigence et le public de cette exigence. Pas toutes les parties prenantes n'exigent ou ne trouvent de valeur dans l'ensemble complet d'exigences et de modèles. Il peut s'avérer judicieux de produire différents points de vue sur les exigences afin de représenter le même besoin pour différentes parties prenantes. Les analystes d'affaires apportent un soin tout particulier au maintien de la signification et de l'intention des exigences dans toutes les représentations.

L'approche de l'analyse d'affaires peut également influencer le niveau d'abstraction et le choix des modèles utilisés lors de la définition des exigences.

7.1.5 Lignes directrices et outils

- **Normes/notations de modélisation** : elles permettent de spécifier les exigences et conceptions avec précision, selon ce qui est adapté pour le public et l'objectif des modèles. Les gabarits et la syntaxe normalisés aident à garantir que les informations appropriées concernant les exigences sont fournies.

- **Outils de modélisation** : il s'agit des produits logiciels qui facilitent la conception et l'enregistrement de matrices et schémas destinés à représenter les exigences. Cette fonctionnalité peut ou non faire partie des outils de gestion du cycle de vie des exigences.
- **Architecture des exigences** : les exigences et les interrelations entre elles peuvent être utilisées afin de s'assurer que les modèles sont complets et cohérents.
- **Outils de gestion du cycle de vie des exigences** : il s'agit des produits logiciels qui facilitent l'enregistrement, l'organisation, le stockage et le partage des exigences et conceptions.
- **Portée de la solution** : les limites de la solution fournissent les limites des modèles de conceptions et exigences.

7.1.6 Techniques

- **Critères d'évaluation et d'acceptation** : utilisés pour représenter les attributs des critères d'acceptation et d'évaluation des exigence.
- **Analyse de capacité de l'entreprise** : utilisée pour représenter les caractéristiques ou fonctions d'une entreprise.
- **Canevas du modèle d'affaires** : utilisée pour décrire la justification des exigences.
- **Analyse des règles d'affaires** : utilisée pour analyser les règles d'affaires, de manière à pouvoir les spécifier et les modéliser en même temps que les exigences.
- **Modélisation des concepts** : utilisée pour définir les termes et les relations pertinents pour le changement et l'entreprise.
- **Dictionnaires de données** : utilisés pour enregistrer des détails concernant les données impliquées dans le changement. Parmi ces détails peuvent se trouver les définitions, les relations avec d'autres données, l'origine, le format et l'usage.
- **Diagrammes de flux de données** : utilisée pour visualiser les exigences des flux de données.
- **Modélisation des données** : utilisée pour modéliser les exigences afin de montrer la manière dont les données seront utilisées afin de satisfaire les besoins d'information des parties prenantes.
- **Modélisation des décisions** : utilisés pour représenter les décisions dans un modèle afin de montrer les éléments décisionnels requis.
- **Décomposition fonctionnelle** : utilisés pour modéliser les exigences afin de déterminer les éléments constitutifs d'une fonction d'affaires complexe globale.
- **Glossaires** : utilisés pour enregistrer la signification de termes d'affaires importants lors de l'analyse des exigences.
- **Analyse d'interface** : utilisée pour modéliser les exigences afin d'identifier et de valider les intrants et les extrants de la solution modélisée.
- **Analyse des exigences non-fonctionnelles** : utilisée pour définir et analyser la qualité des attributs de service.
- **Modélisation de l'organisation** : utilisée pour permettre aux analystes d'affaires de modéliser les rôles, les responsabilités et les communications au sein d'une organisation.
- **Modélisation des processus** : utilisée pour démontrer les étapes ou les activités réalisées dans l'organisation, ou qui doivent être réalisées afin d'atteindre le changement souhaité.
- **Prototypage** : utilisée pour aider les parties prenantes à visualiser l'apparence et les capacités d'une solution prévue.

- **Matrice des rôles et autorisations** : utilisée pour spécifier et modéliser les exigences concernées par la séparation des fonctions entre les utilisateurs et les interfaces externes dans l'utilisation d'une solution.
- **Analyse de la cause fondamentale** : utilisées pour modéliser les causes fondamentales d'un problème dans le cadre du raisonnement.
- **Modélisation de la portée** : utilisée pour visualiser la limite d'une portée.
- **Diagrammes de séquence** : utilisés pour spécifier et modéliser les exigences afin de montrer la manière dont les processus fonctionnent et interagissent entre eux, et dans quel ordre.
- **Listes des parties prenantes, cartographie ou personas** : utilisées pour identifier les parties prenantes et leurs caractéristiques.
- **Modélisation de l'état** : utilisée pour spécifier les différents états d'une partie de la solution tout au long du cycle de vie, en termes d'événements qui surviennent.
- **Cas d'utilisation et scénarios** : utilisés pour modéliser le comportement souhaité d'une solution en démontrant les interactions des utilisateurs avec la solution, afin d'atteindre un but spécifique ou d'accomplir une tâche en particulier.
- **Récits utilisateur** : utilisés pour spécifier les exigences sous la forme de brefs énoncés indiquant ce que les personnes font ou ont besoin de faire lorsqu'elles utilisent la solution.

7.1.7 Parties prenantes

- **Toutes les parties prenantes** : Les analystes d'affaires peuvent choisir de réaliser cette tâche eux-mêmes, puis de préparer et de communiquer séparément les exigences aux parties prenantes en vue de leur examen et de leur approbation, ou d'inviter l'ensemble ou certaines parties prenantes à participer à cette tâche.

7.1.8 Extrants

- **Exigences (spécifiées et modélisées)** : toute combinaison d'exigences et/ou de conceptions sous la forme de texte, matrices et schémas.

7.2 Vérifier les exigences

7.2.1 Objectif

L'objectif de la partie Vérifier les exigences consiste à s'assurer que les modèles et les spécifications d'exigences et de conceptions respectent les normes de qualité et peuvent être utilisés aux fins prévues.

7.2.2 Description

La vérification des exigences permet de s'assurer que les exigences et les conceptions ont été définies correctement. Il s'agit d'un contrôle réalisé par l'analyste d'affaires et les principales parties prenantes afin de déterminer si les exigences et conceptions sont prêtes à être validées, et de fournir les informations requises pour réaliser le travail ultérieur.

Une spécification de haute qualité est bien rédigée et facilement comprise par son public cible. Un modèle de haute qualité respecte les normes de notation formelles ou informelles, et représente efficacement la réalité.

L'aptitude à l'usage représente la caractéristique de qualité la plus importante des conceptions et exigences. Celles-ci doivent satisfaire les besoins des parties prenantes qui les utiliseront à une fin spécifique, et ce sont les parties prenantes qui déterminent la qualité à terme.

7.2.3 Intrants

- **Exigences (spécifiées et modélisées)** : toute exigence, conception ou ensemble des deux peut être vérifié afin de s'assurer que le texte est bien structuré et que la notation de la modélisation et les matrices sont utilisées correctement.

Figure 7.2.1: Schéma d'intrants/extrants de vérification des exigences

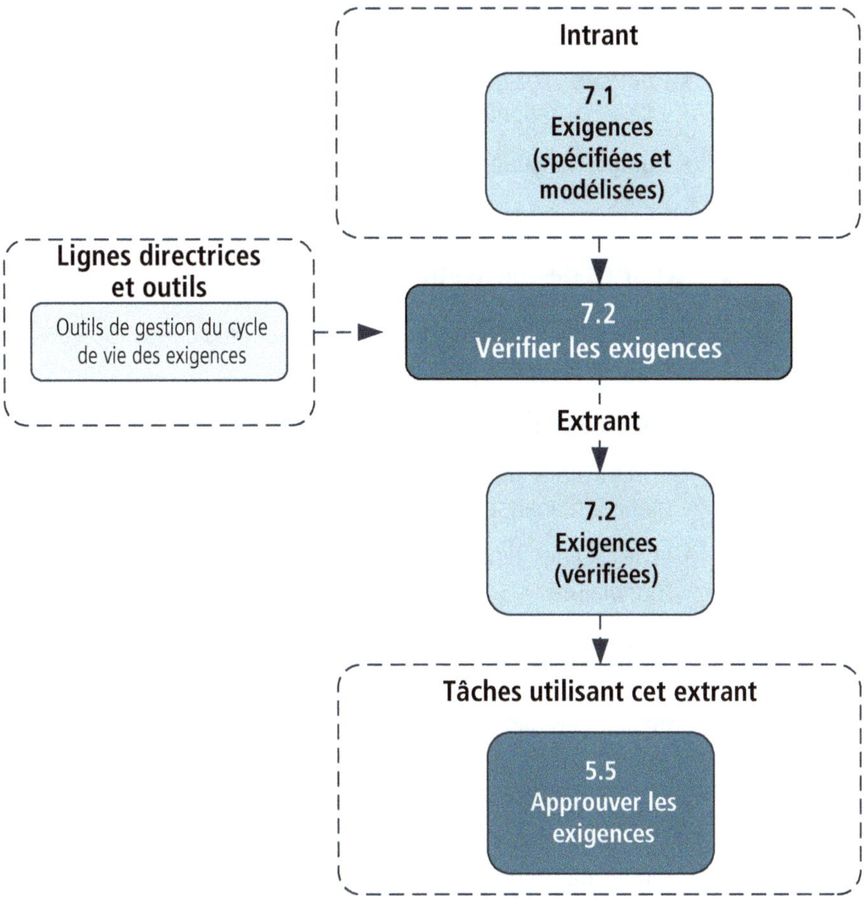

7.2.4 Éléments

.1 Caractéristiques de qualité des exigences et conceptions

Bien que la qualité soit ultimement déterminée par les besoins des parties prenantes qui utiliseront les exigences ou les conceptions, les exigences de qualité acceptables présentent bon nombre des caractéristiques suivantes :

- **Niveau atomique** : l'exigence est autonome et peut être comprise indépendamment des autres exigences ou conceptions.
- **Exhaustive** : elle est suffisante pour orienter le travail ultérieur avec un niveau de détail adapté pour permettre au travail de continuer. Le niveau d'exhaustivité requis varie selon le point de vue ou la méthodologie ainsi que le niveau où les exigences sont étudiées ou représentées dans le cycle de vie.
- **Cohérente** : elle est alignée avec les besoins identifiés des parties prenantes et ne présente pas de conflit avec d'autres exigences.
- **Concise** : elle ne contient aucun contenu superflu et inutile.
- **Faisable** : sa réalisation est raisonnable et possible dans les limites du risque, du calendrier et du budget convenus, ou considérée comme suffisamment réalisable pour permettre des recherches plus poussées au moyen d'expériences ou de prototypes.
- **Non ambiguë** : l'exigence doit être clairement énoncée, de manière à établir clairement si une solution satisfait ou non le besoin associé.

- **Testable** : capable de vérifier que l'exigence ou la conception a été satisfaite. Les niveaux acceptables de vérification de la réalisation dépendent du niveau d'abstraction de l'exigence ou de la conception.
- **Priorisée** : l'exigence est classée, regroupée ou négociée en termes d'importance et de valeur par rapport aux autres.
- **Compréhensible** : elle est représentée à l'aide d'une terminologie courante pour le public.

.2 Activités de vérification

Les activités de vérification sont généralement réalisées de façon itérative tout au long du processus d'analyse des exigences.

Les activités de vérification comprennent :

- la vérification de la conformité avec les normes de rendement organisationnelles en matière d'analyse d'affaires telles que l'utilisation des outils et méthodes appropriés,
- la vérification de l'utilisation adéquate de la notation des modèles, des gabarits ou des formulaires,
- la vérification de l'exhaustivité pour chaque modèle,
- la comparaison de chaque modèle à d'autres modèles pertinents, vérifier les éléments mentionnés dans un modèle mais absents dans d'autres modèles et vérifier que les éléments sont référencés de manière cohérente,
- la vérification de la terminologie utilisée pour exprimer l'exigence – cette terminologie doit être compréhensible par les parties prenantes et cohérente avec l'utilisation de ces termes dans l'organisation, et
- l'ajout d'exemples en cas de besoin pour clarifier.

.3 Listes de contrôle

Les listes de contrôle sont utilisées afin de contrôler la qualité lors de la vérification des exigences et des conceptions. Elles peuvent inclure un ensemble standard d'éléments de qualité que les analystes d'affaires utilisent pour vérifier les exigences, ou elles peuvent être spécifiquement développées pour prendre en compte des préoccupations. L'objectif d'une liste de contrôle est de s'assurer que les éléments considérés comme importants sont intégrés aux livrables d'exigences finaux, ou que les étapes requises dans le processus de vérification sont respectées.

7.2.5 Lignes directrices et outils

- **Outils de gestion du cycle de vie des exigences** : certains outils disposent d'une fonctionnalité permettant de vérifier les problèmes liés à de nombreuses ca-ractéristiques, comme le niveau atomique, l'absence d'ambiguïté et la priorisation.

7.2.6 Techniques

- **Critères d'évaluation et d'acceptation** : utilisés pour s'assurer que les exigences sont énoncées suffisamment clairement pour concevoir un ensemble de tests pouvant démontrer que les exigences ont été respectées.
- **Gestion des points de suivi** : utilisée pour s'assurer que les problèmes ou préoccupations identifiés lors de la vérification sont gérés et résolus.

- **Mesures et Indicateurs clés de performance (ICP)** : utilisés pour déterminer la manière d'évaluer la qualité des exigences.
- **Revues** : utilisées pour inspecter la documentation des exigences afin d'identifier les dont la exigences qualité est inacceptable.

7.2.7 Parties prenantes

- **Toutes les parties prenantes** : l'analyste d'affaires, en collaboration avec les experts de domaine et en implémentation, est le principal responsable de l'exécution de cette tâche. D'autres parties prenantes peuvent toutefois détecter des exigences problématiques lors de la communication des exigences, et toutes sont donc susceptibles d'être impliquées dans cette tâche.

7.2.8 Extrants

- **Exigences (vérifiées)** : il s'agit d'un ensemble d'exigences ou de conceptions présentant une qualité suffisante pour être utilisé comme base de travail ultérieur.

7.3 Valider les exigences

7.3.1 Objectif

L'objectif de la partie Valider les exigences consiste à s'assurer que l'ensemble des exigences et des conceptions correspond aux objectifs d'affaires et soutient la réalisation de la valeur requise.

7.3.2 Description

La validation des exigences est un processus continu visant à s'assurer que les exigences des parties prenantes, de la solution et de la transition s'alignent sur les objectifs d'affaires et que les conceptions répondent aux exigences.

Il est utile pour les analystes d'affaires de comprendre à quoi ressemblera l'état futur souhaité pour les parties prenantes une fois que leurs besoins ont été satisfaits, lors de la validation des exigences. L'objectif global de la mise en œuvre des exigences est en effet d'atteindre l'état futur souhaité par les parties prenantes. Dans de nombreux cas, les parties prenantes ont des besoins et des attentes différents et contradictoires qui peuvent être exposés au cours du processus de validation.

7.3.3 Intrants

- **Exigences (spécifiées et modélisées)** : tout type d'exigence et de conception pouvant être validé. Les activités de validation peuvent commencer avant que les exigences ne soient complètement vérifiées. Cependant, elles ne peuvent pas être terminées avant la vérification complète des exigences.

Figure 7.3.1: Schéma d'intrants/extrants de validation des exigences

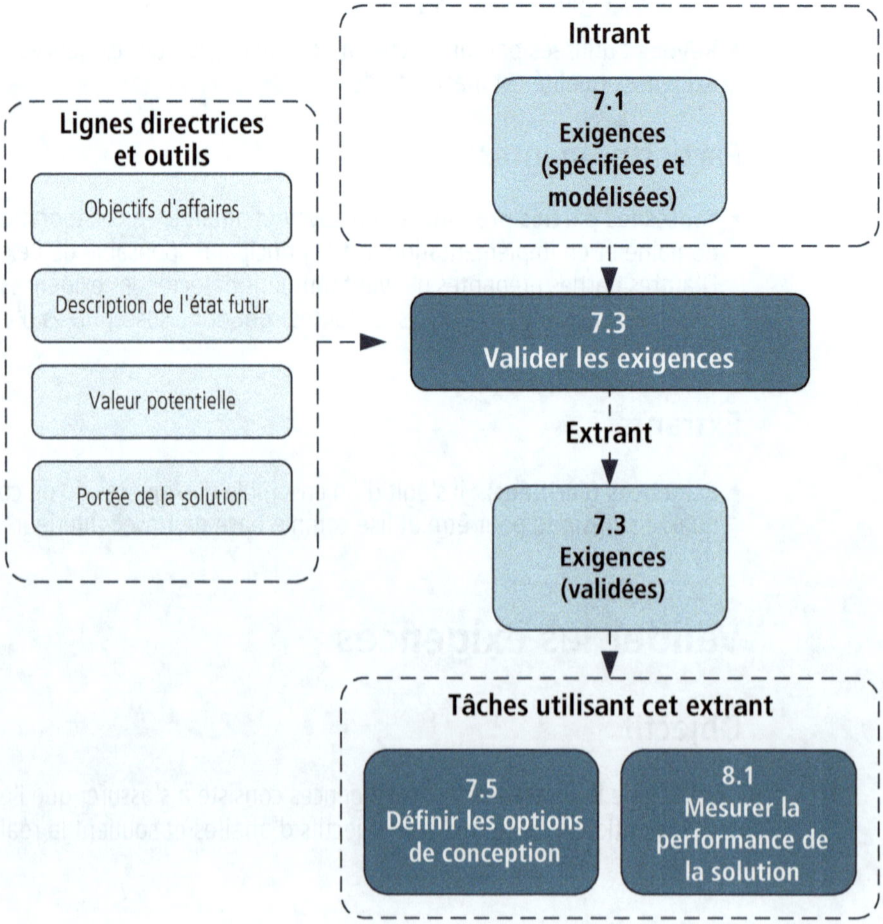

7.3.4 Éléments

.1 Identifier les hypothèses

Lorsqu'une organisation lance un produit ou service sans précédent, il peut être nécessaire de formuler des hypothèses concernant la réaction du client ou de la partie prenante dans la mesure où il n'existe aucune expérience antérieure similaire sur laquelle s'appuyer. Dans d'autres cas, il peut être difficile ou impossible de prouver qu'un problème particulier découle d'une cause fondamentale identifiée. Les parties prenantes ont peut-être présumé que certains avantages résulteraient de la mise en œuvre d'une exigence, et ces hypothèses sont formulées et définies afin de gérer les risques associés.

.2 Définir des critères d'évaluation mesurable

Bien que les avantages attendus soient définis dans le cadre de l'état futur, les critères de mesure et le processus d'évaluation spécifiques peuvent ne pas avoir été inclus. Les analystes d'affaires définissent les critères d'évaluation qui seront utilisés afin d'évaluer la réussite du changement une fois la solution mise en œuvre. Des mesures de référence peuvent ainsi être établies sur la base de l'état actuel. Des mesures cibles peuvent être développées pour refléter la réalisation des objectifs d'affaires ou une autre mesure du succès.

.3 Évaluer la correspondance avec la portée de la solution

Une exigence peut être bénéfique à une partie prenante sans pour autant être souhaitée dans la solution. Une exigence qui ne délivre pas de bénéfice à des parties prenantes sera éliminée. Lorsque les exigences ne sont pas alignés, soit l'état futur devra être réévalué et la portée modifiée, soit l'exigence sera supprimée de la portée.

Si une conception ne peut pas être validée comme répondant à une exigence, cela peut indiquer une exigence manquante ou mal comprise, ou un besoin de modification de la conception.

7.3.5 Lignes directrices et outils

- **Objectifs d'affaires** : permettent de s'assurer que les exigences offrent les avantages d'affaires souhaités.
- **Description de l'état futur** : permet de s'assurer que les exigences faisant partie de la portée de la solution contribuent bien à atteindre l'état futur souhaité.
- **Valeur potentielle** : peut être utilisée en tant que référence par rapport à laquelle il est possible d'évaluer la valeur offerte par les exigences.
- **Portée de la solution** : permet de s'assurer que les exigences qui offrent un avantage se trouvent dans la portée de la solution souhaitée.

7.3.6 Techniques

- **Critères d'évaluation et d'acceptation** : utilisés pour définir les mesures de qualité devant être respectées pour obtenir le consentement d'une partie prenante.
- **Analyse de la documentation** : utilisée pour déterminer les besoins d'affaires précédemment documentés afin de valider les exigences.
- **Analyse financière** : utilisée pour définir les avantages financiers associés aux exigences.
- **Gestion des points de suivi** : utilisée pour s'assurer que les problèmes ou les préoccupations identifiés lors de la validation sont gérés et résolus.
- **Mesures et Indicateurs clés de performance (ICP)** : utilisés pour sélectionner les mesures de rendement appropriées pour une solution, une composante de la solution ou une exigence.
- **Revues** : utilisées pour confirmer si une partie prenante valide ou non la satisfaction de ses besoins.
- **Analyse et gestion des risques** : utilisées pour identifier et gérer les risques liés aux scénarios potentiels susceptibles de modifier l'avantage offert par une exigence.

7.3.7 Parties prenantes

- **Toutes les parties prenantes** : l'analyste d'affaires s'associe au client, aux utilisateurs finaux et aux promoteurs pour déterminer si les exigences sont validées ou non. D'autres parties prenantes peuvent toutefois détecter des exigences problématiques lors de la communication des exigences. Par conséquent, pratiquement toutes les parties prenantes du projet sont impliquées dans cette tâche.

7.3.8 Extrants

- **Exigences (validées)** : les conceptions et les exigences validées sont celles dont il est possible de démontrer qu'elles apportent un avantage aux parties prenantes et qui correspondent aux buts et aux objectifs d'affaires du changement. Lorsqu'une exigence ou une conception ne peut pas être validée, cela signifie qu'elle ne profite pas à l'organisation et/ou ne respecte pas la portée de la solution.

7.4 Définir l'architecture des exigences

7.4.1 Objectif

Définir l'architecture des exigences a pour objectif de s'assurer que les exigences s'appuient collectivement pour atteindre pleinement les objectifs.

7.4.2 Description

L'architecture des exigences est la structure de l'ensemble des exigences d'un changement. Une architecture des exigences rassemble les spécifications et modèles individuels afin de s'assurer que l'ensemble des exigences forme un tout unique, soutenant les objectifs d'affaires globaux et produisant un résultat utile pour les parties prenantes.

L'analyste d'affaires utilise une architecture des exigences afin de :

- comprendre quels modèles sont adaptés au domaine, à la portée de la solution et au public,
- organiser les exigences en une structures adaptée aux différentes parties prenantes,
- illustrer la manière dont les exigences et les modèles interagissent et sont liés entre eux, et montrer la manière dont les parties s'associent en un ensemble cohérent,
- s'assurer que les exigences fonctionnent ensemble afin d'atteindre les objectifs globaux, et
- prendre des décisions de compromis concernant les exigences tout en tenant compte des objectifs globaux.

L'architecture des exigences n'est pas conçue pour démontrer la traçabilité. Elle a pour but de montrer la manière dont les éléments travaillent en harmonie mutuelle afin de soutenir les exigences d'affaires et de les structurer de différentes manières en vue d'arrimer les points de vue des différentes parties prenantes. La traçabilité est souvent utilisée en tant que mécanisme afin de représenter et de gérer ces relations (voir Suivre les exigences (p. 79)). Elle permet de prouver que chaque exigence est reliée à un objectif et montre la manière dont un objectif est atteint. Elle ne prouve pas que la solution constitue un ensemble cohérent qui fonctionne.

7.4.3 Intrants

- **Approche de gestion des informations** : définit la manière dont les informations d'analyse d'affaires (y compris les exigences et les modèles) seront stockées et accessibles.
- **Exigences (tout état)** : chaque exigence doit être énoncée une seule et unique fois, et intégrée à l'architecture des exigences de manière à ce que l'exhaustivité de l'ensemble puisse être évaluée.

- **Portée de la solution** : celle-ci doit être prise en compte afin de s'assurer que l'architecture des exigences correspond aux limites de la solution souhaitée.

Figure 7.4.1: Schéma d'intrants/extrants de définition de l'architecture des exigences

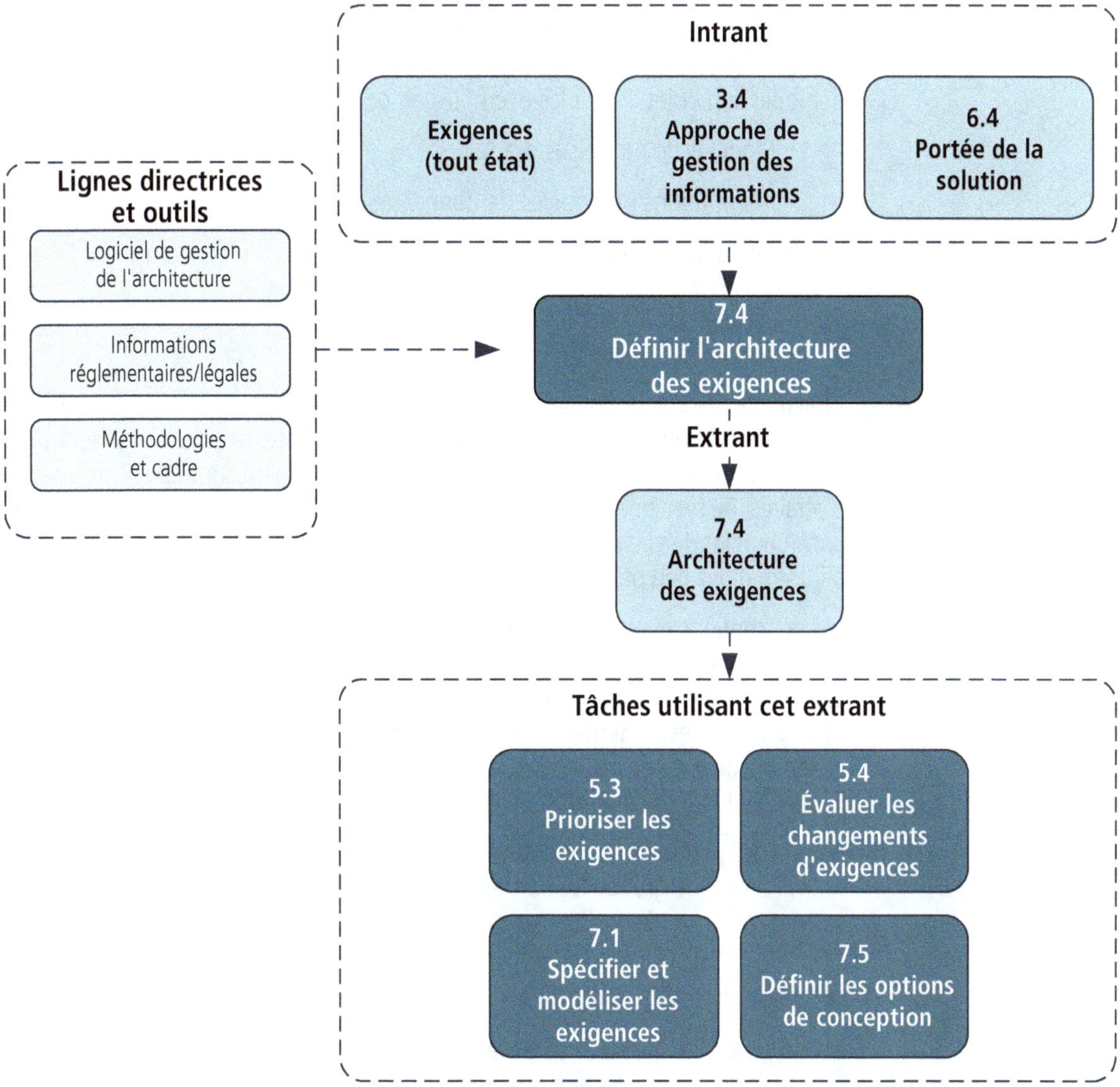

7.4.4 Éléments

.1 Vues et points de vue relatifs aux exigences

Un point de vue est un ensemble de conventions qui définissent la manière dont les exigences seront représentées, comment ces représentations seront organisées et reliées. Les points de vue offrent des gabarits permettant de traiter les préoccupations de groupes de parties prenantes spécifiques.

Les points de vue des exigences comprennent souvent des normes et directives pour :

- les types de modèle utilisés pour les exigences,
- les attributs qui sont inclus et utilisés de manière cohérente dans différents modèles,
- les notations de modèle utilisées, et

- les approches analytiques utilisées pour identifier et maintenir des relations pertinentes parmi les modèles.

Aucun point de vue seul ne peut former une architecture entière. Chaque point de vue est plus fort pour certains aspects des exigences et plus faible pour d'autres car différents groupes de parties prenantes ont des préoccupations différentes. L'intégration d'une quantité excessive d'informations dans un point de vue risquerait en outre de le rendre trop complexe et de dégrader son objet. Parmi les exemples de points de vue se trouvent :

- Modèles de processus d'affaires,
- Informations et modèles de données,
- Interactions des utilisateurs, notamment les cas d'utilisation et/ou l'expérience utilisateur,
- Audit et sécurité, et
- Modèles d'affaires.

Chacun de ces points de vue a des notations de modèle et des techniques différentes, et chacun est important pour assurer une solution finale cohérente. La solution ne sera probablement pas fructueuse si l'analyste d'affaires se concentre uniquement sur le point de vue du processus d'affaires. De la même manière, l'intégration de conventions issues de nombreux points de vue dans un point de vue unique risquerait de le rendre trop difficile à analyser et porteur d'informations peu pertinentes pour certains groupes de parties prenantes spécifiques.

Les conceptions et exigences réelles pour une solution particulière à partir d'un point de vue sélectionné sont appelées « vues ». Ainsi, l'architecture des exigences pour une solution spécifique est composée d'un ensemble de vues. Les analystes d'affaires arriment, coordonnent et structurent les exigences en vues significatives pour les différentes parties prenantes. Cet ensemble de vues coordonnées et complémentaires offre une base permettant d'évaluer l'exhaustivité et la cohérence des exigences.

En bref, les points de vue indiquent aux analystes d'affaires quelles informations ils doivent fournir à chaque groupe de parties prenantes pour répondre à leurs préoccupations, tandis que les vues décrivent les exigences et les conceptions réelles produites.

.2 Modèles d'architectures

Un cadre architectural est un ensemble de points de vue qui représentent une norme dans une industrie, un secteur ou une organisation. Les analystes d'affaires peuvent traiter les cadres en tant que modèles prédéfinis sur lesquels s'appuyer pour lancer la définition de leur architecture. De même, le cadre peut être renseigné avec des informations spécifiques à un domaine afin de constituer une collection de vues constituant un modèle encore plus utile pour construire une architecture, car les informations y sont déjà captées.

.3 Exhaustivité

Une architecture permet de s'assurer qu'un ensemble d'exigences est bien complet. L'ensemble des exigences doit pouvoir être compris par l'audience de manière à pouvoir déterminer que l'ensemble est cohésif et raconte une histoire complète. Aucune exigence ne doit manquer dans l'ensemble, se montrer incohérente ou en contradiction par rapport à d'autres. L'architecture des exigences doit prendre en compte les éventuelles dépendances entre les exigences, risquant d'empêcher l'atteinte des objectifs.

La structuration des exigences selon différents points de vue permet d'assurer leur exhaustivité. Des itérations d'activités d'élicitation, de spécification et d'analyse peuvent aider à identifier les lacunes.

.4 Association et vérification des relations entre les exigences

Les exigences peuvent être reliées entre elles de différentes manières lors de la définition de l'architecture des exigences. Les analystes d'affaires examinent et analysent donc les exigences afin de définir les relations qui les unissent. La représentation de ces relations est assurée par le suivi des exigences (voir Suivre les exigences (p. 79)).

Les analystes d'affaires examinent chaque relation afin de s'assurer que celle-ci respecte les critères de qualité suivants :

- **Définie** : une relation existe et le type de relation est décrit.
- **Nécessaire** : la relation est nécessaire pour comprendre les exigences d'un point de vue holistique.
- **Correcte** : les éléments présentent bien la relation décrite.
- **Non ambiguë** : aucune relation ne relie des éléments de deux manières différentes et conflictuelles.
- **Cohérente** : les relations sont décrites de la même manière, avec le même ensemble de descriptions standard tel que cela est défini dans les points de vue.

.5 Architecture des informations de l'analyse d'affaires

La structure des informations de l'analyse d'affaires représente également une architecture d'informations. Ce type d'architecture est défini dans le cadre de la tâche Planifier la gestion de l'information de l'analyse d'affaires (p. 41). L'architecture d'informations est une composante de l'architecture des exigences, car elle décrit la manière dont l'ensemble des informations de l'analyse d'affaires relatives à un changement s'associe. Elle définit les relations pour des types d'informations tels que les exigences, les conceptions, les types de modèle et les résultats d'élicitation. Comprendre ce type de structure d'information permet de s'assurer que l'ensemble global d'exigences est complet, en vérifiant que les relations sont bien complètes. Il s'avère également utile de définir cette architecture avant de mettre en place une infrastructure telle que des outils de gestion du cycle de vie des exigences, un logiciel de gestion de l'architecture ou des référentiels de documents.

7.4.5 Lignes directrices et outils

- **Logiciel de gestion de l'architecture** : un logiciel de modélisation peut contribuer à gérer le volume, la complexité et les versions des relations dans l'architecture des exigences.
- **Informations réglementaires/légales** : elles décrivent les réglementations ou règles législatives devant être suivies. Ces informations peuvent impacter l'architecture des exigences ou ses extrants. En outre, il peut également être nécessaire de prendre en compte des contraintes contractuelles ou basées sur des normes.
- **Méthodologies et cadres** : il s'agit d'un ensemble prédéterminé de modèles et des relations entre les modèles, utilisés pour représenter différents points de vue.

7.4.6 Techniques

- **Modélisation des données** : utilisée pour décrire la structure des exigences en lien avec les données.
- **Décomposition fonctionnelle** : utilisée pour décomposer une unité organisationnelle, la portée du produit ou d'autres éléments en parties de composante.
- **Entretiens** : utilisés pour définir la structure des exigences en collaboration.

- **Modélisation de l'organisation** : utilisée pour comprendre les différentes unités organisationnelles, parties prenantes et leurs relations, afin de définir les points de vue pertinents.
- **Modélisation de la portée** : utilisée pour identifier les éléments et limites de l'architecture des exigences.
- **Ateliers de travail** : utilisés pour définir la structure des exigences en collaboration avec les parties prenantes.

7.4.7 Parties prenantes

- **Expert du domaine, expert du domaine d'implémentation, chef de projet, promoteur, testeur** : peuvent contribuer à définir et confirmer l'architecture des exigences.
- **Toutes les parties prenantes** : peuvent également utiliser l'architecture des exigences afin d'évaluer l'exhaustivité des exigences.

7.4.8 Extrants

- **Architecture des exigences** : il s'agit des exigences et de leurs interrelations, ainsi que des informations contextuelles documentées.

7.5 Définir les options de conception

7.5.1 Objectif

Définir les options de conception a pour objectif de définir l'approche de la solution, d'identifier les opportunités d'amélioration de l'activité, de répartir les exigences entre les composantes de la solution et de représenter les options de conception permettant d'atteindre l'état futur souhaité.

7.5.2 Description

Lors de la conception d'une solution, il est possible de déterminer une ou plusieurs options de conception. Chacune d'entre elles représente un moyen de satisfaire un ensemble d'exigences. Les options de conception se situent à un niveau inférieur à celui de la stratégie de gestion du changement, et revêtent un caractère plus tactique que stratégique. À mesure que la solution est développée, il peut être nécessaire de faire des compromis tactiques entre les solutions de conception. Les analystes d'affaires doivent alors évaluer l'effet de ces compromis sur l'apport de valeur pour les parties prenantes. À mesure que les initiatives progressent et que les exigences évoluent, les options de conception évoluent également.

7.5.3 Intrants

- **Stratégie de changement** : elle décrit l'approche qui sera suivie pour passer à l'état futur, et peut entraîner un impact sur les décisions de conception en termes de faisabilité ou de possibilité.
- **Exigences (validées, priorisées)** : seules les exigences validées sont prises en compte dans les options de conception. Connaître les priorités relatives aux exigences facilite la suggestion d'options de conception raisonnables. Les exigences présentant les priorités les plus élevées nécessitent une attention accrue en ce qui concerne le choix des composantes de solution qui leur correspondent le mieux – par rapport aux exigences présentant une priorité plus faible.
- **Architecture des exigences** : l'ensemble complet des exigences et de leurs relations est important pour définir les options de conception en mesure de traiter l'ensemble complet des exigences.

Figure 7.5.1: Schéma d'intrants/extrants de définition des options de conception

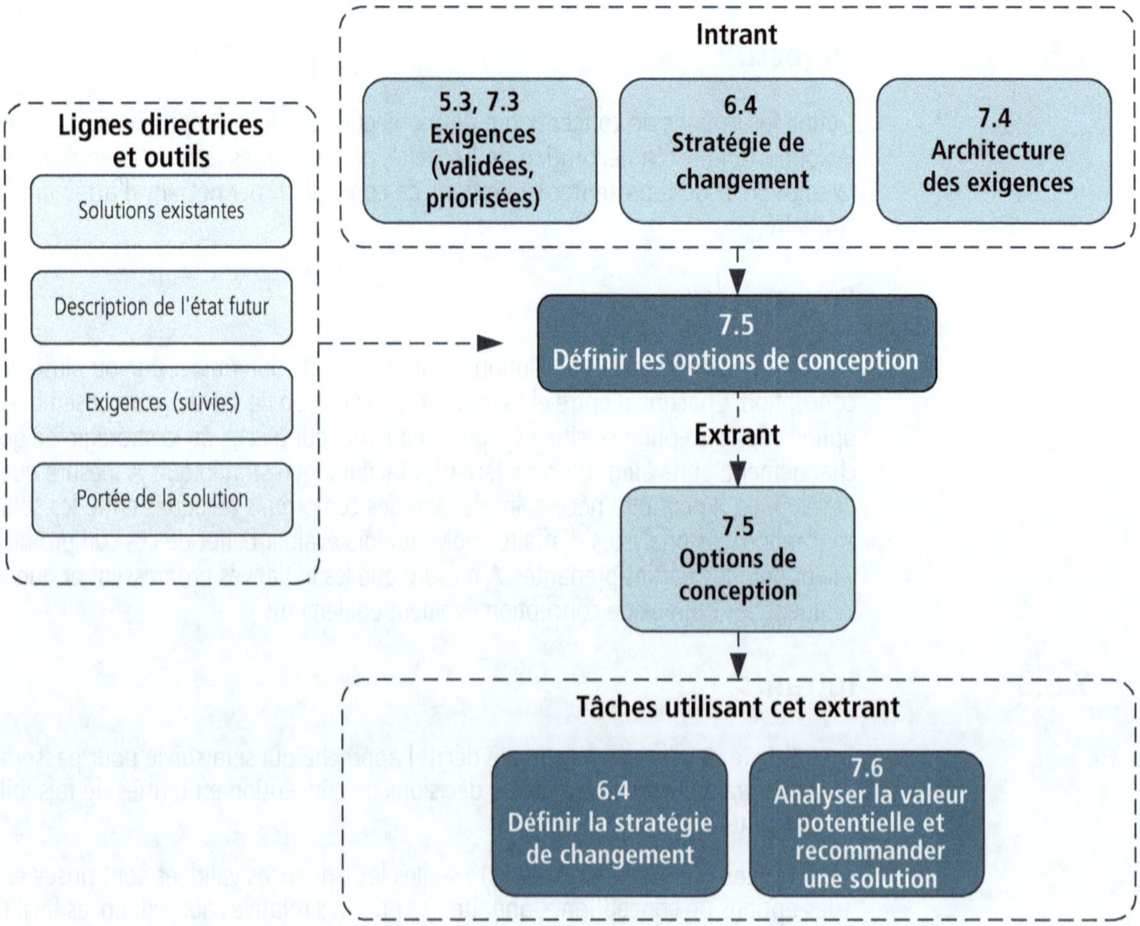

7.5.4 Éléments

.1 Définir les approches relatives à la solution

L'approche relative à la solution décrit si les composantes de la solution seront créées ou achetées, ou les deux. Les analystes d'affaires évaluent les avantages de ces approches pour chaque option de conception.

Parmi les approches relatives à la solution se trouvent :

- **Création** : les composantes de la solution sont assemblées, élaborées ou développées par des experts en réponse directe à un ensemble d'exigences. Les exigences et les options de conception sont suffisamment détaillées pour permettre de prendre une décision concernant la solution à élaborer. Cette option comprend la modification d'une solution existante.
- **Achat** : les composantes de la solution sont sélectionnées à partir d'un ensemble d'offres satisfaisant les exigences. Les exigences et les options de conception sont suffisamment détaillées pour permettre d'émettre une recommandation concernant la solution à acheter. Ces offres sont généralement composées de produits ou de services appartenant à ou gérés par des tiers.
- **Combinaison des deux** : les options de conception n'entrent pas nécessairement dans l'une des catégories susmentionnées. Les options de conception peuvent inclure une combinaison de création et d'achat de composantes.

Pour tous ces types d'approche, l'option de conception prend également en compte l'intégration suggérée des composantes.

.2 Identifier les opportunités d'amélioration

Lorsque des options de solution sont proposées, plusieurs opportunités permettant d'améliorer le fonctionnement de l'entreprise peuvent se présenter et être comparées.

Parmi les exemples courants d'opportunités se trouvent :

- **Accroître l'efficacité** : il s'agit d'automatiser ou de simplifier le travail réalisé par les personnes en restructurant ou en partageant les processus, en modifiant les responsabilités ou en externalisant. L'automatisation peut également accroître l'uniformité du comportement, réduisant ainsi la probabilité que différentes parties prenantes effectuent la même fonction de manière différente.
- **Améliorer l'accès aux informations** : il s'agit de fournir plus d'informations au personnel qui travaille de manière directe ou indirecte avec les clients, réduisant ainsi le recours aux spécialistes.
- **Identifier des capacités supplémentaires** : il s'agit de mettre en lumière les capacités qui présentent le potentiel suffisant pour offrir une valeur future et qui peuvent être prises en charge par la solution. Ces capacités ne présentent pas nécessairement une valeur immédiate pour l'organisation (par ex. une application logicielle disposant de fonctionnalités que l'organisation prévoit d'utiliser à l'avenir).

.3 Affecter les exigences

L'affectation des exigences est le processus permettant d'attribuer les exigences aux composantes de la solution et aux versions afin d'atteindre les objectifs au maximum. L'affectation est soutenue par l'évaluation des compromis entre les alternatives, afin d'optimiser les bénéfices et de réduire les coûts. La valeur d'une solution peut varier selon la manière dont les exigences sont mises en œuvre et le moment où la solution est mise à la disposition des parties prenantes. L'objectif de l'affectation est d'optimiser la valeur.

Les exigences peuvent être réparties entre des unités organisationnelles, des fonctions professionnelles, des composantes de la solution ou des versions d'une solution. L'affectation des exigences commence généralement lorsque l'approche relative à une solution a été déterminée, et se poursuit jusqu'à ce que l'ensemble des exigences valides soient affectées. Elle se poursuit généralement par la conception et la mise en œuvre d'une solution.

.4 Décrire les options de conception

Les options de conception sont étudiées et élaborées en tenant compte de l'état futur souhaité et de manière à s'assurer qu.elles sont valides. Des mesures de rendement de la solution sont définies pour chacune d'entre elles.

Une option de conception se compose généralement de nombreuses composantes, et chacune est décrite par un élément de conception. Les éléments de conception peuvent décrire :

- des politiques d'entreprise et règles d'affaires,
- des processus d'affaires à réaliser et à gérer,
- des personnes qui gèrent et entretiennent la solution, y compris leurs fonctions professionnelles et responsabilités,
- des décisions opérationnelles d'affaires à prendre,
- des applications logicielles et composantes d'application utilisées dans la solution, et

- des structures organisationnelles, notamment les interactions entre l'organisation, ses clients et ses fournisseurs.

7.5.5 Lignes directrices et outils

- **Solutions existantes** : il s'agit des produits ou de services existants, provenant souvent de tiers, considérés comme une ou des composantes d'une option de conception.
- **Description de l'état futur** : elle décrit l'état souhaité de l'entreprise dont feront partie les options de conception et permet de s'assurer que ces options sont viables.
- **Exigences (suivies)** : elles définissent les options de conception qui répondent le mieux aux exigences connues.
- **Portée de la solution** : elle définit les limites lors du choix des options de conception viables.

7.5.6 Techniques

- **Analyse comparative et analyse du marché** : utilisées pour déterminer et analyser les tendances du marché et solutions existantes.
- **Remue-méninges** : utilisés pour déterminer les opportunités d'amélioration et les options de conception.
- **Analyse de la documentation** : utilisée pour fournir les informations requises afin de décrire les options et les éléments de conception.
- **Entretiens** : utilisés pour déterminer les opportunités d'amélioration et les options de conception.
- **Leçons apprises** : utilisées pour déterminer les opportunités d'amélioration.
- **Cartographie heuristique** : utilisée pour identifier et explorer les options de conception possibles.
- **Analyse de la cause fondamentale** : utilisée pour comprendre la cause sous-jacente des problèmes traités dans le changement afin de proposer des solutions pour les résoudre.
- **Sondage ou questionnaire** : utilisées pour déterminer les opportunités d'amélioration et les options de conception.
- **Évaluation du fournisseur** : utilisée pour associer l'évaluation d'une solution tierce à l'évaluation du fournisseur afin de s'assurer que la solution est viable et que toutes les parties pourront développer et conserver une relation de travail saine.
- **Ateliers de travail** : utilisés pour déterminer les opportunités d'amélioration et les options de conception.

7.5.7 Parties prenantes

- **Expert du domaine** : offre son expertise dans l'entreprise et fournit des intrants et commentaires lors de l'évaluation des solutions alternatives, notamment concernant les avantages potentiels d'une solution.
- **Expert du domaine d'implémentation** : utilise son expertise en ce qui concerne les options de conception prises en compte et fournit les intrants nécessaires quant aux contraintes d'une solution et ses coûts.
- **Soutien opérationnel** : peut contribuer à évaluer la difficulté et les coûts d'intégration des solutions proposées dans les systèmes et processus existants.

- **Chef de projet** : planifie et gère le processus de définition de la solution, incluant la portée de la solution et tout risque associé aux solutions suggérées.
- **Fournisseur** : fournit des informations sur la fonctionnalité associée à une option de conception spécifique.

7.5.8 Extrants

- **Options de conception** : décrivent les différentes manières de satisfaire un ou plusieurs besoins dans un contexte. Elles peuvent inclure l'approche relative à la solution, les opportunités d'amélioration potentielle apportées par l'option et les composantes qui définissent l'option.

7.6 Analyser la valeur potentielle et recommander une solution

7.6.1 Objectif

L'objectif de la partie Analyser la valeur potentielle et recommander une solution consiste à estimer la valeur potentielle de chaque option de conception et à établir celle qui est la plus adaptée en vue de satisfaire les exigences de l'entreprise.

7.6.2 Description

L'analyse de la valeur potentielle et la recommandation d'une solution décrivent la manière d'estimer et de modéliser la valeur potentielle offerte par un ensemble d'exigences, conceptions ou options de conception. La valeur potentielle est analysée de nombreuses fois au cours d'un changement. Cette analyse peut être planifiée ou déclenchée par une modification apportée au contexte ou à la portée du changement. L'analyse de la valeur potentielle tient compte de la présence d'incertitudes dans les estimations. La valeur peut être décrite en termes de finance, de réputation ou même d'impact sur le marché, et tout changement peut comprendre un ensemble d'augmentations et de baisses de la valeur.

Les options de conception sont évaluées en comparant la valeur potentielle de chaque option par rapport aux autres. Chaque option présente plusieurs avantages et inconvénients dont il faut tenir compte. Selon les raisons du changement, il est possible qu'aucune option ne soit recommandée plus qu'une autre ou, au contraire, qu'une option se détache comme étant le meilleur choix. Dans certains cas, cela signifie que la meilleure solution consiste à commencer à travailler avec plusieurs options de conception, avant de développer potentiellement des preuves de concept puis de mesurer le rendement de chacune. Dans d'autres cas, l'ensemble des conceptions proposées peut être rejeté et une analyse supplémentaire peut être requise pour définir une conception adaptée. Il est également possible que la meilleure recommandation soit de ne rien faire.

7.6.3 Intrants

- **Valeur potentielle** : peut être utilisée en tant que référence par rapport à laquelle il est possible d'évaluer la valeur offerte par une conception.
- **Options de conception** : doivent être évaluées et comparées entre elles afin de recommander une option pour la solution.

Figure 7.6.1: Schéma d'intrants/extrants d'analyse de la valeur potentielle et de recommandation d'une solution

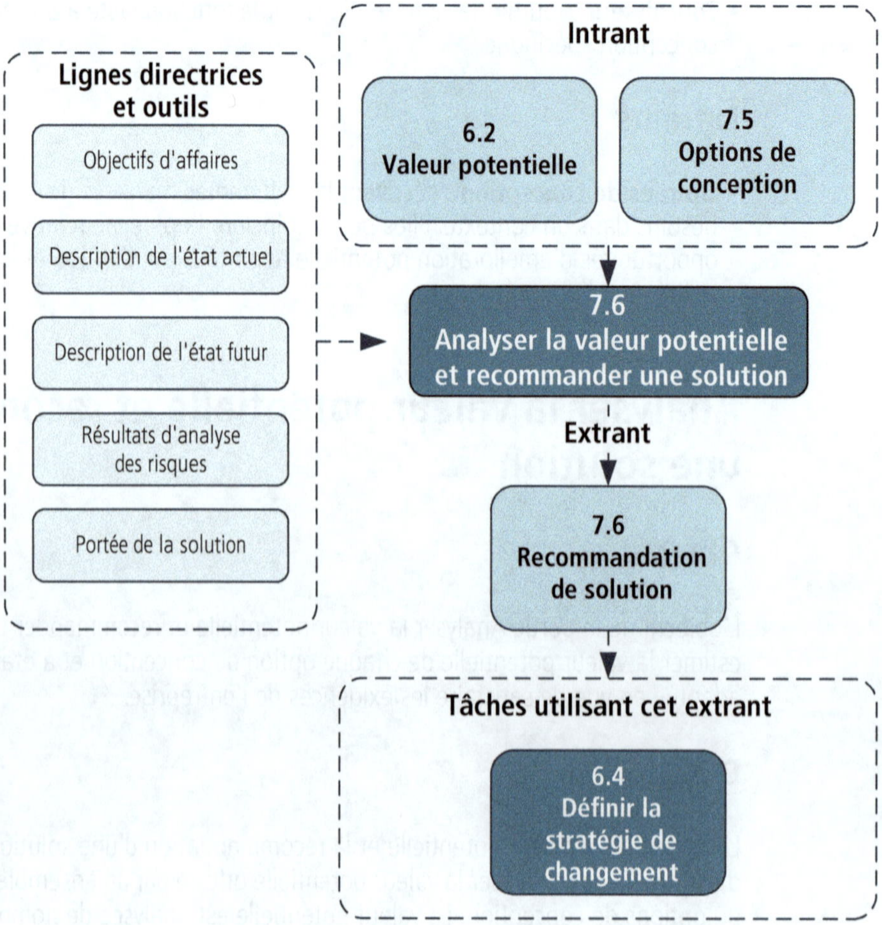

7.6.4 Éléments

.1 Bénéfices prévus

Les avantages prévus décrivent la valeur positive qu'une solution est censée apporter aux parties prenantes. La valeur peut comprendre les bénéfices, un risque réduit, la conformité aux politiques d'entreprise et aux réglementations, une expérience utilisateur améliorée ou tout autre résultat positif. Les bénéfices sont déterminés en fonction de l'analyse des bénéfices souhaités par les parties prenantes et des bénéfices possibles. Les bénéfices attendus peuvent être calculés au niveau d'une exigence ou d'un ensemble d'exigences en déterminant dans quelle mesure l'ensemble d'exigences contribue à un objectif d'affaires global, si accompli. Le bénéfice total prévu représente le bénéfice net de toutes les exigences traitées par une option de conception spécifique. Les bénéfices sont souvent réalisés sur une certaine période.

.2 Coûts prévus

Les coûts prévus comprennent la valeur négative potentielle associée à une solution, notamment le coût d'acquisition de la solution, ses éventuels effets négatifs sur les parties prenantes et son coût de maintien au fil du temps.

Parmi les coûts prévus se trouvent :

- délai,
- effort,

- coûts d'exploitation,
- coûts d'achat et/ou de mise en œuvre,
- coûts de maintenance,
- ressources physiques,
- ressources d'information et
- ressources humaines.

Les coûts prévus pour une option de conception tiennent compte du coût cumulé des composantes de la conception.

Les analystes d'affaires considèrent également le coût d'opportunité lorsqu'ils estiment le coût prévu d'un changement. Les coûts d'opportunité représentent les résultats alternatifs qui auraient pu être obtenus si les ressources, le délai et les fonds attribués à une option de conception avaient été affectés à une autre option. Le coût d'opportunité d'une option de conception est égal à la valeur de la meilleure alternative qui n'a pas été sélectionnée.

.3 Établissement de la valeur

La valeur potentielle d'une solution pour une partie prenante est basée sur les avantages offerts par cette solution ainsi que les coûts associés. La valeur peut être positive (si les bénéfices dépassent les coûts) ou négative (si les coûts dépassent les bénéfices).

Les analystes d'affaires prennent en compte la valeur potentielle du point de vue des parties prenantes. La valeur pour l'entreprise pèse presque toujours plus lourd que la valeur pour un groupe de parties prenantes. Il est donc possible que la valeur augmente pour un groupe de parties prenantes et baisse pour un autre ensemble, mais une augmentation positive globale de la valeur pour l'entreprise dans son ensemble justifie la poursuite du changement.

Une valeur potentielle est une valeur incertaine. Il existera toujours des événements ou des conditions pouvant potentiellement accroître ou réduire la valeur réelle s'ils surviennent. De nombreux changements sont évoqués en termes de bénéfices intangibles ou incertains, tandis que les coûts sont décrits comme tangibles, absolus et susceptibles d'évoluer. Lorsque les bénéfices sont décrits comme intangibles et les coûts exprimés comme étant tangibles, les décisionnaires peuvent avoir des difficultés à comparer les options. Les analystes d'affaires définissent une estimation complète des effets monétaires et liés à un objectif d'un changement proposé en considérant les coûts tangibles et intangibles aux côtés des avantages tangibles et intangibles. L'estimation des coûts et des avantages doit tenir compte du degré d'incertitude pertinent au moment où elle est réalisée.

.4 Évaluation des options de conception et recommandation d'une solution

Chaque option de conception est évaluée sur la base de la valeur potentielle qu'elle est censée offrir. À tout moment lors de l'analyse des options de conception, il peut s'avérer nécessaire de réévaluer l'attribution initiale des éléments de conception entre les composantes. Parmi les raisons justifiant cette réévaluation se trouvent une meilleure compréhension des coûts de mise en œuvre de chaque composante et l'établissement des attributions qui présentent le meilleur rapport coût/bénéfice.

À mesure que les coûts et les efforts sont compris pour chaque composante de la solution, les analystes d'affaires évaluent chaque option de conception afin de garantir qu'elle représente le meilleur des compromis. Plusieurs facteurs doivent alors être pris en compte :

- **Ressources disponibles** : il existe parfois des limites concernant la quantité d'exigences qui peuvent être mises en œuvre selon les ressources affectées. Dans certains cas, un dossier d'affaires doit être créé afin de justifier un investissement supplémentaire.
- **Contraintes de la solution** : les exigences réglementaires ou les décisions d'affaires peuvent entraîner une obligation de traitement manuel ou automatique pour certaines exigences, ou encore la priorisation d'autres exigences.

- **Dépendances entre les exigences** : certaines capacités n'offrent qu'une valeur limitée à l'organisation en elles-mêmes, mais doivent être livrées afin de prendre en charge d'autres exigences de grande valeur.

D'autres considérations peuvent inclure les relations avec les fournisseurs proposés, les dépendances à d'autres initiatives, la culture d'entreprise et les flux de trésorerie suffisants pour l'investissement.

Les analystes d'affaires recommandent l'option ou les options les plus valables pour répondre au besoin. Il est également possible qu'aucune des options de conception ne soit digne d'efforts et que la recommandation soit alors de ne rien faire.

7.6.5 Lignes directrices et outils

- **Objectifs d'affaires** : utilisés pour calculer le bénéfice prévu.
- **Description de l'état actuel** : elle fournit le contexte dans lequel le travail doit être réalisé. Elle peut être utilisée pour identifier et aider à quantifier la valeur d'une solution potentielle.
- **Description de l'état futur** : décrit l'état futur souhaité dont fera partie la solution afin de s'assurer que les options de conception sont adaptées.
- **Résultats d'analyse des risques** : la valeur potentielle des options de conception comprend une évaluation du niveau de risque associé à l'initiative ou aux options de conception.
- **Portée de la solution** : définit la portée de la solution proposée, de manière à pouvoir réaliser une évaluation pertinente dans les limites de la portée.

7.6.6 Techniques

- **Critères d'évaluation et d'acceptation** : utilisés pour exprimer les exigences sous la forme de critères d'acceptation, afin de les rendre plus pratiques lors de l'évaluation des solutions proposées et déterminer si une solution répond aux besoins d'affaires définis.
- **Gestion du carnet de commandes** : utilisée pour ordonner la valeur potentielle.
- **Remue-méninges** : utilisés pour identifier les bénéfices potentiels des exigences de façon collaborative.
- **Dossiers d'affaires** : utilisés pour évaluer les recommandations par rapport aux buts et aux objectifs d'affaires.
- **Canevas du modèle d'affaires** : utilisés en tant qu'outil pour mieux comprendre la stratégie et les initiatives.
- **Analyse décisionnelle** : utilisée pour soutenir l'évaluation et le classement des options de conception.
- **Estimation** : utilisée pour prévoir les coûts et efforts requis afin de satisfaire les exigences et en estimer la valeur.
- **Analyse financière** : utilisée pour évaluer le retour financier des différentes options et choisir le meilleur retour sur investissement possible.
- **Groupes de discussion** : utilisés pour obtenir les commentaires des parties prenantes sur les options de conception qui respectent le mieux les exigences et pour évaluer un petit groupe ciblé de parties prenantes en termes d'attentes de valeur.
- **Entretiens** : utilisés pour obtenir les commentaires des parties prenantes sur les options de conception qui respectent le mieux les exigences et pour obtenir des diverses parties prenantes leur évaluation de la valeur attendue de chacune des options.

- **Mesures et Indicateurs clés de performance (ICP)** : utilisés pour créer et évaluer les mesures utilisées afin de définir la valeur.
- **Analyse et gestion des risques** : utilisées pour identifier et gérer les risques pouvant affecter la valeur potentielle des exigences ou des options de conception.
- **Sondage ou questionnaire** : utilisés pour obtenir les commentaires des parties prenantes sur les options de conception qui respectent le mieux les exigences et pour définir les attentes de valeur des parties prenantes.
- **Analyse FFOM** : utilisée pour déterminer les forces et les faiblesses qui auront une incidence sur la valeur des solutions.
- **Ateliers de travail** : utilisés pour obtenir les commentaires des parties prenantes sur les options de conception qui respectent le mieux les exigences et pour évaluer les attentes de valeur des parties prenantes.

7.6.7 Parties prenantes

- **Client** : représente les segments de marché concernés par les exigences et les solutions, et sera impliqué dans l'analyse des avantages de ces exigences et des coûts des options de conception.
- **Expert du domaine** : peut être sollicité pour ses connaissances de domaine afin de contribuer à analyser la valeur et les avantages potentiels, en particulier pour les besoins où ils sont plus difficiles à identifier.
- **Utilisateur final** : donne un aperçu de la valeur potentielle du changement.
- **Expert du domaine d'implémentation** : peut être appelé pour son expertise dans la mise en œuvre des options de conception, afin d'identifier les coûts et risques potentiels.
- **Chef de projet** : gère le processus de sélection de telle sorte que lorsque le changement est mis en œuvre, il soit conscient des impacts potentiels sur ceux qui soutiennent le changement, y compris les risques associés au changement.
- **Régulateur** : peut être impliqué dans l'évaluation des risques relatifs aux organismes de réglementation externes ou imposer des contraintes sur les bénéfices potentiels.
- **Promoteur** : approuve la dépense de ressources pour acheter ou développer une solution et approuve la recommandation finale. Le promoteur voudra être avisé de tout changement de valeur ou de risque potentiel, ainsi que du coût d'opportunité qui en résultera, car il peut préférer un autre plan d'action.

7.6.8 Extrants

- **Recommandation de solution** : suggère la solution la mieux adaptée à la suite de l' évaluation de l'ensemble des options de conception. La solution recommandée doit optimiser la valeur offerte à l'entreprise.

8 Évaluation de la solution

Le domaine de connaissances Évaluation de la solution décrit les tâches exécutées par les analystes d'affaires pour évaluer la performance et la valeur fournie par une solution utilisée par l'entreprise, et pour recommander l'élimination d'obstacles ou de contraintes qui empêchent la pleine réalisation de la valeur.

Bien qu'il puisse y avoir certaines similitudes entre les activités exécutées dans Analyse de la stratégie (p. 99), ou Analyse des exigences et définition de la conception (p. 131), une distinction importante entre le domaine de connaissances Évaluation de la solution et d'autres domaines de connaissances représente l'existence d'une solution réelle. Il peut s'agir d'une solution partielle, mais cette solution ou composante de la solution a déjà été mise en œuvre et fonctionne sous une forme ou une autre. Les tâches d'évaluation de la solution, qui favorisent l'obtention de bénéfices, peuvent être réalisées avant qu'un changement ne soit initié, alors que la valeur actuelle est évaluée, ou après la mise en place d'une solution.

Les tâches d'évaluation de la solution peuvent être réalisées sur les composantes de la solution à différents stades du développement :

- **Prototypes ou preuves de concept** : versions fonctionnelles mais limitées d'une solution démontrant une certaine valeur.
- **Versions pilotes ou bêta** : versions ou implémentations limitées d'une solution, utilisées afin d'étudier les problèmes et de comprendre leur valeur véritable avant de publier la version complète de la solution.
- **Versions opérationnelles** : versions complètes d'une solution partielle ou totale, utilisées afin d'atteindre les objectifs d'affaires, exécuter un processus ou obtenir un résultat souhaité.

L'évaluation de la solution décrit les tâches qui analysent la valeur réelle fournie, identifient les limites pouvant empêcher la réalisation de la valeur et proposent des recommandations pour augmenter la valeur de la solution. Elle peut se composer d'un ensemble d'évaluations de la performance, de tests et d'expérimentations, ainsi que des évaluations objectives et subjectives de la valeur. L'évaluation de la solution se concentre généralement sur une composante d'une entreprise plutôt que sur l'entreprise dans sa globalité.

L'image suivante illustre le spectre de valeur à mesure que les activités d'analyse d'affaires progressent, de la valeur potentielle à la valeur réelle.

Figure 8.0.1: Spectre de valeur de l'analyse d'affaires

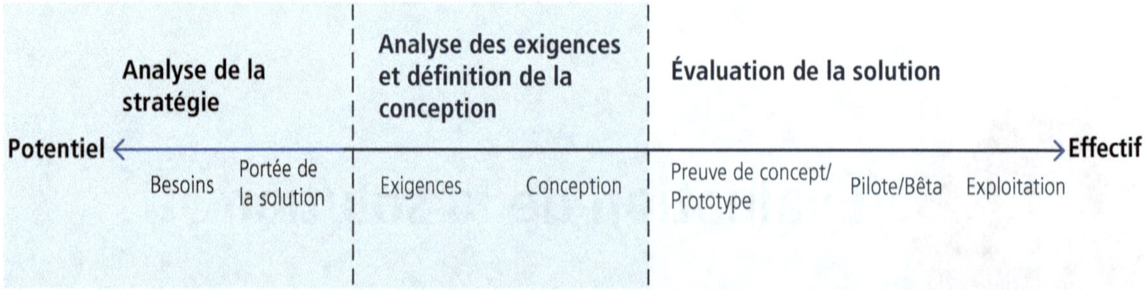

Le domaine de connaissances Évaluation de la solution comprend les tâches suivantes :

- **Mesurer la performance de la solution** : déterminer la façon la plus appropriée d'évaluer la performance d'une solution, notamment la façon dont elle s'aligne aux objectifs et buts de l'entreprise, et procéder à son évaluation.
- **Analyser les mesures de performance** : examiner les mesures de performance d'une solution, afin de comprendre la valeur offerte à l'entreprise et aux parties prenantes, et d'établir la capacité à satisfaire les besoins d'affaires actuels.
- **Évaluer les limites de la solution** : examiner les problèmes dans la portée d'une solution, susceptibles de l'empêcher de satisfaire les besoins d'affaires actuels.
- **Évaluer les limites de l'entreprise** : examiner les problèmes en dehors de la portée d'une solution, susceptibles d'empêcher l'entreprise d'obtenir la valeur maximale qu'une solution est en mesure d'offrir.
- **Recommander des actions pour augmenter la valeur de la solution** : déterminer et définir les actions que l'entreprise peut réaliser afin d'augmenter la valeur potentielle d'une solution.

Le modèle des concepts de base dans l'Évaluation de la solution

Le modèle des concepts de base de l'analyse d'affaires (BACCM™) décrit les relations entre les six concepts de base. Le tableau suivant décrit l'usage et l'application de chaque concept de base dans le contexte de l'Évaluation de la solution.

Table 8.0.1: Le modèle des concepts de base dans l'Évaluation de la solution

Concepts de base	Pendant l'évaluation de la solution, les analystes d'affaires...
Changement : l'acte de transformation en réponse à un besoin.	recommandent un changement à la solution ou l'entreprise afin d'atteindre la valeur potentielle d'une solution.
Besoin : un problème à résoudre ou une opportunité à saisir.	évaluent la manière dont une solution ou une composante de la solution satisfait le besoin.
Solution : une manière spécifique de satisfaire un ou plusieurs besoins dans un contexte.	évaluent la performance de la solution, vérifient si elle apporte la valeur potentielle et analysent la raison pour laquelle la solution ou la composante de la solution serait susceptible de ne pas atteindre cette valeur.
Partie prenante : un groupe ou une personne ayant un lien avec le changement, le besoin ou la solution.	élicitent des informations de la part des parties prenantes sur la performance de la solution et la livraison de valeur.
Valeur : la valeur, l'importance ou l'utilité de quelque chose pour une partie prenante dans un contexte.	déterminent si la solution offre la valeur potentielle et déterminent la raison pour laquelle la valeur pourrait ne pas être obtenue.
Contexte : les circonstances qui influencent le changement, qui en subissent les effets et qui permettent de le comprendre.	tiennent compte du contexte pour déterminer les mesures de performance de la solution et les limites dans le contexte susceptibles d'empêcher l'obtention de la valeur.

Figure 8.0.1: Schéma d'intrants/extrants de l'Évaluation de la solution

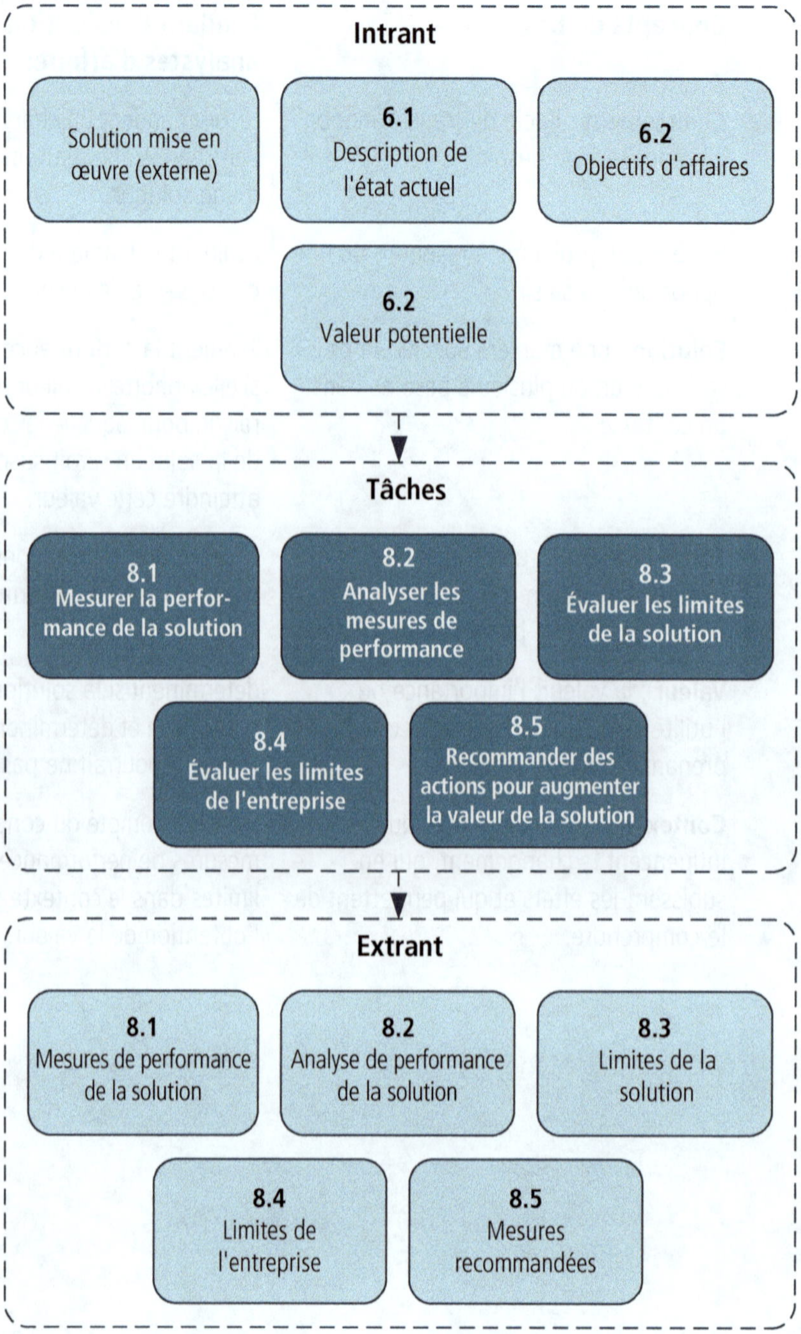

8.1 Mesurer la performance de la solution

8.1.1 Objectif

L'objectif de Mesurer la performance de la solution consiste à définir les mesures de performance et à utiliser les données recueillies afin d'évaluer l'efficacité d'une solution à apporter la valeur attendue.

8.1.2 Description

Les mesures de la performance déterminent la valeur d'une solution existante ou récemment mise en place. Les mesures utilisées dépendent de la solution elle-même, du contexte et de la façon dont l'organisation définit la valeur. Lorsque les solutions ne disposent pas de mesures de performance intégrées, l'analyste d'affaires travaille avec les parties prenantes afin de déterminer et de recueillir les mesures qui reflètent le mieux la performance d'une solution. Cette performance peut être évaluée par le biais d'indicateurs clés de performance (ICP) alignés avec des mesures, buts et objectifs de l'entreprise par rapport à un projet, des objectifs de performance d'un processus ou des tests d'une application logicielle.

8.1.3 Intrants

- **Objectifs d'affaires** : résultats mesurables que l'entreprise souhaite obtenir. Ils offrent un point de repère en matière d'évaluation de la performance de la solution.
- **Solution mise en œuvre (externe)** : solution (ou composante d'une solution) existant sous une certaine forme, comme une solution d'exploitation, un prototype ou une solution pilote ou bêta.

Figure 8.1.1: Schéma d'intrants/extrants de mesure de la performance de la solution

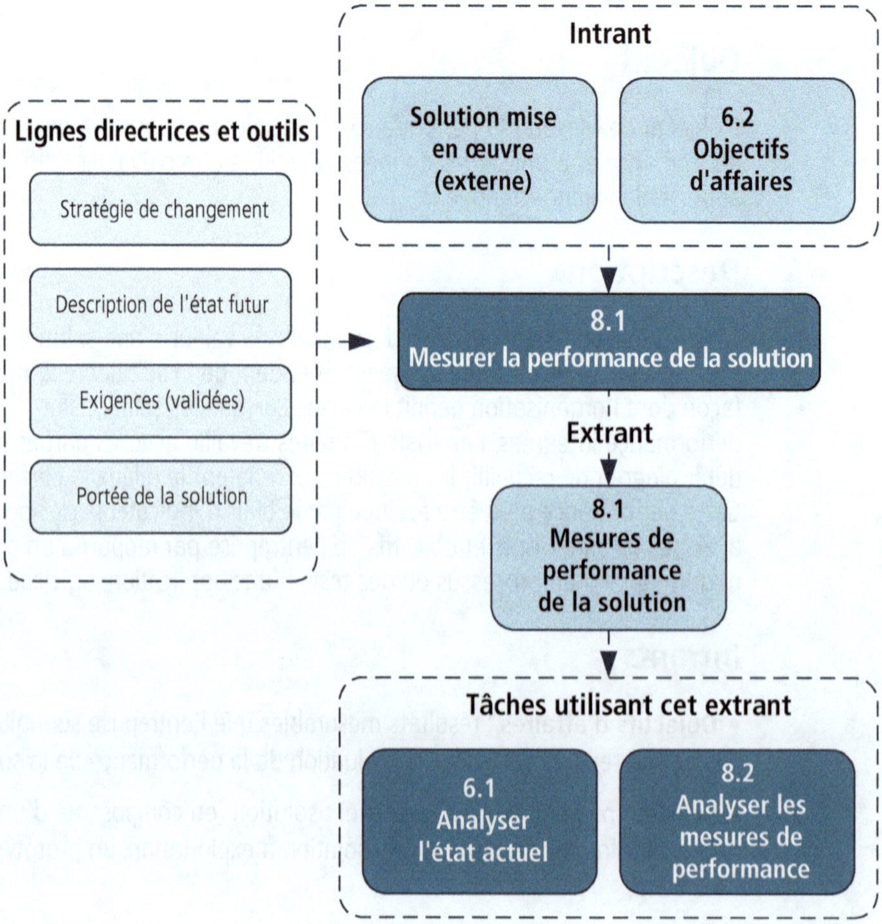

8.1.4 Éléments

.1 Définition des mesures de performance de la solution

Lorsqu'ils mesurent la performance d'une solution, les analystes d'affaires déterminent si des mesures actuelles existent ou si des méthodes permettant de les obtenir sont en place. Les analystes d'affaires s'assurent que les mesures de performance existantes sont précises, pertinentes, et recueillent les mesures de performance supplémentaires identifiées par les parties prenantes.

Les objectifs d'affaires, buts et processus d'affaires constituent des sources de mesures courantes. Les mesures de la performance peuvent être influencées ou imposées par des tiers, comme des fournisseurs de solution, des organismes gouvernementaux et autres organismes de réglementation. Le type et la nature des mesures sont pris en compte lors du choix de la méthode d'élicitation. Les mesures de performance de la solution peuvent être quantitatives, qualitatives ou les deux, selon la valeur mesurée.

- **Mesures quantitatives** : elles sont numériques, dénombrables ou finies, et impliquent généralement des montants, quantités ou taux.
- **Mesures qualitatives** : elles sont subjectives et peuvent comprendre des états d'esprit, perceptions et autres réactions subjectives. Les clients, utilisateurs et autres parties impliquées dans le fonctionnement d'une solution présentent différentes perceptions de la précision avec laquelle la solution satisfait le besoin.

.2 Validation des mesures de performance

La validation des mesures de performance permet de s'assurer que l'évaluation de la performance d'une solution est utile. Les analystes d'affaires valident les mesures de performance ainsi que d'éventuels critères influents avec les parties prenantes. Les mesures de performance spécifiques doivent s'aligner sur toutes les mesures de niveau supérieur qui existent dans le contexte affectant la solution. Le promoteur est souvent la personne à l'origine des décisions concernant les mesures utilisées pour évaluer la performance de la solution, mais la décision peut aussi être prise par toute partie prenante ayant un pouvoir décisionnel.

.3 Recueillir des mesures de performance

Lorsque les mesures de performance sont définies, les analystes d'affaires peuvent employer des concepts d'échantillonnage statistique.

Les éléments pris en compte par l'analyste d'affaires lors de la collecte des mesures de performance sont :

- **Volume ou taille de l'échantillon** : un volume ou une taille d'échantillon adapté(e) à l'initiative est sélectionné(e). Un échantillon trop limité pourrait fausser les résultats et entraîner des conclusions erronées. Un échantillon plus grand peut être plus souhaitable, mais peut s'avérer plus difficile à obtenir.
- **Fréquence et moment** : la fréquence et le moment auxquels les mesures sont prises peuvent avoir un effet sur le résultat.
- **Actualité** : les mesures prises plus récemment sont généralement plus représentatives que les données anciennes.

Grâce aux mesures qualitatives, les analystes d'affaires facilitent les discussions pour estimer la valeur réalisée par une solution. Les parties prenantes bien informées sur le fonctionnement et l'utilisation de la solution parviennent à un consensus basé sur des faits et des hypothèses raisonnables, tels qu'ils les perçoivent.

8.1.5 Lignes directrices et outils

- **Stratégie de changement** : la stratégie de changement utilisée pour mettre en œuvre la valeur potentielle.
- **Description de l'état futur** : les limites des composantes proposées de l'entreprise qui sont nouvelles, supprimées ou modifiées, ainsi que la valeur potentielle attendue de l'état futur.
- **Exigences (validées)** : un ensemble d'exigences qui ont été analysées et évaluées afin d'en déterminer la valeur.
- **Portée de la solution** : les limites de la solution à mesurer et à évaluer.

8.1.6 Techniques

- **Critères d'évaluation et d'acceptation** : utilisés pour définir une performance acceptable de la solution.
- **Analyse comparative et analyse du marché** : utilisées pour définir des mesures et leurs niveaux acceptables.
- **Dossiers d'affaires** : utilisés pour définir les objectifs d'affaires et les mesures de performance pour une solution proposée.

- **Exploration de données** : utilisée pour recueillir et analyser de grandes quantités de données concernant la performance de la solution.
- **Analyse décisionnelle** : utilisée pour aider les parties prenantes à décider des moyens appropriés de mesurer les performances de la solution et les niveaux de performances acceptables.
- **Groupes de discussion** : utilisés pour fournir des évaluations subjectives, des idées et des impressions concernant la performance d'une solution.
- **Mesures et Indicateurs clés de performance (ICP)** : utilisés pour déterminer la performance de la solution.
- **Analyse des exigences non-fonctionnelles** : utilisée pour définir les caractéristiques attendues d'une solution.
- **Observation** : utilisée pour fournir une rétroaction sur les points de vue en termes de performance d'une solution ou pour concilier des résultats contradictoires.
- **Prototypage** : utilisé pour simuler une nouvelle solution, de manière à ce que les mesures de performance puissent être établies et recueillies.
- **Sondage ou questionnaire** : utilisés pour rassembler des opinions et états d'esprit concernant la performance d'une solution. Les sondages et les questionnaires peuvent être efficaces lorsque des groupes importants ou variés doivent être sondés.
- **Cas d'utilisation et scénarios** : utilisés pour définir les résultats attendus d'une solution.
- **Évaluation du fournisseur** : utilisée pour évaluer lesquelles des mesures de performance du fournisseur qui doivent être intégrées à l'évaluation de performance de la solution.

8.1.7 Parties prenantes

- **Client** : il peut être consulté pour fournir une rétroaction sur la performance de la solution.
- **Expert du domaine** : une personne connaissant le domaine, qui peut être consultée afin de fournir des mesures potentielles.
- **Utilisateur final** : il contribue à la valeur réelle atteinte par la solution en termes de performance. Il peut être consulté afin de fournir des commentaires et une rétroaction sur des éléments tels que la charge de travail et la satisfaction au travail.
- **Chef de projet** : il est responsable de la gestion du calendrier et des tâches à effectuer pour mesurer la solution. Ce rôle n'est pas obligatoire lorsqu'il s'agit de solutions déjà existantes.
- **Promoteur** : il est responsable de l'approbation des mesures utilisées pour déterminer la performance de la solution et indiquer les attentes envers celle-ci.
- **Régulateur** : un groupe externe ou interne, pouvant imposer ou recommander des contraintes et des lignes directrices à intégrer aux mesures de performance de la solution.

8.1.8 Extrants

- **Mesures de performance de la solution** : mesures fournissant des informations sur le bon fonctionnement réel ou potentiel d'une solution.

8.2 Analyser les mesures de performance

8.2.1 Objectif

L'objectif de l'analyse des mesures de performance consiste à fournir un aperçu de la performance d'une solution et de la valeur qu'elle apporte.

8.2.2 Description

Les mesures recueillies lors de la tâche Mesurer la performance de la solution (p. 165) nécessitent souvent d'être interprétées et synthétisées afin d'en saisir le sens et de pouvoir les exploiter. Les mesures de performance comme telles ne sont que rarement à l'origine d'une décision concernant la valeur d'une solution.

Afin d'analyser les mesures de performance de manière significative, les analystes d'affaires ont besoin de saisir parfaitement la valeur potentielle que les parties prenantes espèrent réaliser grâce à la solution. Pour faciliter l'analyse, des variables telles que les buts et les objectifs de l'entreprise, les indicateurs clés de performance (ICP), le niveau de risque de la solution, la tolérance au risque des parties prenantes et de l'entreprise ainsi que d'autres objectifs énoncés sont prises en comptes.

8.2.3 Intrants

- **Valeur potentielle** : elle décrit la valeur pouvant être obtenue en mettant en place l'état futur proposé. Elle peut être utilisée comme référence, à partir de laquelle il est possible d'évaluer la performance de la solution.
- **Mesures de performance de la solution** : elles mesurent et fournissent des informations sur le bon fonctionnement réel ou potentiel d'une solution.

Figure 8.2.1: Schéma d'intrants/extrants d'analyse des mesures de performance

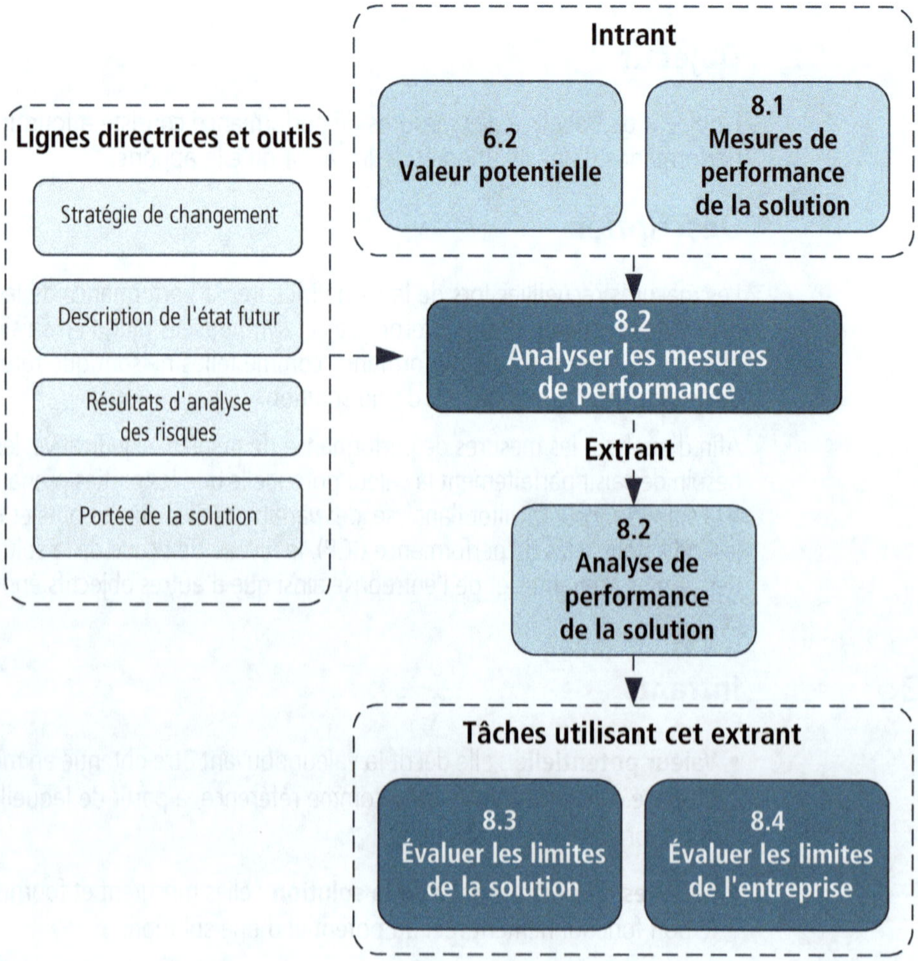

8.2.4 Éléments

.1 Performance de la solution vs valeur attendue

L'analyste d'affaires étudie les mesures précédemment recueillies afin d'en évaluer la capacité à aider les parties prenantes à mieux comprendre la valeur de la solution. Une solution peut se montrer très performante, comme un système de traitement des transactions en ligne efficace, mais apporte une valeur inférieure à celle attendue (ou par rapport à ce qu'elle a apporté par le passé). Au contraire, une solution présentant une faible performance mais un potentiel intéressant, comme un processus de base inefficace, peut être améliorée afin d'augmenter son niveau de performance. Si les mesures ne suffisent pas à aider les parties prenantes à établir la valeur de la solution, l'analyste d'affaires peut recueillir d'autres mesures ou considérer le manque de mesures comme un risque de la solution.

.2 Risques

Les mesures de performance peuvent révéler de nouveaux risques pour la performance de la solution et pour l'entreprise. Ces risques sont identifiés et gérés comme tous les autres risques.

.3 Tendances

Lors de l'analyse des mesures de performance, les analystes d'affaires tiennent compte de la période pendant laquelle les données ont été recueillies afin d'éviter les anomalies et tendances faussées. Afin d'éviter de baser ses décisions sur des données incomplètes ou des tendances faussées, il est important que la taille de l'échantillon et la période couverte permettent d'obtenir une image précise de la performance d'une solution. Toutes les tendances prononcées et répétées, telles une augmentation notable des erreurs à certains moments ou un changement de la vitesse du processus lorsque le volume augmente, sont notées.

.4 Précision

La précision des mesures de performance est essentielle pour la validité de l'analyse. Les analystes d'affaires testent et analysent les données recueillies par le biais des mesures de performance afin d'en vérifier l'exactitude. Pour être considérés comme fiables et précis, les résultats des mesures de performance doivent être reproductibles et répétables.

.5 Variations de performance

La différence entre la performance réelle et attendue représente une divergence prise en compte dans l'analyse de la performances de la solution. Une analyse de la cause fondamentale peut être nécessaire afin de déterminer les causes sous-jacentes de divergences significatives dans une solution. La tâche Recommander des actions pour augmenter la valeur de la solution (p. 182) offre des recommandations sur la manière d'améliorer la performance et de réduire les divergences.

8.2.5 Lignes directrices et outils

- **Stratégie de changement** : la stratégie de changement utilisée pour mettre en place la valeur potentielle.
- **Description de l'état futur** : les limites des composantes suggérées – nouvelles, supprimées ou modifiées – de l'entreprise, ainsi que la valeur potentielle attendue pour l'état futur.
- **Résultats d'analyse des risques** : le niveau global de risque et l'approche prévue pour atténuer les risques individuels.
- **Portée de la solution** : les limites de la solution à mesurer et à évaluer.

8.2.6 Techniques

- **Critères d'évaluation et d'acceptation** : utilisés pour définir une performance acceptable de la solution. La comparaison des mesures avec ces critères guide l'analyse de cette performance.
- **Analyse comparative et analyse du marché** : utilisées pour observer les résultats d'autres organisations qui emploient des solutions similaires lorsqu'elles évaluent des risques, des tendances et des divergences.
- **Exploration de données** : utilisée pour recueillir des données concernant la performance, les tendances, les problèmes communs et les divergences par rapport aux niveaux de performance attendus, et comprendre les tendances et la signification de ces données.
- **Entretiens** : utilisés pour déterminer la valeur attendue d'une solution et sa performance apparente du point de vue d'une personne ou d'un petit groupe.
- **Mesures et Indicateurs clés de performance (ICP)** : utilisés pour analyser la performance d'une solution, notamment lorsqu'il est question d'évaluer la contribution d'une solution à la réalisation des objectifs.

- **Observation** : utilisée pour observer une solution en action si les données recueillies ne fournissent pas de conclusions définitives.
- **Analyse et gestion des risques** : utilisées pour déterminer, analyser et élaborer des plans pour atténuer les risques et gérer les risques de façon continue.
- **Analyse de la cause fondamentale** : utilisée pour déterminer la cause sous-jacente de divergence d'une performance.
- **Sondage ou questionnaire** : utilisés pour déterminer la valeur attendue d'une solution et sa performance apparente.

8.2.7 Parties prenantes

- **Expert du domaine** : il peut identifier les risques et fournir un aperçu sur les données pour analyser la performance de la solution.
- **Chef de projet** : dans le cadre d'un projet, il est responsable de la gestion globale des risques et peut participer à l'analyse du risque pour les solutions nouvelles ou modifiées.
- **Promoteur** : il peut identifier les risques, fournir un aperçu des données et de la valeur potentielle d'une solution. Il prend des décisions concernant l'importance de la performance attendue vs réelle de la solution.

8.2.8 Extrants

- **Analyse de performance de la solution** : elle permet d'émettre des recommandations afin de résoudre les écarts de performance et de tirer profit d'opportunités en vue d'améliorer la valeur.

8.3 Évaluer les limites de la solution

8.3.1 Objectif

L'objectif de l'évaluation des limites de la solution consiste à déterminer les facteurs internes à la solution limitant la pleine obtention de la valeur.

8.3.2 Description

L'évaluation des limites de la solution permet de déterminer les causes fondamentales de la sous-performance des solutions et d'identifier les composantes inefficaces.

L'évaluation des limites de la solution est étroitement liée à la tâche Évaluer les limites de l'entreprise (p. 177). Ces tâches peuvent être exécutées en parallèle. Si la solution n'atteint pas sa valeur potentielle, les analystes d'affaires déterminent les facteurs, internes comme externes à la solution, qui limitent la valeur. Cette tâche se concentre sur l'évaluation de ces facteurs internes à la solution.

Cette évaluation peut être réalisée à tout moment au cours du cycle de vie de la solution. Elle peut être effectuée sur une composante de la solution pendant son développement, sur une solution finalisée avant sa mise en œuvre globale ou sur une solution existante en fonctionnement dans une organisation. Quelle que soit l'échéance, les activités d'évaluation sont similaires et impliquent des considérations identiques.

8.3.3 Intrants

- **Solution mise en œuvre (externe)** : il s'agit d'une solution existante. La solution peut être ou non opérationnelle, et il peut s'agir d'un prototype. La solution doit être utilisée sous une certaine forme afin d'être évaluée.
- **Analyse de performance de la solution** : il s'agit des résultats de l'analyse des mesures recueillies et de recommandations destinées à résoudre les écarts de performances et à tirer profit d'opportunités en vue d'augmenter la valeur.

Figure 8.3.1: Schéma d'intrants/extrants de l'évaluation des limites de la solution

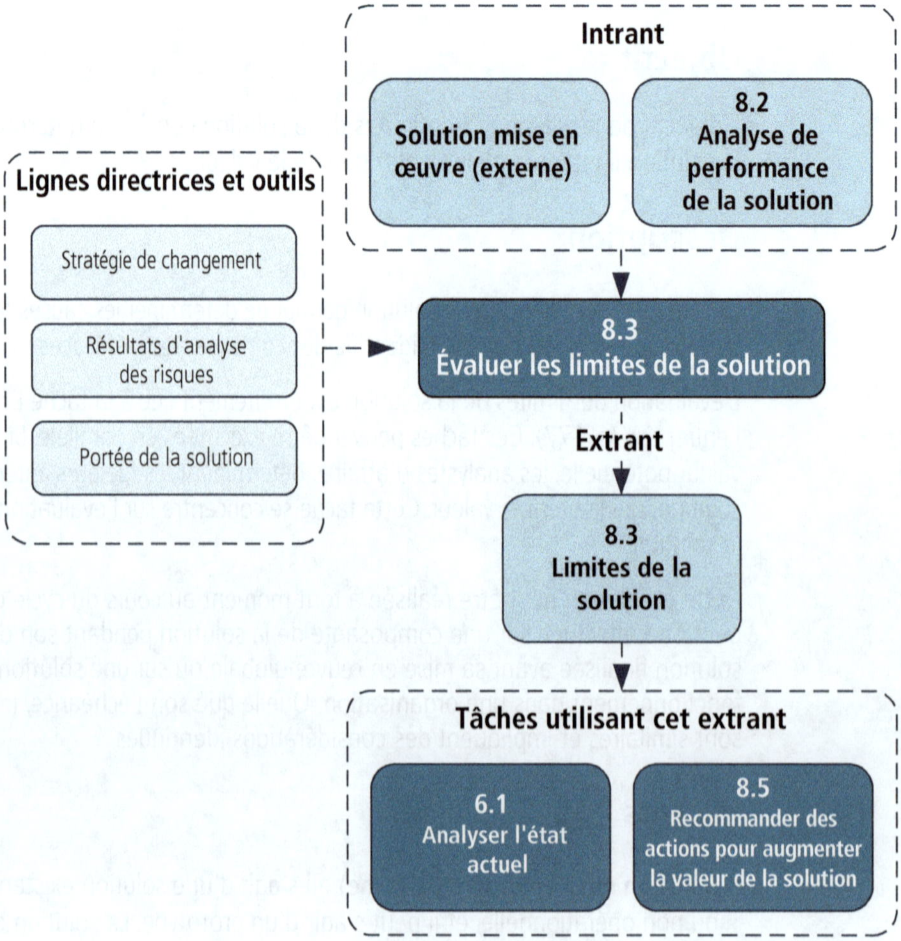

8.3.4 Éléments

.1 Identification des dépendances internes des composantes de la solution

Les solutions présentent souvent des dépendances internes, qui limitent la performance de la solution globale à la performance de sa composante la moins efficace. L'évaluation de la performance globale de la solution ou de ses composantes est réalisée dans les tâches Mesurer la performance de la solution (p. 165) et Analyser les mesures de performance (p. 169). Les analystes d'affaires identifient les composantes de la solution qui présentent des dépendances avec d'autres composantes, puis déterminent si ces dépendances ou composantes limitent la performance de la solution et l'obtention de valeur.

.2 Évaluer les problèmes de la solution

Lorsqu'il est établi que la solution présente des extrants inefficaces de façon constante ou répétée, une analyse du problème est réalisée afin d'identifier sa source.

Les analystes d'affaires identifient les problèmes dans une solution ou une composante d'une solution en évaluant les situations dans lesquelles les extrants de la solution se situent en deçà d'un niveau de qualité acceptable ou la valeur potentielle n'est pas atteinte. Les problèmes peuvent être indiqués par une incapacité à satisfaire un(e) but, objectif ou exigence établi(e), ou l'incapacité à obtenir un bénéfice prévu lors des tâches Définir la stratégie de changement (p. 123) ou Recommander des actions pour augmenter la valeur de la solution (p. 182).

.3 Évaluation de l'impact

Les analystes d'affaires étudient les problèmes identifiés afin d'évaluer l'effet qu'ils pourraient avoir sur le fonctionnement de l'organisation ou la capacité de la solution à atteindre sa valeur potentielle. Pour ce faire, il faut déterminer la gravité et la probabilité de réapparition du problème, son impact sur les opérations ainsi que la capacité de l'entreprise à absorber cet impact. Les analystes d'affaires identifient les problèmes qui doivent être résolus, ceux qui doivent être atténués par le biais d'autres activités ou approches, et ceux qui peuvent être acceptés.

Parmi les autres activités ou approches se trouvent des mesures supplémentaires de contrôle de la qualité, des processus d'affaires nouveaux ou modifiés, ou un soutien supplémentaire en cas de non-conformité.

Outre l'identification des problèmes, les analystes d'affaires évaluent les risques pour la solution et les limites potentielles de celle-ci. Cette évaluation de risque est spécifique à la solution et à ses limites.

8.3.5 Lignes directrices et outils

- **Stratégie de changement** : la stratégie de changement utilisée pour mettre en œuvre la valeur potentielle.
- **Résultats d'analyse des risques** : le niveau global de risque et l'approche prévue pour atténuer les risques individuels.
- **Portée de la solution** : les limites de la solution à mesurer et à évaluer.

8.3.6 Techniques

- **Critères d'évaluation et d'acceptation** : utilisés à la fois pour indiquer le niveau auquel les critères d'acceptation sont remplis ou devraient l'être par la solution et pour identifier les critères qui ne sont pas remplis par la solution.
- **Analyse comparative et analyse du marché** : utilisées pour évaluer si les autres organisations sont confrontées aux mêmes difficultés concernant la solution et, si possible, déterminer la manière dont elles les affrontent.
- **Analyse des règles d'affaires** : utilisée pour illustrer les règles d'affaires actuelles et les changements requis pour atteindre la valeur potentielle du changement.
- **Exploration de données** : utilisée pour identifier les facteurs qui limitent la performance de la solution.
- **Analyse décisionnelle** : utilisée pour illustrer les décisions d'affaires actuelles et les changements requis pour atteindre la valeur potentielle du changement.
- **Entretiens** : utilisés pour faciliter l'analyse du problème.
- **Gestion des points de suivi** : utilisée pour noter et gérer les problèmes des parties prenantes liés aux raisons pour lesquelles la solution n'atteint pas sa valeur potentielle.
- **Leçons apprises** : utilisées pour déterminer ce qui, dans la création, la définition et la construction de la solution, a potentiellement influé sur sa capacité à offrir une valeur.

- **Analyse et gestion des risques** : utilisées pour déterminer, analyser et gérer les risques en lien avec la solution et ses limites potentielles susceptibles d'entraver la réalisation de la valeur potentielle.
- **Analyse de la cause fondamentale** : utilisée pour identifier et comprendre la combinaison de facteurs et les causes sous-jacentes qui ont mené à l'incapacité de la solution à offrir sa valeur potentielle.
- **Sondage ou questionnaire** : utilisés pour faciliter l'analyse du problème.

8.3.7 Parties prenantes

- **Client** : il est fondamentalement affecté par une solution et a donc une perspective importante sur sa valeur. Un client peut être consulté en vue d'obtenir ses commentaires et sa rétroaction.
- **Expert du domaine** : il fournit des intrants sur la manière dont la solution doit fonctionner et détermine les limites potentielles à la réalisation de la valeur.
- **Utilisateur final** : il utilise la solution ou une composante de la solution, et contribue donc à la valeur réelle atteinte par la solution en termes de performance. Il peut être consulté afin de fournir des commentaires et une rétroaction sur des éléments tels que la charge de travail et la satisfaction au travail.
- **Régulateur** : il s'agit d'une personne dont l'organisation doit être consultée au sujet de la valeur prévue et potentielle d'une solution, dans la mesure où cette organisation peut limiter la solution, le degré d'obtention de la valeur réelle et le moment auquel la valeur réelle est atteinte.
- **Promoteur** : il est responsable de l'approbation de la valeur potentielle de la solution, de l'apport des ressources en vue de développer, mettre en œuvre et soutenir la solution, et de la direction des ressources de l'entreprise en termes d'utilisation de la solution. Le promoteur est également responsable de l'approbation d'un changement pour obtenir une valeur potentielle.
- **Testeur** : il est responsable de l'identification des problèmes liés à la solution pendant la construction et la mise en œuvre, mais n'est pas souvent consulté pour évaluer une solution existante en dehors d'un changement.

8.3.8 Extrants

- **Limites de la solution** : il s'agit d'une description des facteurs limitant la valeur de la solution, notamment les contraintes et les anomalies.

8.4 Évaluer les limites de l'entreprise

8.4.1 Objectif

L'objectif de l'évaluation des limites de l'entreprise consiste à déterminer la manière dont les facteurs extérieurs à la solution limitent la pleine obtention de la valeur.

8.4.2 Description

Les solutions peuvent fonctionner dans différentes organisations au sein d'une entreprise, et présenter ainsi de nombreuses interactions et interdépendances. Elles peuvent également dépendre de facteurs environnementaux extérieurs à l'entreprise. Les limitations de l'entreprise peuvent inclure des facteurs tels que la culture, les opérations, les composantes techniques, les intérêts des parties prenantes ou les structures hiérarchiques.

L'évaluation des limites de l'entreprise permet d'identifier les causes fondamentales et de décrire la manière dont les facteurs de l'entreprise limitent la réalisation de la valeur.

Cette évaluation peut être réalisée à tout moment au cours du cycle de vie de la solution. Elle peut être intégrée à une composante de la solution au cours de son développement ou à une solution finalisée avant sa mise en œuvre globale. Elle peut également être intégrée à une solution existante en fonctionnement dans une organisation. Quelle que soit l'échéance, les activités d'évaluation sont similaires et impliquent des compétences identiques.

8.4.3 Intrants

- **Description de l'état actuel** : il s'agit de l'environnement interne actuel de la solution, notamment les facteurs environnementaux, culturels et internes, qui influencent les limites de la solution.
- **Solution mise en œuvre (ou conçue) (extérieure)** : il s'agit d'une solution existante. La solution peut être ou non opérationnelle, et il peut s'agir d'un prototype. La solution doit être utilisée sous une certaine forme afin d'être évaluée.
- **Analyse de performance de la solution** : elle permet d'analyser les mesures recueillies, d'obtenir des recommandations afin de résoudre les écarts de performances et de tirer profit d'opportunités en vue d'augmenter la valeur.

Figure 8.4.1: Schéma d'intrants/extrants de l'évaluation des limites de l'entreprise

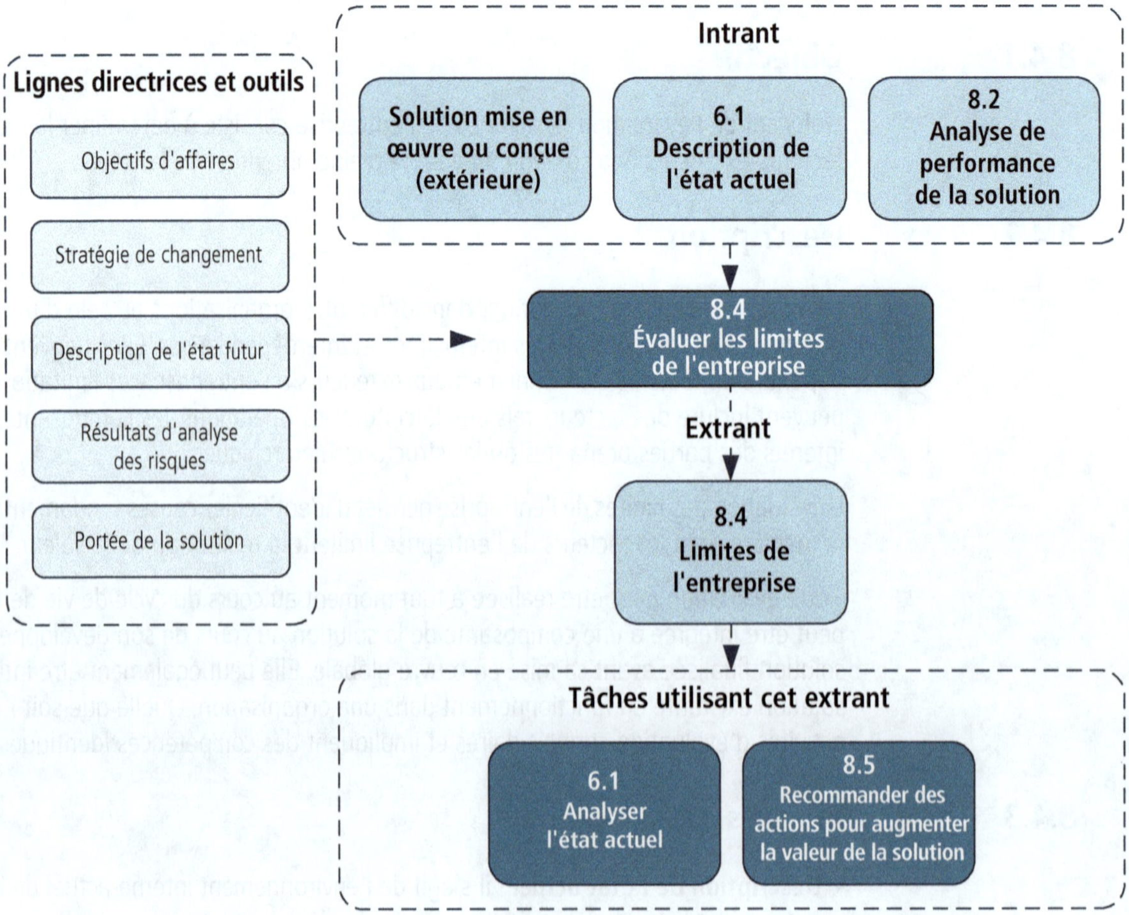

8.4.4 Éléments

.1 Évaluation de la culture de l'entreprise

La culture de l'entreprise se définit par les croyances, valeurs et normes profondément ancrées et partagées par les membres d'une entreprise. Ces croyances et valeurs ne sont pas toujours directement visibles, mais elles sont à l'origine des actions réalisées par une entreprise.

Les analystes d'affaires effectuent des évaluations culturelles afin de :

- identifier si les parties prenantes comprennent bien les raisons pour lesquelles une solution existe,
- déterminer si les parties prenantes considèrent la solution comme un élément bénéfique et sont en faveur du changement, et
- déterminer si des changements culturels sont requis – et lesquels, le cas échéant – afin d'augmenter la valeur d'une solution.

L'évaluation de la culture de l'entreprise permet d'estimer dans quelle mesure la culture d'entreprise peut accepter une solution. Lorsque des ajustements culturels sont requis afin de soutenir la solution, l'évaluation est utilisée pour juger la capacité et la volonté de l'entreprise de s'adapter à ces changements culturels.

Les analystes d'affaires évaluent également les parties prenantes internes et externes afin de :

- mesurer leur compréhension et leur acceptation de la solution,
- évaluer leur perception de la valeur et des avantages de la solution, et
- déterminer les activités de communication requises pour les sensibiliser et améliorer leur compréhension de la solution.

.2 Analyse d'impact sur les parties prenantes

Une analyse d'impact sur les parties prenantes permet de fournir un aperçu de la manière dont la solution affecte un groupe de parties prenantes en particulier.

Lorsqu'il réalise une analyse d'impact sur les parties prenantes, l'analyste d'affaires tient compte des éléments suivants :

- **Fonctions** : il s'agit des processus dans lesquels la partie prenante utilise la solution, notamment les intrants fournis par une partie prenante dans le processus, la manière dont la partie prenante utilise la solution pour exécuter le processus et les extrants obtenus par la partie prenante en lien avec le processus.
- **Localisations** : il s'agit des localisations géographiques des parties prenantes qui interagissent avec la solution. Si les parties prenantes se trouvent dans des lieux différentes, cela peut impacter leur utilisation de la solution et leur capacité à atteindre la valeur de la solution.
- **Préoccupations** : il s'agit des problèmes, risques et préoccupations globales des parties prenantes à l'égard de la solution, et peut inclure l'utilisation de la solution, les perceptions de la valeur de la solution et l'impact de la solution sur la capacité d'une partie prenante à exercer certaines fonctions.

.3 Changements structurels de l'organisation

Il arrive que l'analyste d'affaires évalue la manière dont la structure de l'organisation est affectée par une solution.

L'utilisation d'une solution et la capacité à adopter un changement peuvent être favorisées ou bloquées par des relations formelles et informelles entre les parties prenantes. La structure hiérarchique peut s'avérer trop complexe ou trop simple pour permettre à une solution de fonctionner efficacement. Il est donc essentiel d'évaluer si la hiérarchie organisationnelle soutient la solution. Les relations informelles au sein d'une organisation, qu'il s'agisse d'alliances, d'amitiés ou de rapports hiérarchiques matriciels, impactent parfois la capacité d'une solution à livrer sa valeur potentielle. Les analystes d'affaires tiennent compte de ces relations informelles, en plus de la structure plus formelle.

.4 Évaluation opérationnelle

L'évaluation opérationnelle est réalisée afin de déterminer si une entreprise est capable de s'adapter ou d'utiliser efficacement une solution. Cela permet d'identifier les processus et les outils au sein de l'entreprise qui sont équipés de manière adéquate pour profiter de la solution, et si des ressources suffisantes et adaptées sont mises en place pour la prendre en charge.

Lors d'une évaluation opérationnelle, l'analyste d'affaires tient compte des :

- politiques et procédures,
- capacités et processus favorisant d'autres capacités,
- compétences et besoins de formation,
- pratiques en matière de ressources humaines,

- tolérance au risque et approches de gestion, et
- outils et technologie qui soutiennent une solution.

8.4.5 Lignes directrices et outils

- **Objectifs d'affaires** : ils sont pris en compte lorsque la performance d'une solution est mesurée et établie.
- **Stratégie de changement** : la stratégie de changement utilisée pour mettre en œuvre la valeur potentielle.
- **Descriptions de l'état futur** : les limites des composantes suggérées – nouvelles, supprimées ou modifiées – de l'entreprise, ainsi que la valeur potentielle attendue pour l'état futur.
- **Résultats d'analyse des risques** : le niveau global de risque et l'approche prévue pour atténuer les risques individuels.
- **Portée de la solution** : les limites de la solution à mesurer et à évaluer.

8.4.6 Techniques

- **Analyse comparative et analyse du marché** : utilisées pour déterminer les solutions existantes et les interactions de l'entreprise.
- **Remue-méninges** : utilisés pour déterminer les lacunes organisationnelles et les préoccupations des parties prenantes.
- **Exploration de données** : utilisée pour identifier les facteurs qui limitent la performance de la solution.
- **Analyse décisionnelle** : utilisée pour favoriser une prise de décision optimale dans des conditions d'incertitude, et peut être utilisée dans l'évaluation pour prendre des décisions relatives aux écarts fonctionnels, techniques ou procéduraux.
- **Analyse de la documentation** : utilisée pour mieux comprendre la culture, les activités et la structure de l'organisation.
- **Entretiens** : utilisés pour déterminer les lacunes organisationnelles et les préoccupations des parties prenantes.
- **Gestion des points de suivi** : utilisée pour s'assurer qu'aucun problème n'est négligé ou perdu de vue, et que les problèmes identifiés par l'évaluation sont résolus.
- **Leçons apprises** : utilisées pour analyser les initiatives antérieures et interactions de l'entreprise avec les solutions.
- **Observation** : utilisée pour connaître les interactions entre la solution et l'entreprise et déterminer les impacts.
- **Modélisation de l'organisation** : utilisée pour assurer l'identification de tous les changements nécessaires à la structure organisationnelle qui pourraient devoir être traités.
- **Analyse des processus** : utilisée pour déterminer les opportunités possibles afin d'améliorer la performance.

- **Modélisation des processus** : utilisée afin d'illustrer les processus d'affaires actuels et/ou les changements qui doivent être réalisés afin d'atteindre la valeur potentielle de la solution.
- **Analyse et gestion des risques** : utilisées afin de prendre en compte les risques dans les domaines de la technologie (les ressources technologiques sélectionnées offrent-elles les fonctionnalités requises), la finance (les coûts sont-ils susceptibles de dépasser les niveaux auxquels le changement est encore récupérable) et l'entreprise (l'organisation est-elle en mesure de réaliser les changements nécessaires pour atteindre la valeur potentielle de la solution).
- **Matrice des rôles et autorisations** : utilisée pour établir les rôles et les autorisations associées pour les parties prenantes ainsi que la stabilité des utilisateurs finaux.
- **Analyse de la cause fondamentale** : utilisée pour déterminer si la cause sous-jacente peut être liée aux limites de l'entreprise.
- **Sondage ou questionnaire** : utilisés pour déterminer les lacunes organisationnelles et les préoccupations des parties prenantes.
- **Analyse FFOM** : utilisée pour démontrer la manière dont un changement peut aider l'organisation à maximiser ses points forts et à réduire ses points faibles, et à évaluer les stratégies développées afin de traiter les problèmes identifiés.
- **Ateliers de travail** : utilisés pour déterminer les lacunes organisationnelles et les préoccupations des parties prenantes.

8.4.7 Parties prenantes

- **Client** : les personnes qui achètent ou consomment directement la solution et pouvant interagir avec l'organisation dans le cadre de l'utilisation de la solution.
- **Expert du domaine** : il fournit des intrants sur la manière dont l'organisation interagit avec la solution et détermine les limites potentielles.
- **Utilisateur final** : les personnes qui utilisent une solution ou qui en font partie. Les utilisateurs peuvent être des clients ou des personnes qui travaillent dans l'organisation.
- **Régulateur** : une ou plusieurs entité(s) professionnelle(s) ou gouvernementale(s) veillant au respect des lois, réglementations ou règles. Elles peuvent apporter une contribution unique à l'évaluation organisationnelle, dans la mesure où les réglementations pertinentes doivent être ajoutées aux exigences. Il est possible que certaines lois et réglementations doivent être respectées avant ou suite à un changement planifié ou mis en œuvre.
- **Promoteur** : il autorise et garantit le financement pour la mise en place d'une solution et mène à bien les actions destinées à résoudre les problèmes identifiés dans l'évaluation organisationnelle.

8.4.8 Extrants

- **Limites de l'entreprise** : une description des limites actuelles de l'entreprise, notamment la manière dont la performance de la solution impacte l'entreprise.

8.5 Recommander des actions pour augmenter la valeur de la solution

8.5.1 Objectif

L'objectif de Recommander des actions pour augmenter la valeur de la solution consiste à comprendre les facteurs qui créent des écarts entre la valeur potentielle et la valeur réelle, et à recommander une ligne de conduite afin de les aligner.

8.5.2 Description

Les différentes tâches du domaine de connaissances Évaluation de la solution permettent de mesurer, d'analyser et de déterminer les causes d'une performance inacceptable de la solution. La tâche Recommander des actions pour augmenter la valeur de la solution (p. 182) se concentre sur la compréhension de l'ensemble des évaluations réalisées et l'identification des alternatives et des actions permettant d'améliorer la performance de la solution et d'accroître la réalisation de la valeur.

Les recommandations déterminent généralement la manière dont une solution doit être remplacée, retirée ou améliorée. Elles peuvent également prendre en compte les contributions et les effets à long terme de la solution pour les parties prenantes, ou encore inclure des recommandations pour ajuster l'organisation afin de permettre une performance maximale de la solution et la réalisation de la valeur.

8.5.3 Intrants

- **Limites de l'entreprise** : une description des limites actuelles de l'entreprise, notamment la manière dont la performance de la solution impacte l'entreprise.
- **Limites de la solution** : il s'agit d'une description des limites actuelles de la solution, notamment les contraintes et les anomalies.

Figure 8.5.1: Schéma d'intrants/extrants des actions recommandées pour augmenter la valeur de la solution

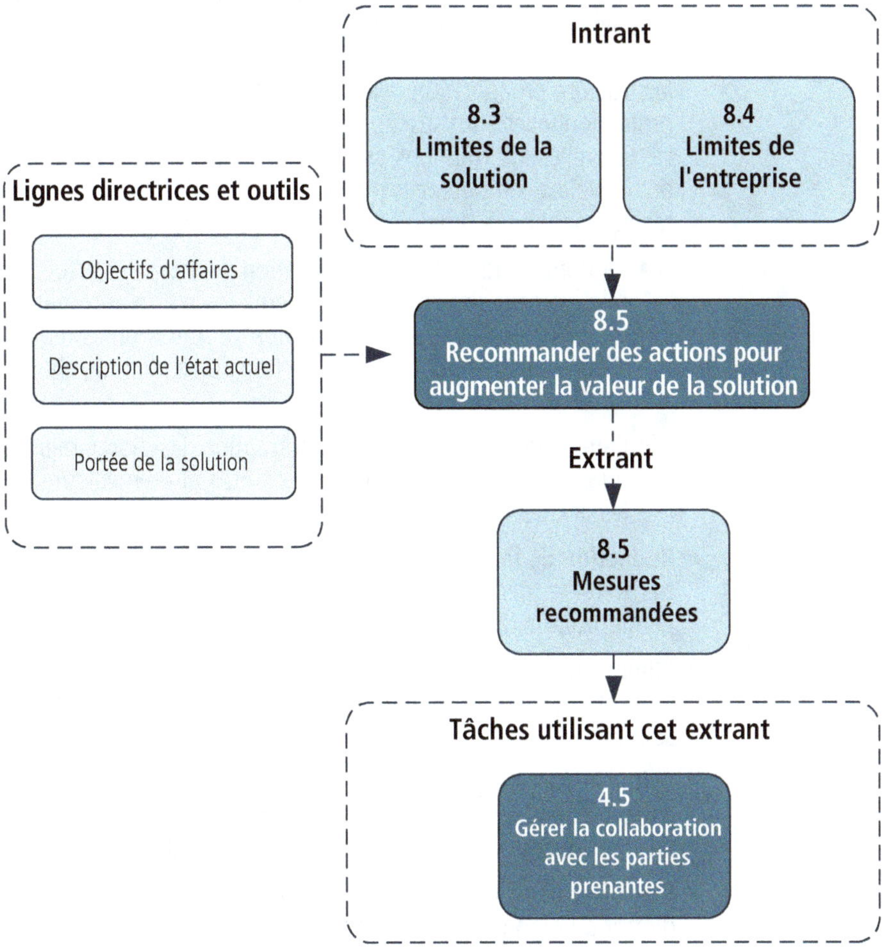

8.5.4 Éléments

.1 Ajustement des mesures de performance de la solution

Dans certains cas, la performance de la solution est considérée comme acceptable alors qu'elle ne permet pas d'atteindre les buts et objectifs d'affaires. Une activité d'analyse destinée à identifier et définir des mesures plus adaptées peut alors être nécessaire.

.2 Recommandations

Bien que les recommandations décrivent souvent des manières d'accroître la performance de la solution, cela n'est toutefois pas toujours le cas. Selon l'explication justifiant une performance inférieure à celle attendue, il peut être judicieux de ne pas agir, modifier des facteurs externes à la solution ou revoir les attentes envers la solution.

Parmi les exemples communs de recommandations pouvant être établies par un analyste d'affaires se trouvent :

- **Absence d'action** : est généralement recommandée lorsque la valeur d'un changement est faible par rapport aux efforts requis pour effectuer le changement, ou lorsque les risques relatifs au changement dépassent de manière significative les risques de rester dans l'état actuel. Il peut également s'avérer impossible de réaliser le changement avec les ressources disponibles ou dans le temps alloué.

- **Changement organisationnel** : un processus destiné à gérer l'état d'esprit, la perception et la participation au changement en lien avec la solution. La gestion du changement organisationnel fait généralement référence à un processus et un ensemble d'outils permettant de gérer le changement à un niveau organisationnel. L'analyste d'affaires peut contribuer à établir des recommandations de changements au niveau de la structure organisationnelle ou du personnel, dans la mesure où les fonctions professionnelles sont susceptibles d'évoluer fortement suite à l'automatisation du travail. De nouvelles informations peuvent être mises à la disposition des parties prenantes, et de nouvelles compétences peuvent être requises afin de gérer la solution. Parmi les recommandations possibles en lien avec le changement organisationnel se trouvent :
    - l'automatisation ou la simplification du travail effectué par les personnes. Les tâches relativement simples sont les premières à être automatisées. De plus, il est possible d'évaluer et d'analyser les activités de travail et les règles d'affaires afin de déterminer des opportunités de transformation, de changement aux responsabilités et d'impartition.
    - l'amélioration de l'accès à l'information. Le changement peut entraîner l'arrivée de quantités de données plus importantes et de meilleure qualité pour le personnel et les décideurs.
- **Réduction de la complexité des interfaces** : les interfaces sont nécessaires pour transférer le travail entre les systèmes ou les personnes. En réduire la complexité permettrait de favoriser la compréhension.
- **Élimination de la redondance** : différents groupes de parties prenantes peuvent présenter des besoins communs qui peuvent être satisfaits avec une seule et même solution – réduisant ainsi le coût de mise en œuvre.
- **Éviter le gaspillage** : l'objectif de cette recommandation est de supprimer complètement les activités qui n'apportent aucune valeur, et de réduire les activités qui ne contribuent pas directement au produit final.
- **Identifier des capacités supplémentaires** : les options de la solution sont susceptibles d'offrir à l'organisation des capacités au-delà de celles déterminées dans les exigences. Dans de nombreux cas, ces capacités n'ont pas de valeur immédiate pour l'organisation, mais ont le potentiel d'offrir une valeur future car la solution peut contribuer au développement rapide ou à la mise en œuvre de ces capacités lorsqu'elles sont requises (par exemple, un logiciel peut disposer de fonctionnalités que l'organisation envisage d'utiliser dans le futur).
- **Retirer la solution** : il peut parfois être nécessaire d'envisager le remplacement d'une solution ou d'une composante de la solution. Cela peut se produire lorsque la technologie est en fin de vie, que les services sont faits à l'interne ou impartis, ou que la solution ne satisfait pas les objectifs pour lesquels elle a été créée.
- Parmi les autres facteurs susceptibles d'avoir une incidence sur la décision de remplacer ou de retirer une solution se trouvent :
    - **les coûts récurrents vs l'investissement initial** : il est courant que les coûts de la solution existante augmentent au fil du temps, alors que des alternatives présentent un investissement initial plus élevé mais des coûts de maintenance plus bas.
    - **le coût d'opportunité** : il s'agit de la valeur potentielle pouvant être réalisée en optant pour des solutions de rechange différentes.
    - **la nécessité** : la plupart des composantes de solution présentent une durée de vie limitée (en raison de l'obsolescence, de l'évolution des conditions du marché et

autres causes). Après un certain moment au cours du cycle de vie, il devient peu pratique, voire impossible, de maintenir la composante existante.

- **le coût irrécupérable** : représente l'argent et les efforts déjà investis dans une initiative. L'impact psychologique des coûts irrécupérables sur les parties prenantes peut rendre difficile l'évaluation objective sur les raisons d'un remplacement ou retrait, et par conséquent les parties prenantes peuvent se montrer réticentes à « gaspiller » l'effort ou l'argent déjà investi. Parce que cet investissement est irrécupérable, il devient sans objet et ne doit pas être considéré lors de la planification d'actions éventuelles. Les décisions doivent être basées sur l'investissement futur requis et les bénéfices potentiels.

8.5.5 Lignes directrices et outils

- **Objectifs d'affaires** : ils sont pris en compte dans l'évaluation, la mesure et l'établissement de la performance d'une solution.
- **Description de l'état actuel** : elle fournit le contexte dans lequel le travail doit être réalisé. Elle peut être utilisée afin d'évaluer les solutions de rechange et mieux comprendre l'augmentation de la valeur potentielle qui pourrait être fournie. Elle peut également permettre de mettre en évidence les conséquences imprévues des solutions de rechange, qui n'auraient sinon jamais été détectées.
- **Portée de la solution** : il s'agit des limites de la solution à mesurer et à évaluer.

8.5.6 Techniques

- **Exploration de données** : utilisée pour générer des estimations prédictives quant à la performance de la solution.
- **Analyse décisionnelle** : utilisée pour déterminer l'impact d'une action sur les questions de performance ou de valeur potentielle.
- **Analyse financière** : utilisée pour évaluer les coûts et bénéfices potentiels d'un changement.
- **Groupes de discussion** : utilisés pour déterminer si des mesures de performance de solution doivent être ajustées et pour identifier les opportunités potentielles d'amélioration de la performance.
- **Modélisation de l'organisation** : utilisée pour décrire le changement potentiel dans la structure de l'organisation.
- **Priorisation** : utilisée pour déterminer la valeur relative des différentes actions pour améliorer la performance de la solution.
- **Analyse des processus** : utilisée pour identifier les opportunités dans les processus liés.
- **Analyse et gestion des risques** : utilisées pour identifier et gérer les risques liés à l'évaluation de différents résultats dans des conditions spécifiques.
- **Sondage ou questionnaire** : utilisés pour recueillir la rétroaction d'un vaste ensemble de parties prenantes, afin de déterminer si la valeur a été atteinte ou dépassée, si les mesures sont toujours valides ou pertinentes dans le contexte actuel, et quelles actions peuvent être prises pour améliorer la solution.

8.5.7 Parties prenantes

- **Client** : personnes qui achètent ou consomment directement la solution et pouvant interagir avec l'organisation dans le cadre de l'utilisation de la solution.
- **Expert du domaine** : il fournit des intrants sur la manière de changer la solution et/ou l'organisation afin d'augmenter la valeur.
- **Utilisateur final** : les personnes qui utilisent une solution ou qui en font partie. Les utilisateurs peuvent être des clients ou des personnes qui travaillent dans l'organisation.
- **Régulateur** : une ou plusieurs entité(s) professionnelle(s) ou gouvernementale(s) veillant au respect des lois, des réglementations ou des règles. Les réglementations adaptées doivent être intégrées aux exigences.
- **Promoteur** : autorise et garantit le financement pour la mise en œuvre des actions recommandées.

8.5.8 Extrants

- **Mesures recommandées** : recommandation concernant ce qui doit être effectué en vue d'accroître la valeur de la solution dans l'entreprise.

9 Compétences fondamentales

Le chapitre consacré aux Compétences fondamentales fournit une description des comportements, caractéristiques, connaissances et qualités personnelles favorisant une pratique efficace de l'analyse d'affaires.

Les compétences fondamentales décrites ici ne sont pas limitées à la profession d'analyste d'affaires. Le chapitre a pour but de s'assurer que les lecteurs sont bien conscients de l'ensemble de compétences essentielles requises, et leur offre une base en vue de mieux saisir les compétences et les connaissances qui leur permettront de devenir des analystes d'affaires accomplis et polyvalents.

Ces compétences sont regroupées en six catégories :

- Raisonnement analytique et résolution des problèmes (p. 187),
- Caractéristiques comportementales (p. 193),
- Connaissances en affaires (p. 198),
- Capacités de communication (p. 202),
- Compétences d'interaction (p. 206), et
- Outils et technologies (p. 210).

Chaque compétence fondamentale est définie avec un objectif, une description et des indicateurs d'efficacité.

9.1 Raisonnement analytique et résolution des problèmes

Les compétences de raisonnement analytique et de résolution des problèmes sont indispensables aux analystes d'affaires afin d'analyser les problèmes et les opportunités de manière efficace, d'identifier les changements qui apportent le plus de valeur et de travailler avec les parties prenantes pour comprendre l'impact de ces changements.

Les analystes d'affaires utilisent le raisonnement analytique en intégrant rapidement différents types d'informations (par ex. schémas, préoccupations des parties prenantes, commentaires des clients, diagrammes, guides utilisateur et tableurs) et en identifiant les éléments pertinents. Les analystes d'affaires doivent être en mesure de choisir rapidement des méthodes efficaces et flexibles afin de découvrir et d'analyser les médias, publics, types de problèmes et environnements au fur et à mesure qu'ils se présentent.

Les analystes d'affaires utilisent le raisonnement analytique et la résolution des problèmes pour leur capacité à favoriser la compréhension des problèmes, la valeur des changements suggérés et autres idées complexes.

Le fait de disposer d'une bonne connaissance des compétences de base que représentent le raisonnement analytique et la résolution des problèmes permet aux analystes d'affaires d'identifier les meilleures manières de présenter les informations à leurs parties prenantes. Par exemple, certains concepts sont plus faciles à comprendre lorsqu'ils sont présentés sous la forme de schémas ou d'illustrations plutôt que sous la forme de plusieurs paragraphes de texte. Cette compréhension aide les analystes d'affaires à planifier leur approche de l'analyse d'affaires et leur permet de communiquer adéquatement les informations de l'analyse d'affaires en fonction du matériel utilisé avec leur public.

Parmi les aptitudes de base du raisonnement analytique et de la résolution des problèmes se trouvent :

- Pensée créative,
- Prise de décisions,
- Apprentissage,
- Résolution des problèmes,
- Pensée systémique,
- Pensée conceptuelle, et
- Pensée visuelle.

9.1.1 Pensée créative

.1 Objectif

Penser de manière créative et aider les autres à appliquer une pensée créative aide les analystes d'affaires à générer efficacement de nouvelles idées, approches et alternatives à la résolution de problèmes et aux opportunités.

.2 Définition

La pensée créative implique la découverte de nouvelles idées et concepts, ainsi que des associations nouvelles ou différentes entre des idées et concepts existants. Elle permet d'éviter les approches trop rigides en matière de résolution des problèmes, en remettant en question les approches conventionnelles et en encourageant les nouvelles idées et innovations adaptées à la situation. La pensée créative peut impliquer l'association, la modification et la réapplication de concepts ou idées existants. Les analystes d'affaires favorisent cette pensée créative en identifiant et en suggérant des solutions de rechange, ainsi qu'en posant des questions et en remettant en cause les hypothèses.

.3 Indicateurs de l'efficacité

Une pensée créative efficace implique, entre autres, les actions suivantes :

- découvrir et réfléchir de manière productive à de nouvelle idées,
- explorer des concepts et idées nouveaux,
- explorer les changements apportés aux concepts et idées existants,
- renforcer la créativité pour soi-même et les autres, et
- mettre en application de nouvelles idées pour résoudre des problèmes existants.

9.1.2 Prise de décisions

.1 Objectif

Les analystes d'affaires doivent être efficace dans leur compréhension des critères impliqués dans la prise de décisions et lorsqu'ils aident les autres à prendre des décisions.

.2 Définition

Lorsqu'un analyste d'affaires ou un groupe de parties prenantes doit faire un choix parmi un ensemble d'alternatives, la décision qui sera prise doit être la plus avantageuse pour les parties prenantes et l'entreprise. Pour déterminer cela, il faut rassembler les informations nécessaires à la prise de la décision, analyser les informations pertinentes, effectuer des comparaisons et des compromis entre les options similaires et différentes et déterminer l'option la plus souhaitable. Les analystes d'affaires documentent leurs décisions (ainsi que les raisons de ces décisions) afin de les utiliser comme références futures dans le cas où une décision similaire serait requise plus tard ou pour justifier la décision.

.3 Indicateurs de l'efficacité

Une prise de décisions efficace implique, entre autres, les actions suivantes :

- les parties prenantes appropriées sont représentées dans le processus décisionnel,
- les parties prenantes comprennent ce processus ainsi que les raisons qui étayent la décision,

- les pour et les contre de l'ensemble des options disponibles sont clairement communiqués aux parties prenantes,
- la décision réduit ou supprime l'incertitude, et toute incertitude restante est acceptée,
- la décision répond aux besoins ou à une opportunité à saisir, et représente le meilleur intérêt des parties prenantes,
- les parties prenantes comprennent l'ensemble des conditions, environnement et mesures dans lesquels la décision sera prise, et
- une décision est prise.

9.1.3 Apprentissage

.1 Objectif

La capacité à intégrer rapidement de nouveaux et différents types d'informations, mais également à modifier et adapter des connaissances existantes, permet aux analystes d'affaires de travailler efficacement dans les environnements en mutation et en évolution rapides.

.2 Définition

L'apprentissage est le processus d'obtention de connaissances ou de compétences. L'apprentissage d'un domaine passe par un ensemble de phases, de l'acquisition et l'apprentissage initiaux de faits bruts à la compréhension de leur signification, en passant par la mise en application des connaissances dans le travail quotidien et l'analyse, la synthèse et l'évaluation finales. Les analystes d'affaires doivent être capables de décrire leur niveau de compréhension du domaine d'affaires et d'appliquer, selon leur compréhension, les activités d'analyse requises dans une situation donnée. Une fois que l'apprentissage d'un domaine a atteint le stade final de l'analyse, les analystes d'affaires doivent être en mesure de synthétiser les informations en vue d'identifier les opportunités permettant de créer de nouvelles solutions et d'évaluer ces solutions afin de valider leur efficacité.

L'apprentissage est meilleur lorsque les techniques d'apprentissage sont sélectionnées en fonction du résultat souhaité.

Parmi les techniques d'apprentissage se trouvent :

- **Apprentissage visuel** : il s'agit de l'apprentissage effectué par le visionnage d'image, photos, schémas, exemples et vidéos.
- **Apprentissage auditif** : il s'agit de l'apprentissage effectué par le biais de textes et du langage écrit et verbal.
- **Apprentissage kinesthésique** : il s'agit de l'apprentissage effectué par l'action.

La plupart des personnes comprennent plus vite et retiennent les informations plus longtemps lorsque plusieurs techniques d'apprentissage sont associées.

.3 Indicateurs de l'efficacité

Un apprentissage efficace implique, entre autres, de :

- comprendre le fait que l'apprentissage est un processus pour toutes les parties prenantes,
- apprendre les concepts présentés puis démontrer leur compréhension,
- démontrer sa capacité à appliquer les concepts à de nouveaux domaines ou relations,
- intégrer rapidement de nouveaux faits, idées, concepts et opinions, et

- présenter efficacement de nouveaux faits, idées, concepts et opinions aux autres.

9.1.4 Résolution des problèmes

.1 Objectif

Les analystes d'affaires définissent et résolvent les problèmes afin de s'assurer que la véritable cause fondamentale sous-jacente est bien comprise par l'ensemble des parties prenantes et que les options de solution répondent à cette cause fondamentale.

.2 Définition

La définition d'un problème nécessite de s'assurer que la nature de celui-ci, ainsi que tout problème sous-jacent, sont clairement compris par toutes les parties prenantes. Les points de vue des parties prenantes sont exprimés et traités afin de comprendre les éventuels désaccords entre les buts et les objectifs des différents groupes de parties prenantes. Les hypothèses sont formulées et validées. Une fois le problème résolu, les objectifs atteints sont clairement indiqués et des solutions de rechange sont envisagées et potentiellement développées. Les solutions de rechange sont évaluées en fonction des objectifs, afin de déterminer la meilleure solution possible et de déterminer la valeur, ainsi que les compromis qui peuvent exister entre les solutions.

.3 Indicateurs de l'efficacité

Parmi les mesures d'une résolution efficace des problèmes se trouvent :

- la confiance des participants envers le processus de résolution du problème,
- les solutions sélectionnées correspondent aux objectifs définis et traitent la cause fondamentale du problème,
- de nouvelles options de la solution peuvent être évaluées efficacement grâce au cadre de résolution des problèmes, et
- le processus de résolution des problèmes évite de prendre des décisions sur la base d'hypothèses invalidées, de notions préconçues ou autres pièges susceptibles d'entraîner la sélection d'une solution sous-optimale.

9.1.5 Pensée systémique

.1 Objectif

Comprendre la manière dont les personnes, les processus et les technologies interagissent au sein d'une organisation permet aux analystes d'affaires de comprendre l'entreprise d'un point de vue holistique.

.2 Définition

La théorie des systèmes et la pensée systémique suggèrent qu'un système, dans son ensemble, présente des propriétés, des comportements et des caractéristiques qui proviennent de l'interaction des composantes de ce système. La compréhension individuelle d'une composante ne permet pas de comprendre ces facteurs. Par exemple, ce n'est pas parce qu'un analyste d'affaires sait qu'un client est susceptible de renvoyer un article acheté qu'il dispose de la vue d'ensemble complète. L'analyste doit évaluer l'impact du retour sur ce type d'élément en termes d'inventaire, de finance et de formation du vendeur. Dans le contexte de la théorie des systèmes, le terme système comprend les personnes impliquées, les interactions entre elles, les forces externes qui affectent leur comportement et tous les autres facteurs et éléments pertinents.

.3 Indicateurs de l'efficacité

Une pensée systémique efficace implique, entre autres, les actions suivantes :

- communiquer la manière dont un changement apporté à une composante affecte le système dans son ensemble,
- communiquer la manière dont un changement apporté à un système affecte l'environnement dans lequel il se trouve, et
- communiquer la manière dont les systèmes s'adaptent aux changements et aux pressions internes et/ou externes.

9.1.6 Pensée conceptuelle

.1 Objectif

Les analystes d'affaires reçoivent quotidiennement de grandes quantités d'informations détaillées et potentiellement variées. Ils appliquent donc leurs compétences en matière de pensée conceptuelle pour trouver des manières de comprendre comment ces informations s'intègrent dans une vue d'ensemble plus large et quels détails sont importants, ainsi que pour connecter des informations en apparence abstraites.

.2 Définition

La pensée conceptuelle consiste à comprendre le lien qui existe entre les contextes, les solutions, les besoins, les changements, les parties prenantes et la valeur, d'un point de vue abstrait et global. Elle implique la compréhension et la connexion d'informations et de modèles qui ne sont pas forcément reliés de manière évidente. La pensée conceptuelle nécessite de comprendre la manière dont les détails s'intègrent dans une vue d'ensemble plus large. Elle fait appel aux expériences passées, aux connaissances, à la créativité, à l'intuition et à la pensée abstraite afin de produire des alternatives, options et idées qui ne sont pas faciles à définir ou à associer.

Dans l'analyse d'affaires, la pensée conceptuelle consiste plus spécifiquement à relier des facteurs qui ne sont pas aisément définis aux cadres, modèles, opportunité ou problème sous-jacents, afin d'aider les parties prenantes à comprendre et à mieux accepter le changement, pour elles-mêmes comme pour les autres. Il est essentiel de connecter des informations variées issues d'un ensemble de parties prenantes, objectifs, risques, détails et autres facteurs. Ces informations permettent de générer des options et des alternatives pour trouver une solution, et de communiquer ces informations aux autres personnes tout en les encourageant à trouver des idées elles-mêmes.

.3 Indicateurs de l'efficacité

Une pensée conceptuelle efficace implique, entre autres, les actions suivantes :

- connecter des informations variées et travailler pour mieux comprendre la relation,
- confirmer la confiance et la compréhension des concepts communiqués aux parties prenantes,
- formuler des concepts abstraits par le biais d'une association entre informations et incertitude, et
- utiliser des expériences passées pour comprendre la situation.

9.1.7 Pensée visuelle

.1 Objectif

La capacité à communiquer les modèles et concepts complexes en représentations visuelles compréhensibles permet aux analystes d'affaires d'impliquer les parties prenantes et de les aider à mieux saisir les concepts présentés.

.2 Définition

Les compétences de pensée visuelle permettent aux analystes d'affaires de créer des représentations graphiques des concepts ou systèmes évoqués. Le but de ces représentations consiste à permettre aux parties prenantes de comprendre facilement les concepts présentés, puis de fournir des intrants. Dans la pensée visuelle, l'analyse doit établir des idées abstraites avant de trouver des éléments graphiques pour les représenter.

Il s'agit de visualiser et de créer des concepts visuels, graphiques, modèles, schémas simples pour transmettre et intégrer des informations non-visuelles. Lors de l'analyse d'affaires, de grandes quantités de données et connexions complexes entre les contextes, parties prenantes, besoins, solutions, changements et valeur sont communiquées. Les éléments visuels représentent ces informations ainsi que leurs complexités, permettant aux parties prenantes et au public d'apprendre plus rapidement, de traiter les informations et de relier les points à chacun de leurs contextes.

La pensée visuelle permet également au public de retenir et d'associer des concepts à leur contexte de manière plus libre et rapide, tout en comprenant et en appréciant d'autres contextes de façon plus claire.

.3 Indicateurs de l'efficacité

Une pensée visuelle efficace implique, entre autres, que :

- des informations complexes sont communiquées dans un modèle visuel, compréhensible par les parties prenantes,
- les éléments visuels permettent d'effectuer des comparaisons, de trouver des modèles et de relier les idées avec les participants,
- la productivité augmente grâce à l'amélioration de l'apprentissage, la mémorisation rapide et le suivi rendus possibles par des visuels efficaces,
- les parties prenantes sont impliquées à un niveau plus approfondi qu'avec un texte seul, et
- les parties prenantes comprennent des informations critiques qui auraient pu être manquées en cas de présentation dans un contenu textuel seul.

9.2 Caractéristiques comportementales

Les caractéristiques comportementales ne sont pas spécifiques à l'analyse d'affaires, mais elles augmentent l'efficacité personnelle dans la pratique de l'analyse d'affaires. Ces caractéristiques sont au cœur des compétences de chaque analyste d'affaires. Chacune des caractéristiques comportementales décrites ici est susceptible d'avoir une incidence sur le résultat des efforts du professionnel.

Les aptitudes de base des caractéristiques comportementales se concentrent sur les compétences et les comportements qui permettent à un analyste d'affaires de gagner la confiance et le respect des parties prenantes. Pour y parvenir, les analystes d'affaires agissent en permanence dans le respect de l'éthique, en réalisant les tâches à temps et selon les attentes, en offrant de résultats de qualité de manière efficace et en s'adaptant aux besoins et circonstances en évolution.

Parmi les aptitudes de base des caractéristiques comportementales se trouvent :

- Éthique (p. 194),
- Responsabilité personnelle (p. 195),
- Fiabilité (p. 195),
- Organisation et gestion du temps (p. 196) et
- Adaptabilité (p. 197).

9.2.1 Éthique

.1 Objectif

Se comporter de manière éthique et réfléchir aux incidences éthiques de leurs actions sur les autres permet aux analystes d'affaires de gagner le respect des parties prenantes. La capacité à reconnaître la présence d'une difficulté d'ordre éthique au sujet d'une solution suggérée ou d'une exigence envers une organisation ou ses parties prenantes constitue une considération importante que les analystes d'affaires peuvent mettre à profit pour réduire l'exposition au risque.

.2 Définition

L'éthique nécessite de comprendre et de se concentrer sur l'équité, la considération et le comportement moral dans les relations et les activités d'analyse d'affaires. Parmi les comportements éthiques se trouvent la prise en compte de l'impact qu'une solution suggérée peut entraîner sur l'ensemble des groupes de parties prenantes et la réalisation d'un travail afin de s'assurer que ces groupes sont traités aussi équitablement que possible. Un traitement équitable ne signifie pas que le résultat doit être bénéfique pour un groupe de parties prenantes en particulier, mais les parties prenantes concernées doivent comprendre la justification des décisions. La sensibilisation aux problèmes éthiques permet aux analystes d'affaires de détecter la survenue de dilemmes éthiques et de recommander des solutions pour les résoudre.

.3 Indicateurs de l'efficacité

Un comportement éthique efficace implique, entre autres, les actions suivantes :

- identifier et résoudre rapidement des dilemmes éthiques,
- obtenir les retours des parties prenantes confirmant leur ressenti quant à la transparence et l'équité des décisions et des actions,
- prendre des décisions dans le respect des intérêts de l'ensemble des parties prenantes,
- établir un raisonnement clairement exprimé et compris menant aux décisions,
- mettre en évidence de manière rapide et exhaustive des conflits d'intérêts potentiels, et
- considérer de façon honnête ses capacités et son travail, et accepter sa responsabilité pour ses échecs ou erreurs.

9.2.2 Responsabilité personnelle

.1 Objectif

La responsabilité personnelle est essentielle pour un analyste d'affaires, car elle lui permet de s'assurer que ses tâches sont réalisées dans les temps et conformément aux attentes de ses collègues et parties prenantes. Elle permet à l'analyste d'affaires d'établir sa crédibilité en veillant à ce que les efforts de l'analyse d'affaires correspondent aux besoins de l'entreprise.

.2 Description

La responsabilité personnelle comprend une planification efficace du travail d'analyse d'affaires en vue d'atteindre les objectifs et buts, et une garantie que la valeur fournie correspond aux besoins d'affaires. Elle implique l'étude de l'ensemble des pistes et des questions en suspens afin de satisfaire pleinement les besoins des parties prenantes. Le suivi et l'achèvement complet des tâches d'analyse d'affaires permet d'obtenir des solutions complètes, justes et pertinentes qui peuvent être associées à un besoin. Les analystes d'affaires doivent identifier et signaler les risques ainsi que les problèmes, et s'assurent également que les décisionnaires disposent des informations requises pour évaluer l'impact.

.3 Indicateurs de l'efficacité

Une responsabilité personnelle efficace implique, entre autres, les actions suivantes :

- le travail est planifié et communiqué aux autres en toute simplicité,
- le travail est réalisé comme prévu ou re-planifié avec suffisamment de délais de mise en œuvre et de réflexion,
- le statut du travail est connu, qu'il soit planifié ou non,
- les parties prenantes ont le sentiment que le travail est organisé,
- les risques et les problèmes sont déterminés et traités de manière adéquate,
- les exigences, entièrement traçables, sont livrées dans les délais, et les besoins des parties prenantes sont satisfaits.

9.2.3 Fiabilité

.1 Objectif

Le fait de gagner la confiance des parties prenantes aide les analystes d'affaires à recueillir des informations de l'analyse d'affaires au sujet de questions sensibles. Cela leur permet également d'aider les parties prenantes à croire que leurs recommandations seront évaluées de manière adéquate et équitable.

.2 Description

La fiabilité est le sentiment qu'une personne est digne de confiance. Un analyste d'affaires considéré comme fiable est capable de gérer la peur naturelle du changement ressentie par de nombreuses parties prenantes.

Plusieurs facteurs contribuent à la notion de fiabilité :

- réalisation systématique et délibérée des tâches à temps et en respectant le budget et les résultats attendus, de telle sorte que les collègues et les parties prenantes jugent le comportement de l'analyste d'affaires comme étant sûr et appliqué,

- présentation d'un comportement stable inspirant confiance, de telle sorte que les collègues et parties prenantes jugent l'analyste d'affaires comme étant quelqu'un de solide,
- actions réalisées de manière honnête et directe, résolution immédiate des conflits et des préoccupations, de telle sorte que les collègues et les parties prenantes jugent l'analyste d'affaires comme étant quelqu'un d'intègre et de transparent, et
- maintien d'un programme constant sur une longue période de temps, de telle sorte que les collègues et les parties prenantes jugent la disponibilité de l'analyste d'affaires comme étant prévisible et fiable.

.3 Indicateurs de l'efficacité

Une fiabilité efficace implique, entre autres, les actions suivantes :

- les parties prenantes impliquent l'analyste d'affaires dans leurs discussions et décisions,
- les parties prenantes signalent leurs problèmes et préoccupations à l'analyste d'affaires,
- les parties prenantes abordent sans réticence des sujets litigieux ou difficiles avec l'analyste d'affaires,
- les parties prenantes n'accusent pas l'analyste d'affaires lorsque des problèmes surviennent,
- les parties prenantes respectent les idées et les recommandations de l'analyste d'affaires, et
- les parties prenantes fournissent un retour positif concernant les recommandations de l'analyste d'affaires.

9.2.4 Organisation et gestion du temps

.1 Objectif

Les compétences en matière d'organisation et de gestion du temps aident l'analyste d'affaires à réaliser des tâches et à utiliser son temps de travail de manière efficace.

.2 Description

L'organisation et la gestion du temps représentent la capacité à prioriser les tâches, à les réaliser de manière efficace et à gérer le temps de façon adéquate. Les analystes d'affaires acquièrent et accumulent en permanence d'importantes quantités d'informations, et ces dernières doivent être organisées et stockées de manière efficace afin d'être utilisées et réutilisées plus tard. Ils doivent également être en mesure de différencier les informations essentielles devant être conservées des informations moins importantes.

Une gestion efficace du temps implique la capacité à prioriser les tâches et les échéances.

Parmi les techniques d'organisation se trouvent l'établissement de buts à court et à long terme, de plans d'action, la priorisation de tâches et le recours à une liste de contrôle. Les techniques de gestion du temps comprennent quant à elles la mise en place de délais pour les tâches qui ne sont pas essentielles, la priorisation du temps sur les tâches à risque élevé et prioritaires, la réservation de temps pour les mises au point et la gestion des interruptions potentielles.

.3 Indicateurs de l'efficacité

Une organisation et gestion du temps efficaces impliquent, entre autres, les actions suivantes :

- la capacité de produire des livrables à temps,

- les parties prenantes ont le sentiment que l'analyste d'affaires se concentre sur les tâches adéquates au bon moment,
- le calendrier des travaux et les délais sont gérés et communiqués aux parties prenantes,
- les parties prenantes ont le sentiment que le temps qu'elles passent en réunion et à lire des communications est bien utilisé,
- les réunions, les entretiens et les ateliers de travail sur les exigences sont préparés avec soin,
- les informations de l'analyse d'affaires adaptées sont enregistrées, organisées et documentées,
- le calendrier du projet et les délais sont respectés,
- les informations sont justes, détaillées et concises, fournies de manière logique et comprises par les parties prenantes, et
- des informations actualisées sont conservées sur le statut de chaque phase de travail et du travail restant.

9.2.5 Adaptabilité

.1 Objectif

Les analystes d'affaires travaillent souvent dans des environnements en mutation rapide et avec de nombreuses parties prenantes. Ils ajustent donc leur comportement et méthode d'approche afin d'accroître leur efficacité lorsqu'ils interagissent avec différentes parties prenantes, organisations et situations.

.2 Définition

L'adaptabilité est la capacité à changer ses techniques, son style, ses méthodes et son approche. En montrant leur volonté d'interagir avec les parties prenantes et de réaliser les tâches selon les souhaits de ces dernières, les analystes d'affaires peuvent optimiser la qualité du service fourni et aider plus efficacement l'organisation à atteindre ses buts et objectifs. La curiosité d'aller au devant des besoins des autres personnes et le courage de tenter d'adopter un comportement différent permettent de s'adapter aux situations et au contexte.

Les analystes d'affaires doivent parfois changer la manière dont ils interagissent avec les parties prenantes, comme leur façon de réaliser des entretiens ou d'animer des ateliers. En effet, les parties prenantes sont plus ou moins à l'aise avec les techniques employées comme outils par les analystes d'affaires. Certaines d'entre elles sont plus visuelles et répondent mieux aux informations représentées visuellement dans des modèles, schémas et images. D'autres privilégient l'oral et préfèrent des descriptions textuelles. La capacité à déterminer les techniques qui fonctionnent ou non, puis à les adapter en conséquence, accroît la probabilité de réussite d'une interaction.

Lorsque les buts et les objectifs de l'organisation changent, les analystes d'affaires réagissent en acceptant les changements et en s'adaptant aux nouvelles exigences. De la même manière, dans des circonstances particulières ou lorsque des problèmes imprévus se présentent, les analystes d'affaires s'adaptent en modifiant leurs plans et en identifiant les options qui peuvent être utilisées pour offrir une valeur maximale. L'analyste d'affaires s'adapte lorsque les besoins de l'entreprise ou de la partie prenante évoluent, ou lorsque le contexte du but ou des objectifs change. Et quand le besoin lui-même change, l'analyste d'affaires s'adapte en modifiant ses plans et son approche afin de garantir que la valeur est bien apportée dans le cadre de la solution.

.3 Indicateurs de l'efficacité

Une adaptabilité efficace implique, entre autres, les actions suivantes :

- avoir le courage d'agir différemment des autres,
- s'adapter aux conditions et environnements en évolution,
- accorder de l'importance et tenir compte d'autres points de vue et approches,
- afficher une attitude positive face à l'ambiguïté et au changement,
- être motivé pour apprendre de nouvelles méthodes, procédures ou techniques afin d'atteindre les buts ou les objectifs,
- changer son comportement pour agir efficacement dans des conditions en évolution ou peu claires,
- acquérir et mettre en application de nouvelles informations et compétences pour relever les nouveaux défis,
- accepter d'apporter des changements aux tâches, rôles et affectations de projet lorsque les réalités organisationnelles changent,
- modifier son style interpersonnel en fonction des personnes et groupes différents dans un ensemble de situations, et
- évaluer ce qui a fonctionné ou non, et ce qui pourrait être changé la prochaine fois.

9.3 Connaissances en affaires

Des connaissances en affaires sont requises afin de permettre à l'analyste d'affaires de travailler efficacement dans son domaine, son secteur et son organisation, en fonction de sa solution et sa méthodologie. Les connaissances en affaires permettent à l'analyste d'affaires de mieux comprendre les concepts généraux qui régissent la structure, les avantages et la valeur de la situation en lien avec un changement ou un besoin.

Parmi les compétences fondamentales des connaissances en affaires se trouvent :

- Sens des affaires (p. 198),
- Connaissance du secteur (p. 199),
- Connaissance de l'organisation (p. 200),
- Connaissance de la solution (p. 201) et
- Connaissance de la méthodologie (p. 201).

9.3.1 Sens des affaires

.1 Objectif

L'analyse d'affaires requiert une bonne compréhension des principes d'affaires de base et des bonnes pratiques afin de s'assurer qu'ils sont pris en compte lors de l'étude des solutions.

.2 Description

Le sens des affaires représente la capacité à comprendre les besoins d'affaires grâce à l'expérience et aux connaissances issues d'autres situations. Les organisations partagent souvent des pratiques similaires, comme dans les domaines des finances, des ventes, du marketing, de la chaîne logistique, des ressources humaines et de la technologie, ou en matière d'exigences légales et réglementaires. Le sens des affaires représente la capacité à comprendre et à appliquer ses connaissances sur la base de ces éléments communs dans différentes situations.

Comprendre la manière dont les autres organisations ont résolu leurs difficultés peut s'avérer utile lors de la recherche de solutions potentielles. De plus, le fait d'être conscient des expériences ou difficultés rencontrées dans le passé peut aider l'analyste d'affaires à déterminer les informations applicables à la situation actuelle. Parmi les facteurs susceptibles d'entraîner des différences dans les pratiques se trouvent le secteur, la localisation, la taille de l'organisation, la culture et la maturité de l'organisation.

.3 Indicateurs de l'efficacité

Un sens des affaires efficace implique, entre autres, les actions suivantes :

- être capable de reconnaître les opportunités et les limites potentielles,
- être capable de savoir quand des changements apportés à une situation peuvent nécessiter une modification en termes d'initiative ou d'effort,
- comprendre les risques impliqués et être capable de prendre des décisions en matière de gestion des risques,
- être capable de reconnaître une opportunité de réduire les dépenses et d'augmenter les profits, et
- comprendre les options disponibles afin d'appréhender les changements émergents dans la situation.

9.3.2 Connaissance du secteur

.1 Objectif

La connaissance du secteur permet à l'analyste d'affaires de comprendre les pratiques et activités actuelles dans un secteur, ainsi que les processus similaires dans différents secteurs.

.2 Description

La connaissance du secteur représente la compréhension des :

- tendances actuelles,
- forces du marché,
- facteurs du marché,
- principaux processus,
- services,
- produits,
- définitions,
- segments de clientèle,
- fournisseurs,
- pratiques,
- réglementations et
- d'autres facteurs qui impactent ou sont impactés par le secteur et les secteurs liés.

La connaissance du secteur consiste également à comprendre la manière dont une entreprise se positionne dans un secteur, ainsi que ses effets et dépendances par rapport au marché et aux ressources humaines.

L'ensemble de questions suivant fournit des indications pour le développement des connaissances au sujet d'un secteur, un concurrent ou une entreprise spécifiques :

- Qui sont les principaux leaders du secteur?

- Quelles organisations soutiennent ou régulent le secteur?
- Quels sont les avantages à s'impliquer dans ces organisations?
- Qui crée des communiqués publicitaires, participe aux conventions et fournit du matériel de marketing?
- Quelles sont les comparaisons de produits et de services?
- Quels sont les indicateurs de satisfaction/projets d'analyse comparative applicables?
- Quels sont les fournisseurs, pratiques, équipements et outils utilisés par chaque entreprise, et pourquoi les utilisent-elles?
- Quels sont les effets potentiels des conditions météorologiques, de l'instabilité politique ou des catastrophes naturelles?
- Qui sont les clients ciblés et sont-ils les mêmes que ceux de la concurrence?
- Par quoi sont impactés les cycles saisonniers de production, de marketing et de ventes? Cela impacte-t-il le personnel ou nécessite-t-il des changements de processus?

.3 Indicateurs de l'efficacité

Une connaissance efficace du secteur implique, entre autres, les actions suivantes :

- être conscient des activités dans l'entreprise et le secteur à plus grande échelle,
- connaître les partenaires et les concurrents majeurs,
- être capable d'identifier les principales tendances qui façonnent le secteur,
- connaître les principaux segments de clientèle,
- connaître les types de produits et les produits courants,
- connaître les sources d'information concernant le secteur, notamment les revues ou les organisations de commerce pertinentes,
- comprendre les méthodologies, processus, normes et termes spécifiques au secteur, et
- comprendre l'environnement réglementaire du secteur.

9.3.3 Connaissance de l'organisation

.1 Objectif

La connaissance de l'organisation permet de comprendre la structure de gestion et l'architecture d'affaires de l'entreprise.

.2 Définition

La connaissance de l'organisation implique une bonne compréhension de la manière dont l'entreprise génère des profits et atteint ses buts, sa structure organisationnelle, les relations existant entre les unités opérationnelles, ainsi que les personnes occupant les positions de parties prenantes principales. Il faut également comprendre les canaux de communication formels et informels de l'organisation, ainsi que les politiques internes qui influencent le processus décisionnel.

.3 Indicateurs de l'efficacité

Une connaissance efficace de l'organisation implique, entre autres, les actions suivantes :

- être capable d'agir en fonction des canaux d'autorité et de communication formels et informels,

- comprendre la terminologie ou le jargon utilisés dans l'organisation,
- comprendre les produits ou services proposés par l'organisation,
- être capable d'identifier les experts du domaine dans l'organisation, et
- être capable de gérer les politiques et les relations organisationnelles.

9.3.4 Connaissance de la solution

.1 Objectif

La connaissance de la solution permet aux analystes d'affaires de tirer profit de leur compréhension des départements, des environnements ou des technologies existants afin d'identifier les moyens les plus efficaces pour mettre en œuvre un changement.

.2 Définition

Lorsque l'effort de l'analyse d'affaires implique l'amélioration d'une solution existante, les analystes d'affaires utilisent leurs connaissances et leur expérience issues de leurs travaux antérieurs sur la solution. Le fait de connaître la gamme de fournisseurs ou les solutions commerciales disponibles permet d'identifier plus facilement les alternatives possibles. L'analyste d'affaires peut ainsi tirer profit de ses connaissances acquises à l'occasion d'expériences passées pour accélérer la découverte de changements potentiels grâce à une élicitation ou une analyse approfondie.

.3 Indicateurs de l'efficacité

Une connaissance efficace de la solution implique, entre autres, les actions suivantes :

- réduire le temps ou les coûts de mise en œuvre d'un changement requis,
- réduire les délais d'analyse des exigences et/ou de conception de la solution,
- comprendre le moment où un changement plus important se justifie, ou non, sur la base d'un avantage d'affaires, et
- comprendre comment déployer des capacités supplémentaires, qui sont présentes mais pas utilisées pour l'instant, afin de favoriser la valeur.

9.3.5 Connaissance de la méthodologie

.1 Objectif

Le fait de comprendre les méthodologies utilisées par l'organisation permet à l'analyste d'affaires de bénéficier d'informations concernant le contexte, les dépendances, les opportunités et les contraintes lorsqu'il développe une approche de l'analyse d'affaires.

.2 Description

Les méthodologies déterminent les échéances (étapes importantes ou paliers réduits), l'approche, le rôle des personnes impliquées, le niveau de risque accepté et d'autres aspects concernant la manière dont un changement est appréhendé et géré. Les organisations adoptent ou créent leurs propres méthodologies afin de s'adapter aux différents niveaux de culture, de maturité, d'adaptabilité, de risque, d'incertitude et de gouvernance.

Des connaissances relatives à diverses méthodologies permettent à l'analyste d'affaires de s'adapter rapidement et d'être performant dans de nouveaux environnements.

.3 Indicateurs de l'efficacité

Une connaissance efficace de la méthodologie implique, entre autres, les actions suivantes :

- être capable de s'adapter aux changements de méthodologies,
- être motivé pour utiliser ou apprendre une nouvelle méthodologie,
- savoir intégrer les tâches et techniques de l'analyse d'affaires afin de soutenir la méthodologie actuelle,
- connaître les termes, outils et techniques prévus par une méthodologie, et
- être capable d'endosser plusieurs rôles dans les activités prévues par une méthodologie.

9.4 Capacités de communication

La communication est l'acte d'un émetteur qui transmet des informations à un destinataire avec une méthode respectant le sens prévu par l'émetteur. Des compétences en matière d'écoute active permettent d'approfondir la compréhension et la confiance entre l'émetteur et le destinataire. Toutes les parties prenantes peuvent bénéficier d'une communication efficace.

La communication peut être mise en place grâce à un ensemble varié de méthodes de transmission : verbale, non-verbale, physique et écrite. La plupart des méthodes de communication utilisent des mots, mais certaines emploient des mouvements et des expressions. Les mots, les gestes et les phrases peuvent avoir des sens différents pour différentes personnes. Ainsi, une communication efficace implique que l'émetteur et le destinataire présentent la même compréhension des informations communiquées. Un glossaire partagé des termes et des objectifs clairs constituent alors des outils efficaces pour éviter les malentendus et les complications qui en découlent.

Une communication efficace implique l'adaptation des techniques et des styles de communication au niveau de connaissance et aux styles de communication des destinataires. Les personnes les plus efficaces en la matière sont conscientes de la manière dont le ton, le langage corporel et le contexte changent le sens des mots. Le fait de bien comprendre les termes et concepts (en amont de l'échange) offre également des avantages substantiels.

Afin de réaliser une planification efficace de la communication, l'émetteur doit vérifier les informations dont il dispose au sujet du destinataire. Les différences entre ces deux acteurs, comme la langue maternelle, la culture, les motivations, les priorités, la communication, l'apprentissage et les styles de raisonnement, peuvent nécessiter des modes de communication spécifiques. Chaque information doit en effet être soigneusement préparée et conditionnée de manière à s'assurer qu'elle est claire et bien comprise.

Lorsqu'il prévoit de communiquer des informations, l'analyste d'affaires doit tenir compte des considérations suivantes :

- réfléchir à ce que le destinataire sait ou ne sait pas,
- structurer les informations de manière logique et compréhensible,
- déterminer comment présenter au mieux les informations afin de transmettre le sens voulu (par ex. à l'aide de supports visuels, graphiques, diagrammes ou listes à puces), et
- comprendre les attentes des destinataires.

Parmi les aptitudes de base des compétences de communication se trouvent :

- Communication verbale (p. 203),
- Communication non verbale (p. 203),

- Communication écrite (p. 204) et
- Écoute (p. 205).

9.4.1 Communication verbale

.1 Objectif

L'analyste d'affaires utilise la communication verbale pour transmettre des idées, des concepts, des faits et des opinions à un ensemble de parties prenantes.

.2 Description

La communication verbale utilise la parole pour transmettre des informations de l'émetteur au destinataire. Les compétences de communication verbale sont utilisées afin d'exprimer des informations de l'analyse d'affaires, des idées, des concepts, des faits et des opinions. Elle permet de transmettre efficacement les informations, y compris les signes émotionnels et non verbaux, et peut être associée à la communication écrite et non verbale.

La communication verbale concerne plus particulièrement le choix des mots et le ton adopté par l'émetteur. Lorsque le destinataire voit l'émetteur, la communication non verbale de ce dernier impacte le sens du message reçu par le destinataire. Lorsque l'émetteur peut voir le destinataire, ce dernier affiche une réaction et les deux s'engagent alors dans un dialogue, même si le destinataire ne communique pas verbalement. Le fait de déchiffrer la communication non verbale du destinataire permet à l'émetteur d'adapter son message.

En comprenant le ton de la communication et la manière dont celui-ci influe positivement ou négativement sur le destinataire, l'analyste d'affaires peut mettre en place une communication verbale plus efficace. Parmi les compétences relatives à une communication efficace se trouve la capacité à se faire comprendre. L'émetteur doit associer la communication verbale à une écoute active afin de s'assurer que les informations présentées sont bien comprises par le destinataire.

.3 Indicateurs de l'efficacité

Une communication verbale efficace implique, entre autres, les actions suivantes :

- reformuler les concepts afin de s'assurer que l'ensemble des parties prenantes comprend clairement les mêmes informations,
- gérer les conversations afin d'atteindre des conclusions productives,
- réaliser des présentations efficaces en concevant et en positionnant le contenu et les objectifs de manière adéquate, et
- communiquer les points importants relatifs à un problème de façon calme et rationnelle, et présenter les options de la solution.

9.4.2 Communication non verbale

.1 Objectif

Les compétences de communication non verbale permettent un envoi et une réception efficaces des messages par le biais de, sans s'y limiter, mouvements du corps, postures, expressions du visage, gestes et contacts visuels.

.2 Définition

La communication est généralement centrée sur des mots écrits ou parlés. Pourtant, il est couramment admis que la communication non verbale transmet une signification bien plus importante que les mots seuls. Humeurs, attitudes et ressentis impactent les mouvements du corps et les expressions du visage. La communication non verbale commence dès qu'une personne est en mesure d'en voir une autre. L'utilisation efficace des compétences de communication non verbale peut permettre d'afficher un comportement fiable, confiant et efficace. En connaissant la communication non verbale, il est possible de prendre conscience du ressenti non exprimé des autres personnes, et de mieux le gérer.

L'observation des gestes ou expressions ne fournit pas une compréhension exhaustive du message exprimé par ces signes non verbaux : il s'agit uniquement d'indications concernant le ressenti et l'intention de la personne qui en est à l'origine. Par exemple, lorsque la communication non verbale d'une partie prenante ne correspond pas à son message verbal, l'analyste d'affaires devrait approfondir la conversation afin de découvrir la source de ce désaccord.

.3 Indicateurs de l'efficacité

Une communication non verbale efficace implique, entre autres, les actions suivantes :

- prendre conscience du langage corporel des autres personnes sans assumer une compréhension complète au travers de la communication non-verbale,
- prendre volontairement conscience de la communication non verbale,
- améliorer la confiance et la communication grâce à la communication non verbale,
- traiter et résoudre des situations de manière efficace lorsque la communication non verbale d'une partie prenante ne correspond pas à son message verbal.

9.4.3 Communication écrite

.1 Objectif

Les analystes d'affaires utilisent la communication écrite pour transmettre des idées, des concepts, des faits et des opinions à différentes parties prenantes.

.2 Définition

La communication écrite est la pratique consistant à utiliser des textes, des symboles, des modèles (formels ou informels) et des résumés afin de transmettre et partager des informations. La compréhension du public est essentielle pour utiliser efficacement la communication écrite. Le fait de présenter des informations et des idées exige que les mots adaptés soient sélectionnés de manière à ce que le public comprenne le sens désiré. La communication écrite doit en plus présenter les informations à un moment ou un lieu distant de son moment ou lieu de création.

Une communication écrite efficace nécessite un vocabulaire étendu, une connaissance solide de la grammaire et du style, et une bonne compréhension des termes qui seront compris par le public. Ce type de communication peut permettre de transmettre de nombreuses informations, mais cette compétence doit être développée afin d'en favoriser l'efficacité.

.3 Indicateurs de l'efficacité

Une communication écrite efficace implique, entre autres, les actions suivantes :

- ajuster le style d'écriture aux besoins du public,

- utiliser correctement la grammaire et le style,
- choisir des mots dont le public comprendra le sens initial et
- être capable, en tant que lecteur, de paraphraser et de décrire le contenu de la communication écrite.

9.4.4 Écoute

.1 Objectif

Une écoute efficace permet à l'analyste d'affaires de comprendre avec précision les informations communiquées au niveau verbal.

.2 Définition

L'écoute consiste à ne pas seulement entendre les mots, mais à en saisir le sens dans le contexte. En faisant preuve de compétences d'écoute efficaces, les analystes d'affaires disposent d'une excellente opportunité de comprendre précisément ce qui est communiqué et de montrer qu'ils prennent au sérieux les propos de l'orateur.

L'écoute active comprend l'écoute et l'interprétation de ce que l'autre personne tente de communiquer au-delà des mots utilisés afin de saisir l'essence du message. Elle comprend le résumé et la répétition de ce qui a été dit avec d'autres mots, dans le but de s'assurer que l'auditeur et l'orateur ont la même compréhension.

.3 Indicateurs de l'efficacité

Une écoute efficace implique, entre autres, les actions suivantes :

- offrir une attention entière à l'orateur,
- prêter attention à l'orateur avec des encouragements verbaux et non verbaux,
- fournir un retour à la personne ou au groupe orateur afin de veiller à la bonne compréhension, et
- appliquer des compétences d'écoute active en évitant tout jugement et en réagissant de manière adéquate.

9.5 Compétences d'interaction

Les compétences d'interaction sont représentées par la capacité de l'analyste d'affaires à établir un lien, coopérer et communiquer avec différents types de personnes, comme des dirigeants, promoteurs, collègues, membres d'équipe, développeurs, fournisseurs, professionnels de la formation et du développement, utilisateurs finaux, clients et experts du domaine.

Les analystes d'affaires occupent une position unique en vue de faciliter la communication avec les parties prenantes, assurer le leadership, favoriser la compréhension de la valeur de la solution et encourager le soutien par les parties prenantes des changements suggérés.

Parmi les aptitudes de base des compétences d'interaction se trouvent :

- Facilitation (p. 206),
- Leadership et influence (p. 207),
- Travail d'équipe (p. 207),
- Négociation et résolution des conflits (p. 208), et
- Enseignement (p. 209).

9.5.1 Facilitation

.1 Objectif

Les analystes d'affaires facilitent les interactions entre les parties prenantes afin de les aider à prendre des décisions, résoudre un problème, échanger des idées et informations ou parvenir à un accord concernant la priorité et la nature des exigences. Ils peuvent également faciliter les interactions entre les parties prenantes à des fins de négociation et de résolution des conflits (tel qu'évoqué au chapitre Négociation et résolution des conflits (p. 208)).

.2 Définition

La facilitation est la capacité à modérer des discussions dans un groupe afin de permettre à l'ensemble des participants d'exprimer clairement leurs points de vue sur un sujet, et de s'assurer que les participants à la discussion sont en mesure de reconnaître et de comprendre les différents points de vue exprimés.

.3 Indicateurs de l'efficacité

Une facilitation efficace implique, entre autres, les actions suivantes :

- établir clairement auprès des participants le fait que le facilitateur est un tiers dans le processus et non un décisionnaire ou le responsable du sujet,
- encourager la participation de l'ensemble des personnes,
- rester neutre et ne pas prendre parti tout en restant impartial et en intervenant lorsque cela est requis pour émettre des suggestions et proposer des perspectives,
- établir des règles de base, comme le fait de se montrer ouvert aux suggestions, avancer à partir de ce qui a été dit, ne pas écarter certaines idées et laisser les autres parler et s'exprimer,
- s'assurer que les participants à la discussion comprennent bien les positions des autres,
- mettre à profit des outils et compétences de gestion afin de maintenir l'orientation et l'organisation des discussions,

- éviter que les discussions ne dérivent vers des sujets peu pertinents, et
- comprendre et considérer les intérêts, motivations et objectifs de l'ensemble des participants.

9.5.2 Leadership et influence

.1 Objectif

Les analystes d'affaires utilisent leurs compétences en matière de leadership et d'influence afin de guider les parties prenantes lors de l'étude des informations de l'analyse d'affaires et des options de la solution. Ils permettent d'atteindre un consensus et encouragent le soutien et la collaboration des parties prenantes lors du changement.

.2 Définition

Le leadership et l'influence représentent le fait de motiver les personnes, de manière à leur permettre de travailler ensemble en vue d'atteindre des buts et objectifs partagés. Le fait de comprendre les motivations, besoins et capacités de chaque partie prenante, ainsi que la manière de les canaliser correctement, aide les analystes d'affaires à atteindre les objectifs partagés de l'organisation. L'analyste d'affaires doit définir, analyser et communiquer les informations de l'analyse d'affaires, ce qui lui offre des opportunités de leadership et d'influence – que des personnes soient placées ou non sous sa responsabilité.

.3 Indicateurs de l'efficacité

Un leadership et une influence efficaces impliquent, entre autres, les actions suivantes :

- réduire la résistance aux changements nécessaires,
- exprimer une vision claire et inspirante d'un état futur souhaité,
- parvenir à motiver les autres personnes pour transformer une vision en action,
- exercer une influence sur les parties prenantes pour les inciter à comprendre les intérêts mutuels,
- utiliser les techniques de collaboration de manière efficace pour influencer les personnes,
- exercer une influence sur les parties prenantes pour les inciter à prendre en compte des objectifs plus larges que les motivations personnelles, et
- recadrer les problèmes afin de permettre la compréhension des autres points de vue et de les accepter, en vue d'inciter les parties prenantes à valider les buts partagés.

9.5.3 Travail d'équipe

.1 Objectif

Les compétences relatives au travail d'équipe permettent aux analystes d'affaires de travailler de manière productive avec les membres de l'équipe, les parties prenantes et tout autre partenaire investi, de manière à ce que les solutions puissent être développées et mises en œuvre efficacement.

.2 Définition

Les analystes d'affaires travaillent souvent en équipe avec d'autres analystes d'affaires, chefs de projet, parties prenantes et experts du domaine. Les relations avec les personnes qui occupent ces postes représentent un point essentiel dans la réussite de tout projet ou entreprise. Il est important que l'analyste d'affaires comprenne la manière dont est formée une équipe ainsi que son fonctionnement. De plus, il est indispensable de savoir reconnaître la dynamique de l'équipe et son rôle à mesure que l'équipe avance dans les différentes phases d'un projet. Le fait de connaître la manière et le moment où une équipe progresse dans le cycle de vie d'un projet, et s'y adapter, permet de réduire les influences négatives susceptibles d'affecter une équipe.

L'établissement et le maintien de la confiance entre les membres de l'équipe contribue à l'intégrité de celle-ci dans son ensemble et l'aide à fonctionner au meilleur de sa capacité. Lorsque les membres de l'équipe instaurent un environnement dans lequel la dynamique est à la fois positive et placée sous le signe de la confiance, la complexité des décisions et des défis est atténuée.

Les conflits sont fréquents au sein d'une équipe. Mais lorsqu'ils sont bien gérés, leur résolution peut s'avérer bénéfique pour celle-ci. La résolution des conflits invite l'équipe à revoir les positions, hypothèses, observations et attentes de l'ensemble de ses membres. Et la résolution de ces problèmes peut entraîner un effet bénéfique, à savoir le renforcement des fondements de l'analyse et de la solution.

.3 Indicateurs de l'efficacité

Un travail d'équipe efficace implique, entre autres, les actions suivantes :

- instaurer un environnement de travail collaboratif,
- résoudre efficacement les conflits,
- développer la confiance parmi les membres de l'équipe,
- encourager des performances de réalisation élevées partagées par toute l'équipe, et
- favoriser un sentiment partagé d'appropriation des buts de l'équipe.

9.5.4 Négociation et résolution des conflits

.1 Objectif

Les analystes d'affaires mènent parfois les négociations entre les parties prenantes afin de parvenir à un accord ou une compréhension commune. Lors de ce processus, les analystes d'affaires contribuent à la résolution des conflits et des divergences d'opinions dans le but de préserver et de renforcer les relations professionnelles entre les parties prenantes et les membres de l'équipe.

.2 Définition

La négociation et la résolution des conflits impliquent une médiation des discussions entre les participants, afin de les aider à accepter l'existence de différents points de vue sur le sujet, résoudre des différends et parvenir à des conclusions qui rassemblent tous les participants. Une négociation et une résolution des conflits réussies comprennent la détermination des intérêts sous-jacents des parties, la distinction de ces intérêts par rapport à leurs positions établies, et le soutien des parties en vue d'identifier les solutions qui satisfont ces intérêts sous-jacents. L'analyste d'affaires doit y parvenir tout en s'assurant que le résultat de la résolution respecte les besoins d'affaires et la solution globale.

.3 Indicateurs de l'efficacité

Une négociation et résolution des conflits efficaces impliquent, entre autres, les actions suivantes :

- une approche planifiée afin de s'assurer que la négociation prend en compte le ton, l'attitude affichée, les méthodes utilisées et la gestion des besoins et ressentis de l'autre,
- la capacité à reconnaître que les besoins des parties ne sont pas toujours opposés et qu'il est souvent possible de les satisfaire sans que l'une soit perdante,
- une approche objective afin de s'assurer que le problème est dissocié de la personne, de telle sorte que les véritables questions sont abordées sans détériorer les relations professionnelles, et
- la capacité à reconnaître qu'une négociation et une résolution des conflits efficaces ne sont pas toujours réalisables avec une seule réunion isolée, et que plusieurs réunions sont parfois nécessaires pour atteindre les buts établis.

9.5.5 Enseignement

.1 Objectif

Les compétences éducatives aident les analystes d'affaires à communiquer efficacement les informations de l'analyse d'affaires, les concepts, idées et problèmes. Elles permettent également de s'assurer que ces informations sont bien comprises et retenues par les parties prenantes.

.2 Définition

L'enseignement est le processus par lequel une personne permet à une autre personne d'acquérir des connaissances. Les analystes d'affaires doivent confirmer que les informations communiquées sont bien comprises par les parties prenantes, et incitent ces dernières à éclaircir les ambiguïtés en les aidant à développer leurs connaissances sur les contextes et la valeur des besoins en question. Des compétences en matière d'enseignement sont ici nécessaires, puisqu'il faut choisir les approches visuelles, verbales, écrites et kinesthésiques les plus adaptées en fonction des informations ou des techniques enseignées. L'objectif est de favoriser l'engagement des parties prenantes et l'apprentissage collaboratif pour gagner en clarté. Les analystes d'affaires recueillent et découvrent souvent de nouvelles informations, puis les transmettent aux parties prenantes de la manière la plus pertinente.

.3 Indicateurs de l'efficacité

Un enseignement efficace implique, entre autres, les actions suivantes :

- utiliser différentes méthodes pour communiquer les informations que les parties prenantes doivent apprendre,
- découvrir de nouvelles informations grâce à des niveaux élevés d'engagement de la part des parties prenantes,
- confirmer que le public comprend bien les messages essentiels qui sont enseignés, et
- vérifier que les parties prenantes peuvent réaliser une démonstration des nouvelles connaissances, faits, concepts et idées.

9.6 Outils et technologies

Les analystes d'affaires utilisent un ensemble d'applications logicielles afin de soutenir la communication et la collaboration, créer et maintenir des artéfacts des exigences, modéliser des concepts, suivre les problèmes et accroître la productivité globale.

Une documentation dédiée aux exigences est souvent développée à l'aide d'outils de traitement de texte, tandis que le processus de développement des exigences d'affaires peut nécessiter le recours à des prototypes et des outils de simulation ainsi que des outils spécialisés dans la modélisation et les schémas.

Les technologies de gestion des exigences sont utilisées dans le flux de travail des exigences, les validations, l'établissement de données repères et le suivi du changement. Elles permettent également d'assurer la traçabilité entre les exigences et de déterminer l'impact des changements par rapport aux exigences.

L'interaction avec les parties prenantes et les membres de l'équipe peut nécessiter l'utilisation d'outils de communication et de collaboration, ainsi qu'un logiciel de présentation, afin de mettre en valeur les idées et de générer des discussions entre ces personnes.

Parmi les habiletés de base en lien avec les outils et les technologies en analyse d'affaire, on y trouve les :

- Outils et technologies de productivité bureautique (p. 210),
- Outils et technologies de l'analyse d'affaires (p. 212) et
- Technologies et outils de communication (p. 213).

9.6.1 Outils et technologies de productivité bureautique

.1 Objectif

Les analystes d'affaires utilisent les outils et les technologies de productivité bureautique afin de documenter et de suivre les informations et artéfacts.

.2 Définition

Les outils et les technologies de productivité bureautique permettent aux analystes d'affaires d'organiser, de décortiquer, de manipuler, de comprendre et de communiquer les informations clairement. Pour utiliser ces outils, il est important de se familiariser avec les ressources disponibles. La compréhension d'un programme logiciel peut fournir des informations sur les capacités ou fonctionnements comparables de programmes similaires. De même, certains programmes sont conçus pour fournir des outils supplémentaires à d'autres programmes ou échanger des informations, comme les courriels et programmes capables d'importer/exporter des fichiers. De nombreuses organisations utilisent ces outils pour étudier, enregistrer et transmettre l'information.

Parmi les outils et les technologies de productivité bureautique se trouvent les éléments suivants :

- **Programmes de présentation et de traitement de texte** : ils permettent de présenter les informations sous la forme de lettres, journaux, affiches, articles, diapositives ou animations. Les logiciels de traitement de texte sont généralement utilisés pour développer et conserver les documents des exigences, conférant ainsi un niveau de contrôle élevé sur leur format et leur présentation. Des modèles de documentation des exigences sont d'ailleurs disponibles en grand nombre pour ces logiciels. De nombreux outils de traitement de texte présentent des capacités limitées en termes de suivi des modifications et d'enregistrement de commentaires, et ne sont pas conçus pour une création collaborative. Notez cependant que des solutions infonuagiques permettent de pallier ce manque.

- **Logiciel de présentation** : il permet de créer le matériel de formation ou de présenter des informations afin de favoriser les discussions parmi les parties prenantes. Certaines de ces applications peuvent être utilisées de façon très limitée afin d'enregistrer les exigences ou de créer un prototype de base.
- **Tableurs** : ils permettent de réaliser des manipulations logiques et mathématiques. Les tableurs sont souvent utilisés afin de gérer des listes (comme les exigences, caractéristiques, actions, problèmes ou anomalies). Ils permettent également d'enregistrer et de réaliser une manipulation simple de données numériques. Ils favorisent l'analyse décisionnelle et se montrent très efficaces en ce qui concerne la synthétisation de scénarios complexes. Ils n'acceptent qu'un suivi limité des modifications, mais peuvent être partagés entre plusieurs utilisateurs, de la même manière que dans un document de traitement de texte.
- **Outils de communication (programmes de messagerie instantanée ou courriel)** : ils permettent de communiquer avec les parties prenantes situées à distance, qui ne peuvent pas répondre immédiatement aux demandes ou qui ont besoin d'un enregistrement à plus long terme d'une discussion. Ces outils, très faciles à utiliser, sont généralement à la disposition de l'ensemble des parties prenantes. Cependant, ils ne sont globalement pas efficaces pour la conservation des informations ou un stockage à long terme. Leur principale fonction est de faciliter la communication sans contrainte de temps ou de distance.
- **Outils de gestion des connaissances et de collaboration** : ils permettent d'enregistrer les connaissances réparties dans l'ensemble d'une organisation et de les mettre à disposition aussi largement que possible. Ils permettent de rendre des documents accessibles pour une équipe entière et facilitent la collaboration. De plus, ces outils permettent à plusieurs utilisateurs de travailler simultanément sur un même document, et acceptent généralement les commentaires et discussions concernant le contenu de celui-ci. Ils peuvent se présenter sous la forme d'un référentiel de documents (intégré à un logiciel de productivité bureautique), d'un wiki (qui permet une création et une liaison faciles de pages web), de forums de discussion, de services sur le nuage et d'autres outils basés sur le web.
- **Matériel** : il permet de copier et de distribuer les informations afin de simplifier la communication avec les parties prenantes. Des outils, tels que les imprimantes et les projecteurs numériques, sont souvent utilisés afin de convertir des informations numériques générées sur ordinateur en informations physiques faciles à utiliser. Les photocopieuses et les numériseurs permettent de copier des documents physiques et de les partager de façon électronique.

.3 Indicateurs de l'efficacité

Une gestion efficace des technologies et des outils de productivité bureautique implique, entre autres, les actions suivantes :

- accroître l'efficacité et la rationalisation des processus en explorant les caractéristiques et fonctions des outils,
- prendre connaissance des outils disponibles, de leur fonctionnement et leurs capacités,
- être capable de déterminer l'outil le mieux adapté aux besoins des parties prenantes, et
- être capable d'indiquer clairement les caractéristiques majeures des outils disponibles.

9.6.2 Outils et technologies de l'analyse d'affaires

.1 Objectif

Les analystes d'affaires utilisent un ensemble d'outils et de technologies afin de modéliser, documenter et gérer les extrants des activités d'analyse d'affaires et les livrables pour les parties prenantes.

.2 Définition

Les outils spécifiques au domaine de l'analyse d'affaires offrent des fonctionnalités spécialisées dans :

- la modélisation,
- la schématisation,
- la documentation,
- l'analyse et cartographie des exigences,
- l'identification des relations entre les exigences,
- le suivi et le stockage des artéfacts des exigences, et
- la communication avec les parties prenantes.

Certains outils et technologies de l'analyse d'affaires se concentrent uniquement sur une seule activité de l'analyse d'affaires, et d'autres intègrent plusieurs fonctions d'analyse d'affaires au sein d'un seul et même outil. Les outils spécialement conçus pour l'analyse d'affaires sont susceptibles de comprendre des fonctionnalités telles que la modélisation, la gestion des exigences, le suivi des problèmes, la création de prototypes et la simulation, l'ingénierie logicielle assistée par ordinateur (CASE) et les moteurs de sondage.

Les outils de modélisation offrent de fonctionnalités permettant d'aider les analystes d'affaires dans un certain nombre de tâches de ce domaine, notamment :

- la création de modèles et visuels favorisant l'alignement entre les parties prenantes et soulignant la relation entre les besoins, les entités, les exigences, les parties prenantes et le contexte,
- l'association de visuels aux règles d'affaires, exigences de texte, énoncés de portée, visuels de portée, exigences de données, besoins de produit et autres informations et contexte d'exigence, et
- la création d'un fichier exécutable pour un moteur exclusif afin d'exécuter le modèle ou de générer un code d'application pouvant être amélioré par un développeur.

Ces outils valident souvent le respect de la notation. Certains outils de modélisation prennent en charge la création de modèles exécutables, comme des systèmes de gestion des processus d'affaires (permettant la création de modèles de processus exécutables) et des systèmes de gestion des règles d'affaires (permettant d'évaluer les règles d'affaires enregistrées).

Les technologies de gestion des exigences offrent des fonctionnalités qui aident les analystes d'affaires avec un certain nombre de tâches de ce domaine, notamment :

- les flux de travail d'exigences, comprenant l'établissement de données repères, les validations et les autorisations, le suivi du changement et le statut de mise en œuvre,
- la traçabilité, comprenant la traçabilité antérieure, la traçabilité postérieure, les relations entre les exigences et l'analyse d'impact du changement d'exigences,
- la gestion de la configuration des exigences et des artéfacts des exigences, et
- la vérification de la qualité des exigences par l'étude des relations et caractéristiques définies.

Les outils de suivi des problèmes offrent des fonctionnalités qui aident les analystes d'affaires dans un certain nombre de tâches de ce domaine, notamment :

- le suivi des risques liés aux exigences,
- le suivi des conflits et problèmes en matière d'exigences, et
- le suivi des anomalies.

Les outils de création de prototypes et de simulation offrent des fonctionnalités qui aident les analystes d'affaires à créer des prototypes ou à simuler la solution ou des parties de la solution.

.3 Indicateurs de l'efficacité

Une gestion efficace des technologies et des outils d'analyse d'affaires implique, entre autres, les actions suivantes :

- être capable d'appliquer sa compréhension d'un outil à d'autres outils similaires,
- être capable d'identifier les outils majeurs actuellement disponibles et de décrire leurs points forts, points faibles, et la manière dont ils peuvent être utilisés dans une situation donnée,
- comprendre et être capable d'utiliser les principales fonctionnalités de l'outil,
- être capable de sélectionner un ou des outils soutenant les processus organisationnels,
- être capable d'utiliser les outils pour réaliser les activités en lien avec les exigences de façon plus rapide, et
- être capable de suivre les changements apportés aux exigences ainsi que leur impact sur la mise en œuvre de la solution, les parties prenantes et la valeur.

9.6.3 Technologies et outils de communication

.1 Objectif

Les analystes d'affaires utilisent les technologies et les outils de communication afin de réaliser des activités d'analyse d'affaires, gérer des équipes et collaborer avec les parties prenantes.

.2 Définition

Les outils de communication sont utilisés pour planifier et réaliser des tâches liées aux interactions collaboratives et conversationnelles. Ils permettent aux analystes d'affaires de travailler avec des équipes virtuelles et sur place.

La compréhension des options mises à disposition par ces outils, et le fait de savoir comment utiliser les différents outils de communication afin de réaliser des tâches et comment utiliser les techniques dans différents environnements de collaboration, permettent une communication plus efficiente et précise ainsi qu'une prise de décision plus efficace. Les analystes d'affaires sélectionnent les outils et les technologies adéquats selon la situation et le groupe de parties prenantes tout en évaluant le coût, le risque et la valeur.

Parmi les outils favorisant les interactions et les discussions se trouvent les communications vocales, la messagerie instantanée, le chat en ligne, les courriels, le blogage et le microblogage.

Parmi les outils de collaboration se trouvent la visioconférence, les tableaux blancs électroniques, les wikis, les calendriers électroniques, les outils de remue-méninges en ligne, les outils de décision électronique, les outils de vote électronique, le partage de documents et le partage d'idées.

.3 Indicateurs de l'efficacité

Une gestion efficace des technologies et des outils de communication implique, entre autres, les actions suivantes :

- sélectionner les outils adaptés et efficaces selon le public et l'objectif,
- choisir le moment opportun pour utiliser les technologies de communication,
- être capable d'identifier les outils en fonction des besoins de communication, et
- comprendre et être capable d'utiliser les caractéristiques de l'outil.

10 Techniques

Le chapitre Techniques fournit un aperçu général des techniques indiquées dans les domaines de connaissances du *Guide BABOK®*. Les techniques sont les méthodes employées par les analystes d'affaires pour réaliser les tâches de l'analyse d'affaires.

Les techniques décrites dans le *Guide BABOK®* ont pour but d'aborder les techniques les plus courantes et les plus répandues au sein de la communauté d'analyse d'affaires. Les analystes d'affaires mettent à profit leur expérience et leur jugement afin de déterminer les techniques adaptées à une situation donnée et comment les appliquer. Notez que certaines techniques présentées ne sont pas décrites dans le *Guide BABOK®*. À mesure que l'analyse d'affaires évolue, des techniques seront ajoutées, modifiées ou supprimées des futures versions du *Guide BABOK®*.

Dans un certain nombre de cas, les ensembles d'approches similaires d'un point de vue conceptuel ont été regroupés dans une seule et même technique. Toute approche présentée dans une technique peut être utilisée de façon individuelle ou combinée afin d'atteindre l'objectif de la technique.

10.1 Critères d'évaluation et d'acceptation

10.1.1 Objectif

Les critères d'acceptation sont utilisés afin de définir les exigences, résultats ou conditions qui doivent être atteints pour qu'une solution soit considérée comme acceptable par les principales parties prenantes. Il s'agit de mesures utilisées afin d'évaluer un ensemble d'exigences et choisir parmi plusieurs solutions.

10.1.2 Description

Les critères d'évaluation et d'acceptation définissent les mesures des attributs de valeur utilisés pour évaluer et comparer les solutions et conceptions alternatives. Ces critères mesurables et testables permettent d'effectuer une évaluation objective et uniforme des solutions et conceptions. La technique des Critères d'évaluation et d'acceptation peut s'appliquer à tous les niveaux d'un projet, du niveau le plus général au niveau le plus détaillé.

Les critères d'acceptation décrivent l'ensemble d'exigences minimal devant être satisfait afin d'assurer la valeur de la mise en œuvre d'une solution spécifique. Ils peuvent être utilisés afin de déterminer si une solution ou une composante de la solution sont en mesure de satisfaire une exigence. Les critères d'acceptation sont généralement employés lorsqu'une seule solution possible est évaluée, et sont généralement exprimés sous la forme de réussite ou d'échec.

Les critères d'évaluation définissent un ensemble de mesures qui permettent de classer les solutions et conceptions alternatives en fonction de leur valeur pour les parties prenantes. Chaque critère d'évaluation représente une échelle continue ou discrète de mesure d'un attribut de solution spécifique, comme le coût, le rendement, l'utilisabilité et la capacité de la fonctionnalité à représenter les besoins des parties prenantes. Les attributs qui ne peuvent pas être mesurés directement sont évalués par le biais du jugement d'un expert ou de différentes techniques de notation.

Les critères d'acceptation et d'évaluation peuvent être définis avec des attributs de valeur identiques. Lors de l'évaluation de plusieurs solutions, celles présentant des coûts inférieurs et le meilleur rendement sont susceptibles d'obtenir une meilleure note. Lors de l'acceptation d'une solution, les critères sont rédigés avec des exigences de performance minimale et des limites de coût maximal au sein d'accords contractuels et de tests d'acceptation utilisateur.

10.1.3 Éléments

.1 Attributs de valeur

Les attributs de valeur sont les caractéristiques d'une solution déterminant ou influençant considérablement sa valeur pour les parties prenantes. Ils représentent une décomposition significative et convenue de la proposition de valeur en éléments constitutifs, qui peuvent être décrits en tant que qualités que la solution doit posséder ou éviter.

Parmi les exemples d'attributs de valeur se trouvent :

- la capacité à fournir des informations spécifiques,
- la capacité à réaliser ou soutenir des opérations spécifiques,
- les caractéristiques de rendement et de réactivité,
- l'applicabilité de la solution dans des contextes et situations spécifiques,

- la disponibilité de capacités et caractéristiques spécifiques, et
- l’utilisabilité, la sécurité, l’évolutivité et la fiabilité.

Le fait de fonder les critères d’évaluation et d’acceptation sur les attributs de valeur permet de s’assurer qu’ils sont valides et pertinents pour les besoins des parties prenantes, et doivent être pris en compte lors de l’acceptation et l’évaluation de la solution. Les analystes d’affaires veillent à ce que la définition de l’ensemble des attributs de valeur soit convenue par toutes les parties prenantes. Ils peuvent élaborer des outils et instructions de réalisation de l’évaluation ainsi que d’enregistrement et de traitement des résultats de celle-ci.

Figure 10.1.1: Critères d’évaluation et d’acceptation

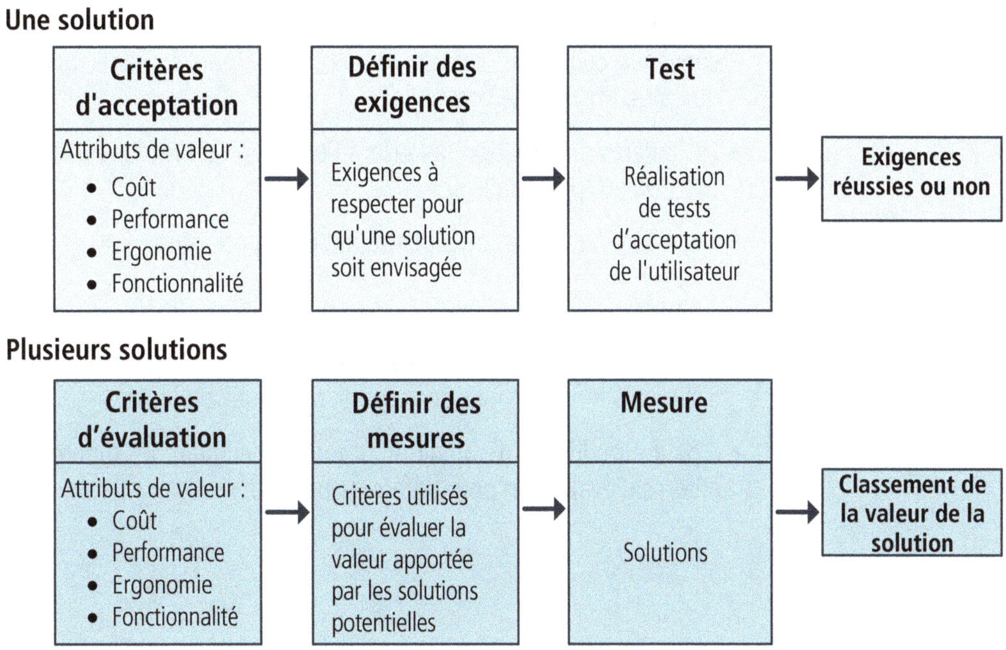

.2 Évaluation

Pour évaluer une solution avec des critères d’évaluation et d’acceptation, celle-ci doit être conçue dans un format mesurable.

Testabilité

Les critères d’acceptation sont exprimés sous une forme testable. Ce fonctionnement peut nécessiter la division des exigences en plus petites unités, de manière à pouvoir rédiger les scénarios de test en vue de vérifier la solution par rapport aux critères. Les critères d’acceptation sont présentés sous la forme d’énoncés dont la véracité ou l’inexactitude peuvent être vérifiées. Ce processus est souvent réalisé par le biais de tests d’acceptation utilisateur (TAU).

Mesures

Les critères d’évaluation fournissent un moyen de déterminer si les caractéristiques offrent la valeur nécessaire pour satisfaire les besoins des parties prenantes. Ils sont présentés sous la forme de paramètres, qui peuvent être mesurés par rapport à une échelle continue ou discrète. La définition de chaque critère permet de mesurer la solution par le biais de différentes méthodes telles que l’analyse comparative ou le jugement d’un expert. Cette définition peut impliquer l’élaboration d’outils et instructions de réalisation de l’évaluation ainsi que d’enregistrement et de traitement des résultats de celle-ci.

10.1.4 Considérations d'utilisation

.1 Points forts

- Les méthodologies agiles peuvent nécessiter l'expression de l'ensemble des exigences sous la forme de critères d'acceptation testables.
- Les critères d'acceptation sont nécessaires lorsque les exigences expriment des obligations contractuelles.
- Les critères d'acceptation offrent la possibilité d'évaluer les exigences sur la base de critères convenus.
- Les critères d'évaluation offrent la possibilité d'évaluer différents besoins selon les critères convenus, comme les caractéristiques, indicateurs courants, analyses comparatives locales ou globales, et rapports convenus.
- Les critères d'évaluation favorisent l'obtention du retour sur investissement (RSI) prévu ou autre valeur potentielle spécifiée.
- Les critères d'évaluation aident à définir les priorités.

.2 Limites

- Les critères d'acceptation peuvent exprimer des obligations contractuelles, et s'avérer alors difficiles à modifier pour des raisons politiques ou légales.
- Il peut être difficile d'obtenir un accord rassemblant les différentes parties prenantes sur les critères d'évaluation pour différents besoins.

10.2 Gestion du carnet de commandes

10.2.1 Objectif

Le carnet de commandes est établi afin d'enregistrer, de suivre et de prioriser les tâches en attente.

10.2.2 Description

Un carnet de commandes s'impose lorsque le volume de tâches à réaliser dépasse la capacité permettant de les réaliser.

La gestion du carnet de commandes fait référence à l'approche planifiée en vue de déterminer :

- les tâches qui doivent être expressément intégrées au carnet de commandes,
- la manière de décrire les tâches,
- la manière dont les tâches doivent être suivies,
- la manière dont chacune des commandes doit être vérifiée et priorisée régulièrement en lien avec l'ensemble du carnet,
- la manière dont les tâches sont sélectionnées pour être traitées, et
- la manière dont les commandes sont finalement supprimées du carnet.

Dans un carnet de commandes géré, les éléments situés en haut présentent la valeur d'affaires et la priorité les plus élevées. Il s'agit normalement des prochains éléments à traiter dans la liste.

L'ensemble du carnet de commandes doit régulièrement être vérifié, car certains changements apportés aux besoins et priorités des parties prenantes peuvent entraîner un changement de priorité des commandes du carnet. Le carnet de commandes est vérifié à intervalles planifiés dans de nombreux environnements.

Les modifications du nombre d'éléments dans le carnet de commandes sont également vérifiées régulièrement. Les causes fondamentales de ces changements sont alors étudiées : un carnet de commandes en croissance peut indiquer une augmentation de la demande ou une baisse de la productivité, tandis qu'un carnet de commandes en déclin peut indiquer une baisse de la demande ou une amélioration du processus de production.

Il peut exister plus d'un carnet de commandes. Un carnet de commandes peut par exemple être utilisé pour gérer un ensemble global d'éléments tandis qu'un second carnet est utilisé pour gérer les éléments qui doivent être traités dans un avenir rapproché.

10.2.3 Éléments

.1 Éléments dans le carnet de commandes

Les éléments dans le carnet de commandes peuvent se composer de tout type de commande à traiter. Un carnet de commandes peut contenir, sans s'y limiter, une combinaison des éléments suivants :

- cas d'utilisation,
- récits utilisateur,
- exigences fonctionnelles,
- exigences non-fonctionnelles,
- conceptions,
- commandes des clients,
- éléments relatifs aux risques,
- demandes de changement,
- anomalies,
- remaniement prévu,

- maintenance,
- réalisation d'une présentation ou
- remplissage d'un document.

Un élément est ajouté au carnet de commandes s'il présente une valeur pour une partie prenante. Le pouvoir d'ajouter de nouvelles commandes au carnet peut appartenir à une seule personne, ou un comité peut se réunir pour ajouter de nouveaux éléments une fois le consensus atteint. Dans certains cas, la responsabilité de l'ajout de nouvelles tâches peut être déléguée à l'analyste d'affaires. Il peut également exister des politiques et règles indiquant ce qui peut être ajouté et à quel moment, comme dans le cas d'anomalies majeures sur un produit.

.2 Priorisation

Les éléments du carnet de commandes sont priorisés les uns en fonction des autres. Au fil du temps, ces priorités évoluent avec les changements de priorités des parties prenantes ou lorsque des dépendances émergent entre les commandes du carnet. Les règles de gestion du carnet de commandes peuvent également avoir une incidence sur la priorité.

Il est possible d'opter pour une approche de priorisation à plusieurs phases. Lorsque les commandes sont initialement ajoutées au carnet, la priorisation peut être moins spécifique avec des catégories telles que : élevé, moyen ou faible. Les éléments présentant la priorité la plus élevée sont généralement vérifiés plus fréquemment en raison de la proximité de leur traitement. Afin d'établir une différence entre les éléments à priorité élevée, une approche plus granulaire est adoptée afin de spécifier la priorité relative par rapport aux autres éléments à priorité élevée, comme un classement numérique basé sur une certaine mesure de la valeur.

.3 Estimation

Le niveau de détail utilisé pour décrire chaque élément du carnet de commandes peut varier considérablement. Les commandes situées en haut du carnet sont généralement décrites plus en détail, avec une estimation précise de leur complexité et ampleur relative destinée à déterminer le coût et les efforts requis pour les effectuer. Lorsqu'un élément est ajouté au départ, il ne comporte parfois que peu de détails – notamment si son traitement n'est pas programmé dans un avenir proche.

Un travail minimum est réalisé sur chaque commande lorsque celles-ci se trouvent dans le carnet, suffisamment pour comprendre le travail requis pour les réaliser. À mesure que le travail progresse sur d'autres commandes du carnet, la priorité relative d'une commande spécifique peut augmenter. Cela entraîne alors la nécessité de la vérifier, voire de la compléter ou de la décomposer pour mieux comprendre et estimer son ampleur et sa complexité.

La rétroaction provenant du processus de production concernant le coût et les efforts requis pour réaliser les tâches antérieures permettent d'affiner les estimations des éléments qui se trouvent encore dans la liste de tâches.

.4 Gestion des changements apportés au carnet de commandes

Les commandes remontent dans le carnet en fonction de leur priorité relative par rapport aux autres commandes du carnet. Lorsque des exigences nouvelles ou modifiées sont identifiées, celles-ci sont ajoutées au carnet de commandes et classées parmi les autres commandes déjà présentes.

Dès que des capacités de travail surviennent, le carnet de commandes est consulté et les éléments sont sélectionnés en fonction de la capacité disponible, des dépendances entre les éléments, de la considération actuelle de l'ampleur et de la complexité.

Les commandes sont supprimées du carnet lorsqu'elles sont terminées ou s'il a été décidé de ne plus travailler dessus. Les commandes supprimées peuvent toutefois être à nouveau ajoutées pour plusieurs raisons, notamment :

- une évolution significative des besoins des parties prenantes,
- un traitement plus chronophage que prévu,
- un temps de traitement plus long que prévu pour d'autres éléments prioritaires, ou
- des anomalies constatées dans le produit.

10.2.4 Considérations d'utilisation

.1 Points forts

- Une approche efficace dans le traitement des besoins et priorités en évolution des parties prenantes, car les commandes suivantes sélectionnées dans le carnet sont toujours alignées avec les priorités actuelles des parties prenantes.
- Seules les commandes situées en haut du carnet sont développées et estimées en détail. Les commandes du bas du carnet indiquent une priorité inférieure et font l'objet de moins d'attention et d'effort.
- Ce système peut représenter un moyen de communication efficace car les parties prenantes comprennent les tâches qui seront bientôt traitées, celles qui sont programmées plus tard et celles qui ne seront pas traitées avant un certain temps.

.2 Limites

- Les carnets de commandes volumineux peuvent devenir encombrants et difficiles à gérer.
- Il faut de l'expérience pour être capable de diviser le travail suffisamment en détail pour obtenir une estimation précise.
- Des commandes insuffisamment détaillées dans le carnet peuvent entraîner une perte d'informations au fil du temps.

10.3 Tableau de bord prospectif

10.3.1 Objectif

Le tableau de bord prospectif est utilisé afin de gérer la performance dans un modèle d'affaires, une structure organisationnelle ou un processus d'affaires.

10.3.2 Description

Le tableau de bord prospectif est un outil de planification et de gestion stratégique, utilisé pour mesurer le rendement organisationnel au-delà des mesures financières classiques. Il est axé sur le résultat et offre une vision équilibrée d'une entreprise en mettant en place un plan stratégique en tant que cadre actif pour les mesures de performance et d'objectifs. Le principe sous-jacent du tableau de bord prospectif est le fait de comprendre, de mesurer et d'optimiser les moteurs de création de la valeur en vue de créer une rendement durable.

Le tableau de bord prospectif se compose de quatre dimensions :

- Apprentissage et croissance,
- Processus d'affaires,
- Client et
- Finance.

Le tableau de bord prospectif comprend des objectifs tangibles, des mesures spécifiques et des résultats ciblés obtenus à partir de la stratégie et la vision de l'organisation. Les tableaux de bord prospectifs d'affaires peuvent être utilisés à plusieurs niveaux au sein d'une organisation, notamment le niveau de l'entreprise (niveau macro), départemental ou fonctionnel, et même le niveau du projet ou de l'initiative.

Figure 10.3.1: Tableau de bord prospectif

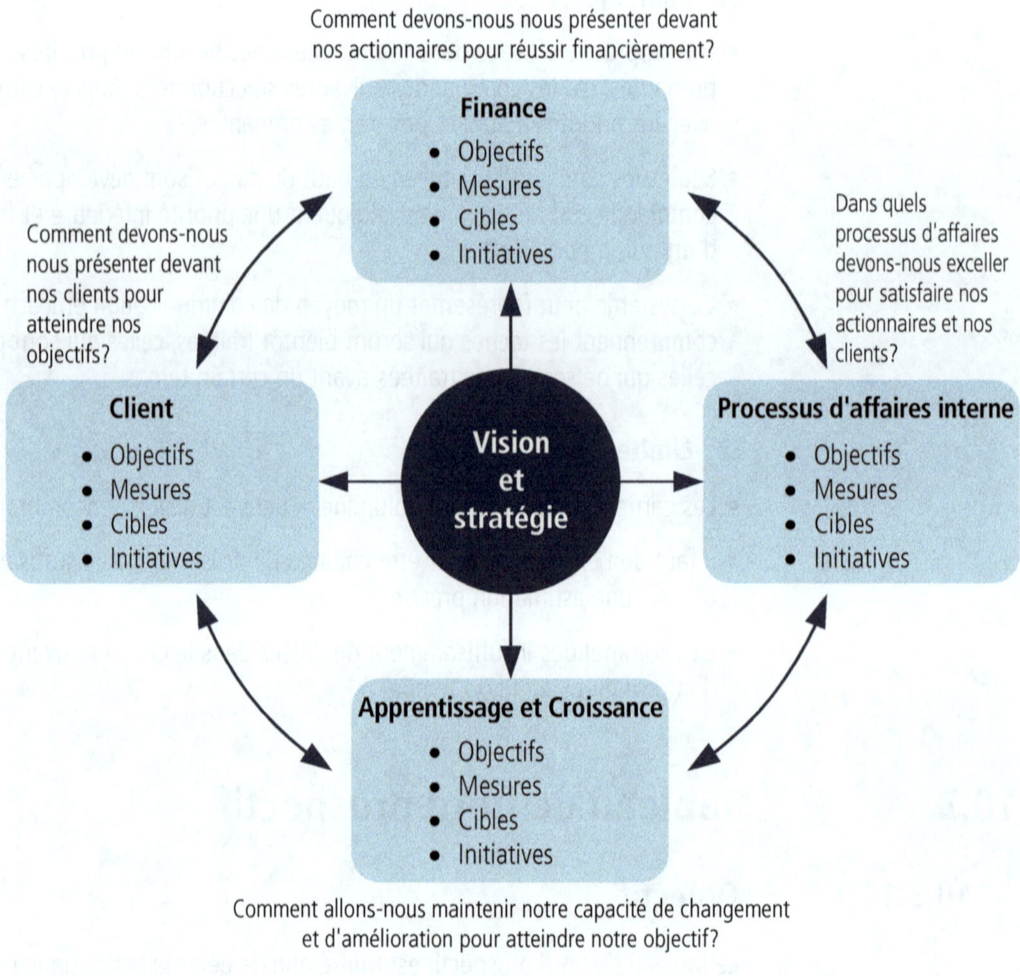

10.3.3 Éléments

.1 Dimension d'apprentissage et de croissance

La dimension d'apprentissage et de croissance comprend des mesures concernant la formation et l'apprentissage des employés, l'innovation en matière de service et de produit ainsi que la culture d'entreprise. Les mesures orientent l'utilisation des fonds de formation, du mentorat, du partage des connaissances et des améliorations technologiques.

.2 Dimension du processus d'affaires

La dimension du processus d'affaires comprend des mesures qui indiquent le bon fonctionnement de l'entreprise et si ses produits satisfont les besoins des clients.

.3 Dimension de la clientèle

La dimension de la clientèle comprend des mesures sur l'orientation client, la satisfaction et l'apport de valeur. Ces mesures permettent de connaître la mesure dans laquelle les besoins des clients sont satisfaits, leur niveau de satisfaction concernant les produits et services, la satisfaction de leurs attentes en matière de qualité par ces produits et services ainsi que leur expérience globale avec l'entreprise.

.4 Dimension financière

La dimension financière identifie ce qui est nécessaire d'un point de vue financier pour réaliser la stratégie. Parmi les exemples de mesures financières se trouvent la rentabilité, la croissance des revenus et la valeur économique ajoutée.

.5 Mesures ou indicateurs

Il existe deux types de mesures ou indicateurs de base : les indicateurs rétrospectifs qui fournissent les résultats pour des actions déjà réalisées, et les indicateurs prospectifs qui fournissent des informations sur le rendement futur.

Les objectifs présentent généralement des indicateurs rétrospectifs, mais l'utilisation d'indicateurs prospectifs connexes peut offrir des informations plus actualisées sur le rendement.

10.3.4 Considérations d'utilisation

Afin de garantir l'utilisé des mesures, celles-ci doivent être quantitatives, reliées à la stratégie et faciles à comprendre pour les parties prenantes. Lorsqu'il définit les mesures, l'analyste d'affaires tient compte d'autres mesures pertinentes en place et veille à ce que les mesures nouvelles ou modifiées n'entraînent aucun effet négatif sur les mesures existantes. Toutes les dimensions du tableau de bord prospectif peuvent en permanence être actives, changer et évoluer. Chaque dimension affecte et est affectée par les autres. Le tableau de bord prospectif permet à l'organisation d'établir une surveillance et de mesurer les progrès en lien avec des objectifs, et d'adapter la stratégie si nécessaire.

Dans la mesure où ce tableau est utilisé pour évaluer le rendement de l'entreprise ou d'une unité opérationnelle au sein de l'entreprise, les changements apportés aux mesures peuvent entraîner une incidence de grande envergure. Ils doivent donc être communiqués clairement et gérés avec précaution.

.1 Points forts

- Le tableau de bord favorise une planification et un raisonnement holistiques et équilibrés.
- Les objectifs à court, moyen et long terme peuvent être harmonisés au sein de programmes avec des mesures de réussite progressives.
- Les équipes stratégiques, tactiques et opérationnelles harmonisent leur travail plus facilement.
- Ce système encourage le progrès et la compétitivité.

.2 Limites

- L'absence de stratégie claire complique l'alignement des dimensions.
- Il peut être considéré comme le seul outil de planification stratégique au lieu d'un simple outil à utiliser parmi un ensemble d'outils de planification stratégique.
- Il peut être considéré, à tort, comme susceptible de remplacer une planification, exécution et mesure stratégique.

10.4 Analyse comparative et analyse du marché

10.4.1 Objectif

L'analyse comparative et l'analyse du marché sont réalisées dans le but d'améliorer les opérations organisationnelles, accroître la satisfaction des clients ainsi que la valeur pour les parties prenantes.

10.4.2 Description

Les études comparatives ont pour objectif de comparer les pratiques organisationnelles par rapport aux pratiques recommandées. Ces dernières peuvent être mises en place par des entreprises concurrentes, le gouvernement ou des associations professionnelles. Le but de l'analyse comparative est d'évaluer le rendement de l'entreprise et de s'assurer que celle-ci fonctionne efficacement. Cette analyse peut également être réalisée par rapport à une norme à des fins de conformité. Les résultats de l'analyse comparative peuvent entraîner un changement dans une organisation.

L'analyse du marché a pour objectif de sonder des clients pour déterminer les produits et services dont ils ont besoin ou envie, les facteurs qui influencent leurs décisions d'achat ainsi que les concurrents existant sur le marché. Le but de l'analyse du marché est d'acquérir ces informations afin de soutenir les différents processus décisionnels au sein d'une organisation. Elle contribue également à déterminer le bon moment pour sortir d'un marché, ainsi que les alternatives viables de partenariats, fusions ou cessions dans une entreprise.

10.4.3 Éléments

.1 Analyse comparative

L'analyse comparative comprend :

- l'identification des domaines à étudier,
- la détermination des entreprises chefs de file dans le secteur (notamment les concurrents),
- la réalisation d'un sondage auprès des entreprises sélectionnées afin de comprendre leurs pratiques,
- l'utilisation d'une demande d'information (RFI) afin de recueillir des informations concernant les capacités,
- l'organisation de visites dans les meilleures organisations,
- l'établissement des écarts entre les pratiques actuelles et recommandées, et le développement d'une proposition de projet pour la mise en œuvre des pratiques recommandées.

.2 Analyse du marché

L'analyse du marché nécessite que l'analyste d'affaires :

- identifie qui sont les clients et comprenne leurs préférences,
- cerne les opportunités susceptibles d'accroître la valeur pour les parties prenantes,
- détermine les concurrents et étudie leurs activités,
- recherche les tendances sur le marché, anticipe le niveau de croissance et estime la rentabilité potentielle,
- définisse les stratégies d'affaires adéquates,
- rassemble des données sur le marché,
- utilise les ressources existantes, comme les dossiers de l'entreprise, travaux de recherche et livres, et applique ces informations pour traiter les questions en suspens, et
- examine les données afin de déterminer les tendances et tirer des conclusions.

10.4.4 Considérations d'utilisation

.1 Points forts

- L'analyse comparative fournit des informations sur les méthodes, les idées et les outils, nouveaux et différents, permettant d'améliorer le rendement organisationnel.
- Une organisation peut utiliser l'analyse comparative pour identifier les meilleures pratiques de ses concurrents en vue de les égaler ou de les dépasser.
- L'analyse comparative identifie la raison pour laquelle les entreprises similaires réussissent, ainsi que les processus utilisés pour y parvenir.
- L'analyse du marché permet de cibler des groupes spécifiques. Elle peut être adaptée en vue de répondre à des questions spécifiques.
- L'analyse du marché peut exposer les faiblesses d'une certaine entreprise ou industrie.
- L'analyse du marché peut cerner les différences dans les offres de produit et de services des concurrents.

.2 Limites

- L'analyse comparative est chronophage, et les organisations ne disposent pas toujours de l'expertise requise pour réaliser l'analyse et interpréter les résultats correctement.
- L'analyse comparative ne peut pas aboutir à la production de solutions innovantes ou de solutions offrant un avantage concurrentiel durable, car elle implique l'évaluation de solutions qui se sont révélées efficaces ailleurs dans le but de les reproduire.
- L'analyse du marché peut s'avérer chronophage et onéreuse, et les résultats ne sont pas toujours disponibles immédiatement.
- En l'absence d'une segmentation du marché, l'analyse du marché peut produire des données incorrectes concernant les produits ou services d'un concurrent, ou ne pas produire les résultats attendus.

10.5 Remue-méninges

10.5.1 Objectif

Le remue-méninges représente un excellent moyen pour favoriser la pensée créative dans la résolution d'un problème. L'objectif est ici de trouver plusieurs idées nouvelles et d'en tirer des thèmes pour une analyse plus approfondie.

10.5.2 Description

Le remue-méninges est une technique conçue pour produire un ensemble d'options étendu ou varié.

Il permet de répondre à des questions spécifiques telles que (sans s'y limiter) :

- Quelles options sont disponibles pour résoudre le problème qui nous occupe ?
- Quels facteurs empêchent le groupe d'établir une approche ou une option ?
- Qu'est-ce qui pourrait entraîner un retard dans l'activité « A » ?
- Que pourrait faire le groupe pour résoudre le problème « B » ?

Le remue-méninges se concentre sur un sujet ou un problème afin de trouver autant de solutions potentielles que possible. Cette technique est idéale dans un groupe, car elle tire parti de l'expérience et de la créativité de tous les membres du groupe. En l'absence de groupe, il est possible de réaliser un remue-méninges seul pour trouver de nouvelles idées. Pour accroître la créativité, les participants sont encouragés à utiliser de nouvelles manières d'envisager les choses et à associer librement leurs idées dans toutes les directions. Lorsqu'il est bien réalisé, le remue-méninges peut devenir amusant, stimulant et productif.

Figure 10.5.1: Remue-méninges

10.5.3 Éléments

.1 Préparation

- Développer une définition claire et concise du domaine d'intérêt.
- Déterminer une limite de temps pour la recherche d'idées par le groupe. Plus celui-ci est important, plus le temps requis sera conséquent.
- Identifier le facilitateur et les participants à la session (l'idéal est de réunir six à huit participants, avec des antécédents et une expérience variés du sujet).
- Définir les attentes avec les participants et obtenir leur adhésion au processus.
- Établir les critères d'évaluation et de notation des idées.

.2 Session

- Partager de nouvelles idées sans discuter, critiquer ou évaluer.
- Noter toutes les idées de façon visible.
- Encourager les participants à se montrer créatifs, à partager leurs idées même excessives et à se baser sur les idées des autres.
- Ne pas limiter le nombre d'idées, le but consiste à en recueillir autant que possible dans le délai imparti.

.3 Conclusion

- Une fois le délai écoulé, discuter des idées et les évaluer à l'aide des critères préétablis.
- Créer une liste condensée des idées, les associer lorsque cela s'impose et éliminer les doublons.
- Noter les idées, puis redistribuer la liste finale des idées aux parties concernées.

10.5.4 Considérations d'utilisation

.1 Points forts

- Possibilité de recueillir de nombreuses idées en peu de temps.
- L'environnement sans jugement favorise la pensée créative.
- Cet exercice peut réduire la tension entre les participants lors d'un atelier.

.2 Limites

- La participation dépend de la créativité individuelle et de la volonté de participer.
- Les politiques organisationnelles et interpersonnelles peuvent limiter la participation globale.
- Les participants doivent accepter de ne pas débattre des idées soulevées au cours du remue-méninges.

10.6 Analyse de capacité de l'entreprise

10.6.1 Objectif

L'analyse de capacité de l'entreprise fournit un cadre permettant d'établir la portée et de planifier en générant une compréhension partagée des résultats, en cernant l'alignement avec la stratégie et en fournissant une portée ainsi qu'un filtre de priorisation.

10.6.2 Description

L'analyse de capacité de l'entreprise décrit ce qu'une entreprise, ou partie d'une entreprise, est capable de faire. Les capacités d'affaires décrivent la capacité d'une entreprise à agir sur ou transformer un élément en vue d'atteindre un but ou un objectif d'affaires. Les capacités peuvent être évaluées en termes de rendement et de risques associés, afin d'identifier les écarts de rendement spécifiques et de prioriser les investissements. De nombreuses activités de développement de produit constituent une tentative d'améliorer la performance d'une capacité d'affaires existante ou d'en obtenir une nouvelle. Tant qu'une entreprise continue à exercer des fonctions similaires, les capacités requises doivent rester constantes même si la méthode d'exécution de ces capacités subit un changement significatif.'

10.6.3 Éléments

.1 Capacités

Les capacités sont les aptitudes d'une entreprise à réaliser ou à transformer un élément en vue d'atteindre un but ou un objectif d'affaires. Elles décrivent l'objet ou le résultat du rendement ou de la transformation, et non la manière dont le rendement ou la transformation sont réalisés. Chaque capacité se trouve une seule et unique fois sur une carte de capacité, même si elle est commune à plusieurs unités opérationnelles.

.2 Utilisation des capacités

Les capacités impactent la valeur par le biais de l'augmentation ou la protection des revenus, la réduction ou la minimisation des coûts, l'amélioration du service, l'obtention de la conformité ou le positionnement de l'entreprise pour l'avenir. Toutes ne possèdent pas le même niveau de valeur, et différents outils peuvent être utilisés pour faire apparaître la valeur dans l'évaluation d'une capacité.

.3 Attentes de performance

Les capacités peuvent être évaluées afin de déterminer des attentes explicites en matière de performance. Lorsqu'une capacité est ciblée en vue d'apporter une amélioration, un écart de performance spécifique peut alors être identifié. Cet écart de performance représente la différence entre la performance actuelle et la performance souhaitée, en fonction de la stratégie d'affaires.

.4 Modèle de risque

Les capacités ne présentent pas de risque en elles-mêmes. Ceux-ci se trouvent dans la réalisation de la capacité, ou l'absence de réalisation.

Ces risques sont classés dans des catégories d'affaires classiques :

- risque d'affaires,

- risque technologique,
- risque organisationnel et
- risque de marché.

.5 Planification stratégique

Les capacités d'affaires concernant l'état actuel et l'état futur d'une entreprise peuvent être utilisées afin de déterminer la direction à prendre pour réaliser sa stratégie. L'évaluation d'une capacité d'affaires peut entraîner la création d'un ensemble de recommandations ou propositions de solutions. Ces informations forment la base d'une stratégie produits et guident la planification de commercialisation. Au niveau stratégique, les capacités doivent soutenir une entreprise en établissant et en maintenant un avantage concurrentiel durable et une proposition de valeur distincte.

.6 Cartes de capacités

Les cartes de capacités offrent une vision schématique des éléments impliqués dans l'analyse des capacités d'affaires. Les exemples suivants montrent un élément d'une carte de capacités dans le cadre d'un réseau de capacités plus important.

Il n'existe pas de norme pour la notation des cartes de capacités. Les images suivantes montrent deux méthodes différentes permettant de créer une carte de capacités. Les deux premières images représentent le premier exemple, et la troisième image est le second exemple.

Figure 10.6.1: Exemple 1 de carte de capacités, avec une cellule

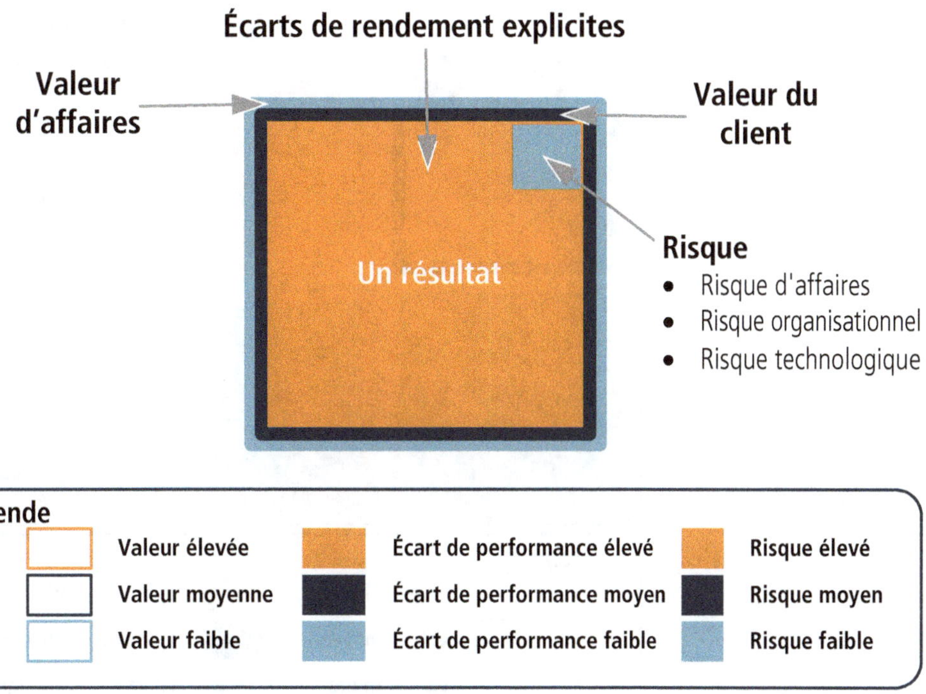

Figure 10.6.2: Exemple 1 de carte de capacités

Figure 10.6.3: Exemple 2 de carte de capacités

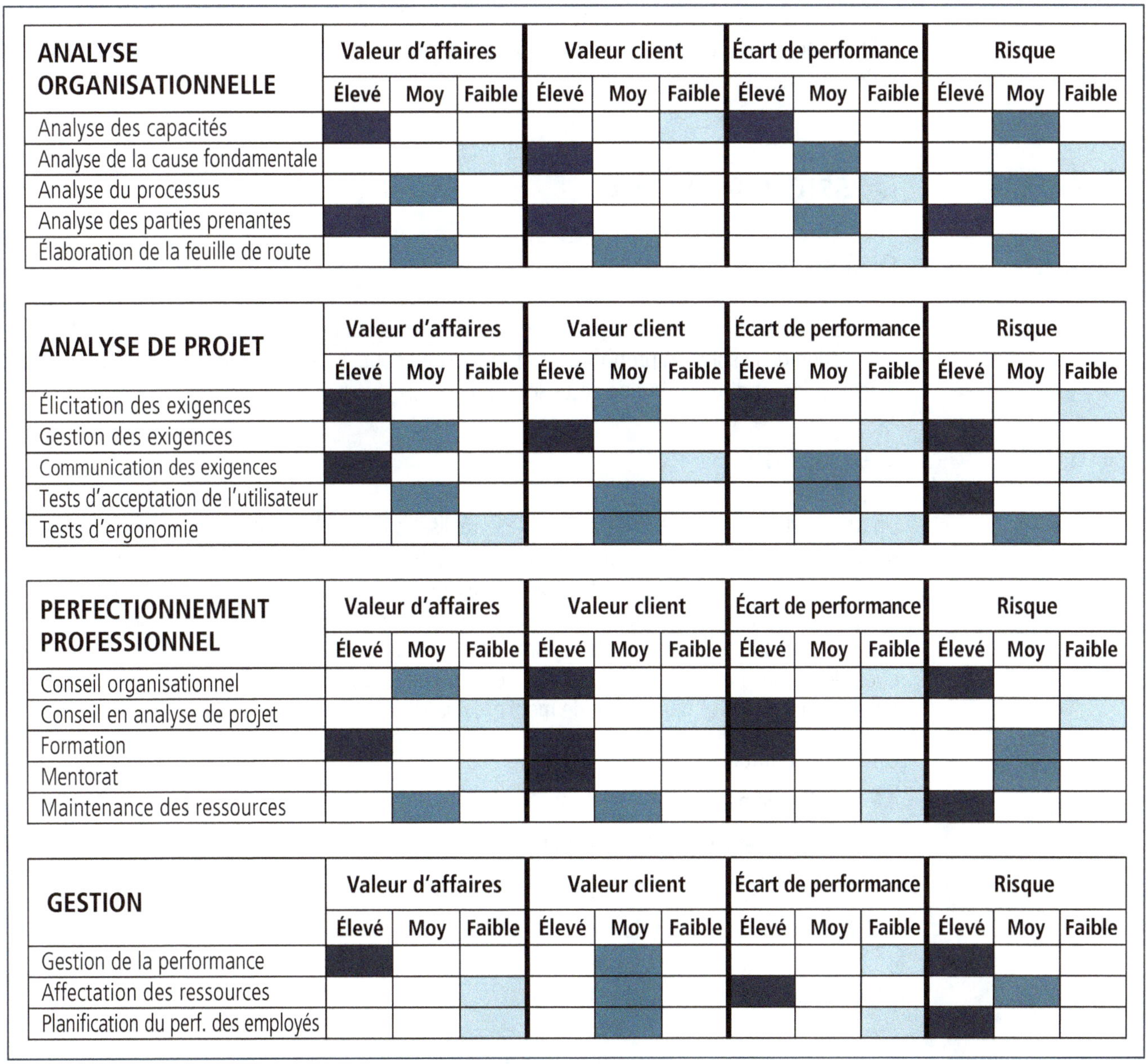

10.6.4 Considérations d'utilisation

.1 Points forts

- Les cartes offrent une articulation partagée des résultats, de la stratégie et du rendement, contribuant à créer des initiatives très centrées et alignées.
- Elles permettent d'aligner les initiatives d'affaires dans plusieurs aspects de l'organisation.
- Elles sont utiles pour évaluer la capacité d'une organisation à offrir de nouveaux produits et services.

.2 Limites

- L'organisation doit se mettre d'accord pour collaborer sur ce modèle.

- Lorsqu'elles sont créées de manière unilatérale ou en vase clos, elles ne peuvent respecter les objectifs d'alignement et de compréhension partagée.
- Elles nécessitent une collaboration interfonctionnelle étendue dans la définition du modèle de capacité et du cadre de valeur.

10.7 Dossiers d'affaires

10.7.1 Objectif

Un dossier d'affaires fournit la justification d'un plan d'action basé sur les bénéfices à tirer de l'utilisation de la solution proposée – par rapport au coût, à l'effort et aux autres considérations d'acquisition et d'utilisation de cette solution.

10.7.2 Description

Un dossier d'affaires reprend les raisons de la réalisation d'un changement. Il se présente souvent sous la forme d'un document formel, mais peut également être traité par le biais de méthodes informelles. Le temps et les ressources consacrés au dossier d'affaires doivent être proportionnels à l'ampleur et à l'importance de sa valeur potentielle. Le dossier d'affaires offre suffisamment de détails pour informer et demander l'approbation sans se perdre dans les méandres de la méthode et/ou de l'approche concernant la mise en œuvre. Il peut également représenter le catalyseur d'une ou plusieurs initiatives dans le but de mettre le changement à exécution.

Un dossier d'affaires est utilisé afin de :

- définir le besoin,
- déterminer les résultats souhaités,
- évaluer les contraintes, hypothèses et risques, et
- recommander une solution.

10.7.3 Éléments

.1 Évaluation du besoin

Le besoin est le moteur du dossier d'affaires. Il s'agit en effet du but ou de l'objectif d'affaires qui doit être satisfait. Les objectifs sont liés à une ou plusieurs stratégies de l'entreprise. L'évaluation du besoin permet de cerner le problème ou l'opportunité potentielle. Tout au long du développement du dossier d'affaires, différentes alternatives permettant de résoudre le problème ou de saisir l'opportunité seront évaluées.

.2 Résultats souhaités

Les résultats souhaités décrivent l'état qui doit être atteint si le besoin est satisfait. Ils comprennent des résultats mesurables, qui peuvent être utilisés afin de déterminer la réussite du dossier d'affaires ou de la solution. Les résultats souhaités doivent être reconsidérés lors des jalons définis et à l'achèvement de l'initiative (ou des initiatives) afin de compléter le dossier d'affaires. Ils doivent également être indépendants de la solution recommandée. Lorsque les options de la solution sont évaluées, leur capacité à atteindre les résultats souhaités permet de déterminer la solution recommandée.

.3 Évaluation des alternatives

Le dossier d'affaires identifie et évalue différentes solutions alternatives. Parmi ces alternatives peuvent se trouver (sans s'y limiter) différentes technologies, processus et modèles d'affaires, ou encore les différentes manières d'acquérir ces éléments ainsi que différentes options de délai. Les alternatives peuvent être affectées par des contraintes telles que le budget, le délai et certains aspects juridiques. L'alternative « ne rien faire » doit être évaluée et prise en compte dans la solution recommandée.

Chaque alternative doit être évaluée en termes de :

- Portée : elle définit l'alternative suggérée. La portée peut être définie à l'aide de limites organisationnelles, limites de système, processus d'affaires, gamme de produits ou régions géographiques. Les énoncés de portée définissent clairement ce qui sera inclus et ce qui sera exclu. La portée des différentes alternatives peut être similaire ou présenter des recoupements, mais également différer selon les solutions.
- Faisabilité : la faisabilité organisationnelle et technique doit être évaluée pour chaque alternative. Elle comprend les connaissances, compétences et capacités organisationnelles ainsi que l'expérience et la maturité technique dans les technologies proposées.
- Hypothèses, risques et contraintes : les hypothèses sont des faits reconnus qui peuvent avoir une incidence sur l'initiative. Les contraintes sont des limites pouvant restreindre les alternatives possibles. Les risques sont les problèmes potentiels pouvant entraîner un impact négatif sur la solution. Le fait d'accepter et de documenter ces facteurs simplifie la mise en place d'attentes réalistes ainsi qu'une compréhension partagée par les parties prenantes.

Pour plus d'informations, se référer à Analyse financière (p. 271).

- Analyse financière et évaluation de la valeur : l'analyse financière et l'évaluation de la valeur comprennent une estimation des coûts de mise en œuvre et de fonctionnement de l'alternative, ainsi que les bénéfices financiers quantifiés issus de la mise en œuvre de l'alternative. Les bénéfices non pécuniaires (comme l'amélioration du moral des employés, l'accroissement de la souplesse en réponse à un changement, l'amélioration de la satisfaction des clients ou la réduction de l'exposition au risque) sont également importants et apportent une valeur significative à l'organisation. Les estimations de valeur sont reliées aux buts et objectifs stratégiques.

.4 Solution recommandée

La solution recommandée décrit la manière la plus souhaitable de résoudre le problème ou de tirer parti de l'opportunité. La solution est décrite suffisamment en détail pour permettre aux décisionnaires de la comprendre et de déterminer si la recommandation sera mise en œuvre. La solution recommandée peut également comprendre certaines estimations de coût et de durée concernant sa mise en œuvre. Les résultats/bénéfices mesurables seront repérés afin de permettre aux parties prenantes d'évaluer le rendement et la réussite de la solution suite à l'implémentation et au cours du fonctionnement.

10.7.4 Considérations d'utilisation

.1 Points forts

- Les dossiers d'affaires offrent un ensemble de faits, de problèmes et d'analyses complexes, nécessaires afin de prendre des décisions au sujet du changement.
- Ils fournissent une analyse financière détaillée des coûts et des bénéfices.
- Ils orientent la prise de décision tout au long de l'initiative.

.2 Limites

- Les dossiers d'affaires peuvent être pollués ou peuvent être soumis au parti pris des auteurs.
- Ils ne sont souvent plus actualisés lorsque le financement de l'initiative est assuré.
- Ils contiennent des hypothèses concernant les coûts et bénéfices, qui peuvent s'avérer invalides après une analyse plus poussée.

10.8 Canevas du modèle d'affaires

10.8.1 Objectif

Le canevas du modèle d'affaires décrit la manière dont une entreprise crée, réalise et récupère la valeur pour et par le biais de ses clients.

10.8.2 Description

Un canevas du modèle d'affaires se compose de neuf blocs constitutifs qui décrivent la manière dont une organisation entend réaliser la valeur :

- Partenariats majeurs,
- Activités majeures,
- Ressources majeures,
- Proposition de valeur,
- Relations client,
- Canaux,
- Segments de clientèle,
- Structure des coûts et
- Flux de revenus.

Ces éléments constitutifs sont organisés sous la forme d'un canevas d'affaires, qui montre la relation entre les opérations, la finance, les clients et les offres de l'organisation. Ce canevas sert également de plan détaillé pour la mise en œuvre d'une stratégie.

Figure 10.8.1: Canevas du modèle d'affaires

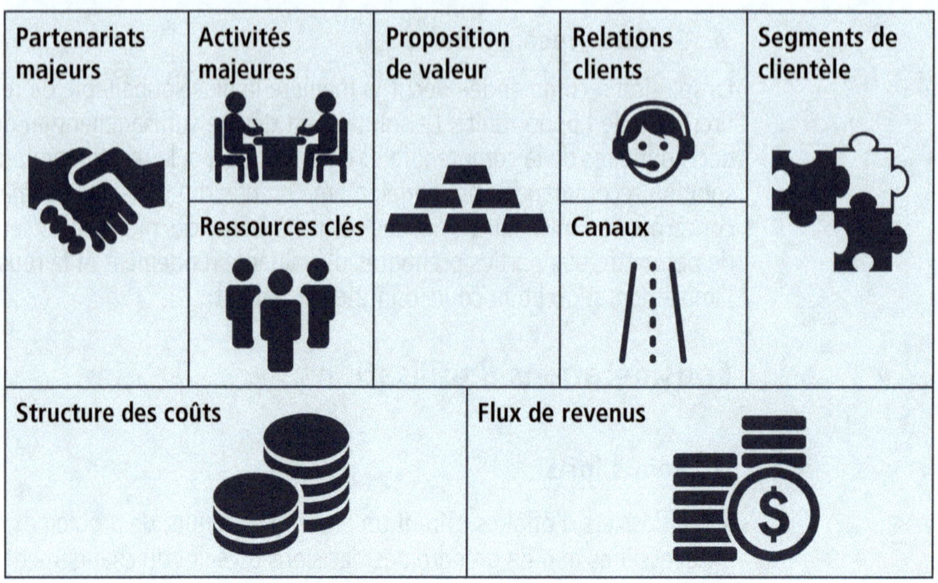

Un canevas du modèle d'affaires peut être utilisé en tant qu'outil de diagnostic et de planification au sujet d'une stratégie ou d'une initiative. En tant qu'outil de diagnostic, les différents éléments du canevas sont utilisés comme projecteur sur l'état actuel de l'entreprise, notamment en ce qui concerne l'ampleur relative en matière d'énergie, de temps et de ressources que l'organisation investit dans différents domaines. En tant qu'outil de planification et de surveillance, le canevas peut être utilisé en tant que ligne directrice et cadre pour comprendre les interdépendances et les priorités parmi les groupes et les initiatives.

Un canevas du modèle d'affaires permet de relier les programmes, les projets et autres initiatives (comme le recrutement ou la rétention des talents) à la stratégie de l'entreprise. À ce titre, le canevas est utilisé afin de voir où investit l'entreprise, les endroits adaptés à une initiative spécifique, ainsi que les initiatives liées.

Un canevas du modèle d'affaires peut également être utilisé pour montrer les endroits où les efforts des différents départements et groupes de travail correspondent à la stratégie globale de l'entreprise.

.1 Éléments

Partenariats majeurs

Les partenariats majeurs comprennent généralement un certain degré de partage des informations exclusives, notamment les technologies. Un partenariat majeur efficace peut, dans certains cas, favoriser la création de relations plus formalisées comme des fusions et des acquisitions.

Parmi les bénéfices à s'impliquer dans un partenariat majeur se trouvent :

- l'optimisation et l'économie,
- la réduction du risque et de l'incertitude,
- l'acquisition de ressources et activités spécifiques, et
- un manque de capacités internes.

Activités majeures

Les activités majeures sont les activités essentielles à la création, la réalisation et le maintien de la valeur, ainsi que d'autres activités soutenant le fonctionnement de l'entreprise.

Les activités majeures peuvent être classées dans les domaines suivants :

- **Valeur ajoutée** : caractéristiques, fonctionnalités et activités commerciales pour lesquelles le client est disposé à payer.
- **Absence de valeur ajoutée** : aspects et activités pour lesquels le client n'est pas disposé à payer.
- **Absence de valeur d'affaires ajoutée** : caractéristiques devant être intégrées à l'offre, activités réalisées pour respecter les réglementations, et autres besoins ou coûts associés au fonctionnement de l'entreprise, pour lesquels le client n'est pas disposé à payer.

Ressources majeures

Les ressources sont les actifs requis pour réaliser un modèle d'affaires. Elles peuvent différer selon celui-ci.

Les ressources peuvent être classées de la façon suivante :

- **Physique** : applications, localisations et machines.

- **Financière** : ce qui est requis pour financer un modèle d'affaires, comme la trésorerie et les lignes de crédit.
- **Intellectuelle** : tous les aspects exclusifs permettant à un modèle d'affaires de prospérer, comme les connaissances, brevets et droits d'auteur, bases de données client et stratégie de marque.
- **Humaine** : les personnes requises pour réaliser un modèle d'affaires spécifique.

Proposition de valeur

Une proposition de valeur représente ce que le client est disposé à échanger pour satisfaire ses besoins. La proposition peut se composer d'un produit ou service unique, ou d'un ensemble de biens et services rassemblés pour répondre aux besoins d'un client ou d'un segment de clientèle, en vue de l'aider à résoudre son problème.

Relations client

Les relations client sont généralement classées en tant qu'acquisition et rétention de client. Les méthodes utilisées pour établir et maintenir les relations client varient selon le niveau d'interaction souhaité et la méthode de communication. Par exemple, certaines relations peuvent être très personnalisées tandis que d'autres sont automatisées et favorisent une approche en libre-service. Les relations peuvent également être formelles ou informelles.

Les organisations interagissent avec leurs clients de différentes manières selon la relation qu'elles veulent établir ou maintenir.

Canaux

Les canaux sont les différentes manières pour une entreprise d'interagir avec et d'offrir une valeur à ses clients. Certains canaux sont très axés sur la communication (comme le canal marketing), tandis que d'autres se concentrent sur la livraison (comme le canal de distribution). Il existe également les canaux de vente et de partenariat.

Les entreprises utilisent les canaux afin de :

- faire connaître leurs offres,
- aider les clients à évaluer la proposition de valeur,
- permettre aux clients d'acheter un bien ou un service,
- aider l'entreprise à réaliser la proposition de valeur et
- offrir une assistance.

Le fait de comprendre les canaux implique d'identifier les processus, les procédures, les technologies, les intrants et les extrants (et leur impact actuel), et de comprendre la relation des différents canaux avec les stratégies de l'organisation.

Segments de clientèle

Les segments de clientèle permettent de regrouper les clients présentant des besoins et attributs communs. L'entreprise peut ainsi répondre plus efficacement aux besoins de chaque segment.

Une organisation dans une entreprise peut définir et cibler des segments de clientèle distincts sur la base des :

- différents besoins de chaque segment,
- différentes rentabilités entre les segments,

- différents canaux de distribution et
- création et préservation des relations client.

Structure des coûts

Chaque entité, produit ou activité au sein d'une entreprise possède un coût associé. Les entreprises cherchent évidemment à réduire, limiter ou supprimer les coûts lorsque cela est possible. Le fait de réduire les coûts peut accroître la rentabilité d'une organisation et de permettre de réutiliser les fonds d'autres manières afin de créer de la valeur pour l'organisation et les clients. Il est donc essentiel de comprendre le type de modèle d'affaires, les différences des types de coûts et leur impact, et l'endroit où l'entreprise concentre ses efforts pour réduire les coûts.

Flux de revenus

Un flux de revenus représente une manière ou une méthode grâce à laquelle les revenus arrivent dans une entreprise à partir de chaque segment de clientèle, en échange de la réalisation d'une proposition de valeur. Il existe deux manières élémentaires de générer des revenus pour une entreprise : il s'agit des revenus résultant de l'achat ponctuel d'un bien ou d'un service, et des revenus récurrents issus des paiements réguliers d'un bien, un service ou une assistance permanente.

Parmi les types de flux de revenus se trouvent :

- Octroi de licence ou frais d'abonnement : le client paie le droit d'accéder à un actif spécifique, par le biais d'un paiement ponctuel ou récurrent.
- Coûts d'utilisation ou de transaction : le client paie à chaque fois qu'il utilise un bien ou un service.
- Ventes : le client se voit octroyer des droits de propriété envers un produit spécifique.
- Prêt, location ou leasing : le client dispose de droits temporaires à utiliser un actif.

.2 Considérations d'utilisation

Points forts

- Il s'agit d'un cadre efficace et largement répandu, qui peut être utilisé afin de comprendre et d'optimiser les modèles d'affaires.
- Il est simple à utiliser et facile à comprendre.

Limites

- Il ne prend pas en compte les mesures de valeur alternatives comme les effets sociaux et environnementaux.
- Le fait de se concentrer principalement sur les propositions de valeur n'offre pas une visibilité holistique pour la stratégie d'affaires.
- Le canevas ne comprend pas l'objectif stratégique de l'entreprise.

10.9 Analyse des règles d'affaires

10.9.1 Objectif

L'analyse des règles d'affaires est utilisée afin d'identifier, d'exprimer, de valider, d'affiner et d'organiser les règles qui déterminent le comportement d'affaires quotidien et guident la prise des décisions d'affaires opérationnelles.

10.9.2 Description

Les règles et politiques d'affaires orientent le fonctionnement quotidien de l'entreprise et ses processus, et influencent les décisions d'affaires opérationnelles. Une politique d'affaires est une directive visant à contrôler, influencer ou réglementer de manière générale les actions d'une entreprise et de ses collaborateurs. Une règle d'affaires est une directive spécifique et testable, utilisée en tant que critère pour orienter le comportement, influencer un jugement ou prendre des décisions. Elle doit être réalisable (aucune interprétation supplémentaire ne doit être requise pour être utilisée) et toujours sous le contrôle de l'organisation.

L'analyse des règles d'affaires comprend la récupération des règles d'affaires à partir des sources, leur expression claire, leur validation avec les parties prenantes, leur amélioration afin de les aligner au mieux avec les objectifs d'affaires et leur organisation de manière à ce qu'elles puissent être facilement gérées et réutilisées. Les sources des règles d'affaires peuvent être explicites (par ex. à partir de politiques d'entreprise documentées, réglementations ou contrats) ou tacites (par ex. savoir-faire non documenté d'une partie prenante, pratiques d'affaires généralement acceptées ou normes de la culture d'entreprise). Les règles d'affaires doivent être explicites, spécifiques, claires, accessibles et issues d'une source unique. Les principes de base des règles d'affaires comprennent les éléments suivants :

- elles doivent être basées sur le vocabulaire d'affaires standard afin de permettre aux experts du domaine de les valider,
- elles doivent être exprimées distinctement de la manière dont elles seront mises en application,
- elles doivent être définies au niveau atomique et sous une forme déclarative,
- elles doivent être séparées des processus qu'elles soutiennent ou limitent,
- elles doivent être reliées aux décisions qu'elles soutiennent ou limitent, et
- elles doivent être conservées de sorte à pouvoir être surveillées et adaptées à mesure que la configuration de l'entreprise évolue.

Un ensemble de règles permettant de prendre des décisions d'affaires opérationnelles peut être exprimé sous la forme d'une table ou d'un arbre de décision, tel que cela est décrit au chapitre Analyse décisionnelle (p. 258). Le nombre de règles compris dans un tel ensemble peut être important, avec un niveau élevé de complexité.

10.9.3 Éléments

Les règles d'affaires requièrent une utilisation uniforme des termes d'affaires, un glossaire des définitions des concepts d'affaires sous-jacents et une bonne compréhension des connexions structurelles entre les concepts. Il est souvent recommandé de réutiliser la terminologie existante issue d'associations professionnelles externes ou des glossaires d'affaires internes. Les définitions et structures des dictionnaires ou modèles de données peuvent parfois s'avérer utiles (voir Dictionnaires de données (p. 244) et Modélisation des données (p. 254)). Les règles d'affaires doivent être exprimées et gérées indépendamment de toute technologie de mise en œuvre, puisqu'elles doivent être disponibles pour les collaborateurs à titre de référence. De plus, elles sont parfois exécutées sur plusieurs plateformes ou composantes logicielles. Ces règles font souvent l'objet d'exceptions, et celles-ci doivent être traitées en tant que règles d'affaires supplémentaires. Les règles d'affaires existantes doivent être remises en question afin de s'assurer qu'elles correspondent aux objectifs d'affaires et restent pertinentes, notamment lorsque de nouvelles solutions émergent.

.1 Règles de définition

Les règles de définition déterminent les concepts, ou produisent des connaissances ou informations. Elles indiquent un élément qui s'avère nécessairement vrai (ou faux) concernant un concept, complétant ainsi sa définition. Contrairement aux règles comportementales qui concernent l'attitude des personnes, les règles de définition représentent les connaissances opérationnelles de l'organisation. Les règles de définition ne peuvent pas être enfreintes, mais elles peuvent être mal appliquées. L'exemple suivant illustre une règle de définition :

> *Un client doit être considéré comme Client privilégié s'il passe plus de 10 commandes par mois.*

Les règles de définition imposent souvent la manière dont les informations peuvent être recueillies, déduites ou calculées sur la base des informations disponibles dans l'entreprise. Une déduction ou un calcul peut être le résultat de plusieurs règles, chacune se basant sur un élément déduit ou calculé par une ou plusieurs autres règles. Les ensembles de règles de définition sont souvent utilisés pour prendre des décisions d'affaires opérationnelles au cours de certains processus ou événements. Voici un exemple d'une règle de calcul :

> *Le montant de la taxe dans la juridiction locale pour une commande doit être calculé comme suit : (somme des prix de l'ensemble des éléments commandés et imposables) x montant de la taxe pour la juridiction locale.*

.2 Règles comportementales

Les règles comportementales sont les règles qui s'appliquent aux personnes, même si le comportement est automatisé. Elles servent à déterminer (régir) l'activité quotidienne de l'entreprise. Pour ce faire, elles instaurent certaines obligations ou interdictions concernant une conduite, une action, une pratique ou une procédure.

Les règles comportementales sont les règles que l'organisation choisit de mettre en application en lien avec une politique, souvent pour réduire le risque ou améliorer la productivité. Elles emploient souvent les informations ou connaissances produites par les règles de définition (qui concernent la formulation de connaissances ou d'informations). Ces règles sont conçues pour orienter les actions des personnes qui travaillent dans l'organisation, ou les personnes qui interagissent avec elle. Elles peuvent obliger les collaborateurs à réaliser les actions d'une certaine manière, les empêcher de réaliser d'autres actions ou imposer les conditions dans lesquelles un processus peut être réalisé correctement. L'exemple suivant illustre une règle comportementale :

> *Une commande ne peut être passée lorsque l'adresse de facturation fournie par le client ne correspond pas à l'adresse indiquée dans le dossier du fournisseur de carte de crédit.*

Contrairement aux règles de définition, les règles comportementales peuvent être enfreintes directement. Il est, par définition, toujours possible d'enfreindre une règle comportementale, même en l'absence de circonstances dans lesquelles l'organisation approuverait l'action et même si l'organisation prend les plus grandes précautions dans sa solution pour l'empêcher. De ce fait, une analyse plus poussée doit être réalisée afin de déterminer la mesure dans laquelle la règle doit être mise en application, le type de sanction en cas d'infraction et les réactions supplémentaires adaptées à une infraction. Cette analyse entraîne souvent la spécification de règles supplémentaires.

Différents niveaux de mise en application peuvent être spécifiés pour une règle comportementale. Par exemple :

- Aucune infraction autorisée (mise en application stricte).
- Infraction tolérée par les personnes autorisées.
- Infraction tolérée avec une explication.
- Aucune mise en application active.

Une règle comportementale ne présentant aucune mise en application active est simplement une ligne directrice suggérant un comportement d'affaires préférentiel ou optimal.

10.9.4 Considérations d'utilisation

.1 Points forts

- Lorsqu'ils sont mis en application et gérés par un élément unique à l'échelle de l'organisation, les changements apportés à des règles d'affaires peuvent être mis en place rapidement.
- Un référentiel centralisé permet de réutiliser les règles d'affaires dans une organisation.
- Les règles d'affaires offrent une structure régissant les comportements d'affaires.
- Le fait de définir et de gérer clairement les règles d'affaires permet aux organisations d'apporter des changements à la politique sans modifier les processus ou les systèmes.

.2 Limites

- L'organisation peut produire des listes interminables de règles d'affaires ambiguës.
- Les règles d'affaires peuvent se contredire ou entraîner des résultats imprévus lorsqu'elles sont combinées – sauf si elles sont validées les unes par rapport aux autres.
- Si le vocabulaire disponible est insuffisamment riche, peu favorable aux affaires ou mal défini et organisé, les règles d'affaires qui en résultent seront imprécises ou contradictoires.

10.10 Jeux collaboratifs

10.10.1 Objectif

Les jeux collaboratifs encouragent les paticipants à collaborer au sein d'une activité d'élicitation, en établissant une compréhension commune d'un problème ou d'une solution.

10.10.2 Description

Les jeux collaboratifs font référence à différentes techniques structurées inspirées de la jouabilité, et sont conçus pour favoriser la collaboration. Chaque jeu comprend des règles qui incitent les participants à se concentrer sur un objectif spécifique. Les jeux sont utilisés pour aider les participants à partager leurs connaissances et leur expérience sur un sujet donné, cerner les hypothèses dissimulées et explorer les connaissances d'une manière qui n'est pas toujours possible lors des interactions normales. L'expérience partagée du jeu collaboratif encourage les personnes présentant des points de vue différents sur un sujet à travailler ensemble afin de mieux comprendre un problème, et à développer un modèle partagé du problème ou des solutions potentielles. De nombreux jeux collaboratifs peuvent être utilisés afin de comprendre les points de vue des différents groupes de parties prenantes.

Leur action est souvent renforcée par l'implication d'un facilitateur neutre, qui aide les participants à comprendre les règles du jeu et met ces règles en application. Le rôle du facilitateur est de faire progresser le jeu et de s'assurer que tous les participants jouent un rôle. Les jeux collaboratifs comprennent habituellement un élément visuel ou tactile important. Les activités telles que le déplacement de notes repositionnables, l'écriture sur des tableaux blancs ou le dessin aident les personnes à dépasser leurs inhibitions, et favorise la pensée créative ainsi que le fait de réfléchir autrement.

10.10.3 Éléments

.1 Objectif du jeu

Chaque jeu collaboratif possède un objectif défini qui lui est spécifique. Il s'agit généralement de développer une meilleure compréhension d'un problème ou de stimuler la découverte de solutions créatives. Le facilitateur aide les participants à comprendre l'objectif et à travailler pour atteindre cet objectif.

.2 Processus

Chaque type de jeu collaboratif possède un processus ou un ensemble de règles qui, lorsqu'ils sont suivis, permettent au jeu d'avancer en direction de son but. Chaque étape du jeu est souvent limitée dans le temps.

Les jeux présentent généralement trois étapes au minimum :

- Étape 1. une étape d'introduction, dans laquelle les participants rentrent dans le jeu, apprennent ses règles et commencent à proposer des idées,
- Étape 2. une étape d'exploration, dans laquelle les participants s'impliquent mutuellement et recherchent des liens entre leurs idées, testent ces idées et les expérimentent avec de nouvelles idées, et
- Étape 3. une étape de clôture, dans laquelle les idées sont évaluées et les participants établissent celles qui s'avèrent les plus utiles et productives.

.3 Résultat

À la fin d'un jeu collaboratif, le facilitateur et les participants travaillent sur les résultats obtenus et déterminent les décisions ou actions qui doivent être prises en conséquence de ce qu'ils ont appris.

.4 Exemples de jeux collaboratifs

Il existe de nombreux types de jeux collaboratifs disponibles, notamment (sans s'y limiter) les suivants :

Tableau 10.10.1 : Exemples de jeux collaboratifs

Jeu	Description	Objectif
Boîte d'emballage de produit	Les participants construisent un emballage pour le produit comme si celui-ci était vendu dans un commerce de détail.	Déterminer les caractéristiques d'un produit en mesure de susciter de l'intérêt sur le marché.
Carte des affinités	Les participants notent des caractéristiques sur des notes repositionnables, les collent sur un mur, puis les rapprochent en associant les caractéristiques similaires.	Déterminer les thèmes ou les caractéristiques associés ou similaires.
Le bocal de poisson	Les participants sont divisés en deux groupes. Un groupe de participants parle d'un sujet pendant que l'autre écoute attentivement et note ses observations.	Cerner les points de vue ou les hypothèses dissimulés.

10.10.4 Considérations d'utilisation

.1 Points forts

- Ces jeux peuvent révéler les divergences d'opinions ou des hypothèses dissimulées.
- Ils favorisent la pensée créative en stimulant des processus mentaux alternatifs.
- Les participants normalement réservés ou discrets sont mis au défi de participer plus activement aux activités d'équipe.
- Certains jeux collaboratifs peuvent être utiles pour exposer des besoins d'affaires qui ne sont pas satisfaits.

.2 Limites

- La nature ludique des jeux peut être perçue comme absurde et mettre mal à l'aise les participants réservés ou présentant certaines normes culturelles.
- Les jeux peuvent être chronophages et considérés comme peu productifs, notamment si les objectifs ou les résultats ne sont pas clairs.

- La participation du groupe peut entraîner un faux sentiment de confiance quant aux conclusions tirées.

10.11 Modélisation des concepts

10.11.1 Objectif

Un modèle conceptuel est utilisé pour organiser le vocabulaire d'affaires requis afin de communiquer les connaissances d'un domaine de manière uniforme et minutieuse.

10.11.2 Description

Un modèle conceptuel commence par un glossaire, qui se concentre généralement sur les concepts de base d'un domaine. Les modèles conceptuels mettent l'accent sur des définitions de qualité élevée et indépendantes de la conception, sans préjugés de mise en œuvre ou de données. Ils privilégient également un vocabulaire riche.

Un modèle conceptuel identifie le choix adéquat des termes à utiliser dans les communications, notamment l'ensemble des informations de l'analyse d'affaires. Il s'avère particulièrement important lorsqu'une précision élevées est essentielle et que des distinctions subtiles doivent être réalisées.

Les modèles conceptuels sont efficaces lorsque :

- l'entreprise souhaite organiser, conserver, s'appuyer sur, gérer et communiquer des connaissances de base,
- l'initiative doit reprendre le plus grand nombre possible de règles d'affaires,
- il existe une résistance de la part des parties prenantes concernant la nature technique ressentie des modèles de données, diagrammes de classes ou définition et nomenclature d'éléments de données,
- des solutions innovantes sont recherchées à l'occasion du remaniement de processus d'affaires ou d'autres aspects de la capacité d'entreprise, et
- l'entreprise est confrontée à des difficultés de conformité ou réglementaires.

Un modèle conceptuel diffère selon le modèle de données. Le but d'un modèle conceptuel est de soutenir l'expression des énoncés en langage naturel et de fournir leur sémantique. Les modèles conceptuels ne sont pas conçus pour unifier, codifier et simplifier les données. Le vocabulaire compris dans un modèle conceptuel est donc bien plus riche, car il convient aux domaines axés sur le savoir. Les modèles conceptuels sont souvent rendus graphiquement.

10.11.3 Éléments

.1 Concepts de nom

Les concepts de base dans un modèle conceptuel sont les concepts de nom du domaine, qui sont simplement des « éléments fournis » pour l'espace.

.2 Concepts de verbe

Les concepts de verbe fournissent des connexions structurelles basiques entre les concepts de nom. Ils représentent des formulations données standard, afin de pouvoir être mentionnés sans ambiguïté. Ces formulations en elles-mêmes ne sont pas nécessairement des phrases, mais plutôt les éléments constitutifs des phrases (comme des énoncés de règle d'affaires). Les concepts de verbe sont parfois dérivés, déduits ou calculés par les règles de définition. C'est ainsi que les nouvelles connaissances ou informations sont établies à partir de faits plus de base.

.3 Autres connexions

Dans la mesure où les modèles conceptuels doivent supporter une signification (sémantique) importante, d'autres types de connexions standard sont utilisés en plus des concepts de verbe.

Il existe ainsi, sans s'y limiter :

- catégorisations,
- classifications,
- connexions partitives (partie entière), et
- rôles.

10.11.4 Considérations d'utilisation

.1 Points forts

- Les modèles conceptuels fournissent une manière pratique de communiquer avec les parties prenantes en ce qui concerne des significations précises et des distinctions subtiles.
- Ils ne risquent pas d'être influencés par des préjugés de conception de données et la couverture souvent limitée du vocabulaire d'affaires des modèles de données.
- Ils sont très utiles pour établir des processus d'affaires axés sur les connaissances et favorables aux décisions.
- Ils permettent de s'assurer que les grands nombres de règles d'affaires et les tables de décision complexes sont exempts de toute ambiguïté et s'accordent de façon homogène.

.2 Limites

- Ils peuvent établir des attentes trop importantes quant à l'ampleur de l'intégration basée sur la sémantique d'affaires en mesure d'être obtenue en un laps de temps relativement court.
- Ils nécessitent un ensemble de compétences spécialisées, basé sur la capacité à penser de manière abstraite et non-procédurale concernant le savoir-faire et les connaissances.
- L'orientation sur les connaissances et les règles peut s'avérer peu familière pour les parties prenantes.
- Il faut des outils soutenant une utilisation en temps réel de la terminologie d'affaires standard dans l'écriture des règles d'affaires, exigences et autres formes de communication d'affaires.

10.12 Dictionnaires de données

10.12.1 Objectif

Un dictionnaire de données est utilisé afin de standardiser la définition d'un élément de données et de permettre une interprétation commune des éléments de données.

10.12.2 Description

Un dictionnaire de données est utilisé afin de documenter des définitions standardisées d'éléments de données, leur signification et les valeurs admissibles. Il contient des définitions de chaque élément de données, et indique la manière dont ces éléments s'associent en éléments de données mixtes. Les dictionnaires de données sont utilisés pour standardiser l'utilisation et les significations des éléments de données entre les solutions et entre les parties prenantes.

Ils sont parfois nommés référentiels de métadonnées et sont utilisés pour gérer les données dans le contexte d'une solution. Lorsqu'une organisation passe à l'exploration de données et une analyse plus approfondie, un dictionnaire de données peut offrir les métadonnées requises par ces scénarios plus complexes. Le dictionnaire de données est souvent utilisé en association avec un diagramme entité-relation (voir Modélisation des données (p. 254)) et peut être extrait d'un modèle de données.

Les dictionnaires de données peuvent être gérés manuellement (en tant que tableur) ou par le biais d'outils automatisés.

Figure 10.12.1: Exemple d'un dictionnaire de données

Éléments de données primitifs	Élément de données 1	Élément de données 2	Élément de données 3
Nom Nom référencé par des éléments de données	Prénom	Deuxième prénom	Nom de famille
Pseudonyme Autre nom mentionné par les parties prenantes	Prénom	Deuxième prénom	Nom de famille
Valeurs/Importance Liste énumérée ou description de l'élément de données	Minimum de 2 caractères	Peut être omis	Minimum de 2 caractères
Description Définition	Prénom	Deuxième prénom	Nom de famille
Composé	**Nom du client =** Prénom + Deuxième prénom + Nom de famille		

10.12.3 Éléments

.1 Éléments de données

Les dictionnaires de données décrivent les caractéristiques des éléments de données, notamment la description de l'élément de donnée sous la forme d'une définition utilisée par les parties prenantes. Ils comprennent des définitions standard d'éléments de données, leurs significations et valeurs admissibles. Un dictionnaire de données contient les définitions de chaque élément de données primitif et indique la manière dont ces éléments se combinent en éléments de données mixtes.

.2 Éléments de données primitifs

Les informations suivantes doivent être enregistrées pour chaque élément de données dans le dictionnaire de données :

- **Nom** : il s'agit d'un nom unique pour l'élément de données, mentionné par les éléments de données mixtes.
- **Alias** : il s'agit des autres noms de l'élément de données, utilisés par différentes parties prenantes.
- **Valeurs/significations** : il s'agit d'une liste des valeurs acceptables pour l'élément de données. Cette liste peut être exprimée sous la forme d'une énumération ou d'une description des formats autorisés pour les données (notamment des informations telles que le nombre de caractères). Si les valeurs sont abrégées, la liste comprendra une explication de la signification.
- **Description** : il s'agit de la définition de l'élément de données dans le contexte de la solution.

.3 Éléments mixtes

Les éléments de données mixtes sont élaborés à l'aide d'éléments de données permettant de bâtir des structures mixtes, pouvant comprendre :

- **Séquences** : il s'agit de l'ordre requis des éléments de données primitifs dans la structure mixte. Par exemple, un signe plus indique qu'un élément est suivi par ou concaténé avec un autre élément : Nom du client : Prénom + Deuxième prénom + Nom.
- **Répétitions** : un ou plusieurs éléments de données peuvent être répétés plusieurs fois.
- **Éléments facultatifs** : ils peuvent se présenter ou non dans un contexte particulier de l'élément mixte.

10.12.4 Considérations d'utilisation

.1 Points forts

- Le dictionnaire de données offre à toutes les parties prenantes une compréhension partagée du format et du contenu des informations pertinentes.
- Un référentiel unique de métadonnées d'entreprise favorise l'utilisation des données de manière uniforme partout dans l'organisation.

.2 Limites

- Une maintenance régulière est requise, sous peine de voir les métadonnées devenir obsolètes ou incorrectes.
- L'ensemble de la maintenance doit être effectué de façon uniforme afin de s'assurer que les parties prenantes peuvent récupérer rapidement et facilement les informations dont elles ont besoin. Les personnes responsables de la précision et de l'exhaustivité du dictionnaire de données doivent y consacrer du temps et des efforts.

- En l'absence de la prise en compte des métadonnées requises dans plusieurs scénarios, le dictionnaire peut présenter une portée limitée dans l'entreprise.

10.13 Diagrammes de flux de données

10.13.1 Objectif

Les diagrammes de flux de données montrent l'origine des données, les activités qui traitent les données, et si les extrants obtenus sont enregistrés ou utilisés par une autre activité ou entité externe.

10.13.2 Description

Les diagrammes de flux de données illustrent la transformation des données. Ils sont utiles pour représenter un système fondé sur les transactions et montrer les limites d'un système physique, logique ou manuel.

Un diagramme de flux de données illustre le mouvement et la transformation des données entre les processus et (entités) externes. L'extrant d'un externe ou d'un processus représente l'intrant vers un autre. Le diagramme de flux de données illustre également les référentiels temporaires ou permanents (appelés magasins de données ou terminateurs) dans lesquels les données sont enregistrées dans un système ou une organisation. Les données définies doivent être décrites dans un dictionnaire de données (voir Dictionnaires de données (p. 244)).

Les diagrammes de flux de données peuvent se composer de plusieurs couches d'abstraction. Le diagramme de plus haut niveau est un diagramme contextuel représentant le système dans son ensemble. Il montre l'intégralité du système en tant que moteur de la transformation avec les externes comme sources ou consommateurs de données.

Figure 10.13.1: Notation Gane-Sarson du schéma contextuel

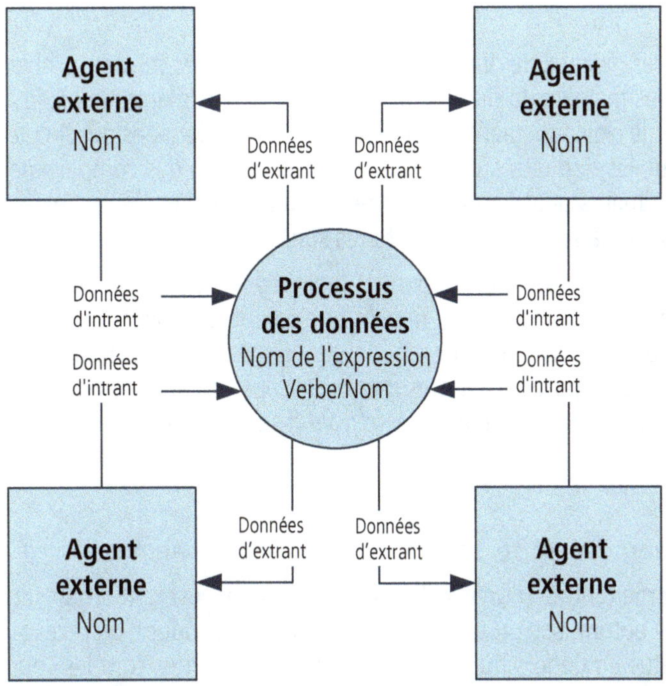

Le niveau suivant des diagrammes de données est le diagramme de niveau 1. Celui-ci illustre les processus liés au système avec les données d'intrant correspondantes, les données d'extrant transformées et les magasins de données.

Figure 10.13.2: Notation Yourdon du diagramme de niveau 1

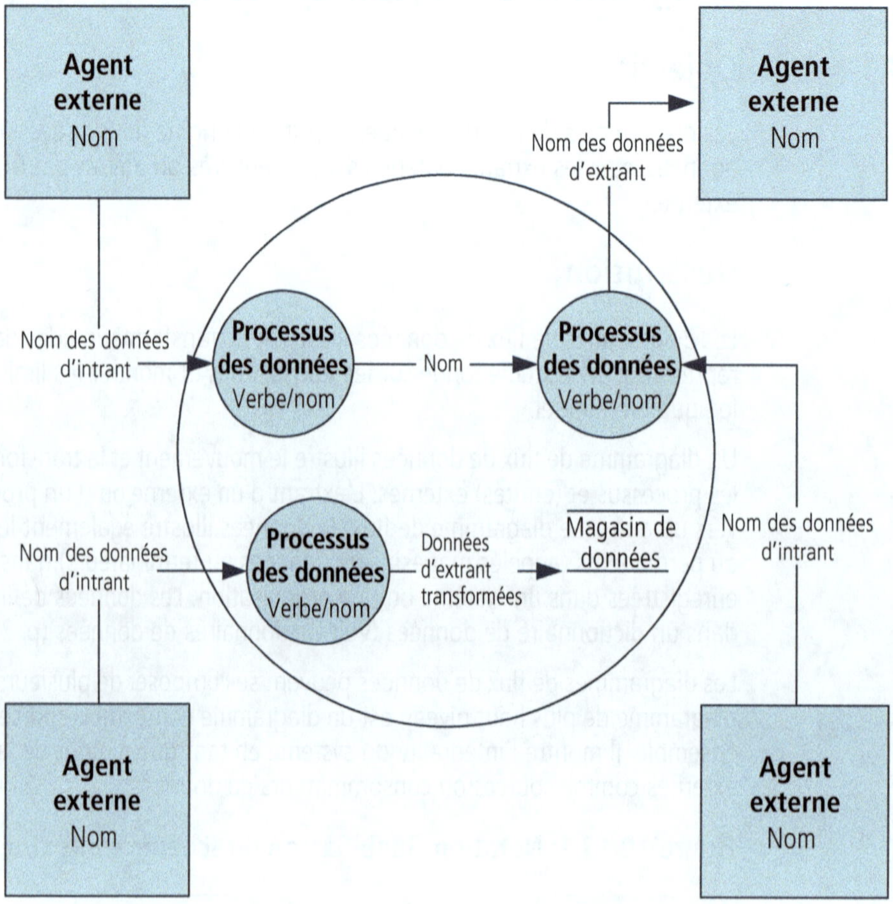

Les autres niveaux du diagramme de flux de données (niveau 2, niveau 3, etc.) décomposent les processus majeurs du diagramme de niveau 1. Les diagrammes de niveau 1 sont utiles pour montrer le cloisonnement interne du travail et les données qui circulent entre les compartiments, ainsi que les données stockées utilisées par chacun des compartiments. Chacun des compartiments peut à nouveau être décomposé si besoin. Les externes restent les mêmes, et des flux et magasins supplémentaires sont définis.

Les diagrammes de flux de données logiques représentent l'état futur ou essentiel, c'est-à-dire les transformations requises, quelles que soient les limites physiques actuelles. Les diagrammes de flux de données physiques modélisent l'ensemble des magasins de données, imprimantes, formulaires, appareils et autres manifestations des données. Le diagramme physique peut montrer l'état actuel ou la manière dont il sera mis en œuvre.

10.13.3 Éléments

.1 Externes (entité, source, collecteur de données)

Un externe (entité, source, collecteur de données) est une organisation, une personne, un système automatisé ou tout appareil capable de produire ou recevoir des données. Il s'agit d'un objet situé en dehors du système analysé. Les externes sont les sources et/ou destinations (collecteur) des données. Chaque externe doit posséder au moins un flux de données qui en provient ou s'y rend. Les externes sont représentés en utilisant un nom situé à l'intérieur d'un rectangle. Ils se trouvent dans les diagrammes contextuels et les faibles niveaux d'abstraction.

.2 Magasin de données

Un magasin de données est un ensemble de données dans lequel les données peuvent être lues de façon répétée et stockées pour une utilisation ultérieure. Il s'agit, par essence, de données immobiles. Chaque magasin de données doit posséder au moins un flux de données qui en provient ou s'y rend. Un magasin de données est représenté sous la forme de deux lignes parallèles ou d'un rectangle ouvert avec un libellé.

.3 Processus

Un processus peut être une activité manuelle ou automatisée, réalisée pour un motif d'affaires. Le processus transforme la donnée en extrant. Les normes d'appellation pour un processus doivent contenir un verbe et un nom. Chaque processus doit comporter au moins un flux de données qui en provient et un flux de données qui s'y rend. Le processus de données est représenté par un cercle ou un rectangle avec des coins arrondis.

.4 Flux de données

Le mouvement des données entre un externe, un processus et un magasin de données est représenté par les flux de données. Ce sont eux qui rassemblent les processus. Chaque flux de données établit un lien vers ou depuis un processus (transformation des données). Les flux de données montrent les intrants et les extrants de chaque processus, et chaque processus transforme un intrant en extrant. Les flux de données sont représentés sous la forme d'une ligne avec une flèche affichée entre les processus. Ils sont nommés à l'aide d'un nom.

Figure 10.13.3: Notation Gane-Sarson du diagramme de flux de données

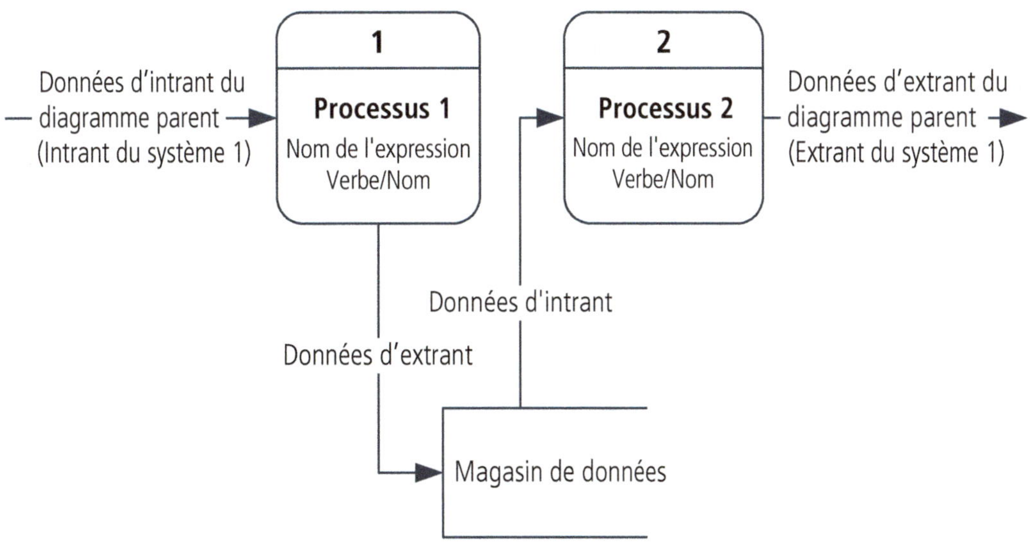

Figure 10.13.4: Notation Yourdon du diagramme de flux de données

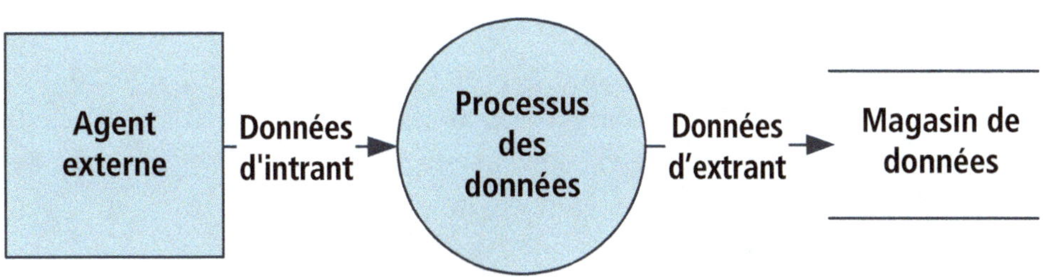

10.13.4 Considérations d'utilisation

.1 Points forts

- Les diagrammes peuvent être utilisés comme technique pour révéler les processus et données ou pour vérifier la décomposition fonctionnelle ou les modèles de données.
- Ils représentent une excellente manière de définir la portée d'un système et de l'ensemble des systèmes, interfaces et interfaces utilisateur qui y sont liés. Ils permettent d'estimer l'effort requis pour étudier le travail.
- La plupart des utilisateurs trouvent ces diagrammes de flux de données faciles à comprendre.
- Ils permettent de repérer les éléments de données en double ou mal appliqués.
- Ils illustrent les liens avec d'autres systèmes.
- Ils permettent de définir les limites d'un système.
- Ils peuvent être utilisés dans le cadre de la documentation d'un système.
- Ils permettent d'expliquer la logique derrière le flux de données dans un système.

.2 Limites

- L'utilisation des diagrammes de flux de données peut devenir complexe et difficile à comprendre pour les parties prenantes dans un contexte de systèmes à grande échelle.
- Différentes méthodes de notation avec différents symboles peuvent créer des difficultés pour gérer la documentation.
- Ils n'illustrent pas une séquence d'activités.
- Les transformations de données (processus) en disent peu sur le processus ou la partie prenante.

10.14 Exploration de données

10.14.1 Objectif

L'exploration de données est utilisée afin de favoriser la prise de décisions grâce à la découverte d'informations et de modèles utiles à partir des données.

10.14.2 Description

L'exploration de données est un processus analytique destiné à étudier de grandes quantités de données issues de différentes perspectives et à synthétiser les données de manière à découvrir des relations et modèles utiles.

Les techniques d'exploration de données aboutissent généralement à des modèles mathématiques ou des équations qui décrivent ces relations et modèles sous-jacents. Ces derniers peuvent être mis en œuvre dans le cadre du travail des décisionnaires grâce à des rapports et tableaux de bord visuels, ou dans le cadre des systèmes décisionnels automatisés par le biais de systèmes de gestion des règles d'affaires ou de déploiements dans la base de données.

L'exploration de données peut être utilisée dans des enquêtes supervisées ou non. Dans une enquête supervisée, les utilisateurs posent une question et attendent une réponse qui les aidera à prendre leur décision. Une enquête non supervisée est un véritable exercice de découverte de modèles, dans lequel les modèles peuvent apparaître puis sont pris en compte selon leur applicabilité dans les décisions d'affaires.

L'exploration de données est un terme général regroupant les techniques descriptives, de diagnostic et prédictives :

- **Descriptive** : le regroupement permet de voir les modèles plus facilement dans un ensemble de données, comme des similitudes entre les clients.
- **Diagnostic** : la segmentation ou les arbres de décision peuvent montrer la raison pour laquelle un modèle existe, comme les caractéristiques des clients les plus rentables pour une organisation.
- **Prédictive** : les réseaux de neurones ou la régression peuvent montrer la probabilité que quelque chose soit vrai dans l'avenir, comme prévoir la probabilité pour qu'une demande particulière soit frauduleuse.

Dans tous les cas, il est important de tenir compte du but de l'exploration de données et de se préparer à l'activité fastidieuse consistant à garantir l'adéquation du type, volume et qualité des données avec lesquelles travailler.

10.14.3 Éléments

.1 Élicitation des exigences

Le but et la portée de l'exploration de données sont établis en termes d'exigences décisionnelles pour une décision d'affaires importante identifiée, ou en termes de domaine fonctionnel dans lequel les données pertinentes seront explorées en vue d'obtenir la découverte d'un modèle spécifique à un domaine. Cette stratégie d'exploration descendante par rapport à un processus ascendant permet aux analystes de sélectionner les ensembles de techniques d'exploration de données adéquates.

Des techniques de modélisation de décisions formelles (voir Modélisation des décisions (p. 262)) sont utilisées afin de définir les exigences de l'exploration de données descendante. Dans le cas d'une recherche ascendante, il est judicieux d'associer les informations découvertes aux modèles de décision existants, pour profiter d'une utilisation et d'un déploiement rapides des informations.

L'exploration de données est productive lorsqu'elle est gérée dans un environnement agile. Elle favorise une itération, une confirmation et un déploiement rapides tout en assurant le contrôle du projet.

.2 Préparation des données : ensemble de données analytiques

Les outils d'exploration de données fonctionnent sur un ensemble de données analytiques. Cet ensemble s'obtient généralement en fusionnant des données issues de plusieurs tableaux ou sources en un ensemble de données unique plus large. Les blocs répétitifs sont habituellement divisés en plusieurs ensembles de champs. Les données peuvent être extraites physiquement dans un fichier réel, ou il peut s'agir d'un fichier virtuel laissé dans la base ou l'entrepôt de données en vue d'être analysé. Les ensembles de données analytiques sont divisés en un ensemble servant à l'analyse, un autre ensemble complètement indépendant confirmant que le modèle développé fonctionne sur des données qui n'ont pas été utilisées pour le développer, et enfin un ensemble de validation pour réaliser la confirmation finale. Les volumes de données peuvent être très importants : il est donc parfois nécessaire de travailler avec des échantillons ou dans l'entrepôt de données, de manière à éviter de déplacer les données.

.3 Analyse de données

Une fois que les données sont disponibles, celles-ci sont analysées. Une large gamme de mesures statistiques est généralement appliquée, et des outils de visualisation sont utilisés pour voir la manière dont les données sont distribuées, les données manquantes et la manière dont les différentes caractéristiques calculées se comportent. Cette étape est souvent la plus longue et la plus complexe de l'exercice d'exploration de données. Elle permet d'accroître l'accent mis sur l'automatisation. La majeure partie de la puissance de l'exploration de données provient habituellement de l'identification de caractéristiques utiles dans les données. Par exemple, une caractéristique peut être représentée par le nombre de fois où un client s'est rendu dans une boutique au cours des 80 derniers jours. La clé est ici de déterminer que le nombre au cours des 80 derniers jours est plus utile que le nombre au cours des 70 ou 90 derniers jours.

.4 Techniques de modélisation

Il existe une large palette de techniques d'exploration de données.

Les techniques d'exploration de données comprennent par exemple :

- les arbres de classification et de régression (CART), C5 et autres techniques d'analyse des arbres de décision,
- la régression logistique et linéaire,
- les réseaux de neurones,
- les machines à vecteurs de support, et
- les tableaux de bord prédictifs (additifs).

L'ensemble de données analytiques et les caractéristiques calculées sont intégrés à ces algorithmes, qui peuvent être supervisés (l'utilisateur essaie de trouver ou de prévoir quelque chose de spécial) ou non (l'utilisateur ne sait pas ce qu'il recherche). Plusieurs techniques sont souvent utilisées pour voir laquelle est la plus efficace. Certaines données sont sorties de la modélisation, et utilisées afin de confirmer que le résultat peut être reproduit avec des données qui n'ont pas été utilisées dans la création initiale.

.5 Mise en œuvre

Lorsqu'un modèle est établi, il doit être mis en œuvre afin d'être utile. Les modèles d'exploration de données peuvent être déployés de différentes manières, pour soutenir un décisionnaire humain ou des systèmes de décision automatisés. Quand il s'agit d'un utilisateur humain, les résultats de l'exploration de données peuvent être présentés à l'aide de métaphores visuelles ou en tant que champs de données simples. De nombreuses techniques d'exploration de données identifient les règles d'affaires potentielles qui peuvent être mises en œuvre grâce à un système de gestion des règles d'affaires. Ce type de règle d'affaires exécutable peut être intégré à un modèle de décision avec des règles d'expert, lorsque cela est nécessaire. Certaines techniques d'exploration de données, notamment celles décrites comme des techniques analytiques prédictives, aboutissent à des formules mathématiques. Elles peuvent être mises en œuvre en tant que règles d'affaires exécutables, mais également être utilisées pour générer un code ou un SQL destiné au déploiement. La palette de plus en plus étendue d'options de mise en œuvre en base de données permet d'intégrer ces modèles à l'infrastructure de données d'une organisation.

10.14.4 Considérations d'utilisation

.1 Points forts

- L'exploration de données révèle des modèles dissimulés et crée une visibilité utile lors de l'analyse. Elle contribue à déterminer les données qu'il pourrait être utile de récupérer ou le nombre de personnes qui pourrait être impacté par des suggestions spécifiques.
- Elle peut être intégrée à une conception de système afin d'accroître la précision des données.
- Elle peut être utilisée pour éliminer ou réduire le parti pris humain en utilisant les données pour déterminer les faits.

.2 Limites

- L'application de certaines techniques sans comprendre la manière dont elles fonctionnent peut créer des corrélations erronées et des informations mal appliquées.
- L'accès au big data et aux logiciels et ensembles d'outils d'exploration de données sophistiqués peut accidentellement entraîner une mauvaise utilisation.
- De nombreux outils et techniques requièrent des connaissances spécialisées pour être utilisés.
- Certaines techniques sont basées sur des calculs avancés et certaines parties prenantes peuvent avoir de la difficulté à interpréter les résultats. Un manque de transparence ressenti peut entraîner une résistance de la part de certaines parties prenantes.
- Les résultats de l'exploration de données peuvent être difficiles à mettre en œuvre si le processus décisionnel qu'ils sont censés influencer est mal compris.

10.15 Modélisation des données

10.15.1 Objectif

Un modèle de données décrit les entités, les classes ou les objets de données pertinents dans un domaine, les attributs utilisés pour les décrire, ainsi que les relations entre eux, afin de fournir un ensemble commun de sémantique pour l'analyse et l'implémentation.

10.15.2 Description

Un modèle de données se présente généralement sous la forme d'un schéma renforcé par des descriptions textuelles. Il fournit une représentation visuelle des éléments importants pour l'entreprise (par ex. personnes, lieux, objets et transactions commerciales), les attributs associés à ces éléments et les relations significatives entre eux. Les modèles de données sont souvent utilisés dans la conception et l'analyse des exigences et l'élicitation ainsi que pour soutenir la mise en œuvre et une amélioration continue.

Il existe plusieurs types de modèles de données :

- **Modèle conceptuel de données** : il est indépendant de toute solution ou technologie, et peut être utilisé pour représenter la manière dont l'entreprise perçoit ses informations. Il contribue à établir un vocabulaire uniforme destiné à décrire les informations d'affaires et les relations entre ces informations.
- **Modèle logique de données** : il s'agit d'une abstraction du modèle classique de données, qui intègre des règles de normalisation afin de gérer de façon formelle l'intégrité des données et des relations. Il est associé à la conception d'une solution.
- **Modèle physique de données** : il est utilisé par les experts du domaine d'implémentation pour décrire la manière dont une base de données est organisée d'un point de vue physique. Il traite des sujets tels que le rendement, la simultanéité et la sécurité.

Les modèles conceptuel, logique et physique de données sont développés à différentes fins et peuvent être très différents, même s'ils illustrent le même domaine.

Au niveau conceptuel, des notations de modélisation des données différentes sont susceptibles de produire des résultats globalement comparables, et peuvent être considérées comme une seule et même technique (tel que présenté ici). Les modèles de données physiques et logiques comprennent des éléments spécifiques aux solutions qu'ils appuient, et sont généralement développés par des parties prenantes qui jouissent d'une expertise dans la mise en œuvre de solutions techniques particulières. Par exemple, les diagrammes entité-relation logiques et physiques sont utilisés afin d'implémenter une base de données relationnelle, tandis qu'un diagramme de classe physique ou logique est plutôt utilisé pour appuyer un développement logiciel axé sur l'objet.

Les diagrammes d'objets peuvent être utilisés pour illustrer des exemples spécifiques d'entités à partir d'un modèle de données. Ils sont susceptibles de comprendre un échantillon réel des attributs, les rendant ainsi plus concrets et faciles à comprendre.

10.15.3 Éléments

.1 Entité ou classe

Dans un modèle de données, l'organisation conserve les données sur les entités (ou objets de données ou classes). Une entité peut représenter un élément physique (comme un entrepôt), organisationnel (comme un secteur de vente), abstrait (comme une gamme de produits) ou un événement (comme un rendez-vous). Une entité contient des attributs et présente des relations avec d'autres entités dans le modèle.

Dans un diagramme de classe, les entités sont appelées classes. Tout comme les entités d'un modèle de données, une classe contient des attributs et présente des relations avec d'autres classes. Une classe contient également des opérations ou des fonctions décrivant ce qu'on peut réaliser avec la classe, comme la génération d'une facture ou l'ouverture d'un compte bancaire.

Chaque instance d'une entité ou d'une classe possède un identifiant unique qui la distingue des autres instances.

.2 Attribut

Un attribut définit une information spécifique associée à une entité, notamment la quantité d'informations qu'il peut récupérer, ses valeurs admissibles et le type d'informations qu'il représente. Les attributs peuvent être décrits dans un dictionnaire de données (voir Dictionnaires de données (p. 244)). Les valeurs admissibles sont décrites par le biais des règles d'affaires (voir Analyse des règles d'affaires (p. 238)).

Les attributs peuvent comprendre des valeurs telles que :

- **Nom** : il s'agit d'un nom unique pour l'attribut. Les autres noms utilisés par les parties prenantes peuvent être enregistrés en tant qu'alias.
- **Valeurs/Significations** : il s'agit d'une liste de valeurs acceptables pour l'attribut. Cette liste peut être exprimée sous la forme d'une énumération ou d'une description des formats autorisés pour les données (notamment des informations telles que le nombre de caractères). Si les valeurs sont abrégées, la liste comprendra une explication de la signification.
- **Description** : il s'agit de la définition de l'attribut dans le contexte de la solution.

.3 Relation ou association

Les relations entre les entités offrent une structure au modèle de données, en indiquant plus spécifiquement quelles entités sont associées à d'autres, et comment. Les spécifications d'une relation indiquent généralement le nombre d'occurrences minimum et maximum autorisé de chaque côté de la relation (par exemple, chaque client est associé à un secteur de vente en particulier, tandis qu'un secteur de vente peut être associée à aucun, un ou plusieurs clients). Le terme « cardinalité » est utilisé pour indiquer le nombre minimum et maximum d'occurrences auquel une entité peut être liée. Les valeurs de cardinalité classiques sont zéro, un et plusieurs.

La relation entre deux entités peut être lue dans chaque direction, sous ce format :

Chaque occurrence (de cette entité) est associée à (minimum, maximum) (de cette autre entité).

Dans un modèle de classe, le terme « association » est utilisé à la place de « relation », et « multiplicité » est utilisé à la place de « cardinalité ».

.4 Diagrammes

Les modèles de données et les modèles de classe peuvent présenter un ou plusieurs diagrammes montrant les entités, attributs et relations.

Le diagramme d'un modèle de données est appelé diagramme entité-relation. Dans un modèle de classe, le diagramme est appelé diagramme de classe.

Figure 10.15.1: Diagramme entité-relation (notation Crow's Foot)

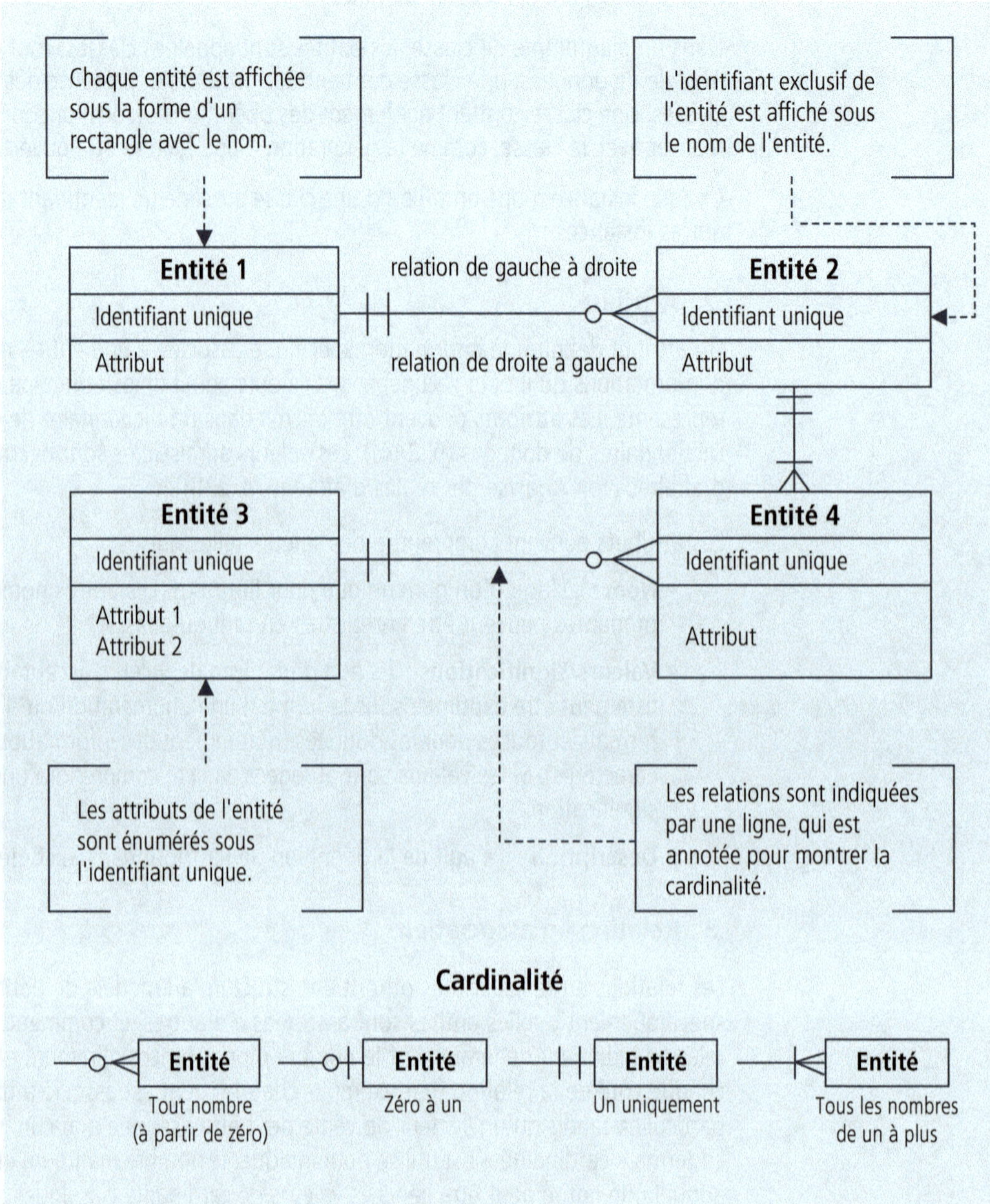

Figure 10.15.2: Schéma de classe (UML® (langage de modélisation unifiée))

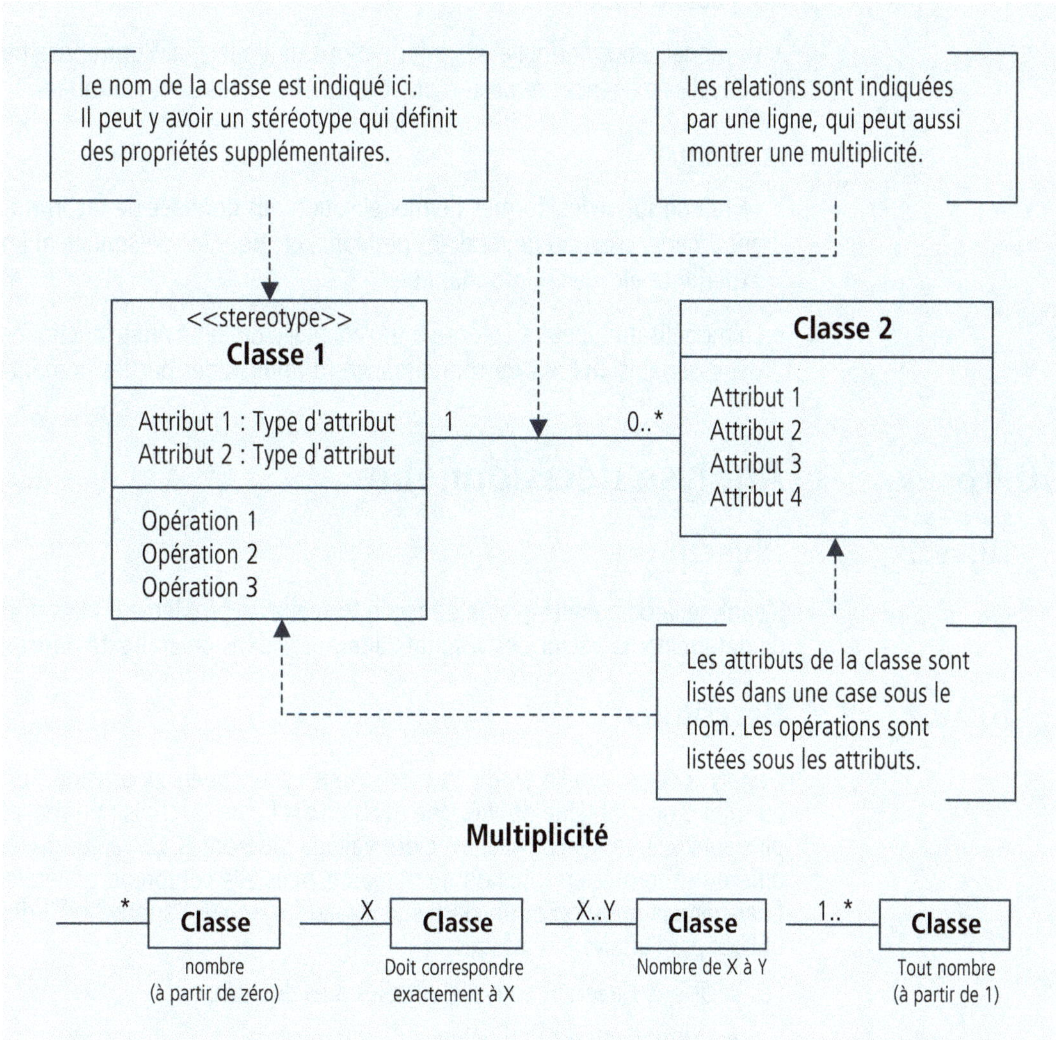

.5 Métadonnées

Un modèle de données peut contenir des métadonnées, qui décrivent ce que représentent les entités, le moment et la raison de leur création ou modification, la manière dont elles devraient être utilisées, leur fréquence d'utilisation, à quel moment et par qui. Il peut exister des restrictions de création ou d'utilisation, ainsi que des contraintes de sécurité, de confidentialité et d'audit sur certaines entités spécifiques ou groupes entiers d'entités.

10.15.4 Considérations d'utilisation

.1 Points forts

- La modélisation peut être utilisée pour définir et communiquer un vocabulaire uniforme employé par les experts du domaine d'implémentation et les experts du domaine.
- La vérification du modèle logique de données permet de s'assurer que la conception logique de données persistantes représente bien le besoin d'affaires.
- Elle offre une approche uniforme dans l'analyse et la documentation des données et de leurs relations.

- Elle offre la flexibilité de différents niveaux de détail, avec des informations suffisantes pour le public concerné.
- La modélisation formelle des informations détenues par l'entreprise peut exposer de nouvelles exigences à mesure que des incohérences sont identifiées.

.2 Limites

- Le fait de suivre les normes de modélisation des données de façon trop rigoureuse peut entraîner la création de modèles peu familiers pour les personnes qui ne disposent pas d'une expérience élevée en informatique.
- La modélisation peut s'étendre à travers plusieurs domaines fonctionnels de l'organisation et dépasser ainsi la base de connaissances d'affaires des parties prenantes individuelles.

10.16 Analyse décisionnelle

10.16.1 Objectif

L'analyse décisionnelle évalue de façon formelle un problème ou des décisions potentielles afin de déterminer la valeur des résultats alternatifs dans un contexte d'incertitude.

10.16.2 Description

L'analyse décisionnelle étudie et modélise les conséquences possibles de différentes décisions au sujet d'un problème donné. Une décision est l'acte de choisir un seul plan d'action à partir de plusieurs résultats incertains avec des valeurs différentes. La valeur du résultat peut prendre différentes formes en fonction du domaine, mais elle comprend généralement la valeur financière, la notation et un classement relatif basé sur l'approche, et des critères d'évaluation utilisés par l'analyste d'affaires.

Les décisions s'avèrent souvent difficiles à évaluer lorsque :

- le problème est mal défini,
- l'action menant au résultat souhaité n'est pas complètement comprise,
- les facteurs externes qui affectent une décision ne sont pas complètement compris, ou
- la valeur des différents résultats n'est pas comprise ou acceptée par les différentes parties prenantes, et ne permet pas d'effectuer une comparaison directe.

L'analyse décisionnelle aide les analystes d'affaires à évaluer différentes valeurs de résultat dans un contexte d'incertitude ou dans des situations très complexes. Plusieurs approches de l'analyse décisionnelle sont disponibles. L'approche adaptée dépend du niveau d'incertitude, du risque, de la qualité des informations et des critères d'évaluation disponibles. Une analyse décisionnelle exige une compréhension :

- des valeurs, des buts et des objectifs pertinents pour le problème concernant la décision,
- de la nature de la décision qui doit être prise,
- des zones d'incertitude qui affectent la décision et
- des conséquences de chaque décision potentielle.

Les approches de l'analyse décisionnelle utilisent les activités suivantes :

1. **Définir l'énoncé du problème** : il s'agit de décrire clairement le problème à résoudre.
2. **Définir les alternatives** : il s'agit de déterminer les propositions ou les plans d'action possibles.
3. **Évaluer les alternatives** : il s'agit de déterminer une approche logique en vue d'analyser les alternatives. Un accord sur les critères d'évaluation peut également être atteint au début de cette activité.
4. **Sélectionner l'alternative à mettre en œuvre** : les parties prenantes responsables de la décision choisissent l'alternative à exécuter en fonction des résultats de l'analyse décisionnelle.
5. **Mettre en œuvre le choix** : il s'agit d'exécuter l'alternative sélectionnée.

Plusieurs outils d'analyse décisionnelle sont disponibles afin d'aider l'analyste d'affaires et les décideurs à prendre des décisions objectives. Certains de ces outils et techniques sont plus adaptés à un choix entre deux alternatives, tandis que d'autres sont destinés à gérer plusieurs alternatives.

Parmi ces techniques et outils généraux d'analyse décisionnelle se trouvent :

- les réflexions pour vs contre,
- l'analyse des forces en présence,
- les tables de décision,
- les arbres de décision,
- l'analyse comparative,
- méthode de hiérarchie multicritère (MHM),
- le « totally-partially-not » (TPN – entièrement, partiellement, pas du tout),
- l'analyse décisionnelle multicritères (MCDA), et
- les algorithmes et simulations sur ordinateur.

10.16.3 Éléments

.1 Composantes de l'analyse décisionnelle

Parmi les composantes générales de l'analyse décisionnelle se trouvent :

- **La décision à prendre ou l'énoncé du problème** : il s'agit d'une description du sujet du problème ou de la décision.
- **Le décideur** : il s'agit de la ou les personnes qui prennent la décision finale.
- **L'alternative** : il s'agit d'un plan d'action ou d'une proposition potentiels.
- **Les critères de décision** : il s'agit des critères d'évaluation permettant de juger les alternatives.

.2 Matrices décisionnelles

Les tableaux ci-dessous fournissent des exemples d'une matrice décisionnelle simple et pondérée.

Une matrice décisionnelle simple vérifie si chaque alternative satisfait ou non chaque critère évalué, puis totalise le nombre de critères respectés pour chaque alternative. Dans cet exemple, l'alternative 1 est plus susceptible d'être sélectionnée car elle correspond à la plupart des critères.

Table 10.16.1: Matrice décisionnelle simple

	Alternative 1	Alternative 2	Alternative 3
Critère 1	Satisfait le critère	n/a	n/a
Critère 2	Satisfait le critère	Satisfait le critère	Satisfait le critère
Critère 3	n/a	Satisfait le critère	Satisfait le critère
Critère 4	Satisfait le critère	n/a	n/a
Total	3	2	2

Une matrice décisionnelle pondérée évalue des options dans lesquelles chaque critère est pondéré en fonction de son importance. Plus la pondération est élevée, plus le critère est important. Dans cet exemple, les critères sont pondérés sur une échelle de 1 à 5, dans laquelle 5 indique le plus important. Les alternatives sont classées par critère sur une échelle de 1 à 5, dans laquelle 5 indique la meilleure correspondance. Dans cet exemple, l'alternative 3 est plus susceptible d'être sélectionnée en raison de son score de pondération élevé.

Table 10.16.2: Matrice décisionnelle pondérée

	Pondération du critère	Alternative 1	Valeur alt. 1	Alternative 2	Valeur alt. 2	Alternative 3	Valeur alt. 3
Critère 1	1	Classement = 1*3	3	Classement = 1*5	5	Classement = 1*2	2
Critère 2	1	Classement = 1*5	5	Classement = 1*4	4	Classement = 1*3	8
Critère 3	3	Classement = 3*5	15	Classement = 3*1	3	Classement = 3*5	15
Critère 4	5	Classement = 5*1	5	Classement = 5*5	25	Classement = 5*3	15
Total pondéré			28		37		40

.3 Arbres de décision

Pour plus d'informations sur les arbres de décision, voir Modélisation des décisions (p. 262).

Un arbre de décision est une méthode d'évaluation du résultat souhaité lorsque plusieurs sources d'incertitude existent. L'arbre permet d'évaluer les réponses à l'incertitude à prendre en compte dans plusieurs stratégies.

Les arbres de décision comprennent :

- **Des nœuds de décision** : ils comprennent les différentes stratégies.
- **Des nœuds de hasard** : ils définissent les résultats incertains.
- **Des nœuds terminaux ou terminateurs** : ils identifient un résultat final pour l'arbre.

.4 Compromis

Les compromis sont utiles lorsqu'une décision problématique comprend plusieurs objectifs potentiellement conflictuels. Lorsque plus d'un objectif s'avère pertinent, il ne suffit pas de trouver la valeur maximale pour une variable (comme le bénéfice financier pour l'organisation). Parmi les méthodes de compromis efficaces se trouvent :

- **L'élimination des alternatives dominées** : une alternative dominée est une option clairement inférieure à une autre. Si une option est égale ou inférieure à une autre lorsqu'elle est évaluée selon les objectifs, l'autre option est considérée comme dominante. Dans certains cas, une option peut également être dominée si elle offre uniquement de faibles avantages tout en présentant d'importants inconvénients.
- **Le classement des objectifs sur une échelle similaire** : la méthode consistant à convertir les classements sur une échelle similaire s'appelle la notation proportionnelle. Dans cette méthode, le meilleur résultat reçoit une note de 100 et le pire reçoit une note de 0. Tous les autres résultats sont notés selon leur place entre ces deux notes. Si les résultats sont ensuite pondérés en fonction de leur importance relative, une note peut être attribuée à chaque résultat et la meilleure alternative est désignée à l'aide d'un arbre de décision.

10.16.4 Considérations d'utilisation

.1 Points forts

- L'analyse décisionnelle offre une approche prescriptive aux analystes d'affaires. Celle-ci leur permet de déterminer des options alternatives, notamment dans des contextes complexes ou incertains.
- Elle aide les parties prenantes soumises à des pressions à évaluer les options en fonction des critères, réduisant ainsi le nombre de décisions prises sur la base d'émotions et d'informations descriptives.
- Elle incite les parties prenantes à évaluer de manière honnête l'importance qu'elles accordent aux différents résultats possibles et contribue ainsi à éviter les hypothèses erronées.
- Elle permet aux analystes d'affaires d'élaborer les mesures adéquates ou de mettre en place des classements relatifs pour l'évaluation du résultat, afin de comparer directement les critères d'évaluation de résultat financiers et non financiers.

.2 Limites

- Les informations permettant de réaliser une analyse décisionnelle correcte ne sont pas toujours disponibles au moment de prendre la décision.
- De nombreuses décisions doivent être prises instantanément, sans laisser le temps de passer par un processus d'analyse décisionnelle formel ou même informel.
- Le décideur doit contribuer au processus et comprendre les limites du modèle et les hypothèses. Il risque sinon de percevoir les résultats fournis par l'analyste d'affaires comme plus sûrs qu'ils ne le sont en réalité.
- Un effet de « surplace » peut se produire lorsque le décideur dépend trop de l'analyse décisionnelle et de l'établissement de valeurs probabilistes.
- Certains modèles d'analyse décisionnelle nécessitent des connaissances spécialisées (par ex. connaissances des probabilités en mathématiques et compétences solides en matière d'outils d'analyse décisionnelle).

10.17 Modélisation des décisions

10.17.1 Objectif

La modélisation des décisions montre comment prendre des décisions d'affaires reproductibles.

10.17.2 Description

Les modèles de décision montrent la manière dont les données et les connaissances sont associées pour prendre une décision spécifique. Ils peuvent être utilisés pour prendre des décisions directes et complexes. Les modèles de décision directs utilisent un tableau ou un arbre de décision simple afin de montrer la manière dont un ensemble de règles d'affaires gérant un ensemble commun d'éléments de données s'associe pour aboutir à une décision. Les modèles de décision complexes décomposent les décisions en composantes individuelles, de manière à ce que chaque élément de la décision puisse être décrit séparément. Le modèle peut montrer la manière dont ces éléments s'associent pour prendre une décision globale. Il est possible de décomposer les informations qui doivent être mises à disposition pour prendre la décision et d'éventuelles sous-décisions. Chaque sous-décision est décrite selon les termes des règles d'affaires requises afin de prendre cette partie de la décision.

Un modèle de décision exhaustif est un modèle général associé aux processus, aux mesures de performance et aux organisations. Il montre l'origine des règles d'affaires et représente les décisions d'un point de vue analytique.

Les règles d'affaires impliquées dans une décision donnée peuvent être définitionnelles ou comportementales. Par exemple, une décision « Valider la commande » peut entraîner la vérification du bon calcul de la taxe (une règle de définition) et de la correspondance entre l'adresse de facturation et la carte de crédit fournie (une règle comportementale).

Les arbres et tables de décision définissent la manière dont une décision spécifique est prise. Un modèle décisionnel graphique peut être élaboré à différents niveaux. Un modèle général ne peut montrer les décisions d'affaires que de la manière dont elles apparaissent dans les processus d'affaires. En revanche, un modèle plus détaillé est susceptible de montrer le processus décisionnel en l'état ou en devenir suffisamment en détail pour revêtir un rôle de structure pour l'ensemble des règles d'affaires pertinentes.

10.17.3 Éléments

.1 Types de modèles et notations

Il existe plusieurs approches différentes dans la modélisation des décisions. Les tables de décision représentent l'ensemble des règles requises pour prendre une décision au niveau atomique. Les arbres de décision sont communs à certaines industries, mais sont généralement bien moins utilisés que les tables de décision. Les décisions complexes nécessitent l'association de plusieurs décisions simples pour former un réseau, ce qui est montré par le biais de notations d'exigences ou de dépendances.

L'ensemble de ces approches implique trois éléments essentiels :

- décision,
- information et
- connaissance.

Tables de décision

Les décisions d'affaires emploient un ensemble particulier de valeurs d'intrant afin de déterminer un résultat spécifique. Elles utilisent pour cela un ensemble défini de règles d'affaires en vue de sélectionner l'un des résultats disponibles. Une table de décision est une représentation compacte et tabulaire d'un ensemble de ces règles. Chaque ligne (ou colonne) est une règle, et chaque colonne (ou ligne) représente l'une des conditions de cette règle. Lorsque toutes les conditions d'une règle en particulier sont évaluées comme vraies pour un ensemble de données d'intrant, le résultat ou l'action spécifiée pour cette règle est sélectionnée.

Les tables de décision contiennent généralement une ou plusieurs colonnes de conditions qui se rapportent à des éléments de données spécifiques, ainsi qu'une ou plusieurs colonnes de résultat ou d'action. Chaque ligne contient une condition spécifique dans chaque colonne de condition. Celles-ci sont évaluées par rapport à la valeur de l'élément de données étudié. Si l'ensemble des cellules d'une règle est vierge ou considéré comme vrai, la règle est vraie et le résultat spécifié dans la colonne action ou résultat se produit.

Figure 10.17.1: Table de décision

Règles d'éligibilité		
Montant du prêt	**Âge**	**Éligibilité**
<=1000	>18	Éligible
	<=18	Inéligible
1000–2000	>21	Éligible
	<=21	Inéligible
>2000	>=25	Éligible
	<25	Inéligible

Arbres de décision

Les arbres de décision sont souvent utilisés pour représenter un ensemble de règles d'affaires. Chaque chemin d'un nœud terminal sur un arbre de décision représente une règle unique. Chaque niveau de l'arbre symbolise un élément de donnée spécifique. Les branches descendantes représentent les différentes conditions qui doivent être vraies pour continuer à descendre ces branches. Les arbres de décision peuvent se montrer très efficaces pour représenter certains types d'ensemble de règles, notamment ceux qui sont associés à la segmentation de la clientèle.

Tout comme pour les tables de décision, un arbre de décision sélectionne l'une des actions ou des résultats disponibles (un nœud terminal affiché tout à droite ou au bas de l'arbre) en fonction des valeurs spécifiques qui lui sont transmises par les éléments de données représentant les nœuds d'embranchement.

Dans l'arbre de décision suivant, les règles de l'arbre partagent des conditions (représentées par les nœuds antérieurs dans l'arbre).

Figure 10.17.2: Arbre de décision

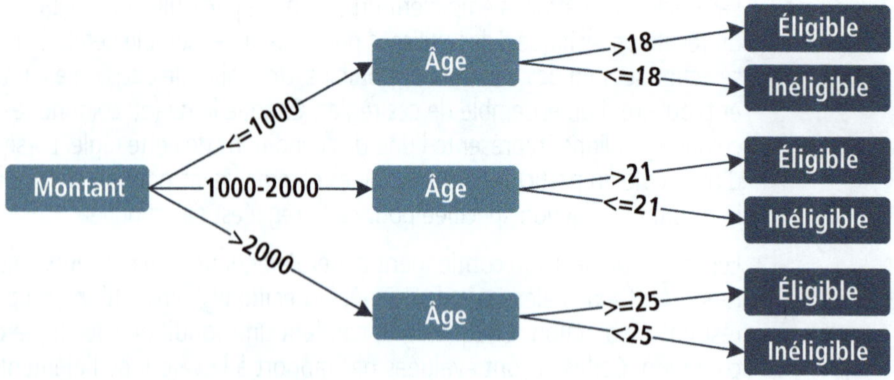

Diagrammes des exigences de décision

Un diagramme des exigences de décision est une représentation visuelle des informations, connaissances et décisions impliquées dans une décision d'affaires plus complexe.

Ce diagramme contient les éléments suivants :

- **Décisions** : elles sont affichées sous la forme de rectangles. Chaque décision requiert un ensemble d'intrants et établit une sélection à partir d'un ensemble défini d'extrants possible en appliquant les règles d'affaires et autre logique de décision.
- **Données d'intrant** : elles sont affichées sous la forme d'ovales et représentent les données qui doivent être établies comme intrants d'une décision sur le diagramme.
- **Modèles de connaissances d'affaires** : ils sont affichés sous la forme de rectangles dont les coins sont coupés. Ils représentent des ensembles de règles d'affaires, tables et arbres de décision ou même modèles d'analyse prédictive, qui décrivent précisément la manière de prendre une décision.
- **Sources de connaissance** : elles sont affichées sous la forme d'un document et représentent les documents sources d'origine ou les personnes à partir desquelles la logique de décision requise peut être ou a été dérivée.

Ces nœuds sont reliés en un réseau pour montrer la décomposition d'un processus décisionnel complexe en éléments constitutifs plus simples. Les flèches pleines montrent les exigences d'information pour une décision. Ces exigences d'informations peuvent relier les données d'intrant à une décision, afin de montrer que cette décision nécessite la disponibilité de ces données, ou associer deux décisions.

Les modèles de connaissances d'affaires, qui décrivent la manière de prendre une décision spécifique, peuvent être reliés à cette décision par le biais de flèches en pointillés afin de montrer les exigences en matière de connaissances. Les sources de connaissance peuvent être associées aux décisions avec une flèche arrondie et en pointillés, afin de montrer qu'une source de connaissance (par ex. un document ou une personne) représente l'autorité pour la décision. Il s'agit alors d'une exigence d'autorité.

Figure 10.17.3: Diagramme des exigences de décision

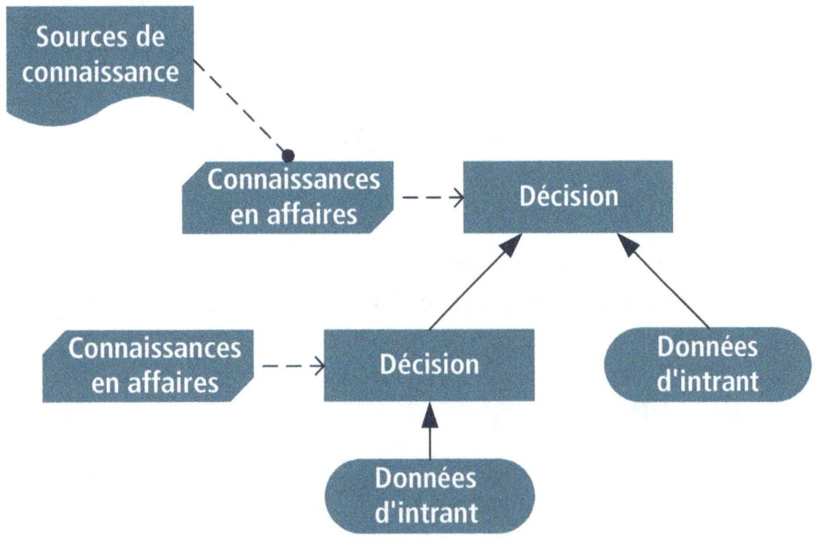

10.17.4 Considérations d'utilisation

.1 Points forts

- Les modèles de décision sont faciles à partager avec les parties prenantes, ils favorisent une compréhension partagée et renforcent l'analyse d'impact.
- Plusieurs points de vue peuvent être partagés et associés, notamment lorsqu'un diagramme est utilisé.
- Ils simplifient les décisions complexes en supprimant la gestion des règles d'affaires du processus.
- Ils contribuent à gérer de grands nombres de règles dans les tables de décision en regroupant les règles par décision, et favorisent également la réutilisation.
- Ces modèles fonctionnent pour l'automatisation basée sur les règles, l'exploration de données et les analyses prédictives ainsi que pour les projets d'intelligence d'affaires et décisions manuelles.

.2 Limites

- Ces modèles ajoutent un second type de diagramme lors de la modélisation des processus d'affaires contenant les décisions, ce qui risque d'ajouter une difficulté inutile si la décision est simple et étroitement liée au processus.
- Ils peuvent limiter les règles à celles requises par les décisions connues, et limiter ainsi l'association de règles qui ne sont pas liées à une décision connue.
- La définition des modèles de décision peut inciter une organisation à penser qu'elle dispose d'une manière standardisée de prendre des décisions, alors qu'il n'en est rien. Ils peuvent bloquer une organisation dans une approche décisionnelle en fonction de l'état actuel.
- Ils dépassent les limites organisationnelles, ce qui peut compliquer l'obtention des validations nécessaires.
- Ils sont susceptibles de ne pas traiter les règles d'affaires comportementales de façon directe.

- La terminologie d'affaires doit être clairement définie, et des définitions partagées doivent être développées afin d'éviter tout problème de qualité des données qui pourrait affecter les décisions automatisées.

10.18 Analyse de la documentation

10.18.1 Objectif

L'analyse de la documentation est utilisée afin de recueillir les informations de l'analyse d'affaires, notamment la compréhension contextuelle et les exigences, en étudiant le matériel disponible qui décrit l'environnement d'affaires ou les actifs organisationnels existants.

10.18.2 Description

L'analyse de la documentation peut être utilisée afin de rassembler des informations générales permettant de comprendre le contexte d'un besoin d'affaires, ou peut intégrer la recherche de solutions existantes afin de valider la manière dont ces solutions sont actuellement mises en œuvre. Elle peut également être utilisée pour valider les découvertes issues d'autres activités d'élicitation, comme des entretiens et des observations. L'exploration de données représente l'une des approches de l'analyse de la documentation. Elle est utilisée pour analyser les données en vue de déterminer des modèles, regrouper les données en catégories et déterminer les opportunités de changement. L'objet, la portée et les sujets recherchés par le biais de l'analyse de la documentation sont déterminés selon les informations de l'analyse d'affaires étudiées. Lorsqu'ils réalisent une analyse de la documentation, les analystes d'affaires vérifient le matériel de façon méthodique et déterminent si les informations doivent être conservées dans une documentation.'

Les recherches générales réalisées par le biais de l'analyse de la documentation peuvent inclure l'étude du matériel tels que des études marketing, normes ou lignes directrices de l'industrie, mémo d'entreprise et organigrammes. En examinant un vaste ensemble de documents sources, l'analyste d'affaires s'assure que le besoin est pleinement compris quant à l'environnement dans lequel il existe. L'analyse de la documentation réalisée pour une solution existante peut comprendre l'étude des règles d'affaires, documentation technique ou de formation, rapports de problème, documents des exigences antérieurs et manuels de procédures, afin de valider la manière dont la solution actuelle fonctionne et pourquoi elle a été mise en œuvre sous sa forme actuelle. Elle peut également permettre de combler les manques d'informations qui peuvent survenir lorsque les experts du domaine de la solution existante ne sont plus présents ou ne seront pas disponibles pour toute la durée du processus d'élicitation.

10.18.3 Éléments

.1 Préparation

Les documents de cette analyse peuvent provenir de sources publiques ou privées.

Lorsqu'ils évaluent les documents sources pour l'analyse, les analystes d'affaires tiennent compte de :

- la pertinence, l'actualité, l'authenticité et la crédibilité du contenu source,
- la compréhension du contenu et la facilité de transmission aux parties prenantes si besoin, et
- la définition des données à explorer (selon les classes de données requises) et les groupes de données fournissant des éléments regroupés par relations logiques.

.2 Analyse et vérification des documents

Pour réaliser une analyse de la documentation, il faut :

- Réaliser une étude détaillée de chaque contenu de document et enregistrer les notes pertinentes associées à chaque sujet. Les notes peuvent être enregistrées à l'aide d'un schéma d'analyse de la documentation comprenant le sujet, le type, la source, les détails textuels et toute action ou question de suivi pour chaque document étudié.
- Déterminer s'il y a des notes en conflit ou en double.
- Noter les lacunes de connaissance dans lesquelles les observations concernant certains sujets sont limitées. Il peut être nécessaire de réaliser une recherche supplémentaire afin de revoir ces sujets ou d'approfondir un sous-niveau du sujet.

.3 Enregistrement des observations

Lorsque les informations recueillies par l'analyse de la documentation sont utilisées dans une documentation, l'analyste d'affaires vérifie si :

- le contenu et le niveau de détail sont adéquats en fonction du public visé, et
- le matériel doit être transformé en support visuel comme un graphique, un modèle, un flux de processus ou une table de décision, afin de favoriser la compréhension.

10.18.4 Considérations d'utilisation

.1 Points forts

- Les documents sources existants peuvent être utilisés comme base pour l'analyse.
- L'analyste d'affaires n'a pas besoin de créer du contenu.
- Les sources existantes, même si elles sont obsolètes, peuvent être utilisées comme référence pour déterminer ce qui est d'actualité et ce qui a changé.
- Les résultats peuvent être utilisés pour valider les résultats d'autres techniques d'élicitation des exigences.
- Les observations peuvent être présentées dans des formats qui permettent une vérification et une réutilisation simples.

.2 Limites

- La documentation existante peut être obsolète ou invalide (incorrecte, informations manquantes, illisible, non vérifiée ou non approuvée).
- La disponibilité des auteurs pour les questions de vérification n'est pas assurée.
- Cette analyse contribue principalement à évaluer l'état actuel grâce à la vérification de la documentation en l'état.
- Lorsqu'il existe de nombreuses sources, cette activité peut s'avérer très chronophage et entraîner une surcharge et une confusion dans les informations.

10.19 Estimation

10.19.1 Objectif

L'estimation est utilisée par les analystes d'affaires et d'autres parties prenantes pour prévoir le coût et l'effort requis afin de réaliser un plan d'action.

10.19.2 Description

L'estimation est utilisée pour soutenir la prise de décision en prévoyant des attributs tels que :

- coût et effort requis pour réaliser un plan d'action,
- bénéfices attendus de la solution,
- coût du projet,
- performance de l'entreprise,
- valeur potentielle anticipée d'une solution et
- coûts de création d'une solution,
- coûts de fonctionnement d'une solution,
- impact du risque potentiel.

Le résultat de l'estimation est parfois exprimé sous la forme d'un simple nombre. La représentation des résultats d'une estimation en tant que plage, avec des valeurs minimum et maximum ainsi que la probabilité, peut offrir un degré d'efficacité plus élevé aux parties prenantes. Cette plage est appelée « intervalle de confiance » et sert de mesure du niveau d'incertitude. Moins la quantité d'information à disposition de la personne en charge de l'estimation sera importante, plus l'intervalle de confiance sera large.

L'estimation est un processus itératif. Les estimations sont examinées au fur et à mesure que de nouvelles informations sont disponibles, et elles sont également révisées (le cas échéant). De nombreuses techniques d'estimation s'appuient sur l'historique des rendements antérieurs de l'organisation afin de calibrer les estimations en fonction de l'expérience. Chaque estimation peut comprendre une évaluation du niveau d'incertitude qui lui est associé.

10.19.3 Éléments

.1 Méthodes

Différentes méthodes d'estimation sont utilisées selon les situations spécifiques. Dans chaque cas, il est important que les personnes disposent d'une description convenue des éléments à estimer, souvent sous la forme d'une structure de répartition du travail ou toute autre décomposition du travail estimé. Lors du développement et de la finalisation d'une estimation, les contraintes et hypothèses doivent également être clairement communiquées.

Parmi les méthodes courantes d'estimation se trouvent :

- **Approche descendante** : il s'agit d'examiner les composantes à un niveau élevé dans une décomposition hiérarchique.
- **Approche ascendante** : il s'agit d'utiliser les éléments les plus bas d'une décomposition hiérarchique afin d'étudier le travail en détail et d'estimer le coût ou l'effort individuel, puis de résumer l'ensemble des éléments pour fournir une estimation globale.
- **Estimation paramétrique** : il s'agit d'utiliser un modèle paramétrique calibré des attributs d'élément qui sont estimés. Il est important que l'organisation utilise son propre historique pour calibrer le modèle paramétrique, dans la mesure où les valeurs des attributs reflètent les compétences et les capacités de son personnel et des processus utilisés pour réaliser le travail.

- **Ordre de grandeur approximatif (ROM)** : il s'agit d'une estimation générale basée sur des informations limitées, susceptibles de présenter un intervalle de confiance très étendu.
- **Cascade** : il s'agit d'estimations répétées tout au long d'une initiative ou d'un projet, qui fournissent des estimations détaillées pour des activités à court terme (comme une répétition du travail) étendues au reste de l'initiative ou du projet.
- **Delphi** : cette méthode utilise une combinaison d'historique et de jugement des experts. Il existe plusieurs variations sur ce processus, mais toutes comprennent des estimations individuelles, le partage des estimations avec des experts et la mise en place de plusieurs sessions d'estimation jusqu'à atteindre un consensus. C'est la moyenne des trois estimations qui est utilisée.
- **PERT** : chaque composante de l'estimation reçoit trois valeurs : (1) une valeur optimiste, qui représente le scénario le plus favorable, (2) une valeur pessimiste, qui représente le scénario le plus défavorable, (3) la valeur la plus probable. Une valeur PERT est ensuite calculée pour chaque composante estimée en tant que moyenne pondérée : (optimiste + pessimiste + (4 x la valeur la plus probable)) / 6.

.2 Précision de l'estimation

La précision d'une estimation est une mesure d'incertitude évaluant la proximité d'une estimation avec la valeur réelle qui est mesurée plus tard. Elle peut être calculée sous forme de rapport entre l'amplitude de l'intervalle de confiance et sa valeur moyenne, puis exprimée en tant que pourcentage. Lorsque les informations se font rares, comme lorsque l'on se trouve encore à un stade précoce de l'approche d'une solution, une estimation d'ordre de grandeur approximatif (ROM) est fournie. Celle-ci doit en effet présenter une large palette de valeurs possibles et un niveau élevé d'incertitude.

Les estimations ROM affichent souvent une précision maximale de +50 % à -50 %. Une estimation définitive, qui s'avère bien plus précise, peut être réalisée si un nombre plus important de données tirées du réel sont recueillies. Les estimations définitives utilisées pour prévoir les échéances, budgets finaux et besoins en ressources doivent idéalement présenter une précision de 10 % ou moins.

Les équipes peuvent associer l'utilisation des estimations ROM à celle des estimations définitives tout au long d'une initiative ou d'un projet à l'aide des estimations en cascade. Une équipe crée une estimation définitive pour la prochaine itération ou phase (pour laquelle elle dispose des informations requises) tandis que le reste du travail fait l'objet d'une estimation ROM. Lorsque la fin de l'itération ou de la phase approche, une estimation définitive est réalisée pour le travail sur la prochaine itération ou phase, et l'estimation ROM est affinée pour les activités restantes.

.3 Sources d'information

Les personnes en charge de l'estimation tiennent compte des informations issues d'expériences antérieures, en plus des attributs estimés.

Parmi les sources d'information courantes se trouvent :

- **Situations comparables** : il s'agit d'utiliser un élément (projet, initiative, risque ou autre) similaire à l'élément estimé.
- **Antécédents de l'organisation** : il s'agit des précédentes expériences de l'organisation sur un travail similaire. Cette source d'information est particulièrement utile lorsque le travail a été réalisé à l'aide des mêmes techniques et par la même équipe ou une équipe présentant des compétences similaires.

- **Jugement des experts** : il s'agit de tirer parti des connaissances des personnes au sujet des éléments estimés. L'estimation repose souvent sur l'expertise des personnes qui ont réalisé le travail par le passé, qu'elles soient internes ou externes à l'organisation. Lorsqu'elles font appel à des experts internes, les personnes en charge de l'estimation tiennent compte des aptitudes et compétences pertinentes des individus à l'origine du travail estimé.

.4 Précision et fiabilité des estimations

Lorsque plusieurs estimations sont réalisées pour un attribut spécifique, la précision de l'estimation qui en résulte représente un consensus entre les estimations (la proximité qui existe entre elles). En étudiant les mesures d'imprécision telles que la différence ou l'écart-type, les personnes en charge de l'estimation peuvent déterminer leur niveau de consensus.

La fiabilité d'une estimation (sa répétabilité) se reflète dans la variation des estimations réalisées par différentes méthodes ou personnes.

Pour illustrer son niveau de fiabilité et de précision, une estimation est souvent exprimée sous la forme d'une plage de valeurs avec un niveau de confiance associé. Autrement dit, pour une valeur d'estimation et un niveau de confiance donnés, la plage de valeurs se compose de la plage prévue de valeurs possibles sur la base des estimations fournies. Si une équipe estime par exemple qu'une tâche requiert 40 heures, un intervalle de confiance de 90 % pourrait être de 36 à 44 heures selon les estimations individuelles fournies. Un intervalle de confiance de 95 % comprendrait 38 à 42 heures. D'une manière générale, plus le niveau de confiance est élevé, plus la plage sera réduite.

Les personnes responsables de l'estimation peuvent utiliser une technique telle que la méthode PERT afin de fournir une estimation avec un niveau particulier de confiance. Le fait d'utiliser les différentes estimations pour chaque composante de l'estimation permet d'établir une distribution des probabilités. Cette distribution offre une manière de calculer une estimation globale (intégrant tous les éléments estimés) en tant que plage de valeurs, avec un niveau de confiance associé.

.5 Personnes responsables des estimations

Les personnes responsables de l'estimation d'un élément sont souvent les personnes responsables de cet élément. L'estimation d'une équipe est généralement plus précise que celle d'un seul individu, dans la mesure où elle intègre l'expertise de l'ensemble des membres de l'équipe.

Il arrive qu'une organisation dispose d'un groupe chargé de l'estimation pour une bonne partie de son travail. Ce travail est réalisé avec soin, de manière à ce que l'estimation reflète le contexte probable de l'élément estimé.

Lorsqu'une organisation a besoin d'un niveau de confiance élevé dans l'estimation d'un élément critique, elle peut faire appel à un expert externe afin de réaliser ou de vérifier l'estimation. L'organisation compare ensuite l'estimation indépendante avec son estimation interne afin de déterminer les ajustements requis.

10.19.4 Considérations d'utilisation

.1 Points forts

- Les estimations offrent une justification pour l'attribution du budget, les délais ou l'ampleur d'un ensemble d'éléments.
- En l'absence d'estimation, les équipes responsables d'un changement peuvent prévoir des délais ou un budget irréalisables pour leur travail.

- Le fait de disposer d'une estimation fournie par une petite équipe de personnes compétentes qui a respecté une technique définie permet généralement de créer un indicateur plus proche de la valeur réelle que si l'estimation est réalisée par une seule personne.
- La mise à jour d'une estimation tout au long d'un cycle de travail, dans laquelle les éléments estimés sont affinés au fil du temps, intègre des connaissances et contribue à assurer la réussite.

.2 Limites

- Le niveau de précision des estimations est limité par le niveau de connaissance des éléments estimés. En l'absence de connaissances locales ou organisationnelles, les estimations peuvent varier considérablement des valeurs réelles qui seront déterminées ultérieurement.
- Le recours à une seule méthode d'estimation peut favoriser la création d'attentes irréalistes chez les parties prenantes.

10.20 Analyse financière

10.20.1 Objectif

L'analyse financière est utilisée pour comprendre les aspects financiers d'un investissement, d'une solution ou de l'approche d'une solution.

10.20.2 Description

L'analyse financière est l'évaluation de la viabilité et de la stabilité financière ainsi que de la réalisation des bénéfices attendus pour une option d'investissement. Elle tient compte du coût total du changement et des bénéfices et coûts totaux de l'utilisation et de la prise en charge de la solution.

Les analystes d'affaires utilisent l'analyse financière afin de recommander une solution pour un investissement dans une initiative de changement spécifique, en comparant une solution ou approche de solution à d'autres. L'analyse est basée sur les éléments suivants :

- le coût initial et la période pendant laquelle ces coûts surviennent,
- les bénéfices financiers attendus et la période pendant laquelle ils surviennent,
- les coûts récurrents d'utilisation et de prise en charge de la solution,
- les risques associés à l'initiative de changement et
- les risques permanents en lien avec la valeur d'affaires dans le cadre de l'utilisation de la solution.

Plusieurs techniques d'analyse sont généralement utilisées, car chacune fournit un point de vue différent. Les dirigeants comparent ensuite les résultats de l'analyse financière pour une option d'investissement avec ceux d'autres investissements potentiels afin de déterminer l'initiative de changement la plus favorable.

L'analyse financière traite de l'incertitude et, à mesure que le cycle de vie de l'initiative de changement progresse, les effets de cette incertitude sont mieux compris. Cette analyse est appliquée en permanence au cours de l'initiative afin de déterminer si le changement est susceptible d'offrir une valeur d'affaires suffisante pour être maintenue. Un analyste d'affaires peut recommander l'ajustement ou l'arrêt d'une initiative de changement lorsque de nouvelles informations indiquent que l'analyse financière n'est plus en faveur de la solution initialement recommandée.

10.20.3 Éléments

.1 Coût du changement

Le coût d'un changement comprend le coût prévu de l'élaboration ou de l'acquisition des composantes de la solution ainsi que les coûts prévus pour la transition de l'entreprise de l'état actuel à l'état futur. Ce coût peut également comprendre les coûts associés au changement de l'équipement et du logiciel, des installations, du personnel et d'autres ressources, le rachat de contrats, subventions et pénalités existants, la conversion des données, la formation, la communication du changement et la gestion de la mise en œuvre. Ces coûts peuvent être partagés entre les organisations au sein de l'entreprise.

.2 Coût total de possession (CTP)

Le coût total de possession (CTP) représente le coût permettant d'acquérir une solution, le coût d'utilisation de la solution et le coût de prise en charge de la solution dans un avenir proche, associés pour mieux comprendre la valeur potentielle d'une solution. Lorsqu'il est question d'équipement et d'installations, il existe généralement une durée utile prévue convenue. Mais dans le cas des processus et logiciels, la durée utile est souvent inconnue. Certaines organisations établissent une période standard (par exemple trois à cinq ans) pour comprendre les coûts de possession d'éléments intangibles tels que les processus et logiciels.

.3 Obtention de la valeur

La valeur est généralement obtenue au fil du temps. La valeur prévue peut être exprimée sur une base annuelle ou en tant que valeur cumulée sur une période déterminée.

.4 Analyse coûts-bénéfices

L'analyse coûts-bénéfices (parfois appelée analyse bénéfices-coûts) représente une prévision des bénéfices totaux prévus, moins les coûts totaux prévus, en vue de calculer le bénéfice net prévu (la valeur d'affaires prévue).

Les hypothèses relatives aux facteurs qui déterminent les coûts et les bénéfices doivent être clairement énoncées dans les calculs, afin d'être en mesure de les vérifier, les questionner et les approuver. Les coûts et les bénéfices sont souvent estimés sur la base de ces hypothèses, et la méthodologie d'estimation doit être décrite de manière à pouvoir être vérifiée et ajustée si besoin.

La période d'une analyse coûts-bénéfices doit être suffisamment longue pour que la solution soit pleinement utilisée et la valeur prévue obtenue. Cela permet de mieux comprendre les coûts supportés et à quel moment, ainsi que le moment où la valeur attendue doit être obtenue.

Table 10.20.1: Exemple d'une analyse coûts-bénéfices

	Année 0	Année 1	Année 2	Année 3
Bénéfices prévus				
Revenus		XXXX $	XXXX $	XXXX $
Réduction du coût d'exploitation		XXXX $	XXXX $	XXXX $
Gain de temps		XXXX $	XXXX $	XXXX $
Réduction du coût des erreurs		XXXX $	XXXX $	XXXX $
Augmentation de la satisfaction des clients		XXXX $	XXXX $	XXXX $
Réduction du coût de conformité		XXXX $	XXXX $	XXXX $

Table 10.20.1: Exemple d'une analyse coûts-bénéfices (Suite)

	Année 0	Année 1	Année 2	Année 3
Autre		XXXX $	XXXX $	XXXX $
Bénéfices annuels totaux	**0 $**	**XXXX $**	**XXXX $**	**XXXX $**
Coûts				
Coûts du projet	XXXX $	XXXX $	0 $	0 $
S0outien continu	0 $	XXXX $	XXXX $	XXXX $
Nouvelles installations	XXXX $	0 $	0 $	XXXX $
Licences	0 $	XXXX $	XXXX $	XXXX $
Renouvellement de l'infrastructure	XXXX $	0 $	XXXX $	0 $
Autre	0 $	XXXX $	0 $	XXXX $
Coûts totaux	**XXXX $**	**XXXX $**	**XXXX $**	**XXXX $**
Bénéfices nets	**-XXXX $**	**XXXX $**	**XXXX $**	**XXXX $**
Bénéfices nets cumulés	**-XXXX $**	**-XXXX $**	**-XXXX $**	**XXXX $**

Certains bénéfices sont susceptibles de ne pas être réalisés avant plusieurs années. Certains coûts de projet et d'exploitation peuvent être identifiés dans plusieurs années. Les bénéfices nets cumulés peuvent être négatifs pendant un certain temps.

Dans certaines organisations, l'ensemble ou une partie des coûts associés au changement peut être amorti sur plusieurs années, et l'organisation peut avoir besoin de l'analyse coûts-bénéfices afin de refléter cela.

Au cours d'une initiative de changement, lorsque les coûts prévus deviennent des coûts réels, l'analyste d'affaires peut revoir l'analyse coûts-bénéfices afin de déterminer si la solution ou l'approche de la solution est toujours viable.

.5 Calculs financiers

Les organisations utilisent un ensemble de calculs financiers standard pour comprendre les différents points de vue relatifs au moment et à la manière dont les différents investissements apportent la valeur. Ces calculs tiennent compte des risques inhérents aux différents investissements, de la somme d'argent initiale à investir par rapport au moment où les bénéfices seront réalisés, de la comparaison avec d'autres investissements à disposition de l'organisation et du temps requis pour récupérer l'investissement d'origine.

Les logiciels financiers, comme les tableurs, fournissent généralement des fonctions préprogrammées permettant de réaliser ces calculs financiers.

Retour sur investissement

Le retour sur investissement (RSI) d'un changement prévu est exprimé en tant que pourcentage mesurant les bénéfices nets divisés par le coût du changement. Une initiative de changement, une solution ou une approche de solution peuvent être comparées à d'autres afin de déterminer laquelle offre le meilleur retour global par rapport au montant de l'investissement.

La formule permettant de calculer le RSI est la suivante :

> *Retour sur investissement = (Bénéfices totaux - Coût de l'investissement) / Coût de l'investissement.*

Plus le RSI est élevé, meilleur est l'investissement.

Lorsqu'il réalise une comparaison entre différents investissements potentiels, l'analyste d'affaires doit utiliser la même période de temps.

Taux d'actualisation

Le taux d'actualisation est le taux d'intérêt théorique utilisé dans les calculs de la valeur actuelle. Il est généralement similaire au taux d'intérêt auquel l'organisation pourrait s'attendre si elle investissait son argent ailleurs. De nombreuses organisations utilisent un taux d'actualisation standard, habituellement déterminé par ses responsables financiers, afin d'évaluer les investissements potentiels tels que les initiatives de changement en utilisant les mêmes hypothèses concernant les taux d'intérêt prévus. Un taux d'actualisation plus important est parfois utilisé pour les périodes situées dans un avenir plus lointain, afin de refléter l'incertitude et le risque plus conséquents.

Valeur actuelle

Des solutions et approches de solution différentes peuvent entraîner des bénéfices à différents niveaux et dans un laps de temps différent. Afin de comparer objectivement les effets de ces niveaux et périodes différents, les bénéfices sont calculés en termes de valeur actuelle. Le bénéfice obtenu dans le futur est pondéré par le taux d'actualisation en vue de déterminer sa valeur actuelle.

La formule permettant de calculer la valeur actuelle est la suivante :

> *Valeur présente = Somme de (Bénéfices nets pendant cette période / (1 + Taux d'actualisation pour cette période)) pour toutes les périodes de l'analyse coûts-bénéfices.*

La valeur actuelle est exprimée en devise. Plus la valeur actuelle est élevée, meilleur sera le bénéfice total.

La valeur actuelle ne tient pas compte du coût de l'investissement initial.

Valeur actuelle nette

La valeur actuelle nette (VAN) représente la valeur présente des bénéfices, moins le coût de l'investissement initial. Elle permet de comparer différents investissements et différents modèles de bénéfice en termes de valeur actualisée. Plus la VAN est élevée, meilleur sera l'investissement.

La formule permettant de calculer la valeur actuelle nette est la suivante :

> *Valeur actuelle nette = Valeur actuelle - Coût de l'investissement*

La valeur actuelle nette est exprimée en devise. Plus la VAN est élevée, meilleur sera l'investissement.

Taux de rentabilité interne

Le taux de rentabilité interne (TRI) est le taux d'intérêt auquel un investissement atteint son seuil de rentabilité. Il est généralement utilisé pour déterminer si le changement, la solution ou l'approche de la solution valent la peine d'être poursuivis. L'analyste d'affaires peut comparer le TRI d'une solution ou d'une approche de solution avec le seuil minimum attendu par l'organisation pour obtenir un retour sur investissement (appelé taux de rendement minimal). Si le TRI d'une initiative de changement est inférieur au taux de rendement minimal, l'investissement doit être abandonné.

Une fois que l'investissement prévu dépasse le taux de rendement minimal, il doit être comparé à d'autres investissements de la même durée. L'investissement présentant le TRI le plus élevé représente le meilleur investissement. L'analyste d'affaires peut par exemple comparer deux approches de solution sur la même période de temps, et recommander celle présentant le meilleur TRI.

Le TRI est spécifique à une organisation, dans la mesure où il ne tient pas compte des influences externes comme l'inflation, la fluctuation des taux d'intérêt ou l'évolution du contexte d'affaires.

Le calcul du TRI est basé sur le taux d'intérêt auquel la VAN est égale à 0 :

Valeur actuelle nette = (-1 x Investissement initial) + Somme du (bénéfice net pour cette période / (1 + TRI) pour toutes les périodes) = 0.

Période de récupération

La période de récupération fournit une projection de la période requise pour générer suffisamment de bénéfice afin de récupérer le coût du changement, indépendamment du taux d'actualisation. Une fois la période de récupération terminée, l'initiative doit normalement afficher un bénéfice financier net pour l'organisation – sauf si les coûts de fonctionnement augmentent. Il n'existe pas de formule standard pour calculer la période de récupération. Celle-ci est généralement exprimée en années ou années et mois.

10.20.4 Considérations d'utilisation

.1 Points forts

- L'analyse financière permet aux décideurs dirigeants de comparer objectivement chaque investissement différent à partir de plusieurs points de vue.
- Les hypothèses et les estimations intégrées aux bénéfices et aux coûts ainsi qu'aux calculs financiers sont clairement énoncées, afin de pouvoir les remettre en question ou les approuver.
- Cette analyse réduit l'incertitude liée à un changement ou une solution en impliquant l'identification et l'analyse des facteurs qui influencent l'investissement.
- Si le contexte, le besoin d'affaires ou les besoins de la partie prenante changent au cours d'une initiative de changement, l'analyste d'affaires peut réévaluer la solution recommandée de façon objective.

.2 Limites

- Certains coûts et bénéfices sont difficiles à quantifier sur le plan financier.

- La nature prospective de l'analyse financière entraîne inévitablement une certaine incertitude quant aux coûts et bénéfices attendus.
- Des chiffres financiers positifs peuvent entraîner un faux sentiment de sécurité. Il est en effet possible qu'ils ne fournissent pas toutes les informations requises pour comprendre une initiative.

10.21 Groupes de discussion

10.21.1 Objectif

Un groupe de discussion représente un moyen de recueillir des idées et opinions concernant un produit, service ou opportunité spécifique dans un environnement de groupe interactif. Les participants sont guidés par un modérateur afin d'exprimer leurs impressions, préférences et besoins.

10.21.2 Description

Un groupe de discussion est composé de participants présélectionnés dont l'objectif est d'évoquer et de commenter un sujet dans un certain contexte. Les participants partagent leurs points de vue et perspectives concernant un sujet, et en discutent dans une configuration de groupe. Ils en arrivent ainsi parfois à réévaluer leur propre point de vue à la lumière de l'expérience des autres participants. Un modérateur formé gère la préparation de la session, contribue à sélectionner les participants et anime l'activité. S'il ne s'agit pas de l'analyste d'affaires, le modérateur peut travailler avec ce dernier afin d'analyser les résultats et produire des observations qui seront transmises aux parties prenantes. Des observateurs peuvent être présents lors de la session du groupe de discussion, mais ils ne participent généralement pas.

Un groupe de discussion peut être utilisé à différents moments d'une initiative afin de recueillir des informations ou des idées de façon interactive. Si le sujet d'un groupe concerne un produit en développement, ses idées sont analysées en lien avec les exigences déclarées. Cette réflexion entraîne parfois l'actualisation des exigences existantes ou la découverte de nouvelles exigences. Si le sujet concerne un produit terminé et prêt à être commercialisé, le compte-rendu du groupe peut influencer la manière de positionner le produit sur le marché. Si le sujet concerne un produit en cours de production, le compte-rendu du groupe peut orienter les révisions à apporter à la prochaine version des exigences. Un groupe de discussion peut également avoir pour objectif d'évaluer la satisfaction des clients en lien avec un produit ou service.

Un groupe de discussion représente une forme de recherche qualitative. Ses activités sont similaires à celles d'une session de remue-méninges, mais ce groupe est plus structuré et concentré sur les points de vue des participants concernant un sujet spécifique. Il ne s'agit pas d'une session d'entretien réalisée en groupe, mais plutôt d'une discussion au cours de laquelle la rétroaction est recueillie en lien avec un sujet spécifique. Les résultats de la session sont généralement utilisés et rapportés sous forme de thèmes et de perspectives plutôt que de résultats numériques.

10.21.3 Éléments

.1 Objectif du groupe de discussion

Un objectif clair et spécifique permet d'établir le but défini pour le groupe de discussion. Les questions sont formulées et les discussions sont gérées en vue d'atteindre cet objectif.

.2 Plan du groupe de discussion

Le plan du groupe de discussion permet de s'assurer que l'ensemble des parties prenantes sont bien conscientes de l'objet du groupe et s'entendent sur les résultats attendus, et que la session atteint ses objectifs.

Il permet de définir les activités, notamment :

- **Objectif** : il s'agit de créer des questions permettant de répondre aux objectifs, d'identifier les principaux sujets à discuter et de recommander s'il faut utiliser des guides de discussion.
- **Localisation** : il s'agit de déterminer si la session se déroule en direct ou en ligne, ainsi que le lieu de réunion physique ou virtuel qui sera utilisé.
- **Logistique** : il s'agit de déterminer la taille et la configuration de la salle, les autres installations pouvant être requises, les solutions de transport en commun et l'heure de la session.
- **Participants** : il s'agit de déterminer les données démographiques des personnes engagées dans la discussion de façon active, le besoin éventuel d'observateurs et les personnes qui occuperont le rôle de modérateur et de secrétaire. Il est également possible d'envisager des avantages pour les participants.
- **Budget** : il s'agit de déterminer les coûts de la session et de s'assurer que les ressources sont affectées de façon adaptée.
- **Cadre temporel** : il s'agit d'établir la période à laquelle la ou les session(s) se tiendra(ont) ainsi que le moment auquel les éventuels comptes-rendus ou analyses issus du groupe de discussion seront disponibles.
- **Résultats** : il s'agit de définir la manière dont les résultats seront analysés et communiqués, ainsi que les actions prévues en fonction des résultats.

.3 Participants

La réussite d'une session de groupe de discussion dépend de la volonté des participants à partager leurs points de vue et opinions sur un sujet spécifique et à écouter les opinions des autres participants. Un groupe de discussion présente généralement 6 à 12 participants. Il peut être nécessaire d'inviter d'autres personnes afin de compenser l'absence de participants en raison de problèmes de planning, urgences ou autres raisons. Si le nombre de participants requis est conséquent, il sera judicieux de prévoir plus d'un groupe de discussion.
Les participants sont souvent rémunérés pour leur temps, et leurs données démographiques sont basées sur les objectifs du groupe de discussion.

.4 Guide de discussion

Un guide de discussion permet au modérateur de profiter d'un script de questions et sujets spécifiques déjà prêt pour la discussion, et destiné à satisfaire l'objectif de la session.

Il comprend également la structure ou le cadre suivi par le modérateur, notamment la collecte de rétroaction et des commentaires généraux avant d'approfondir certains sujets. Le guide de discussion rappelle également au modérateur d'accueillir et de présenter les participants ainsi que d'expliquer les objectifs de la session, la manière dont celle-ci sera réalisée et dont la rétroaction sera utilisée.

.5 Affectation d'un modérateur et d'un secrétaire

Le modérateur est capable de maintenir la session sur la bonne voie et dispose de connaissances sur l'initiative. Il implique l'ensemble des participants, et se montre adaptable et souple. Le modérateur constitue un représentant impartial du processus de rétroaction.

Le secrétaire prend des notes afin de s'assurer que les opinions des participants sont transcrites de façon précise.

L'analyste d'affaires peut tenir le rôle de modérateur ou de secrétaire. Ces deux rôles ne sont pas considérés comme des participants actifs dans la session du groupe de discussion, et ne fournissent aucune rétroaction.

.6 Gestion du groupe de discussion

Si le modérateur guide la discussion du groupe en suivant un script de questions précises et veille à ce que les objectifs soient atteints, la discussion de groupe doit sembler fluide et relativement peu structurée aux participants. Une session dure généralement une à deux heures, et le secrétaire note les commentaires du groupe.

.7 À la fin de la session du groupe de discussion

Les résultats obtenus par le groupe de discussion sont transcrits le plus tôt possible une fois la session terminée. L'analyste d'affaires analyse et documente ensuite les accords et désaccords des participants, recherche les tendances dans les réponses et crée un rapport qui résume les résultats.

10.21.4 Considérations d'utilisation

.1 Points forts

- La capacité à recueillir des données d'un groupe de personnes au cours d'une session unique permet d'économiser du temps et de l'argent par rapport à la réalisation d'entretiens individuels avec le même nombre de personnes.
- Ce type de groupe est efficace pour en savoir plus sur les opinions, expériences et souhaits des personnes.
- Une discussion active et la possibilité de poser des questions aux autres crée un environnement dans lequel les participants peuvent considérer leur point de vue personnel par rapport à celui des autres.
- Un groupe de discussion en ligne est utile lorsque les budget de déplacement sont limités et que les participants sont éparpillés sur le plan géographique.
- Les sessions des groupes de discussion en ligne peuvent être enregistrées facilement, ce qui permet de les visionner à nouveau plus tard.

.2 Limites

- Dans une configuration de groupe, les participants peuvent avoir des problèmes de confiance ou ne pas vouloir aborder des sujets sensibles ou personnels.
- Les données recueillies au sujet de ce que les personnes disent peuvent ne pas correspondre avec la manière dont les personnes se comportent réellement.

- Si le groupe est trop homogène, ses réponses sont susceptibles de ne pas représenter l'ensemble complet des exigences.
- Un modérateur compétent est essentiel pour gérer les discussions et interactions du groupe.
- Il peut être difficile de planifier la même date et heure pour tout le groupe.
- Les groupes de discussion en ligne limitent les interactions entre les participants.
- Il est difficile pour le modérateur d'un groupe de discussion en ligne de déterminer les opinions sans être en mesure d'étudier le langage corporel.
- Un seul participant loquace peut influencer les résultats du groupe de discussion.

10.22 Décomposition fonctionnelle

10.22.1 Objectif

La décomposition fonctionnelle permet de gérer la complexité et de réduire l'incertitude en divisant les processus, systèmes, domaines fonctionnels ou livrables en éléments constitutifs plus simples, et en favorisant une analyse indépendante de chaque partie.

10.22.2 Description

La décomposition fonctionnelle aborde l'analyse des systèmes et concepts complexes en considérant ces derniers comme un ensemble de composantes, effets et fonctions collaboratifs ou associés. Cet isolement permet de réduire la complexité de l'analyse. Le fait de diviser les composantes conséquentes en sous-composantes permet de réduire, suivre et mesurer l'effort de travail pour chacune d'entre elles. Cela facilite également l'évaluation de la réussite des sous-composantes en lien avec d'autres composantes plus grandes ou petites.

L'ampleur de la décomposition peut varier selon la nature des composantes et des objectifs. La décomposition fonctionnelle part du principe que les sous-composantes peuvent et doivent décrire complètement leurs composantes parentes. Chaque sous-composante ne peut présenter qu'une composante parente lors du développement de la hiérarchie fonctionnelle.

Le schéma ci-dessous fournit un exemple de la manière dont une fonction peut être divisée en sous-composantes gérables et mesurables.

Figure 10.22.1: Schéma de décomposition fonctionnelle

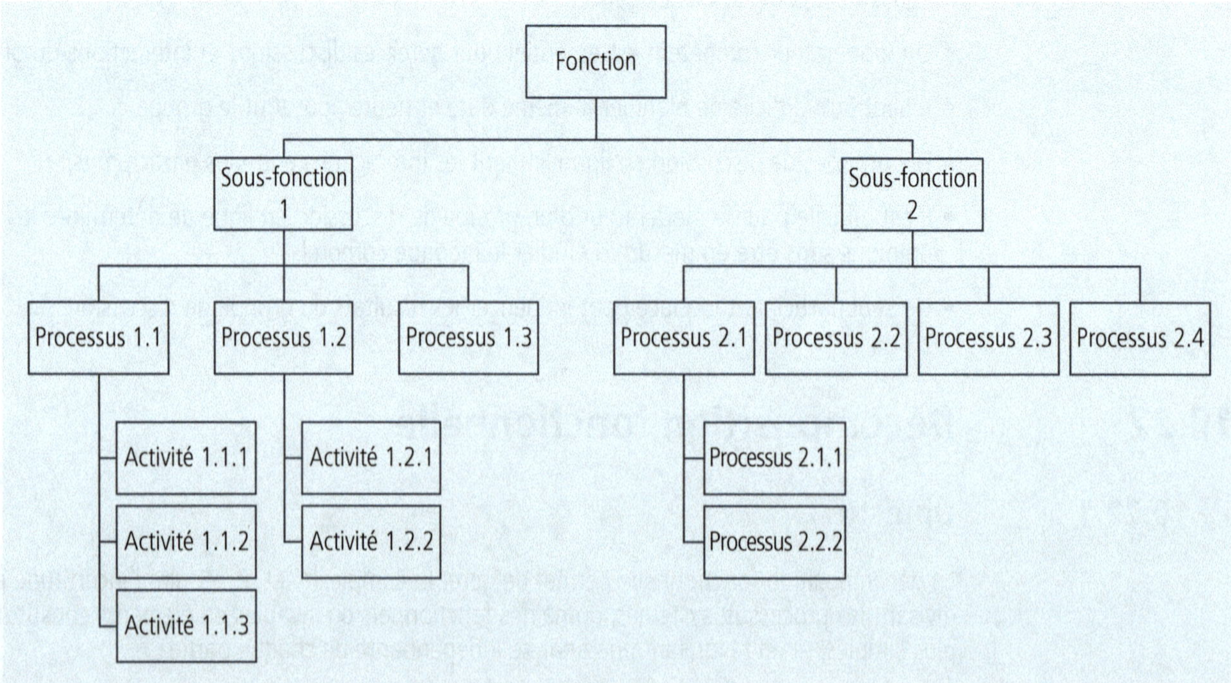

10.22.3 Éléments

.1 Objectifs de la décomposition

Les objectifs de la décomposition fonctionnelle sont à l'origine du processus de décomposition, et définissent ce qu'il convient de décomposer, comment le décomposer et jusqu'à quel point.

Parmi les objectifs peuvent se trouver :

- **Mesure et gestion** : cet objectif permet d'isoler des facteurs gérables spécifiques qui contribuent au résultat global ou de déterminer des indicateurs et des mesures importants.
- **Conception** : il s'agit de simplifier un problème en réduisant et en isolant l'objet de la conception.
- **Analyse** : il s'agit d'étudier les comportements et propriétés essentiels d'un artéfact ou phénomène indépendamment de l'environnement qui l'entoure.
- **Estimation et prévision** : il s'agit de réduire le niveau d'incertitude en divisant une valeur complexe en éléments constitutifs.
- **Réutilisation** : il s'agit de créer un bloc constitutif pour une solution réutilisable, servant de fonction spécifique pour différents processus.
- **Optimisation** : il s'agit de détecter ou de réduire un engorgement, réduire le coût d'une fonction ou améliorer la qualité d'un processus.
- **Substitution** : il s'agit de réaliser une mise en œuvre spécifique d'une composante de la solution ou d'une fonction facilement remplaçable sans impacter le système dans son ensemble.
- **Encapsulation** : il s'agit de combiner des éléments afin de créer un seul élément.

.2 Objets de la décomposition

La décomposition fonctionnelle s'applique à un vaste ensemble de sujets variés, tels que :

- **Résultats opérationnels** : par ex. le revenu, le bénéfice, les dépenses, le volume de service ou de production.
- **Travail à réaliser** : cette décomposition (appelée Structure de Découpage de Projet (SDP)) divise les initiatives en phases, jalons, activités de travail, tâches, éléments et livrables.
- **Processus d'affaires** : il s'agit d'identifier ses éléments constitutifs afin de mesurer, gérer, optimiser ou réutiliser le processus ou ses composantes.
- **Fonction** : il s'agit de favoriser son optimisation ou mise en œuvre.
- **Unité opérationnelle** : il s'agit de favoriser sa rétro-ingénierie et conception.
- **Composante de la solution** : il s'agit de favoriser sa conception, mise en œuvre ou changement.
- **Activité** : il s'agit de favoriser sa mise en œuvre, modification, optimisation, mesure et estimation.
- **Produits et services** : il s'agit de les concevoir, les mettre en œuvre et les améliorer.
- **Décisions** : il s'agit de les favoriser, améliorer ou soutenir en identifiant leurs intrants, modèles sous-jacents, dépendances et résultats.

.3 Niveau de décomposition

Le niveau de décomposition fonctionnelle adéquat définit le lieu, la raison et le moment auxquels il est nécessaire d'interrompre la décomposition du sujet afin de satisfaire les objectifs d'analyse. Le processus de décomposition fonctionnelle se poursuit jusqu'à ce que l'analyste d'affaires dispose d'une compréhension et de détails suffisants pour travailler, et puisse appliquer les résultats de la décomposition à l'exécution d'autres tâches.

.4 Représentation des résultats de la décomposition

Les représentations des résultats de décomposition fonctionnelle permettent aux analystes d'affaires de valider et vérifier les résultats, et de les utiliser pour réaliser d'autres tâches. Ces résultats peuvent être exprimés sous la forme combinée de descriptions textuelles simples, de listes hiérarchiques, de descriptions utilisant des notations formelles spéciales (par ex. formules mathématiques, Business Process Execution Language ou langages de programmation) et de diagrammes visuels. Un vaste ensemble de techniques de représentation graphique peut être utilisé pour représenter la décomposition fonctionnelle, notamment :

- **Diagrammes en arborescence** : représentent la division hiérarchique du travail, des activités ou les livrables.
- **Diagrammes imbriqués** : illustrent les relations hiérarchiques de partie à tout entre les résultats de la décomposition.
- **Diagrammes de cas d'utilisation** : représentent la décomposition d'un cas d'utilisation de plus haut niveau.
- **Diagrammes de flux** : illustrent les résultats de la décomposition d'un processus ou d'une fonction.
- **Diagrammes de transition d'états** : expliquent le comportement d'un objet au sein de son état composé.

- **Diagrammes cause-effet** : développent les événements, les conditions, les activités et les effets faisant partie de la production d'un phénomène ou résultat complexe.
- **Arbres de décision** : détaillent la structure d'une décision complexe et ses résultats potentiels.
- **Cartes heuristiques** : représentent les informations dans des catégories.
- **Diagramme de composantes** : illustre la manière dont les composantes sont reliées pour former de plus grands composantes et/ou systèmes logiciels.
- **Notation et modèle de décision** : utilisés pour analyser la logique d'affaires en vue de garantir son intégrité commerciale et son inférence.

10.22.4 Considérations d'utilisation

.1 Points forts

- La décomposition fonctionnelle permet de simplifier les initiatives complexes en divisant les problèmes en parties réalisables.
- Elle offre une approche structurée afin d'établir une compréhension partagée des sujets complexes au sein d'un groupe de parties prenantes variées.
- Elle simplifie la mesure et l'estimation de la quantité de travail impliquée dans la réalisation d'un plan d'action, la définition de la portée du travail ainsi que des indicateurs et mesures du processus.

.2 Limites

- Toute information incorrecte ou manquante au moment où la décomposition est réalisée peut entraîner plus tard la nécessité de revoir les résultats de la décomposition de façon partielle ou totale.
- De nombreux systèmes ne peuvent pas être complètement représentés par des relations hiérarchiques simples entre les composantes, car les interactions entre ces dernières favorisent l'émergence de caractéristiques et comportements.
- Chaque sujet complexe permet plusieurs décompositions alternatives. L'exploration de toutes les alternatives peut être difficile et chronophage, mais se cantonner à une seule alternative risque d'écarter des opportunités importantes et d'entraîner une solution sous-optimale.
- La réalisation de la décomposition fonctionnelle peut requérir une connaissance approfondie du sujet et une collaboration étendue avec différentes parties prenantes.

10.23 Glossaires

10.23.1 Objectif

Un glossaire définit les principaux termes concernant un domaine d'affaires.

10.23.2 Description

Les glossaires sont utilisés pour assurer une compréhension commune des termes utilisés par les parties prenantes. Un terme peut présenter des significations différentes pour deux personnes. Une liste de termes et définitions établie offre donc un langage commun qui peut être utilisé afin de communiquer et d'échanger des idées. Un glossaire est organisé et accessible en permanence à l'ensemble des parties prenantes.

10.23.3 Éléments

Un glossaire est une liste de termes dans un domaine particulier, comportant les définitions de ces termes ainsi que leurs synonymes communs. Les organisations ou industries sont susceptibles d'utiliser un terme différemment de la manière dont il est généralement compris.

Un terme est ajouté au glossaire lorsque :

- il est unique dans un domaine,
- il existe plusieurs définitions pour le terme,
- la définition implicite est différente de l'utilisation commune du terme, ou
- il existe un risque raisonnable de confusion.

La création d'un glossaire doit être réalisée lors des premières phases d'un projet, afin de faciliter la compréhension et le transfert de connaissances. Un interlocuteur responsable de la maintenance et de la transmission du glossaire tout au long de l'initiative est alors identifié. Les organisations qui gèrent des glossaires trouvent souvent une utilité supplémentaire à ces informations et peuvent en profiter dans le cadre d'initiatives futures.

Les points suivants doivent être pris en compte lors de la création d'un glossaire :

- les définitions doivent être claires, concises et brèves,
- les acronymes doivent être expliqués s'ils sont utilisés dans une définition,
- les parties prenantes doivent disposer d'un accès simple et fiable aux glossaires, et
- la révision d'un glossaire doit être limitée à certaines parties prenantes spécifiques.

10.23.4 Considérations d'utilisation

.1 Points forts

- Un glossaire favorise une compréhension commune du domaine d'affaires et une meilleure communication entre toutes les parties prenantes.
- L'enregistrement des définitions dans la documentation d'une entreprise offre un point de référence unique et favorise l'uniformité.
- Le glossaire simplifie la rédaction et la gestion d'autres informations de l'analyse d'affaires, notamment, sans s'y limiter, les exigences, règles d'affaires et stratégie de gestion du changement.

.2 Limites

- Un glossaire requiert une gestion régulière de la part de son responsable, sous peine de devenir obsolète et d'être ignoré.
- Il peut être difficile pour plusieurs parties prenantes de s'accorder sur une définition pour un terme.

10.24 Analyse d'interface

10.24.1 Objectif

L'analyse d'interface est utilisée pour déterminer le lieu, la nature, la raison, la manière, le moment et le destinataire des échanges d'informations entre les composantes de la solution ou à travers les limites de la solution.

10.24.2 Description

Une interface est une connexion entre deux composantes ou solutions. La plupart des solutions requièrent une ou plusieurs interfaces pour échanger des informations avec d'autres composantes de la solution, unités organisationnelles ou processus d'affaires.

Parmi les types d'interfaces se trouvent :

- les interfaces utilisateur, y compris les intéractions directes des utilisateurs humains avec la solution dans l'organisation,
- les personnes externes à la solution comme les parties prenantes ou les régulateurs,
- les processus d'affaires,
- les interfaces de données entre les systèmes,
- les interfaces de programmation (APIs), et
- tout dispositif matériel.

L'analyse d'interface permet de définir et de clarifier les points suivants :

- qui utilise l'interface,
- quelles informations sont échangées via l'interface ainsi que le volume des données,
- le moment et la fréquence à laquelle les informations sont échangées,
- le lieu d'échange des informations,
- la raison pour laquelle l'interface est requise, et
- la manière dont l'interface est ou doit être mise en œuvre.

L'identification précoce des interfaces permet à l'analyste d'affaires de fournir un contexte destiné à recueillir les exigences des parties prenantes de façon plus détaillée. Il peut ainsi établir la couverture fonctionnelle adaptée de la solution afin de satisfaire les besoins de la partie prenante. Cette identification révèle les parties prenantes qui bénéficieront ou dépendront des différentes composantes de la solution, et permet ainsi à l'analyste d'affaires de déterminer les parties prenantes qui doivent être présentes pour la mise en place d'autres techniques d'élicitation.

Figure 10.24.1: Analyse d'interface

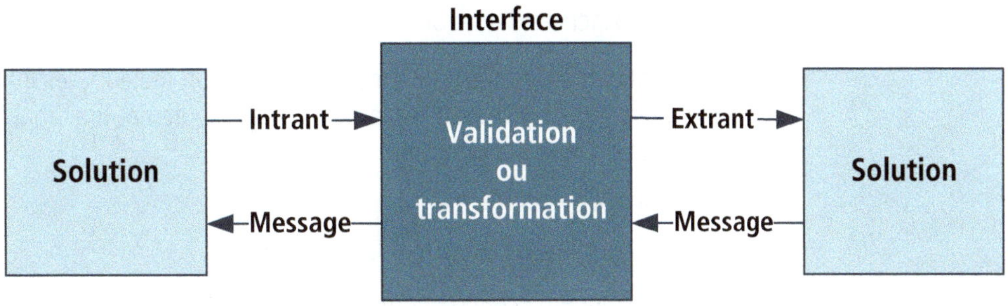

10.24.3 Éléments

.1 Préparation de l'identification

L'analyste d'affaires peut profiter d'autres techniques, comme l'analyse de la documentation, l'observation, la modélisation de la portée et les entretiens, pour mieux comprendre les interfaces qui doivent être identifiées. Un diagramme de contexte peut révéler les interfaces de niveau élevé entre les acteurs humains, les unités organisationnelles, les processus d'affaires et d'autres composantes de la solution. Les résultats de cette analyse révèlent la fréquence à laquelle une interface existante est utilisée ainsi que tout problème la concernant susceptible de renforcer la justification du changement. Ils peuvent également contribuer à cerner certains problèmes majeurs qui doivent être résolus afin de favoriser la création d'une solution d'interface.

.2 Réalisation de l'identification de l'interface

Les analystes d'affaires identifient les interfaces requises dans l'état futur pour chaque partie prenante ou système interagissant avec le système. La relation entre les parties prenantes et les interfaces peut être de nature multiple ou individuelle. Certaines interfaces sont moins évidentes ou fréquentes, à l'image des interfaces utilisées pour les fonctions de régulation ou d'audit, ou encore la formation des employés. Les interfaces identifiées peuvent comprendre des interfaces issues de solutions différentes de la solution opérationnelle.

Pour chaque interface, les analystes d'affaires :

- décrivent les fonctions de l'interface,
- évaluent la fréquence d'utilisation de l'interface,
- évaluent le type d'interface adéquat, et
- recueillent les informations initiales sur l'interface.

.3 Définition des interfaces

Les exigences pour une interface sont principalement axées sur la description des intrants et extrants de cette interface, les règles de validation qui régissent ces intrants et extrants, et les événements susceptibles de déclencher des interactions. Il peut exister un nombre important de types d'interactions possibles, chacun devant être spécifié. Les interactions peuvent être déclenchées par les flux classiques ou alternatifs d'intrants et extrants dans la solution d'affaires, ou par des événements exceptionnels tels que des défaillances.

Les analystes d'affaires tiennent compte de la personne qui utilisera l'interface, des informations transmises sur l'interface et du moment ainsi que de l'endroit où l'interface fonctionne. L'interface définit le flux opérationnel utilisateur entre les systèmes, les rôles utilisateur et les privilèges, et tout objectif de gestion pour l'interface. Sa définition dépend des lignes directrices d'utilisabilité, comme les exigences d'accessibilité ou les exigences générales concernant le flux opérationnel.

Pour identifier d'éventuels problèmes de conception majeurs, les interfaces entre la solution ou les composantes de processus et les personnes requièrent une analyse détaillée de l'interface à l'avance. La définition d'interface comprend :

- le nom de l'interface,
- la couverture ou la portée de l'interface,
- la méthode d'échange entre les deux entités,
- le format du message, et
- la fréquence d'échange.

10.24.4 Considérations d'utilisation

.1 Points forts

- Le démarrage rapide de l'analyse d'interface permet d'accroître la couverture fonctionnelle.
- Les spécifications claires sur l'interface fournissent un moyen structuré d'attribuer les exigences, règles d'affaires et contraintes pour la solution.
- En raison de son vaste champ d'application, elle évite la sur-analyse des moindres détails.

.2 Limites

- Elle ne fournit aucune visibilité sur les autres aspects de la solution, dans la mesure où elle n'évalue pas les composantes internes.

10.25 Entretiens

10.25.1 Objectif

Un entretien est une approche systématique conçue pour recueillir des informations de l'analyse d'affaires auprès d'une personne ou d'un groupe de personnes en discutant avec elles, posant des questions pertinentes et documentant les réponses. L'entretien peut également être utilisé pour établir des relations et instaurer la confiance entre les analystes d'affaires et les parties prenantes, en vue d'accroître l'implication des parties prenantes ou de soutenir une solution proposée.

10.25.2 Description

L'entretien est une technique courante permettant de recueillir les exigences. Il implique une communication directe avec des individus ou groupes d'individus qui font partie d'une initiative.

Dans un entretien, la personne responsable pose des questions aux parties prenantes dans le but d'obtenir des informations. Les entretiens en tête à tête sont les plus fréquents, mais si l'entretien se déroule en groupe (avec plus d'une personne interviewée), la personne responsable veille à recueillir les réponses de chaque participant.

Il existe deux types d'entretiens de base utilisés pour obtenir des informations de l'analyse d'affaires :

- **Entretien structuré** : la personne responsable dispose ici d'un ensemble de questions prédéfini.
- **Entretien libre** : la personne responsable ne dispose ici d'aucun format ou ordre de questions préétabli. Les questions peuvent varier selon les réponses de la personne interviewée et les interactions.

Dans la pratique, l'analyste d'affaires peut utiliser une combinaison de ces deux types en ajoutant, abandonnant et variant l'ordre des questions selon les besoins.

Un entretien fructueux dépend de facteurs tels que :

- le niveau de compréhension du domaine par la personne responsable,
- l'expérience de la personne responsable dans la réalisation d'entretiens,
- la compétence de la personne responsable en matière de documentation des discussions,
- la volonté de la personne interviewée à fournir des informations pertinentes et de la personne responsable à réaliser l'entretien,
- le degré de clarté dans l'esprit de la personne interviewée quant au but de l'entretien, et
- le rapport entre la personne responsable et la personne interviewée.

10.25.3 Éléments

.1 But de l'entretien

Lorsqu'ils prévoient des entretiens, les analystes d'affaires tiennent compte des éléments suivants :

- l'objectif global de la réalisation d'un ensemble d'entretiens sur la base d'un besoin d'affaires, et
- les buts individuels de chaque entretien, sur la base de ce que la personne interviewée est en mesure de fournir.

Les objectifs sont clairement exprimés et communiqués à chaque personne interviewée.

.2 Personnes interrogées potentielles

Les personnes interviewées potentielles sont identifiées par le chef de projet, les promoteurs et d'autres parties prenantes selon les buts de l'entretien.

.3 Questions de l'entretien

Les questions de l'entretien sont élaborées selon les buts de l'entretien, notamment :

- collecte de données,
- recherche du point de vue de la partie prenante sur le changement ou la solution proposée,
- développement d'une solution proposée, ou
- établissement d'un lien avec ou d'un soutien envers la solution proposée pour la personne interviewée.

Les questions ouvertes sont utilisées pour mettre en place un dialogue ou une série d'étapes. Il n'est pas possible d'y répondre par oui ou non. Elles représentent un excellent outil pour aider les personnes interviewées à fournir des informations dont ne dispose pas la personne responsable.

Les questions fermées sont utilisées pour recueillir une seule réponse comme oui, non ou un chiffre précis. Elles servent à clarifier ou confirmer une réponse antérieure.

Les questions de l'entretien sont souvent organisées selon leur priorité et importance. L'ordre des questions peut aller du général au spécifique, d'un point de départ vers un point d'arrivée, ou encore d'une vision détaillée à un résumé. Les questions peuvent également être organisées selon des facteurs tels que le niveau de connaissance de la personne interviewée et le sujet de l'entretien.

Les questions de l'entretien peuvent être personnalisées lorsque l'objectif est de recueillir des informations spécifiques au point de vue de la personne interviewée. Au contraire, les questions standardisées sont utiles lorsque les résultats de l'entretien sont destinés à être résumés et analysés, comme dans le cas où ils sont enregistrés à l'aide d'une feuille de contrôle.

Les questions d'entretien peuvent être rassemblées dans un guide d'entretien, comprenant les questions d'entretien, le calendrier proposé et les questions de suivi. Tout dépend du type d'entretien, en fonction des objectifs, du mode de communication et de la durée. Le guide d'entretien peut être un document dans lequel les réponses de la personne interviewée sont faciles à noter. Il doit déterminer les questions d'entretien qui peuvent être omises en fonction des contraintes de temps.

.4 Logistique de l'entretien

La réalisation d'un entretien réussi nécessite de prendre en compte la logistique, notamment :

- Le lieu de l'entretien. Celui-ci est adapté au planning et à la disponibilité de la personne interviewée et au mode de communication (en personne, téléphone ou en ligne).
- S'il faut ou non enregistrer l'entretien, auquel cas un secrétaire pourrait être requis.
- S'il faut ou non envoyer les questions aux personnes interviewées en avance. L'envoi des questions est conseillé uniquement lorsque la personne interviewée doit rassembler des informations en vue de préparer l'entretien.
- Si les résultats de l'entretien sont confidentiels et, le cas échéant, comment les résultats seront synthétisés pour éviter l'identification des personnes interviewées.

.5 Déroulement de l'entretien

Au début de l'entretien, la personne responsable :

- décrit les objectifs de l'entretien, notamment la raison pour laquelle la personne interviewée a été sollicitée,
- confirme les fonctions de la personne interviewée et traite les préoccupations initiales soulevées par la personne interviewée, et
- explique la manière dont les informations issues de l'entretien seront enregistrées et partagées avec les personnes interviewées et d'autres parties prenantes au cours du projet.

Au cours de l'entretien, la personne responsable :

- se concentre sur les buts établis et questions prédéfinies, et s'adapte en fonction des informations fournies et de la communication non verbale des personnes interviewées,
- tient compte de la volonté de la personne interviewée à participer à l'entretien et à fournir les informations requises,
- tient compte des différentes rencontres qui peuvent être requises pour réaliser l'ensemble de l'entretien,

- gère les préoccupations soulevées par les personnes interviewées en les traitant au cours de l'entretien ou en les documentant pour le suivi,
- fait preuve d'écoute active afin de confirmer ce que la personne interrogée a dit, et
- prend des notes écrites ou enregistre l'entretien, selon ce qui convient.

À la fin de l'entretien, la personne responsable :

- interroge la personne interviewée sur les domaines qui ont pu être survolés au cours de la session,
- fournit les coordonnées requises aux personnes interviewées afin de donner suite aux informations supplémentaires après la rencontre, le cas échéant,
- résume la session,
- présente le processus d'utilisation des résultats de l'entretien, et
- remercie la personne interviewée pour son temps.

.6 Suivi de l'entretien

Il est essentiel que la personne responsable organise les informations et confirme les résultats avec les personnes interviewées dès que possible une fois l'entretien terminé. Le partage des informations recueillies permet aux personnes interviewées de souligner d'éventuels éléments enregistrés de façon incorrecte ou manquants.

10.25.4 Considérations d'utilisation

.1 Points forts

- Les entretiens encouragent la participation et permettent d'établir un lien avec les parties prenantes.
- Il s'agit d'une technique simple et directe qui peut être utilisée dans un grand nombre de situations.
- Ils permettent à la personne responsable et aux participants d'aborder les sujets en profondeur et de fournir des explications sur les questions et réponses.
- Ils permettent d'observer le comportement non verbal.
- La personne responsable peut poser des questions complémentaires et approfondies pour confirmer sa propre compréhension.
- L'attention est maintenue grâce au recours à des objectifs clairs pour l'entretien, qui sont convenus entre tous les participants et peuvent être atteints dans le temps imparti.
- Ils permettent aux personnes interviewées d'exprimer en privé des opinions qu'elles pourraient être réticentes à partager en public, notamment lorsque les résultats restent confidentiels.

.2 Limites

- Un temps important est requis pour préparer et réaliser les entretiens.
- Ils requièrent un engagement et une implication considérables de la part des participants.
- Une formation est requise pour réaliser des entretiens efficaces.
- Selon le degré de clarté obtenu au cours de l'entretien, la documentation qui en résulte peut être influencée par l'interprétation de la personne responsable.
- Il existe un risque de diriger involontairement la personne interviewée.

10.26 Gestion des points de suivi

10.26.1 Objectif

La gestion des points de suivi est utilisée pour enregistrer et établir la responsabilité des problèmes et questions des parties prenantes présentant une incidence sur la solution.

10.26.2 Description

La gestion des points de suivi représente une approche organisée utilisée par les analystes d'affaires en vue de traiter les préoccupations des parties prenantes. Celles-ci peuvent déterminer ces types d'éléments comme étant des actions, des hypothèses, des contraintes, des dépendances, des anomalies, des améliorations et des problèmes.

Lorsque la préoccupation d'une partie prenante est soulevée en premier lieu, elle est évaluée afin d'en déterminer la viabilité. Si cette dernière est établie, la préoccupation est classée en tant que type d'élément spécifique afin d'en favoriser le suivi et le contrôle par un processus axé sur la résolution de cet élément. Au cours de son cycle de vie, un élément est attribué à une ou plusieurs parties prenantes responsables de sa résolution.

La gestion des points de suivi permet de suivre ceux-ci de l'inscription initiale de la préoccupation et la portée de son impact jusqu'à sa résolution convenue. L'enregistrement d'un point de suivi peut être partagé avec les parties prenantes afin de garantir la transparence et la visibilité du statut et des progrès des points de suivi.

10.26.3 Éléments

.1 Enregistrement de l'élément

Chaque point de suivi enregistré peut contenir l'ensemble ou une partie des attributs suivants destinés au suivi de ceux-ci. Ces éléments peuvent être enregistrés à l'aide de différentes applications logicielles ou répertoriés manuellement pour être partagés entre un ensemble convenu de parties prenantes.

- **Identifiant de l'élément** : il s'agit d'un identifiant unique qui distingue un élément d'un autre.
- **Résumé** : il s'agit d'une brève description de l'élément.
- **Catégorie** : il s'agit d'un regroupement d'éléments présentant des propriétés similaires.
- **Type** : il s'agit du genre de l'élément.
- **Date d'identification** : il s'agit de la date à laquelle l'élément a été signalé comme préoccupation.
- **Identifié par** : il s'agit de la personne à l'origine du signalement de la préoccupation.
- **Impact** : il s'agit des conséquences potentielles si l'élément n'est pas traité avant la date limite de résolution. L'impact peut être évalué en fonction du temps, du coût, de la portée ou de la qualité de l'initiative.
- **Priorité** : il s'agit de l'importance de cet élément vis-à-vis des parties prenantes concernées.
- **Date de résolution** : il s'agit de la date à laquelle l'élément doit être résolu (ou clôturé).
- **Propriétaire** : il s'agit de la partie prenante affectée à la gestion de l'élément jusqu'à sa résolution.
- **Personne en charge de la résolution** : il s'agit de la personne affectée à la résolution de l'élément.

- **Stratégie convenue** : il s'agit de la stratégie convenue pour l'élément, comme par exemple l'acceptation, la poursuite, l'occultation, l'atténuation et le contournement.
- **Statut** : il s'agit de l'état actuel de l'élément au cours de son cycle de vie, comme « ouvert », « affecté », « résolu » et « annulé ».
- **Mises à jour de résolution** : il s'agit d'un journal régulier d'informations sur l'avancée de la résolution de l'élément jusqu'à sa clôture ainsi que l'approbation de son achèvement.
- **Matrice de transmission** : il s'agit du niveau de transmission requis au cas où l'élément n'est pas résolu dans les délais convenus.

.2 Gestion de l'élément

Chaque résolution d'élément est réalisée en fonction des besoins de la partie prenante et conformément aux éventuelles normes de processus organisationnel. Il arrive qu'un élément entraîne l'enregistrement et le suivi d'un autre élément. Dans ce cas, il est important de porter une attention particulière afin de s'assurer que les activités effectuées en vue de la résolution ne sont pas réalisées en double et progressent en collaboration. Chaque élément doit être suivi jusqu'à sa clôture ou sa résolution.

.3 Mesures

L'ensemble des parties prenantes profitent d'informations détaillées conservées au sujet de l'élément et de sa progression. Ces points de suivi peuvent être examinés de façon individuelle, ou même être utilisés afin de définir des indicateurs clés de performance adaptés au processus de gestion des points de suivi.

En étudiant ces extrants, les parties prenantes peuvent établir si :

- les éléments sont résolus avec les ressources requises,
- l'initiative progresse, et
- le processus de gestion des points de suivi est utilisé.

10.26.4 Considérations d'utilisation

.1 Points forts

- Le suivi permet de s'assurer que les préoccupations liées aux exigences des parties prenantes sont bien enregistrées, suivies et résolues jusqu'à ce que la personne soit satisfaite.
- Il permet aux parties prenantes de classer l'importance des éléments en suspens.

.2 Limites

- Si l'on n'y prête pas attention, l'enregistrement trop important de données concernant les éléments peut éclipser les bénéfices obtenus.
- Le suivi peut utiliser un temps précieux qui aurait été mieux utilisé sur d'autres activités, et les parties prenantes risquent de s'enliser dans les détails et les statistiques.

10.27 Leçons apprises

10.27.1 Objectif

L'objectif du processus des leçons apprises consiste à compiler et documenter les réussites, les opportunités d'amélioration, les défaillances et les recommandations en vue d'améliorer le rendement des futurs projets ou des phases de projet.

10.27.2 Description

Une session dédiée aux leçons apprises (également nommée rétrospective) permet de déterminer les changements apportés aux processus et aux livrables d'une analyse d'affaires ou les réussites qui peuvent être intégrées à un travail futur. Ces techniques peuvent également être utiles à l'atteinte d'un jalon en cours d'activité.

Le format ou le lieu des sessions dédiées aux leçons apprises dépendent des souhaits des principales parties prenantes. Il peut s'agir de réunions gérées de façon formelle, avec des rôles et un ordre du jour définis, ou de sessions de travail informelles. Dans le cas où une réussite remarquable a été obtenue, il est également possible d'intégrer une célébration à la session dédiée aux leçons apprises.

10.27.3 Éléments

Les sessions peuvent comprendre une étude de :

- les livrables ou activités de l'analyse d'affaires,
- la solution finale, service ou produit,
- l'automatisation ou la technologie mise en place ou supprimée,
- l'impact sur les processus organisationnels,
- les attentes et les résultats en matière de rendement,
- les écarts positifs ou négatifs,
- les causes fondamentales qui impactent les résultats du rendement, et
- les recommandations d'approches comportementales.

10.27.4 Considérations d'utilisation

.1 Points forts

- Les enseignements tirés permettent d'identifier des opportunités ou des domaines d'amélioration.
- Ils aident à améliorer le moral de l'équipe après une période difficile.
- Ils renforcent les réussites et expériences positives.
- Ils réduisent les risques d'actions futures.
- Ils fournissent des mesures ou valeurs tangibles résultant de l'effort.
- Ils établissent les forces ou les lacunes dans la structure d'un projet, la méthodologie ou les outils utilisés.

.2 Limites

- Aucune discussion honnête n'est possible si les participants essaient de désigner un fautif pendant ces sessions.
- Les participants peuvent être réticents à documenter et évoquer les problèmes.
- Une gestion proactive peut être requise afin de s'assurer que la discussion reste orientée sur les solutions et opportunités d'amélioration.

10.28 Mesures et Indicateurs clés de performance (ICP)

10.28.1 Objectif

Les mesures et les indicateurs clés de performance permettent de mesurer le rendement des solutions, des composantes de la solution et autres domaines d'intérêt des parties prenantes.

10.28.2 Description

Une mesure représente le niveau quantifiable d'un indicateur utilisé par une organisation afin de mesurer ses progrès. Un indicateur permet de repérer une mesure numérique spécifique, représentant le degré de progression vers un but, un objectif, un extrant, une activité ou autre intrant. Un indicateur clé de performance (ICP) est destiné à mesurer la progression vers un but ou un objectif stratégique. Les rapports permettent d'informer les parties prenantes des mesures ou indicateurs avec des formats et selon des intervalles spécifiés.

Les mesures et les rapports représentent des composantes essentielles de la surveillance et l'évaluation. La surveillance est un processus continu de collecte de données, utilisé afin de déterminer la réussite de mise en œuvre d'une solution par rapport aux résultats attendus. L'évaluation représente le jugement objectif et systématique d'une solution pour déterminer son statut et son efficacité en matière de satisfaction des objectifs au fil du temps, mais également pour trouver des manières d'améliorer la solution en vue de mieux atteindre les objectifs. Les principales priorités d'un système de surveillance et d'évaluation sont les buts et effets prévus d'une solution ainsi que les intrants, activités et extrants.

10.28.3 Éléments

.1 Indicateurs

Un indicateur affiche les résultats de l'analyse d'une ou plusieurs mesures spécifiques destinées à traiter un problème concernant un besoin, une valeur, un extrant, une activité ou un intrant sous la forme d'un graphique ou d'un tableau. Chaque problème requiert au moins un indicateur afin d'être mesuré correctement, mais certains en nécessitent plusieurs.

Un bon indicateur présente six caractéristiques :

- **Clair** : il est précis et sans ambiguïté.
- **Pertinent** : il est adapté au problème.
- **Économique** : son coût est raisonnable.
- **Adéquat** : il fournit une base suffisante pour évaluer le rendement.
- **Quantifiable** : il peut être validé de façon indépendante.

- **Fiable et crédible** : il est fondé sur des preuves et des recherches.

Outre ces caractéristiques, les intérêts des parties prenantes sont également importants. Certains indicateurs peuvent en effet aider les parties prenantes à travailler ou s'améliorer plus que d'autres. Au fil du temps, les faiblesses des indicateurs sont identifiées et améliorées.

Tous les facteurs ne peuvent pas être mesurés directement. Des intermédiaires sont alors utilisés lorsque les données d'indicateurs directs ne sont pas disponibles ou lorsqu'il n'est pas possible de les collecter à intervalles réguliers. Par exemple, en l'absence d'enquête sur la satisfaction client, une organisation peut utiliser la proportion de contrats renouvelés comme indicateur.

Lorsqu'il établit un indicateur, l'analyste d'affaires tient compte de son origine, son moyen de collecte, la personne en charge de la collecte ainsi que le coût, la fréquence et la difficulté de la collecte. Les sources de données secondaires représentent parfois le moyen le plus économique, mais il peut être nécessaire de passer par une recherche primaire basée sur des enquêtes, entretiens ou observations directes pour obtenir les autres caractéristiques d'un bon indicateur. La méthode de collecte des données constitue le facteur clé du coût d'un système de surveillance, d'évaluation et de rapport.

.2 Mesures

Les mesures sont les niveaux quantifiables des indicateurs, établis à un point précis dans le temps. Une mesure cible représente l'objectif à atteindre dans une période donnée. Lorsqu'il est question de déterminer une mesure pour un indicateur, il est important de bien comprendre le point de départ de référence, les ressources qui peuvent être affectées à l'amélioration des facteurs couverts par l'indicateur ainsi que les préoccupations d'ordre politique.

Une mesure peut être un point spécifique, un seuil ou une plage, cette dernière étant utile si l'indicateur est nouveau. Selon le besoin, la période nécessaire pour atteindre la mesure cible peut s'étendre sur plusieurs années, une année, un trimestre ou être encore plus fréquente.

.3 Structure

L'établissement d'un système de surveillance et d'évaluation requiert un processus de collecte des données, d'analyse des données, de rapport et de collecte des données de référence. Le processus de collecte des données comprend les unités d'analyse, les procédures d'échantillonnage, les instruments de collecte à utiliser, la fréquence de collecte et la personne responsable de la collecte. La méthode d'analyse indique les procédures permettant de réaliser l'analyse et l'utilisateur des données – qui peut présenter un intérêt marqué dans la manière dont l'analyse est effectuée. La procédure de rapport comprend les modèles de rapport, les destinataires, la fréquence et les moyens de communication. Les informations de référence sont les données fournies immédiatement avant ou au départ d'une période de mesure. Elles sont utilisées pour connaître les rendements récents et pour mesurer les progrès réalisés depuis lors. Elles doivent être collectées, analysées et signalées pour chaque indicateur.

Il existe trois facteurs dans l'évaluation de la qualité des indicateurs et de leurs mesures : la fiabilité, la validité et la rapidité. La fiabilité est la mesure dans laquelle l'approche de collecte des données s'avère stable et uniforme dans le temps et l'espace. La validité est la mesure dans laquelle les données mesurent de manière claire et directe le rendement que l'organisation souhaite mesurer. La rapidité est l'adaptation de la fréquence et la latence des données par rapport aux besoins de gestion.

.4 Rapport

Les rapports comparent généralement les données de référence, les mesures actuelles et les mesures cibles avec les calculs des différences présentés en termes relatifs et absolus. Dans la plupart des cas, les tendances sont plus crédibles et importantes que les mesures absolues. Les présentations visuelles sont généralement plus efficaces que les tableaux, en particulier lorsqu'un texte de qualité est utilisé pour expliquer les données.

10.28.4 Considérations d'utilisation

.1 Points forts

- L'établissement d'un système de surveillance et d'évaluation permet aux parties prenantes de comprendre la mesure dans laquelle une solution atteint un objectif, ainsi que l'efficacité des intrants et activités dans le développement de la solution (extrants).
- Les indicateurs, mesures et rapports simplifient également l'alignement au niveau organisationnel, l'association des buts aux objectifs, le soutien des solutions, tâches sous-jacentes et ressources.

.2 Limites

- La collecte d'une quantité excessive de données par rapport à ce qui est nécessaire entraîne une activité inutile de collecte, analyse et rapport. Elle détourne également les membres du projet de leurs autres responsabilités. Cela s'avère particulièrement pertinent sur les projets Agile.
- Un programme de mesures administratives ne permet pas de recueillir les données en quantité raisonnable et de générer des rapports utiles permettant une action opportune. Les personnes chargées de la collecte des données de mesure doivent recevoir une rétroaction afin de comprendre comment leurs actions affectent la qualité des résultats du projet.
- Lorsque des mesures sont utilisées pour évaluer le rendement, les personnes mesurées sont susceptibles de travailler pour améliorer leur rendement de ces mesures, au risque d'entraîner un rendement sous-optimal dans d'autres activités.

10.29 Cartographie heuristique

10.29.1 Objectif

La cartographie heuristique est utilisée pour exprimer et enregistrer des pensées, idées et informations.

10.29.2 Description

La cartographie heuristique représente une forme de prise de notes destinée à enregistrer des pensées, idées et informations sous la forme d'un schéma non linéaire. Elle utilise les images, mots, couleurs et relations connectées pour appliquer une structure et une logique aux pensées, idées et informations. Une carte heuristique possède une idée centrale principale, soutenue par des idées secondaires (ou sujets) et suivie par autant de strates d'idées (ou sous-sujets) que cela est nécessaire pour saisir et exprimer pleinement le concept. Les connexions entre les idées sont établies par des branches, qui présentent généralement un mot clé unique associé permettant d'expliquer le lien.

Les cartes heuristiques peuvent être développées individuellement ou en exercice de collaboration. Elle peuvent être créées sur papier ou par le biais d'un logiciel spécialisé.

L'analyste d'affaires utilise la carte heuristique afin de :

- réfléchir de manière approfondie et trouver des idées au sujet de problèmes ou concepts complexes,
- explorer les liens entre les différents aspects d'un problème, de manière à inspirer une pensée créative et critique, et
- présenter une vision unifiée des problèmes ou concepts complexes.

Il n'existe pas de format standardisé pour la carte heuristique. Son objectif est de rassembler des informations d'une manière ressemblant à celle utilisée par notre esprit pour traiter les informations. L'image suivante a pour but d'illustrer l'utilisation et la structure générale des cartes heuristiques.

Figure 10.29.1: La taxonomie d'une carte heuristique

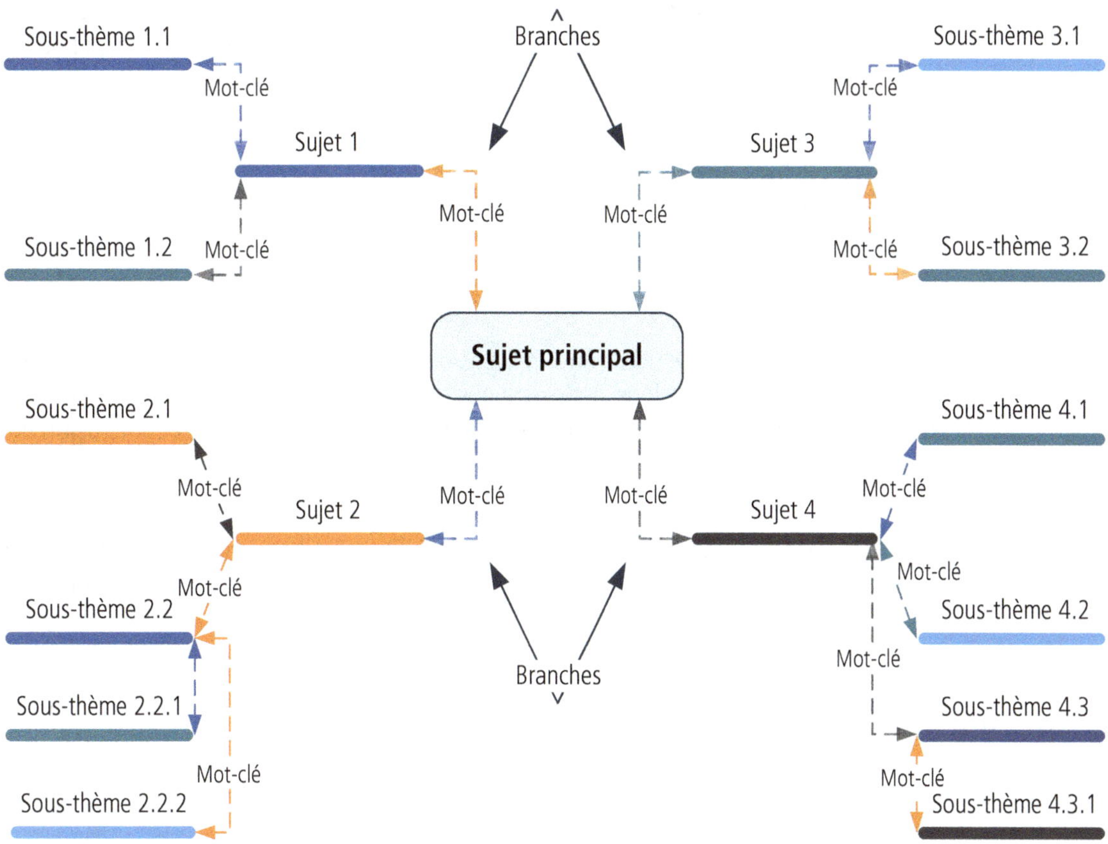

10.29.3 Éléments

.1 Sujet principal

Le sujet principal d'une carte heuristique est la pensée ou le concept exprimé. Il se positionne au centre des images, de manière à ce que plusieurs sujets et associations puissent en dériver. Des images sont souvent utilisées en tant que sujet principal, car elles contiennent de nombreuses informations et peuvent s'avérer utiles pour stimuler les sujets associés.

.2 Sujets

Les sujets sont les pensées ou concepts qui expliquent ou expriment plus en détail le sujet principal. Leur association avec le sujet principal est exprimée par le biais d'une branche (ligne de connexion) associée à un mot clé. Il peut exister beaucoup ou très peu de sujets, selon ce qui est nécessaire pour explorer entièrement la pensée ou le concept du sujet principal.

.3 Sous-sujets

Les sous-sujets sont les pensées ou concepts qui expliquent ou expriment plus en détail le sujet et sont directement liés au sujet principal. Leur association avec le sujet est exprimée par le biais d'une branche (ligne de connexion) associée à un mot clé. Il peut exister beaucoup ou très peu de sous-sujets, selon ce qui est nécessaire pour explorer entièrement la pensée ou le concept du sujet principal.

.4 Branches

Les branches sont les associations entre le sujet principal, les sujets et les sous-sujets. Elles comprennent un mot clé qui exprime clairement la nature de l'association.

.5 Mots clés

Les mots clés sont les mots utilisés pour exprimer la nature de l'association des sujets ou sous-sujets connectés par une branche. Ils sont utiles pour catégoriser les sujets et déclencher des associations supplémentaires.

.6 Couleur

Des couleurs peuvent être utilisées pour catégoriser, prioriser et analyser les sujets, sous-sujets et leurs associations. Il n'existe pas de norme de couleur définie pour les cartes heuristiques. Chaque créateur applique la couleur selon ce qui est le plus adapté à son mode de pensée.

.7 Images

Les images peuvent être utilisées dans les cartes heuristiques afin d'exprimer de grandes quantités d'informations qu'il serait impossible d'exprimer sous la forme de brefs intitulés. Elles sont utiles pour stimuler la créativité et l'innovation en générant des pensées, idées et associations supplémentaires.

10.29.4 Considérations d'utilisation

.1 Points forts

- La carte heuristique peut être utilisée comme outil de communication et de collaboration efficace.
- Elle résume les pensées, idées et informations complexes de manière à montrer la structure globale.
- Les associations et sous-sujets facilitent la compréhension et la prise de décision.
- Elle permet d'adopter une technique créative de résolution des problèmes en exprimant les associations et en générant de nouvelles associations.
- Elle peut permettre de préparer et de réaliser des présentations.

.2 Limites

- Elle peut être utilisée à tort en tant qu'outil de remue-méninges, et la documentation des idées et création d'associations qui en résultent peuvent gêner la découverte de nouvelles idées.
- Il peut être difficile de communiquer une compréhension partagée d'une carte heuristique.

10.30 Analyse des exigences non-fonctionnelles

10.30.1 Objectif

L'analyse des exigences non-fonctionnelles permet d'étudier les exigences pour une solution, définissant la qualité d'action des exigences fonctionnelles. Elle indique les critères à utiliser pour évaluer le fonctionnement d'un système à la place de comportements spécifiques (nommés exigences fonctionnelles).

10.30.2 Description

Les exigences non-fonctionnelles (également nommées attributs de qualité ou exigences de qualité de service) sont souvent associées aux solutions de système, mais elles s'appliquent également plus largement aux aspects liés aux processus et aux personnes des solutions. Elles augmentent les exigences fonctionnelles d'une solution, identifient les contraintes exercées sur ces exigences ou décrivent les attributs de qualité qu'une solution doit présenter lorsqu'elle est basée sur ces exigences fonctionnelles.

Les exigences non-fonctionnelles sont généralement exprimées sous une forme textuelle en tant qu'énoncés déclaratifs ou dans des matrices. Les énoncés déclaratifs d'exigences non-fonctionnelles présentent généralement un facteur contraignant. Les erreurs ne doivent par exemple par dépasser X par utilisation du processus, les transactions doivent traiter au minimum à X % après S secondes, ou le système doit être disponible X % du temps.

10.30.3 Éléments

.1 Catégories des exigences non-fonctionnelles

Parmi les catégories communes d'exigences non-fonctionnelles se trouvent :

- **Disponibilité** : il s'agit de la mesure dans laquelle la solution est exploitable et accessible lorsqu'elle doit être utilisée, souvent exprimée en pourcentage de temps de disponibilité de la solution.
- **Compatibilité** : il s'agit de la mesure dans laquelle la solution fonctionne efficacement avec d'autres composantes dans son environnement, comme un processus avec un autre.
- **Fonctionnalité** : il s'agit de la mesure dans laquelle les fonctions de la solution correspondent aux besoins de l'utilisateur, notamment les aspects de pertinence, précision et interopérabilité.
- **Maintenabilité** : il s'agit de la facilité avec laquelle une solution ou une composante peut être modifiée afin de corriger des défaillances, améliorer la performance ou d'autres attributs, ou s'adapter à un environnement modifié.
- **Efficacité du rendement** : il s'agit de la mesure dans laquelle une solution ou une composante peut assurer ses fonctions prévues avec une consommation minimale des ressources. Elle peut être définie selon le contexte ou la période, comme une utilisation pendant les heures pleines, en période creuse ou entre les deux.
- **Portabilité** : il s'agit de la simplicité avec laquelle une solution ou une composante peut être transférée d'un environnement à un autre.
- **Fiabilité** : il s'agit de la capacité d'une solution ou d'une composante à assurer ses fonctions prévues dans des conditions déterminées et pendant une période de temps spécifique, comme la durée moyenne de fonctionnement avant défaillance d'un appareil.

- **Évolutivité** : il s'agit de la mesure dans laquelle une solution est en mesure de se développer ou d'évoluer pour gérer des quantités de travail de plus en plus importantes.
- **Sécurité** : il s'agit des aspects d'une solution qui protègent le contenu de la solution ou les composantes de la solution de tout accès, utilisation, modification, destruction ou divulgation accidentel ou malveillant.
- **Facilité d'utilisation** : il s'agit de la facilité avec laquelle un utilisateur peut apprendre à utiliser la solution.
- **Certification** : il s'agit des contraintes pesant sur la solution, nécessaires afin de respecter certaines normes ou conventions de l'industrie.
- **Conformité**: il s'agit des contraintes réglementaires, financières ou juridiques, qui peuvent varier selon le contexte ou la juridiction.
- **Localisation** : il s'agit des exigences relatives aux langues, lois, devises, cultures, orthographe et autres caractéristiques locales des utilisateurs, qui requièrent une attention portée au contexte.
- **Accords de niveau de service** : il s'agit des contraintes subies par l'organisation bénéficiant de la solution, convenues de façon formelle par le fournisseur et l'utilisateur de la solution.
- **Extensibilité** : il s'agit de la capacité d'une solution à intégrer de nouvelles fonctionnalités.

.2 Mesure des exigences non-fonctionnelles

Les exigences non-fonctionnelles décrivent souvent les caractéristiques de qualité dans des termes vagues tels que « le processus doit être facile à apprendre » ou « le système doit répondre rapidement ». Afin de se montrer efficaces pour les développeurs d'une solution et d'être vérifiables, les exigences non-fonctionnelles doivent être quantifiées lorsque cela est possible. Dans cette optique, l'intégration d'une mesure de réussite adaptée fournit une opportunité de vérification.

Par exemple :

- « Le processus doit être facile à apprendre » peut être exprimé ainsi : « 90 % des opérateurs doivent être en mesure d'utiliser le nouveau processus après six heures de formation au maximum », et
- « Le système doit répondre rapidement » peut être exprimé de la façon suivante : « Le système doit fournir 90 % des réponses en moins de deux secondes ».

La mesure des autres catégories d'exigences non-fonctionnelles est guidée par la source de l'exigence.

Par exemple :

- les exigences de certification sont généralement spécifiées avec des détails mesurables par l'organisation qui définit la norme ou la convention, comme les normes de certification ISO,
- les exigences de conformité et de localisation sont définies avec des détails mesurables par leurs responsables,
- les accords de niveau de service efficaces indiquent clairement les mesures de réussite requises, et

- l'architecture d'entreprise d'une organisation définit généralement les exigences relatives à l'environnement de la solution et précise exactement la plateforme ou autre attribut requis dans l'environnement.

.3 Contexte des exigences non-fonctionnelles

Selon la catégorie des exigences non-fonctionnelles, le contexte peut parfois être pris en compte. Par exemple, un organisme de réglementation peut imposer des exigences de sécurité et de conformité avec un impact sur le contexte, ou une organisation qui développe son activité à l'étranger peut avoir à prendre en compte des exigences d'évolutivité et de localisation. L'établissement d'une gamme optimale d'exigences non-fonctionnelles dans un contexte organisationnel donné est essentiel pour apporter une valeur aux parties prenantes.

L'évaluation d'une exigence non-fonctionnelle, comme la localisation ou la maintenabilité, est susceptible d'imposer des pressions contextuelles sur d'autres exigences non-fonctionnelles. Les réglementations ou ressources d'une juridiction peuvent par exemple affecter la maintenabilité d'une solution dans cette région, et justifier ainsi une mesure de réussite du rendement ou de la fiabilité inférieure par rapport à une autre juridiction.

Le contexte étant dynamique par nature, les exigences non-fonctionnelles doivent parfois être adaptées ou simplement supprimées. Les analystes d'affaires prennent donc en compte la stabilité relative du contexte lorsqu'ils évaluent les exigences non-fonctionnelles.

10.30.4 Considérations d'utilisation

.1 Points forts

- Cette analyse établit clairement les contraintes qui s'appliquent à un ensemble d'exigences fonctionnelles.
- Elle fournit des expressions mesurables du niveau de la performance des exigences fonctionnelles, en permettant à ces dernières d'exprimer ce que la solution doit réaliser ou comment elle doit se comporter. Ce dernier aspect influence fortement l'acceptation de la solution par les utilisateurs.

.2 Limites

- La clarté et l'utilité d'une exigence non-fonctionnelle dépendent de ce que les parties prenantes savent au sujet des besoins de la solution et de leur capacité à exprimer ces besoins.
- Les attentes de plusieurs utilisateurs peuvent s'avérer très divergentes, et l'obtention d'un accord sur les attributs de qualité peut être difficile en raison de la perception subjective de la qualité par les utilisateurs. Par exemple, un processus « trop rapide » pour l'un peut être considéré comme « trop lent » pour l'autre.
- Un ensemble d'exigences non-fonctionnelles peut présenter des conflits intrinsèques et nécessiter une négociation. Certaines exigences en matière de sécurité peuvent par exemple entraîner des compromis sur les exigences de performance.
- Des exigences ou contraintes trop strictes peuvent ajouter du temps ou des coûts à la solution, avec un impact négatif et une adoption plus faible par les utilisateurs.
- De nombreuses exigences non-fonctionnelles sont qualitatives et peuvent donc être difficiles à mesurer sur une échelle. Elles peuvent susciter une certaine subjectivité de la part des utilisateurs quant à la manière dont ils estiment que les exigences particulières répondent finalement à leurs besoins.

10.31 Observation

10.31.1 Objectif

L'observation est utilisée pour recueillir des informations en visualisant et en comprenant les activités et leur contexte. Elle est utilisée en tant que base pour cerner les besoins et les opportunités, comprendre un processus d'affaires, définir des normes de performance, évaluer le rendement d'une solution ou soutenir la formation et le développement.

10.31.2 Description

L'observation des activités, également nommée « observation au poste de travail », consiste à commencer par étudier une activité directement en cours de réalisation. Elle peut être réalisée dans un environnement de travail naturel ou dans des conditions de laboratoire spécialement conçues. Les objectifs de l'observation directe régissent la manière dont elle est prévue et méthodiquement réalisée.

Il existe deux approches de base en matière d'observation :

- Active/Visible : dans cette approche, l'observateur pose les questions qui lui viennent. Malgré cette interruption du travail, l'observateur peut comprendre plus rapidement les raisons et les processus cachés de l'activité, comme la prise de décisions. L'une des variantes de cette méthode implique une intervention encore plus importante dans les activités de l'acteur, en l'incitant à effectuer des tâches spécifiques. Ce type d'observation organisée permet de se concentrer sur les objectifs de l'observateur afin de réduire le temps d'observation ou de recueillir des informations spécifiques.
- Passive/Invisible : dans cette approche, l'observateur n'interrompt pas le travail. Les questions éventuelles sont posées une fois la phase d'observation terminée. L'observateur peut ainsi assister à un déroulement naturel des événements sans interruption, et mesurer le temps ainsi que la qualité du travail. L'une des variantes de cette méthode implique l'enregistrement vidéo de l'activité, qui est ensuite visionné avec la personne observée afin d'obtenir des explications si nécessaire.

L'inspection de l'environnement de travail de la personne permet de découvrir les outils et ressources d'information impliqués dans la réalisation de l'activité. Elle permet de mieux comprendre les actions, notamment lorsqu'il faut identifier les besoins et les opportunités. Ce type d'observation représente une partie importante de la variante, et est connu sous le nom d'Enquête contextuelle.

10.31.3 Éléments

.1 Objectifs d'observation

Un objectif clair et spécifique permet d'établir un but défini dans la session d'observation.

Parmi les objectifs d'une session d'observation se trouvent :

- la compréhension de l'activité et de ses éléments tels que les tâches, outils, événements et interactions,
- l'identification d'opportunités d'amélioration,
- l'établissement de mesures de performance, ou
- l'évaluation des solutions et la validation des hypothèses.

.2 Préparation de l'observation

La préparation d'une session d'observation comprend la planification de l'approche d'observation en fonction des objectifs, le choix de la personne qui réalisera les activités, la nature de celles-ci et le moment. Lorsqu'ils préparent une session d'observation, les analystes d'affaires tiennent compte des compétences et du niveau d'expérience des participants, de la fréquence des activités observées, et de toute documentation et analyse en lien avec l'activité. La préparation comprend également la création d'un programme d'observations.

Le plan d'observation permet de s'assurer que toutes les parties prenantes sont bien conscientes de l'objectif de la session, qu'elles s'accordent sur les résultats attendus et que la session répond à leurs attentes.

.3 Réalisation de la session d'observation

Avant la session d'observation, il faut :

- expliquer la raison pour laquelle l'observation est réalisée,
- indiquer au participant que son rendement personnel n'est pas jugé et que les résultats de cette observation seront évalués parmi d'autres en tant qu'ensemble,
- informer le participant qu'il peut interrompre l'observation à tout moment, et
- recommander au participant de partager toute pensée ou préoccupation lorsqu'il réalise l'activité ou par la suite.

Au cours de la session d'observation, il faut :

- observer attentivement la personne qui réalise l'activité, et noter les étapes ou tâches normales et exceptionnelles, la manière dont les outils sont utilisés et le contenu des informations,
- enregistrer ses observations, le temps requis pour réaliser le travail, la qualité de celui-ci, les anomalies de processus ainsi que les propres questions ou préoccupations de l'observateur, et
- poser des questions de clarification pendant l'activité ou peu après la session d'observation.

.4 Confirmation et présentation des résultats de l'observation

Une fois la session d'observation terminée, les analystes d'affaires étudient les notes et données enregistrées et revoient le participant afin de fournir les réponses aux éventuelles questions restantes ou de combler d'éventuels écarts. Le fait de partager ces notes et données avec les participants peut s'avérer utile pour obtenir des réponses aux questions ou traiter les éventuelles préoccupations des participants.

Les notes et les données validées sont associées à d'autres observations connexes en vue de déterminer les similitudes, les différences et les tendances. Les résultats sont ensuite regroupés, résumés et analysés par rapport aux objectifs de la session. Les besoins et opportunités d'amélioration sont communiqués aux parties prenantes.

10.31.4 Considérations d'utilisation

.1 Points forts

- Les observateurs bénéficient d'un aperçu pratique et réaliste sur les activités et leurs tâches dans un processus global.

- Il est possible de trouver des exemples de tâches informelles et de solutions.
- La productivité est constatée en direct et comparée de façon réaliste aux mesures ou normes de performance établies.
- Les recommandations d'amélioration sont soutenues par les objectifs et des preuves quantitatives.

.2 Limites

- L'observation peut perturber le rendement du participant et l'organisation globale.
- Elle peut être considérée comme menaçante et intrusive par la personne observée.
- Un participant observé peut modifier ses pratiques de travail.
- Un temps considérable est requis pour planifier et réaliser les observations.
- Cette technique ne convient pas à l'évaluation des activités axées sur les connaissances, car celles-ci ne peuvent pas être observées directement.

10.32 Modélisation de l'organisation

10.32.1 Objectif

La modélisation de l'organisation est utilisée pour décrire les rôles, responsabilités et structures hiérarchiques qui existent dans une organisation, et pour aligner ces structures avec les buts de l'organisation.

10.32.2 Description

Un modèle organisationnel définit la manière dont une organisation ou une unité organisationnelle est structurée. L'objectif d'une unité organisationnelle consiste à rassembler un groupe de personnes en vue d'atteindre un but commun. Le groupe peut être organisé parce que les personnes partagent un ensemble de compétences et de connaissances, ou pour servir un marché en particulier.

Un modèle organisationnel est une représentation visuelle de l'unité organisationnelle qui définit :

- les limites du groupe (qui se trouve dans le groupe),
- les relations formelles entre les membres (qui rend des comptes à qui),
- le rôle fonctionnel de chaque personne, et
- les interfaces (interaction et dépendances) entre l'unité et les autres unités ou parties prenantes.

10.32.3 Éléments

.1 Types de modèles organisationnels

Il existe trois modèles organisationnels dominants :

- **Axé sur la fonction** : il s'agit de regrouper le personnel en fonction de compétences partagées ou de domaines d'expertise. Une standardisation du travail ou des processus est généralement encouragée dans l'organisation. Les organisations fonctionnelles sont bénéfiques, car elles facilitent la gestion des coûts et réduisent le travail en double. Cependant, elles ont également tendance à créer des problèmes de communication et de coordination interfonctionnelle (ou entre silos).

Figure 10.32.1: Modèle organisationnel axé sur la fonction

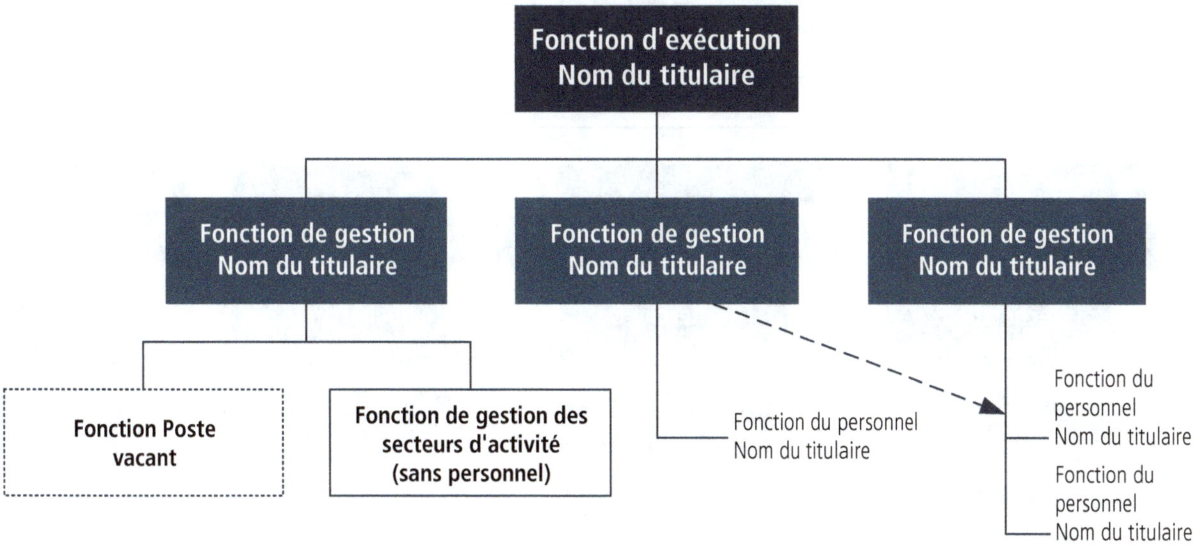

- **Axé sur le marché** : ce modèle est conçu pour servir des groupes de clients, zones géographiques, projets ou processus particuliers au lieu de regrouper les employés par expertise ou compétences communes. Les structures axées sur le marché permettent à l'organisation de satisfaire les besoins de ses clients, mais ont tendance à créer des incohérences dans la manière dont le travail est réalisé. Certaines personnes peuvent en effet se rendre compte que le même travail est réalisé plusieurs fois dans plusieurs secteurs.

Figure 10.32.2: Modèle organisationnel axé sur le marché

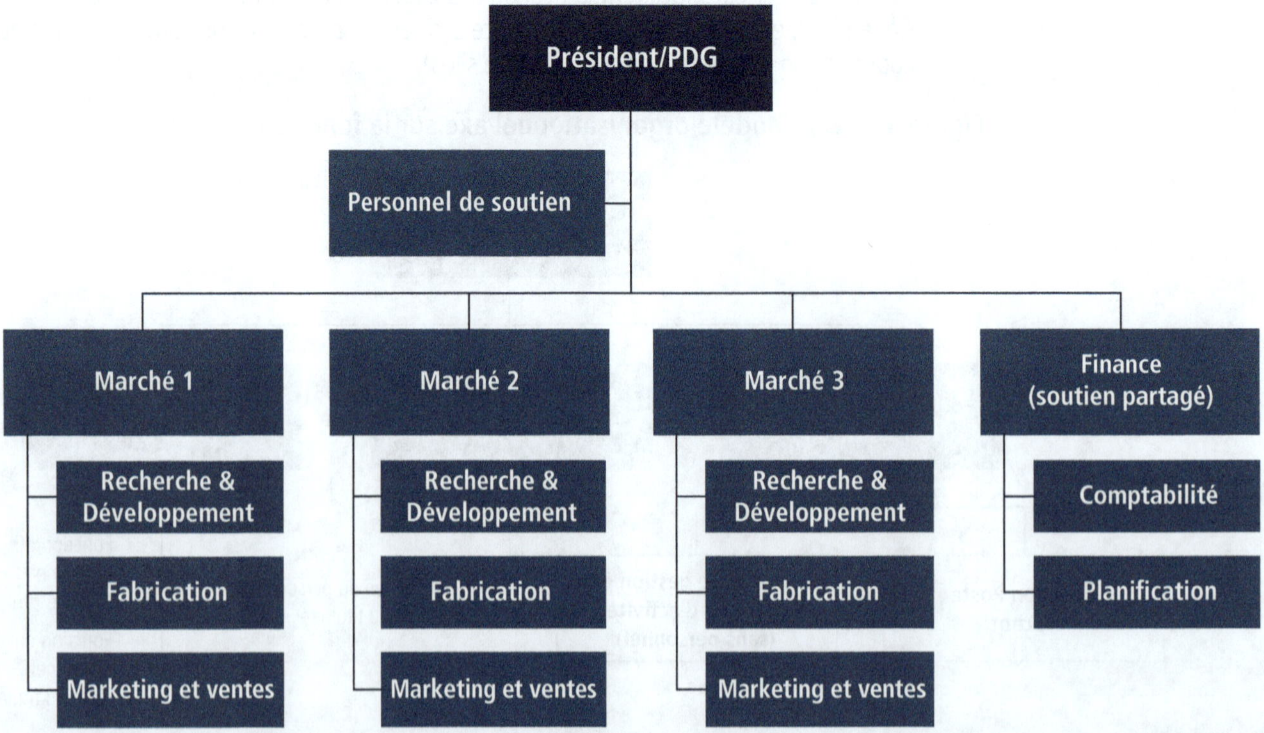

- **Matriciel** : ici, des responsables distincts existent pour chaque domaine fonctionnel et pour chaque produit, service ou groupe de clients. Les employés rendent des comptes à un chef hiérarchique, responsable du rendement d'un type de travail et de l'identification d'opportunités en matière d'efficacité dans le travail, et à un chef de marché (ou de produit, de service ou de projet), responsable de la gestion du produit ou du service dans plusieurs domaines fonctionnels. La difficulté du modèle matriciel réside dans le fait que chaque employé a deux responsables (centrés sur des objectifs différents), la responsabilité est donc difficile à maintenir.

Figure 10.32.3: Modèle organisationnel matriciel

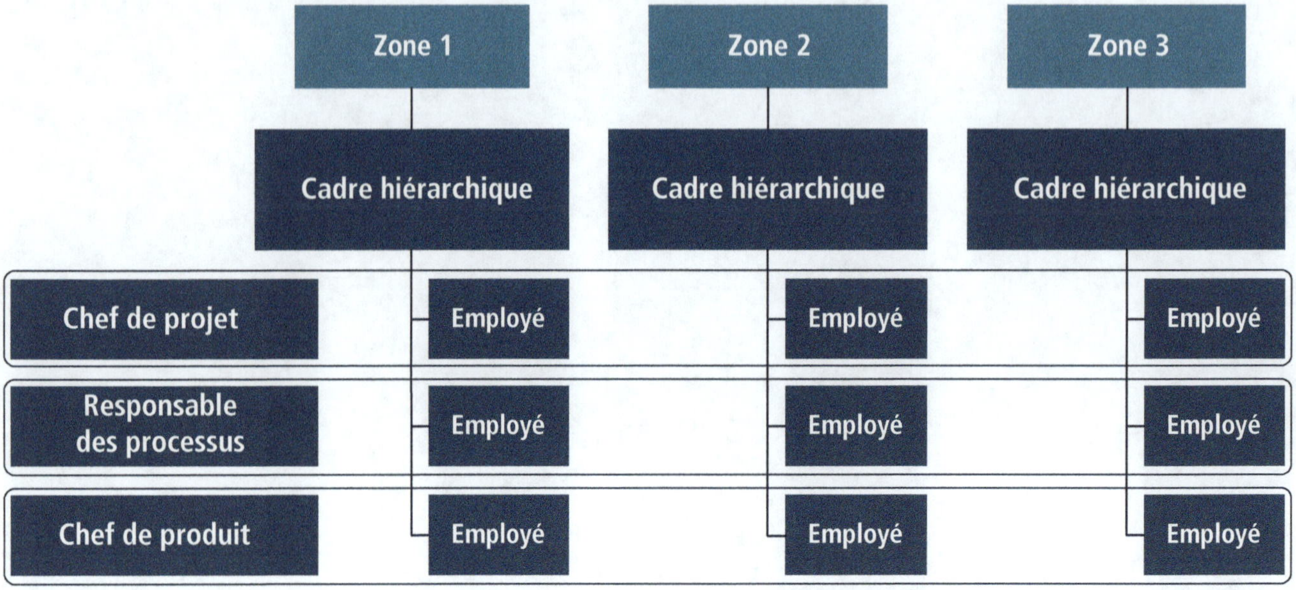

.2 Rôles

Une unité organisationnelle comprend un certain nombre de rôles définis. Chaque rôle requiert un certain ensemble de compétences et de connaissances, dispose de responsabilités spécifiques, réalise certains types de tâches et présente des relations définies avec d'autres rôles dans l'organisation.

.3 Interfaces

Chaque interface possède des interfaces avec d'autres unités organisationnelles. Les interfaces (interactions) peuvent se présenter sous la forme d'une communication avec des personnes établies dans d'autres rôles, et des programmes de travail que l'unité organisationnelle reçoit de ou fournit à d'autres unités.

.4 Organigrammes

Le diagramme de base utilisé dans la modélisation de l'organisation est l'organigramme.

Il n'existe aucune norme reconnue pour les organigrammes, même si ces derniers doivent respecter certaines conventions :

- Une case représente :
    - **Unité organisationnelle** : il s'agit des personnes, équipes, départements ou divisions. Un organigramme peut associer des unités organisationnelles et montrer un ensemble de personnes, équipes et divisions de plus haut niveau.
    - **Rôles et personnes** : il s'agit des rôles au sein d'une organisation et des personnes affectées à chaque rôle.
- Une ligne représente :
    - **Lignes hiérarchiques:** il s'agit de la responsabilité et du contrôle exercés entre les unités. Une ligne continue indique généralement une autorité directe tandis qu'une ligne en pointillés indique un transfert d'informations ou une autorité conjoncturelle. Les lignes hiérarchiques illustrent la relation entre un responsable et une unité organisationnelle.

.5 Personnes influentes

Les organigrammes constituent le principal outil pour débuter la modélisation de l'organisation. Ils représentent la structure formelle de l'organisation. Les analystes d'affaires identifient également les lignes d'autorité, influence et communication informelles qui ne sont pas directement présentes sur l'organigramme formel.

L'établissement de l'ensemble des personnes influentes est essentiel pour planifier la communication et favoriser l'acceptation de l'utilisateur. L'une des méthodes permettant de repérer ce type de personne consiste à demander aux parties prenantes « À qui puis-je demander… », et à noter les réponses. Une personne influente peut être une personne que tout le monde consulte pour obtenir des informations, une orientation et des conseils. Une autre méthode consiste à noter qui parle au nom du groupe en réunion.

10.32.4 Considérations d'utilisation

.1 Points forts

- Les modèles organisationnels sont courants dans la plupart des organisations.

- L'intégration d'un modèle organisationnel dans les informations de l'analyse d'affaires permet aux membres de l'équipe d'apporter leur soutien. Les projets futurs peuvent être avantagés par le fait de savoir qui était impliqué dans ce projet et en quoi consistait son rôle.

.2 Limites

- Les organigrammes sont parfois obsolètes.
- Les lignes d'autorité, d'influence et de communication informelles qui n'apparaissent pas dans l'organigramme sont plus difficiles à repérer et peuvent aller à l'encontre de l'organigramme.

10.33 Priorisation

10.33.1 Objectif

La priorisation fournit un cadre aux analystes d'affaires, afin de favoriser les décisions des parties prenantes et de comprendre l'importance relative des informations de l'analyse d'affaires.

10.33.2 Description

La priorisation est un processus utilisé pour déterminer l'importance relative des informations de l'analyse d'affaires. L'importance peut être basée sur la valeur, le risque, la difficulté de mise en œuvre et d'autres critères. Les priorités sont utilisées afin d'établir les informations de l'analyse d'affaires qui doivent faire l'objet d'une analyse plus approfondie, les exigences qui doivent être mises en œuvre en premier, ou le temps et les informations qui doivent être affectés aux exigences.

Il existe de nombreuses approches en matière de priorisation, mais dans le cadre de cette technique, la priorisation est classée dans l'une des quatre approches suivantes :

- Regroupement,
- Classement,
- Gestion par blocs de temps/budget, et
- Négociation.

Lorsqu'ils choisissent une approche de priorisation, les analystes d'affaires tiennent compte du public, de ses besoins et de son opinion sur la valeur qu'une exigence ou des informations de l'analyse d'affaires apportent au domaine respectif de la partie prenante.

Ils revoient les priorités et utilisent différentes approches en cas de changement dans l'environnement d'affaires, chez les parties prenantes ou dans les informations de l'analyse d'affaires.

Figure 10.33.1: Approches de priorisation

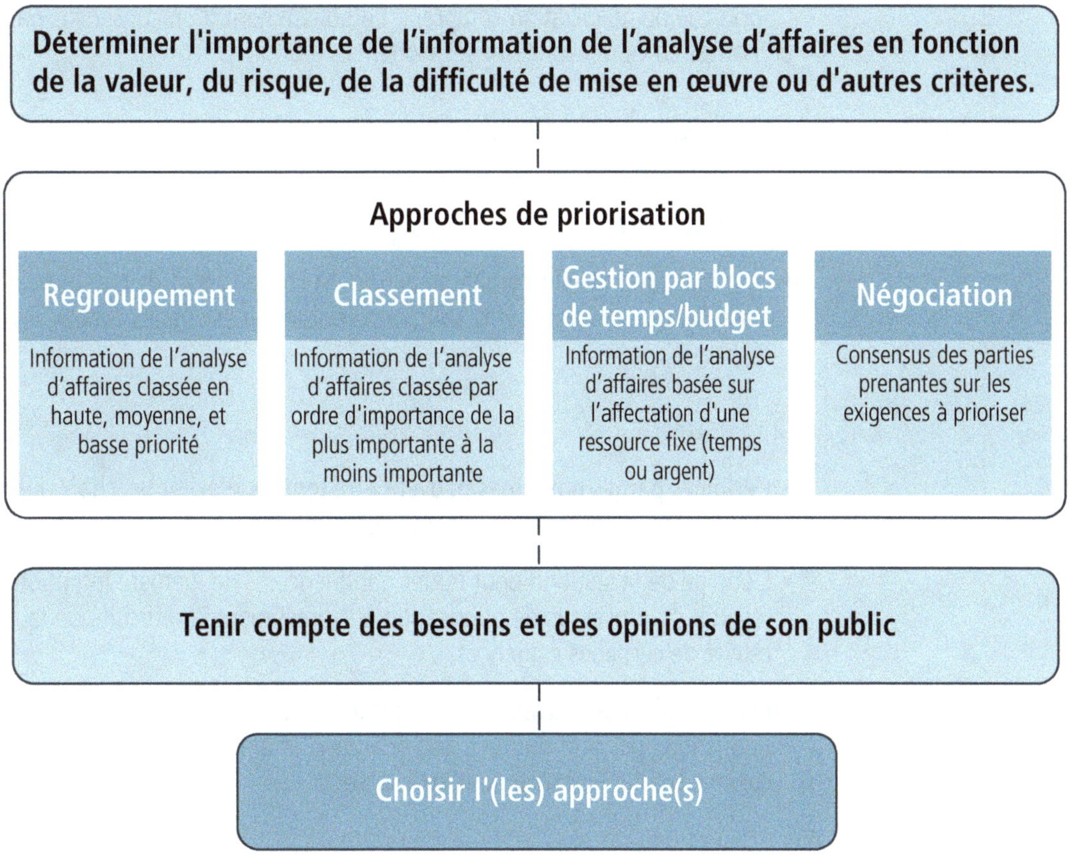

10.33.3 Éléments

.1 Regroupement

Le regroupement consiste à classer les informations de l'analyse d'affaires en fonction de catégories prédéfinies telles que priorité élevée, moyenne ou faible. De nombreux outils de gestion des exigences permettent de répertorier les catégories de priorité en tant qu'attribut d'une exigence.

.2 Classement

Le classement consiste à ordonner les informations de l'analyse d'affaires de la plus importante à la moins importante. Certaines approches adaptatives impliquent un séquencement explicite des exigences dans une liste ordonnée (un carnet de produit).

.3 Gestion par blocs de temps/budget

Les blocs de temps et les budgets priorisent les informations de l'analyse d'affaires en fonction de l'attribution d'une ressource fixe. Elles sont souvent utilisées lorsque l'approche de la solution a été établie. Le cadre temporel sert à prioriser les exigences selon la quantité de travail que l'équipe de projet est capable de réaliser dans une période de temps donnée. La budgétisation est employée lorsque l'équipe du projet dispose d'une somme d'argent déterminée. Cette approche est souvent utilisée lorsqu'une échéance fixe doit être respectée ou dans le cas de solutions améliorées de manière régulière et fréquente.

.4 Négociation

L'approche de négociation comprend l'établissement d'un consensus parmi les parties prenantes en ce qui concerne les exigences à prioriser.

10.33.4 Considérations d'utilisation

.1 Points forts

- La priorisation facilite l'établissement d'un consensus et de compromis. Elle permet de s'assurer que la valeur de la solution est obtenue et que les échéances de l'initiative sont respectées.

.2 Limites

- Certaines parties prenantes peuvent être tentées d'éviter les choix difficiles et ne pas reconnaître la nécessité de réaliser des compromis.
- L'équipe de la solution peut tenter d'influencer – de manière intentionnelle ou non – le résultat du processus de priorisation en surestimant la difficulté ou la complexité de mise en œuvre de certaines exigences.
- Puisqu'il n'existe souvent pas de mesures et d'indicateurs clés de performance lors de la priorisation des informations de l'analyse d'affaires, le point de vue des parties prenantes concernant l'importance peut être subjectif.

10.34 Analyse des processus

10.34.1 Objectif

L'analyse des processus évalue l'efficacité et l'efficience d'un processus ainsi que sa capacité à identifier des opportunités de changement.

10.34.2 Description

L'analyse des processus est utilisée à différentes fins, notamment :

- la recommandation d'un processus plus efficient ou efficace,
- l'établissement des écarts entre l'état futur et actuel d'un processus,
- la compréhension des facteurs à intégrer dans une négociation de contrat,
- la compréhension de la manière dont les données et la technologie sont utilisées dans un processus, et
- l'analyse de l'impact d'un changement en attente apporté à un processus.

Un certain nombre de cadres et de méthodologies se concentrent sur l'analyse des processus et les méthodes d'amélioration, comme Six Sigma et Lean. Les méthodes d'amélioration des processus comprennent la cartographie de chaîne de valeur, le contrôle et l'analyse statistique, la simulation de processus, l'analyse comparative et les cadres de processus.

Parmi les changements courants apportés aux processus en vue de les améliorer se trouvent :

- réduire le temps requis pour réaliser une ou des tâches dans le processus,

- modifier les interfaces ou compromis entre les rôles et les unités organisationnelles afin d'éliminer les erreurs, et notamment réduire ou éliminer les engorgements,
- automatiser les étapes de routine ou prévisibles, et
- augmenter le degré d'automatisation dans les décisions requises par le processus.

Lors de l'analyse d'un processus, l'analyste d'affaires étudie :

- la manière dont le processus ajoute ou crée de la valeur pour l'organisation,
- la manière dont le processus s'accorde avec la stratégie et les objectifs organisationnels,
- la mesure dans laquelle le processus est et doit être efficient, efficace, répété, mesuré, contrôlé, utilisé et transparent, et
- la manière dont les exigences d'une solution traitent le processus de l'état futur et ses parties prenantes externes, notamment les clients.

10.34.3 Éléments

.1 Identification des écarts et domaines à améliorer

L'identification des écarts et domaines à améliorer permet de déterminer les domaines qui se trouvent dans la portée de l'analyse. Certains cadres de processus et modèles spécifiques au secteur peuvent d'ailleurs s'avérer utiles à cette fin. Lorsqu'ils identifient les écarts et les domaines à améliorer, les analystes d'affaires :

- identifient les écarts entre l'état actuel et l'état futur souhaité,
- identifient les écarts et les domaines présentant une valeur ajoutée ou non,
- découvrent les points faibles et les défis du processus depuis plusieurs points de vue,
- découvrent les opportunités destinées à améliorer le processus depuis plusieurs points de vue,
- alignent les écarts et les domaines à améliorer avec l'orientation stratégique de l'organisation, et
- comprennent la relation des écarts et domaines à améliorer par rapport aux changements dans l'entreprise.

.2 Identification de la cause fondamentale

L'identification de la cause fondamentale des écarts et domaines d'amélioration permet de s'assurer que la solution traite les éléments adéquats.

Lorsqu'ils identifient la cause fondamentale, les analystes d'affaires comprennent :

- qu'il peut exister plusieurs causes fondamentales,
- les intrants menant aux écarts ou domaines à améliorer,
- qui sont les personnes adéquates en vue de déterminer la cause fondamentale, et
- les motivations en place et mesures actuelles pour les personnes qui réalisent le processus ou en sont responsables.

.3 Génération et évaluation des options

La génération d'options et de solutions alternatives en vue de résoudre l'écart ou de traiter le domaine à améliorer aide l'équipe à évaluer et considérer plusieurs points de vue pour corriger le processus. Il est important que les parties prenantes soient impliquées dans l'identification de l'impact, la faisabilité et la valeur de la solution proposée par rapport aux options alternatives.

.4 Méthodes courantes

FIPEC

FIPEC est une méthode d'analyse des processus provenant de la méthodologie Six Sigma, qui a été plus communément adoptée comme méthode d'analyse des processus en dehors de Six Sigma.

Elle est utilisée afin d'étudier le processus et de comprendre les Fournisseurs, Intrants, Processus, Extrants et Clients du processus analysé.

Une analyse FIPEC offre un aperçu simple du processus, et montre également la complexité relative à la personne et aux éléments impliqués dans la création d'intrants pour le processus, ainsi que la personne qui profite des extrants du processus. Il s'agit d'un outil d'analyse performant, utilisé afin de créer un dialogue concernant les problèmes, opportunités, écarts, causes fondamentales, options et alternatives au cours d'une analyse de processus.

Figure 10.34.1: Modèle FIPEC

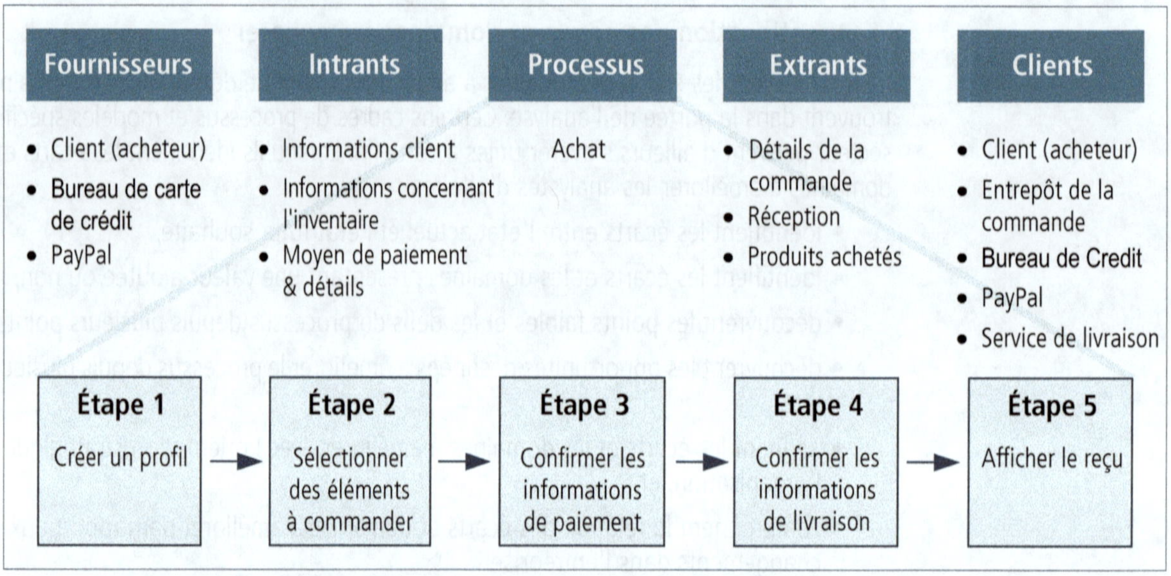

Cartographie de chaîne de valeur (CCV)

La cartographie de chaîne de valeur (CCV) est une méthode d'analyse des processus utilisée dans les méthodologies Lean.

Elle comprend une représentation graphique et une surveillance des intrants et points d'application permettant de traiter ces données, en commençant par le début de la chaîne logistique. À chaque phase, la cartographie de chaîne de valeur mesure le temps d'attente pour les intrants ainsi que les temps de traitement réels aux points d'application (également nommés temps de conversion). À la fin de la chaîne logistique, la cartographie de chaîne de valeur illustre le processus logistique ou de distribution jusqu'au client.

Elle fournit une image sur une page de l'ensemble des étapes impliquées dans le processus d'un bout à l'autre, notamment les éléments qui apportent une valeur (la chaîne de valeur) ou non (le gaspillage).

Figure 10.34.2: Cartographie de chaîne de valeur

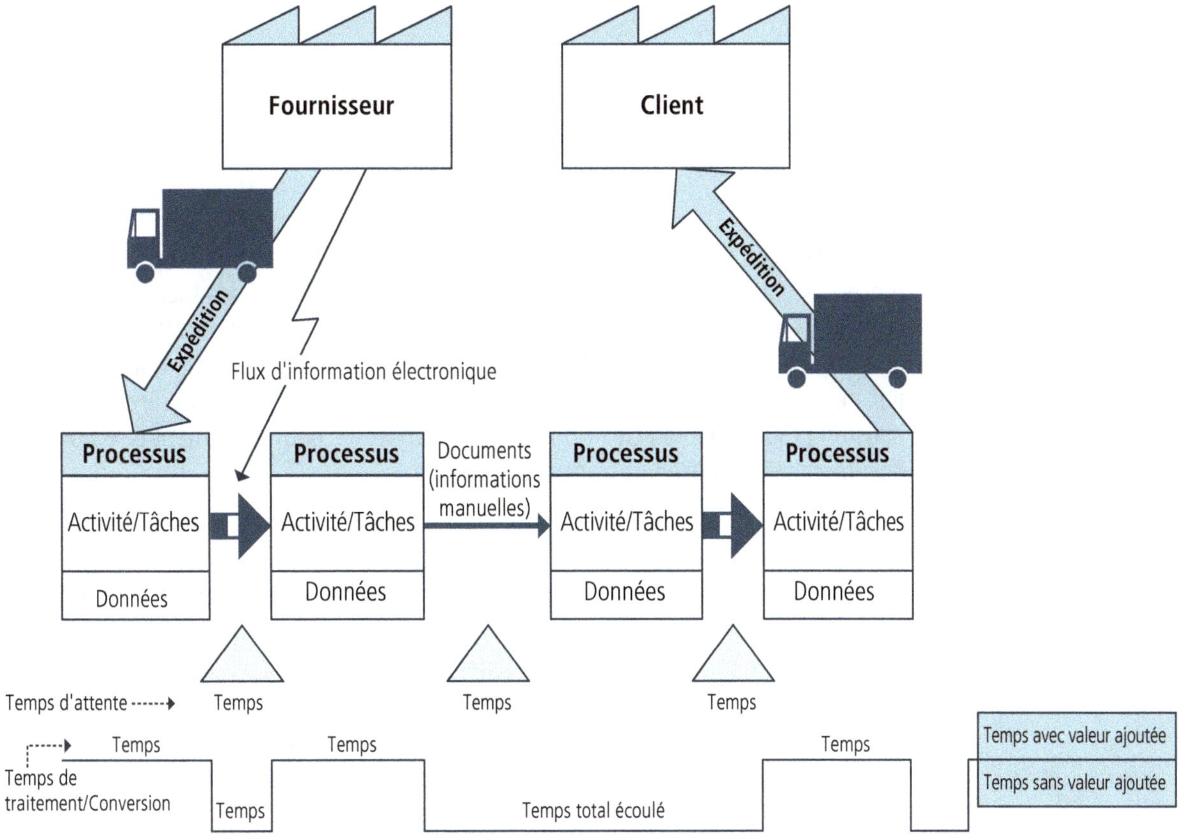

10.34.4 Considérations d'utilisation

.1 Points forts

- Cette analyse permet de s'assurer que la solution traite les problèmes requis, en réduisant le gaspillage.
- De nombreuses techniques et méthodologies différentes peuvent être utilisées et fournir une excellente flexibilité aux équipes en matière d'approche.

.2 Limites

- L'analyse peut être chronophage.
- Il existe de nombreuses techniques et méthodologies dans l'analyse des processus, il peut donc être difficile de savoir laquelle employer et comment les utiliser correctement en fonction de la portée et de l'objet.
- Elle peut s'avérer inefficace en termes d'amélioration des processus dans le cas de processus faisant appel aux connaissances ou comportant de nombreuses décisions.

10.35 Modélisation des processus

10.35.1 Objectif

La modélisation des processus est un modèle graphique standardisé utilisé pour montrer la manière dont le travail est effectué. Il représente un préalable à l'analyse des processus.

10.35.2 Description

Les modèles de processus décrivent le flux séquentiel d'un travail ou d'activités. Un modèle de processus d'affaires décrit le flux séquentiel d'un travail pour des tâches et activités définies dans une entreprise ou une partie d'une entreprise. Un modèle de processus système définit le flux séquentiel de contrôle entre les programmes ou unités dans un système informatique. Un flux de processus de programme montre l'exécution séquentielle des énoncés de programme dans un programme logiciel. Un modèle de processus peut également être utilisé pour documenter des procédures opérationnelles.

Un modèle de processus peut être conçu sur plusieurs niveaux, chacun d'entre eux correspondant au point de vue des différentes parties prenantes. Ces niveaux permettent de décomposer progressivement un processus complexe en processus de composantes, où chaque niveau fournit des détails et précisions accrus. Au niveau le plus haut (entreprise ou contexte), le modèle offre une compréhension générale d'un processus et de sa relation avec les autres processus. Aux niveaux inférieurs (opérationnels), il permet de définir de nouvelles activités granulaires et de déterminer l'ensemble des résultats, notamment les exceptions et de solutions de rechange. Au niveau le plus bas (système), le modèle peut être utilisé comme base pour une simulation ou une exécution.

Les modèles de processus peuvent être utilisés afin de :

- décrire le contexte de la solution ou partie de la solution,
- décrire ce qui se produit ou devrait se produire au cours d'un processus,
- fournir une description compréhensible d'une séquence d'activités à un observateur externe,
- fournir une représentation visuelle pour accompagner une description textuelle, et
- fournir une base à l'analyse des processus.

L'analyste d'affaires peut utiliser un modèle de processus afin de définir l'état actuel d'un processus (également nommé modèle à l'état tel quel) ou un état futur potentiel (également nommé modèle en devenir). Un modèle présentant l'état actuel peut offrir une meilleure compréhension et acceptation de ce qui se produit en ce moment. Un modèle présentant l'état futur peut permettre de préciser ce qui doit se produire dans le futur.

Les modèles de processus intègrent généralement :

- les participants au processus,
- l'événement d'affaires qui a déclenché le processus,
- les étapes ou activités du processus (manuelles et automatisées),
- les chemins (flux) et points de décision qui relient ces activités sur le plan logique, et
- les résultats du processus.

Le modèle de processus de base comprend un événement déclencheur, une séquence d'activités et un résultat.

Un modèle de processus plus exhaustif peut intégrer d'autres éléments, tels que des documents/ données, des intrants et extrants ainsi que des descriptions de références qui complètent la représentation graphique.

10.35.3 Éléments

.1 Types de modèles de processus et notations

De nombreuses notations différentes sont utilisées dans la modélisation des processus.

Les notations les plus couramment utilisées comprennent :

- **Diagrammes de flux et cartographie de chaîne de valeur (CCV)** : ils sont utilisés dans le domaine d'affaires.
- **Diagrammes de flux de données et Unified Modelling Language™ (UML®)** : ils sont utilisés dans le domaine de l'informatique.
- **Modèle de processus d'affaires et notation (BPMN)** : ils sont utilisés dans les domaines de l'informatique et des affaires, et de plus en plus utilisés comme norme de l'industrie.
- **Diagrammes Input, Guide, Output, Enabler (IGOE - intrant, guide, extrant, outil) et notation Integrated DEFinition (IDEF - définition intégrée)** : ils sont utilisés pour définir la portée.
- **FIPEC et analyse de la chaîne de valeur** : ils sont utilisés pour la modélisation des processus.

Les modèles de processus comprennent généralement certains ou l'ensemble des éléments clés suivants :

- **Activité** : il s'agit d'une étape individuelle ou d'une tâche faisant partie du processus d'affaires. La tâche peut être unique ou décomposée en sous-processus (avec leurs propres activités, flux et autres éléments de processus).
- **Événement** : il s'agit d'une occurrence de durée nulle qui initie, interrompt ou termine une activité ou une tâche dans un processus, ou le processus lui-même. L'événement peut être la réception d'un message, l'écoulement du temps ou la survenue d'une condition telle que cela est défini dans les règles d'affaires.
- **Flux directionnel** : il s'agit d'un chemin qui indique l'ordre logique du flux opérationnel. D'une manière générale, les diagrammes sont créés afin de montrer l'écoulement du temps de façon homogène (habituellement dans la direction dans laquelle un texte serait lu).
- **Point de décision** : il s'agit d'un point dans le processus, où le flux opérationnel se divise en deux ou plusieurs flux (chemins) qui peuvent représenter des parallèles ou des alternatives s'excluant mutuellement. Une décision peut également être utilisée afin de trouver les règles lorsque des flux distincts fusionnent.
- **Lien** : il s'agit d'une connexion avec d'autres cartes de processus.
- **Rôle** : il s'agit d'un type de personne ou d'un groupe impliqué dans le processus. Sa définition correspond généralement à celle du modèle organisationnel.

Diagramme de flux

Les diagrammes de flux sont couramment utilisés auprès de publics qui ne disposent pas de connaissances techniques. Ils permettent d'aligner à la fois la nature du processus et le contexte d'une solution. Un diagramme peut être simple et afficher uniquement la séquence d'activités, ou se montrer plus complet et utiliser des couloirs. Un couloir est une zone cloisonnée (horizontale ou verticale) qui sépare les activités du processus réalisées par un rôle en particulier.

Figure 10.35.1: Diagramme de flux

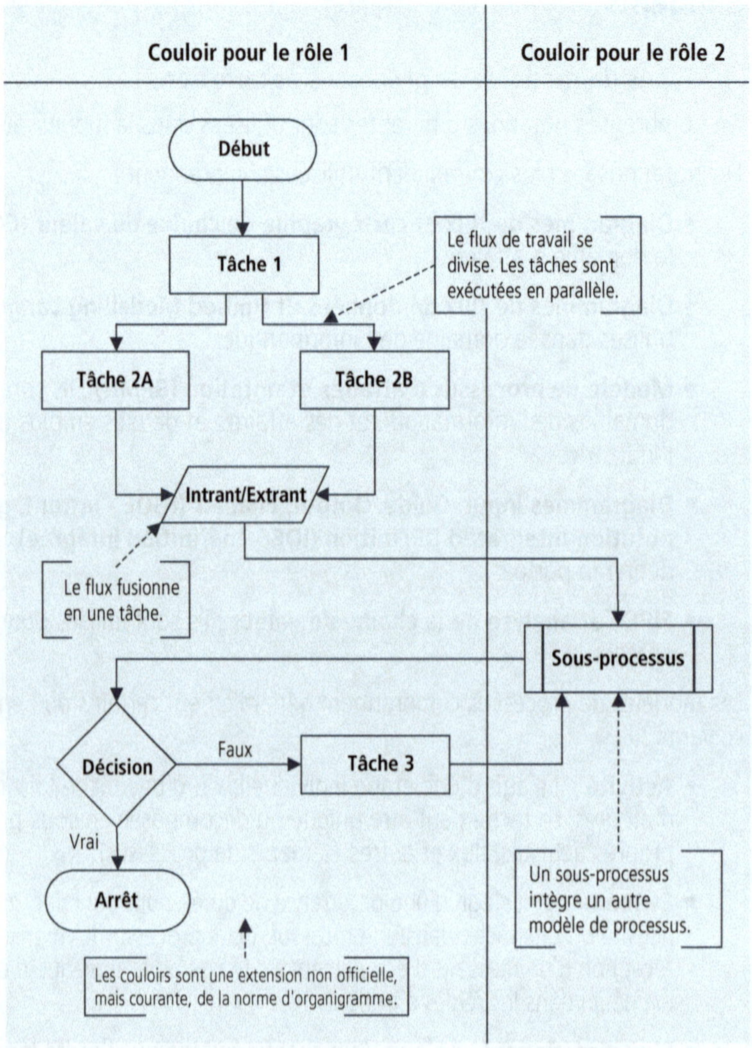

Modèle de processus d'affaires et notation (BPMN)

Le Modèle de processus d'affaires et notation (BPMN) offre une langue standardisée dans l'industrie, permettant de modéliser les processus d'affaires dans un format accessible aux utilisateurs de l'entreprise et aux développeurs techniques. Il est conçu pour traiter de nombreux types de modélisation, notamment les processus internes (privés) et collaboratifs (publics), et peut représenter un intrant pour les technologies d'automatisation des processus.

L'une des principales fonctionnalités du BPMN est sa capacité à distinguer les activités des différents participants dans un processus avec des groupements et des couloirs. Lorsque le flux opérationnel franchit la limite d'un couloir, la responsabilité du travail est alors transmise à un autre rôle de l'organisation. Les couloirs font partie d'un groupement. Un groupement est une entité d'affaires autorégulée (autonome), généralement une organisation ou un système. Il peut comprendre un certain nombre de couloirs, chacun représentant un rôle. Un processus comporte généralement un groupement pour le client et un second groupement pour l'organisation étudiée, mais le nombre de groupements n'est pas limité.

Figure 10.35.2: Modèle de processus d'affaires et notation

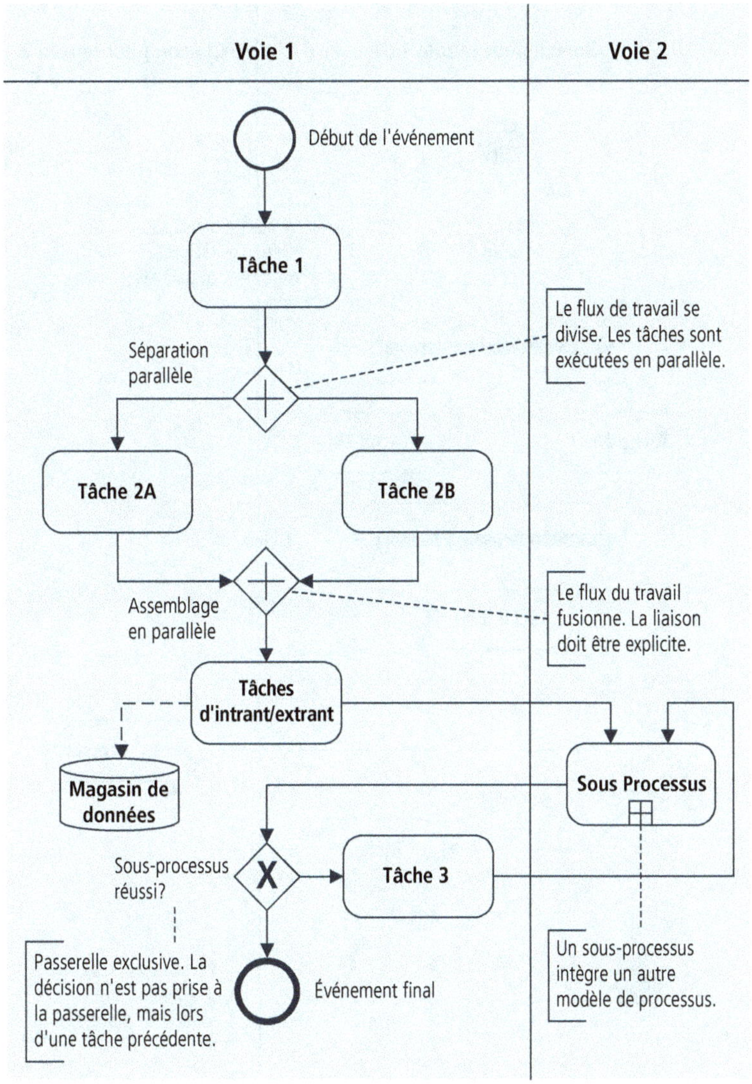

Diagramme d'activité

Le diagramme d'activité est l'un des diagrammes de réalisation de cas d'utilisation défini dans le Unified Modelling Language™ (UML®). Conçu à l'origine pour développer un seul cas d'utilisation, le diagramme d'activité a été adapté à des fins de modélisation des processus plus générales, notamment la modélisation du processus d'affaires. S'il est similaire à un diagramme de flux en apparence, le diagramme d'activité emploie généralement des couloirs pour montrer les responsabilités, des barres de synchronisation pour montrer les traitements parallèles et plusieurs points de décision de sortie.

Figure 10.35.3: Diagramme d'activité

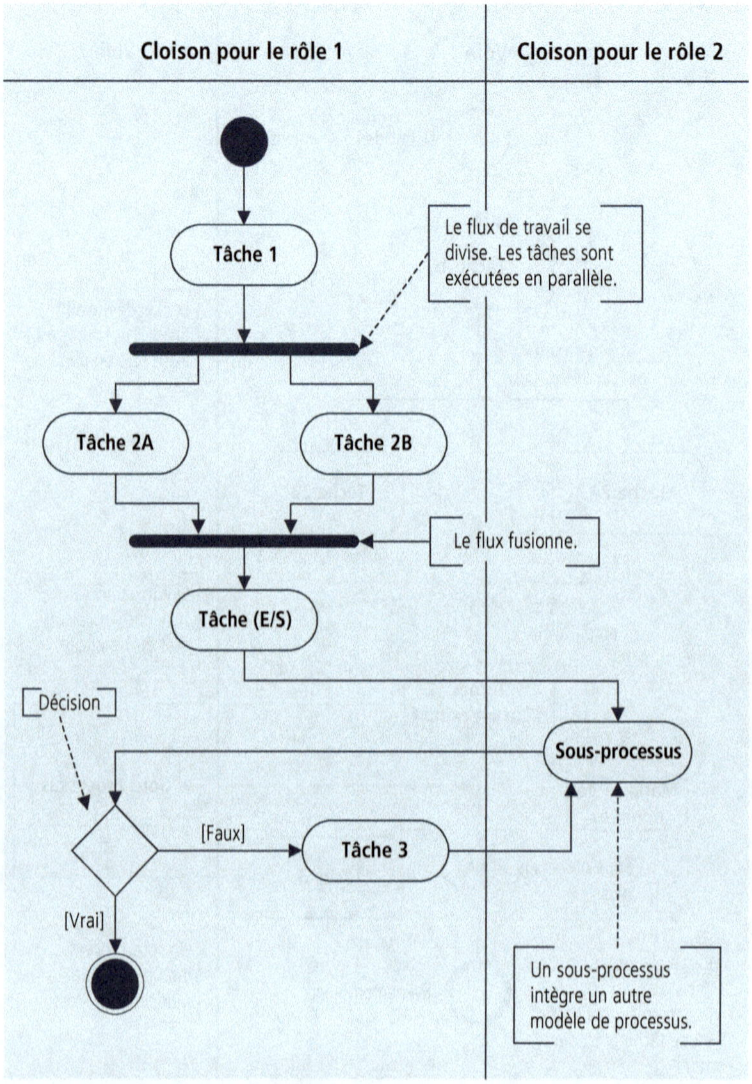

10.35.4 Considérations d'utilisation

.1 Points forts

- Cette modélisation fait appel à la compréhension humaine de base des activités séquentielles.
- La plupart des parties prenantes sont à l'aise avec les concepts et éléments de base d'un modèle de processus.
- L'utilisation de niveaux permet de gérer les points de vue de différents groupes de parties prenantes.
- Elle montre efficacement la manière de gérer un grand nombre de scénarios et branches parallèles.
- Elle peut contribuer à repérer des groupes de parties prenantes qui auraient été négligés autrement.
- Elle facilite l'identification des améliorations potentielles en soulignant les « points faibles » dans la structure du processus (c-à-d la visualisation du processus).

- Elle est susceptible de présenter une valeur en soi en offrant une documentation servant à justifier la conformité, et peut en plus être utilisée par les parties prenantes à des fins de formation et de coordination des activités.
- Elle peut être utilisée comme référence pour l'amélioration continue.
- Elle assure l'uniformité des libellés dans les artéfacts.
- Elle offre transparence et clarté aux propriétaires du processus et aux participants quant aux responsabilités, séquence et transmission de l'activité.

.2 Limites

- Pour de nombreuses personnes spécialisées en informatique, un modèle de processus formel a tendance à représenter une approche ancienne et plus chargée en documents du développement logiciel. Le temps du projet n'est alors pas affecté au développement d'un modèle de processus, notamment concernant l'état actuel ou le domaine du problème.
- Elle peut être extrêmement complexe et lourde si elle n'est pas structurée correctement, ce qui s'avère particulièrement vrai si les règles d'affaires et les décisions ne sont pas gérées séparément du processus.
- Les processus complexes peuvent impliquer de nombreux(ses) activités et rôles, ce qui les rend presque impossibles à comprendre et à « valider » par un seul individu.
- Les problèmes d'un processus ne peuvent pas toujours être identifiés en observant un modèle à un niveau général. Il est généralement nécessaire de recourir à un modèle plus détaillé avec une référence aux métadonnées (comme les facteurs de fréquence du chemin, de coût et de temps). Il est également souvent nécessaire d'impliquer directement les parties prenantes pour trouver les problèmes opérationnels qu'elles ont rencontrés alors qu'elles travaillaient avec un processus.
- Dans un environnement ultra dynamique dans lequel les choses évoluent rapidement, les modèles de processus peuvent devenir obsolètes.
- Elle peut être difficile à maintenir si le modèle de processus sert uniquement de documentation, car les parties prenantes peuvent modifier le processus en vue de satisfaire leurs besoins sans actualiser le modèle.

10.36 Prototypage

10.36.1 Objectif

Le prototypage est utilisé afin de recueillir et de valider les besoins d'une partie prenante par le biais d'un processus itératif qui crée un modèle ou une conception des exigences. Il est également utilisé pour optimiser l'expérience utilisateur, évaluer les options de conception et en tant que base pour développer la solution d'affaires finale.

10.36.2 Description

Le prototypage est une méthode éprouvée de conception de produit. Il a pour but de fournir un premier modèle du résultat final, appelé prototype. Le prototypage est utilisé pour identifier les hypothèses non prouvées et les exigences manquantes ou spécifiées de manière incorrecte, en montrant à quoi ressemble le produit et son comportement dans les premières phases de conception.

Les prototypes peuvent être des modèles non fonctionnels, des représentations fonctionnelles ou des représentations numériques d'une solution ou d'un produit proposé. Ils sont utilisés pour simuler des sites Web, servir de construction partiellement fonctionnelle du produit ou décrire les processus par le biais d'une série de diagrammes (comme un flux opérationnel). Les règles d'affaires et les prototypes de données peuvent être utilisés pour découvrir des règles d'affaires et flux de processus souhaités. Le prototypage de données peut être utilisé pour nettoyer et transformer les données.

10.36.3 Éléments

.1 Approche du prototypage

Il existe deux approches courantes du prototypage :

- **Jetable** : ces prototypes sont générés avec des outils simples (comme du papier et un crayon, un tableau blanc ou un logiciel) afin de découvrir et clarifier les exigences. Le prototype peut être actualisé ou évoluer pendant les discussions et le développement, mais il ne se transforme pas en code applicable et n'est pas conservé en tant que livrable une fois que le système ou le processus final est mis en œuvre. Cette méthode permet de trouver une fonctionnalité ou des processus qui ne sont pas faciles à établir par le biais d'autres techniques, qui présentent des points de vue contradictoires ou qui sont difficiles à comprendre. Ces prototypes peuvent représenter des outils abordables permettant de découvrir ou de confirmer des exigences qui vont au-delà d'une interface, notamment les exigences liées aux processus, aux données et aux règles d'affaires.
- **Évolutif ou fonctionnel** : ces prototypes sont créés dans le but de développer des exigences initiales en solution fonctionnelle, à mesure que les exigences sont précisées grâce à l'utilisation par les parties prenantes. Cette approche produit une solution fonctionnelle et requiert généralement un langage ou outil de prototypage spécialisé. Ces prototypes peuvent être utilisés dans la solution finale. Dans le cas où un logiciel spécialisé est utilisé, les processus d'affaires, règles et données peuvent être simulés afin d'évaluer l'impact des changements et valider les résultats souhaités.

.2 Exemples de prototypage

Il existe de nombreuses formes de prototypage utilisées actuellement.

Chacun des exemples suivants peut être considéré comme une forme de prototypage :

- **Preuve de principe ou preuve de concept** : il s'agit d'un modèle créé pour valider la conception d'un système sans modéliser l'apparence, les matériaux utilisés dans la création ou les processus/flux opérationnels utilisés à terme par les parties prenantes.
- **Prototype d'étude de la forme** : il est utilisé pour étudier la taille, l'aspect et le ressenti de base d'un produit qui sera fabriqué, sans créer de fonctionnalité réelle. Il permet d'évaluer les facteurs ergonomiques et visuels grâce à une représentation sculptée du produit réalisée à partir de matériaux peu onéreux. Ce type de prototype peut également être utilisé pour modéliser un flux opérationnel ou une orientation à haut niveau afin de repérer les écarts ou les incohérences dans la solution potentielle des propriétés (par ex. apparence, configuration).
- **Prototype d'ergonomie** : il s'agit d'un modèle de produit créé afin de tester la manière dont l'utilisateur final interagit avec le système sans intégrer ses propriétés (par ex. apparence, configuration).
- **Prototype visuel** : il s'agit d'un modèle de produit créé pour tester les aspects visuels de la solution sans modéliser la fonctionnalité complète.
- **Prototype fonctionnel** : il s'agit d'un modèle créé pour tester la fonctionnalité logicielle, les qualités du système pour l'utilisateur (par ex. l'apparence) et le flux opérationnel. Il est également appelé modèle fonctionnel, et est utilisé à la fois pour simuler les processus d'affaires et règles d'affaires, et pour évaluer les appels de fonction logicielle.

.3 Méthodes de prototypage

La liste suivante répertorie les méthodes courantes de prototypage :

- **Scénarisation** : elle est utilisée pour détailler la séquence d'activités de manière visuelle et textuelle en résumant les différentes interactions de l'utilisateur avec la solution ou l'entreprise.
- **Prototypage papier** : il fait appel au papier et crayon pour dessiner une interface ou un processus.
- **Modélisation du flux opérationnel** : elle illustre une séquence d'opérations réalisées et se concentre généralement uniquement sur l'aspect humain.
- **Simulation** : elle est utilisée pour démontrer les solutions ou composantes d'une solution. Elle peut tester différents processus, scénarios, règles d'affaires, données et intrants.

10.36.4 Considérations d'utilisation

.1 Points forts

- Le prototypage offre une représentation visuelle de l'état futur.
- Il permet aux parties prenantes de fournir des intrants et des rétroactions à un stade précoce du processus de conception.
- Lorsqu'ils utilisent des méthodes de prototypage jetable ou papier, les utilisateurs se sentent plus à l'aise pour émettre des critiques car la maquette n'est pas encore terminée et prête à être commercialisée.
- Un prototype vertical limité mais approfondi peut être utilisé pour réaliser des études de faisabilité technique, des activités de preuve de concept ou pour découvrir les lacunes en matière de processus et de technologie.

.2 Limites

- Si le système ou le processus s'avère très complexe, le processus de prototypage peut s'enliser dans des discussions sur le « comment » au lieu du « quoi », nécessitant alors un temps, des efforts et des compétences considérables pour réaliser le processus.
- La technologie sous-jacente doit être comprise ou présumée pour initier le prototypage.
- Si le prototype est élaboré et détaillé de façon approfondie, les parties prenantes peuvent développer des attentes irréalisables quant à la solution finale : dates d'achèvement présumées, attentes élevées en matière de rendement, fiabilité et ergonomie.
- Les parties prenantes peuvent se concentrer sur les spécifications de conception de la solution au lieu des exigences que celle-ci doit traiter, ce qui limite la conception de la solution. Les développeurs peuvent penser qu'ils doivent fournir une interface utilisateur correspondant exactement au prototype, alors même qu'une interface et technologie plus élégantes existent.

10.37 Revues

10.37.1 Objectif

Les revues sont utilisées afin d'évaluer le contenu d'un produit.

10.37.2 Description

Différents types de revues sont réalisés selon les produits d'analyse d'affaires.

Chacun est adapté aux besoins de l'organisation et de l'analyste d'affaires, et fait appel à ces dimensions :

- **Objectifs** : ils définissent le but de la vérification.
- **Techniques** : il s'agit de déterminer une manière formelle ou informelle de réaliser la vérification.
- **Participants** : il s'agit de repérer les personnes qui doivent faire partie de l'activité de vérification.

Chaque vérification se concentre sur un produit, et non sur les compétences ou actions des participants. Le produit peut être un ensemble de plusieurs livrables, un livrable seul, la partie d'un livrable ou un travail en cours. Dans le cas d'un produit finalisé, l'objectif de la vérification consiste généralement à éliminer les anomalies ou à informer les réviseurs du contenu. Dans le cas d'un travail en cours, la vérification peut être réalisée dans le but de résoudre un problème ou répondre à une question.

L'analyste d'affaires participe à chaque vérification. Les personnes en charge de la vérification peuvent être des collaborateurs, notamment dans le cas du travail en cours, ou des parties prenantes qui valident l'exhaustivité et la justesse du produit. Les étapes de vérification dépendent de la technique utilisée.

Les revues peuvent comprendre :

- un tour d'horizon du produit et vérification des objectifs,
- les listes de contrôles et matériel de référence utilisés par les réviseurs,
- une vérification du produit et documentation des observations, et
- la vérification d'un éventuel remaniement.

Les analystes d'affaires utilisent la rétroaction des réviseurs pour actualiser le produit.

10.37.3 Éléments

.1 Objectifs

Les objectifs sont clairement communiqués à l'ensemble des participants avant la vérification.

Les objectifs peuvent comprendre un ou plusieurs buts, comme par exemple :

- éliminer les anomalies,
- vérifier le respect des spécifications ou standards,
- s'assurer que le produit est complet et correct,
- établir un consensus sur une approche ou une solution,
- répondre à une question, résoudre un problème ou explorer des alternatives,
- former les réviseurs au sujet du produit, et
- mesurer la qualité du produit.

.2 Techniques

Les revues peuvent être formelles ou informelles. Les techniques utilisées au cours d'une vérification sont sélectionnées selon leur capacité à soutenir les objectifs de la vérification.

Les techniques suivantes sont généralement employées par les analystes d'affaires lorsqu'ils passent en revue :

- **Inspection** : il s'agit d'une technique formelle comprenant un tour d'horizon du produit, une vérification individuelle, un signalement des anomalies, un regroupement des anomalies en équipe et un suivi afin de s'assurer que les changements ont été réalisés. On se concentre ici sur l'élimination des anomalies et la création d'un produit de qualité élevée. Cette technique est généralement utilisée par les pairs, mais peut également être employée pour les revues des parties prenantes.
- **Révision structurée formelle (également nommée Vérification en équipe)** : il s'agit d'une technique formelle utilisant des activités de regroupement en équipe et de vérification individuelle souvent retrouvées dans l'inspection. Les révisions structurées sont utilisées pour les revues par les pairs et celles des parties prenantes.
- **Vérification d'un élément individuel (également nommée Vérification technique)** : il s'agit d'une technique formelle centrée sur un problème ou une norme. Les réviseurs réalisent un examen attentif du produit avant de se retrouver pour une session de vérification conjointe destinée à résoudre la question étudiée.
- **Révision structurée informelle** : il s'agit d'une technique informelle dans laquelle l'analyste d'affaires examine le produit alors que celui-ci se trouve au stade d'ébauche, et demande une rétroaction. Les réviseurs peuvent effectuer un travail de préparation minimum avant la session de vérification conjointe.
- **Vérification par autrui** : il s'agit d'une technique informelle dans laquelle un réviseur qui n'a pas été impliqué dans la création du produit fournit une rétroaction verbale ou écrite.
- **Circulation pour vérification** : il s'agit d'une technique informelle dans laquelle plusieurs réviseurs fournissent une rétroaction verbale ou écrite. Le produit peut être examiné par le biais d'une copie commune ou transmis d'une personne à l'autre.
- **Ad hoc** : il s'agit d'une technique informelle dans laquelle l'analyste d'affaires recherche une assistance ou une vérification informelle de la part d'un pair.

.3 Participants

Les rôles des participants impliqués dans une vérification en particulier dépendent des objectifs de la vérification, la technique sélectionnée et les normes organisationnelles en place.

Il arrive qu'un superviseur ou un responsable soit l'un des réviseurs en raison de son expertise. Dans ce cas, le modérateur doit veiller à ce que cela ne nuise pas à la sincérité des autres participants ou aux décisions de l'équipe.

Table 10.37.1: Rôles dans la vérification

Rôle	Description	Responsabilité	Techniques applicables
Créateur	Créateur du produit.	Il répond aux questions concernant le produit et écoute les suggestions et commentaires. Il intègre les changements au produit une fois la vérification terminée.	Toutes
Réviseur	Pair ou partie prenante.	Il étudie le produit en fonction des objectifs de vérification. Dans le cas des revues destinées à détecter une anomalie, le réviseur examine le produit avant la session de revue et effectue le suivi des anomalies trouvées et des suggestions d'amélioration.	Toutes
Facilitateur	Facilitateur neutre (il ne doit pas s'agir du créateur afin d'éviter de compromettre la vérification).	Il anime la session de vérification, garde les participants centrés sur les objectifs de la vérification et veille à ce que chaque section concernée du produit soit abordée. Il confirme le fait que les réviseurs ont examiné le produit avant le début de la session et veille à ce qu'ils participent lors de la session.	• **Inspection** • **Révision structurée formelle** • **Il peut s'avérer utile pour la vérification d'un élément individuel**
Secrétaire	Participant neutre doté de compétences de communication importantes.	Il documente l'ensemble des anomalies, suggestions, commentaires, problèmes, préoccupations et questions en suspens, soulevés au cours d'une session de vérification. Sa connaissance du sujet permet au secrétaire de noter les éléments de façon claire.	• **Inspection** • **Révision structurée formelle et informelle**

10.37.4 Considérations d'utilisation

.1 Points forts

- Les vérifications contribuent à repérer rapidement les anomalies dans le cycle de vie du produit, et évitent une correction onéreuse de ces anomalies découvertes plus tard dans le cycle de vie.
- Toutes les parties impliquées dans une vérification sont engagées dans le résultat final, elles présentent un intérêt direct à obtenir un résultat de qualité.
- Les revues manuelles et avec transmission du produit peuvent être réalisées par un réviseur au moment opportun, sans interrompre un travail en cours pour participer à une réunion.

.2 Limites

- Les revues rigoureuses en équipe demandent du temps et des efforts. De ce fait, seuls les produits les plus importants sont susceptibles d'être vérifiés par le biais d'une inspection ou d'une révision structurée formelle.
- Les revues informelles réalisées par un ou deux réviseurs sont pratiques en termes d'effort requis, mais elles ne fournissent pas l'assurance d'éliminer toutes les anomalies significatives par rapport au recours à une équipe plus importante et à un processus plus formel.
- Dans le cas des revues manuelles et avec transmission du produit, il peut être difficile pour le créateur de valider la réalisation d'une vérification indépendante par chaque participant.
- Si les commentaires de vérification sont partagés et évoqués par e-courriel, le nombre de messages à traiter peut être important et il devient difficile pour le créateur de résoudre les désaccords ou divergences d'opinions en matière de changements suggérés.

10.38 Analyse et gestion des risques

10.38.1 Objectif

L'analyse et la gestion des risques identifient les zones d'incertitude risquant d'affecter la valeur de façon négative, puis analysent et évaluent ces incertitudes avant de développer et de gérer des manières de traiter les risques.

10.38.2 Description

L'absence d'identification et de gestion des risques peut affecter la valeur de la solution de façon négative. L'analyse et la gestion des risques comprennent l'identification, l'analyse et l'évaluation des risques. Lorsque le nombre de contrôles en place est insuffisant, les analystes d'affaires développent des plans destinés à éviter, réduire ou modifier les risques et, lorsque cela est nécessaire, mettent en œuvre ces plans.

La gestion des risques représente une activité permanente, et le fait de consulter les parties prenantes et de rester en communication constante avec elles contribue à identifier les nouveaux risques et à surveiller les risques décelés.

10.38.3 Éléments

.1 Identification du risque

Les risques sont découverts et identifiés par le biais d'une combinaison de jugement d'expert, intrants fournis par les parties prenantes, expérimentation, expériences passées et analyse historique d'initiatives et situations similaires. Le but est d'identifier un ensemble complet de risques pertinents, et de réduire les inconnues. La gestion des risques représente une activité permanente.

Un événement à risque peut représenter une occurrence, plusieurs occurrences, et même aucune occurrence. Une situation de risque peut se composer d'une situation ou d'une combinaison de situations. Un événement ou une situation peuvent entraîner différentes conséquences, et une conséquence peut être causée par plusieurs événements ou situations différents.

Chaque risque peut être décrit dans un registre des risques, qui permet de réaliser l'analyse de ces risques et d'élaborer des plans pour les traiter.

Figure 10.38.1: Exemple d'un registre des risques

#	Situation ou événement à risque	Conséquence	Probabilité	Impact	Niveau de risque	Plan de modification du risque	Responsable du risque	Risque résiduel		
								Probabilité	Impact	Niveau de risque
1	Si le syndicat n'accepte pas les changements apportés aux descriptions de poste	les changements d'équipe prévus ne pourront pas avoir lieu	Moyen	Moyen	Moyen	Démarrer les réunions avec le syndicat le mois prochain au plus tard	Marta	Faible	Faible	Faible
2	Si les experts du domaine ne sont pas disponibles pour l'élicitation des exigences	la portée et la qualité seront réduites, et la date d'achèvement sera repoussée	Moyen	Élevé	Élevé	Développer un plan indiquant le moment où les experts sont requis, réaliser des ateliers de travail sur place et obtenir un accord du promoteur quant à leur participation	Deepak	Faible	Moyen	Faible
3	Si le nombre de clients répondant à notre sondage est insuffisant	nous ne disposerons pas d'un échantillon représentatif des exigences des clients	Moyen	Élevé	Élevé	Engager une société spécialisée dans la gestion des sondages pour créer et réaliser le sondage	François	Faible	Moyen	Faible
4	Si la structure organisationnelle ne s'adapte pas aux nouveaux processus d'affaires	l'entreprise ne pourra pas atteindre le niveau d'efficacité prévu et le besoin d'affaires ne sera pas satisfait	Élevé	Élevé	Élevé	Le promoteur doit approuver les changements organisationnels avant la mise en œuvre, et les changements doivent être réalisés avant la mise en œuvre	Jiahui	Moyen	Faible	Moyen

.2 Analyse

L'analyse d'un risque implique la compréhension de ce risque et l'estimation de son niveau. Des contrôles sont parfois déjà en place en vue de traiter certains risques, et ils doivent être pris en compte dans l'analyse du risque.

La probabilité de survenue peut être exprimée sous la forme d'une probabilité sur une échelle numérique ou avec des valeurs telles que Faible, Moyen et Élevé.

Les conséquences d'un risque sont décrites en termes d'impact sur la valeur potentielle. L'impact d'un risque peut être décrit en termes de coût, durée, portée de la solution, qualité de la solution ou tout autre facteur convenu par les parties prenantes comme la réputation, la conformité ou la responsabilité sociale.

Table 10.38.1: Exemple d'échelle d'impact des risques

	Portée	Qualité	Coût	Effort	Durée	Réputation	Responsabilité sociale
Faible impact	Des parties secondaires de la portée sont concernées	Problèmes de qualité secondaires	Impact sur le coût inférieur à 1 %	Effort de travail inférieur à 2 % de jours supplémentaires	Retard jusqu'à 3 %	Impact très négligeable sur la réputation de l'entreprise	Obstacle mineur
Impact moyen	Des parties importantes de la portée sont concernées, mais les solutions sont réalisables	Problèmes de qualité importants, mais le produit reste utilisable	Impact sur le coût supérieur à 1 % mais inférieur à 3 %	Effort de travail de 2 % à 10 % de jours supplémentaire s	Retard de 3 % à 10 %	Impact modéré sur la réputation de l'entreprise	Obstacle majeur
Impact élevé	Le produit ne correspond pas au besoin d'affaires	Le produit est inutilisable	Impact supérieur à 3 %	Effort de travail supérieur à 10 % de jours supplémentaires	Retard supérie ur à 10 %	Impact critique sur la réputation de l'entreprise	Obstacle critique

Bien qu'une entreprise puisse disposer d'une échelle d'impact des risques standard ou de référence, les catégories comme le coût, l'effort et la réputation ainsi que les seuils peuvent être ajustés afin de tenir compte de la valeur potentielle et du niveau de risque acceptable. D'une manière générale, trois à cinq catégories de niveau plus larges sont utilisées afin de décrire la façon d'interpréter l'impact potentiel.

Le niveau d'un risque donné peut être exprimé en fonction de la probabilité de survenue et de l'impact. Dans bon nombre des cas, il s'agit d'une simple multiplication de la probabilité et de l'impact. Les risques sont priorisés entre eux selon leur niveau. Des risques susceptibles de se présenter à court terme se voient ainsi octroyer une priorité plus élevée que des risques attendus plus tard. Les risques de certaines catégories, comme la réputation ou la conformité, peuvent également recevoir une priorité plus élevée que les autres.

.3 Évaluation

Les résultats de l'analyse des risques sont comparés à la valeur potentielle du changement ou de la solution afin de déterminer si le niveau de risque est acceptable ou non. Le niveau de risque global est déterminé en additionnant tous les niveaux de risque individuels.

.4 Traitement

Certains risques sont acceptables, mais il peut être nécessaire de prendre des mesures destinées à les réduire dans d'autres cas.

Il est possible d'envisager une ou plusieurs approches dans la gestion d'un risque, et toutes les combinaisons d'approche peuvent être utilisées dans ce domaine :

- **Évitement** : la source du risque est ici évitée, ou les plans sont modifiés afin de s'assurer que le risque ne survienne pas.
- **Transfert** : la responsabilité de gestion du risque est ici déplacée ou partagée avec un tiers.

- **Atténuation** : il s'agit ici de réduire la probabilité de survenue du risque ou ses conséquences négatives potentielles s'il survient.
- **Acceptation** : le responsable décide ici de ne rien faire concernant le risque. Si le risque se présente, une solution sera développée à ce moment.
- **Augmentation** : le responsable décide ici de prendre plus de risques pour bénéficier d'une opportunité.

Une fois l'approche de gestion d'un risque spécifique sélectionnée, un plan de réaction au risque est développé et affecté à un responsable qui gère ce risque. Si le choix d'éviter le risque est sélectionné, le responsable du risque doit s'assurer que la probabilité ou l'impact du risque est réduit à zéro. Lorsqu'il n'est pas possible de réduire le risque à zéro, le responsable doit surveiller le risque et mettre en place un plan d'atténuation du risque.

Le risque est une nouvelle fois analysé afin de déterminer le risque résiduel, qui représente la nouvelle probabilité et le nouvel impact suite aux mesures prises pour modifier le risque. Une analyse coûts-bénéfices peut également être réalisée afin de déterminer si le coût et l'effort des mesures permettent de réduire suffisamment le niveau de risque pour le rendre intéressant. Les risques peuvent être ré-évalués en termes de risque résiduel.

Les parties prenantes doivent être informées des plans de modification des risques.

10.38.4 Considérations d'utilisation

.1 Points forts

- Cette analyse peut être appliquée aux risques stratégiques qui affectent la valeur à long terme de l'entreprise, aux risques tactiques qui affectent la valeur d'un changement et aux risques opérationnels qui affectent la valeur d'une solution une fois le changement réalisé.
- Une organisation est généralement confrontée à des difficultés similaires pour bon nombre de ses initiatives. Les réactions au risque qui se sont avérées payantes pour une initiative peuvent devenir des leçons apprises utiles pour d'autres initiatives.
- Le niveau de risque d'un changement ou d'une solution peut varier au fil du temps. Une gestion continue des risques permet de suivre cette évolution, et de ré-évaluer les risques ainsi que la pertinence des réactions prévues.

.2 Limites

- Le nombre de risques potentiels peut facilement devenir ingérable dans la plupart des initiatives. Il est parfois possible de ne gérer qu'un sous-ensemble de risques potentiels.
- Il est possible que des risques majeurs ne soient pas identifiés.

10.39 Matrice des rôles et autorisations

10.39.1 Objectif

La matrice des rôles et autorisations est utilisée afin d'assurer la couverture des activités en désignant la responsabilité, de définir les rôles, de détecter les rôles manquants et de communiquer les résultats d'un changement prévu.

10.39.2 Description

L'attribution des rôles et autorisations comprend l'identification des rôles, leur association avec des activités relatives à la solution puis la désignation des personnes autorisées à réaliser ces activités. Un rôle est un intitulé destiné à un groupe d'individus qui partagent des fonctions communes. Chaque fonction est définie comme une ou plusieurs activités en lien avec la solution, et une activité individuelle peut être associée à un ou plusieurs rôles par les autorités responsables. Chaque personne se voyant attribuer cette autorité peut alors réaliser l'activité associée.

Le tableau suivant représente un exemple d'une matrice des rôles et autorisations pour un système logiciel.

Figure 10.39.1: Matrice des rôles et autorisations

Matrice des rôles et autorisations Activité	Groupe de rôles 1	Administrateur	Responsable	Groupe de rôles 2	Ventes	Client
Créer un nouveau compte		X	X			X
Modifier le compte		X	X			X
Créer une commande		X	X		X	X
Afficher les rapports		X	X		X	
Créer des rapports		X	X		X	

10.39.3 Éléments

.1 Identification des rôles

Afin de déterminer les rôles pour les parties prenantes internes ou externes, les analystes d'affaires :

- vérifient les modèles organisationnels, descriptions de poste, manuels de procédures et guides utilisateur du système, et
- discutent avec les parties prenantes pour révéler les rôles supplémentaires.

Grâce à cette vérification et cette discussion, l'analyste d'affaires considère que les personnes présentant le même intitulé de poste peuvent avoir des rôles différents et que les personnes avec différents intitulés de poste peuvent avoir les mêmes rôles.

Lorsqu'il identifie les rôles, l'analyste d'affaires recherche les fonctions communes assumées par les individus avec des besoins similaires.

.2 Identification des activités

Les analystes d'affaires utilisent souvent la décomposition fonctionnelle pour décomposer chaque fonction en sous-parties, la modélisation des processus pour mieux comprendre le flux opérationnel ainsi que la division du travail entre les utilisateurs, et les cas d'utilisation pour représenter les tâches. En mettant en œuvre ces techniques, l'analyste d'affaires veille à ce que toutes les fonctions soient prises en compte et que leurs activités soient identifiées dans différents scénarios de cas d'utilisation.

Il peut exister différents niveaux d'abstraction pour les matrices des rôles et autorisations en fonction du point de vue de l'analyse d'affaires. Ainsi, les rôles et responsabilités qui se situent au niveau de l'initiative peuvent être identifiés dans une matrice RACI (Responsable, Autorité, Consulté, Informé – personne responsable, personne en charge de l'action, personne consultée, personne informée). D'autres rôles et responsabilités spécifiques au système informatique peuvent être identifiés dans une matrice CRUD (Create, Read, Update, and Delete – créer, lire, actualiser et supprimer).

.3 Identification des droits

Les droits sont les actions que les rôles identifiés sont autorisés à réaliser. Dans chaque activité, l'analyste d'affaires définit les droits pour chaque rôle. Pour ce faire, il prend en compte le niveau de sécurité requis et la manière dont le travail se déroule dans le processus. L'analyste d'affaires collabore avec les parties prenantes afin de valider les droits identifiés.

.4 Peaufinage

Délégations

L'analyste d'affaires peut également déterminer les droits pouvant être délégués par une personne à une autre à court terme ou de manière permanente.

Héritages

Dans le cas où un droit est affecté à une personne à un niveau hiérarchique organisationnel, les parties prenantes peuvent demander à ce que cette affectation se rapporte uniquement au niveau organisationnel de cet utilisateur et à tous les niveaux secondaires de l'unité organisationnelle.

10.39.4 Considérations d'utilisation

.1 Points forts

- Cette matrice fournit des mécanismes stabilisateurs procéduraux et assure la sécurité des données en limitant les personnes qui peuvent réaliser certaines actions.
- Elle favorise une meilleure vérification de l'historique des transactions grâce à la possibilité pour les journaux d'audit d'enregistrer des informations concernant les droits affectés à tout moment.
- Elle indique les rôles et les responsabilités documentés en fonction des activités.

.2 Limites

- Il est nécessaire de prêter attention au niveau de détail pour une initiative ou une activité spécifique. Un niveau trop important peut devenir chronophage sans apporter de valeur, alors qu'un niveau insuffisant risque d'exclure les rôles ou responsabilités nécessaires.

10.40 Analyse de la cause fondamentale

10.40.1 Objectif

L'analyse de la cause fondamentale est employée dans le but de déterminer et d'évaluer les causes sous-jacentes d'un problème.

10.40.2 Description

L'analyse de la cause fondamentale représente un examen systématique d'un problème ou d'une situation en se concentrant sur l'origine du problème comme point de correction adéquat au lieu de traiter uniquement ses effets. Elle met en application une approche d'analyse itérative, afin de tenir compte du fait qu'il peut exister plus d'une cause fondamentale qui contribue aux effets. L'analyse de la cause fondamentale étudie les principaux types de causes tels que les personnes (erreur humaine, manque de formation), causes matérielles (défaillance de l'équipement, installations de mauvaise qualité) ou organisationnelles (conception défectueuse du processus, structure de mauvaise qualité).

L'analyse de la cause fondamentale permet d'organiser les informations dans un cadre permettant une analyse plus approfondie en cas de besoin. Elle peut être utilisée pour :

- **Analyse réactive** : il s'agit de déterminer la ou les causes fondamentales d'un problème existant pour déterminer une action corrective, ou
- **Analyse proactive** : il s'agit de déterminer les zones problématiques dans le cadre d'une action préventive.

L'analyse de la cause fondamentale utilise quatre activités principales :

- **Définition de l'énoncé du problème** : elle décrit le problème à résoudre.
- **Collecte de données** : il s'agit de recueillir des informations concernant la nature, l'ampleur, la localisation et le moment de l'effet.
- **Identification de la cause** : il s'agit d'étudier les modèles des effets afin de découvrir les actions spécifiques qui contribuent au problème.
- **Identification de l'action** : elle définit l'action correcte qui évitera ou minimisera la réapparition du problème.

10.40.3 Éléments

.1 Diagramme en arête de poisson

Le diagramme en arête de poisson (également nommé diagramme d'Ishikawa ou diagramme de cause à effet) est utilisé pour déterminer et organiser les causes potentielles d'un problème. Cet outil permet de se concentrer sur la cause du problème plutôt que sur la solution et organise les idées en vue de favoriser une analyse plus approfondie. Il joue le rôle de plan illustrant les relations de cause à effet possibles.

Parmi les étapes de développement d'un diagramme en arête de poisson se trouvent :

Étape 1. Indiquer le problème évoqué dans une case en haut du diagramme.

Étape 2. Dessiner une ligne partant de la case sur le papier ou le tableau blanc (formant le centre de l'arête).

Étape 3. Dessiner des lignes diagonales partant de l'arête centrale pour représenter les catégories de causes potentielles du problème, comme des personnes, processus, outils et politiques.

Étape 4. Dessiner de plus petites lignes pour représenter les causes plus profondes.

Étape 5. Réfléchir aux catégories et causes potentielles du problème et les noter dans la catégorie adéquate.

Étape 6. Analyser les résultats. Il est important de se souvenir que le groupe a identifié uniquement les causes potentielles du problème. Une analyse plus approfondie est nécessaire pour valider la cause réelle, idéalement sur la base de données.

Étape 7. Réfléchir aux solutions potentielles une fois que la cause réelle a été identifiée.

Figure 10.40.1: Diagramme en arête de poisson

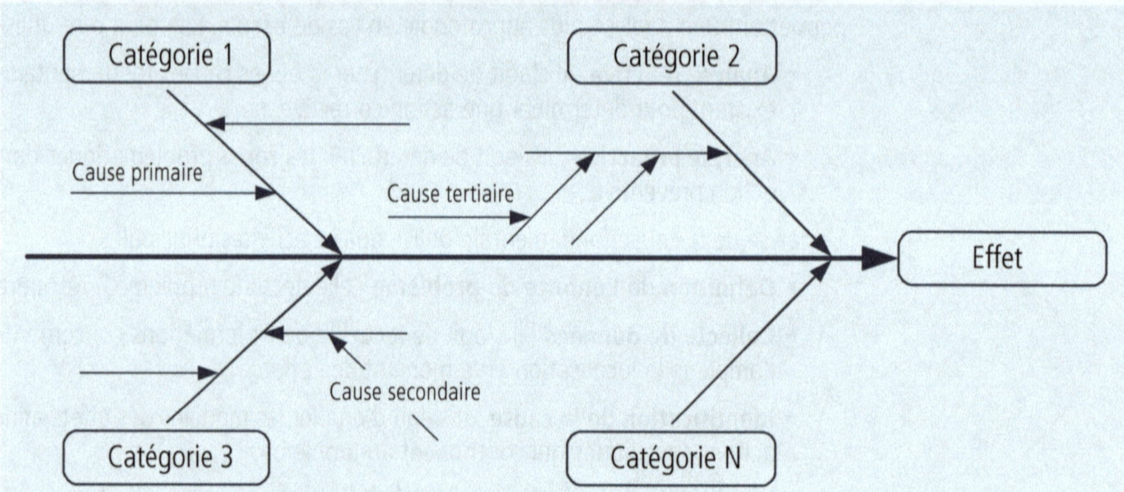

.2 Les cinq pourquoi

Les cinq pourquoi est un processus de questionnement destiné à étudier la nature et la cause d'un problème. Cette approche consiste à poser des questions plusieurs fois en vue de déterminer la cause fondamentale du problème. Il s'agit de l'un des outils de facilitation les plus simples qu'il est possible d'utiliser lorsque les problèmes présentent une composante d'interaction humaine.

Pour utiliser cette technique :

Étape 1. Notez le problème sur un tableau papier ou un tableau blanc.

Étape 2. Posez la question « Pourquoi pensez-vous que ce problème se produit ? » et notez les idées sous le problème.

Étape 3. Demandez à nouveau « Pourquoi ? » et notez l'idée sous la première idée.

Poursuivez avec l'étape 3 jusqu'à ce que vous soyez convaincu que la cause fondamentale réelle a été identifiée. Ce processus peut nécessiter plus ou moins de cinq questions. La technique est appelée les cinq pourquoi car il faut souvent atteindre ce nombre pour découvrir la cause fondamentale, et non parce que la question doit être posée cinq fois.

Les cinq pourquoi peuvent être utilisés seuls ou dans le cadre de la technique du diagramme en arête de poisson. Une fois toutes les idées notées dans le diagramme, l'approche des cinq pourquoi permet d'explorer en détail les causes fondamentales.

10.40.4 Considérations d'utilisation

.1 Points forts

- Cette analyse permet de conserver un point de vue objectif lors de l'étude des causes et effets.
- Elle permet aux parties prenantes d'indiquer une solution efficace aux points requis pour initier une action corrective.

.2 Limites

- Cette analyse fonctionne mieux lorsque l'analyste d'affaires dispose d'une formation formelle lui permettant de s'assurer que les causes fondamentales – et non uniquement les symptômes du problème – sont identifiées.
- Elle peut être difficile avec les problèmes complexes : il est possible de partir sur une fausse piste et/ou dans une impasse.

10.41 Modélisation de la portée

10.41.1 Objectif

Les modèles de portée définissent la nature d'une ou plusieurs limites ou frontières, et positionnent les éléments à l'intérieur ou à l'extérieur de ces frontières.

10.41.2 Description

Les modèles de portée sont généralement utilisés pour décrire les limites d'un contrôle, un changement, une solution ou un besoin. Ils servent également à délimiter toute frontière simple (par opposition aux horizons, propriétés émergentes et systèmes récursifs).

Ces modèles peuvent montrer des éléments se trouvant notamment :

- **Dans la portée** : le modèle identifie une limite vue de l'intérieur ainsi que les éléments que contient cette limite (par ex. décomposition fonctionnelle).
- **Hors de la portée** : le modèle identifie une limite vue de l'extérieur ainsi que les éléments que ne contient pas cette limite (par ex. diagramme de contexte).
- **Les deux** : le modèle identifie une limite vue de l'intérieur et de l'extérieur ainsi que les éléments de chaque côté de cette limite (par ex. diagramme de Venn ou modèle de cas d'utilisation).

Les modèles de portée fournissent une base permettant de comprendre les limites de :

- **Portée du contrôle** : il s'agit de ce qui est analysé, des rôles et responsabilités et de ce qui est interne et externe à l'organisation.
- **Portée du besoin** : il s'agit des besoins des parties prenantes, de la valeur à apporter, des domaines fonctionnels et des unités organisationnelles à explorer.
- **Portée de la solution** : il s'agit des exigences respectées, de la valeur apportée et de l'impact du changement.
- **Portée du changement** : il s'agit des actions à entreprendre, des parties prenantes concernées ou impliquées et des événements à provoquer ou prévenir.

Les modèles de portée sont généralement représentés par une combinaison de diagrammes, matrices et explications textuelles. Si la portée est mise en œuvre dans des phases ou itérations, le modèle de portée doit être décrit pour chaque phase ou itération.

10.41.3 Éléments

.1 Objectifs

Les modèles de portée sont généralement utilisés afin d'éclaircir :

- l'étendue des responsabilités,
- la pertinence des éléments, et
- les points d'application des efforts.

L'analyste d'affaires se base sur l'action ou les besoins des parties prenantes pris en charge par le modèle pour établir les types de modèles à utiliser et sélectionner les limites et les éléments.

.2 Portée du changement et contexte

Les analystes d'affaires se préoccupent généralement des éléments qui seront modifiés en raison du changement ainsi que des éléments externes en lien avec le changement. En ce qui concerne les éléments compris dans la portée du changement, l'analyste d'affaires doit établir les manières dont ces éléments sont modifiés. Quant aux éléments situés en dehors de la portée du changement, mais qui restent pertinents pour le changement, l'analyste d'affaires doit établir les interactions entre le changement, les solutions actuelles et suggérées, et le contexte.

L'analyste d'affaires détermine souvent :

- les processus d'affaires à définir ou à modifier,
- les fonctions d'affaires à ajouter, modifier, optimiser ou réaffecter,
- les nouvelles capacités à élaborer ou les capacités existantes à modifier,
- les événements internes ou externes à traiter,
- les cas d'utilisation et situations à prendre en charge,
- les technologies à changer ou à remplacer,
- les ressources d'information à acquérir, produire ou traiter,
- les parties prenantes et rôles organisationnels impactés par le changement,
- les entités et agents externes et internes impactés par le changement,
- les organisations et unités organisationnelles (départements, équipes, groupes) impactées par le changement, et

- les systèmes, composantes, outils et actifs physiques requis pour le changement ou impactés par celui-ci.

.3 Niveau de détail

L'objectif de l'analyse définit le niveau d'abstraction adéquat auquel les éléments de la portée sont décrits. Un niveau de détail adapté assure une réduction significative de l'incertitude tout en évitant le « surplace » lors de la phase de définition de la portée. Les éléments compris dans le modèle de portée final peuvent être décrits par le biais d'une énumération, en se référant à un niveau spécifique de la hiérarchie de leur décomposition ou en les regroupant en ensembles associés de façon logique. Par exemple, un sujet de changement peut être défini comme une liste de processus d'affaires spécifiques, comme un processus d'affaires de haut niveau les englobant tous, ou comme une fonction d'affaires générique. De la même manière, les parties prenantes comprises dans la portée peuvent être définies en énumérant les titres respectifs ou en se référant à leur rôle organisationnel commun.

.4 Relations

L'exploration des relations entre les éléments de portée potentiels permet de garantir l'exhaustivité et l'intégrité du modèle de portée, grâce à l'identification de leurs dépendances ou la découverte d'autres éléments impliqués dans ou impactés par le changement.

Différentes techniques de représentation graphiques sont disponibles pour étudier les relations spécifiques, notamment :

- **Parent-Enfant ou Composition-Sous-ensemble** : il s'agit ici d'associer les éléments du même type par le biais d'une décomposition hiérarchique. Les relations de ce type apparaissent dans les organigrammes, diagrammes entité-relation ou à catégories, en tant que sous-processus dans un modèle de processus d'affaires ou en tant qu'états mixtes d'un diagramme d'état.
- **Fonction-Responsabilité** : il s'agit ici d'associer une fonction avec l'agent (partie prenante, unité organisationnelle ou composante de la solution) responsable de son exécution. Les relations de ce type apparaissent dans les modèles de processus d'affaires et les diagrammes de collaboration, de séquence et de cas d'utilisation.
- **Fournisseur-Client** : il s'agit ici d'associer les éléments par le biais de la transmission d'informations ou de documents entre eux. Les éléments peuvent être composés de processus, systèmes, composantes de la solution et unités organisationnelles, pour des entités internes comme externes. Les relations de ce type se présentent dans les diagrammes de flux de données, les modèles de processus d'affaires et les diagrammes de collaboration, de séquence et de fiabilité.
- **Cause-Effet** : il s'agit ici d'associer les éléments par éventualité logique afin de déterminer les chaînes d'éléments associés impliquées dans ou impactées par le changement. Les relations de ce type se présentent dans les diagrammes en arête de poisson (Ishikawa) et autres diagrammes de cause à effet.
- **Émergent** : dans la plupart des systèmes complexes, plusieurs éléments peuvent interagir afin de produire des résultats qui ne peuvent être prévus ou compris en se basant sur les composantes uniquement.

.5 Hypothèses

Lors de la modélisation de la portée, la validité du modèle repose principalement sur des hypothèses, comme la définition des besoins, la causalité des résultats, l'impact des changements, l'applicabilité et la faisabilité de la solution. Le modèle de portée qui en résulte doit comprendre des mentions explicites d'hypothèses de base ainsi que leurs implications.

.6 Résultats de la modélisation de la portée

Les résultats de la modélisation de la portée peuvent être représentés sous la forme de :

- descriptions d'éléments textuelles, comprenant des critères pour prendre des décisions dans la portée et en dehors de la portée,
- diagrammes illustrant les relations des éléments de la portée, et
- matrices illustrant les dépendances entre les éléments de la portée.

10.41.4 Considérations d'utilisation

.1 Points forts

- Un modèle de portée facilite l'accord comme base pour :
- définir les obligations contractuelles,
- estimer l'effort relatif au projet,
- justifier les décisions situées dans la portée/en dehors de la portée dans l'analyse des exigences, et
- évaluer l'exhaustivité et l'impact des solutions.

.2 Limites

- Un niveau initial élevé peut entraîner un niveau de granularité insuffisant, notamment pour les éléments de la limite qui sont pourtant requis pour assurer une identification claire de la portée.
- Une fois la portée définie, il peut être difficile de la changer en raison d'obligations contractuelles ou de politiques. Or, de nombreux facteurs peuvent affecter la validité de la portée avant que les objectifs ne soient atteints. Certains d'entre eux, comme des hypothèses initiales erronées, un changement de situation, l'évolution des besoins d'une partie prenante ou des innovations technologiques peuvent entraîner la nécessité de revoir la portée de façon partielle ou globale.
- Les modèles de portée classiques ne peuvent pas traiter les limites complexes courantes telles que l'horizon (une limite entièrement dépendante de la position de la partie prenante).

10.42 Diagrammes de séquence

10.42.1 Objectif

Les diagrammes de séquence sont utilisés pour modéliser la logique des scénarios d'utilisation en montrant les informations transmises entre les objets du système par le biais de l'exécution du scénario.

10.42.2 Description

Un diagramme de séquence montre la manière dont les processus ou objets interagissent pendant un scénario. Les classes requises pour exécuter le scénario et les messages qu'ils se transmettent (déclenchés par les étapes dans le cas d'utilisation) sont affichés sur le diagramme. Le diagramme de séquence montre la manière dont les objets utilisés dans le scénario interagissent, mais pas la manière dont ils sont reliés entre eux. Ce type de diagramme est également souvent utilisé pour montrer l'interaction entre les composantes de l'interface utilisateur ou les composantes logicielles.

Le diagramme présente les informations dans un alignement horizontal ou vertical. Les objets qui s'envoient des messages entre eux sont représentés dans des cases alignées de gauche à droit en haut de la page, chaque objet occupant une colonne bordée par une ligne verticale qui s'étend jusqu'en bas de la page. Les messages envoyés d'un objet à l'autre sont représentés par des flèches horizontales. L'ordre des messages est représenté par une séquence de haut en bas et de gauche à droite, en commençant par le premier message en haut à gauche de la page. Les messages suivants apparaissent à droite et en dessous. Les diagrammes de séquence sont souvent appelés diagrammes d'événement.

La notation standard de ces diagrammes est définie dans les spécifications du Unified Modelling Language™ (UML®).

10.42.3 Éléments

.1 Ligne de vie

Une ligne de vie représente la durée de vie d'un objet au cours du scénario modélisé dans un diagramme de séquence. L'exemple ci-dessus montre l'ordre des objets. La ligne de vie est dessinée sous la forme d'une ligne en pointillés qui descend verticalement de chaque case d'objet vers le bas de la page.

Figure 10.42.1: Ligne de vie

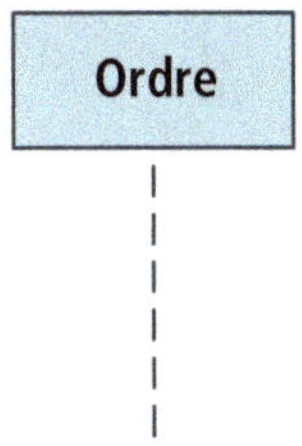

.2 Case d'activation

Une case d'activation représente la période pendant laquelle une opération est réalisée. L'appel d'activation est représenté par une flèche à tête pleine menant vers l'objet de l'activation. La ligne de vie peut être terminée par un X.

Figure 10.42.2: Case d'activation

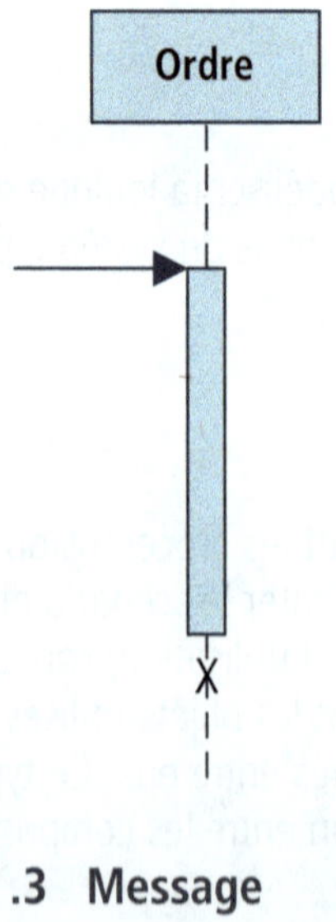

.3 Message

Un message est une interaction entre deux objets. Il est affiché sous la forme d'une flèche allant de la boîte d'activation de l'objet qui envoie le message à la boîte d'activation de l'objet qui reçoit le message.

Le nom du message est placé au-dessus de la flèche. Il existe différents types de messages :

- **Appel synchrone** : il transfère le contrôle vers l'objet destinataire. L'émetteur ne peut agir avant de recevoir un message de retour.
- **Appel asynchrone** : (également appelé signal) il permet à l'objet de poursuivre son propre traitement une fois le signal envoyé. L'objet peut envoyer plusieurs signaux simultanément, mais il ne peut accepter qu'un signal à la fois.

Figure 10.42.3: Message

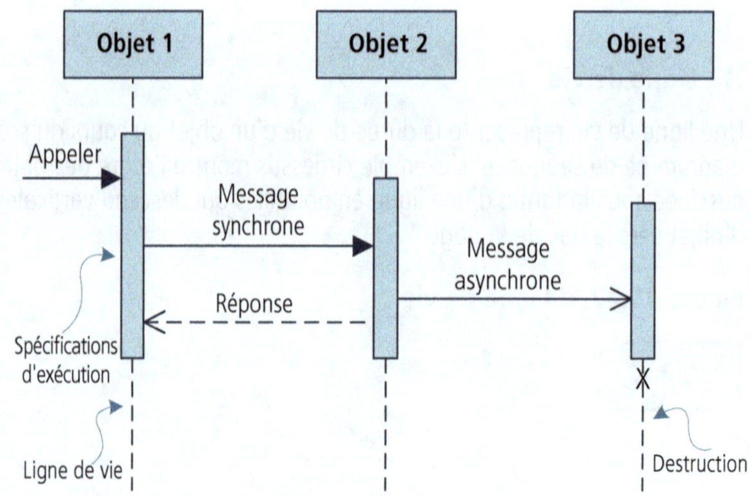

10.42.4 Considérations d'utilisation

.1 Points forts

- Ce diagramme montre l'interaction entre les objets d'un système dans l'ordre chronologique de survenue de l'interaction.

- Il montre l'interaction entre les objets sur le plan visuel afin de permettre aux parties prenantes de valider la logique facilement.
- Les cas d'utilisation peuvent être affinés en un ou plusieurs diagrammes de séquence afin de fournir plus de détail et une meilleure compréhension d'un processus d'affaires.

.2 Limites

- Du temps et des efforts peuvent être gâchés par la création d'un ensemble complet de diagrammes de séquence pour chaque cas d'utilisation d'un système, alors qu'ils ne sont pas nécessaires.
- Ce type de diagramme est traditionnellement utilisé pour la modélisation des flux du système, et il peut être considéré comme trop technique dans d'autres circonstances.

10.43 Listes des parties prenantes, cartographie ou personas

10.43.1 Objectif

Les listes de parties prenantes, cartographie et personas aident l'analyste d'affaires à analyser les parties prenantes et leurs caractéristiques. Cette analyse est essentielle pour lui permettre de déterminer l'ensemble des sources d'exigences possibles et de s'assurer que la partie prenante est bien comprise. L'analyse s'assure ainsi que les décisions concernant l'engagement, la collaboration et la communication avec les parties prenantes représentent les meilleurs choix pour la partie prenante comme pour la réussite de l'initiative.

10.43.2 Description

L'analyse des parties prenantes implique l'identification des parties prenantes qui peuvent être affectées par une initiative suggérée ou qui partagent un besoin d'affaires commun. Il s'agit ici de noter, prendre en compte et analyser les différentes caractéristiques des parties prenantes identifiées.

Parmi les types courants de caractéristiques de parties prenantes qu'il est important d'identifier et d'analyser se trouvent :

- le niveau d'autorité dans le domaine du changement et dans l'organisation,
- l'attitude ou l'intérêt à l'égard du changement réalisé,
- l'attitude à l'égard du rôle et du travail d'analyse d'affaires, et
- le niveau d'autorité décisionnelle.

Pour plus d'informations sur le travail permettant de réaliser une analyse des parties prenantes minutieuse, voir Planifier l'engagement des parties prenantes (p. 31).

Lorsqu'ils analysent les parties prenantes, les analystes d'affaires utilisent une ou plusieurs techniques afin d'établir une liste de parties prenantes et de les analyser. Cette liste des parties prenantes, les plans et les personas représentent trois outils qui peuvent être utilisés pour réaliser ce travail.

10.43.3 Éléments

.1 Listes des parties prenantes

Un analyste d'affaires dispose d'un certain nombre de techniques pour générer une liste des parties prenantes : le remue-méninges et les entretiens représentent deux solutions courantes. Le but est de veiller à produire une liste exhaustive, celle-ci étant essentielle pour les activités d'analyse des parties prenantes et le travail de planification de l'analyste d'affaires à des fins d'élicitation, de collaboration et de communication.

La liste peut ainsi devenir très longue. À mesure que l'analyse est réalisée, l'analyste d'affaires catégorise et structure cette liste. Il est essentiel de disposer d'une liste complète pour s'assurer qu'aucune partie prenante ou groupe de parties prenantes important n'est oublié, sous peine de manquer des exigences plus tard.

.2 Plan des parties prenantes

Les plans des parties prenantes sont des diagrammes qui illustrent la relation des parties prenantes avec la solution et entre elles.

Il existe de nombreuses formes de plans, mais les deux plus courantes sont :

- **Matrice des parties prenantes** : elle répertorie le niveau d'influence des parties prenantes par rapport à leur niveau d'intérêt.
- **Diagramme en oignon** : ce diagramme indique l'implication des parties prenantes vis-à-vis de la solution, quelles parties prenantes interagissent directement avec la solution ou participent à un processus d'affaires, lesquelles font partie de l'organisation au sens plus large et lesquelles se situent en dehors de l'organisation.

L'analyste d'affaires commence généralement son analyse des parties prenantes en étudiant la portée suggérée de la solution, puis en analysant les groupes impactés. Au début de l'analyse, l'analyste d'affaires peut établir une matrice des parties prenantes afin de repérer chacune d'entre elles ainsi que leur rôle en lien avec le développement des exigences. La position des parties prenantes sur cette matrice peut évoluer tout au long du projet en raison de changements dans la portée des exigences, l'environnement ou l'organisation. Ces changements potentiels justifient la nature itérative de l'analyse des parties prenantes ainsi que sa révision fréquente par l'analyste d'affaires.

Figure 10.43.1: Matrice des parties prenantes

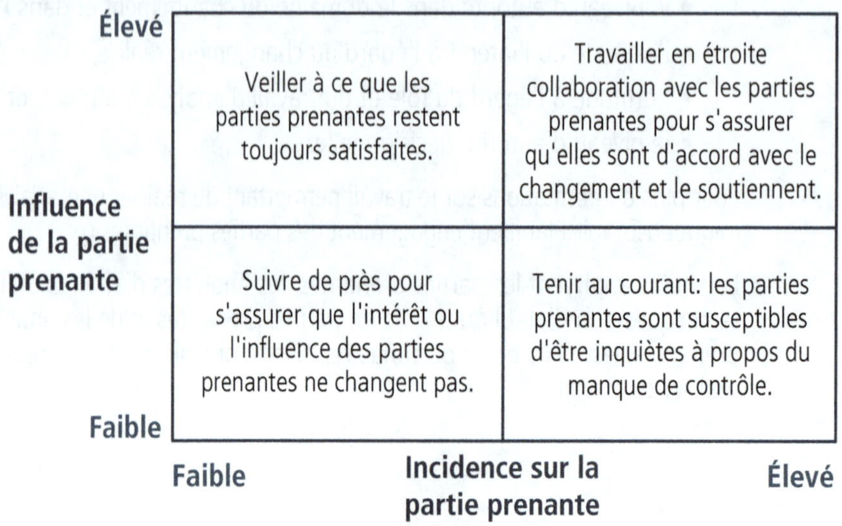

- **Influence élevée/Impact élevé** : les parties prenantes jouent un rôle majeur dans l'activité de changement. L'analyste d'affaires doit concentrer ses efforts sur ce groupe et l'impliquer régulièrement.
- **Influence élevée/Faible Impact** : ce sont les parties prenantes dont les besoins doivent être satisfaits. L'analyste d'affaires doit les impliquer et les consulter tout en faisant son possible pour accroître leur niveau d'intérêt dans l'activité de changement.
- **Faible influence/Impact élevé** : ces parties prenantes soutiennent l'activité de changement et en représentent des ambassadeurs de bonne volonté potentiels. L'analyste d'affaires doit impliquer ce groupe pour ses intrants et montrer de l'intérêt à l'égard de ses besoins.
- **Faible influence/Faible Impact** : ces parties prenantes peuvent être tenues informées à l'aide de communications générales. Un engagement supplémentaire peut leur permettre d'atteindre le quart des ambassadeurs de bonne volonté, offrant ainsi un soutien supplémentaire à l'activité.

Figure 10.43.2: Diagramme en oignon des parties prenantes

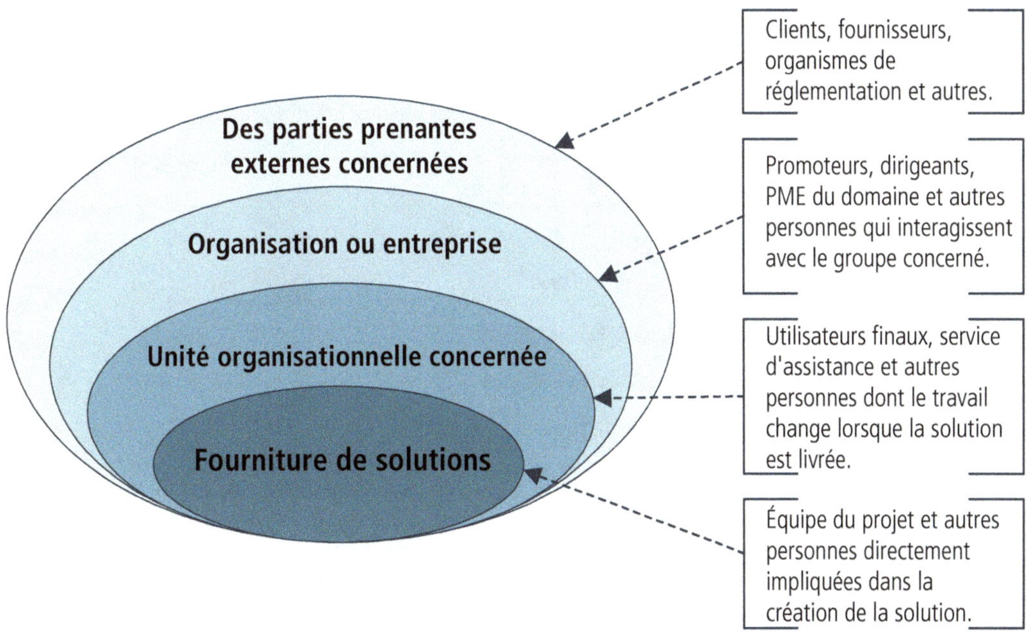

.3 Matrice des responsabilités (RACI)

L'une des autres matrices courantes pour les parties prenantes est la matrice des responsabilités (RACI). L'acronyme RACI fait référence aux quatre types de responsabilités qu'une partie prenante peut présenter sur l'initiative : Réalisateur, Approbateur, Consulté, Informé. Lors de la réalisation d'une matrice RACI, il est important de s'assurer que toutes les parties prenantes ou groupes de parties prenantes ont été déterminés. Une analyse plus approfondie est ensuite réalisée pour affecter la désignation RACI, en vue de préciser le niveau de responsabilité prévu pour chaque partie prenante et/ou groupe. Il est d'usage courant que chaque terme soit défini, de manière à garantir une compréhension uniforme de l'attribution et des rôles associés par les parties prenantes qui utilisent la matrice RACI.

- **Réalisateur (R)** : il s'agit de la personne qui réalise le travail dans la tâche.
- **Approbateur (A)** : il s'agit de la personne responsable au bout du compte de la réalisation de la tâche et qui prend les décisions. Une seule partie prenante peut recevoir cette affectation.

- **Consulté (C)** : il s'agit de la partie prenante ou du groupe de parties prenantes à qui il sera demandé de fournir une opinion ou des informations concernant la tâche. Cette affectation revient souvent aux experts du domaine.
- **Informé (I)** : il s'agit d'une partie prenante ou d'un groupe de parties prenantes qui est tenu informé de la tâche ainsi que de ses résultats. La partie « Informé » diffère de « Consulté » dans la mesure où la communication est unidirectionnelle pour « Informé » (de l'analyste d'affaires à la partie prenante) et bidirectionnelle pour « Consulté ».

Figure 10.43.3: Matrice RACI

Changement du processus de demande	RACI
Promoteur exécutif	A
Analyste d'affaires	R
Chef de projet	C
Développeur	C
Testeur	I
Formateur	I
Architecte d'application	C
Modélisateur de données	C
Analyste de base de données	C
Analyste d'infrastructure	C
Architecte d'affaires	R
Architecte de l'information	C
Responsable de la solution	C
Expert du domaine	C
Autres parties prenantes	R C I (variable)

.4 Personas

Un persona est une personne fictive ou un archétype qui illustre la manière dont un utilisateur classique interagit avec un produit. Les personas sont utiles lorsque l'analyste d'affaires souhaite comprendre les besoins d'un groupe ou d'une catégorie d'utilisateurs. Même si ces groupes d'utilisateurs sont fictifs, ils sont conçus pour représenter des utilisateurs réels. Une étude est menée afin de comprendre le groupe d'utilisateurs, puis les personas sont créés en fonction des connaissances plutôt que des opinions. Plusieurs techniques d'élicitation peuvent être utilisées pour réaliser cette étude, comme des entretiens et des sondages/questionnaires qui représentent des solutions courantes. Le persona est décrit sous une forme narrative et a pour fonction de fournir des informations sur les buts du groupe. Le lecteur peut ainsi voir l'histoire du point de vue du groupe de parties prenantes. Les personas permettent donc de donner vie à l'utilisateur, ce qui aide les personnes à l'origine de la conception et l'élaboration des solutions à mieux appréhender ses besoins.

10.43.4 Considérations d'utilisation

.1 Points forts

- Ces techniques permettent de repérer les personnes spécifiques qui doivent être impliquées dans les activités d'élicitation des exigences.
- Elles aident l'analyste d'affaires à planifier des activités de facilitation, communication et collaboration qui impliquent tous les groupes de parties prenantes.
- Elles sont utiles pour comprendre les changements dans les groupes impactés au fil du temps.

.2 Limites

- Les analystes d'affaires qui travaillent en permanence avec les mêmes équipes sont susceptibles de ne pas utiliser la technique de gestion et d'analyse des parties prenantes car le changement leur paraît minimal dans leurs groupes respectifs.
- L'évaluation de certaines informations concernant un représentant spécifique des parties prenantes, comme l'influence et l'intérêt, peut être difficile et risquée sur le plan politique.

10.44 Modélisation de l'état

10.44.1 Objectif

La modélisation de l'état est utilisée pour décrire et analyser les différents états possibles d'une entité dans un système, la manière dont cette entité change d'un état à un autre, et ce qui peut arriver à l'entité dans chaque état.

10.44.2 Description

Une entité est un objet ou concept dans un système. Elle peut être utilisée dans plusieurs processus. Le cycle de vie de chaque entité possède un début et une fin.

Dans un modèle d'état (également nommé parfois modèle de transition d'état), un état est une représentation formelle d'un statut. Il est utilisé lorsqu'il est nécessaire de disposer d'une compréhension précise et uniforme d'une entité présentant un comportement complexe et des règles complexes concernant ce comportement.

Un modèle d'état décrit :

- un ensemble d'états possibles pour une entité,
- la séquence d'états dans lesquels une entité peut se trouver,
- la manière dont une entité évolue d'un état à un autre,
- les événements et conditions entraînant le changement d'état de l'entité, et
- les actions qui peuvent ou doivent être effectuées par l'entité dans chaque état à mesure qu'elle avance dans son cycle de vie.

Bien qu'un modèle de processus montre l'ensemble des entités utilisées dans ou affectées par ce processus, un modèle d'état présente une vue complémentaire – à savoir ce qui se produit pour une entité sur l'ensemble des processus qui l'affectent ou l'utilisent.

10.44.3 Éléments

.1 État

Une entité possède un nombre limité d'états au cours de son cycle de vie, même si elle peut se trouver dans plusieurs états à la fois. Chaque état est décrit par un nom et les activités qui peuvent être réalisées dans cet état. Il peut exister des règles concernant les activités qui doivent ou peuvent être réalisées, et les événements auxquels elles peuvent réagir ou qu'elles peuvent déclencher.

Un état complexe peut être décomposé en sous-états.

.2 Transition d'état

La manière dont l'entité change ou évolue d'un état à un autre peut être déterminée par les étapes d'un processus, des règles d'affaires ou un contenu informationnel. La séquence des états d'une entité n'est pas toujours linéaire. Une entité peut passer plusieurs états ou revenir à un état antérieur, parfois même plus d'une fois.

Une transition peut être conditionnelle (déclenchée par un événement spécifique ou une condition atteinte) ou automatique (déclenchée par l'achèvement des activités requises dans l'état précédent ou l'écoulement du temps). Elle peut également être récursive, et quitter un état pour revenir ensuite à ce même état. Une transition est décrite en termes d'événement qui cause la transition, de conditions qui déterminent si l'entité doit répondre ou non à cet événement, et d'actions qui surviennent en lien avec l'événement.

.3 Diagramme d'état

Un diagramme d'état montre le cycle de vie d'une entité. Il commence lorsque l'entité apparaît, puis évolue à travers tous les états présentés par l'entité jusqu'à ce qu'elle soit abandonnée et ne soit plus utilisée.

Les états situés dans les diagrammes d'état sont représentés sous la forme de rectangles aux coins arrondis. Le nombre d'états n'est pas limité, et un état peut être décomposé en sous-états.

La transition d'un état à l'autre est montrée par une flèche unidirectionnelle qui pointe de l'état de départ à l'état d'arrivée, parfois complétée du nom de l'événement à l'origine du changement d'état de l'entité et parfois associée à des conditions et actions.

Le début et la fin du cycle de vie d'une entité sont représentés par des symboles spéciaux pour l'état initial, indiquant que l'entité est apparue, et pour l'état final, indiquant que l'entité est abandonnée et que le cycle de vie est terminé.

Figure 10.44.1: Diagramme de transition d'état

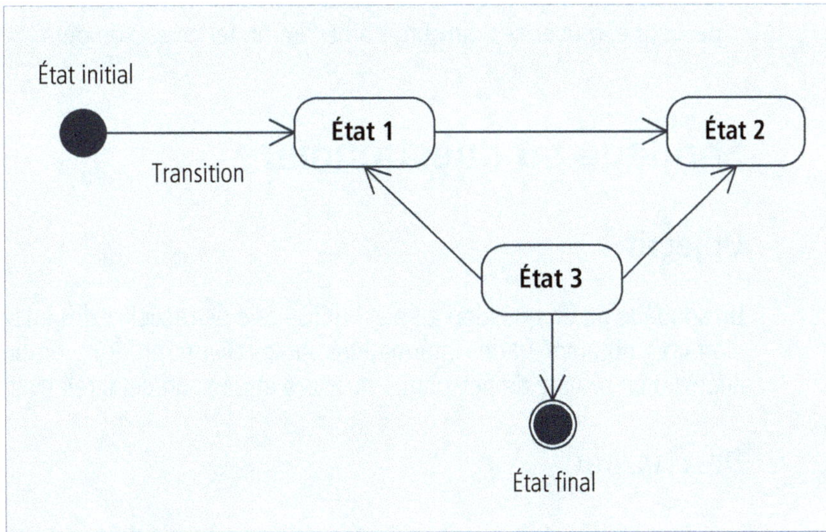

.4 Tableaux d'état

Un tableau d'état est une matrice à deux dimensions montrant les états et leurs transitions. Il peut être utilisé au cours de l'élicitation et l'analyse comme alternative, prélude ou complément d'un diagramme d'état. Le tableau représente une manière simple de se lancer dans un modèle d'état en vue de recueillir les noms d'état et d'événement auprès des experts du domaine.

Chaque ligne affiche l'état initial, la transition et l'état final. Lorsqu'un état peut correspondre à plusieurs transitions, il y a une ligne distincte pour chaque transition.

Un état apparaissant comme état final dans une ligne peut représenter un état initial dans une autre ligne.

10.44.4 Considérations d'utilisation

.1 Points forts

- Cette modélisation identifie les règles d'affaires et attributs d'information qui s'appliquent à l'entité modélisée.
- Elle identifie et décrit les activités qui s'appliquent à l'entité dans différents états.
- Elle représente un outil de communication et de documentation plus efficace qu'un texte simple, en particulier si l'entité décrite présente de nombreux états, transitions et conditions régissant ces transitions.

.2 Limites

- Cette modélisation est généralement utilisée uniquement afin de comprendre et d'évoquer des entités d'informations considérées comme complexes. Les entités simples peuvent être comprises sans le temps et les efforts requis pour élaborer un modèle d'état.
- L'élaboration d'un modèle d'état semble simple au départ, mais l'obtention d'un consensus entre les experts du domaine au sujet des détails requis par le modèle peut être chronophage et difficile à atteindre.

- Un degré élevé de précision est requis concernant les états et les transitions afin d'établir un diagramme d'état. Certains experts du domaine et professionnels de l'analyse d'affaires peuvent éprouver des difficultés à décrire un tel niveau de détail.

10.45 Sondage ou questionnaire

10.45.1 Objectif

Un sondage ou un questionnaire est utilisé afin de recueillir des informations de l'analyse d'affaires, notamment des informations sur les clients, produits, pratiques de travail et attitudes, auprès d'un groupe de personnes structuré et dans un délai relativement court.

10.45.2 Description

Un sondage ou un questionnaire présente un ensemble de questions aux parties prenantes et experts du domaine. Leurs réponses sont recueillies et analysées en vue d'exprimer des connaissances sur le thème abordé. Les questions peuvent être présentées sous forme écrite ou posées en personne, au téléphone ou par le biais d'une technologie permettant d'enregistrer les réponses.

Il existe deux types de questions utilisées dans un sondage ou un questionnaire :

- **Questions fermées** : la personne interrogée doit choisir parmi une liste de réponses prédéfinies, comme oui/non, une question à choix multiples, une décision de classement/ordre ou un énoncé appelant un certain niveau d'accord. Ce type de question est utile lorsque l'éventail de réponses des utilisateurs prévu est plutôt bien défini et compris. Les réponses aux questions fermées sont plus faciles à analyser que les réponses issues de questions ouvertes car elles peuvent être associées à des coefficients numériques.
- **Questions ouvertes** : la personne interrogée doit répondre librement à des questions sans sélectionner une réponse à partir d'une liste prédéfinie. Les questions ouvertes sont utiles lorsque les problèmes sont connus alors que l'éventail de réponses des utilisateurs ne l'est pas. Elles peuvent fournir plus de détails et aller plus loin que les réponses aux questions fermées. Les réponses aux questions ouvertes sont plus difficiles et longues à catégoriser, quantifier et résumer en raison de leur nature déstructurée. Elles comprennent souvent un langage subjectif avec un contenu incomplet ou superflu.

Les questions doivent être posées de manière à éviter d'influencer les données des réponses. Elles doivent être exprimées dans un langage neutre et ne doivent pas être structurées ou organisées d'une manière qui risquerait de conditionner la personne interrogée à fournir des réponses considérées comme souhaitables.

10.45.3 Éléments

.1 Préparation

Un sondage ou questionnaire efficace nécessite une planification détaillée afin de s'assurer que les informations requises sont obtenues de façon efficace.

L'analyste d'affaires réalise les actions suivantes lorsqu'il prépare un sondage ou un questionnaire :

- **Définir l'objectif** : l'établissement d'un objectif clair et précis offre un but défini au sondage ou questionnaire. Les questions sont formulées dans l'optique d'atteindre cet objectif.
- **Définir le groupe cible du sondage** : l'identification du groupe qui va être interrogé en termes de taille d'échantillon et de variations apparentes (par ex. culture, langue ou localisation) permet de déterminer les facteurs susceptibles d'impacter la conception du sondage.
- **Sélectionner le type de sondage ou de questionnaire adapté** : l'objectif du sondage ou questionnaire détermine la combinaison de questions fermées et ouvertes adéquate permettant de recueillir les informations souhaitées.
- **Sélectionner le groupe échantillon** : il faut tenir compte du type de sondage ou questionnaire et du nombre de personnes présentes dans le groupe d'utilisateurs identifié afin de déterminer s'il est nécessaire et réalisable d'interroger le groupe entier. Il est parfois important d'interroger tous les membres, même si le groupe est important, lorsque leurs données démographiques indiquent un écart conséquent lié à la répartition géographique, des différences réglementaires, ou un manque de standardisation dans le processus d'affaires ou la fonction professionnelle. Lorsque le nombre de personnes est important alors que le sondage propose des questions ouvertes, il peut être nécessaire de déterminer un sous-ensemble d'utilisateurs à impliquer dans le processus du questionnaire. Le recours à une méthode d'échantillonnage statistique permet de s'assurer que l'échantillon sélectionné est bien représentatif de la population, afin de pouvoir généraliser les résultats du sondage de manière fiable.
- **Sélectionner les méthodes de distribution et de collecte** : il s'agit de déterminer le mode de communication adapté à chaque groupe échantillon.
- **Définir le niveau visé et le délai de réponse** : il s'agit ici de déterminer le taux de réponse acceptable et le moment où le sondage doit être considéré comme complet et clôturé. Si le taux de réponse réel est inférieur au seuil acceptable, l'utilisation des résultats du sondage peut être limitée.
- **Établir si le sondage ou le questionnaire doit être complété par des entretiens individuels** : dans la mesure où un sondage ou un questionnaire n'offre pas le détail d'information qui peut être atteint grâce à des entretiens individuels, des entretiens préalables ou suivant le sondage ou le questionnaire peuvent être requis.
- **Rédiger les questions du sondage** : il est important de s'assurer que toutes les questions respectent les objectifs énoncés.
- **Tester le sondage ou le questionnaire** : un test d'utilisabilité du sondage permet de cerner les erreurs et les opportunités d'amélioration.

.2 Distribution du sondage ou questionnaire

Lors de la distribution du sondage ou questionnaire, il est important de communiquer les objectifs, la manière dont les résultats seront utilisés ainsi que les dispositions qui ont été prises en matière de confidentialité et d'anonymat.

L'analyste d'affaires doit tenir compte des éléments suivants lorsqu'il choisit une méthode de distribution (par ex. en personne, par courriel ou via un outil de sondage) :

- le caractère urgent de l'obtention des résultats,
- le niveau de sécurité requis, et
- la répartition géographique des participants.

.3 Documentation des résultats

Lorsqu'ils documentent les résultats du sondage ou du questionnaire, les analystes d'affaires :

- rassemblent les réponses,
- résument les résultats,
- évaluent les informations et identifient les thèmes émergents,
- établissent des catégories pour coder les données, et
- divisent les données en paliers mesurables.

10.45.4 Considérations d'utilisation

.1 Points forts

- Le sondage est rapide et relativement peu onéreux.
- Il permet plus facilement de collecter des informations auprès d'un public étendu par rapport aux autres techniques comme les entretiens.
- Il ne requiert généralement pas beaucoup de temps de la part des répondants.
- Il se montre efficace lorsque les parties prenantes sont éparpillées sur le plan géographique.
- Les sondages peuvent être efficaces pour obtenir des données quantitatives à utiliser dans une analyse statistique lorsque des questions fermées sont posées.
- Les résultats d'un sondage composé de questions ouvertes peuvent faire émerger des informations et des points de vue qui ne sont pas faciles à obtenir par le biais d'autres techniques d'élicitation.

.2 Limites

- Des compétences spécialisées dans les méthodes d'échantillonnage statistique sont requises pour éviter d'obtenir des résultats biaisés lorsque le sondage est réalisé sur un sous-ensemble de participants potentiels.
- Les taux de réponse peuvent être trop faibles pour offrir une véritable signification statistique.
- L'utilisation de questions ouvertes nécessite une analyse plus approfondie.
- Les questions ambiguës peuvent être ignorées ou mal traitées.
- Il peut être nécessaire d'ajouter des questions de suivi ou d'autres versions du sondage en fonction des réponses fournies.

10.46 Analyse FFOM

10.46.1 Objectif

L'analyse FFOM représente un moyen simple et efficace d'évaluer les forces, faiblesses, opportunités et menaces d'une organisation en conditions internes et externes.

10.46.2 Description

L'analyse FFOM est utilisée pour cerner l'état général d'une organisation d'un point de vue interne et externe.

Le langage utilisé dans l'analyse FFOM est concis, précis, réaliste et étayé par des preuves. L'analyse FFOM joue un rôle d'évaluation des facteurs de réussite identifiés pour une organisation. Elle peut être réalisée à tous les niveaux de l'entreprise dans son ensemble, qu'il s'agisse d'une division, une unité commerciale, un projet ou même une personne. En réalisant une analyse FFOM de façon structurée, les parties prenantes peuvent profiter d'une meilleure compréhension de l'impact d'un ensemble de conditions existant sur un ensemble de conditions futur.

L'analyse FFOM peut être utilisée pour :

- évaluer l'environnement actuel d'une organisation,
- partager des informations apprises avec les parties prenantes,
- déterminer les meilleures options possible pour satisfaire les besoins de l'organisation,
- identifier des obstacles potentiels à la réussite et créer des plans d'action pour les surmonter,
- ajuster et redéfinir les plans tout au long d'un projet lorsque de nouveaux besoins émergent,
- déterminer les points forts qui peuvent aider une organisation à mettre en œuvre de nouvelles stratégies,
- développer des critères d'évaluation de la réussite du projet sur la base d'un ensemble donné d'exigences,
- déterminer les faiblesses qui risquent de gêner la réalisation des objectifs du projet, et
- développer des stratégies permettant de traiter les menaces importantes.

10.46.3 Éléments

FFOM est un acronyme qui signifie Forces, Faiblesses, Opportunités et Menaces :

- **Forces (F)** : elles représentent tout ce que le groupe évalué réalise avec succès. Il peut s'agit d'un personnel expérimenté, de processus efficaces, de systèmes informatiques, de relations client et de tout autre facteur interne favorisant la réussite.
- **Faiblesses (F)** : il s'agit des actions ou fonctions que le groupe évalué ne réussit pas bien ou pas du tout.
- **Opportunités (O)** : il s'agit des facteurs externes dont le groupe évalué pourrait profiter, notamment de nouveaux marchés, une nouvelle technologie, des changements sur le marché concurrentiel ou d'autres influences.
- **Menaces (M)** : il s'agit des facteurs externes susceptibles d'affecter le groupe de façon négative, notamment des facteurs tels que l'arrivée sur le marché d'un nouveau concurrent, des ralentissements économiques ou d'autres influences.

Commencer une analyse FFOM avec les opportunités et les menaces permet de définir le contexte en vue d'identifier les forces et les faiblesses.

Figure 10.46.1: Matrice FFOM

	Opportunités • Opportunité • Opportunité • Opportunité	**Menaces** • Menace • Menace • Menace
Atouts • Atout • Atout • Atout	**AO Stratégies** Comment les atouts du groupe peuvent–ils être mis à profit pour exploiter les opportunités potentielles? Les stratégies AO sont assez simples à mettre en œuvre.	**AM Stratégies** Comment le groupe peut-il utiliser ses atouts pour écarter les menaces potentielles? Les menaces peuvent-elles être transformées en opportunités?
Faiblesses • Faiblesse • Faiblesse • Faiblesse	**FO Stratégies** Le groupe peut-il mettre à profit une opportunité pour éliminer ou atténuer une faiblesse? L'opportunité justifie-t-elle le développement de nouvelles capacités?	**FM Stratégies** Le groupe peut-il se restructurer pour éviter la menace? Le groupe doit-il envisager de se retirer de ce marché? Les stratégies FM impliquent les pires scénarios.

10.46.4 Considérations d'utilisation

.1 Points forts

- Il s'agit d'un outil utile pour favoriser la compréhension de l'organisation, du produit, du processus ou de la partie prenante.
- Elle permet aux analystes d'affaires d'orienter l'attention des parties prenantes sur les facteurs importants pour l'entreprise.

.2 Limites

- Le résultat d'une analyse FFOM fournit une vision générale alors qu'une vision plus détaillée est souvent nécessaire.
- En l'absence d'un contexte clair défini pour l'analyse FFOM, le résultat peut être mal ciblé et comporter des facteurs qui ne sont pas pertinents par rapport à la situation actuelle.

10.47 Cas d'utilisation et scénarios

10.47.1 Objectif

Les cas d'utilisation et les scénarios décrivent la manière dont une personne ou un système interagissent avec la solution modélisée en vue d'atteindre un but.

10.47.2 Description

Les cas d'utilisation décrivent les interactions entre l'acteur principal, la solution et les acteurs secondaires requis pour atteindre le but de l'acteur principal. Ils sont généralement déclenchés par l'acteur principal, mais peuvent également provenir d'un autre système ou d'un événement ou programmateur externe dans certaines méthodes.

Un cas d'utilisation décrit les résultats potentiels de la tentative d'atteindre un but spécifique appuyé par la solution. Il détaille les différents chemins qui peuvent être suivis en définissant des flux principaux et alternatifs. Le flux principal ou de base représente le moyen le plus direct pour atteindre le but du cas d'utilisation. Les circonstances spéciales et exceptions qui entraînent l'incapacité à atteindre le but du cas d'utilisation sont documentées dans les flux alternatifs ou d'exception. Les cas d'utilisation sont rédigés du point de vue de l'acteur et évitent de décrire le fonctionnement interne de la solution.

Les diagrammes de cas d'utilisation sont des représentations graphiques des relations entre les acteurs et un ou plusieurs cas d'utilisation appuyés par la solution.

Certaines approches des cas d'utilisation établissent une distinction entre les cas d'utilisation d'affaires et les cas d'utilisation système : les premiers décrivent la manière dont les acteurs interagissent avec un processus ou une fonction d'affaires spécifique, tandis que les seconds décrivent l'interaction entre un acteur et une application logicielle.

Un scénario décrit uniquement une manière pour un acteur d'atteindre un but spécifique. Les scénarios sont rédigés sous la forme d'une série d'étapes réalisées par les acteurs ou la solution, permettant à un acteur d'atteindre un but. Un cas d'utilisation décrit ainsi plusieurs scénarios.

10.47.3 Éléments

Il n'existe pas de format fixe et universel pour les cas d'utilisation, et les éléments suivants sont souvent intégrés à la description d'un cas d'utilisation.

.1 Diagramme de cas d'utilisation

Un diagramme de cas d'utilisation illustre la portée de la solution sur le plan visuel en montrant les acteurs qui interagissent avec la solution, les cas d'utilisation avec lesquels ils interagissent et les éventuelles relations entre les cas d'utilisation. Le Unified Modelling Language™ (UML®) décrit la notation standard d'un diagramme de cas d'utilisation.

Relations

Les relations entre les acteurs et les cas d'utilisation sont appelées associations. Une ligne d'association indique ainsi qu'un acteur a accès à la fonctionnalité représentée par le cas d'utilisation. Les associations ne représentent pas un intrant, un extrant, un moment ou une dépendance.

Il existe deux relations couramment utilisées entre les cas d'utilisation :

- **Extension** : elle permet d'ajouter un comportement supplémentaire au cas d'utilisation. Le cas d'utilisation étendu doit être entièrement fonctionnel en soi et ne doit pas dépendre du cas d'utilisation à l'origine de l'extension pour atteindre son but. Cette relation peut être utilisée pour montrer qu'un flux alternatif a été ajouté à un cas d'utilisation existant (représentant de nouvelles exigences).
- **Inclusion** : elle permet au cas d'utilisation d'utiliser la fonctionnalité présente dans un autre cas d'utilisation. Le cas d'utilisation inclus ne doit pas nécessairement être un cas d'utilisation complet en soi s'il n'est pas déclenché directement par un acteur. Cette relation est le plus souvent utilisée lorsqu'une certaine fonctionnalité partagée est requise par plusieurs cas d'utilisation ou pour résumer une logique complexe.

Figure 10.47.1: Diagramme de cas d'utilisation

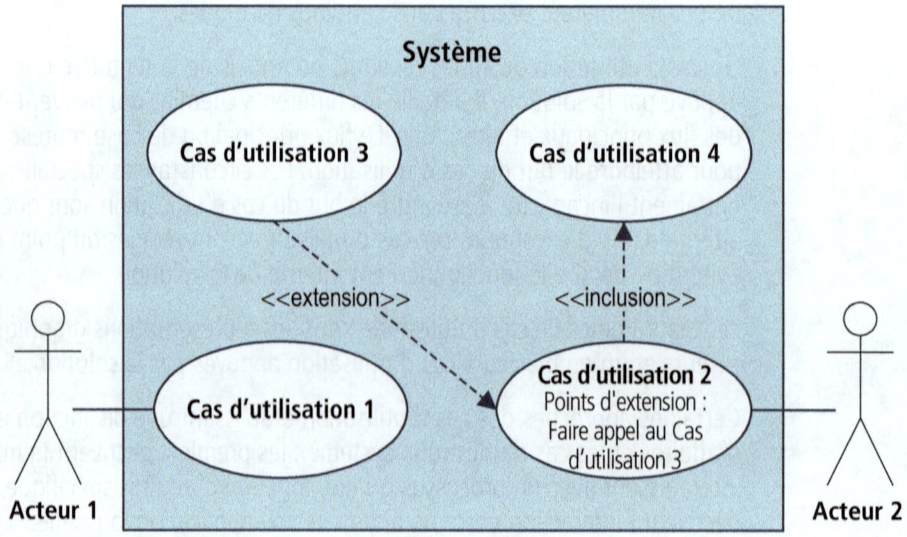

.2 Description du cas d'utilisation

Nom

Le cas d'utilisation possède un nom unique. Ce nom comprend généralement un verbe qui décrit l'action réalisée par l'acteur ainsi qu'un nom qui décrit ce qui est effectué ou le but de l'action.

But

Le but est une brève description d'un résultat fructueux pour le cas d'utilisation, du point de vue de l'acteur principal. Il offre un résumé du cas d'utilisation.

Acteurs

Un acteur est une personne ou un système externe à la solution et qui interagit avec cette solution. Chaque acteur reçoit un nom unique qui représente le rôle qu'il joue dans les interactions avec la solution. Certaines approches de création des cas d'utilisation déconseillent d'utiliser des systèmes ou événements en tant qu'acteurs.

Un cas d'utilisation est lancé par un acteur, qui est alors considéré comme l'acteur principal pour ce cas d'utilisation. Les autres acteurs qui participent au cas d'utilisation en tant que soutien sont appelés acteurs secondaires.

Préconditions

Une condition préalable est un fait qui doit être vrai avant que le cas d'utilisation ne puisse être lancé. Elle n'est pas testée dans le cas d'utilisation, mais constitue une contrainte quant à son exécution.

Déclencheur

Un déclencheur est un événement à l'origine de l'ensemble d'événements d'un cas d'utilisation. Le déclencheur le plus commun est une action réalisée par l'acteur principal.

Un événement temporel (par ex. le temps) peut initier un cas d'utilisation. Il est souvent utilisé pour déclencher un cas d'utilisation qui doit être exécuté en fonction de l'heure ou d'une date précise dans le calendrier, comme une routine de fin de journée ou le rapprochement d'un système en fin de mois.

Flux d'événements

Le flux d'événements est l'ensemble d'étapes réalisées par l'acteur et la solution au cours de l'exécution du cas d'utilisation. La plupart des descriptions de cas d'utilisation distinguent un flux de réussite de base, primaire ou principal, qui représente le chemin le plus court ou le plus simple permettant d'atteindre le but de l'acteur.

Les cas d'utilisation peuvent également comprendre des flux alternatifs et d'exception. Les flux alternatifs décrivent d'autres chemins qui peuvent être suivis afin de permettre à l'acteur d'atteindre le but du cas d'utilisation. Les flux d'exception décrivent la réponse souhaitée de la solution lorsque le but est impossible à atteindre et que le cas d'utilisation ne peut être finalisé avec succès.

Postconditions ou garanties

Une condition ultérieure est un fait qui doit être vrai lorsque le cas d'utilisation est achevé. Les conditions ultérieures doivent être vraies pour l'ensemble des flux possibles du cas d'utilisation, notamment les flux primaires et alternatifs. Le cas d'utilisation peut décrire des conditions ultérieures distinctes, qui sont vraies pour les exécutions réussies ou non du cas d'utilisation : il s'agit alors de garanties. La garantie de réussite décrit les conditions ultérieures de la réussite. Les garanties minimales décrivent les conditions requises pour être vraies, même si le but de l'acteur n'est pas atteint, et peuvent traiter des préoccupations telles que les exigences de sécurité ou l'intégrité des données.

10.47.4 Considérations d'utilisation

.1 Points forts

- Les diagrammes de cas d'utilisation peuvent clarifier la portée et fournir un niveau de compréhension élevé des exigences.
- Les descriptions des cas d'utilisation sont faciles à comprendre pour les parties prenantes en raison de leur fluidité narrative.
- L'intégration d'un but ou résultat souhaité permet de s'assurer que la valeur d'affaires du cas d'utilisation est exprimée.
- Les descriptions des cas d'utilisation expriment le comportement fonctionnel d'un système.

.2 Limites

- La flexibilité du format de description du cas d'utilisation peut entraîner l'intégration d'informations qu'il aurait été plus judicieux de récupérer par le biais d'autres techniques, comme les interactions de l'interface utilisateur, les exigences non-fonctionnelles et les règles d'affaires.
- Les décisions et règles d'affaires qui les définissent ne doivent pas être enregistrées directement dans les cas d'utilisation, mais gérées séparément et reliées depuis l'étape appropriée.
- La flexibilité du format des cas d'utilisation peut entraîner la récupération d'informations inadaptées ou inutiles dans le processus de présentation de chaque étape ou interaction.
- Les cas d'utilisation ne sont volontairement pas reliés à la conception d'une solution, et des efforts de développement importants peuvent donc être requis pour associer les étapes du cas d'utilisation à l'architecture logicielle.

10.48 Récits utilisateur

10.48.1 Objectif

Un récit utilisateur représente un bref énoncé d'une fonctionnalité ou qualité requise pour apporter une valeur à une partie prenante spécifique.

10.48.2 Description

Les récits utilisateur indiquent les besoins d'une partie prenante en particulier, et permettent aux équipes de définir des caractéristiques de valeur pour celle-ci à l'aide d'une documentation courte et simple. Ils peuvent servir de base pour identifier les besoins et permettre de prioriser, estimer et planifier les solutions. Un récit utilisateur est généralement composé d'une phrase ou deux qui décrivent à qui appartient le besoin traité par le récit, le but que l'utilisateur tente d'atteindre et toute information supplémentaire qui pourrait être importante pour comprendre la portée du récit. Les récits se concentrent sur la valeur pour la partie prenante et invitent à explorer les exigences en favorisant la mise en place de discussions supplémentaires avec la partie prenante et en regroupant les exigences fonctionnelles pour la réalisation.

Les récits utilisateur peuvent être utilisés :

- pour connaître les besoins de la partie prenante et prioriser le développement des solutions,
- comme base pour estimer et planifier la réalisation de la solution,
- comme base pour générer des tests d'acceptation utilisateur,
- comme mesure pour juger l'apport de valeur,
- comme unité pour surveiller les exigences liées,
- comme base pour une analyse supplémentaire, et
- comme unité de gestion de projet et de rapport.

10.48.3 Éléments

.1 Titre (facultatif)

Le titre du récit décrit une activité que la partie prenante souhaite réaliser avec le système. Il s'agit généralement d'une phrase indiquant un but avec un verbe actif, similaire à la manière dont les cas d'utilisation sont nommés.

.2 Déclaration de valeur

Il n'existe pas de structure obligatoire pour les récits utilisateur.

Le format le plus populaire compte trois composantes :

- **Qui** : il s'agit d'un rôle d'utilisateur ou d'un persona.
- **Quoi** : il s'agit d'une action, d'un comportement, d'une caractéristique ou d'une qualité requis.
- **Pourquoi** : il s'agit du bénéfice ou de la valeur reçue par l'utilisateur lorsque le récit est mis en œuvre.

Par exemple, « En tant que <qui>, j'ai besoin de <quoi> pour <pourquoi> ». « Étant donné que... Quand... Alors » représente un autre format courant.

.3 Conversation

Les récits utilisateur aident les équipes à étudier et à comprendre la caractéristique décrite dans le récit ainsi que la valeur qu'elle offrira à la partie prenante. Le récit en lui-même ne recense pas tout ce qu'il faut savoir sur le besoin de la partie prenante, et les informations sont complétées par une modélisation complémentaire lorsque le récit est réalisé.

.4 Critères d'acceptation

Un récit utilisateur peut être renforcé par le développement de critères d'acceptation détaillés (voir Critères d'évaluation et d'acceptation (p. 216)). Les critères d'acceptation définissent les limites d'un récit utilisateur et aident l'équipe à comprendre ce que la solution doit offrir en vue d'apporter la valeur aux parties prenantes. Ils peuvent être complétés par d'autres modèles d'analyse si le besoin s'en fait sentir.

10.48.4 Considérations d'utilisation

.1 Points forts

- Les récits utilisateur sont faciles à comprendre pour les parties prenantes.
- Ils peuvent être développés par le biais de plusieurs techniques d'élicitation.
- Ils se concentrent sur la valeur pour les parties prenantes.
- La compréhension partagée du domaine d'affaires est améliorée par la collaboration sur la définition et l'étude des récits utilisateur.
- Ils sont liés à de petites parties testables et applicables de la fonctionnalité, ce qui permet une réalisation rapide et des rétroactions fréquentes de la part des clients.

.2 Limites

Les récits utilisateur sont généralement conçus en tant qu'outil pour enregistrer et prioriser les exigences à court terme. Ils ne permettent pas de conserver les connaissances à long terme ou de fournir une analyse détaillée. Toute négligence de ce principe peut entraîner les problèmes suivants :

- Cette approche conversationnelle peut mettre l'équipe en difficulté dans la mesure où celle-ci ne dispose pas de toutes les réponses et spécifications détaillées en amont.
- Le contexte et la visibilité sont essentiels. L'équipe peut perdre de vue le tableau d'ensemble si l'origine des récits n'est pas établie par le biais d'une validation ou s'ils ne sont pas complétés par une analyse plus générale et des artéfacts visuels.
- Ils sont susceptibles de ne pas fournir une documentation suffisante pour respecter le besoin de gestion, former une base de référence en matière de travail futur ou satisfaire les attentes d'une partie prenante. Une documentation supplémentaire peut être requise.

10.49 Évaluation du fournisseur

10.49.1 Objectif

L'évaluation du fournisseur permet de juger la capacité d'un fournisseur à satisfaire ses engagements concernant la fourniture et la mise à disposition régulière d'un produit ou service.

10.49.2 Description

Lorsque les solutions proviennent en partie de fournisseurs externes (qui peuvent être impliqués dans la conception, l'élaboration, la mise en œuvre ou la maintenance de la solution ou des composantes de la solution) ou si la solution est sous-traitée, il peut exister des exigences spécifiques concernant l'implication d'un tiers. Il peut être nécessaire de s'assurer que le fournisseur est stable sur le plan financier, capable de maintenir des niveaux d'effectif spécifiques, respecte les normes et peut mettre en place une équipe disposant des compétences requises pour traiter la solution. Les exigences non-fonctionnelles peuvent être utilisées afin de définir les niveaux de service attendus de la part d'un tiers, une vérification préalable peut être réalisée ou une certification émanant d'un organisme indépendant peut être requise.

L'évaluation d'un fournisseur est réalisée afin de s'assurer que le fournisseur est fiable, et que le produit ou service satisfait les attentes et exigences de l'entreprise. Elle peut être formelle et passer par l'envoi d'une demande d'information (RFI), une demande de prix (RFQ), une demande d'offre (RFT) ou une demande de proposition (RFP), ou se montrer plus informelle et faire appel au bouche-à-oreille et aux recommandations. Les normes de l'organisation, la complexité de l'initiative et l'importance de la solution peuvent influencer le niveau de formalité en matière d'évaluation des fournisseurs.

10.49.3 Éléments

.1 Connaissance et expertise

L'une des raisons les plus courantes du recours à un fournisseur tiers est la capacité de celui-ci à apporter des connaissances et une expertise qui ne sont pas disponibles dans l'organisation. Il peut être préférable de cibler des fournisseurs disposant d'une expertise dans certaines méthodologies ou technologies spécifiques, dans le but de transmettre cette expertise aux personnes de l'entreprise.

.2 Octroi de licence et modèles tarifaires

Le processus d'octroi de licence et les modèles tarifaires sont pris en compte lorsqu'une solution ou une composante de la solution est achetée chez ou externalisée auprès d'un fournisseur tiers. Dans bon nombre des cas, les modèles de licence des solutions qui offrent une fonctionnalité similaire peuvent varier considérablement. Il faut alors réaliser une analyse des différents scénarios utilisateur, afin de déterminer l'option qui offre le meilleur rapport coût-bénéfice parmi les scénarios que l'entreprise est susceptible d'expérimenter.

.3 Position du fournisseur sur le marché

Il est important de pouvoir comparer chaque fournisseur avec ses concurrents et de décider des acteurs du marché avec lesquels l'organisation souhaite s'engager. La comparaison du profil de l'organisation avec la communauté de clients de chaque fournisseur peut également représenter un facteur dans l'évaluation. La dynamique de la position du fournisseur sur le marché est en outre très importante, notamment si l'organisation a pour but d'établir un partenariat à long terme avec ce fournisseur.

.4 Conditions générales

Les conditions générales régissent la pérennité et l'intégrité des produits et services fournis. L'organisation doit établir si les conditions de licence, les droits de propriété intellectuelle et l'infrastructure technologique du fournisseur sont susceptibles de se transformer en difficultés si l'organisation décide plus tard de changer de fournisseur. Il est également important de tenir compte de l'utilisation des données confidentielles de l'organisation par le fournisseur, et sa responsabilité quant à leur protection. Il faut enfin penser aux conditions dans lesquelles les personnalisations de produit seront réalisées ainsi qu'à la disponibilité d'un plan de mises à jour régulières et d'un programme détaillé des fonctionnalités prévues.

.5 Expérience, réputation et stabilité du fournisseur

L'expérience du fournisseur auprès d'autres clients peut fournir des informations précieuses sur sa capacité à respecter ses obligations contractuelles et non contractuelles. Le fournisseur peut également être évalué sur sa conformité et son respect de normes externes essentielles de qualité, sécurité et professionnalisme. Il peut en outre être important de demander la mise en place de mesures afin de garantir l'absence de risque si le fournisseur rencontre des difficultés financières, et de s'assurer qu'il restera possible de maintenir et d'améliorer la solution même si la situation du fournisseur évolue fortement.

10.49.4 Considérations d'utilisation

.1 Points forts

- Cette évaluation accroît les chances pour l'organisation de mettre en place une relation productive et juste avec un fournisseur fiable et adapté, et d'améliorer la satisfaction à long terme grâce à cette décision.

.2 Limites

- L'évaluation peut s'avérer gourmande en temps et en ressources.
- Elle ne prévient pas le risque de dysfonctionnement à mesure que le partenariat évolue.
- La subjectivité peut influencer le résultat de l'évaluation.

10.50 Ateliers de travail

10.50.1 Objectif

Les ateliers de travail ont pour but de rassembler les parties prenantes en vue de collaborer à la réalisation d'un but prédéfini.

10.50.2 Description

Un atelier de travail est un événement ciblé auquel participent les parties prenantes et experts du domaine concernés pendant une période réduite. Il peut être organisé pour différentes raisons, comme la planification, l'analyse, la conception, l'établissement de la portée, l'élicitation des exigences, la modélisation ou une combinaison de ces éléments. Un atelier sert également à générer des idées pour de nouvelles fonctionnalités ou produits, parvenir à un consensus sur un sujet ou vérifier des exigences ou conceptions.

Les ateliers de travail comprennent généralement :

- un groupe représentatif de parties prenantes,
- un but défini,
- un travail interactif et collaboratif,
- un produit défini, et
- un facilitateur.

Les ateliers peuvent favoriser la confiance, une compréhension mutuelle et une meilleure communication entre les parties prenantes, et produire des livrables qui structurent et orientent les efforts de travail futurs.

Les ateliers sont idéalement gérés par un facilitateur. expérimenté et neutre, mais un membre de l'équipe peut également jouer ce rôle. Un secrétaire est également présent pour documenter les décisions prises et tout problème soulevé. L'analyste d'affaires peut occuper le poste de facilitateur ou de secrétaire, et il peut aussi rejoindre l'atelier en tant que participant s'il est expert du domaine. Cette dernière solution doit toutefois être abordée avec prudence, car elle peut dérouter les autres participants quant au rôle de l'analyste.

10.50.3 Éléments

.1 Préparation de l'atelier

Lorsqu'ils préparent un atelier de travail, les analystes d'affaires :

- définissent le but et les résultats souhaités,
- identifient les principales parties prenantes destinées à participer,
- identifient le facilitateur et le secrétaire,
- créent l'ordre du jour,
- déterminent la manière dont les extrants seront notés,
- programment la session et convient les participants,
- organisent l'équipement et la logistique de la salle,
- envoient l'ordre du jour et autres documents en amont afin de préparer les participants et d'améliorer la productivité lors de la rencontre, et

- le cas échéant, réalisent un entretien préalable avec les participants.

.2 Rôles dans l'atelier de travail

Il existe plusieurs rôles qui prennent part à la réussite d'un atelier de travail :

- **Promoteur** : il ne s'agit souvent pas d'un participant à l'atelier, mais il endosse toutefois la responsabilité ultime de son résultat.
- **Facilitateur**: il met en place un ton objectif et professionnel pendant l'atelier de travail, présente les buts et l'ordre du jour, fait respecter la structure et les règles de base, maintient les activités orientées sur l'objet et les résultats souhaités, favorise la prise de décision et la résolution des conflits, et veille à ce que tous les participants puissent être entendus.
- **Secrétaire** : il documente les décisions selon le format établi avant l'atelier de travail, et garde une trace de tous les éléments ou problèmes différés au cours de la session.
- **Responsable du temps** : il peut veiller à faire respecter le temps alloué pour chaque item de l'ordre du jour.
- **Participants** : il s'agit des parties prenantes et experts du domaine concernés par le sujet. Ils doivent partager leurs commentaires ainsi que leur point de vue, écouter l'opinion des autres et discuter des problèmes sans parti pris.

.3 Réalisation de l'atelier de travail

Afin de s'assurer que tous les participants profitent d'une compréhension commune, les facilitateurs commencent généralement l'atelier par un énoncé de son objectif et des résultats attendus. Certains ateliers peuvent également débuter par une tâche simple ou amusante, afin de briser la glace et de mettre les participants à l'aise.

L'établissement de règles de base acceptées par tous peut représenter une méthode efficace pour créer un environnement de collaboration productif. Parmi les règles de base peuvent se trouver les suggestions suivantes :

- respecter l'opinion des autres,
- chacun doit contribuer,
- toute discussion située en dehors du sujet doit être limitée dans le temps,
- il faut débattre des problèmes, et non des personnes, et
- il faut s'accorder sur la manière dont les décisions sont prises.

Tout au long de l'atelier, le facilitateur maintient la discussion sur les rails en validant régulièrement les activités de la session en fonction des objectifs et résultats de l'atelier de travail.

.4 Conclusion suite à l'atelier

Une fois l'atelier de travail terminé, le facilitateur assure le suivi de toutes les actions ouvertes enregistrées lors de l'atelier, complète la documentation et la distribue aux participants et éventuelles parties prenantes qui en auraient besoin pour se tenir informées du travail effectué.

10.50.4 Considérations d'utilisation

.1 Points forts

- L'atelier peut représenter un moyen de parvenir à un accord en peu de temps.
- Il offre un moyen pour les parties prenantes de collaborer, prendre des décisions et bénéficier d'une compréhension mutuelle.
- Les coûts sont souvent inférieurs par rapport au coût de réalisation de plusieurs entretiens.
- La rétroaction sur les questions ou décisions peut être fournie immédiatement aux participants.

.2 Limites

- La disponibilité des parties prenantes peut compliquer la programmation de l'atelier de travail.
- La réussite d'un atelier de travail est étroitement liée à l'expertise du facilitateur et aux connaissances des participants.
- Les ateliers comprenant un trop grand nombre de participants peuvent présenter un déroulé plus lent. Et inversement, le fait de collecter des intrants auprès d'un nombre insuffisant de participants peut conduire à négliger des besoins ou problèmes importants pour certaines parties prenantes, ou à prendre des décisions qui ne représentent pas les besoins de la majorité des parties prenantes.

11 Perspectives

Les perspectives sont utilisées dans le travail d'analyse d'affaires afin de mettre l'accent sur les tâches et techniques spécifiques au contexte de l'initiative. La plupart des initiatives sont susceptibles d'intégrer une ou plusieurs perspectives. Parmi les perspectives comprises dans le *Guide BABOK®* se trouvent :

- Agilité,
- Intelligence d'affaires,
- Technologie de l'information,
- Architecture d'affaires et
- Gestion des processus d'affaires.

Ces perspectives n'ont pas pour vocation de décrire l'ensemble des perspectives possibles à partir desquelles l'analyse d'affaires est réalisée. Les perspectives abordées dans le *Guide BABOK®* représentent certains des points de vue les plus fréquents sur l'analyse d'affaires au moment de la rédaction.

Toute initiative donnée rassemble une, plusieurs ou la totalité de ces perspectives. Par exemple, une initiative peut avoir une composante technologique (perspective de la technologie de l'information), la composante technologique peut signifier des changements aux processus d'affaires (perspective de gestion des processus d'affaires), l'initiative peut aussi décider de faire une partie ou la totalité du travail avec une approche agile (perspective agile). Une autre initiative peut fusionner deux organisations et devoir examiner les capacités d'affaires et comment la transformation touche ces capacités (perspectives de l'architecture d'affaires) et les dirigeants d'affaires pourraient avoir besoin d'information à jour pour prendre des décisions et faire des analyses (perspective d'intelligence d'affaires). Les initiatives grandes ou complexes utiliseront probablement toutes les perspectives.

Bien que les tâches d'analyse d'affaires décrites dans le *Guide BABOK®* doivent s'appliquer dans tous les domaines de l'analyse d'affaires, elles sont également pertinentes pour chacune des perspectives précises de l'analyse d'affaires. Les perspectives donnent un moyen d'aborder le travail d'analyse d'affaires de façon plus ciblée et adaptée au contexte. Les perspectives aident à interpréter et comprendre les domaines de connaissances et les tâches dans le *Guide BABOK®* depuis la perspective de travail actuelle.

Pour de plus amples renseignements sur cette structure, consultez Perspectives (p. 8).

Chaque perspective suit une structure commune :

- Portée du changement,
- Portée de l'analyse d'affaires,
- Méthodologies, approches et techniques,
- Compétences fondamentales,
- Effet sur les domaines de connaissances.

11.1 La perspective Agile

La perspective Agile souligne les caractéristiques uniques de l'analyse d'affaires lorsqu'exercée dans le contexte d'environnements agiles.

L'agilité consiste à avoir un état d'esprit flexible, incarné dans un ensemble de valeurs et de principes et présenté par une variété de pratiques complémentaires. Les initiatives Agiles englobent un changement constant. Les analystes d'affaires qui travaillent à des initiatives Agiles réévaluent, adaptent et ajustent continuellement leurs efforts et tactiques. Les analystes d'affaires mènent des analyses et livrent des produits tout en accordant une importance continuelle de rester souple avec le changement ; un travail d'analyse détaillé ne se fait pas à l'avance, mais juste à temps, pour que l'équipe Agile puisse s'en servir efficacement.

L'analyse d'affaires Agile fait en sorte que l'information soit offerte à l'équipe Agile au bon niveau de détail et au bon moment. Les analystes d'affaires aident les équipes Agiles à répondre à ces questions :

- Quel besoin essayons-nous de satisfaire?
- Ce besoin vaut-il la peine d'être satisfait?
- Devrions-nous offrir quelque chose pour satisfaire ce besoin?
- Quelle est la bonne chose à faire pour répondre à ce besoin?

Le travail d'un analyste d'affaires se fait de façon continue au moyen d'une initiative Agile et s'en remet grandement aux compétences interpersonnelles, telles que la communication, la facilitation, l'encadrement et la négociation. Les analystes d'affaires sont des membres actifs d'une équipe Agile et facilitent souvent la planification, l'analyse, l'essai et la démonstration d'activités. Dans une équipe agile, l'analyse d'affaires peut se faire par un gestionnaire ou propriétaire d'un produit, un analyste d'affaires ou d'autres rôles définis dans l'équipe. Les analystes d'affaires aident l'équipe à cerner des modifications aux hypothèses et autres variations qui surviennent dans le projet.

Consultez l'*Extension Agile au Guide BABOK®*, où se trouve un exposé développé du rôle, de l'état d'esprit et des pratiques d'analyse d'affaires dans des approches agiles, ainsi que des détails sur les valeurs et les principes du manifeste Agile (www.agilemanifesto.org).

11.1.1 Portée du changement

Les analystes d'affaires qui travaillent à des initiatives agiles interagissent avec le promoteur des affaires à l'échelon stratégique et l'aident à définir comment le produit ou la fonctionnalité proposés s'harmonisent avec les objectifs de l'organisation. Ils collaborent avec différentes parties prenantes et l'équipe du changement pour scinder la vision du produit en une liste priorisée d'éléments de travail que l'on souhaite compléter. Les items priorisés (ou le carnet de commandes priorisé) gravitent habituellement autour des capacités requises dans le produit résultant, avec un accent placé sur les items dont la valeur est plus élevée en premier.

Les analystes d'affaires peuvent agir à titre de mandataire pour les parties prenantes ou travailler directement avec le promoteur ou le propriétaire du produit.

Dans des milieux Agiles, le changement et une intervention rapide au changement sont attendus. Les équipes agiles apportent de petits changements incrémentiels et s'engagent dans des tâches prioritaires pour une seule itération à la fois. Cela permet à l'équipe Agile de gérer des changements émergents pour l'itération suivante, en ayant un impact minime. Une itération est une période de travail convenue.

Les exigences sont élaborées au moyen d'une exploration et d'une analyse continues des besoins d'affaires. Il importe de noter que, si la plupart des approches agiles sont itératives, toutes les approches itératives ne sont pas agiles. Il existe également plusieurs approches agiles qui ne sont pas itératives, comme la méthode kanban.

Pendant des initiatives Agiles, la portée évolue constamment. Elles sont gérées à même le carnet de commandes, continuellement examiné dans le but de réorganiser les priorités. Ce processus contribue au raffinement et à la redéfinition de la portée pour répondre au besoin d'affaires en évolution et émergent.

Si un changement majeur qui a d'importantes répercussions sur la valeur et les objectifs globaux du projet se présente, le projet peut être interrompu et réévalué.

.1 Portée du changement

Des approches Agiles sont utilisées pour examiner différents besoins d'une entreprise. L'utilisation la plus courante de pratiques agiles se trouve dans les projets de développement logiciel. Cependant, de nombreuses organisations ont commencé à appliquer des principes agiles à des changements sans lien avec les logiciels, comme l'étude des procédés et l'amélioration des affaires. Les initiatives utilisant des approches agiles peuvent être entreprises au sein d'un seul département ou peuvent concerner plusieurs équipes, départements et divisions d'une organisation.

Pour les organisations qui viennent d'adopter l'état d'esprit et les pratiques agiles, un accent placé sur l'amélioration continue, un comportement de changement continu et des progrès réalisés permettent à l'organisation de faire le virage vers l'adoption d'une culture de l'état d'esprit agile. Adopter l'état d'esprit agile fait référence à l'adoption culturelle des principes d'agilité à l'opposition de l'organisation qui aborde l'agilité en tant que méthodologie ou pratique à mettre en place.

.2 Ampleur du changement

Les initiatives qui utilisent une approche agile font souvent partie d'un programme élargi de travail, qui peut englober la transformation et le changement organisationnels, la réingénierie des processus d'affaires ou le changement des processus d'affaires. Le volet de travail agile est souvent centré sur le développement logiciel, mais pas toujours. Les autres éléments du programme peuvent être élaborés avec la méthode Agile ou une autre méthodologie qui convient pour les besoins. Les principes et pratiques agiles sont souvent utilisés avec succès dans des initiatives où :

- il y a un engagement clair de la part du client et des experts du domaine bien habilités,
- le besoin d'affaires ou la solution proposée sont complexes ou compliqués, et
- les besoins d'affaires changent ou sont inconnus et émergent toujours.

Des approches agiles peuvent être utilisées pour des initiatives qui développent une solution pour la première fois ou pour maintenir et améliorer une solution existante. Par exemple, si le changement est essentiel à la mission, les processus peuvent être ajoutés pour examiner les exigences réglementaires et gérer les aspects du projet essentiels à la mission.

.3 Valeur et solutions ajoutées

La valeur et les solutions créées dans une initiative agile ressemblent à celles de toute autre initiative. Dans une approche agile, la différence est l'accent placé sur la création rapide de valeur et de façon hautement collaborative, avec une planification adaptative axée sur l'amélioration continue.

Une initiative agile offre une valeur ajoutée grâce à l'approche retenue par une équipe agile, au moyen d'un examen et de rétroaction continus sur le travail effectué. Les parties prenantes ont l'occasion d'examiner fréquemment le produit, ce qui leur permet de cerner rapidement toute exigence omise antérieurement. La solution évolue au fil du temps et on s'attend à une intervention rapide et flexible au changement. La clarté et la visibilité de toutes les communications relèvent de la plus haute importance, pour voir à ce que les efforts de l'équipe agile s'harmonisent aux besoins et aux attentes de l'organisation.

Dans une nouvelle équipe, l'analyste d'affaires joue souvent un rôle central dans l'établissement de liens et de la confiance parmi les membres de l'équipe agile et les parties prenantes externes pour faciliter des discussions de collaboration et l'engagement continu. Cette interaction permet à l'équipe Agile d'offrir une valeur juste qui répond aux besoins évolutifs des parties prenantes.

.4 Approche de livraison

Les approches Agile sont axées sur les interactions avec les personnes, les communications transparentes et la prestation continue de changements utiles aux parties prenantes.

Chaque approche Agile a son propre ensemble unique de caractéristiques qui permettent à l'équipe de choisir une approche qui correspond le plus à l'initiative en question. Certaines équipes agiles ont découvert qu'une combinaison d'approches est nécessaire pour s'adapter aux contraintes de leur environnement.

Consultez l'*Extension Agile au Guide BABOK®* pour obtenir une description de différentes approches de l'initiative Agile.

.5 Principales hypothèses

Les hypothèses en place dans les environnements agiles comportent souvent ce qui suit :

- Les exigences changeantes sont bienvenues, même tard dans le développement.
- Le problème d'affaires peut être réduit à un ensemble de besoins qui peuvent être comblés au moyen d'une combinaison de changements technologiques et au processus d'affaires.
- Des initiatives Agiles ont entièrement mis à contribution des clients et habilité des experts du domaine avec l'acceptation complète de l'approche Agile.
- Idéalement, l'adhésion de l'équipe est constante et les membres ne sont pas continuellement déplacés vers d'autres équipes.
- On relève une préférence pour des équipes multidisciplinaires et colocalisées qui encouragent une conversation en personne plus efficace et efficiente. Cependant, les approches Agiles peuvent bien fonctionner avec des équipes réparties, à condition que le soutien et les modes de communication appropriés soient en place.

- Les membres de l'équipe peuvent accomplir plus d'un rôle au sein de l'équipe au besoin et à condition que l'équipe possède les compétences appropriées (par exemple, équipes interfonctionnelles).
- Les membres de l'équipe ont un état d'esprit d'amélioration continue et de livraison de valeur grâce à des inspections régulières.
- Les équipes agiles sont autonomes et auto-organisées.

11.1.2 Portée de l'analyse d'affaires

.1 Promoteur du changement

Il importe qu'un promoteur d'une initiative agile connaisse la philosophie, l'état d'esprit, les approches agiles, et qu'il soit également ouvert à recevoir une rétroaction constante qui exigera des compromis des parties prenantes.

Un promoteur agile comprend et accepte :

- l'utilisation de la planification adaptative plutôt que la planification prédictive,
- l'utilisation et la valeur d'une période fixe pour un cycle de travail, et
- le besoin et la valeur de la participation du promoteur.

L'interaction active du promoteur (ou d'experts du domaine habilités) avec l'équipe agile est essentielle pour offrir au promoteur la capacité de voir à l'avance et de comprendre le produit élaboré, en plus de donner l'occasion au promoteur d'offrir une rétroaction continue à l'équipe et d'ajuster le produit à mesure que les besoins changent.

.2 Cibles et agents de changement

Les façons de faire Agile sont les plus efficaces lorsque la culture organisationnelle et les milieux de travail se prêtent à une collaboration intensive, à des communications fréquentes et à une solide préférence pour la création incrémentale d'une valeur appropriée pour la solution.

Souvent, les équipes agiles sont petites ou gravitent autour de petites équipes. La structure plus simple et plus aplatie ne change rien au fait que les livrables peuvent toucher un grand nombre de parties prenantes. L'agent du changement, également considéré en tant que partie prenante, n'y fait pas exception parce que le projet utilise Agile. Les principaux agents de changement au moyen d'une approche agile peuvent comprendre :

- **Le chef d'équipe agile** : le facilitateur du travail de l'équipe. Un chef d'équipe agile partage souvent le même ensemble de compétences non techniques qu'un chef de projet, mais délègue complètement les tâches de planification, de programmation et de définition des priorités à l'équipe. Au lieu d'un style de gestion classique du type commandement et contrôle, le leadership serviteur est à privilégier dans toutes les méthodes agiles. En fonction de l'approche, ce rôle peut avoir l'appellation de maître de scrum (scrum master), de gestionnaire d'itération, de chef d'équipe ou de coach.
- **Représentant du client ou responsable du produit** : le membre de l'équipe actif responsable de s'assurer que le changement élaboré répond aux exigences pour lesquelles il a été mandaté. Dans un scrum, il s'agit du responsable du produit. La méthode dynamique de développement de systèmes (DSDM) fait référence à ce tant que rôle de visionnaire et la programmation extrême (PEX) en tant que représentant du client.
- **Membres de l'équipe** : les spécialistes ou experts du domaine, dont une représentation technique et de la clientèle. Selon la taille et le contexte particuliers de l'initiative, les

membres d'une équipe ont différentes spécialités. Les experts en ergonomie, les architectes techniques et les administrateurs de bases de données ne sont que des exemples de rôles spécialisés offrant un support à l'équipe selon les besoins.

- **Parties prenantes externes** : tout le reste des parties prenantes qui ne sont pas nécessairement vues en tant que membres de l'équipe, mais qui demeurent des parties intéressées dans l'issue du projet ou qui sont simplement nécessaires à son achèvement, qui jouent ce qui peut être vu comme un rôle de soutien au sein de l'équipe.

.3 Position d'analyste d'affaires

Une équipe Agile peut avoir un ou plusieurs membres qui possèdent des compétences en analyse d'affaires et qui peuvent ou non avoir le titre d'analyste d'affaires. Cette reconnaissance de membres de l'équipe interfonctionnelle élargit la pratique d'analyse d'affaires au-delà de celle d'un rôle unique de spécialiste.

Parmi les équipes agiles, les activités d'analyse d'affaires peuvent être effectuées par une ou une combinaison de ces personnes :

- un analyste d'affaires qui travaille au sein de l'équipe,
- le représentant du client ou responsable du produit, et
- la personne chargée de répartir ces activités au sein de l'équipe.

Consultez l'*Extension Agile au Guide BABOK®* pour plus de détails.

.4 Résultats de l'analyse d'affaires

Dans un environnement agile, l'analyse d'affaires rassemble les gens et fait en sorte que les bonnes parties prenantes interagissent avec l'équipe agile au bon moment. La communication ouverte et la collaboration font partie des principaux résultats d'une analyse d'affaires efficace dans un projet agile.

Les analystes d'affaires font en sorte que la vision et l'orientation du projet soient stratégiquement harmonisées aux objectifs et aux besoins d'affaires de l'organisation. L'analyste d'affaires a la responsabilité partagée de définir des critères stratégiques d'achèvement du projet et, pendant le projet, contribue à définir des critères d'acceptation. Il facilite également la définition de l'énoncé de la vision du produit. L'énoncé de la vision du produit est un livrable initial commun.

La rigueur de la documentation et son style dépendent fortement du but et du contexte dans lesquels elle est produite. Les approches agiles favorisent la documentation suffisante et juste à temps au lieu d'établir des modèles prédéfinis de documentation à présenter. Cette approche de la documentation permet aux documents d'intégrer autant de modifications que possible introduites tout en limitant les coûts de modification. La documentation obligatoire, comme celle nécessaire pour l'audit ou les rapports de conformité, est encore produite dans le cadre de chaque cycle de livraison. Il importe que les documents portent sur un besoin circonscrit et qu'ils ajoutent plus de valeur que le coût engagé pour les produire et les mettre à jour.

11.1.3 Approches et techniques

.1 Approches

« Agile » est un terme général qui porte sur différentes approches. Toutes les approches agiles exercent l'analyse d'affaires, mais seules quelques-unes décrivent explicitement le rôle d'analyse d'affaires. La principale caractéristique de toute approche agile est son alignement aux valeurs et principes du Manifeste Agile. Une équipe agile peut mettre en place une approche ou évoluer dans le but d'utiliser une combinaison d'approches, ce qui lui permet d'offrir une valeur ajoutée plus efficacement, compte tenu de son type de projet et de son milieu de travail.

Table 11.1.1: Approches agiles

Approche	Brève description
Crystal Clear	Fait partie des méthodes Crystal, définies selon la dureté et la couleur. La dureté réfère au caractère critique des affaires ou du potentiel de causer du tort. Ainsi, plus de rigueur et de planification prédictive sont requises à mesure que le caractère critique augmente. La couleur réfère à la lourdeur du projet dans plusieurs dimensions, dont le nombre de personnes requises et les éléments de risque dans le projet.
Livraison Agile disciplinée (DAD)	Cadre de processus décisionnel qui incorpore des idées de différentes autres approches agiles. Il vise à appuyer un projet de ses débuts à la livraison. La DAD n'est pas prescriptive et permet aux équipes de personnaliser leur propre cycle de vie et leurs propres approches.
Méthode dynamique de développement de systèmes (DSDM)	Cadre de livraison de projet axé sur la fixation du coût, de la qualité et du temps au début, pendant que les éventualités sont gérées en variant les caractéristiques à livrer. La technique de priorisation MoSCoW sert à la gestion de la portée. Des cases horaires, ou courtes périodes de temps ciblées ayant des résultats clairement définis, servent à gérer le travail.
Gestion de projet évolutive (EVO)	Méthode de gestion de projet pour l'élaboration et la livraison progressives d'un système. Elle est fortement axée sur la quantification de la valeur pour de multiples parties prenantes et la planification des étapes selon la livraison de cette valeur (qui peut être mesurée). Elle utilise des tableaux d'estimation d'impact en tant que technique structurée pour évaluer les solutions quant à leur capacité d'ajouter de la valeur à de multiples parties prenantes à certains coûts.
Programmation extrême (XP)	Nommée d'après le concept de pousser des techniques de génie logiciel bénéfiques à l'extrême. Ce concept est axé sur des processus de développement technique et comporte la programmation en binôme, le développement piloté par les tests et d'autres approches artisanales des pratiques techniques. Les pratiques techniques de XP sont souvent utilisées en parallèle avec l'un des cadres de gestion agiles.
Développement axé sur les caractéristiques (FDD)	Se concentre sur une perspective de fonctionnalité valorisée par le client dans le but d'élaborer des logiciels fonctionnels. Par exemple, à la suite d'un exercice de définition de la portée globale, une liste de caractéristiques est dressée et toute la planification, la conception et l'élaboration est effectuée en fonction des ensembles de caractéristiques.

Table 11.1.1: Approches agiles (Suite)

Approche	Brève description
Kanban	N'exige pas d'itérations fixes. Le travail dans le cadre du processus de développement est une suite d'activités continue. Une des caractéristiques principales consiste à limiter la quantité de travail en cours à tout moment (désignée en tant que limite du travail en cours ou TEC). L'équipe travaille uniquement sur un nombre fixe d'items à tout moment. Les travaux sur un nouvel élément ne peuvent commencer que lorsque cela est nécessaire pour maintenir le flux en aval et après l'achèvement de l'élément précédent.
Scaled Agile Framework® (SAFe™)	Un cadre visant à mettre en place des pratiques agiles à l'échelle de l'entreprise. Il met en évidence les rôles individuels, les équipes, les activités et les artéfacts nécessaires pour faire évoluer l'agilité de l'équipe au programme et ensuite au niveau de l'entreprise.
Scrum	Cadre de gestion de processus léger reposant sur un contrôle de processus empirique. Le travail se fait dans un ensemble d'itérations de longueurs fixes, appelées sprints, qui durent un mois ou moins. À la fin de chaque sprint, l'équipe doit produire un logiciel fonctionnel de qualité suffisante pour pouvoir être expédié ou autrement livré à un client.

.2 Techniques

Le tableau suivant contient des techniques couramment utilisées avec des approches agiles. Consultez l'*Extension Agile au Guide BABOK®* pour une description détaillée de ces techniques.

Table 11.1.2: Techniques utilisées avec les approches Agiles

Technique	Brève description
Développement axé sur le comportement (BDD)	Approche qui améliore la communication entre les parties prenantes et les membres de l'équipe en exprimant les besoins de produits en tant qu'exemples concrets.
Analyse Kano	Technique visant à comprendre quelles caractéristiques de produits motiveront la satisfaction de la clientèle.
Documentation légère	Principe qui entoure toute la documentation produite dans le cadre d'un projet agile. Le but est de faire en sorte que toute la documentation soit conçue pour répondre à un besoin imminent, présente un intérêt évident pour les parties prenantes et ne crée pas de surcharge inutile. Par exemple, un document de synthèse du système peut être rédigé vers la fin d'un projet en fonction de contenu stable et d'essais d'acceptation et rédigé dans le cadre de l'essai du produit.

Table 11.1.2: Techniques utilisées avec les approches Agiles (Suite)

Technique	Brève description
Priorisation MoSCoW	Méthode de priorisation de récits (ou autres éléments) en approches incrémentales et itératives. MoSCoW (signifiant doit avoir, devrait avoir, pourrait avoir et n'aura pas) donne un moyen de parvenir à une compréhension commune de l'importance relative d'ajouter un récit ou un autre élément de valeur au produit.
Personas	Personnages ou archétypes fictifs qui personnifient la façon dont les utilisateurs types interagissent avec un produit.
Atelier de planification	Atelier collaboratif qui sert à permettre à une équipe agile de déterminer la valeur qui peut être offerte sur une période précise, comme une nouvelle version publiée.
Modèle d'alignement de l'utilité	Modèle qui sert à évaluer les idées dans le contexte du client et de la valeur.
Options réelles	Approche qui indique quand prendre des décisions et non comment.
Estimation relative	Techniques d'estimation d'équipe au moyen de points de récit, qui représentent la complexité relative d'un récit utilisateur à développer, ou de jjournées idéales, qui représentent la quantité d'effort total que prendrait le développement d'un récit.
Rétrospectives	Terme apparenté à la technique des leçons apprises. Les rétrospectives sont axées sur l'amélioration continue du processus de travail d'équipe et sont organisées après chaque itération dans des projets agiles.
Décomposition de récit	Fait en sorte que les exigences pour un produit soient représentées au niveau de détail adéquat et qu'elles soient tirées d'un objectif d'affaires utile.
Cartographie du récit	Donne un aperçu visuel et matériel de la séquence d'activités qu'une solution doit appuyer.
Scénarisation	Décrire en détails visuels et textuels la séquence d'activités qui représentent les interactions des utilisateurs avec un système ou une entreprise.
Cartographie de la chaîne de valeur	Offre une représentation complète, factuelle et échelonnée dans le temps de la chaîne d'activités requises pour livrer un produit ou un service au client.

11.1.4 Compétences fondamentales

Agile est un état d'esprit. Les analystes d'affaires agiles personnifient les valeurs et les principes du manifeste Agile, qui reposent sur une vue humaniste de l'élaboration des produits en tant que processus reposant sur la communication et la collaboration. Consultez l'*Extension Agile au Guide BABOK®* pour une description des principes pour les analystes d'affaires. Pour adopter un état d'esprit et une philosophie agiles, l'analyste d'affaires développe des compétences en :

- **Communication et collaboration** : la capacité de communiquer la vision et les besoins du promoteur; aide à influencer les autres afin d'appuyer la vision, participer à la négociation de priorités et éventuellement la faciliter et faciliter un accord en collaboration sur les issues de la solution.
- **Patience et tolérance** : la capacité de garder une maîtrise de soi sous pression et de garder l'esprit ouvert en interagissant avec les autres.
- **Souplesse et capacité d'adaptation** : ensemble de compétences interfonctionelles qui permettent à l'analyste d'affaires de sortir de son domaine de spécialité pour appuyer les autres membres de l'équipe.
- **Capacité de gérer le changement** : la capacité d'évaluer rapidement l'effet du changement et de déterminer ce qui ajoute une valeur pour l'entreprise parmi les exigences qui changent souvent et d'aider à la redéfinition des priorités de la liste de tâches à faire ou à sa mise à jour.
- **Capacité de reconnaître la valeur d'affaires** : la capacité de comprendre comment les changements et les nouvelles caractéristiques peuvent créer une valeur d'affaires et appuyer la vision.
- **Amélioration continue** : revoir périodiquement, avec l'équipe agile, comment devenir plus efficace.

11.1.5 Effet sur les domaines de connaissances

Cette section explique comment des pratiques d'analyse d'affaires précises dans la discipline Agile s'associent aux tâches et pratiques d'analyse d'affaires définies par le *Guide BABOK®*. Elle décrit également comment chaque domaine de connaissances est appliqué ou modifié dans la discipline Agile.

Chaque domaine de connaissances contient des techniques pertinentes à une perspective agile. Les techniques du *Guide BABOK®* se trouvent dans le chapitre Techniques du *Guide BABOK®*. Les techniques de l'*Extension Agile* sont abordées en détail dans l'*Extension* Agile au *Guide BABOK®*. Cette liste ne se veut pas une liste exhaustive de techniques, mais bien un effort visant à mettre en relief les types de techniques utilisées par les analystes d'affaires alors qu'ils effectuent les tâches qui relèvent du domaine de connaissances.

.1 Planification et surveillance de l'analyse d'affaires

Dans les approches agile, une planification détaillée de l'analyse d'affaires peut être reportée jusqu'à ce que le travail sur une activité donnée soit prêt à être entamé, au lieu d'être faite d'entrée de jeu, comme dans le cas des projets prédictifs.

Un plan initial pour des activités d'analyse d'affaires est élaboré au début du projet. Le plan est ensuite mis à jour avant le début de chaque cycle, pour tenir compte du changement et pour qu'il soit toujours à jour. La participation et l'engagement des parties prenantes sont fondamentales à la réussite de projets agiles. Les analystes d'affaires planifient proactivement afin de mobiliser et d'interpeller les parties prenantes et de collaborer avec elles. La communication est normalement beaucoup moins formelle et les livrables de l'analyse d'affaires sont souvent des interactions et une collaboration qui mettent moins l'accent sur les documents écrits.

Techniques du Guide BABOK®

- Gestion du carnet de commandes (p. 219)
- Jeux collaboratifs (p. 241)
- Estimation (p. 268)
- Mesures et Indicateurs clés de performance (ICP) (p. 293)
- Cartographie heuristique (p. 296)
- Priorisation (p. 308)
- Modélisation de la portée (p. 333)
- Listes des parties prenantes, cartographie ou personas (p. 339)
- Récits utilisateur (p. 354)
- Ateliers de travail (p. 358)

Techniques de l'Extension Agile

- Documentation légère
- Priorisation MoSCoW
- Personas
- Estimation relative
- Rétrospective

.2 Élicitation et collaboration

L'élicitation et l'élaboration progressives se font au moyen d'une initiative agile. La tendance la plus fréquente est une activité d'élicitation initiale qui établit la vision et la portée générales de la solution ainsi qu'un plan initial axé sur les jalons pour la livraison du produit. Dans tous les cycles, il y a une élicitation plus détaillée pour les commandes du carnet qui seront élaborées dans ce cycle. Les activités d'élicitation ont pour but de générer juste assez de détails pour que le travail en cours soit fait correctement tout en étant harmonisé aux objectifs. Les approches agiles visent à réduire au minimum le temps passé entre l'élaboration des besoins et leur implémentation dans la solution. L'accent est fortement placé sur des approches d'élicitation collaborative, comme des ateliers avec des parties prenantes.

Techniques du Guide BABOK®

- Critères d'évaluation et d'acceptation (p. 216)
- Gestion du carnet de commandes (p. 219)
- Remue-méninges (p. 226)
- Jeux collaboratifs (p. 241)
- Modélisation des concepts (p. 243)
- Analyse d'interface (p. 284)
- Cartographie heuristique (p. 296)
- Analyse des exigences non-fonctionnelles (p. 299)
- Modélisation des processus (p. 314)
- Prototypage (p. 320)
- Revues (p. 322)
- Modélisation de la portée (p. 333)
- Listes des parties prenantes, cartographie ou personas (p. 339)
- Cas d'utilisation et scénarios (p. 351)
- Récits utilisateur (p. 354)
- Ateliers de travail (p. 358)

Techniques de l'Extension Agile

- Développement axé sur le comportement
- Documentation légère
- Personas
- Scénarisation
- Cartographie du récit

.3 Gestion du cycle de vie des exigences

À mesure que s'opèrent les initiatives agiles, la portée est définie avec de plus en plus de précision. L'attente est que les besoins changent et que la conception évoluera au cours du projet. La priorisation des caractéristiques axée sur la priorité de la valeur et du développement oriente le travail effectué dans chaque cycle. La validation de la solution évolutive auprès des parties prenantes se produit à la fin de chaque itération en remplacement d'un processus d'approbation des exigences officiel.

Techniques du Guide BABOK®

- Critères d'évaluation et d'acceptation (p. 216)
- Gestion du carnet de commandes (p. 219)
- Jeux collaboratifs (p. 241)
- Priorisation (p. 308)
- Revues (p. 322)
- Ateliers de travail (p. 358)

Techniques de l'Extension Agile

- Analyse Kano
- Priorisation MoSCoW
- Décomposition de l'histoire
- Cartographie du récit

.4 Analyse de la stratégie

Les approches agiles sont souvent utilisées en cas d'incertitude entourant les besoins, la solution ou la portée du changement. L'analyse de la stratégie est un volet systématique d'une initiative agile, pour voir à ce que la solution offerte continue d'ajouter de la valeur aux parties prenantes. Les membres de l'équipe Agile utilisent l'analyse de la stratégie pour comprendre et définir la vision du produit et élaborer et ajuster la feuille de route de développement, en plus de mener des évaluations continues des risques afférents. Pour chaque itération, la solution proposée est réévaluée relativement au contexte d'affaires actuel pour confirmer qu'elle respecte les objectifs d'affaires. La nature adaptative de projets agiles signifie qu'adapter le projet en fonction de changements aux buts de l'organisation n'engendre pas de perturbations ; c'est plutôt un volet attendu du processus.

Techniques du Guide BABOK®

- Gestion du carnet de commandes (p. 219)
- Remue-méninges (p. 226)
- Analyse de capacité de l'entreprise (p. 228)
- Jeux collaboratifs (p. 241)
- Modélisation des concepts (p. 243)
- Mesures et Indicateurs clés de performance (ICP) (p. 293)
- Modélisation de la portée (p. 333)
- Ateliers de travail (p. 358)

Techniques de l'Extension Agile

- Analyse Kano
- Personas
- Modèle d'alignement de l'utilité
- Options réelles
- Analyse de la chaîne de valeur

.5 Analyse des exigences et définition de la conception

Les besoins sont progressivement définis dans le cadre d'un projet agile. L'analyse et la conception se font juste à temps, soit juste avant ou pendant l'itération où la composante de la solution sera élaborée.

L'analyse effectuée juste avant l'itération consiste à fournir à l'équipe suffisamment d'information pour estimer le travail planifié. L'analyse effectuée pendant l'itération consiste à fournir à l'équipe suffisamment d'information pour élaborer ou livrer le travail planifié.

Les modèles et d'autres techniques d'analyse et de conception sont habituellement utilisés de façon informelle et peuvent ne pas être mis à jour une fois avoir rempli leur utilité. L'approche d'analyse et de conception utilisée devrait appuyer l'élaboration progressive, s'adapter aux changements axés sur l'apprentissage et ne pas faire en sorte que l'équipe retienne des solutions prématurément. Les équipes agiles ont tendance à utiliser les récits utilisateur au plus bas niveau de décomposition, habituellement étayés par des critères d'acceptation qui tiennent compte des détails d'analyse et de conception qui entourent la façon dont les récits devraient se comporter une fois mis en œuvre. La validation de la solution évolutive se fait auprès des parties prenantes à la fin de chaque itération.

Techniques du Guide BABOK®

- Critères d'évaluation et d'acceptation (p. 216)
- Analyse de capacité de l'entreprise (p. 228)
- Analyse des règles d'affaires (p. 238)
- Jeux collaboratifs (p. 241)
- Modélisation des concepts (p. 243)
- Analyse d'interface (p. 284)
- Analyse des exigences non-fonctionnelles (p. 299)
- Priorisation (p. 308)
- Analyse des processus (p. 310)
- Modélisation des processus (p. 314)
- Modélisation de la portée (p. 333)
- Cas d'utilisation et scénarios (p. 351)
- Récits utilisateur (p. 354)
- Ateliers de travail (p. 358)

Techniques de l'Extension Agile

- Développement axé sur le comportement
- Analyse Kano
- Documentation légère
- Priorisation MoSCoW
- Modèle d'alignement de l'utilité
- Options réelles
- Décomposition de l'histoire
- Élaboration de l'histoire
- Cartographie du récit
- Scénarisation
- Analyse de la chaîne de valeur

.6 Évaluation de la solution

Dans le cadre d'un projet agile, les parties prenantes et l'équipe agile évaluent et mesurent continuellement la solution de développement à mesure qu'elle est progressivement construite et peaufinée. L'évaluation de la solution évolutive avec les parties prenantes se fait à la fin de tous les cycles de développement pour voir à ce que le livrable réponde à leurs besoins et comble leurs attentes. L'analyste d'affaires s'assure que le produit répond aux attentes avant son lancement et identifie de nouvelles opportunités qui ajouteront de la valeur à l'entreprise.

Techniques du Guide BABOK®

- Critères d'évaluation et d'acceptation (p. 216)
- Analyse de capacité de l'entreprise (p. 228)
- Mesures et Indicateurs clés de performance (ICP) (p. 293)
- Analyse des exigences non-fonctionnelles (p. 299)
- Analyse des processus (p. 310)
- Prototypage (p. 320)
- Revues (p. 322)
- Listes des parties prenantes, cartographie ou personas (p. 339)
- Cas d'utilisation et scénarios (p. 351)
- Récits utilisateur (p. 354)
- Ateliers de travail (p. 358)

Techniques de l'Extension Agile

- Personas
- Analyse de la chaîne de valeur

11.2 La perspective de l'intelligence d'affaires

La perspective de l'intelligence d'affaires met en relief les caractéristiques uniques de l'analyse d'affaires exercée dans le contexte de la transformation, de l'intégration et de l'amélioration des données.

L'accent de l'intelligence d'affaires est placé sur la transformation de données en information à valeur ajoutée : où les obtenir, comment les intégrer et comment les améliorer et les livrer en tant que perspectives analytiques à l'appui de la prise de décisions d'affaires.

Les initiatives de l'intelligence d'affaires mettent en application des architectures de système axées sur les données ainsi que des technologies et outils visant à offrir de l'information fiable, uniforme et de qualité élevée qui permet aux parties prenantes de mieux gérer la performance stratégique, tactique et opérationnelle.

11.2.1 Portée du changement

.1 Portée du changement

La définition et l'utilisation uniformes de l'information dans une organisation en établissant une « source unique de vérité » pour différentes données d'affaires est un objectif clé d'un système d'intelligence d'affaires. Une architecture de solution qui peut intégrer de multiples sources de données de l'intérieur de l'organisation (et potentiellement de l'extérieur) établit le fondement d'une solution d'intelligence d'affaires.

Figure 11.2.1: Solution d'intelligence d'affaires - cadre conceptuel

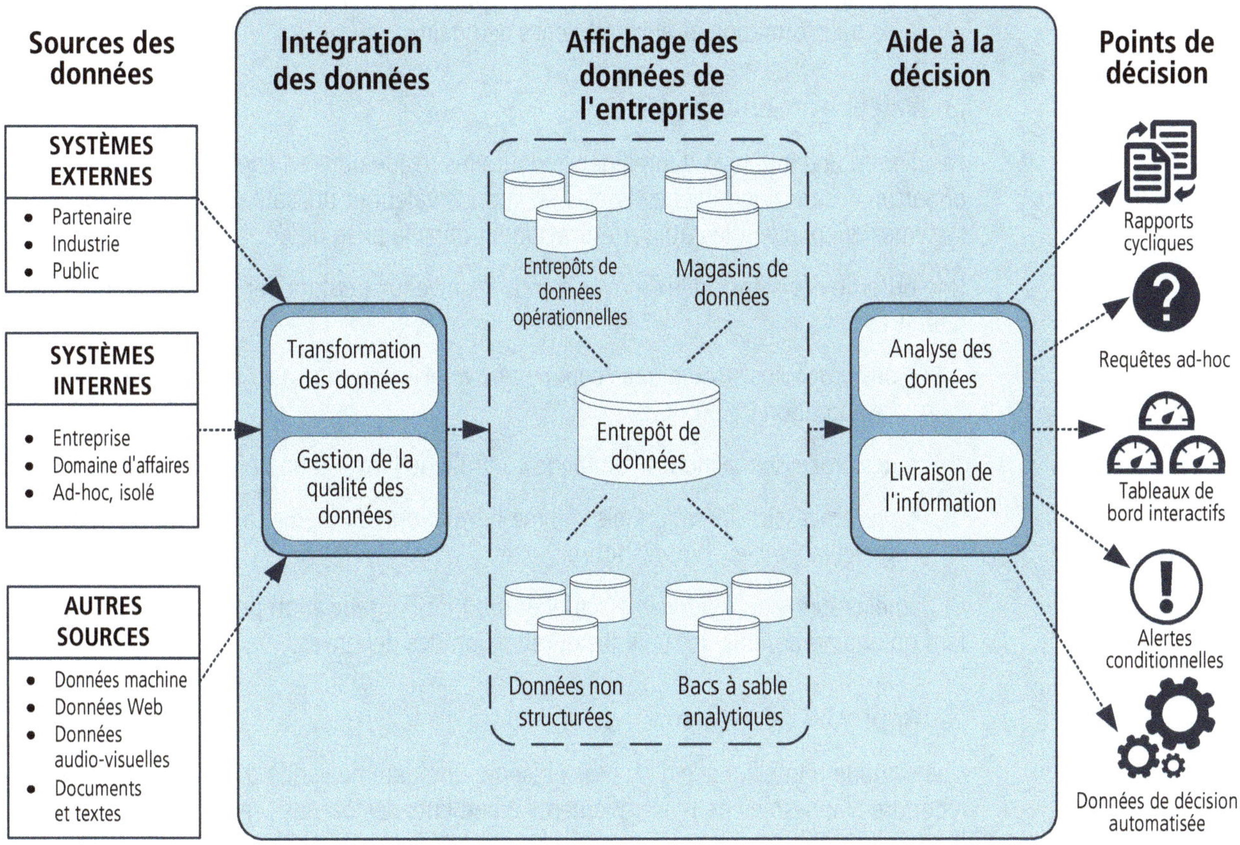

L'intelligence d'affaires préconise une vue d'entreprise de la gestion de l'information. Pour appuyer ce cadre conceptuel, une initiative d'intelligence d'affaires peut également comporter l'élaboration de services d'infrastructure dans l'organisation, comme la gestion de la gouvernance des données et des métadonnées.

.2 Ampleur du changement

Les initiatives d'intelligence d'affaires sont axées sur l'information requise pour appuyer la prise de décisions à différents niveaux de l'organisation ou entre ces derniers :

- **niveau de la haute direction** : appuie les décisions stratégiques,
- **niveau de la direction** : appuie les décisions tactiques, et
- **niveau du processus** : appuie les décisions opérationnelles.

Lorsque les besoins de renseignements sont initialement exprimés ou cernés à un niveau particulier, l'analyste d'affaires enquête sur les répercussions pour l'entreprise à d'autres niveaux pour évaluer l'effet global du changement sur l'organisation.

À chaque niveau, les besoins d'affaires peuvent rassembler tout ce qui suit, en totalité ou en partie :

- exigences de communication pour l'élaboration de nouveaux rapports ou le remplacement de rapports existants,
- les exigences d'information pour l'ajout ou le développement de fonctions d'analyse, et/ou

- les exigences d'intégration des données pour la construction ou la modification de la vue des données d'entreprise relativement aux sources de données, aux définitions, aux règles de transformation et aux problèmes de qualité.

.3 Valeur et solutions ajoutées

La valeur d'une initiative d'intelligence d'affaires réside dans sa capacité de fournir en temps opportun des renseignements, fidèles, de grande valeur et utilisables par les personnes et systèmes qui peuvent les utiliser efficacement dans la prise de décisions d'affaires.

Une prise de décisions mieux étayée à tous les niveaux peut mener à un meilleur rendement d'affaires dans :

- des processus stratégiques comme une analyse du marché, l'engagement des clients et l'élaboration de produits,
- des processus tactiques comme le contrôle de l'inventaire et la planification financière, et
- des processus opérationnels comme l'évaluation du crédit, la détection des défauts et la surveillance des comptes fournisseurs.

Ces améliorations au rendement actuel et futur de l'organisation peuvent être constatées en tant qu'augmentations des revenus et réduction des dépenses.

.4 Approche de livraison

Une solution d'intelligence d'affaires présente une gamme variée d'options de livraison pour répondre aux besoins de renseignements émergents des parties prenantes et aux priorités de l'organisation.

L'extensibilité et l'évolutivité de l'architecture de la solution permettent d'introduire ou d'améliorer progressivement le processus décisionnel de l'entreprise :

- à différents niveaux de l'organisation, de l'échelon stratégique (haute direction), tactique (direction) jusqu'à l'échelon opérationnel (personnel et systèmes),et
- dans des domaines fonctionnels cibles de l'organisation, d'un domaine spécifique à une implémentation à l'échelle de l'entreprise.

Les services d'infrastructure qui offrent des capacités de gestion, d'analytique et de présentation des données facilitent une stratégie d'élaboration par phases ou progressive, relativement à :

- l'inclusion, la coordination et le contrôle de différentes sources de données, et
- l'analyse et l'élaboration de renseignements et de perspectives d'affaires.

Les composantes de l'infrastructure d'une solution d'intelligence d'affaires sont souvent fournies par un progiciel commercial prêt à l'emploi configuré selon l'environnement et les besoins d'affaires précis.

.5 Principales hypothèses

Ce qui suit est une liste des principales hypothèses d'une initiative d'intelligence d'affaires :

- les processus d'affaires et systèmes transactionnels existants peuvent fournir des données sources pouvant être définies et prédites,
- l'infrastructure de données interfonctionnelle requise pour appuyer une solution d'intelligence d'affaires n'a pas été écartée par l'organisation pour des motifs techniques, financiers, politico-culturels ou d'autres motifs, et

- l'organisation reconnaît que la restructuration des processus et la gestion du changement pourraient être nécessaires pour réaliser efficacement la valeur d'une solution d'intelligence d'affaires.

11.2.2 Portée de l'analyse d'affaires

.1 Promoteur du changement

Le promoteur du changements d'une initiative d'intelligence d'affaires est idéalement le rôle du plus haut niveau dans l'unité organisationnelle touchée par le changement. Ainsi, une approche uniforme et cohérente de l'usage partagé des actifs de données est utilisée dans l'architecture interfonctionnelle d'une solution d'intelligence d'affaires.

.2 Cibles de changement

Les cibles d'une initiative d'intelligence d'affaires sont les décisions d'affaires prises par des personnes ou processus à de multiples niveaux de l'organisation qui peuvent être améliorées par de meilleurs rapports, une meilleure surveillance ou des modèles prédictifs de données liées au rendement.

.3 Position d'analyste d'affaires

Comme c'est le cas d'autres initiatives, l'analyste d'affaires agit à titre de principal contact entre les parties prenantes d'intelligence d'affaires et les créateurs de solutions dans l'élicitation, l'analyse et la spécification de besoins d'affaires.

En plus de ce rôle, l'analyste d'affaires peut également participer à des activités techniques propres à l'intelligence d'affaires, dont :

- la modélisation de données d'entreprise,
- la modélisation de décisions,
- la conception de présentations spécialisées (par exemple, tableaux de bord), et
- la conception de requêtes spéciales.

Un analyste d'affaires qui travaille à une initiative d'intelligence d'affaires joue un ou plusieurs des rôles suivants :

- analyste d'affaires qui maîtrise la définition d'exigences d'affaires et l'évaluation de solutions potentielles,
- analyste fonctionnel d'intelligence d'affaires qui comprend les techniques de forage des données et d'analyse prédictive et qui possède également des compétences en création de représentations,
- analyste des données qui a l'expérience de définir des données de systèmes sources à être utilisées pour les besoins d'analyse requis, et
- modélisateur/architecte de données qui possède des compétences en définition des structures source et cible de modèles logiques de données.

.4 Résultats de l'analyse d'affaires

Dans la discipline de l'intelligence d'affaires, l'analyse d'affaires est axée sur les principales composantes de l'architecture de la solution :

- la spécification de décisions d'affaires à être influencées ou modifiées,
- la collecte de données de systèmes sources,

- l'intégration de sources divergentes en un cadre d'entreprise convergent, et
- la transmission de renseignements ciblés et de perspectives analytiques aux parties prenantes d'affaires.

L'analyste d'affaires est chargé de l'analyse et de la spécification des exigences d'affaires pour toutes ces composantes et collabore avec des spécialistes techniques pour évaluer les artéfacts de solutions.

Voici les grands résultats de l'analyse d'affaires :

- **La couverture du processus d'affaires** : définit la portée du changement avec un aperçu global des décisions d'affaires dans l'entreprise qui doivent être appuyées par la solution. Elle définit comment les extrants de l'information seront utilisés et la valeur qu'ils ajouteront.
- **Modèles décisionnels** : cernent les besoins d'information de chaque décision d'affaires devant être appuyée et précisent la logique des règles d'affaires qui encadrent comment les composantes d'information individuelles contribuent à l'issue de la décision.
- **Modèle de données logique source et dictionnaire de données** : le modèle de données logique source contient une définition standard des données requises détenues dans chaque système source. Le dictionnaire des données sources donne une définition de chaque composante et des règles d'affaires qui s'y appliquent : description d'affaires, type, format et longueur, valeurs juridiques et toutes les interdépendances.
- **Évaluation de la qualité des données sources** : évalue l'exhaustivité, la validité et la fiabilité des données de systèmes sources. Elle indique les situations où une vérification poussée et une amélioration des données source sont requises pour assurer des définitions et règles d'affaires cohérentes dans l'ensemble de données d'entreprise.
- **Modèle de données logique cible et dictionnaire de données** : le modèle de données logique cible présente une vision intégrée et normalisée sur les structures de données requises pour appuyer le domaine d'affaires. Le dictionnaire de données cible contient la définition normalisée d'entreprise des éléments de données et règles d'intégrité.
- **Règles de transformation** : associent les éléments de données sources et cibles à des exigences précises pour le décodage et l'encodage de valeurs et pour la correction de données (valeurs erronées) et leur enrichissement (valeurs manquantes) dans le processus de transformation.
- **Exigences d'analytique d'affaires** : définissent les exigences d'information et de communication pour les extrants d'appui à la décision. Elles comprennent :
  - les rapports prédéfinis,
  - les tableaux de bord,
  - les tableaux de bord prospectifs,
  - les rapports spéciaux,
  - les interrogations de traitement analytique en ligne (OLAP),
  - le forage des données,
  - l'analytique prescriptive,
  - les alertes conditionnelles,
  - le traitement d'événements complexes, et
  - la modélisation prédictive.

- **Parmi les spécifications de chaque extrant peuvent figurer** : (1) les sélections et dimensions de données, le niveau de granularité, les critères de filtrage appliqués, les possibilités de forage, la division en éléments constitutifs et l'accès et les autorisations des utilisateurs et (2) les règles de présentation pour définir le format d'éléments de données, la traduction (étiquettes, références), les calculs et les agrégations de données.
- **Architecture de solution** : donne un aperçu de concept général sur la façon dont les exigences d'appui à la décision de chaque domaine fonctionnel s'associent au cadre de l'intelligence d'affaires. Elle est habituellement présentée sous forme d'un modèle de processus (ou de flux de données) qui définit :
  - où les données sources sont détenues,
  - comment (tirer/pousser) et quand (fréquence, latence) les données seront extraites,
  - où les transformations auront lieu (nettoyage, encodage, amélioration),
  - où les données seront conservées physiquement (entrepôt de données, dépôt de données), et
  - comment les données transigeront vers les extrants à présenter (outils de production de rapports et de requêtes).

11.2.3 Méthodologies et approches

.1 Méthodologies

Il n'existe aucune méthodologie d'intelligence d'affaires officielle qui touche les responsabilités et activités de l'analyste d'affaires. Toutefois, une initiative d'intelligence d'affaires peut fonctionner à l'intérieur ou à côté de méthodologies applicables à d'autres disciplines ou perspectives qui pourraient elles-mêmes influer sur le rôle de l'analyse d'affaires.

.2 Approches

Dans le cadre de l'intelligence d'affaires, il existe un certain nombre d'approches moins formelles et potentiellement redondantes qui correspondent à des contextes d'affaires et techniques particulières.

Types de données d'analytique

Il existe trois types d'analyse de données qui représentent des solutions incrémentielles avec des niveaux croissants de complexité, de coût et de valeur des systèmes :

- **Données d'analytique descriptives** : utilisent des données historiques pour comprendre et analyser le rendement passé de l'entreprise. L'information d'affaires peut être classée et consolidée pour correspondre au mieux à la perspective de la partie prenante, dont des tableaux de bord de la haute direction, des fiches d'évaluation d'indicateurs clés de performance (ICP) pour les cadres intermédiaires et des tableaux de gestion opérationnelle. Aucune hypothèse n'est formulée quant aux situations qui ont un intérêt pour les parties prenantes, les décisions qui doivent être prises ou les mesures qui pourraient être appliquées. L'analyse d'affaires est axée sur les exigences d'information et de communication pour les rapports et tableaux de bord standard, les rapports spéciaux et la fonctionnalité d'interrogation.
- **Données d'analytique prédictive** : appliquent des méthodes d'analyse statistique à des données historiques pour identifier des tendances, puis utilisent cette connaissance des liens et des tendances pour faire des prédictions sur des événements futurs. Les situations particulières présentant un intérêt pour les parties prenantes sont spécifiées et

leurs règles d'affaires sont définies. Le point de mire de l'analyse d'affaires porte sur les exigences d'information pour la reconnaissance de tendances au moyen du forage de données, de modèles prédictifs, de prévisions et d'alertes inspirées par l'état des choses.

- **Données d'analytique prescriptive** : développent l'analyse prescriptive pour cerner les décisions à prendre et entreprendre des mesures appropriées pour améliorer le rendement des affaires. L'optimisation statistique et des techniques de simulation peuvent servir à déterminer la meilleure solution ou le meilleur résultat parmi divers choix. Pour les situations d'intérêt pour les parties prenantes, une spécification entière des décisions connexes et des mesures potentielles est requise. Le point de mire de l'analyse d'affaires gravite autour des objectifs d'affaires, des critères de contrainte et des règles d'affaires qui sous-tendent le processus décisionnel.

Axées sur l'offre et la demande

Les objectifs et priorités d'une initiative d'intelligence d'affaires peuvent reposer sur les objectifs techniques de l'amélioration de systèmes de prestation d'information existants (axés sur l'offre) ou sur les objectifs d'affaires de la prestation de l'information appropriée pour améliorer les processus décisionnels (axés sur la demande) :

- **Axée sur l'offre** : suppose une perspective « à un coût donné, quelle valeur pouvons-nous offrir? ». Cette approche décrit les données de systèmes existants pour définir les données existantes. Une stratégie de mise en œuvre courante serait de :
    1. intégrer progressivement des bases de données existantes à l'architecture de la solution d'intelligence d'affaires,
    2. remplacer ou réparer progressivement les extrants existants, et
    3. explorer de nouvelles perspectives qui pourraient être obtenues des données consolidées.
- **Axée sur la demande** : suppose une perspective « à une valeur donnée, quels coûts engageons-nous? ». Cette approche commence par identifier l'extrant d'information nécessaire pour appuyer les décisions d'affaires, pour ensuite retracer l'information jusqu'aux sources de données sous-jacentes pour déterminer la faisabilité et le coût. Elle permet des stratégies de mise en œuvre progressive qui ne sont pas déterminées par des structures de bases de données existantes et l'utilisation exploratoire hâtive de l'intelligence d'affaires au-delà des exigences de déclaration existantes.

Données structurées et non structurées

Deux types de données entrent en ligne de compte dans les approches d'intelligence d'affaires :

- **Données structurées** : les solutions classiques d'entrepôts de données reposent sur la consolidation des données structurées (numériques et catégoriques) enregistrées dans des systèmes opérationnels où des ensembles d'information d'affaires sont circonscrits par des structures prédéfinies (désignées en tant que « schéma à l'écriture ») et où un modèle reposant sur les règles assure l'intégrité des données. Le point de mire de l'analyse d'affaires gravite autour de modèles de données, de dictionnaires de données et de règles d'affaires qui définissent les besoins d'information et capacités.
- **Données non structurées** : les solutions d'intelligence d'affaires peuvent comprendre des données semi structurées ou non structurées qui englobent du texte, des images, du son et des vidéos. Ces données proviennent souvent de sources externes. Pour ce type de données, la structure et les liens ne sont pas prédéfinis et aucune règle organisationnelle précise n'a été appliquée pour assurer l'intégrité des données. Les ensembles de renseignements sont tirés des données brutes (c'est ce qui s'appelle le « schéma à la

lecture »). Le point de mire de l'analyse d'affaires porte sur les définitions de métadonnées et les algorithmes de correspondance de données afin de définir les besoins d'information et les capacités.

11.2.4 Compétences fondamentales

Comme dans toute discipline d'analyse d'affaires, l'analyste d'affaires doit avoir les compétences fondamentales en communication et en analyse pour arriver à travailler efficacement avec les parties prenantes des affaires et les fournisseurs de solutions techniques.

Dans la discipline de l'intelligence d'affaires, cette coordination des exigences de renseignements d'affaires avec les résultats de systèmes d'intelligence d'affaires peut être améliorée par les compétences précises de l'analyste d'affaires en :

- données d'affaires et utilisation fonctionnelle, dont la terminologie et les règles,
- analyse de structures de données complexes et leur transposition en un format standard,
- processus d'affaires touchés, dont les ICP et les mesures,
- modélisation de décisions,
- techniques d'analyse de données, dont les statistiques de base, le profil des données et les données pivots,
- concepts et architecture d'entrepôts de données et d'intelligence d'affaires,
- modèles de données logiques et physiques,
- pratiques exemplaires d'ETL (extraire, transformer et lancer), dont le repérage de données historiques et la gestion des données de référence, et
- outils de production de rapports d'intelligence d'affaires.

11.2.5 Effet sur les domaines de connaissances

Cette section explique comment des pratiques d'analyse d'affaires précises dans la discipline Intelligence d'affaires s'associent aux tâches et pratiques d'analyse d'affaires définies par le *Guide BABOK®*. Cette section décrit comment chaque domaine de connaissances est appliqué ou modifié avec la discipline de l'intelligence d'affaires.

Chaque domaine de connaissances contient des techniques pertinentes à une perspective de l'intelligence d'affaires. Les techniques utilisées dans la discipline de l'intelligence d'affaires ne s'éloignent pas de façon considérable des techniques dans le *Guide BABOK®*. Les techniques du Guide BABOK® se trouvent dans le chapitre Techniques du *Guide BABOK®*. Cette liste ne se veut pas une liste exhaustive de techniques, mais bien un effort visant à mettre en relief les types de techniques utilisées par les analystes d'affaires alors qu'ils effectuent les tâches qui relèvent du domaine de connaissances.

.1 Planification et surveillance de l'analyse d'affaires

Une initiative d'intelligence d'affaires peut exiger l'établissement d'une infrastructure de données sous-jacente à l'appui de la solution ou il pourrait s'agir d'une amélioration fondée sur l'infrastructure d'une solution existante. La modélisation de la portée est souvent utilisée pour distinguer ces alternatives et planifier les activités d'analyse d'affaires pertinentes en conséquence.

Le paradigme d'intelligence d'affaires qu'est la livraison d'information peut être une approche nouvelle et méconnue pour les parties prenantes d'affaires et les analystes d'affaires eux-mêmes. Dans la planification de l'initiative, l'analyste d'affaires tient compte de ce qui suit :

- l'expérience des parties prenantes dans l'expression de leurs renseignements et dans la communication d'exigences dans le contexte de l'intelligence d'affaires, et
- l'habileté des analystes d'affaires à interpréter ces exigences en spécifications détaillées pour des spécialistes techniques de l'intelligence d'affaires.

Les solutions d'intelligence d'affaires fournissent habituellement des cadres, des outils et des techniques qui peuvent contribuer à la définition des exigences et à la modélisation des solutions. Le niveau d'expertise des parties prenantes et des analystes d'affaires à cet égard peut venir modifier l'approche prévue.

Lors de l'évaluation des attitudes des parties prenantes à l'égard de l'initiative d'intelligence d'affaires, l'analyste d'affaires devrait garder à l'esprit que la solution d'intelligence d'affaires d'entreprise pourrait ne pas offrir une valeur directe à certaines parties prenantes opérationnelles, mais bien l'offrir ailleurs dans l'organisation, et que la souplesse et le caractère extensible de l'infrastructure d'intelligence d'affaires ajoutent une valeur stratégique à long terme qui va au-delà des bénéfices opérationnels à court terme.

Une solution d'intelligence d'affaires qui intègre de multiples sources de données mobilise habituellement de nombreuses parties prenantes dont les besoins en informations se chevauchent. Les analystes d'affaires se préparent pour l'analyse et la synthèse d'exigences individuelles en un ensemble complet et cohésif sans conflits ni redondances.

Techniques du Guide BABOK®

- Critères d'évaluation et d'acceptation (p. 216)
- Tableau de bord prospectif (p. 221)
- Remue-méninges (p. 226)
- Analyse décisionnelle (p. 258)
- Estimation (p. 268)
- Décomposition fonctionnelle (p. 279)
- Entretiens (p. 286)
- Gestion des points de suivi (p. 290)
- Mesures et Indicateurs clés de performance (ICP) (p. 293)
- Analyse des exigences non-fonctionnelles (p. 299)
- Modélisation de l'organisation (p. 304)
- Priorisation (p. 308)
- Modélisation des processus (p. 314)
- Revues (p. 322)
- Analyse et gestion des risques (p. 325)
- Matrice des rôles et autorisations (p. 329)
- Analyse de la cause fondamentale (p. 331)
- Modélisation de la portée (p. 333)
- Listes des parties prenantes, cartographie ou personas (p. 339)
- Sondage ou questionnaire (p. 346)
- Cas d'utilisation et scénarios (p. 351)
- Récits utilisateur (p. 354)
- Ateliers de travail (p. 358)

.2 Élicitation et collaboration

La nature interfonctionnelle de l'intelligence d'affaires exige normalement des analystes d'affaires qu'ils emploient des outils et techniques de documentation spécialisés pour éliciter des types particuliers d'exigences de parties prenantes, à la fois d'entreprise et techniques.

Les parties prenantes individuelles peuvent posséder uniquement des connaissances et de l'expertise partielles sur :

- les décisions d'affaires qui doivent être appuyées,
- les éléments de données qui appuient ces décisions d'affaires,

- les règles d'acquisition, de transformation et d'intégration des données, et
- la présentation de l'information requise.

Les entretiens avec des parties prenantes individuelles cernent l'information et les perspectives analytiques requises pour appuyer leurs décisions. Des ateliers de travail avec des parties prenantes de différents domaines fonctionnels de l'entreprise peuvent détecter des exigences d'information communes et redondantes qui seraient davantage comblées avec une solution intégrée.

Les modèles et dictionnaires de données contiennent des définitions de la structure et des règles d'affaires de données de systèmes existants. L'analyste d'affaires évalue la documentation existante pour cerner les modèles incomplets ou incohérents.

Les modèles de processus élargis pour tenir compte des artéfacts de données peuvent cerner les sources de données requises à des points de décision. Les modèles de décision précisent les exigences d'analytique de données et les règles d'affaires entourant les décisions.

Les progiciels d'intelligence d'affaires peuvent fournir à l'analyste d'affaires un ensemble d'outils de prototypage hautement efficaces afin d'éliciter et de préciser de l'information sur les parties prenantes et les exigences de communication.

Techniques du Guide BABOK®

- Remue-méninges (p. 226)
- Analyse de la documentation (p. 266)
- Groupes de discussion (p. 276)
- Décomposition fonctionnelle (p. 279)
- Glossaires (p. 283)
- Analyse d'interface (p. 284)
- Entretiens (p. 286)
- Gestion des points de suivi (p. 290)
- Observation (p. 302)
- Prototypage (p. 320)
- Ateliers de travail (p. 358)
- Listes des parties prenantes, cartographie ou personas (p. 339)
- Sondage ou questionnaire (p. 346)

.3 Gestion du cycle de vie des exigences

La nature architecturale de la discipline d'intelligence d'affaires exige l'établissement de capacités d'infrastructure dans la solution. Cela peut amener des dépendances structurelles dans la solution, surtout si l'exécution se fait par phases, et elles touchent la priorisation des besoins d'affaires individuels. Il est souvent possible de gagner en efficacité en mettant en œuvre simultanément les exigences associées.

Techniques du Guide BABOK®

- Gestion des points de suivi (p. 290)
- Modélisation de l'organisation (p. 304)
- Priorisation (p. 308)
- Revues (p. 322)
- Matrice des rôles et autorisations (p. 329)
- Listes des parties prenantes, cartographie ou personas (p. 339)
- Ateliers de travail (p. 358)

.4 Analyse de la stratégie

Les analystes d'affaires peuvent utiliser des modèles de données conceptuels généraux pour représenter l'état actuel de l'information d'entreprise, pour identifier des silos d'information et pour évaluer leurs problèmes et opportunités associés. La modélisation de l'organisation peut servir à évaluer toutes les infrastructures de données actuelles, comme la gestion des métadonnées et la gouvernance des données.

Pour définir la stratégie de l'état futur des choses, les analystes d'affaires peuvent utiliser des modèles généraux pour cartographier l'architecture de stockage, de transfert et de transformation des données :

- **Modèle de données logique** : fournissent une vue statique de l'architecture de la solution, représentant le portail d'information qui lie la recherche d'intrants, les données opérationnelles, à la livraison des extrants, les renseignements d'affaires.
- **Diagramme de flux de données** : couramment utilisés pour cartographier les aspects dynamiques de la solution (données en mouvement) et cerner d'autres constructions architecturales comme la latence et l'accessibilité.
- **Modèles décisionnels** : sont utiles pour définir comment les décisions d'affaires pertinentes sont prises, et où et comment l'analyse de données peut être utilisée efficacement pour répondre à ces besoins.
- **Modèles de données physiques** : montrent l'environnement de mise en œuvre, dont l'entrepôt de données et les dépôts de données.

L'architecture extensible offerte par les solutions d'intelligence d'affaires peut appuyer la mise en œuvre progressive dans divers domaines fonctionnels de l'entreprise. Les analystes d'affaires peuvent définir des options de stratégie de changement en fonction des besoins et des priorités de l'entreprise, de leur impact sur les opérations d'affaires et de la convivialité des composantes d'infrastructure existantes.

Techniques du Guide BABOK®

- Gestion du carnet de commandes (p. 219)
- Analyse comparative et analyse du marché (p. 224)
- Remue-méninges (p. 226)
- Analyse des règles d'affaires (p. 238)
- Diagrammes de flux de données (p. 247)
- Modélisation des données (p. 254)
- Analyse décisionnelle (p. 258)
- Modélisation des décisions (p. 262)
- Analyse de la documentation (p. 266)
- Estimation (p. 268)
- Groupes de discussion (p. 276)
- Décomposition fonctionnelle (p. 279)
- Glossaires (p. 283)
- Modélisation de l'organisation (p. 304)
- Analyse et gestion des risques (p. 325)
- Analyse de la cause fondamentale (p. 331)
- Listes des parties prenantes, cartographie ou personas (p. 339)
- Analyse FFOM (p. 349)

.5 Analyse des exigences et définition de la conception

Lors de la modélisation et de la précision des exigences de saisie et de stockage des données en arrière-plan, les analystes d'affaires utilisent des techniques de modélisation axées sur des données précises comme la modélisation des données, les dictionnaires de données, la modélisation de décisions et l'analyse des règles d'affaires.

Les modèles de données d'un système existant peuvent aider à définir la disponibilité des données et à cerner les redondances, les incohérences et les problèmes de qualité des données. Si de la documentation sur les systèmes existants est absente ou désuète, la modélisation par rétro-ingénierie peut être une composante substantielle du travail qui exige souvent de consulter des experts techniques, comme des administrateurs de bases de données et des programmeurs d'applications.

Un modèle de données d'état futur démontre comment l'information source est structurée génériquement dans la solution proposée. Le processus de transformation global est souvent modélisé avec des diagrammes de flux de données pour illustrer la gestion des exigences de latence et d'accessibilité dans la solution. Les analystes d'affaires définissent des règles d'affaires précises pour la vérification de l'intégrité des données et pour la transformation des données.

Pour modéliser et préciser des extrants d'information à l'avant-scène, les analystes d'affaires :

- analysent des rapports existants pour déterminer s'il y a des candidats à remplacer ou à réparer avec des extrants d'intelligence d'affaires, et
- utilisent les capacités d'intelligence d'affaires comme les requêtes spéciales, le forage de données et le traitement d'événements complexes pour identifier et préciser le contenu et le format de nouveaux extrants de l'intelligence d'affaires.

Les analystes d'affaires participent à l'évaluation de la capacité d'une solution proposée (habituellement un progiciel) relativement aux exigences précisées. Dans le contexte de l'intelligence d'affaires, elles comprennent des exigences fonctionnelles comme des installations libre-service, des outils d'analytique de données, des outils de présentation de données, des capacités de forage vers le bas, et des exigences non-fonctionnelles liées à des problèmes comme la qualité des données, la latence des données et le rendement des requêtes.

.6 Techniques du Guide BABOK®

- Critères d'évaluation et d'acceptation (p. 216)
- Tableau de bord prospectif (p. 221)
- Analyse des règles d'affaires (p. 238)
- Dictionnaires de données (p. 244)
- Diagrammes de flux de données (p. 247)
- Modélisation des données (p. 254)
- Modélisation des décisions (p. 262)
- Analyse de la documentation (p. 266)
- Décomposition fonctionnelle (p. 279)
- Glossaires (p. 283)
- Analyse d'interface (p. 284)
- Entretiens (p. 286)
- Mesures et Indicateurs clés de performance (ICP) (p. 293)
- Analyse des exigences non-fonctionnelles (p. 299)
- Observation (p. 302)
- Modélisation de l'organisation (p. 304)
- Priorisation (p. 308)
- Modélisation des processus (p. 314)
- Prototypage (p. 320)
- Revues (p. 322)
- Modélisation de la portée (p. 333)
- Diagrammes de séquence (p. 337)
- Listes des parties prenantes, cartographie ou personas (p. 339)
- Modélisation de l'état (p. 343)
- Cas d'utilisation et scénarios (p. 351)
- Évaluation du fournisseur (p. 356)

.7 Évaluation de la solution

L'introduction d'une solution d'intelligence d'affaires est souvent limitée par l'entreprise lors de la sous-utilisation des ressources d'information et des fonctionnalités analytiques fournies par la solution. Les parties prenantes qui ne connaissent pas bien les capacités de l'intelligence d'affaires pourraient se concentrer simplement à remplacer ou à réparer les extrants d'information. Les analystes d'affaires explorent et évaluent les opportunités d'ajouter de la valeur permises par une solution d'intelligence d'affaires.

.8 Techniques du Guide BABOK®

- Critères d'évaluation et d'acceptation (p. 216)
- Tableau de bord prospectif (p. 221)
- Analyse des règles d'affaires (p. 238)
- Diagrammes de flux de données (p. 247)
- Modélisation des données (p. 254)
- Analyse décisionnelle (p. 258)
- Modélisation des décisions (p. 262)
- Estimation (p. 268)
- Groupes de discussion (p. 276)
- Décomposition fonctionnelle (p. 279)
- Glossaires (p. 283)
- Entretiens (p. 286)
- Gestion des points de suivi (p. 290)
- Mesures et Indicateurs clés de performance (ICP) (p. 293)
- Observation (p. 302)
- Modélisation de l'organisation (p. 304)
- Priorisation (p. 308)
- Modélisation des processus (p. 314)
- Analyse et gestion des risques (p. 325)
- Listes des parties prenantes, cartographie ou personas (p. 339)
- Sondage ou questionnaire (p. 346)
- Analyse FFOM (p. 349)
- Cas d'utilisation et scénarios (p. 351)
- Récits utilisateur (p. 354)
- Évaluation du fournisseur (p. 356)

11.3 La perspective de la Technologie de l'information

La perspective de la technologie de l'information met en évidence les caractéristiques de l'analyse d'affaires lorsqu'elle est entreprise du point de vue de l'impact du changement sur les systèmes de technologie de l'information.

Cette perspective est axée sur les approches non agiles des initiatives de TI.

Lorsqu'ils travaillent dans la discipline de la technologie de l'information (TI), les analystes d'affaires gèrent une gamme variée d'activités de complexité et de portée variées. Les initiatives peuvent être aussi petites que la correction de anomalies et des améliorations mineures ou aussi importantes que la restructuration de l'infrastructure de technologie de l'information entière pour une grande entreprise. Les analystes d'affaires doivent travailler avec ce niveau diversifié de connaissances et de compétences parmi les parties prenantes pour offrir des solutions de valeur pour leurs besoins de TI.

Pour en savoir davantage sur les approches agiles dans des initiatives de technologie de l'information, consultez La perspective Agile (p. 362).

Être en mesure de définir efficacement la vision et les besoins de l'entreprise aux parties prenantes techniques est fondamental à la réussite d'un analyste d'affaires dans la discipline de la technologie de l'information. Les analystes d'affaires collaborent proactivement avec des parties prenantes de l'entreprise et des équipes de développement pour voir à ce que les besoins soient compris et alignés à la stratégie organisationnelle. Un analyste d'affaires joue souvent le rôle d'interprète qui aide les parties prenantes de l'entreprise et de la technologie à comprendre les besoins, contraintes et le contexte des autres. Le thème de la conception d'une solution est approprié dans un contexte de technologie et du point de vue de l'analyste d'affaires de la TI. Cependant, on suppose généralement que le terme « conception », lorsqu'abordé dans un contexte de TI, signifie « conception technique », ou l'utilisation de technologies pour régler des problèmes d'affaires. Les analystes d'affaires dans un contexte de TI définissent et élaborent des exigences de la solution ou participent à la conception de solutions avec les parties prenantes d'affaires tout en restant distincts de la conception technique.

Important

Traditionnellement, dans le contexte TI, le terme « conception » a été réservé à la conception de solutions techniques par des développeurs, des architectes TI ou des architectes de solutions. Tout le travail effectué par des analystes d'affaires de la TI est englobé par le terme « exigences », dont des concepts comme la définition et la conception de processus d'affaires, d'interfaces avec des utilisateurs ou d'autres éléments de la solution pertinents aux parties prenantes hors de l'équipe de mise en œuvre. Les analystes d'affaires qui travaillent dans ce contexte peuvent préférer le terme « exigences de la solution » au lieu de « conception » pour garder les responsabilités distinctes.

Les analystes d'affaires qui travaillent dans un milieu de technologie de l'information abordent leurs tâches à la lumière de trois facteurs importants :

- **Effet de la solution** : la valeur et le risque de la solution pour l'entreprise.
- **Maturité organisationnelle** : le caractère formel et la souplesse des processus de changement organisationnel.
- **Portée du changement** : l'ampleur, la profondeur, la complexité et le contexte du changement proposé.

11.3.1 Portée du changement

Les changements aux systèmes de TI sont apportés pour plusieurs raisons.

Chacun des facteurs déclencheurs suivants peut mener à un changement de TI :

- **Créer une nouvelle capacité organisationnelle** : peut être exécuté pour transformer l'organisation. Ces types d'initiatives de TI peuvent déclencher la création de programmes plus importants afin d'examiner les changements sans lien avec la TI, mais elles gravitent autour d'une technologie qui modifie le milieu des affaires.
- **Atteindre un objectif organisationnel en améliorant une capacité existante** : fait partie d'un changement qui répond à un besoin défini. Cela peut comprendre des changements visant à atteindre les exigences réglementaires ou à permettre l'atteinte d'objectifs d'affaires précis. Ces types d'initiatives modifient souvent un système existant, mais peuvent également exiger la mise en place et l'intégration de nouveaux systèmes.
- **Faciliter une amélioration opérationnelle** : entreprise pour améliorer l'efficacité organisationnelle ou réduire le risque pour l'organisation. La portée du changement, la maturité organisationnelle et l'effet de la solution dictent si ces changements seront gérés en tant que projets, dans le cadre d'un effort d'amélioration continu ou en tant qu'améliorations.
- **Tenir à jour un système de technologie de l'information existant** : pour assurer le bon fonctionnement d'un système de TI existant. Selon la portée du changement, la mise à jour peut être gérée en tant que projet ou qu'activité régulière. Cela peut comprendre les changements amenés par la technologie, comme un arrêt de support d'un fournisseur pour un produit, des mises à jour ou montées des versions planifiées ou des mises à niveau d'un progiciel acheté ou des modifications techniques requises pour appuyer une stratégie d'architecture.
- **Réparer un système de technologie de l'information brisé** : réalisé lorsqu'un système informatique qui ne fonctionne pas comme prévu est modifié pour corriger le dysfonctionnement. L'urgence de la réparation repose généralement sur le niveau de perturbation engendré. Dans certains cas, la portée de l'effort de réparation est très vaste ; la réparation est donc gérée en tant que projet.

.1 Portée du changement

Les initiatives de technologie de l'information peuvent être axées sur un seul système ou de multiples systèmes qui interagissent. Certains systèmes sont élaborés et mis à jour à l'interne, tandis que d'autres sont des progiciels logiciels commerciaux prêts à l'emploi (COTS) élaborés par une organisation externe au groupe qui met en place le système. Il se peut également qu'une organisation externe se charge du développement personnalisé, comme lorsque des tâches de développement sont externalisées ou attribuées par contrat.

La portée d'une initiative de TI est souvent expressément axée sur les logiciels et le matériel et un ensemble minime de systèmes, applications ou parties prenantes. Les grandes initiatives peuvent toucher de multiples groupes ou systèmes d'utilisateur et requièrent souvent la collaboration avec l'entreprise élargie. La mise en place de progiciels peut commencer par une portée petite ou restreinte lorsque le changement est entrepris, mais une fois l'analyse effectuée, la portée est plus large que prévu à l'origine. L'approche de l'analyse d'affaires pour la sélection et la mise en œuvre d'un progiciel diffère du développement interne. Ces systèmes de TI exigent presque toujours une personnalisation, une intégration, une administration et de la formation. Dans certains cas, les initiatives sont restreintes à l'installation et à la mise en œuvre initiales ou à des améliorations à une application existante. Les initiatives de TI peuvent également graviter autour d'une solution technologique très précise, comme les données requises, le mode de collecte des données, le stockage des données et leur accès, pour appuyer les modes de transaction d'affaires ou la façon dont l'information est déclarée et transmise aux groupes d'affaires.

Les analystes d'affaires qui travaillent en TI examinent attentivement le contexte de tout changement de technologie de l'information. Ils déterminent si le changement est géré en tant que projet, qu'amélioration continue ou qu'activité de maintenance. Les analystes d'affaires tiennent également compte de la gestion du changement organisationnel et de tous les effets, dont la formation, les communications et l'adoption du changement.

La nature des activités d'analyse d'affaires dans un milieu de TI dépend de divers facteurs d'impact de la solution :

- Qu'arrivera-t-il à l'entreprise si ce système est hors-service?
- Qu'arrivera-t-il si le rendement du système se dégrade?
- Quels capacités et processus d'affaires dépendent du système de TI?
- Qui contribue à ces capacités et processus?
- Qui utilise ces capacités et processus?

Lors de l'examen de ces facteurs d'impact de solution, les analystes d'affaires associent la formalité des activités d'analyse aux processus d'analyse d'entreprise définis par l'organisation, mais ils prennent également en compte l'importance du système informatique. L'importance du système analysé peut en effet indiquer qu'une analyse poussée est requise pour appuyer et définir les exigences pour le changement.

.2 Ampleur du changement

Les changements dans un milieu de TI exigent souvent que l'analyste d'affaires définisse des détails explicites, dont les détails techniques, comme la définition d'éléments de données individuels manipulés ou touchés par le changement. Les efforts d'intégration peuvent exiger une analyse et une définition à un niveau supérieur de détail, tout en cernant et en définissant les interfaces entre systèmes de TI. En raison du niveau de détail requis dans ces types d'initiatives, les analystes d'affaires demandent et analysent comment l'organisation fonctionne dans son ensemble et comment le système de TI appuiera ces activités. Cela donne le contexte nécessaire à l'analyste d'affaires pour qu'il comprenne si les détails découverts et consignés sont pertinents et s'ils ajoutent une valeur. Ceci peut être particulièrement complexe lorsqu'un changement à un système de TI est entamé pour des raisons axées sur la technologie, sans précision suffisante ou sans lien avec les objectifs d'affaires.

.3 Valeur et solutions ajoutées

Les systèmes de technologie de l'information sont mis en œuvre pour augmenter la valeur organisationnelle, dont toute capacité et tout processus de soutien qui utilisent le système. Les analystes d'affaires cherchent à aligner la fonction de TI à ces processus et capacités, et à mesurer l'effet qu'a le système sur ces derniers.

Les changements aux systèmes de TI peuvent augmenter la valeur de nombreuses façons, dont :

- réduction des coûts opérationnels,
- diminution du gaspillage d'efforts,
- augmentation de l'alignement stratégique,
- augmentation de la fiabilité et de la stabilité,
- automatisation de processus susceptibles aux erreurs ou manuels,
- résolution de problèmes,
- développement, amélioration ou disponibilité plus simple d'une capacité d'affaires, et
- mise en place de nouvelles fonctions et capacités.

.4 Approche de livraison

L'exécution d'activités d'analyse d'affaires dans une organisation de TI varie grandement. Les initiatives peuvent passer de petits efforts d'amélioration, effectués dans un seul calendrier de version à courte échéance, à des mises en application à multiples versions lancées par phases.

Des initiatives à courte échéance peuvent mettre à contribution un seul analyste d'affaires pendant une courte période. Des efforts plus importants impliquent souvent plusieurs analystes d'affaires qui peuvent coordonner les activités d'analyse de plusieurs façons. Les analystes d'affaires peuvent répartir le travail selon le groupe d'affaires participant ou par activité précise.

.5 Principales hypothèses

Voici une liste des principales hypothèses de la discipline de TI :

- les capacités et processus d'affaires qui utilisent un système de TI ajoutent une valeur à l'organisation,
- les analystes d'affaires travaillant sous d'autres perspectives peuvent intégrer leur travail avec celui des analystes d'affaires informatiques, et
- les changements de système de TI sont habituellement motivés par un besoin d'affaires, bien que certaines initiatives puissent provenir de développements technologiques.

11.3.2 Portée de l'analyse d'affaires

.1 Promoteur du changement

Les changements de technologie de l'information peuvent être demandés ou promus par des promoteurs d'affaires, des services de TI ou sous forme de collaboration entre les deux. Ces changements devraient être harmonisés à une stratégie organisationnelle et à des objectifs d'affaires. Il est possible pour un service de TI d'entamer le changement pour qu'il corresponde à la stratégie technique ou qu'il atteigne des objectifs techniques, mais un alignement à la stratégie d'organisation globale demeure crucial pour la réussite du changement.

La liste suivante représente des promoteurs de changement éventuels :

- équipe technique,
- direction technique,
- propriétaire de l'application,
- responsable du processus,
- propriétaire de l'entreprise,
- responsable du produit interne, et
- représentant réglementaire (comme un service juridique d'entreprise).

Les entreprises peuvent utiliser de nombreuses méthodes pour apporter des changements liés à la technologie de l'information. Souvent, de grandes entreprises définissent un bureau de gestion de programme ou de projet dans le service de TI qui accueille les demandes et priorise les efforts au nom du service.

.2 Cibles de changement

Les analystes d'affaires cernent tous les services, processus, applications et fonctions qui peuvent être touchés par le changement proposé. Un analyste d'affaires se concentre non seulement sur les détails de l'initiative, mais garde également un œil sur l'ensemble et l'impact potentiel (d'affaires et technique) du changement. Cela amène un niveau d'analyse des processus et d'analyse fonctionnelle particulièrement axées sur les interfaces techniques et les transferts de processus.

.3 Position d'analyste d'affaires

Dans une initiative de TI, les activités d'analyse d'affaires peuvent être effectuées par du personnel qui possède l'un des nombreux titres ou expériences d'emploi dans l'organisation. Cette tâche peut dépendre du type de changement, du niveau d'expérience, des connaissances requises ou simplement du personnel disponible pour fournir l'effort. Le personnel peut être affecté aux tâches d'analyse d'affaires en raison de l'expérience décrite ci-dessous et peut effectuer la totalité ou une partie des responsabilités d'analyse d'affaires pour un changement donné.

Il se peut que toutes les tâches d'analyse d'affaires pour un projet de TI puissent être effectuées par une seule personne qui a un seul de ces antécédents :

- un analyste d'affaires qui travaille expressément avec les utilisateurs d'affaires d'un système de TI,
- un analyste d'affaires de TI qui est le point de liaison désigné entre l'équipe technique et le groupe d'affaires qui utilise l'application,
- un expert du domaine qui a l'expérience de la mise en œuvre du logiciel actuel,
- un utilisateur du logiciel qui a l'expérience de l'utilisation du logiciel au quotidien et qui peut se concentrer sur la capacité d'utilisation,
- un analyste système qui a l'expérience du domaine d'affaires, mais non de l'application précise,
- un responsable de processus d'affaires qui possède l'expérience approfondie nécessaire des capacités ou processus d'affaires, mais qui n'a peut-être pas d'expérience technique ou de la TI,
- un spécialiste technique qui possède une expérience technique approfondie, et

- un représentant de progiciel qui permettra des mises en application personnalisées d'une solution sous forme de suite et misera sur ses connaissances de la suite du fournisseur et son expérience de la mise en œuvre.

.4 Résultats de l'analyse d'affaires

Dans une initiative de TI, un analyste d'affaires peut examiner des processus d'affaires touchés par le changement ainsi que les données et l'information d'intelligence d'affaires recueillies par le système. Les analystes d'affaires qui travaillent à l'initiative planifient en profondeur l'effort de l'analyse d'affaires et les livrables qui appuient l'effort de changement.

L'approche de changement utilisée touche directement les livrables de l'analyse d'affaires ou ses résultats. De nombreuses organisations ont un système ou une méthode de développement de solutions qui, dans une certaine mesure, dicte les livrables requis à chacun des jalons du projet. Même dans le contexte de cette structure, l'analyste d'affaires peut chercher à terminer d'autres livrables au-delà de ceux requis par l'approche du changement ou le processus propre à l'organisation et utilise des techniques qui appuient la connaissance approfondie de l'effort de changement requis.

Les analystes d'affaires qui travaillent dans la discipline de la TI sont chargés de livrer tout ce qui suit :

- exigences définies, complètes, testables, priorisées et vérifiées,
- analyse de solutions de rechange,
- règles d'affaires,
- analyses d'écart,
- décomposition fonctionnelle,
- cas d'utilisation et scénarios, ou récits d'utilisation, selon le cas,
- analyse d'interface,
- prototypes,
- analyse de processus,
- modèles de processus,
- modèles de l'état,
- modèles décisionnels,
- modèles contextuels ou modèles de portée, et
- modèles de données.

D'autres livrables additionnels qui ne font pas partie de la liste ci-dessus mais qui sont liés aux extrants des techniques d'analyse d'affaires utilisées pourraient également faire partie des livrables de l'analyste d'affaires.

11.3.3 Méthodologies

Les méthodologies suivies par les organisations de technologie de l'information varient grandement.

En général, les méthodologies de développement de solutions s'inscrivent dans deux approches génériques :

- **Prédictive** : processus structurés qui mettent en relief la planification et la documentation structurée des processus utilisés pour mener à bien le changement. Chaque phase du processus ou de la séquence est terminée avant de passer à la suivante.
- **Adaptative** : processus qui permettent un remaniement dans un ou plusieurs des cycles de processus structuré globaux. La plupart des modèles adaptatifs sont à la fois itératifs et incrémentaux et axés sur le développement de l'ampleur et de la profondeur du produit.

Une méthodologie hybride peut également être utilisée. Une méthodologie hybride peut comprendre une vision globale de l'initiative entière (prédictive) et une définition des détails dans des cycles ou itérations individuels (adaptative).

Le tableau suivant décrit plusieurs méthodologies ou approches établies qu'un analyste d'affaires qui pratique dans un milieu de technologie de l'information peut rencontrer.

Table 11.3.1: Méthodologies de technologie de l'information

Méthodologie	Brève description
Interne ou propre à l'organisation	Une méthodologie dérivée de composantes d'autres méthodologies ou approches établies peut être créée par une organisation de technologie de l'information pour régir les initiatives axées sur la technologie de l'information.
Ingénierie des exigences (IE)	Établissement d'une approche structurée de l'élaboration et de la gestion des exigences, utilisée dans des milieux prédictifs, adaptatifs et agiles.
Méthode d'analyse et de conception de systèmes structurées (SSADM)	Méthodologie de conception prédictive axée sur la modélisation logique établie et la séparation des exigences des solutions, élément central à l'analyse et à la spécification des systèmes.
Processus unifié (UP)	Approche de développement adaptative. Les phases de commencement et d'élaboration sont particulièrement intéressantes pour les analystes d'affaires. Le UP n'est pas estimé agile, mais reste une méthodologie adaptative.

11.3.4 Compétences fondamentales

Un analyste d'affaires qui travaille en TI peut posséder des compétences liées au développement de la TI, comme la programmation, la création d'une base de données, la création d'une architecture ou d'une solution de système, de l'expérience en essai de logiciels ou d'autres compétences techniques. Cependant, des compétences liées au développement ou techniques ne sont pas nécessaires à la réussite d'un analyste d'affaires dans un milieu de TI. Il importe que l'analyste d'affaires connaisse à fond les détails requis dans un ensemble d'exigences afin d'appuyer des solutions techniques ainsi que ce qui est faisable sur le plan technique et dans les contraintes de l'architecture technique de l'organisation. Ces compétences permettront à un analyste d'affaires de travailler avec toutes les parties prenantes pour élaborer un cadre de solution d'affaires qui offrira également à l'équipe technique assez de souplesse pour concevoir une solution technique.

Les analystes d'affaires utilisent des compétences de facilitation lorsqu'ils travaillent avec des parties prenantes. Des compétences en négociation sont souvent utilisées au moment de travailler avec des entreprises et du personnel technique pour conclure des ententes et prendre des décisions si les coûts d'une solution (sur le plan du budget, du temps ou de l'effet sur l'architecture) entrent en conflit avec le résultat d'affaires escompté.

La pensée systémique est une compétence cruciale que les analystes d'affaires doivent avoir pour travailler dans un milieu de TI. La pensée systémique appuie la capacité de l'analyste d'affaires de voir la vue d'ensemble, dont toute autre application ou aspect technique qui peut être touché, les détails du besoin précis et les solutions techniques possibles. La pensée systémique appuie également la capacité de cerner les répercussions sur les personnes, les processus et les logiciels qui ne sont pas nécessairement directement modifiés dans le cadre d'un effort de développement de la TI, et d'analyser les risques et résultats éventuels de ces effets.

11.3.5 Effet sur les domaines de connaissances

Cette section explique comment des pratiques d'analyse d'affaires précises dans la discipline Technologie de l'information s'associent aux tâches et pratiques d'analyse d'affaires définies par le *Guide BABOK®*. Elle décrit également comment chaque domaine de connaissances est appliqué ou modifié dans le domaine des TI.

Chaque domaine de connaissances contient des techniques pertinentes à une perspective de TI. Les techniques utilisées dans la discipline de la technologie de l'information ne s'éloignent pas de façon considérable des techniques dans le *Guide BABOK®*. Les techniques du *Guide BABOK®* se trouvent dans le chapitre Techniques du *Guide BABOK®*. Cette liste ne se veut pas une liste exhaustive de techniques, mais bien un effort visant à mettre en relief les types de techniques utilisées par les analystes d'affaires alors qu'ils effectuent les tâches qui relèvent du domaine de connaissances.

.1 Planification et surveillance de l'analyse d'affaires

Une approche de l'analyse d'affaires est un outil de communication fondamental qui peut servir à identifier des ressources requises pour le travail d'analyse d'affaires et à prévoir suffisamment de temps pour l'effort d'analyse. Un plan d'analyse d'affaires bien défini s'intègre au plan de projet global et donne aux analystes d'affaires l'occasion de définir et de prévoir les activités d'analyse d'affaires pour le projet.

De nombreuses organisations ont des normes et processus en place, qui peuvent mentionner des tâches et livrables d'analyses précis. En leur absence, l'analyste d'affaires cerne ces tâches et livrables selon les besoins de l'initiative précise.

Il importe que le contexte du travail de l'analyse soit compris. Cela comprend une connaissance des liens fonctionnels entre les systèmes logiciels, les processus d'affaires et les données transmises d'un système au suivant. Les changements à tout système ou processus individuel peuvent avoir un effet boule de neige qui intègre des systèmes, processus ou groupes de parties prenantes additionnels dans la portée de l'initiative.

L'analyste d'affaires de la TI peut être intégré à une équipe de logiciel. Cette approche permet à l'analyste d'affaires de devenir assez bien renseigné sur les logiciels ou processus précis appuyés par le logiciel. Les attitudes et besoins des parties prenantes peuvent changer ou évoluer à l'égard de chaque changement précis. Les rôles, la collaboration et les plans de communication sont prévus pour chaque effort de changement.

Les progiciels peuvent mettre à contribution d'importants efforts d'intégration de systèmes, personnalisations et de nombreuses tâches inattendues en raison de l'avènement de logiciels externes. Lors de la planification des impacts et des besoins de personnalisation les analystes d'affaires mobilisent à la fois les parties prenantes internes, qui comprennent les besoins du changement, et les parties prenantes externes, qui ont une expertise de la mise en œuvre du progiciel .

Techniques du Guide BABOK®

- Gestion du carnet de commandes (p. 219)
- Analyse de la documentation (p. 266)
- Estimation (p. 268)
- Décomposition fonctionnelle (p. 279)
- Gestion des points de suivi (p. 290)
- Mesures et Indicateurs clés de performance (ICP) (p. 293)
- Modélisation de l'organisation (p. 304)
- Matrice des rôles et autorisations (p. 329)
- Modélisation de la portée (p. 333)
- Listes des parties prenantes, cartographie ou personas (p. 339)

.2 Élicitation et collaboration

Les changements en technologie de l'information touchent souvent de nombreuses parties prenantes qui ont des relations distinctes avec la solution ou le changement. Lorsqu'un changement touche une application ou un système de TI, le personnel technique peut avoir l'expertise, les perspectives ou l'expérience qui peuvent cerner d'autres effets sur les systèmes ou processus à mesure que les exigences et solutions sont définies. Pour cette raison, il est utile d'avoir au moins une session d'élicitation avec le personnel technique de la TI, comme le personnel de développement ou de conception technique, et les experts du domaine dans la même pièce au même moment. Ce type d'approche de l'élicitation offre une plateforme de collaboration entre les équipes techniques et d'affaires, où l'analyste d'affaires de TI sert de facilitateur et d'agent de liaison pour le processus.

Les analystes d'affaires qui pratiquent dans un milieu de TI peuvent utiliser toutes les techniques présentées dans le domaine de connaissances Élicitation et collaboration. De plus, les méthodes suivantes peuvent être d'une aide précieuse dans la discipline de technologie de l'information :

- **Enquête** : avec les actifs de processus organisationnels, les études de marché, l'analyse compétitive, les spécifications fonctionnelles et l'observation,
- **Simulations** : avec des modélisations statistiques et maquettes, et
- **Expérimentation** : avec des preuves de concept, des prototypes, des versions alpha et bêta et des essais A/B.

Les changements à la technologie de l'information peuvent être perçus comme une distraction ou un coût par les parties prenantes des affaires si le changement n'est pas jugé essentiel à la mission ou si la partie prenante subit des conséquences négatives après le changement. Cela peut compliquer l'engagement en vue de l'élicitation. L'élicitation au-delà des frontières de l'organisation peut être entravée, ce qui cause des bris de collaboration et amène le besoin de refaire le travail. Les analystes d'affaires en TI peuvent réduire le risque d'avoir à refaire le travail en mobilisant des ressources de technologie de l'information et d'affaires dans les activités de collaboration.

Techniques du Guide BABOK®

- Remue-méninges (p. 226)
- Jeux collaboratifs (p. 241)
- Analyse de la documentation (p. 266)
- Groupes de discussion (p. 276)
- Analyse d'interface (p. 284)
- Entretiens (p. 286)
- Observation (p. 302)
- Modélisation des processus (p. 314)
- Prototypage (p. 320)
- Modélisation de la portée (p. 333)
- Diagrammes de séquence (p. 337)
- Listes des parties prenantes, cartographie ou personas (p. 339)
- Modélisation de l'état (p. 343)
- Sondage ou questionnaire (p. 346)
- Cas d'utilisation et scénarios (p. 351)
- Ateliers de travail (p. 358)

.3 Gestion du cycle de vie des exigences

Les initiatives en TI font souvent l'objet de découvertes majeures lors de la création du changement. C'est par l'exploration que les analystes d'affaires découvrent les implications de la nouvelle fonctionnalité fournie par la solution. Ce sentiment de découverte dans les milieux de TI a mené à l'adaptation de cycles de courte durée (amélioration agile et continue), à un suivi du changement rigoureux (intégration de modèles de capacité et de maturité, ou CMMI et prédictif) et à une technologie de l'information externe (modèle SaaS et services d'infonuagique).

Les analystes d'affaires qui travaillent en TI portent une attention particulière aux outils de gestion de l'harmonisation, de l'approbation, du suivi du changement, de la traçabilité et du cycle de vie des exigences. Il appartient à l'analyste d'affaires de travailler avec les parties prenantes pour élaborer une méthode uniforme d'examen des exigences évolutives afin d'assurer l'harmonisation aux objectifs d'affaires pour l'initiative.

Dans de nombreux cas, les changements aux exigences approuvées sont motivés par des changements aux exigences de niveau supérieur, comme des objectifs d'affaires. Les analystes d'affaires collaborent avec des parties prenantes pour s'assurer que ces exigences soient stables avant de passer aux exigences de la solution ou techniques. Lorsque des changements aux exigences sont présents, l'analyste d'affaires analyse l'effet et planifie comment gérer les changements proposés.

À mesure qu'augmente la complexité d'un milieu de technologie de l'information, il devient de plus en plus important d'associer chaque changement à chaque exigence. La traçabilité qui comprend des liens de dépendance et relations parmi les exigences facilite la tâche des parties prenantes de comprendre les changements dans le système de TI et de prédire les effets de changements additionnels.

Puisque les systèmes techniques évoluent avec le temps, il est utile que chaque version de chaque exigence soit sauvegardée et comptabilisée d'une certaine façon. La traçabilité rend possible la recherche de la source et du propriétaire de chaque fonction et caractéristique demandée, ainsi que la raison, le moment et la façon dont elle a changé au fil du temps. Cet historique est important pour voir à ce que les exigences soient complètes et que l'approbation des exigences soit une décision raisonnée. Lorsque le travail du changement et le système de TI sont audités, les régulateurs et autres parties intéressées peuvent savoir ce qui s'est passé, quand et pourquoi. Cela peut être particulièrement important à des fins d'audit, lorsqu'une application gère des données ou des processus sans intervention humaine pour chaque transaction ou instance du processus. Cette traçabilité permet également à l'organisation de comprendre pourquoi certaines fonctions ne sont pas livrées ou mises en application dans le système de TI et pourquoi elles ont été écartées de la portée de cette mise en œuvre.

Techniques du Guide BABOK®

- Critères d'évaluation et d'acceptation (p. 216)
- Analyse décisionnelle (p. 258)
- Gestion des points de suivi (p. 290)
- Mesures et Indicateurs clés de performance (ICP) (p. 293)
- Priorisation (p. 308)

.4 Analyse de la stratégie

Dans une organisation de TI, l'analyse de la stratégie est axée sur les technologies et systèmes, les unités fonctionnelles, les processus d'affaires et les stratégies d'affaires touchées par un changement proposé. Il se peut que les impacts d'un changement causent un effet d'entraînement dans d'autres systèmes de l'organisation. Pour analyser les besoins et les changements proposés, les analystes d'affaires cherchent à comprendre tous les aspects qui peuvent être touchés par le changement.

L'analyse de l'état actuel dans les initiatives de TI comprend l'analyse de processus manuels, la connaissance de ce que fait actuellement le système ou la technologie, les données requises pour effectuer les tâches et les autres systèmes et processus qui interagissent avec le système. Les analystes d'affaires planifient une compréhension approfondie de l'état actuel et un large contexte de l'entreprise dans un premier temps, étant entendu que la portée se réduira à mesure que l'état futur sera identifié.

Une fois l'état actuel des choses compris, l'état futur des choses est décrit. Il peut se rattacher au processus ou à la capacité et comprend en général la façon dont la fonctionnalité du système actuelle doit changer à l'appui de la vision future et de l'atteinte des objectifs des parties prenantes individuelles et de l'entreprise. Pour comprendre l'état actuel et futur des choses, l'écart entre les deux est analysé. C'est là que l'orientation de l'effort de changement peut être fixée. C'est à ce moment de l'analyse que les options de la solution sont envisagées.

Une fois que les aspects de la portée du changement et l'état futur désiré des choses sont compris, les analystes d'affaires évaluent l'incertitude et le risque. L'incertitude est déterminée par :

- identifier et définir les risques,
- identifier et définir des bénéfices potentiels,
- établir des paramètres de variance dans des processus et opérations connus, et
- explorer l'inconnu.

Les analystes d'affaires explorent d'autres risques potentiels, dont :

- les risques pour le fournisseur, comme la stabilité de leur entreprise et de leurs produ,its,
- les effets sur le milieu technique du système,
- l'évolutivité de la solution si le volume de transactions ou d'utilisateurs augmente avec le temps, et
- d'autres changements au processus ou au système requis selon le changement entamé.

Techniques du Guide BABOK®

- Analyse de capacité de l'entreprise (p. 228)
- Groupes de discussion (p. 276)
- Décomposition fonctionnelle (p. 279)
- Entretiens (p. 286)
- Gestion des points de suivi (p. 290)
- Observation (p. 302)
- Analyse des processus (p. 310)
- Modélisation des processus (p. 314)

- Modélisation de la portée (p. 333)
- Sondage ou questionnaire (p. 346)
- Analyse FFOM (p. 349)
- Évaluation du fournisseur (p. 356)
- Ateliers de travail (p. 358)

.5 Analyse des exigences et définition de la conception

Il importe que les analystes d'affaires qui travaillent en TI comprennent et précisent le terme « conception ». De nombreuses organisations en TI ne pensent à la conception que si elle s'applique à la conception ou au plan détaillé d'un logiciel ou à une modification technique. Dans l'Analyse des exigences et définition de la conception, le terme conception a une signification plus globale et dépend du point de vue de l''analyste d'affaires. Les conceptions sont des représentations utilisables axées sur la solution et une connaissance de la réalisation potentielle de la valeur par une solution si elle devait être construite. Par exemple, un modèle d'amélioration potentielle d'un processus (qu'il touche ou utilise ou non un système de TI) ainsi que des dispositions d'interfaces avec l'utilisateur ou définitions de rapport peuvent tous être considérés en tant que conceptions.

Les analystes d'affaires élaborent des exigences d'affaires et techniques, détaillent et définissent des besoins de parties prenantes et dégagent la valeur à réaliser par les parties prenantes une fois qu'une solution technique ou qu'un changement est mis en place. Ils élicitent, définissent et analysent les exigences d'affaires et des parties prenantes, mais également définissent, analysent et modélisent les conceptions de solutions. Ils définissent les exigences à un niveau de détail technique qui sera utilisé dans le cadre de la conception d'une solution et comme intrant aux conceptions techniques. Cette élaboration inclura des exigences fonctionnelles et des exigences non-fonctionnelles. Pour certaines initiatives de changement, la définition d'exigence non-fonctionnelle pourrait s'appliquer à tous les objectifs d'affaires pour l'effort de changement.

Les analystes d'affaires se fient souvent à d'autres agents du changement pour produire des conceptions techniques pour des solutions logicielles. Un architecte de système, programmeur, gestionnaire de bases de données ou autre expert technique est souvent requis pour déterminer comment utiliser la technologie pour satisfaire un ensemble d'exigences. Les analystes d'affaires TI définissent les étapes du processus, les règles d'affaires, les flux d'écran et les mises en page de rapport. Définir les exigences pour inclure les fonctionnalités détaillées d'un système, l'entreprise et les processus système est un élément crucial de la conception d'une solution et ne sépare pas l'analyse et la conception.

Dans le cadre de l'analyse des exigences, un analyste d'affaires TI peut s'associer à un autre analyste d'affaires qui a une perspective différente, comme un analyste d'affaires d'entreprise ou un architecte d'affaires, pour que les exigences en TI s'alignent à la stratégie organisationnelle ou d'affaires.

L'analyse des exigences et la définition de la conception impliquent souvent de documenter les exigences à l'aide de mots et d'images. Dans certains cas, les exigences peuvent être représentées autrement, comme avec une preuve de concept, des prototypes fonctionnels de logiciels ou des simulations. Dans tous les cas, l'analyste d'affaires produit de la documentation suffisamment détaillée pour :

- l'entreprise, afin de confirmer et de valider les exigences,,
- les développeurs de la conception, et
- les testeurs, pour mesurer la solution avant sa mise à exécution dans un milieu de production.

Techniques du Guide BABOK®

- Analyse des règles d'affaires (p. 238)
- Dictionnaires de données (p. 244)
- Diagrammes de flux de données (p. 247)
- Modélisation des données (p. 254)
- Analyse décisionnelle (p. 258)
- Modélisation des décisions (p. 262)
- Analyse de la documentation (p. 266)
- Estimation (p. 268)
- Décomposition fonctionnelle (p. 279)
- Glossaires (p. 283)
- Analyse d'interface (p. 284)
- Analyse des exigences non-fonctionnelles (p. 299)
- Modélisation de l'organisation (p. 304)
- Modélisation des processus (p. 314)
- Prototypage (p. 320)
- Revues (p. 322)
- Matrice des rôles et autorisations (p. 329)
- Modélisation de la portée (p. 333)
- Diagrammes de séquence (p. 337)
- Modélisation de l'état (p. 343)
- Cas d'utilisation et scénarios (p. 351)
- Récits utilisateur (p. 354)

.6 Évaluation de la solution

L'évaluation de la solution est axée sur les composantes de la solution et la valeur qu'elles ajoutent. Dans un contexte de TI, cela comprend un accent placé sur les interactions entre de multiples systèmes dans le changement et le milieu environnant. Il importe pour un analyste d'affaires qui travaille dans la discipline de la TI de comprendre le contexte de la solution et la façon dont les changements dans un système ou processus peuvent affecter d'autres systèmes dans ce milieu. Ces impacts peuvent ajouter de la valeur négative ou positive aux autres systèmes, affectant ainsi la réalisation globale de la valeur pour le changement.

La mise à l'essai de logiciels ou de solutions dans un contexte de TI est un aspect de l'évaluation de la solution. Les essais ou l'assurance qualité font en sorte que la solution fonctionne comme prévu ou comme elle a été conçue, et qu'elle réponde aux besoins de l'entreprise ou des parties prenantes qui ont demandé l'effort de changement. L'analyste d'affaires travaille avec l'assurance qualité (testeurs) pour voir à ce que les solutions techniques répondent aux besoins d'affaires définis par les exigences et d'autres livrables de l'analyse d'affaires. Les testeurs utilisent des méthodologies de test pour planifier, développer et exécuter des tests. Cet aspect du test de solution est généralement axé sur le test complet de processus, y compris sur l'ensemble des systèmes, afin de garantir la qualité et la précision de la solution de bout en bout. Les analystes d'affaires travaillent avec les parties prenantes pour planifier, développer et exécuter les essais d'acceptation pour les utilisateurs afin de faire en sorte que la solution réponde à leurs besoins.

Les analystes d'affaires se rendent compte de la raison d'être de la mise en œuvre d'une solution informatique et de son utilité pour créer de la valeur pour la solution. Cette réalisation de valeur est généralement associée à un meilleur support des processus et procédures de l'entreprise.

Les objectifs d'affaires et techniques sont associés aux bénéfices et à la réalisation de la valeur, qui sont mesurés par rapport à des paramètres définis utilisés pour évaluer le succès. Les exigences devraient remonter aux objectifs et cette traçabilité constitue le fondement de l'évaluation de la solution. L'analyse du rendement de la solution est axée sur des systèmes techniques et la façon dont ils offrent une valeur potentielle et réelle aux parties prenantes.

Lorsqu'un important changement organisationnel contient un élément de TI, une évaluation de solution de TI peut contribuer à une activité de création de bénéfices élargie associée au programme de changement entier.

Dans le cadre des activités d'évaluation de la solution, un analyste d'affaires peut travailler avec une équipe pour mener à bien certaines tâches, comme l'évaluation de limites de solutions et des effets de ces limites. L'analyste d'affaires peut appuyer et évaluer des efforts d'essais techniques pour la totalité ou une partie de la solution élaborée.

Techniques du Guide BABOK®

- Critères d'évaluation et d'acceptation (p. 216)
- Analyse décisionnelle (p. 258)
- Estimation (p. 268)
- Gestion des points de suivi (p. 290)
- Mesures et Indicateurs clés de performance (ICP) (p. 293)
- Modélisation de l'organisation (p. 304)
- Analyse et gestion des risques (p. 325)
- Modélisation des processus (p. 314)
- Analyse FFOM (p. 349)
- Évaluation du fournisseur (p. 356)

11.4 La perspective d'architecture d'affaires

La Perspective d'architecture d'affaires met en relief les caractéristiques uniques de l'analyse d'affaires lorsqu'elle est exercée dans le contexte de l'architecture d'affaires.

L'architecture d'affaires représente l'entreprise afin de montrer comment les préoccupations stratégiques des principales parties prenantes sont satisfaites et pour appuyer les efforts continus de transformation de l'entreprise.

L'architecture d'affaires offre des descriptions et des points de vue architecturaux, désignés en tant que plans détaillés, pour donner une connaissance commune de l'organisation dans le but d'aligner les initiatives stratégiques aux demandes tactiques. La discipline de l'architecture d'affaires applique le raisonnement analytique et les principes architecturaux au niveau de l'entreprise. Les solutions peuvent comprendre des changements au modèle d'affaires, au modèle opérationnel et à la structure organisationnelle ou encore motiver d'autres initiatives.

L'architecture d'affaires suit certains principes fondamentaux de l'architecture :

- **Portée** : la portée de l'architecture d'affaires est l'entreprise entière. Il ne s'agit pas d'un projet, d'une initiative, d'un processus ou d'un renseignement individuel. Elle place les projets, les processus et l'information dans le contexte élargi des affaires pour indiquer les interactions, les possibilités d'intégration, les redondances et les manques de cohérence.
- **Séparation des préoccupations** : l'architecture d'affaires sépare les préoccupations dans son contexte. En particulier, elle distingue ce que l'entreprise fait de :
  - l'information utilisée par l'entreprise,
  - la façon dont les affaires sont réalisées,
  - qui le fait et où dans l'entreprise,
  - quand elle le fait,
  - pourquoi elle le fait, et
  - dans quelle mesure c'est bien fait.

  Une fois les préoccupations indépendantes cernées, elles peuvent être groupées en combinaisons ou descriptions précises, qui peuvent servir à analyser les enjeux d'affaires ciblés.

- **Accent placé sur la situation** : une entreprise tente de trouver réponse à de nombreuses questions pour obtenir le plan détaillé de l'alignement. Chacune de ces questions ou situations d'entreprise exige un ensemble de plans détaillés qui contiennent un ensemble de renseignements et de relations, dont divers types de résultats et de mesures, pour déterminer la réussite.
- **Accent placé sur la connaissance** : Bien que le principal objectif de l'architecture d'affaires est de répondre à ces questions d'entreprise, un objectif secondaire, mais tout aussi important, consiste à recueillir et à cataloguer les différentes composantes architecturales (quoi, comment, qui, pourquoi, etc.) et leurs liens dans une base de connaissances pour qu'ils puissent être utilisés rapidement et facilement pour répondre à la prochaine question d'entreprise à se présenter. La base de connaissances est souvent gérée dans un référentiel d'architecture structuré.

11.4.1 Portée du changement

.1 Portée du changement

L'architecture d'affaires peut être déployée :

- dans l'ensemble de l'entreprise,
- dans un secteur précis d'activité dans l'entreprise (qui définit l'architecture d'un des modèles d'affaires de l'entreprise), et
- dans une division fonctionnelle.

Les activités de l'architecture d'affaires sont généralement effectuées avec l'entreprise entière à l'esprit, mais peuvent également l'être pour une unité opérationnelle autonome dans l'entreprise. Une large portée est nécessaire pour gérer la cohérence et l'intégration au niveau de l'entreprise. Par exemple, l'architecture d'affaires peut préciser une situation où la même capacité d'affaires est mise en place par de multiples processus différents et de multiples organisations différentes, avec divers modèles d'information. Étant donné la clarté issue d'une portée d'entreprise, l'entreprise peut par la suite déterminer si cette structure est bien le meilleur moyen de respecter les objectifs stratégiques.

.2 Ampleur du changement

Un effort d'architecture d'affaires peut se concentrer sur le niveau exécutif de l'entreprise pour soutenir la prise de décisions stratégiques ou au niveau de la direction pour soutenir l'exécution d'initiatives.

Bien que l'architecture d'affaires donne un contexte important, elle n'opère habituellement pas à l'échelon de la décision ou du processus opérationnels, mais bien à celui de la chaîne de valeur.

.3 Valeur et solutions ajoutées

L'architecture d'affaires, selon le principe de la séparation des préoccupations, élabore des modèles qui décomposent le système, la solution ou l'organisation de l'entreprise en éléments individuels, avec des fonctions précises, et montre les interactions entre chacun.

Les éléments des modèles d'architecture d'affaires comprennent :

- les capacités,
- la valeur,

- les processus,
- l'information et les données,
- l'organisation,
- les rapports et la gestion,
- les parties prenantes,
- les stratégies de sécurité, et
- les résultats.

Les modèles d'architecture permettent aux organisations d'avoir une vue d'ensemble du domaine qui est en cours d'analyse. Ils donnent un aperçu des éléments importants de l' organisation ou du système logiciel et de la façon dont ces deux derniers s'articulent, et ils mettent en évidence les composants ou les capacités critiques.

Les perspectives offertes par l'architecture d'affaires font en sorte que les systèmes et activités fonctionnent de façon cohérente et utile et clarifient les décisions d'affaires. Lorsqu'un changement est envisagé, l'architecture donne des détails sur les éléments qui sont les plus pertinents pour les besoins du changement, pour permettre une priorisation et l'attribution des ressources. Étant donné qu'un modèle d'architecture montre également le lien entre les parties, il peut servir à offrir une analyse d'impact pour indiquer les autres éléments du système ou de l'entreprise qui pourraient être touchés par le changement.

L'architecture elle-même peut être utilisée en tant qu'outil pour cerner les changements requis. Les mesures de rendement pour chaque élément de l'architecture peuvent être surveillées et évaluées pour cerner quand un élément affiche un rendement insuffisant. L'importance de chaque élément peut être comparée au rendement de l'organisation ou du système dans son ensemble. Cette comparaison aide les décideurs à déterminer quand des investissements sont nécessaires et comment classer les décisions selon leur priorité.

La fonction de l'architecture d'affaires consiste à faciliter des actions coordonnées et synchronisées dans l'organisation en harmonisant les actions avec la vision, les objectifs et la stratégie de l'organisation. Les modèles architecturaux créés dans ce processus sont les outils utilisés pour préciser, unifier et expliquer l'intention de la vision, des objectifs et de la stratégie et voir à ce que les ressources soient axées sur les éléments de l'organisation qui s'inscrivent en ce sens et les appuient, et à ce qu'elles s'y appliquent.

L'architecture d'affaires donne un plan détaillé que la direction peut utiliser afin de planifier et d'exécuter des stratégies de la perspective de la technologie de l'information (TI) et des autres perspectives que la TI. L'architecture d'affaires est utilisée par des organisations pour guider :

- la planification stratégique,
- la remodélisation de l'entreprise,
- la restructuration de l'organisation,
- les mesures du rendement et d'autres initiatives de transformation pour améliorer la fidélisation des clients,
- la rationalisation des activités d'affaires,
- la réduction des coûts,
- l'officialisation des connaissances institutionnelles, et
- la création d'un moyen pour les entreprises de communiquer et de déployer leur vision d'affaires.

.4 Approche de livraison

L'architecture d'affaires crée un cadre de planification qui ajoute clarté et perspective dans l'organisation et qui aide les décideurs à cerner les changements requis. Les plans détaillés architecturaux offerts par l'architecture d'affaires établissent à quel point l'organisation est en harmonie avec sa stratégie. Cette perspective est le déclencheur du changement ou d'autres activités de planification.

Pour chaque plan détaillé fourni, l'architecture d'affaires peut définir :

- l'état actuel,
- l'état futur, et
- un ou plusieurs états de transition qui servent à faire la transition vers l'état futur.

Les architectes d'affaires ont besoin d'une vision globale de l'organisation. En général, ils peuvent relever directement d'un membre de la haute direction. Les architectes d'affaires ont besoin d'une connaissance élargie de l'organisation, dont :

- de son milieu et des tendances de l'industrie,
- de sa structure et de ses liens hiérarchiques,
- de ses chaînes de valeur,
- des capacités,
- des processus,
- de l'information et des dépôts de données, et
- de la façon dont tous ces éléments s'orchestrent pour appuyer la stratégie de l'organisation.

Les architectes d'affaires jouent un rôle important dans la communication et l'innovation pour la stratégie de l'organisation. Ils utilisent des plans détaillés, modèles et perspectives fournis par l'architecture d'affaires pour sans cesse faire valoir la stratégie de l'organisation et se pencher sur les besoins individuels des parties prenantes dans la portée des objectifs de l'organisation.

Plusieurs facteurs sont au cœur d'une architecture d'affaires réussie :

- appui de l'équipe de la haute direction de l'entreprise,
- intégration avec des processus de gouvernance clairs et efficaces, dont des pouvoirs décisionnels organisationnels (par exemple, pour des investissements, initiatives et décisions d'infrastructure),
- intégration avec des initiatives continues (ce qui pourrait comprendre une participation dans des comités directeurs ou autres groupes consultatifs semblables), et
- accès à des membres de la haute direction, des gestionnaires du service, des responsables des produits, des architectes de la solution, des analystes d'affaires du projet et des chefs de projet.

.5 Principales hypothèses

Pour rendre l'architecture d'affaires utile pour l'organisation, les analystes d'affaires ont besoin de ce qui suit :

- une vue d'ensemble de l'organisation sous analyse,
- le soutien complet de la haute direction,
- la participation des propriétaires d'entreprise et des experts du domaine,

- une stratégie organisationnelle à mettre en place, et
- un impératif d'affaires à examiner.

11.4.2 Portée de l'analyse d'affaires

.1 Promoteur du changement

Idéalement, le promoteur d'une initiative d'architecture d'affaires fait partie de l'éxecutif de l'organisation ou est son propriétaire. Le promoteur peut également être un responsable d'un service en particuliers de l'organisation.

.2 Cibles de changement

La liste suivante contient les principaux objectifs du changement issus d'une analyse de l'architecture d'affaires :

- capacités de l'entreprise,
- chaînes de valeur de l'entreprise,
- plans de l'initiative,
- décisions d'investissement, et
- décisions du portefeuille.

Les groupes de personnes suivants utilisent l'architecture d'affaires pour orienter le changement dans l'organisation :

- gestion à tous les échelons de l'organisation,
- responsables du produit ou du service,
- unités opérationnelles,
- architectes de la solution,
- chefs de projet, et
- analystes d'affaires qui travaillent dans d'autres contextes (par exemple, au niveau du projet).

.3 Position d'analyste d'affaires

Le but d'intégrer un analyste d'affaires à la discipline de l'architecture d'affaires est de :

- comprendre le contexte entier de l'entreprise et fournir des perspectives équilibrées de tous les éléments et de leur relation dans l'entreprise, et
- fournir une vue holistique et compréhensible de toutes les spécialités dans l'organisation.

L'architecture d'affaires fournit une variété de modèles de l'organisation. Ces modèles, ou plans détaillés, donnent des connaissances holistiques sur l'organisation qui deviennent le fondement de décisions stratégiques des dirigeants de l'organisation. Pour mettre au point une architecture d'affaires, l'analyste d'affaires doit comprendre, assimiler et harmoniser une gamme variée de spécialités qui sont une préoccupation stratégique pour l'organisation. Pour ce faire, il a besoin de la perspective, de compétences et de connaissances rattachées à :

- une stratégie et des objectifs d'entreprise,
- de l'information conceptuelle sur les affaires,
- une architecture de TI d'entreprise,
- une architecture de processus, et

- une architecture de rendement et d'intelligence d'affaires pour l'entreprise.

L'architecture d'affaires appuie les groupes de consultation et de planification stratégiques qui orientent les décisions et tranchent sur le changement dans l'organisation. Elle donne des consignes et des perspectives sur la façon dont les décisions s'harmonisent aux objectifs stratégiques de l'organisation et conserve cette harmonisation dans les différents états de transition, à mesure que le changement se dirige vers son état futur.

.4 Résultats de l'analyse d'affaires

L'architecture d'affaires fournit une portée globale et une vision holistique de l'analyse d'affaires.

Les résultats généraux de l'architecture d'affaires sont :

- l'harmonisation de l'organisation avec sa stratégie,
- la planification du changement dans l'exécution de la stratégie, et
- voir à ce que le changement reste conforme à la stratégie, à mesure de sa mise en œuvre.

Ces résultats de l'architecture d'affaires donnent un contexte pour l'analyse d'exigences, leur planification et leur priorisation, leur estimation et la conception de systèmes générale. Cela fournit un aperçu et un alignement sur la stratégie, les besoins des parties prenantes et les capacités de l'entreprise. Les visions de l'architecture et les plans détaillés donnent de l'information qui pourrait autrement avoir été axée sur des hypothèses et réduisent au minimum le risque de doubler les efforts afin de créer des capacités, des systèmes ou de l'information qui existent déjà ailleurs dans l'entreprise.

Les divers modèles et plans détaillés prévus par l'architecture d'affaires sont ses principaux livrables. Ils comprennent, sans s'y limiter :

- les plans de capacités d'entreprise,
- les cartographies de la chaîne de valeur,
- les plans de l'organisation,
- les concepts des renseignements d'affaires,
- l'architecture de processus de haut niveau, et
- les modèles de motivation d'affaires.

11.4.3 Modèles et techniques de référence

.1 Modèles de référence

Les modèles de référence sont des modèles d'architecture prédéfinis qui donnent un ou plusieurs points de vue à une industrie ou une fonction particulière couramment observés dans de multiples secteurs (par exemple, la TI ou les finances).

Les modèles de référence sont souvent considérés en tant qu'ontologie d'architecture par défaut pour l'industrie ou la fonction. Ils donnent un point de départ de base pour l'architecture que les architectes d'affaires peuvent adapter ensuite selon les besoins de leur organisation.

Le tableau suivant contient certains des modèles de référence courants.

Table 11.4.1: Modèles de référence de l'architecture d'affaires

Modèle de référence	Domaine
Association for Cooperative Operations Research and Development (ACORD)	Secteurs de l'assurance et financier
Modèles de motivation d'affaires (BMM)	Générique
Objectifs de suivi de la TI (COBIT)	Gouvernance et gestion de la TI
eTOM et FRAMEWORX	Secteur des communications
Modèle de référence des services de l'architecture d'entreprise fédérale (MRF de l'AEF)	Gouvernement (élaboré pour le gouvernement fédéral des États-Unis)
Information Technology Infrastructure Library (ITIL®)	Gestion des services de TI
Cadre de classification du processus (PCF)	Multiples secteurs, dont le secteur aérospatial, de la défense, automobile, de l'éducation, des services électriques, du pétrole, pharmaceutique et télécommunications
Référence des opérations de la chaîne logistique (SCOR)	Gestion de la chaîne logistique
Modèle de référence de valeur (VRM)	Gestion du changement de valeur et des réseaux

.2 Techniques

Le tableau ci-dessous présente les techniques couramment utilisées dans la discipline de l'architecture d'affaires et qui ne font pas partie de la section des techniques du *Guide BABOK®*.

Table 11.4.2: Techniques d'architecture d'affaires

Technique	Description
Archimate®	Un langage de modélisation standard ouvert.
Modèles de motivation d'affaires (MMA)	Une structuration de la motivation d'affaires en termes de la mission, de la vision, des stratégies, des tactiques, des objectifs, des politiques, des règles et des personnes d'influence.
Architecture des processus d'affaires	La modélisation des processus, dont les points d'interface, en tant que moyen d'offrir une vue holistique des processus qui existent dans une organisation.
Plan des capacités	Un catalogue hiérarchique des capacités d'affaires ou de ce que l'entreprise fait. Les capacités sont classées parmi les capacités stratégiques, de base et de soutien.

Table 11.4.2: Techniques d'architecture d'affaires (Suite)

Technique	Description
Plan du parcours du client	Modèle qui représente le parcours d'un client au moyen de différents jalons et des diverses parties prenantes du service ou de l'organisation. Les plans du parcours du client sont souvent utilisés pour analyser ou concevoir l'expérience de l'utilisateur de multiples perspectives.
Diagramme de base de l'entreprise	Représente l'intégration et les normalisations de l'organisation.
Plan d'information	Un catalogue des concepts d'affaires importants (entités d'affaires fondamentales) associés aux capacités de l'entreprise et à la livraison de valeur. Cela est généralement développé conjointement avec le modèle de capacité et représente le vocabulaire d'affaires commun pour l'entreprise. Ce n'est pas un modèle de données, mais bien une taxonomie de l'entreprise.
Plan organisationnel	Modèle qui montre le lien mutuel entre les unités opérationnelles et les partenaires externes et entre les capacités et l'information. À l'opposé d'un organigramme type, le plan est axé sur l'interaction entre les unités et non sur la hiérarchie structurelle.
Analyse du portefeuille de projets	Utilisée pour modéliser des programmes, projets et portefeuilles afin de fournir une vue holistique des initiatives de l'organisation.
Feuille de route	Représente les actions, les liens de dépendance et les responsabilités requises pour que l'organisation passe de l'état actuel des choses, à travers les états de transition jusqu'à l'état futur.
Analyse orientée sur le service	Utilisée pour modéliser l'analyse, la conception et l'architecture des systèmes et du logiciel pour offrir une vue holistique de l'infrastructure de la TI de l'organisation.
The Open Group Architecture Framework (TOGAF®)	Fournit une méthode pour développer l'architecture d'entreprise. La phase B de la méthode de développement de l'architecture TOGAF (MDA) est axée sur l'élaboration de l'architecture d'affaires. Les organisations qui suivent la méthode TOGAF peuvent opter d'adapter la phase B pour adopter les plans détaillés de l'architecture d'affaires et les références décrites dans le *Guide BABOK®*.

Table 11.4.2: Techniques d'architecture d'affaires (Suite)

Technique	Description
Cartographie de la valeur	La cartographie de la valeur offre une vue holistique de la chaîne d'activités requises pour livrer une valeur ajoutée. Elle sert à identifier les domaines d'amélioration potentielle dans un processus de bout en bout. Bien qu'il existe plusieurs types de cartographie de valeur, un flux de valeur est souvent utilisé dans l'architecture d'affaires.
Cadre Zachman	Le cadre offre une ontologie de concepts primitifs d'entreprise axés sur une matrice de six éléments de question (quoi, comment, où, qui, quand, pourquoi) et six niveaux d'abstraction (haute direction, gestion d'entreprise, architecte, ingénieur, technicien, entreprise). Les architectes d'affaires trouveront peut-être que l'exploration des perspectives de la direction ou de la gestion d'entreprise à travers les différents interrogatifs apporte clarté et perspicacité.

11.4.4 Compétences fondamentales

En plus des compétences fondamentales, les analystes d'affaires qui travaillent dans la discipline de l'architecture d'affaires doivent avoir :

- une tolérance élevée pour l'ambiguïté et l'incertitude,
- la capacité de replacer les choses dans un contexte général,
- la capacité de transformer les exigences et le contexte en un concept ou un concept de solution,
- la capacité de supprimer les détails inutiles pour offrir des perspectives supérieures,
- la capacité de penser à long terme et sur de multiples années,
- la capacité d'obtenir des résultats tactiques (à court terme) qui ajoutent une valeur immédiatement tout en contribuant à la réalisation de la stratégie d'affaires (à long terme),
- la capacité d'interagir avec des membres de la haute direction,
- la capacité de tenir compte de situations ou de résultats multiples,
- la capacité de diriger et d'encadrer le changement dans des organisations, et
- une forte acuité politique.

11.4.5 Effet sur les domaines de connaissances

Cette section explique comment des pratiques d'analyse d'affaires précises dans la discipline Architecture d'affaires s'associent aux tâches et pratiques d'analyse d'affaires définies par le *Guide BABOK®*. Cette section décrit comment chaque domaine de connaissances est appliqué ou modifié avec la discipline de l'architecture d'affaires.

Chaque domaine de connaissances contient des techniques pertinentes à une perspective d'architecture d'affaires. Les techniques du *Guide BABOK®* se trouvent dans le chapitre Techniques du *Guide BABOK®*. Les autres techniques d'analyse d'affaires ne se trouvent pas dans le chapitre Techniques du *Guide BABOK®*, mais elles demeurent particulièrement utiles aux analystes d'affaires qui travaillent dans la discipline de l'architecture d'affaires. Cette liste ne se veut pas une liste exhaustive de techniques, mais bien un effort visant à mettre en relief les types de techniques utilisées par les analystes d'affaires alors qu'ils effectuent les tâches qui relèvent du domaine de connaissances.

.1 Planification et surveillance de l'analyse d'affaires

Pendant Planification et surveillance de l'analyse d'affaires, la discipline de l'architecture d'affaires exige des analystes d'affaires qu'ils comprennent ce qui suit de l'organisation :

- sa stratégie et son orientation,
- son modèle opérationnel et sa proposition de valeur,
- ses capacités d'entreprise et opérationnelles actuelles,
- les parties prenantes et leurs modes d'engagement,
- les plans de croissance, la gouvernance et les processus de planification,
- la culture et l'environnement, et
- la capacité de changement.

Une fois ces éléments compris, l'analyste d'affaires peut ensuite développer sa connaissance de la pertinence des points de vue architecturaux pour l'analyse.

Les activités de planification et de surveillance de la gouvernance sont principalement axées sur :

- la sélection des projets ou des initiatives qui offriront le plus de bienfaits pour réaliser les stratégies et résultats d'entreprise, et
- la détermination des cadres ou modèles existants ou de ceux qui sont utilisés dans l'organisation.

Techniques du Guide BABOK®

- Critères d'évaluation et d'acceptation (p. 216)
- Remue-méninges (p. 226)
- Analyse de capacité de l'entreprise (p. 228)
- Analyse décisionnelle (p. 258)
- Estimation (p. 268)
- Décomposition fonctionnelle (p. 279)
- Entretiens (p. 286)
- Gestion des points de suivi (p. 290)
- Mesures et Indicateurs clés de performance (ICP) (p. 293)
- Analyse des exigences non-fonctionnelles (p. 299)
- Modélisation de l'organisation (p. 304)
- Modélisation des processus (p. 314)
- Revues (p. 322)
- Analyse et gestion des risques (p. 325)
- Matrice des rôles et autorisations (p. 329)
- Analyse de la cause fondamentale (p. 331)
- Modélisation de la portée (p. 333)
- Listes des parties prenantes, cartographie ou personas (p. 339)
- Sondage ou questionnaire (p. 346)
- Cas d'utilisation et scénarios (p. 351)
- Récits utilisateur (p. 354)

Autres techniques d'analyse d'affaires

- Architecture des processus d'affaires
- Plan des capacités
- Analyse du portefeuille de projets
- Analyse orientée sur le service

.2 Élicitation et collaboration

Les analystes d'affaires qui travaillent dans la discipline de l'architecture d'affaires doivent régulièrement composer avec beaucoup d'ambiguïté et d'incertitudes. Lorsqu'ils entreprennent les tâches décrites dans la section Élicitation et collaboration, les analystes d'affaires examinent des changements à l'orientation organisationnelle reposant sur des forces externes et internes et des changements au contexte du marché. Les types de changements peuvent souvent être prédits, mais les contraintes du marché externes rendent souvent le rythme auquel le changement s'opère imprévisible.

Étant donné que l'architecture d'affaires exige de nombreux intrants dans l'organisation, l'accès aux parties prenantes est fondamental à la réussite (ainsi que leur disponibilité). Les analystes d'affaires élicitent des intrants comme la stratégie, la valeur, des architectures existantes et des mesures de rendement.

Le plaidoyer en faveur de la stratégie de l'entreprise est au cœur de la stratégie de communication des architectes d'affaires. En tant que membres de divers comités directeurs et groupes consultatifs, les architectes d'affaires utilisent des canaux de communication officiels dans les projets, les initiatives et les groupes opérationnels pour communiquer la stratégie de l'organisation, expliquer le contexte organisationnel et préconiser l'alignement sur la stratégie.

S'assurer que les parties prenantes comprennent et appuient la stratégie de l'organisation est une fonction essentielle de la discipline de l'architecture d'affaires. Les architectes d'affaires peuvent imposer une portée et des contraintes à un projet ou une initiative pour que l'activité cadre avec la stratégie de l'organisation, ce qui peut être vu d'un mauvais œil. Il appartient à l'architecte d'affaires de combler les besoins et les désirs de parties prenantes à titre individuel, de projets et de groupes opérationnels avec le contexte et une connaissance des objectifs et de la stratégie organisationnelle. L'objectif de l'architecte d'affaires est d'optimiser les objectifs et la stratégie de l'entreprise et de dissuader les activités qui atteignent un objectif restreint au coût de la sous-optimisation de l'objectif entier. Il s'agit d'un exercice d'élicitation et de collaboration.

L'architecte d'affaires acquiert une connaissance approfondie de la stratégie, des moteurs, des motivations et des aspirations de l'organisation et de ceux des parties prenantes. Une fois ce niveau de compréhension atteint, l'architecte d'affaires collabore avec tous les niveaux de l'organisation, dont la haute direction, les gestionnaires, le bureau de gestion de projet (BGP), les propriétaires des produits, les chefs de projet, divers analystes d'affaires, des architectes de solutions et le personnel de la TI pour combler des écarts dans la connaissance et la communication de l'importance de l'alignement avec la stratégie organisationnelle. Animer une collaboration efficace exige de l'architecte d'affaires qu'il soit en mesure de comprendre la vaste gamme de perspectives et de contextes dans lesquels chaque partie prenante travaille. L'architecte d'affaires doit également être en mesure de communiquer avec chacune de ces parties prenantes dans un language mutuellement compris et accepté.

Techniques du Guide BABOK®

- Remue-méninges (p. 226)
- Analyse de la documentation (p. 266)
- Groupes de discussion (p. 276)
- Décomposition fonctionnelle (p. 279)
- Glossaires (p. 283)
- Analyse d'interface (p. 284)
- Entretiens (p. 286)
- Gestion des points de suivi (p. 290)
- Observation (p. 302)
- Prototypage (p. 320)
- Listes des parties prenantes, cartographie ou personas (p. 339)
- Sondage ou questionnaire (p. 346)
- Ateliers de travail (p. 358)

Autres techniques d'analyse d'affaires

- Aucune

.3 Gestion du cycle de vie des exigences

Il faut absolument que les analystes d'affaires qui travaillent dans la discipline de l'architecture d'affaires aient le soutien et l'accord de la direction quant au travail à accomplir. Un comité d'examen de l'architecture constitué de hauts dirigeants ayant des pouvoirs décisionnels peut examiner et évaluer des changements à l'architecture d'affaires. Ce groupe participera également à la gestion du portefeuille en prenant des décisions sur l'investissement dans le changement et la priorisation de ce dernier en fonction de leur effet sur les résultats et la stratégie d'affaires.

Les analystes d'affaires qui travaillent dans la discipline de l'architecture d'affaires comprennent comment les projets touchent l'architecture d'affaires de façon continue et œuvrent pour élargir, rectifier ou améliorer l'architecture d'affaires constamment. Ils identifient également des changements émergents éventuels dans des situations internes et externes (dont des conditions du marché) et décident comment les incorporer à l'architecture d'affaires de l'organisation.

Techniques du Guide BABOK®

- Tableau de bord prospectif (p. 221)
- Analyse comparative et analyse du marché (p. 224)
- Analyse de capacité de l'entreprise (p. 228)
- Jeux collaboratifs (p. 241)
- Modélisation des données (p. 254)
- Analyse décisionnelle (p. 258)
- Estimation (p. 268)
- Analyse d'interface (p. 284)
- Gestion des points de suivi (p. 290)
- Leçons apprises (p. 292)
- Mesures et Indicateurs clés de performance (ICP) (p. 293)
- Modélisation de l'organisation (p. 304)
- Analyse des processus (p. 310)
- Modélisation des processus (p. 314)
- Revues (p. 322)
- Analyse et gestion des risques (p. 325)
- Matrice des rôles et autorisations (p. 329)
- Analyse de la cause fondamentale (p. 331)
- Listes des parties prenantes, cartographie ou personas (p. 339)
- Analyse FFOM (p. 349)

Autres techniques d'analyse d'affaires

- Archimate®
- Architecture des processus d'affaires
- Modélisation de la valeur d'affaires
- Plan des capacités
- Diagramme de base de l'entreprise
- Analyse du portefeuille de projets
- Feuille de route
- Analyse orientée sur le service
- Cartographie de la valeur

.4 Analyse de la stratégie

L'architecture d'affaires peut jouer un rôle important dans l'analyse de la stratégie. Elle donne une perspective architecturale de l'état actuel de l'organisation et aide à définir l'état futur et les états de transition requis pour atteindre l'état futur.

Les architectes d'affaires élaborent des feuilles de route axées sur la stratégie de gestion du changement de l'organisation. Des énoncés de transitions clairement définis font en sorte que l'organisation continue d'ajouter de la valeur et d'être concurrentielle dans toutes les phases du changement. Pour rester concurrentielle, l'entreprise doit analyser des facteurs comme :

- les conditions du marché,
- les marchés où s'intégrer,
- comment l'organisation sera concurrentielle dans l'état de transition, et
- comment positionner au mieux la proposition de marque de l'organisation.

L'architecture d'affaires donne le contexte d'entreprise et les visions architecturales qui permettent de comprendre l'entreprise, pour que ces questions soient analysées dans le contexte du coût, de l'opportunité et de l'effort.

Techniques du Guide BABOK®

- Tableau de bord prospectif (p. 221)
- Analyse comparative et analyse du marché (p. 224)
- Remue-méninges (p. 226)
- Analyse de capacité de l'entreprise (p. 228)
- Canevas du modèle d'affaires (p. 234)
- Analyse des règles d'affaires (p. 238)
- Jeux collaboratifs (p. 241)
- Modélisation des données (p. 254)
- Analyse de la documentation (p. 266)
- Estimation (p. 268)
- Groupes de discussion (p. 276)
- Glossaires (p. 283)
- Mesures et Indicateurs clés de performance (ICP) (p. 293)
- Modélisation de l'organisation (p. 304)
- Revues (p. 322)
- Analyse et gestion des risques (p. 325)
- Listes des parties prenantes, cartographie ou personas (p. 339)
- Sondage ou questionnaire (p. 346)
- Analyse FFOM (p. 349)
- Ateliers de travail (p. 358)

Autres techniques d'analyse d'affaires

- Archimate®
- Architecture des processus d'affaires
- Plan des capacités
- Plan du parcours du client
- Diagramme de base de l'entreprise
- Analyse du portefeuille de projets
- Feuille de route
- Analyse orientée sur le service
- Carte stratégique
- Cartographie de la valeur

.5 Analyse des exigences et définition de la conception

L'architecture d'affaires offre des points de vue uniques de l'architecture de l'organisation au moyen de différents modèles sélectionnés pour les parties prenantes avec ces points de vue. Ces visions architecturales peuvent être fournies avec des plans de capacités et de valeur, des plans organisationnels et des modèles d'information et de processus d'affaires. Les analystes d'affaires travaillant dans le domaine de l'architecture d'affaires font appel à l'expertise, au jugement et à l'expérience pour choisir ce qui est important (et ce qui n'est pas) de modéliser. Les modèles visent à donner un contexte et de l'information qui se soldent par une meilleure exigence et une meilleure conception des analyses.

Le contexte architectural et la capacité de consulter des vues architecturales déjà prêtes fournissent de l'information qui aurait autrement reposé sur des suppositions que l'analyste doit faire, car aucun autre renseignement n'était disponible. En fournissant ces renseignements, l'architecture d'affaires réduit au minimum le risque de doubler les efforts en créant des capacités, systèmes ou informations qui existent déjà ailleurs dans l'entreprise.

La conception se fait conjointement avec une connaissance des besoins et des exigences. L'architecture d'affaires donne le contexte pour analyser l'harmonisation stratégique des changements proposés et les effets mutuels entre les changements. Les architectes d'affaires résument les connaissances et les perspectives de multiples visions architecturales pour déterminer si les changements proposés interviennent en faveur des buts de l'organisation ou au détriment de ces derniers.

L'architecture d'affaires tente de faire en sorte que l'entreprise dans son ensemble continue d'offrir une valeur aux parties prenantes, pendant les activités normales et pendant le changement. Les analystes d'affaires qui travaillent dans la discipline de l'architecture d'affaires sont axés sur la valeur fournie par l'organisation sur le plan holistique. Ils tentent d'éviter l'optimisation locale, si les efforts et les ressources sont canalisés dans l'amélioration d'un seul processus ou système qui ne s'harmonise pas avec la stratégie et qui n'a aucune retombée pour l'entreprise dans son ensemble, ou pire, sous-optimise l'ensemble.

Techniques du Guide BABOK®

- Critères d'évaluation et d'acceptation (p. 216)
- Gestion du carnet de commandes (p. 219)
- Tableau de bord prospectif (p. 221)
- Analyse comparative et analyse du marché (p. 224)
- Remue-méninges (p. 226)
- Analyse de capacité de l'entreprise (p. 228)
- Canevas du modèle d'affaires (p. 234)
- Analyse des règles d'affaires (p. 238)
- Jeux collaboratifs (p. 241)
- Dictionnaires de données (p. 244)
- Diagrammes de flux de données (p. 247)
- Modélisation des données (p. 254)
- Analyse décisionnelle (p. 258)
- Analyse de la documentation (p. 266)
- Estimation (p. 268)
- Groupes de discussion (p. 276)
- Décomposition fonctionnelle (p. 279)
- Glossaires (p. 283)
- Analyse d'interface (p. 284)
- Gestion des points de suivi (p. 290)
- Leçons apprises (p. 292)
- Mesures et Indicateurs clés de performance (ICP) (p. 293)
- Analyse des exigences non-fonctionnelles (p. 299)
- Observation (p. 302)
- Modélisation de l'organisation (p. 304)
- Analyse des processus (p. 310)
- Modélisation des processus (p. 314)
- Prototypage (p. 320)
- Revues (p. 322)
- Analyse et gestion des risques (p. 325)
- Matrice des rôles et autorisations (p. 329)
- Analyse de la cause fondamentale (p. 331)
- Modélisation de la portée (p. 333)
- Diagrammes de séquence (p. 337)
- Listes des parties prenantes, cartographie ou personas (p. 339)
- Modélisation de l'état (p. 343)
- Sondage ou questionnaire (p. 346)
- Analyse FFOM (p. 349)
- Cas d'utilisation et scénarios (p. 351)
- Récits utilisateur (p. 354)
- Évaluation du fournisseur (p. 356)
- Ateliers de travail (p. 358)

Autres techniques d'analyse d'affaires

- Archimate®
- Architecture des processus d'affaires
- Plan des capacités
- Plan du parcours du client
- Diagramme de base de l'entreprise
- Analyse du portefeuille de projets
- Feuille de route
- Analyse orientée sur le service
- Cartographie de la valeur

.6 Évaluation de la solution

L'architecture d'affaires pose des questions fondamentales sur l'entreprise, dont la question importante qui consiste à savoir si l'entreprise affiche un bon rendement.

Pour répondre à cette question, plusieurs autres questions doivent trouver réponse :

- Quels résultats l'entreprise, une initiative particulière ou une composante peuvent elles atteindre?
- Comment ces résultats peuvent-ils être mesurés avec l'échelle SMART (Spécifiques, mesurables, atteignables, réalisables et temporels)?
- Quels renseignements sont nécessaires pour mesurer ces objectifs?
- Comment les processus, services et initiatives, entre autres, doivent-ils être mesurés à l'aide d'instruments pour la collecte de ces renseignements?
- Quelle est la meilleure façon de présenter l'information sur le rendement en termes de rapports, de requêtes spéciales et de tableaux de bord, entre autres?
- Comment utilisons-nous l'information pour prendre des décisions à l'avenir?

Par exemple, à un niveau plus détaillé, un volet important de la définition de la capacité et de l'architecture des processus est de cerner les caractéristiques de rendement et les résultats précis que ces capacités ou processus devraient atteindre. Les analystes d'affaires s'occupent rarement de la prise de mesures en soi. Cette tâche revient habituellement aux propriétaires d'entreprise ou aux gestionnaires opérationnels ou de la technologie de l'information.

Les analystes d'affaires qui travaillent dans la discipline de l'architecture d'affaires analysent les résultats des mesures et en tiennent compte dans la planification subséquente.

Techniques du Guide BABOK®

- Tableau de bord prospectif (p. 221)
- Analyse comparative et analyse du marché (p. 224)
- Remue-méninges (p. 226)
- Analyse de capacité de l'entreprise (p. 228)
- Jeux collaboratifs (p. 241)
- Groupes de discussion (p. 276)
- Gestion des points de suivi (p. 290)
- Leçons apprises (p. 292)
- Mesures et Indicateurs clés de performance (ICP) (p. 293)
- Observation (p. 302)
- Modélisation de l'organisation (p. 304)
- Analyse des processus (p. 310)
- Modélisation des processus (p. 314)
- Analyse et gestion des risques (p. 325)
- Matrice des rôles et autorisations (p. 329)
- Analyse de la cause fondamentale (p. 331)
- Listes des parties prenantes, cartographie ou personas (p. 339)
- Sondage ou questionnaire (p. 346)
- Analyse FFOM (p. 349)

Autres techniques d'analyse d'affaires

- Modèles de motivation d'affaires (MMA)
- Architecture des processus d'affaires
- Plan des capacités
- Plan du parcours du client
- Analyse orientée sur le service
- Cartographie de la valeur

11.5 La perspective de Gestion des processus d'affaires

La perspective de Gestion des processus d'affaires souligne les caractéristiques uniques de l'analyse d'affaires lorsqu'exercée dans le contexte de l'élaboration ou de l'amélioration de processus d'affaires.

La gestion des processus d'affaires (BPM) est une discipline de gestion et un ensemble de technologies d'habilitation qui :

- sont axés sur la façon dont l'organisation effectue le travail afin d'ajouter de la valeur dans de multiples domaines fonctionnels pour les clients et les parties prenantes,
- visent à ajouter une valeur qui s'étend sur toute l'organisation, et
- voient l'organisation à travers une lentille centrée sur le processus.

Une initiative de BPM ajoute de la valeur en mettant en place des améliorations à la façon dont le travail est effectué dans une organisation.

La BPM détermine comment des processus manuels et automatisés sont créés, modifiés, annulés et régis. Les organisations qui ont une vision axée sur les processus traitent la BPM en tant qu'effort continu et partie intégrante de la gestion et de l'exploitation continues de l'organisation.

11.5.1 Portée du changement

Les analystes d'affaires qui travaillent dans la discipline de la BPM peuvent aborder un processus unique dont la portée est restreinte, ou encore aborder l'ensemble des processus dans l'organisation. Les analystes d'affaires se concentrent souvent sur la façon dont les processus d'une organisation peuvent être modifiés pour améliorer les objectifs de l'organisation et les atteindre.

Les cycles de vie de BPM englobent en général ces activités :

- **Conception** : l'identification des processus et la définition de leur état actuel (état des choses), et de la méthode pour passer à l'état futur (état futur des choses). L'écart entre ces états peut servir à préciser les attentes des parties prenantes quant à la façon dont l'entreprise devrait être dirigée.
- **Modélisation** : la représentation graphique du processus qui consigne le procédé et la comparaison de l'état actuel (état des choses) et de l'état futur (état futur des choses). Cette phase du cycle de vie de BPM fournit l'intrant aux exigences et aux spécifications de la conception de la solution, en plus d'analyser leur valeur potentielle. La simulation peut utiliser des données quantitatives, pour que la valeur potentielle des variations dans le processus puisse être analysée et comparée.
- **Exécution et surveillance** : offre le même type d'intrants que la modélisation, mais en termes d'exécution réelle des processus. Les données recueillies par suite du déroulement réel du processus d'affaires sont très fiables et objectives, ce qui en fait un outil très

puissant afin d'analyser la valeur et de recommander des solutions de rechange pour l'amélioration des concepts.

- **Optimisation** : les répétitions ou itérations continues des phases précédentes. Les résultats de l'exécution et de la surveillance des processus d'affaires servent à modifier les modèles et les conceptions, pour que tous les processus inefficaces soient retirés et qu'une valeur soit ajoutée. L'optimisation peut consister en une source d'exigences et de définitions pour la conception d'une solution qui provient directement des parties prenantes et de la collectivité d'utilisateurs. L'optimisation des processus est également un bon moyen d'afficher la valeur d'une modification suggérée pour une solution et de justifier les initiatives d'amélioration de processus et de produits.

.1 Portée du changement

Le but de la BPM est de veiller à ce que la livraison de valeur soit optimisée dans les processus de bout en bout. Une initiative de BPM complète peut s'étendre sur l'entreprise entière. Une initiative de BPM individuelle peut faire en sorte que l'organisation devienne davantage axée sur le processus en expliquant davantage ses processus. Les processus d'une organisation définissent ce que fait l'organisation et comment. Posséder une connaissance approfondie de ses processus permet aux parties prenantes de les ajuster pour répondre aux besoins évolutifs de l'organisation et de ses clients.

Des initiatives individuelles peuvent améliorer des processus et sous-processus précis. Scinder des processus imposants et plus complexes en éléments plus petits (sous-processus) permet aux analystes d'affaires de mieux comprendre ce que fait chaque processus et comment les optimiser.

.2 Ampleur du changement

Les analystes d'affaires utilisent les cadres de BPM pour faciliter l'analyse et la connaissance approfondie des processus de l'organisation. Les cadres de BPM sont des ensembles de descriptions de processus pour une organisation générique, une industrie précise, des domaines d'affaires ou un type de chaîne de valeur. Les cadres de BPM définissent des niveaux particuliers de processus dans l'architecture de processus de l'organisation.

À titre d'exemple, les analystes d'affaires effectuent une analyse de la chaîne logistique en tant que moyen d'évaluer des processus précis dans une organisation. L'analyse de la chaîne logistique est souvent menée en décomposant les processus en sous-composants individuels, puis, en les décomposant ensuite jusqu'aux individus effectuant des tâches spécifiques.

Les analystes d'affaires qui gèrent des processus d'affaires participent souvent à des activités d'amélioration continue, car ce sont souvent eux qui connaissent la BPM le mieux.

.3 Valeur et solutions ajoutées

Le but de la BPM est d'améliorer le rendement opérationnel (efficacité, efficience, adaptabilité et qualité) et de réduire les coûts et les risques. Les analystes d'affaires examinent souvent la transparence dans les processus et les opérations en tant que valeur fondamentale commune d'initiatives de BPM. La transparence dans les processus et activités offre aux décisionnaires une vision claire des conséquences opérationnelles de décisions précédentes liées aux processus. Les efforts de l'analyse d'affaires commencent souvent par l'identification du besoin d'affaires des clients. Les besoins sont généralement désignés en tant que moteurs de BPM. Parmi les moteurs de BPM se trouvent :

- des initiatives de réduction des coûts,
- une augmentation de la qualité,

- une augmentation de la productivité,
- une concurrence émergente,
- la gestion des risques,
- des initiatives de conformité,
- l'automatisation de processus de prochaine génération,
- la mise en œuvre de systèmes de base,
- l'innovation et la croissance,
- la rationalisation après les fusions et acquisitions,
- les initiatives de standardisation,
- les grands programmes de transformation,
- l'établissement d'un centre d'excellence de BPM,
- l'agilité accrue, et
- des processus rapides ou accélérés.

.4 Approche de livraison

L'approche de livraison d'initiatives de BPM parmi les organisations varie d'un ensemble de méthodes tactiques axées sur l'amélioration de processus individuels à une discipline de gestion qui touche tous les processus dans une organisation. Le principal objectif de la transformation des processus est d'aider les organisations à cerner, prioriser et optimiser leurs processus d'affaires pour ajouter une valeur pour les parties prenantes.

Les organisations mènent des évaluations périodiques de principaux processus et font des efforts d'amélioration continue pour atteindre et conserver l'excellence des processus. La réussite de la BPM peut être mesurée par la mesure dans laquelle l'initiative de BPM s'harmonise aux objectifs établis pour la BPM dans l'organisation.

Plusieurs mécanismes peuvent servir à mettre en place la BPM :

- **Réingénierie des processus d'affaires** : méthodes qui visent une restructuration majeure des processus dans l'entreprise.
- **Formes évolutives de changement** : méthodes qui ont des objectifs globaux fixés pour le processus; ensuite, des changements individuels ayant pour but d'arrimer les sous-processus à ces objectifs sont mis en place.
- **Découverte substantielle** : méthodes utilisées lorsque des processus organisationnels ne sont pas définis ou si la version documentée du processus diffère considérablement du processus réel. La découverte substantielle consiste à révéler les processus réels et constitue une méthode d'analyse organisationnelle.
- **Étalonnage du processus** : compare les processus d'affaires d'une organisation et ses mesures de rendement aux meilleures pratiques de l'industrie. Les dimensions habituellement mesurées sont la qualité, le temps et le coût.
- **Applications spécialisées du BPM** : conçues pour appuyer les initiatives du BPM et exécuter les modèles de processus directement. Ces applications sont des outils d'automatisation d'activités du BPM. Souvent, les processus de l'organisation doivent être modifiés pour qu'ils cadrent avec l'approche automatisée.

Les approches d'amélioration des processus peuvent être catégorisées selon leur lieu d'origine et la question à savoir si leurs solutions sont principalement organisationnelles (axées sur les personnes) ou technologiques (axées sur la TI). Les organisations peuvent mieux comprendre la méthodologie d'amélioration des processus mentionnée dans le paragraphe précédent pour qu'elle s'applique selon les principes d'organisation suivants :

- **Approche descendante** : les initiatives sont habituellement orchestrées à partir d'un point de contrôle central par la haute direction et ont des implications qui touchent l'organisation. Elles visent les processus de bout en bout ou des volets importants de l'entreprise.
- **Approche ascendante** : les initiatives sont habituellement des approches tactiques de l'amélioration de processus individuels et de flux de travail du service, ou encore de sous-processus dans des plus petits segments de l'organisation.
- **Axé sur les personnes** : initiatives où le changement principal concerne les activités et les flux de travail dans une organisation.
- **Axé sur la TI** : les initiatives sont souvent axées sur l'automatisation des processus.

.5 Principales hypothèses

Voici une liste des principales hypothèses de la discipline de BPM :

- Les processus sont généralement étayés par des systèmes de technologie de l'information, mais l'élaboration de ces systèmes n'est pas visée par la plupart des méthodes de BPM. Les analystes d'affaires peuvent suggérer des exigences d'affaires additionnelles en fonction de systèmes de TI existants.
- Les initiatives de BPM ont le soutien de la haute direction. L'analyste d'affaires peut suggérer d'autres exigences d'affaires selon les stratégies organisationnelles.
- Les systèmes de BPM exigent une intégration étroite avec la stratégie de l'organisation, mais la plupart des méthodes ne s'attaquent pas à l'élaboration d'une stratégie qui dépasse la portée de cette perspective.
- Les initiatives de BPM sont interfonctionnelles et de bout en bout dans l'organisation.

11.5.2 Portée de l'analyse d'affaires

.1 Promoteur du changement

Les initiatives de BPM d'entreprise sont habituellement démarrées par des cadres supérieurs qui misent sur la valeur et les résultats, et qui assortissent ensuite ces objectifs stratégiques aux processus d'affaires correspondants qui appuient le plus étroitement les objectifs.

Les initiatives de BPM sont souvent déclenchées par une situation externe qui génère un besoin d'affaires. Les pratiques d'analyse d'affaires d'entreprise sont appliquées pour développer un dossier d'affaires pour une initiative de BPM.

Les améliorations aux processus sont habituellement entamées, ou du moins, gérées, par un gestionnaire de processus à tout niveau de l'organisation. La portée du processus ou du sous-processus détermine habituellement l'autorité du chef de processus.

.2 Cibles de changement

Les principales cibles de changement éventuelles d'une initiative de BPM sont :

- **Client** : la principale partie prenante de toute initiative de BPM. Le point de mire est principalement le client externe, mais les clients internes entrent également en ligne de compte. Puisque la BPM est axée par sa nature sur les clients, le client fait partie des initiatives de BPM pour valider l'efficacité du changement de processus. Mettre à contribution le client tôt dans l'initiative réduit au minimum le risque d'échec en s'assurant que les buts de l'exécution des processus soient harmonisés aux attentes du client.

- **Régulateur** : une partie prenante de toute initiative de BPM en raison des exigences changeantes afférentes à la conformité et à la gestion des risques de certaines organisations. Les régulateurs peuvent déclencher une initiative de BPM en raison de changements aux règlements sur des préoccupations comme la sécurité publique, la transparence, les chances égales et la non-discrimination.
- **Responsable du processus** : la principale partie prenante de toute initiative de BPM, détenteur du pouvoir de prendre les décisions finales qui entourent tout changement aux processus touchés. Le responsable du processus doit également mesurer le rendement du processus.
- **Participants au processus** : les parties prenantes qui participent directement ou non au processus évalué. Ces participants définissent les activités du processus. Pour voir à ce que les intérêts des participants au processus soient respectés, le responsable du processus les met à contribution pendant la conception du processus.
- **Chef de projet** : gère l'initiative de BPM et est redevable de son exécution et de la prise de décisions. Le chef de projet travaille avec une équipe, dont les analystes de processus, les responsables de processus et les concepteurs de processus. Le chef de projet doit coordonner la planification et les horaires, gérer les communications, gérer le changement et gérer le risque.
- **Équipe de mise en œuvre** : convertit les plans de l'initiative de BPM en processus d'affaires fonctionnels. La réussite d'une initiative de BPM se traduit par sa capacité d'intégrer toutes les fonctions qui répondent aux besoins du client.

.3 Rôle d'analyste d'affaires

Les analystes d'affaires qui travaillent dans la discipline de la gestion des processus d'affaires peuvent assumer différents rôles :

- **Architecte de processus** : responsable de la modélisation, de l'analyse, du déploiement, de la surveillance et de l'amélioration continue des processus d'affaires. Un architecte de processus sait comment concevoir des processus d'affaires et comment les améliorer, manuellement ou pour l'exécution d'un processus d'affaires automatisé sur une plate-forme de BPM. Les architectes de processus traitent et orientent les décisions en fonction des connaissances, de la méthodologie et de la technologie de processus nécessaires pour atteindre les objectifs de l'organisation en ce qui concerne une initiative de BPM donnée. Les architectes de processus améliorent et transforment les processus d'affaires en gabarits de processus techniquement avancés et exécutables. Selon l'initiative de BPM, les architectes de processus peuvent être axés sur la gestion du rendement d'affaires ou la technologie de cartographie des activités d'affaires. Les architectes de processus sont responsables d'élaborer et de mettre en place des normes et le dépôt de modèles de référence pour les produits et services, processus d'affaires, indicateurs clés de performance (ICP) et les facteurs clés de succès (FCS). Ils analysent les processus et participent aux initiatives de transformation.
- **Analyste/concepteur de processus** : possède de solides connaissances, compétences et démontre de l'intérêt. Sont des experts de la documentation et de la compréhension de la conception de processus ainsi que de tendances de performance. Les analystes/concepteurs de processus sont intéressés par l'optimisation de processus d'affaires pour améliorer le rendement global de l'entreprise. Cet objectif nécessite une compréhension

du processus détaillé Ils analysent et évaluent les processus actuels, évaluent les options de conception de processus alternatives et formulent des recommandations de changement selon divers cadres.

- **Modélisateur de processus** : saisit et documente les processus d'entreprise (actuels et futurs). Le modélisateur de processus est souvent un analyste de processus qui consigne un processus à mettre en œuvre ou appuyer par un système de technologie de l'information.

Les fonctions de l'analyste/concepteur de processus et du modélisateur de processus sont souvent conjuguées en un seul poste.

Figure 11.5.1: Rôles de l'analyste d'affaires dans une initiative de BPM

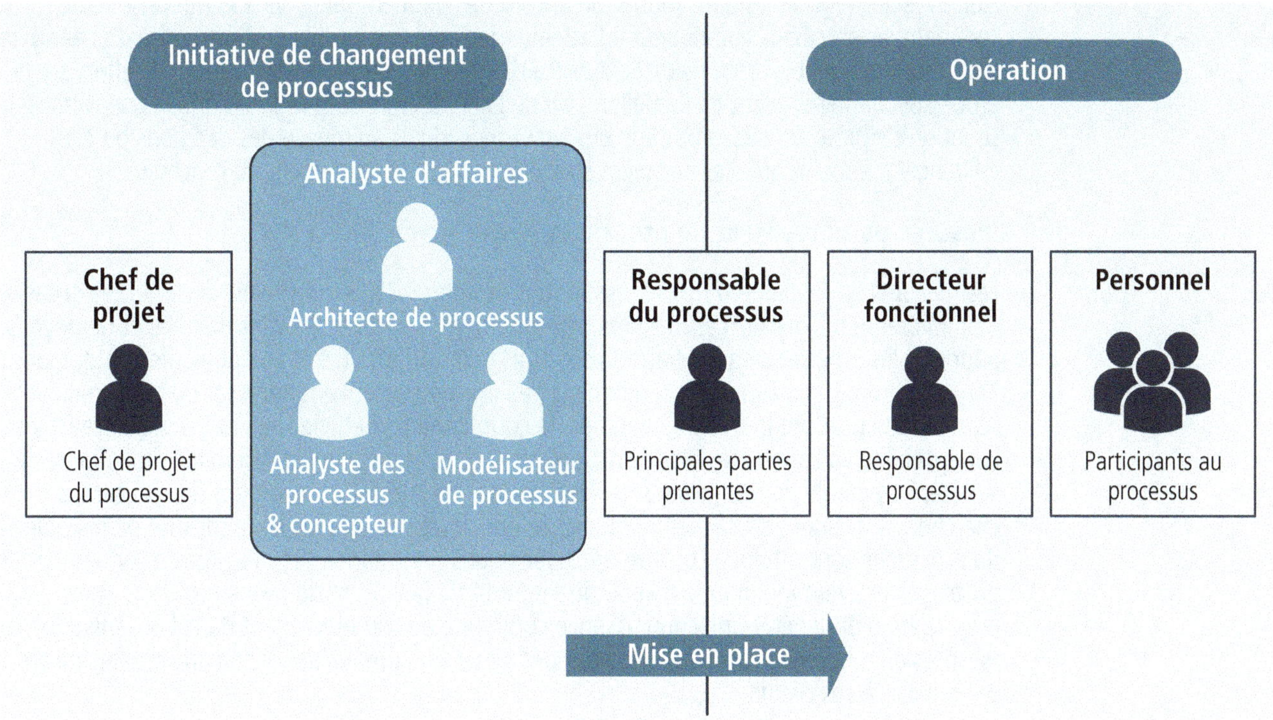

.4 Résultats de l'analyse d'affaires

Les résultats du travail des analystes d'affaires dans la discipline de la gestion des processus d'affaires sont :

- modèles de processus d'affaires,
- règles d'affaires,
- mesures de rendement du processus,
- décisions d'affaires, et
- évaluation du rendement du processus.

Modèles de processus d'affaires

Les modèles de processus d'affaires commencent au niveau le plus élevé sous forme de modèle de bout en bout du processus entier et peuvent devenir aussi précis qu'un modèle de flux de travail en particulier. Les modèles de processus d'affaires sont à la fois un extrant et un point de départ pour l'analyse du processus. Ils sont divisés en tant que modèle de l'état actuel et de l'état futur. Les modèles de l'état actuel représentent le processus tel qu'il fonctionne actuellement, sans amélioration. Le modèle de l'état futur envisage de quoi serait fait le processus si toutes les options d'amélioration étaient incorporées. L'avantage d'élaborer le modèle de l'état futur est de justifier l'investissement dans le processus en permettant à l'analyste d'affaires de mesurer l'effet des améliorations du processus et de prioriser les changements au processus. Les modèles de transition décrivent les états provisoires requis pour passer du processus de l'état actuel au processus de l'état futur.

Règles d'affaires

Les règles d'affaires orientent les processus d'affaires et visent à établir la structure de l'entreprise ou à contrôler le comportement de l'entreprise. Les règles d'affaires sont identifiées lors de la détermination des exigences et de l'analyse des processus. Elles se concentrent souvent sur les calculs d'affaires, les problèmes de contrôle d'accès et les politiques d'une organisation. La classification des règles d'affaires peut aider à décider de la meilleure façon de les implémenter. L'analyse des règles d'affaires fournit un aperçu de comment fonctionne l'entreprise et de comment les processus contribuent à l'atteinte des buts et objectifs de l'entreprise. Les analystes d'affaires analysent les raisons de l'existence d'une règle d'affaires et étudient ses effets sur le processus d'affaires avant de l'améliorer ou de la restructurer. Les règles d'affaires peuvent, si la situation s'y prête, être assorties aux processus individuels au moyen des décisions qu'elles influencent, à moins qu'elles ne soient strictement liées au rendement du processus.

Mesures de rendement du processus

Les mesures de rendement du processus sont des paramètres qui servent à cerner les occasions d'améliorer le processus. Les mesures de rendement du processus sont définies et déployées pour que les processus soient harmonisés aux besoins d'affaires et aux objectifs stratégiques de l'organisation. Les mesures de rendement des processus peuvent adresser de nombreux volets d'un processus, dont la qualité, le temps, le coût, l'agilité, l'efficience, l'efficacité, la réactivité, l'adaptabilité, la souplesse, la satisfaction des clients, la vélocité, la variabilité, la visibilité, la variété, le remaniement et le volume. Nombre des mesures de rendement des processus cherchent à évaluer l'efficacité et l'efficience du processus, en plus de la mesure où les objectifs du processus sont atteints. Lorsque déployées dans l'entreprise, les mesures de rendement du processus peuvent indiquer le niveau de maturité de la culture du processus dans une organisation et générer une connaissance commune de son rendement dans l'organisation. Les mesures de rendement sont des clés pour définir les ententes de service où une organisation offre ses services à ses clients.

Décisions d'affaires

Les décisions d'affaires sont une tâche ou une activité spéciale dans un processus d'affaires qui détermine laquelle parmi un ensemble d'options sera mise en œuvre par le processus. Les décisions doivent être prises (à l'aide d'une tâche ou d'une activité) puis exécutées (souvent avec une passerelle ou une branche dans le processus). Les décisions peuvent être prises manuellement ou automatisées, sont représentées de façon indépendante et sont décrites au mieux avec des règles d'affaires. Les règles décisionnelles, souvent mises en place avec un moteur de règles d'affaires, permettent l'automatisation de ces décisions d'affaires.

Évaluation du rendement du processus.

La réussite de toute initiative de BPM repose sur l'intention et la capacité de continuellement mesurer et surveiller le rendement de processus d'affaires ciblés. L'évaluation peut être statique et enregistrée avec des rapports et fiches d'évaluation, ou encore dynamique et être obtenue au moyen de tableaux de bord. Elle donne des renseignements nécessaires aux décideurs dans une organisation pour qu'ils redéploient et ajustent des ressources en vue de répondre aux objectifs de rendement.

11.5.3 Cadres, méthodes et techniques

.1 Cadres

Le tableau ci-dessous contient des cadres qui sont couramment utilisés dans la discipline de la gestion des processus d'affaires.

Cadre de BPM

Cadre	Brève description
ACCORD	Un cadre méthodologique qui associe les modèles de l'état actuel des choses ainsi que des données non structurées aux modèles conceptuels.
Plan des opérations de télécommunication améliorées (eTOM)	Cadre hiérarchique élaboré pour le secteur des télécommunications qui a été adopté par d'autres industries du service.
Modèle de référence stratégique des gouvernements (GSRM)	Cadre du cycle de vie qui fournit des processus et tendances génériques aux gouvernements pour chaque étape de la maturité organisationnelle.
Amélioration des processus axée sur un modèle et intégrée (MIPI)	Cadre cyclique dont les étapes comprennent l'évaluation de la préparation, la description du processus en cours d'examen, la collecte de données détaillées, la création d'un modèle du processus actuel, l'évaluation et la restructuration du processus, la mise en place du processus amélioré et l'examen du processus.
Cadre de classification du processus (PCF)	Cadre de classification qui décrit les processus et qui sert à faire une analyse comparative et une mesure du rendement.

.2 Méthodologies

Le tableau ci-dessous contient des méthodologies qui sont couramment utilisées dans la discipline de la gestion des processus d'affaires.

Table 11.5.1: Méthodologies de BPM

Méthodologie	Brève description
Gestion des cas adaptative (ACM)	Méthode utilisée lorsque les processus ne sont pas fixes ou statiques et ont beaucoup d'interactions humaines. Un processus de GCA peut différer chaque fois qu'il est effectué.
Réingénierie des processus d'affaires (RPA)	La revue en profondeur et la restructuration de processus d'affaires pour générer des améliorations à des mesures de rendement critiques, comme les coûts, la qualité, le service et la rapidité.

Table 11.5.1: Méthodologies de BPM (Suite)

Méthodologie	Brève description
Amélioration continue (AC)	La surveillance et l'ajustement continus de processus existants pour les rapprocher des buts ou objectifs de rendement. Cela représente un engagement permanent de l'organisation envers le changement et doit être un important volet de sa culture.
Lean	Une méthodologie d'amélioration continue axée sur l'élimination du gaspillage dans un processus, défini en tant que travail pour lequel le client du processus ne paiera pas.
Six Sigma	Une méthodologie d'amélioration continue axée sur l'élimination de variations à l'issue d'un processus. Elle est axée sur les statistiques et mise sur les données sur le rendement.
Théorie des contraintes (TOC)	Une méthodologie qui avance que le rendement d'une organisation peut être optimisé en gérant trois variables : les résultats d'un processus, la dépense opérationnelle visant à produire ces résultats et l'inventaire des produits. Le rendement d'un processus est dominé par une principale contrainte à tout moment, et le processus peut uniquement être optimisé par l'amélioration du rendement de cette contrainte.
Gestion de la qualité totale (GQT)	Une philosophie de gestion qui repose sur le principe sous-jacent que les processus de l'organisation devraient fournir au client du processus et à ses parties-prenantes, internes et externes, des produits et services de la meilleure qualité, et que ces produits ou services devraient atteindre ou dépasser les attentes du client et des parties prenantes.

.3 Techniques

Le tableau ci-dessous présente les techniques qui ne font pas partie de la section des techniques du *Guide BABOK*® et qui sont couramment utilisées dans la discipline de la BPM.

Table 11.5.2: Techniques de BPM

Technique	Brève description
Analyse des coûts	Une liste du coût par activité calculée pour montrer le coût détaillé du processus. Elle est souvent utilisée par les entreprises pour mieux comprendre et apprécier les coûts associés à un produit ou à un service. L'analyse des coûts est également connue en tant que comptabilité par activités.
Critique sur le plan de la qualité (CQ)	Un ensemble de diagrammes, sous forme d'arbres, qui aident à harmoniser les efforts d'amélioration des processus selon les exigences du client. La CQ est une technique utilisée dans Six Sigma, mais n'y est pas exclusive.

Table 11.5.2: Techniques de BPM (Suite)

Technique	Brève description
Analyse du temps de cycle	Une analyse du temps que prend chaque activité dans le processus. L'analyse du temps de cycle est également connue sous le nom d'analyse de durée.
Définir Mesurer Analyser Dessiner Vérifier (DMADV)	Une feuille de route structurée axée sur les données utilisées pour créer des processus nouveaux ou améliorer ceux qui existent. DMADV est une technique utilisée dans Six Sigma, mais n'y est pas exclusive.
Définir Mesurer Analyser Améliorer Contrôler (DMAIC)	Une feuille de route structurée axée sur les données utilisées pour améliorer les processus. DMAIC est une technique utilisée dans Six Sigma, mais n'y est pas exclusive.
Tambour-tampon-corde (DBR)	Une méthode utilisée pour que la contrainte du système fonctionne toujours à capacité optimale, en voyant à ce qu'il y ait suffisamment de matière tampon juste avant la contrainte, pour qu'elle reste continuellement occupée. Elle peut servir dans la perspective BPM pour assurer l'efficacité des processus.
Analyse des modes de défaillance et des effets (FMEA)	Méthode systématique d'analyse des échecs et défauts du processus et de recherche des causes potentielles. FMEA est une technique qui sert à localiser les problèmes dans le processus actuel et à les corriger au moment d'élaborer les processus futurs.
Maison de la qualité/ voix du client	Une matrice qui associe les désirs des clients et les caractéristiques des produits aux capacités d'une organisation. C'est une technique qui pourrait servir à élaborer les processus ciblés.
Intrants, Guide, Extrants, Facteurs habilitants (IGOE)	Un diagramme qui décrit le contexte d'un processus en dressant la liste des intrants et des extrants du processus, des guides qui servent à appuyer son exécution et des outils et de l'information à l'appui du processus.
Événement Kaizen	Effort rapide et ciblé pour améliorer la livraison de valeur en une activité ou un sous-processus précis.
Simulation du processus	Un modèle du processus et un ensemble de variables randomisées pour que des variations multiples d'un processus soient évaluées, et pour créer une estimation de leur rendement dans les conditions actuelles.
Fournisseurs Intrants Processus Extrants Clients (FIPEC)	Tableau qui résume les intrants et les extrants de processus multiples. Également connu en anglais en tant que COPIS, ou simplement SIPOC à l'envers.
Processus cognitifs de la théorie des contraintes (TOC)	Ensemble de modèles logiques de cause à effet utilisés pour diagnostiquer les conflits, cerner les causes fondamentales de problèmes et définir les états futurs d'un système qui règle ces causes fondamentales. Les processus cognitifs de la TOC sont une technique qui sert à localiser les problèmes dans le processus actuel et à les corriger au moment d'élaborer les processus futurs.

Table 11.5.2: Techniques de BPM (Suite)

Technique	Brève description
Analyse à valeur ajoutée	Examine les avantages pour le client qui s'ajoutent à chaque étape d'un processus pour cerner des opportunités d'améliorations.
Analyse de la chaîne de valeur	Utilisée pour évaluer la valeur ajoutée pour le client par chaque domaine fonctionnel d'une entreprise, dans le cadre d'un processus de bout en bout.
Qui, Quoi, Quand, Où et Pourquoi (les cinq questions)	Ensemble de questions qui constituent le fondement de la collecte de données de base. Les cinq questions pourraient également comprendre le Comment, une sixième.

11.5.4 Compétences fondamentales

Les analystes d'affaires qui travaillent dans la discipline de la gestion des processus d'affaires doivent remettre en question le statu quo, creuser pour comprendre les causes fondamentales d'un problème, évaluer pourquoi les choses sont faites comme elles le sont et encourager les experts du domaine à examiner de nouvelles idées et approches pour que les processus soient plus efficaces. Ils doivent également comprendre et définir les processus analysés et passer entre les perspectives interne et externe.

En raison des effets des changements aux processus sur les habitudes de travail des gens, un certain entregent est précieux dans une initiative de BPM. Les analystes d'affaires doivent en effet souvent négocier avec des personnes aux opinions différentes et arbitrer entre elles et exposer et résoudre des conflits entre divers groupes de l'organisation. L'analyste d'affaires est un facilitateur neutre et impartial de changement.

Les initiatives de BPM sont susceptibles de mettre à contribution tous les niveaux de l'organisation et l'analyste d'affaires doit communiquer au-delà des frontières organisationnelles et de l'organisation.

11.5.5 Effet sur les domaines de connaissances

Cette section explique comment des pratiques d'analyse d'affaires précises dans la discipline de Gestion des processus d'affaires s'associent aux tâches et pratiques d'analyse d'affaires définies par le *Guide BABOK®*. Cette section décrit également comment chaque domaine de connaissances est appliqué ou modifié avec la discipline de la gestion des processus d'affaires.

Chaque domaine de connaissances contient des techniques pertinentes à une perspective de gestion des processus d'affaires. Les techniques du *Guide BABOK®* se trouvent dans le chapitre Techniques du *Guide BABOK®*. Les autres techniques d'analyse d'affaires ne se trouvent pas dans le chapitre Techniques du *Guide BABOK®*, mais elles demeurent particulièrement utiles aux analystes d'affaires qui travaillent dans la discipline de l'architecture d'affaires. Cette liste ne se veut pas une liste exhaustive de techniques, mais bien un effort visant à mettre en relief les types de techniques utilisées par les analystes d'affaires alors qu'ils effectuent les tâches qui relèvent du domaine de connaissances.

.1 Planification et surveillance de l'analyse d'affaires

L'élaboration progressive est courante dans la planification d'initiatives de BPM, car la quantité d'information disponible pour une planification complète peut être restreinte aux étapes initiales. Les initiatives de BPM englobent des activités d'amélioration continue. Le défaut de planifier la surveillance continue de l'effet des changements sur le processus est une cause d'échec courante d'initiatives de BPM. Dans une initiative de BPM, l'accent initial des travaux d'analyse d'affaires est placé sur l'analyse et l'amélioration du processus d'affaires avant d'examiner la technologie utilisée à l'appui du processus et tout changement aux applications logicielles ou procédures de travail qui pourrait être nécessaire.

Techniques du Guide BABOK®

- Estimation (p. 268)
- Gestion des points de suivi (p. 290)
- Modélisation des processus (p. 314)
- Revues (p. 322)
- Listes des parties prenantes, cartographie ou personas (p. 339)
- Ateliers de travail (p. 358)

Autres techniques d'analyse d'affaires

- Intrants, Guide, Extrants, Facteurs habilitants (IGOE)

.2 Élicitation et collaboration

Pour que l'initiative de BPM réussisse, la portée de l'initiative et du processus touché doit être définie et comprise.

La modélisation des processus et l'analyse des parties prenantes sont en général mises à contribution pendant la phase d'élicitation d'une initiative de BPM. Pendant l'élicitation, l'analyste d'affaires se concentre sur la cause et l'effet de la modification de processus existants et de leur conservation tels qu'ils sont dans l'effort d'élicitation et de collaboration. Lorsqu'un processus existant est modifié, l'effet de toute amélioration aux processus sur l'organisation, les gens et la technologie est envisagé. Les cartographies de processus sont un outil important, car elles motivent l'élicitation dans les initiatives de BPM et les parties prenantes sont souvent consultées dans leur élaboration. Une élicitation et collaboration efficaces sont essentielles au travail d'analyse et de conception de modélisation de processus.

Les changements aux processus peuvent avoir des effets significatifs sur l'organisation ; la gestion des parties prenantes et de leurs attentes est donc particulièrement cruciale. Sans gestion efficace des parties prenantes, les changements aux processus pourraient ne pas être mis en place efficacement ou correspondre aux buts et objectifs de l'organisation.

Techniques du Guide BABOK®

- Remue-méninges (p. 226)
- Analyse de la documentation (p. 266)
- Groupes de discussion (p. 276)
- Analyse d'interface (p. 284)
- Entretiens (p. 286)
- Mesures et Indicateurs clés de performance (ICP) (p. 293)
- Observation (p. 302)
- Modélisation des processus (p. 314)
- Prototypage (p. 320)
- Revues (p. 322)
- Analyse de la cause fondamentale (p. 331)
- Modélisation de la portée (p. 333)
- Listes des parties prenantes, cartographie ou personas (p. 339)
- Sondage ou questionnaire (p. 346)
- Cas d'utilisation et scénarios (p. 351)
- Récits utilisateur (p. 354)
- Ateliers de travail (p. 358)

Autres techniques d'analyse d'affaires

- Maison de la qualité/voix du client

.3 Gestion du cycle de vie des exigences

La BPM est un ensemble d'approches axées sur des moyens d'ajouter de la valeur dans de multiples domaines fonctionnels au moyen d'une vision axée sur les processus. Offrir une valeur ajoutée est souvent rattaché à entreprendre sciemment un changement, mais cette valeur peut aussi découler d'une demande ponctuelle ou d'un examen des processus. L'effet d'activités de BPM sur la gestion du cycle de vie des exigences est significatif, car elles peuvent faire ressortir des exigences d'affaires qui mènent à de nouveaux concepts et codes, et des changements pendant et après la mise en œuvre. Il appartient à l'analyste d'affaires de garder cette connexion et de voir à ce que la communication soit efficace entre les parties prenantes et les responsables du processus, qui sont les décideurs ultimes en matière de processus, de changement et de solutions à l'appui.

La documentation de processus d'affaires est offerte à toutes les parties prenantes, car elle doit servir dans le fonctionnement quotidien de l'entreprise. Si le processus est automatisé avec un système BPM, la représentation du processus peut être directement exécutable.

Techniques du Guide BABOK®

- Critères d'évaluation et d'acceptation (p. 216)
- Gestion du carnet de commandes (p. 219)
- Remue-méninges (p. 226)
- Analyse des règles d'affaires (p. 238)
- Analyse des exigences non-fonctionnelles (p. 299)
- Priorisation (p. 308)
- Analyse des processus (p. 310)
- Modélisation des processus (p. 314)
- Prototypage (p. 320)
- Modélisation de la portée (p. 333)
- Ateliers de travail (p. 358)

Autres techniques d'analyse d'affaires

- Aucune

.4 Analyse de la stratégie

Dans un contexte de BPM, l'analyse de la stratégie exige de comprendre le rôle que joue le processus dans une chaîne de valeur d'entreprise. À tout le moins, tout processus qui interagit avec les processus touchés par l'initiative doit être examiné.

L'état actuel est susceptible d'être décrit par la chaîne de valeur actuelle et les mesures de rendement actuelles du processus d'affaires. L'état futur sera décrit par la chaîne de valeur future et les mesures de rendement cibles. Des méthodes d'amélioration continue peuvent simplement être axées sur les mesures de rendement visant à déterminer la stratégie. La stratégie de gestion du changement comprendra la détermination de changements possibles au processus.

Techniques du Guide BABOK®

- Analyse de la documentation (p. 266)
- Décomposition fonctionnelle (p. 279)
- Entretiens (p. 286)
- Leçons apprises (p. 292)
- Analyse des processus (p. 310)
- Modélisation des processus (p. 314)

Autres techniques d'analyse d'affaires

- Tambour-Tampon-Corde (DBR)
- Maison de la qualité/voix du client
- Intrants, Guide, Extrants, Facteurs habilitants (IGOE)
- Processus cognitifs de TOC

.5 Analyse des exigences et définition de la conception

L'analyse des exigences et la définition des concepts seront axées sur la définition du modèle de processus futur. L'architecture des exigences comprendra probablement le modèle de processus, des règles d'affaires et décisions connexes, des besoins d'information et la structure organisationnelle. Parmi les options de la solution se trouvent normalement des changements à la TI nécessaires pour appuyer le processus, l'externalisation d'aspects du processus et des changements semblables.

Techniques du Guide BABOK®

- Analyse comparative et analyse du marché (p. 224)
- Analyse des règles d'affaires (p. 238)
- Modélisation des décisions (p. 262)
- Estimation (p. 268)
- Décomposition fonctionnelle (p. 279)
- Mesures et Indicateurs clés de performance (ICP) (p. 293)
- Priorisation (p. 308)
- Prototypage (p. 320)
- Modélisation de la portée (p. 333)
- Listes des parties prenantes, cartographie ou personas (p. 339)
- Ateliers de travail (p. 358)

Autres techniques d'analyse d'affaires

- Événement Kaizen
- Simulation du processus

.6 Évaluation de la solution

L'évaluation de la solution est généralement répétée au cours d'initiatives de BPM afin d'évaluer le rendement du processus d'affaires. À mesure que les processus sont évalués selon différentes situations, ils peuvent être affinés et les résultats, surveillés. Les tâches d'évaluation de la solution permettent de comprendre l'effet d'améliorations aux processus et la valeur offerte par des changements aux processus d'affaires. La solution pourrait également comprendre le forage de processus, qui utilise des techniques comme des pistes de vérification ou des registres de transactions pour obtenir des détails sur le processus.

La tâche d'analyse du rendement de la solution sert à comprendre les différences entre la valeur potentielle et réelle. Cette analyse est effectuée pour découvrir pourquoi il y a une différence entre la valeur potentielle et réelle, pour déterminer si une solution peut performer mieux ou ajouter plus de valeur. L'évaluation examine des opportunités ou contraintes amenées par la solution mise en œuvre, les besoins qu'elle satisfait ou les améliorations possibles. Cela peut déclencher une optimisation supplémentaire du processus et une reprise du cycle de vie de BPM.

Techniques du Guide BABOK®

- Critères d'évaluation et d'acceptation (p. 216)
- Tableau de bord prospectif (p. 221)
- Analyse comparative et analyse du marché (p. 224)
- Remue-méninges (p. 226)

- Analyse de capacité de l'entreprise (p. 228)
- Analyse des règles d'affaires (p. 238)
- Analyse décisionnelle (p. 258)
- Analyse de la documentation (p. 266)
- Estimation (p. 268)
- Entretiens (p. 286)
- Mesures et Indicateurs clés de performance (ICP) (p. 293)
- Observation (p. 302)
- Modélisation de l'organisation (p. 304)
- Modélisation des processus (p. 314)
- Revues (p. 322)
- Analyse et gestion des risques (p. 325)
- Analyse de la cause fondamentale (p. 331)
- Listes des parties prenantes, cartographie ou personas (p. 339)
- Sondage ou questionnaire (p. 346)
- Analyse FFOM (p. 349)

Autres techniques d'analyse d'affaires

- Événement Kaizen
- Analyse des modes de défaillance et des effets (FMEA)
- Simulation du processus
- Analyse de la chaîne de valeur

Annexe A : Glossaire

a

Acteur (analyse d'affaires) : Humain, appareil ou système qui joue un rôle précis dans l'interaction avec une solution.

Acteur secondaire : Acteur externe au système conçu qui appuie l'exécution d'un cas d'utilisation.

Affaires (analyse d'affaires) : Voir Entreprise.

Affaires (monde des affaires) : Système économique où toute activité commerciale, industrielle ou professionnelle est effectuée dans le but d'engranger un profit.

Agent du changement : Catalyseur de changement.

Analyse comparative : Comparaison des coûts, de la durée, de la qualité ou d'autres mesures d'une décision, d'un processus, d'un service ou d'un système à ceux de pairs chefs de file pour identifier les possibilités d'amélioration.

Analyse compétitive : Une évaluation structurée qui saisit les principales caractéristiques d'une industrie pour prédire les possibilités de rentabilité à long terme et déterminer les pratiques des concurrents qui ont le plus de poids.

Analyse coûts-bénéfices : Analyse qui compare et quantifie les coûts financiers et non financiers d'un changement ou de la mise en place d'une solution en comparaison avec les bénéfices réalisés.

Analyse d'affaires : Pratique de soutien du changement dans le contexte d'une entreprise en définissant des besoins et en recommandant des solutions qui ajoutent de la valeur pour les parties prenantes.

Analyse d'écart : Comparaison entre l'état actuel et l'état futur des choses d'une entreprise afin de cerner les différences qui doivent être abordées.

Analyse d'impact : Évaluation des effets d'un changement proposé sur une partie prenante ou un groupe de parties prenantes, un projet ou un système.

Analyse de la cause fondamentale : Examen structuré d'un problème dégagé pour comprendre les causes sous-jacentes.

Analyse de la documentation (analyse d'affaires) : Examen de la documentation d'un système existant pour éliciter des exigences.

Analyse décisionnelle : Approche de la prise de décisions qui examine et représente les conséquences potentielles de différentes décisions et qui permet de prendre une décision optimale dans des conditions incertaines.

Analyse des forces en présence : Méthode graphique pour représenter les forces qui appuient et opposent un changement. Comprend la détermination des forces, leur représentation sur des côtés opposés d'une ligne (forces à l'appui et opposées), puis l'estimation de la puissance de chaque ensemble de forces.

Analyse des parties prenantes : Identifier et analyser les parties prenantes qui pourraient être touchées par le changement et évaluer les effets, la participation et les besoins dans les activités d'analyse d'affaires.

Analyse FFOM : Voir Forces, faiblesses, opportunités, menaces (FFOM).

Analyste d'affaires : Toute personne qui effectue l'analyse d'affaires, quels que soient son titre ou son rôle dans l'organisation. Pour plus d'informations, se référer à Qui est un analyste d'affaires? (p. 2).

Anomalie : Déficience dans un produit ou service qui en réduit la qualité ou qui s'éloigne d'un attribut, d'un état ou d'une fonction souhaités.

Anomalie des exigences : Problème ou erreur dans une exigence. Les anomalies peuvent se présenter parce qu'une exigence est de piètre qualité (voir Vérification des exigences) ou parce qu'elle ne décrit pas un besoin qui, si comblé, ajouterait de la valeur pour les parties prenantes (voir Validation des exigences).

Approche adaptative : Approche où la solution évolue en fonction d'un cycle d'apprentissage et de découverte, avec des boucles de rétroaction qui encouragent la prise de décisions aussi tard que possible.

Approche de l'analyse d'affaires : L'ensemble de processus, règles, lignes directrices, connaissances heuristiques et activités utilisés pour l'analyse d'affaires dans un contexte précis.

Approche prédictive : Approche où les plans et les références sont établis d'entrée de jeu dans le cycle de vie de l'initiative pour optimiser le contrôle et réduire le risque au minimum.

Architecture : La conception, la structure et le comportement des états actuels et futurs d'une structure en termes de composantes et d'interactions entre ces composantes. Voir également Architecture d'affaires, Architecture d'entreprise et Architecture des exigences.

Architecture d'affaires : Conception, structure et comportement de l'état actuel et futur d'une entreprise pour offrir une connaissance commune de l'organisation. Elle sert à arrimer les objectifs stratégiques de l'entreprise et ses demandes tactiques.

Architecture d'entreprise : Description des processus d'affaires, de la technologie de l'information, des personnes, des activités, de l'information et des projets d'une entreprise et des relations entre eux.

Architecture des exigences : Les exigences d'une initiative et les liens mutuels entre ces exigences.

Artéfact (analyse d'affaires) : Objet lié à la solution créé dans le cadre d'efforts de l'analyse d'affaires.

Artéfact des exigences : Un artéfact d'analyse d'affaires qui contient de l'information sur les exigences comme un diagramme, une matrice, un document ou un modèle.

Assurance qualité : Ensemble d'activités effectuées pour qu'un processus livre des résultats qui correspondent à un niveau de qualité adéquat.

Atelier de travail : Événement ciblé de facilitation auquel assistent des parties prenantes importantes pour atteindre un but défini.

Atelier de travail sur les exigences : Réunion structurée où un groupe savamment choisi de parties prenantes collaborent pour définir ou peaufiner les exigences, sous la supervision d'un facilitateur neutre et compétent.

Attribution : Voir Attribution des exigences.

Attribution des exigences: Processus d'attribuer des exigences à mettre en place par des composantes de la solution précise.

Attributs des exigences : Caractéristique ou propriété d'une exigence utilisée pour contribuer à la gestion des exigences.

Attributs de qualité : Ensemble de mesures utilisées pour juger la qualité globale d'un système. Voir également Exigence non-fonctionnelle.

b

BPM : Voir Gestion des processus d'affaires.

Besoin : Un problème à résoudre ou une opportunité à saisir.

Besoin d'affaires : Problème ou occasion d'importance stratégique ou tactique à aborder.

But: Voir Objectif d'affaires.

c

Capacité : L'ensemble d'activités qu'effectue l'entreprise, ses connaissances, les produits et services qu'elle offre, les fonctions qu'elle appuie et les méthodes qu'elle utilise pour prendre des décisions.

Capacité organisationnelle : Fonction dans l'entreprise, constituée de composantes comme des processus, technologies et renseignements, utilisés par des organisations pour atteindre leurs objectifs.

Caractéristique : Caractéristique distincte d'une solution qui met en place un ensemble cohésif d'exigences et qui offre une valeur ajoutée à un ensemble de parties prenantes.

Carnet de produit : Ensemble de récits d'utilisateurs, d'exigences ou de caractéristiques qui ont été cernés en tant que candidats de mise en œuvre, de priorisation et d'estimation potentielles.

Cartographie de la chaîne de valeur : Une représentation complète, factuelle et échelonnée dans le temps de la chaîne d'activités requises pour livrer un produit ou un service.

Cas d'utilisation : Une description de l'interaction observable entre un acteur (ou des acteurs) et une solution qui se produit lorsque l'acteur utilise le système pour accomplir un objectif précis.

Cause fondamentale : Cause d'un problème qui n'a pas de cause plus profonde, habituellement l'une de plusieurs causes possibles.

CCV : Voir Cartographie de la chaîne de valeur.

Changement : L'acte de transformation en réponse à un besoin.

Chef de projet : Une partie prenante qui est responsable de gérer le travail requis pour offrir une solution qui répond à un besoin d'affaires et de voir à ce que les objectifs du projet soient atteints tout en conciliant leurs contraintes de projet, dont la portée, le budget, le calendrier, les ressources, la qualité et le risque.

Client : Partie prenante qui utilise ou peut utiliser des produits ou des services produits par l'entreprise et qui peut avoir des droits contractuels ou moraux que l'entreprise est tenue de respecter.

Collaboration : Le rassemblement de deux personnes ou plus pour travailler ensemble dans le but d'atteindre un objectif commun.

Composante : Élément uniquement identifiable d'un tout qui a une fonction claire.

Composante de la solution : Sous-partie d'une solution qui peut être des personnes, des infrastructures, du matériel, des logiciels, de l'équipement, des installations et des actifs de processus ou toute combinaison de ces sous-parties.

Concept de base (analyse d'affaires) : L'une des six idées fondamentales à la pratique d'analyse d'affaires : changement, besoin, solution, contexte, partie prenante et valeur.

Conception : Représentation utilisable d'une solution. Pour de plus amples informations, voir Principaux termes (p. 14) et Exigences et conceptions (p. 18).

Contexte : Les circonstances qui influencent, sont influencées par et permettent de comprendre le changement.

Contrainte (analyse d'affaires) : Facteur influent qui ne peut pas être modifié et qui impose une limite ou une restriction à une solution ou une option de la solution éventuelle.

Corpus de connaissances : Les connaissances et pratiques généralement acceptées cumulées sur un sujet.

COTS : Voir Logiciel commercial prêt à l'emploi (COTS).

Couloir : Section horizontale ou verticale d'un diagramme de processus qui montre les activités effectuées par un acteur ou un rôle précis.

Créer, lire, mettre à jour, supprimer (matrice CRUD) : Matrice bidimensionnelle qui montre quels rôles d'utilisateur sont autorisés à accéder à des entités d'information précises et à créer de nouveaux dossiers dans ces entités, consulter les données dans des dossiers existants, mettre à jour ou modifier les données dans les dossiers existants ou supprimer les dossiers existants. Le même type de matrice peut servir à montrer les processus, et non les utilisateurs, qui ont des droits de création, de lecture, de mise à jour et de suppression.

Critères d'acceptation : Critères associés aux exigences, aux produits ou au cycle de livraison qui doivent être atteints pour obtenir l'acceptation des parties prenantes.

Cycle de vie : Série de changements que subit un article ou un objet de sa mise en application à son retrait.

Cycle de vie de la solution : Les étapes où une solution progresse, de la mise en place au retrait.

Cycle de vie des exigences : Les étapes où une exigence progresse, de la mise en place au retrait.

d

Décision d'affaires : Décision qui peut être prise selon la stratégie, le jugement de la direction, par consensus et avec des règles d'affaires, et généralement prise en réponse à des événements ou à des moments définis d'un processus d'affaires.

Décomposition : Technique qui divise un problème en ses composantes pour faciliter l'analyse et la connaissance de ces composantes.

Définition des règles d'affaires : Règle qui indique que quelque chose est nécessairement vrai (ou non), règle qui se doit d'être un critère de définition pour des concepts, connaissances ou renseignements. Également connue sous le terme règle structurelle.

Demande d'information (RFI) : Méthode d'élicitation structurée visant à recueillir de l'information sur les capacités d'un fournisseur ou tout autre renseignement pertinent pour un approvisionnement potentiel à venir.

Demande d'offre : Invitation ouverte aux fournisseurs pour qu'ils envoient des propositions de biens ou services.

Demande de prix (RFQ) : Méthode d'approvisionnement qui consiste à solliciter des prix et des options de la solution de fournisseurs.

Demande de proposition (RFP) : Document des exigences remis lorsqu'une organisation cherche une proposition officielle de fournisseurs. Une RFP exige normalement que les propositions soient soumises en suivant un processus précis et avec des propositions scellées qui seront évaluées avec une méthodologie d'évaluation officielle.

Diagramme d'état : Un modèle d'analyse qui montre le cycle de vie d'une entité ou d'une catégorie de données.

Diagramme d'Ishikawa : Voir Diagramme en arête de poisson.

Diagramme de cas d'utilisation : Type de diagramme utilisé par UML® qui saisit tous les acteurs et cas d'utilisation liés à un système ou produit.

Diagramme de cause à effet : Voir Diagramme en arête de poisson.

Diagramme de séquence : Type de diagramme qui montre les objets qui participent aux interactions et les messages échangés entre eux.

Diagramme en arête de poisson : Technique de diagramme utilisée dans une analyse de la cause fondamentale pour cerner les causes sous-jacentes d'un problème observé et les liens qui existent entre ces causes. Également connu sous le nom de diagramme d'Ishikawa ou de diagramme de cause à effet.

Diagramme entité-relation : Représentation graphique des entités pertinentes à un domaine de problème choisi et des relations entre elles.

Document des exigences : Voir Ensemble d'exigences.

Domaine : Sphère de connaissances qui définit un ensemble d'exigences, de terminologie et de fonctions communes pour tout programme ou initiative qui règle un problème.

Domaine d'affaires : Voir Domaine.

Domaine de connaissances : Domaine d'expertise qui comprend plusieurs tâches d'analyse d'affaires spécifiques.

Dossier d'affaires : Justification pour une intervention axée sur les bénéfices à obtenir de la solution proposée, en comparaison avec les coûts, les efforts et d'autres facteurs afin d'acquérir cette solution et de l'adopter.

e

Effort de l'analyse d'affaires : La portée d'activités auxquelles un analyste d'affaires participe pendant le cycle de vie d'une initiative.

Élicitation : Dérivation itérative et extraction d'information de parties prenantes ou d'autres sources.

Énoncé de la vision du produit : Bref énoncé ou paragraphe qui décrit les buts de la solution et la façon dont ils appuient la stratégie de l'organisation ou de l'entreprise.

Énoncé de mission : Déclaration officielle de valeurs et de buts qui exprime le but premier de l'entreprise.

Énoncé de travail (EDT) / cahier des charges (CDC) : Description écrite des services ou tâches devant être effectués.

Ensemble d'exigences : Format spécialisé d'un ensemble de l'analyse d'affaires qui porte expressément sur les exigences. Un ensemble d'exigences peut représenter une base d'un assortiment d'exigences.

Ensemble de l'analyse d'affaires : Document, présentation ou autre recueil de textes, matrices, diagrammes et modèles qui représentent de l'information de l'analyse d'affaires.

Entreprise : Système constitué d'une ou de plusieurs organisations et des solutions qu'elles utilisent pour réaliser un ensemble partagé de buts communs.

Entretien : Élicitation d'information d'une personne ou d'un groupe de personnes dans un contexte informel ou formel en posant des questions pertinentes et en notant les réponses.

Équipe du changement : Groupe interfonctionnel de personnes dont le mandat consiste à mettre en place un changement. Ce groupe peut comprendre des propriétaires de produits, des analystes d'affaires, des développeurs, des chefs de projet, des experts du domaine d'implémentation ou d'autres personnes qui possèdent l'ensemble de compétences pertinent pour mettre en place le changement.

Estimé : Évaluation quantitative d'un résultat prévu, des exigences de ressources et du calendrier, où les incertitudes et inconnus sont systématiquement inclus à l'évaluation.

Étude de faisabilité : Évaluation de solutions de rechange proposées pour déterminer si elles sont faisables sur le plan technique, organisationnel et économique dans les contraintes de l'entreprise et si elles livreront les bénéfices désirés à l'entreprise.

Évaluation : Évaluation systématique et objective d'une solution pour déterminer son statut et son efficacité dans l'atteinte de ses objectifs au fil du temps et pour trouver des moyens d'améliorer la solution afin de mieux atteindre les objectifs. Voir également Indicateur, Mesure / métrique, Surveillance.

Évaluation de la maturité de l'entreprise : Évaluation qui décrit dans quelle mesure l'entreprise est préparée à accepter le changement associé à une solution et à l'utiliser efficacement.

Évaluation de risque : Identifier, analyser et évaluer les risques.

Événement (analyse d'affaires) : Occurrence ou incident où une unité organisationnelle, un système ou un processus doit intervenir.

Événement temporel : Événement échelonné dans le temps qui peut déclencher un processus, l'évaluation des règles d'affaires ou une autre réponse.

Exigence : Représentation utilisable d'un besoin.

Exigence d'affaires : Représentation de buts, d'objectifs et de résultats qui décrivent pourquoi un changement a été entamé et comment la réussite sera évaluée.

Exigence d'une partie prenante : Description des besoins d'une partie prenante ou d'une catégorie de parties prenantes qui doivent être comblés pour atteindre les exigences d'affaires. Ils peuvent servir de pont entre les exigences d'affaires et les différentes catégories des exigences de la solution.

Exigence de la solution : Capacité ou qualité d'une solution qui répond aux exigences des parties prenantes. Les exigences de solution peuvent être divisées en deux sous-catégories : exigences fonctionnelles et exigences non-fonctionnelles ou qualité des exigences du service.

Exigence de transition : Exigence qui décrit les capacités que la solution doit avoir et les conditions que la solution doit respecter pour faciliter la transition de l'état actuel à l'état futur, mais qui ne sont pas requises une fois le changement apporté. Elles se distinguent d'autres types d'exigences car elles sont temporaires.

Exigence déclarée : Exigence définie par une partie prenante qui n'a pas été analysée, confirmée ou validée. Les exigences déclarées reflètent souvent les désirs d'une partie prenante au lieu du besoin réel.

Exigence fonctionnelle : Capacité qu'une solution doit avoir en termes du comportement et de l'information que la solution va gérer.

Exigence non-fonctionnelle : Type d'exigence qui décrit le rendement ou les attributs de qualité qu'une solution doit atteindre. Les exigences non-fonctionnelles sont habituellement mesurables et agissent en tant que contraintes pour la conception d'une solution dans son ensemble.

Exigence utilisateur : Voir Exigence d'une partie prenante.

Exigence validée : Exigence qui a été révisée et jugée utile à la livraison des résultats escomptés, et dans la portée de la solution.

Exigence vérifiée : Exigence qui a été révisée et jugée bien définie, respectueuse des normes ou lignes directrices et à un niveau de détail acceptable.

Expérience : Élicitation effectuée de façon contrôlée pour faire une découverte, tester une hypothèse ou démontrer un fait connu.

Expert du domaine : Partie prenante ayant une connaissance approfondie d'un sujet pertinent pour le besoin d'affaires ou la portée de la solution.

Expert du domaine d'implémentation : Partie prenante qui possède des connaissances spécialisées de la mise en œuvre d'une ou plusieurs composante(s) de la solution.

Extension Agile au Guide BABOK® : Norme entourant la pratique d'analyse d'affaires dans un contexte agile. La version 1 de l'Extension Agile au Guide BABOK® a été publiée en 2013 par IIBA®, en partenariat avec l'Agile Alliance.

f

Facilitation : L'art de diriger et d'encourager les autres au moyen d'efforts systématiques pour atteindre des objectifs convenus de façon à améliorer la participation, la collaboration, la productivité et la synergie.

FIPEC : Voir Fournisseurs Intrants Processus Extrants Clients (FIPEC).

Forces, faiblesses, opportunités, menaces (FFOM) : Modèle d'analyse utilisé pour comprendre des facteurs d'influence et la façon dont ils peuvent toucher une initiative. Également connue en tant qu'analyse FFOM.

Fournisseur : Une partie prenante hors des limites d'une organisation ou unité organisationnelle donnée qui offre des produits ou services à l'organisation et qui peut avoir des droits et des obligations contractuelles et morales à prendre en compte.

Fournisseurs, intrants, processus, extrants, clients (FIPEC) : Outil utilisé pour décrire des éléments généraux et pertinents d'un processus. Peut servir conjointement avec la description des processus et des outils « dans la portée et hors de la portée » pour fournir plus de détails.

g

Gestion des exigences : Planification, exécution, surveillance et contrôle d'une partie ou de la totalité du travail associé à l'élicitation des exigences et à la collaboration, à l'analyse et à la conception des exigences et à la gestion du cycle de vie des exigences.

Gestion des processus d'affaires (BPM) : Discipline de gestion qui détermine comment des processus manuels et automatisés sont créés, modifiés, annulés et régis.

Gestion du changement : Activités, outils et techniques planifiés pour aborder le côté humain du changement pendant une initiative de changement, qui abordent principalement les besoins des gens qui seront les plus touchés par le changement.

Gestion du changement organisationnel : Voir Gestion du changement.

Groupe de discussion : Groupe formé pour obtenir des idées et des perspectives sur un produit, un service ou une occasion précis dans un milieu de groupe interactif. Les participants partagent leurs impressions, préférences et besoins, guidés par un modérateur.

h

Hypothèse : Facteur d'influence que l'on estime vrai, mais dont l'exactitude n'a pas été confirmée, ou qui pourrait être vrai maintenant, mais non dans l'avenir.

i

Indicateur : Mesure numérique spécifique qui indique des progrès vers l'atteinte d'un impact, d'un extrant, d'une activité ou d'un intrant. Voir également Mesure / métrique.

Informations de l'analyse d'affaires : Tout type d'information à tout niveau de détail utilisé en tant qu'intrant ou extrant du travail d'analyse d'affaires.

Ingénieur logiciel : Voir Développeur.

Initiative : Projet, programme ou action précis entrepris pour régler un problème d'affaires ou atteindre un objectif de changement précis.

Inspection : Revue officielle d'un produit du travail menée par des personnes qualifiées qui suit un processus prédéfini et qui utilise des critères prédéfinis, pour identifier les défauts et les retirer.

Interface : Frontière partagée entre deux personnes ou systèmes avec lesquels l'information est communiquée.

Interface externe : Interaction qui dépasse la solution proposée. Il peut s'agir d'un autre système matériel ou logiciel ou d'une interaction humaine avec laquelle la solution proposée interagira.

Interopérabilité : Capacité des systèmes de communiquer en échangeant des données ou des services.

Intrant (analyse d'affaires) : Information consommée ou transformée pour produire un extrant. Un intrant est l'information nécessaire pour qu'une tâche commence.

Itération (analyse d'affaires) : Une seule instance de cycles progressifs d'analyse, de développement, d'essai ou d'exécution.

j

Jalon fixe : Période convenue où une activité est menée ou un livrable défini doit être produit.

l

Langage de modélisation unifiée™ : Système de notation retenu par l'Object Management Group afin de décrire la structure, le comportement et l'architecture d'applications logicielles. Il peut également servir à décrire des processus d'affaires et structures de données. Les diagrammes d'UML® les plus souvent utilisés par les analystes d'affaires sont des diagrammes de cas d'utilisation, des diagrammes d'activité, des diagrammes informatisés d'état (également connus en tant que diagrammes d'état) et des diagrammes de classe.

Liaison avec les parties prenantes (analyse d'affaires) : Le rôle d'un analyste d'affaires lorsqu'il représente les besoins d'une partie prenante ou d'un groupe de parties prenantes.

Ligne directrice (analyse d'affaires) : Instruction ou description sur la raison d'être d'une tâche ou le moyen de l'aborder.

Liste de contrôle / liste de vérification : Ensemble standard d'éléments de qualité que les examinateurs utilisent à des fins de vérification des exigences.

Listes des parties prenantes : Un répertoire des parties prenantes touchées par un changement, un besoin d'affaires ou une solution proposée et une description de leurs attributs et caractéristiques relatifs à leur participation dans l'initiative.

Livrable : Produit ou service de travail unique et vérifiable qu'une partie a accepté de livrer.

Logiciel commercial prêt à l'emploi (COTS) : Solution déjà faite et offerte sur le marché qui répond à la totalité ou à la majorité des besoins communs d'un important groupe d'adhérents à ces solutions. Une solution commerciale peut exiger une certaine configuration pour répondre aux besoins précis de l'entreprise.

m

Matrice : Forme textuelle de modélisation utilisée pour représenter de l'information qui peut être catégorisée, comparée et représentée sous forme de tableau.

Matrice CRUD : Voir Créer, lire, mettre à jour, supprimer (matrice CRUD).

Matrice RACI : Voir Responsable, redevable, consulté et informé.

Mesure / métrique : Niveau quantifiable d'un indicateur mesuré à un moment précis.

Métadonnées : Description de données qui aide à comprendre comment utiliser les données, soit en termes de structure et de spécification des données, soit de description d'une instance précise d'un objet.

Méthode DSDM : Voir Méthode dynamique de développement de systèmes (DSDM).

Méthode dynamique de développement de systèmes (DSDM) : Cadre de livraison de projet axé sur la fixation du coût, de la qualité et du temps au début, pendant que les éventualités sont gérées en variant les caractéristiques à livrer.

Méthodologie : Ensemble de méthodes, techniques, procédures, concepts de travail et règles utilisés pour résoudre un problème.

Modèle : Représentation et simplification de la réalité élaborée pour véhiculer de l'information à un public précis pour appuyer l'analyse, la communication et la compréhension.

Modèle conceptuel : Modèle d'analyse qui développe le sens de concepts de base pour un domaine problématique, qui définit leur structure collective et qui précise le vocabulaire approprié nécessaire pour en parler de façon cohérente.

Modèle d'exigences : Représentation abstraite (habituellement graphique) de certains aspects de l'état actuel ou futur.

Modèle de portée : Modèle qui définit les limites d'un domaine d'affaires ou d'une solution.

Modèle de processus : Ensemble de diagrammes et d'information à l'appui sur un processus et des facteurs qui peuvent influencer le processus. Certains modèles de processus servent à simuler le rendement du processus.

Modélisation de l'organisation : Technique d'analyse utilisée pour décrire des rôles, responsabilités et structures de reddition de compte qui existent dans une entreprise.

o

Objectif : Voir Objectifs d'affaires.

Objectif d'affaires : État ou situation qu'une organisation cherche à établir et à conserver, habituellement exprimé qualitativement et non quantitativement.

Objectif d'affaires : Résultat objectif et mesurable qui indique qu'un objectif d'affaires a été atteint.

Observation (analyse d'affaires) : Étudier et analyser une ou plusieurs parties prenantes dans leur milieu de travail pour éliciter des exigences.

OLAP : Voir Traitement analytique en ligne.

Option de la solution : Un moyen possible de satisfaire un ou plusieurs besoins dans un contexte.

Organisation : Il s'agit d'un groupe de personnes autonome dirigé par un seul individu ou un comité, travaillant en vue d'atteindre des buts et objectifs communs.

Outil de gestion des exigences : Logiciel conçu à des fins précises qui offre du soutien pour toute combinaison des capacités suivantes : élicitation et collaboration, modélisation ou spécification des exigences, traçabilité des exigences, choix de la version et étalonnage, définition des attributs pour la surveillance, production de documents et suivi du changement des exigences.

p

Partie prenante : Un groupe ou une personne ayant un lien avec le changement, le besoin ou la solution.

Plan : Schéma détaillé pour faire ou accomplir quelque chose, qui contient habituellement un ensemble d'événements, de liens de dépendance, une séquence attendue, un programme, des résultats ou des issues, le matériel et les ressources requis et la façon dont les parties prenantes doivent participer.

Plan d'analyse d'affaires : Description des activités planifiées qu'exécutera l'analyste d'affaires afin de faire le travail d'analyse d'affaires compris dans une initiative précise. Voir également Plan de gestion des exigences.

Plan de communication de l'analyse d'affaires : Description des types de communication que l'analyste d'affaires effectuera pendant l'analyse d'affaires, des destinataires de ces communications et de la forme et de la fréquence de ces communications.

Plan de gestion des exigences : Sous-ensemble du plan d'analyse d'affaires pour une initiative de changement précise qui décrit des outils, activités et rôles et responsabilités précis qui seront utilisés dans le cadre de l'initiative pour gérer les exigences. Voir le Plan d'analyse d'affaires.

Point de vue : Ensemble de conventions qui définissent comment les exigences seront représentées, comment ces représentations seront organisées et comment elles seront liées.

Politique : Voir Politique d'affaires.

Politique d'affaires : Directive non exerçable qui contrôle et influence les actions d'une entreprise.

Portée : Les limites du contrôle, du changement, d'une solution ou d'un besoin.

Portée de la solution : L'ensemble de capacités qu'une solution doit offrir pour répondre au besoin d'affaires.

Portée du projet : Travail qui doit être effectué pour livrer un produit, un service ou un résultat avec les caractéristiques et fonctions précisées.

Preuve de concept : Modèle créé pour valider la conception d'une solution sans modéliser l'apparence, le matériel utilisé dans la création du travail ou les processus et flux de travail ultimement utilisés par les parties prenantes.

Priorisation : Détermination de l'importance relative d'un ensemble d'éléments pour déterminer l'ordre dans lequel ils seront traités.

Problème d'affaires : Problème d'importance stratégique ou tactique qui empêche une entreprise ou une organisation d'atteindre ses objectifs.

Processus : Ensemble d'activités conçues pour atteindre un objectif précis en prenant un ou plusieurs des intrants définis et en les transformant en extrants définis.

Processus d'affaires : Ensemble d'activités de bout en bout qui, collectivement, répondent à un événement et transforment de l'information, du matériel et d'autres ressources en extrants qui ajoutent de la valeur directement pour les clients du processus. Elles peuvent être internes à une organisation ou s'étendre sur plusieurs organisations.

Processus de gouvernance (changement) : Processus avec lequel les décideurs concernés utilisent de l'information pertinente pour prendre des décisions sur un changement ou une solution, dont les moyens pour obtenir des approbations et priorités.

Processus des leçons apprises : Technique d'amélioration des processus utilisée pour en apprendre davantage sur un processus ou un projet et l'améliorer. Une session de leçon apprise comprend une réunion spéciale où l'équipe explore ce qui a fonctionné, ce qui n'a pas fonctionné, ce qui peut être appris de l'itération qui vient de se terminer et comment adapter les processus et techniques avant de continuer ou de recommencer à neuf.

Produit (analyse d'affaires) : Solution ou composante d'une solution qui est le résultat d'une initiative.

Produit du travail (analyse d'affaires) : Document ou ensemble de notes ou de diagrammes utilisés par l'analyste d'affaires pendant le processus d'élaboration des exigences.

Projet : Effort temporaire entrepris pour créer un produit, un service ou un résultat unique.

Promoteur : Partie prenante qui est chargée d'entamer les efforts afin de définir un besoin d'affaires et élaborer une solution qui comble ce besoin. Elle autorise le travail à effectuer et contrôle le budget et la portée de l'initiative.

Prototype : Approximation partielle ou simulée de la solution dans le but d'éliciter ou de vérifier les exigences avec les parties prenantes.

Prototype évolutif : Prototype continuellement modifié et mis à jour en réponse à la rétroaction de parties prenantes.

Prototype horizontal : Prototype utilisé pour explorer les exigences et les conceptions à un niveau d'une solution proposée, comme la vue des clients ou l'interface avec une autre organisation.

Prototype jetable : Prototype utilisé pour mettre au jour rapidement et préciser des exigences ou des concepts avec des outils simples, parfois uniquement avec du papier et un crayon. Il devrait être jeté une fois le système à l'état final élaboré.

Prototype vertical : Prototype utilisé pour forer vers le bas dans une solution proposée pour mettre au jour les éléments d'une exigence et d'un concept dans de multiples couches d'une solution qui ne sont pas facilement comprises ni faciles à discerner à la surface. Il peut comprendre une interaction entre plusieurs composantes de la solution.

q

Qualité : La mesure dans laquelle un ensemble de caractéristiques inhérentes répond aux besoins.

Questionnaire : Ensemble de questions définies, avec un choix de réponse, utilisées pour recueillir de l'information de répondants.

r

Récit utilisateur : Déclaration courte et concise de fonctionnalité ou de qualité nécessaire pour offrir une valeur à une partie prenante précise.

Référentiel : Installation réelle ou virtuelle où toute l'information sur un sujet précis est conservée et peut être extraite.

Règle d'affaires : Directive spécifique, pratique et testable qui relève du contrôle de l'entreprise et qui sert de critère qui oriente le comportement, les jugements ou la prise de décisions.

Règle d'application : Voir Règles d'affaires comportementales.

Règle structurelle : Voir Définition des règles d'affaires.

Règles d'affaires comportementales : Règle d'affaires qui impose une obligation (ou une interdiction) au comportement, à des mesures, à des pratiques ou à des procédures, une règle d'affaires dont le but est de régir (gouverner) les activités d'affaires quotidiennes. Également connue sous le nom de règle d'application.

Régulateur : Une partie prenante de l'extérieur de l'organisation qui est responsable de la définition et de l'exécution de normes.

Réingénierie des processus d'affaires : Restructuration et refonte des processus d'affaires pour générer des améliorations aux mesures de rendement.

Remue-méninges : Activité d'équipe qui cherche à produire un ensemble large ou diversifié d'options avec la génération d'idées rapide et sans critique d'idées.

Responsable, autorité, consulté et informé (matrice RACI) : Outil utilisé pour identifier les responsabilités de rôles ou membres de l'équipe et les activités ou livrables auxquels ils participeront, en étant responsables (en faisant le travail), en approuvant (les résultats), en consultant (contribution) ou en étant informés du produit final.

Retour sur l'investissement (RSI) (analyse d'affaires) : Mesure de la rentabilité d'un projet ou d'un investissement.

Rétrospective : Voir Processus des leçons apprises.

Révision structurée : Une revue où les participants analysent un artéfact ou un ensemble d'artéfacts dans le but de valider les exigences ou conceptions et de cerner les erreurs d'exigences ou de conception, manques de cohérence, omissions, faussetés ou conflits.

Revue par les pairs : Révision structurée ou non d'un produit de travail afin d'identifier des erreurs ou possibilités d'amélioration. Voir également Inspection.

RFI : Voir Demande d'information.

RFP : Voir Demande de proposition.

RFQ : Voir Demande de prix.

RFT : Voir Demande d'offre.

Risque (analyse d'affaires) : L'effet de l'incertitude sur la valeur d'un changement, d'une solution ou de l'entreprise. Voir aussi Risque résiduel.

Risque résiduel : Le risque restant une fois la mesure prise ou les plans mis à exécution pour atténuer le risque original.

RSI : Voir Retour sur l'investissement.

S

SDP : Voir Structure de découpage du projet (SDP).

SOW : Voir Énoncé de travail (EDT).

Service (analyse d'affaires) : L'exécution de toute tâche ou tout travail pour une partie prenante, de la perspective de la partie prenante.

Solution : Moyen précis de satisfaire un ou plusieurs besoins dans un contexte.

Sondage : Collecte et mesure des opinions ou des expériences d'un groupe de personnes avec une série de questions.

Soutien opérationnel : Une partie prenante responsable de la gestion et de l'entretien quotidiens d'un système ou produit.

Stratégie : Description de l'approche choisie pour appliquer les capacités d'une entreprise afin d'atteindre un ensemble souhaité de buts ou d'objectifs.

Stratégie de gestion du changement : Plan pour passer de l'état actuel à l'état futur afin d'atteindre les objectifs d'affaires désirés.

Structure de découpage du projet (SDP) : Décomposition hiérarchique du travail axée sur les livrables, visant à atteindre les objectifs et créer les livrables requis. Elle organise et définit la portée totale du projet.

Suivi du changement : Contrôle des changements en fonction des exigences et des conceptions pour que l'effet des changements demandés soit compris et convenu avant que les changements soient apportés.

Surveillance : Collecte de données de façon continue à partir d'une solution pour déterminer la mesure dans laquelle une solution est mise en place en comparaison avec des résultats attendus. Voir également Mesure / métrique, Indicateur.

Système : Ensemble de composantes interdépendantes qui interagissent de différentes façons pour produire un ensemble de résultats escomptés.

t

Tâche (analyse d'affaires) : Élément de travail discret pouvant être effectué de façon officielle ou non dans le cadre de l'analyse d'affaires.

TAU : Voir Test d'acceptation utilisateur.

Technique : Manière, méthode ou style pour mener une tâche d'analyse d'affaires ou pour en définir les extrants.

Test d'acceptation utilisateur (TAU) : Évalue si la solution livrée répond aux besoins du groupe de parties prenantes qui utilisera la solution. L'évaluation est validée par rapport aux critères d'acceptation cernés.

Testeur : Personne responsable de déterminer comment vérifier si la solution respecte les exigences définies par l'analyste d'affaires et de mener le processus de vérification.

Traçabilité : Voir Traçabilité des exigences.

Traçabilité des exigences : La capacité de suivre les relations entre les ensembles d'exigences et conceptions à partir du besoin original de la partie prenante jusqu'à la solution mise en place. La traçabilité appuie le suivi du changement en faisant en sorte que la source d'une exigence ou d'un concept puisse être dégagée et que d'autres exigences et concepts connexes potentiellement touchés par un changement soient connus.

Traitement analytique en ligne (OLAP) : Approche de renseignements d'affaires qui permet aux utilisateurs d'analyser de grandes quantités de données de différents points de vue.

u

UML® : Voir Langage de modélisation unifiée.

Unité organisationnelle : Association de personnes reconnue dans une organisation ou une entreprise.

Utilisateur : Voir Utilisateur final.

Utilisateur final : Partie prenante qui interagit directement avec la solution.

V

Valeur (analyse d'affaires) : L'évaluation, l'importance ou l'utilité de quelque chose pour une partie prenante dans un contexte précis.

Validation (analyse d'affaires) : Processus qui consiste à vérifier si un livrable se prête à son utilisation prévue. Voir également Validation des exigences.

Validation des exigences : Travail effectué pour évaluer les exigences afin de faire en sorte qu'elles appuient la concrétisation des bénéfices escomptés et qu'elles s'inscrivent dans la portée de la solution.

Vérification (analyse d'affaires) : Le processus qui consiste à déterminer qu'un livrable ou un artéfact respecte une norme de qualité acceptable. Voir aussi Vérification des exigences.

Vérification des exigences : Travail effectué pour évaluer les exigences afin de faire en sorte qu'elles soient définies correctement et que leur qualité soit acceptable. Il fait en sorte que les exigences soient suffisamment définies et structurées, pour que l'équipe d'élaboration de solutions puisse s'en servir dans la conception, le développement et la mise en œuvre de la solution.

Appendix B: Cartographie des techniques par rapport aux tâches

Le tableau suivant montre chaque tâche du *Guide BABOK®* pour laquelle la technique est comprise dans la section Techniques.

Cette cartographie est fournie à titre de référence, et n'empêche en aucun cas l'utilisation créative d'une technique dans l'application d'une autre tâche pour laquelle cette technique n'est pas spécifiquement répertoriée.

10. Techniques	3. Planification et surveillance de l'analyse d'affaires	4. Élicitation et collaboration	5. Gestion du cycle de vie des exigences	6. Analyse de la stratégie	7. Analyse des exigences et définition de la conception	8. Évaluation de la solution
10.1. Critères d'évaluation et d'acceptation			5.5. Approuver les exigences	6.2. Définir l'état futur	7.1. Spécifier et modéliser les exigences 7.2. Vérifier les exigences 7.3. Valider les exigences 7.6. Analyser la valeur potentielle et recommander une solution	8.1. Mesurer la performance de la solution 8.2. Analyser les mesures de performance 8.3. Évaluer les limites de la solution
10.2. Gestion du carnet de commandes			5.3. Prioriser les exigences		7.6. Analyser la valeur potentielle et recommander une solution	
10.3. Tableau de bord prospectif				6.2. Définir l'état futur 6.4. Définir la stratégie de changement		
10.4. Analyse comparative et analyse du marché		4.2. Effectuer l'élicitation		6.1. Analyser l'état actuel 6.2. Définir l'état futur 6.4. Définir la stratégie de changement	7.5. Définir les options de conception	8.1. Mesurer la performance de la solution 8.2. Analyser les mesures de performance 8.3. Évaluer les limites de la solution 8.4. Évaluer les limites de l'entreprise

10. Techniques	3. Planification et surveillance de l'analyse d'affaires	4. Élicitation et collaboration	5. Gestion du cycle de vie des exigences	6. Analyse de la stratégie	7. Analyse des exigences et définition de la conception	8. Évaluation de la solution
10.5. Remue-méninges	3.1. Planifier l'approche de l'analyse d'affaires 3.2. Planifier l'engagement des parties prenantes 3.3. Planifier la gouvernance de l'analyse d'affaires 3.4. Planifier la gestion de l'information de l'analyse d'affaires 3.5. Identifier les améliorations du rendement de l'analyse d'affaires	4.1. Préparer à l'élicitation 4.2. Effectuer l'élicitation		6.2. Définir l'état futur 6.3. Évaluer les risques 6.4. Définir la stratégie de changement	7.5. Définir les options de conception 7.6. Analyser la valeur potentielle et recommander une solution	8.4. Évaluer les limites de l'entreprise
10.6. Analyse de capacité de l'entreprise				6.1. Analyser l'état actuel 6.2. Définir l'état futur 6.4. Définir la stratégie de changement	7.1. Spécifier et modéliser les exigences	
10.7. Dossiers d'affaires	3.1. Planifier l'approche de l'analyse d'affaires		5.3. Prioriser les exigences 5.4. Évaluer les changements d'exigences	6.1. Analyser l'état actuel 6.2. Définir l'état futur 6.3. Évaluer les risques 6.4. Définir la stratégie de changement	7.6. Analyser la valeur potentielle et recommander une solution	8.1. Mesurer la performance de la solution

10. Techniques	3. Planification et surveillance de l'analyse d'affaires	4. Élicitation et collaboration	5. Gestion du cycle de vie des exigences	6. Analyse de la stratégie	7. Analyse des exigences et définition de la conception	8. Évaluation de la solution
10.8. Canevas du modèle d'affaires				6.1. Analyser l'état actuel 6.2. Définir l'état futur 6.4. Définir la stratégie de changement	7.1. Spécifier et modéliser les exigences 7.6. Analyser la valeur potentielle et recommander une solution	
10.9. Analyse des règles d'affaires	3.2. Planifier l'engagement des parties prenantes	4.2. Effectuer l'élicitation	5.2. Maintenir les exigences 5.4. Évaluer les changements d'exigences		7.1. Spécifier et modéliser les exigences	8.3. Évaluer les limites de la solution
10.10. Jeux collaboratifs		4.2. Effectuer l'élicitation 4.5. Gérer la collaboration avec les parties prenantes				
10.11. Modélisation des concepts		4.2. Effectuer l'élicitation		6.1. Analyser l'état actuel	7.1. Spécifier et modéliser les exigences	
10.12. Dictionnaires de données					7.1. Spécifier et modéliser les exigences	
10.13. Diagrammes de flux de données			5.2. Maintenir les exigences		7.1. Spécifier et modéliser les exigences	

10. Techniques	3. Planification et surveillance de l'analyse d'affaires	4. Élicitation et collaboration	5. Gestion du cycle de vie des exigences	6. Analyse de la stratégie	7. Analyse des exigences et définition de la conception	8. Évaluation de la solution
10.14. Exploration de données		4.1. Préparer à l'élicitation 4.2. Effectuer l'élicitation		6.1. Analyser l'état actuel		8.1. Mesurer la performance de la solution 8.2. Analyser les mesures de performance 8.3. Évaluer les limites de la solution 8.4. Évaluer les limites de l'entreprise 8.5. Recommander des actions pour augmenter la valeur de la solution
10.15. Modélisation des données		4.2. Effectuer l'élicitation	5.2. Maintenir les exigences		7.1. Spécifier et modéliser les exigences 7.4. Définir l'architecture des exigences	

10. Techniques	3. Planification et surveillance de l'analyse d'affaires	4. Élicitation et collaboration	5. Gestion du cycle de vie des exigences	6. Analyse de la stratégie	7. Analyse des exigences et définition de la conception	8. Évaluation de la solution
10.16. Analyse décisionnelle			5.3. Prioriser les exigences 5.4. Évaluer les changements d'exigences 5.5. Approuver les exigences	6.2. Définir l'état futur 6.3. Évaluer les risques 6.4. Définir la stratégie de changement	7.6. Analyser la valeur potentielle et recommander une solution	8.1. Mesurer la performance de la solution 8.3. Évaluer les limites de la solution 8.4. Évaluer les limites de l'entreprise 8.5. Recommander des actions pour augmenter la valeur de la solution
10.17. Modélisation des décisions				6.2. Définir l'état futur	7.1. Spécifier et modéliser les exigences	
10.18. Analyse de la documentation	3.1. Planifier l'approche de l'analyse d'affaires 3.2. Planifier l'engagement des parties prenantes 3.3. Planifier la gouvernance de l'analyse d'affaires	4.1. Préparer à l'élicitation 4.2. Effectuer l'élicitation 4.3. Confirmer les résultats de l'élicitation	5.2. Maintenir les exigences 5.4. Évaluer les changements d'exigences	6.1. Analyser l'état actuel 6.3. Évaluer les risques	7.3. Valider les exigences 7.5. Définir les options de conception	8.4. Évaluer les limites de l'entreprise
10.19. Estimation	3.1. Planifier l'approche de l'analyse d'affaires	4.1. Préparer à l'élicitation	5.3. Prioriser les exigences 5.4. Évaluer les changements d'exigences	6.4. Définir la stratégie de changement	7.6. Analyser la valeur potentielle et recommander une solution	

10. Techniques	3. Planification et surveillance de l'analyse d'affaires	4. Élicitation et collaboration	5. Gestion du cycle de vie des exigences	6. Analyse de la stratégie	7. Analyse des exigences et définition de la conception	8. Évaluation de la solution
10.20. Analyse financière	3.1. Planifier l'approche de l'analyse d'affaires		5.3. Prioriser les exigences 5.4. Évaluer les changements d'exigences	6.1. Analyser l'état actuel 6.2. Définir l'état futur 6.3. Évaluer les risques 6.4. Définir la stratégie de changement	7.3. Valider les exigences 7.6. Analyser la valeur potentielle et recommander une solution	8.5. Recommander des actions pour augmenter la valeur de la solution
10.21. Groupes de discussion		4.2. Effectuer l'élicitation		6.1. Analyser l'état actuel 6.4. Définir la stratégie de changement	7.6. Analyser la valeur potentielle et recommander une solution	8.1. Mesurer la performance de la solution 8.5. Recommander des actions pour augmenter la valeur de la solution
10.22. Décomposition fonctionnelle	3.1. Planifier l'approche de l'analyse d'affaires		5.1. Suivre les exigences 5.2. Maintenir les exigences	6.1. Analyser l'état actuel 6.2. Définir l'état futur 6.4. Définir la stratégie de changement	7.1. Spécifier et modéliser les exigences 7.4. Définir l'architecture des exigences	
10.23. Glossaires					7.1. Spécifier et modéliser les exigences	
10.24. Analyse d'interface		4.2. Effectuer l'élicitation	5.4. Évaluer les changements d'exigences		7.1. Spécifier et modéliser les exigences	

10. Techniques	3. Planification et surveillance de l'analyse d'affaires	4. Élicitation et collaboration	5. Gestion du cycle de vie des exigences	6. Analyse de la stratégie	7. Analyse des exigences et définition de la conception	8. Évaluation de la solution
10.25. Entretiens	3.1. Planifier l'approche de l'analyse d'affaires 3.2. Planifier l'engagement des parties prenantes 3.3. Planifier la gouvernance de l'analyse d'affaires 3.4. Planifier la gestion de l'information de l'analyse d'affaires 3.5. Identifier les améliorations du rendement de l'analyse d'affaires	4.1. Préparer à l'élicitation 4.2. Effectuer l'élicitation 4.3. Confirmer les résultats de l'élicitation 4.4. Communiquer l'information de l'analyse d'affaires	5.3. Prioriser les exigences 5.4. Évaluer les changements d'exigences	6.1. Analyser l'état actuel 6.2. Définir l'état futur 6.3. Évaluer les risques 6.4. Définir la stratégie de changement	7.4. Définir l'architecture des exigences 7.5. Définir les options de conception 7.6. Analyser la valeur potentielle et recommander une solution	8.2. Analyser les mesures de performance 8.3. Évaluer les limites de la solution 8.4. Évaluer les limites de l'entreprise

10. Techniques	3. Planification et surveillance de l'analyse d'affaires	4. Élicitation et collaboration	5. Gestion du cycle de vie des exigences	6. Analyse de la stratégie	7. Analyse des exigences et définition de la conception	8. Évaluation de la solution
10.26. Gestion des points de suivi	3.1. Planifier l'approche de l'analyse d'affaires 3.2. Planifier l'engagement des parties prenantes 3.3. Planifier la gouvernance de l'analyse d'affaires 3.4. Planifier la gestion de l'information de l'analyse d'affaires 3.5. Identifier les améliorations du rendement de l'analyse d'affaires		5.3. Prioriser les exigences 5.4. Évaluer les changements d'exigences 5.5. Approuver les exigences	6.1. Analyser l'état actuel	7.2. Vérifier les exigences 7.3. Valider les exigences	8.3. Évaluer les limites de la solution 8.4. Évaluer les limites de l'entreprise

10. Techniques	3. Planification et surveillance de l'analyse d'affaires	4. Élicitation et collaboration	5. Gestion du cycle de vie des exigences	6. Analyse de la stratégie	7. Analyse des exigences et définition de la conception	8. Évaluation de la solution
10.27. Leçons apprises	3.1. Planifier l'approche de l'analyse d'affaires 3.2. Planifier l'engagement des parties prenantes 3.3. Planifier la gouvernance de l'analyse d'affaires 3.4. Planifier la gestion de l'information de l'analyse d'affaires 3.5. Identifier les améliorations du rendement de l'analyse d'affaires	4.5. Gérer la collaboration avec les parties prenantes		6.1. Analyser l'état actuel 6.2. Définir l'état futur 6.3. Évaluer les risques 6.4. Définir la stratégie de changement	7.5. Définir les options de conception	8.3. Évaluer les limites de la solution 8.4. Évaluer les limites de l'entreprise
10.28. Mesures et Indicateurs clés de performance (ICP)	3.5. Identifier les améliorations du rendement de l'analyse d'affaires			6.1. Analyser l'état actuel 6.2. Définir l'état futur	7.2. Vérifier les exigences 7.3. Valider les exigences 7.6. Analyser la valeur potentielle et recommander une solution	8.1. Mesurer la performance de la solution 8.2. Analyser les mesures de performance

10. Techniques	3. Planification et surveillance de l'analyse d'affaires	4. Élicitation et collaboration	5. Gestion du cycle de vie des exigences	6. Analyse de la stratégie	7. Analyse des exigences et définition de la conception	8. Évaluation de la solution
10.29. Cartographie heuristique	3.2. Planifier l'engagement des parties prenantes 3.4. Planifier la gestion de l'information de l'analyse d'affaires	4.1. Préparer à l'élicitation 4.2. Effectuer l'élicitation		6.1. Analyser l'état actuel 6.2. Définir l'état futur 6.3. Évaluer les risques 6.4. Définir la stratégie de changement	7.5. Définir les options de conception	
10.30. Analyse des exigences non-fonctionnelles					7.1. Spécifier et modéliser les exigences	8.1. Mesurer la performance de la solution
10.31. Observation	3.5. Identifier les améliorations du rendement de l'analyse d'affaires	4.2. Effectuer l'élicitation		6.1. Analyser l'état actuel		8.1. Mesurer la performance de la solution 8.2. Analyser les mesures de performance 8.4. Évaluer les limites de l'entreprise
10.32. Modélisation de l'organisation	3.3. Planifier la gouvernance de l'analyse d'affaires			6.1. Analyser l'état actuel 6.2. Définir l'état futur 6.4. Définir la stratégie de changement	7.1. Spécifier et modéliser les exigences 7.4. Définir l'architecture des exigences	8.4. Évaluer les limites de l'entreprise 8.5. Recommander des actions pour augmenter la valeur de la solution
10.33. Priorisation			5.3. Prioriser les exigences			8.5. Recommander des actions pour augmenter la valeur de la solution

10. Techniques	3. Planification et surveillance de l'analyse d'affaires	4. Élicitation et collaboration	5. Gestion du cycle de vie des exigences	6. Analyse de la stratégie	7. Analyse des exigences et définition de la conception	8. Évaluation de la solution
10.34. Analyse des processus	3.5. Identifier les améliorations du rendement de l'analyse d'affaires	4.2. Effectuer l'élicitation		6.1. Analyser l'état actuel		8.4. Évaluer les limites de l'entreprise 8.5. Recommander des actions pour augmenter la valeur de la solution
10.35. Modélisation des processus	3.1. Planifier l'approche de l'analyse d'affaires 3.2. Planifier l'engagement des parties prenantes 3.3. Planifier la gouvernance de l'analyse d'affaires 3.4. Planifier la gestion de l'information de l'analyse d'affaires 3.5. Identifier les améliorations du rendement de l'analyse d'affaires	4.2. Effectuer l'élicitation	5.2. Maintenir les exigences	6.2. Définir l'état futur 6.4. Définir la stratégie de changement	7.1. Spécifier et modéliser les exigences	8.4. Évaluer les limites de l'entreprise
10.36. Prototypage		4.2. Effectuer l'élicitation		6.2. Définir l'état futur	7.1. Spécifier et modéliser les exigences	8.1. Mesurer la performance de la solution

10. Techniques	3. Planification et surveillance de l'analyse d'affaires	4. Élicitation et collaboration	5. Gestion du cycle de vie des exigences	6. Analyse de la stratégie	7. Analyse des exigences et définition de la conception	8. Évaluation de la solution
10.37. Revues	3.2. Planifier l'engagement des parties prenantes 3.3. Planifier la gouvernance de l'analyse d'affaires 3.5. Identifier les améliorations du rendement de l'analyse d'affaires	4.3. Confirmer les résultats de l'élicitation 4.4. Communiquer l'information de l'analyse d'affaires	5.5. Approuver les exigences		7.2. Vérifier les exigences 7.3. Valider les exigences	
10.38. Analyse et gestion des risques	3.2. Planifier l'engagement des parties prenantes 3.5. Identifier les améliorations du rendement de l'analyse d'affaires	4.1. Préparer à l'élicitation 4.5. Gérer la collaboration avec les parties prenantes	5.3. Prioriser les exigences 5.4. Évaluer les changements d'exigences	6.1. Analyser l'état actuel 6.3. Évaluer les risques	7.3. Valider les exigences 7.6. Analyser la valeur potentielle et recommander une solution	8.2. Analyser les mesures de performance 8.3. Évaluer les limites de la solution 8.4. Évaluer les limites de l'entreprise 8.5. Recommander des actions pour augmenter la valeur de la solution
10.39. Matrice des rôles et autorisations						8.4. Évaluer les limites de l'entreprise

10. Techniques	3. Planification et surveillance de l'analyse d'affaires	4. Élicitation et collaboration	5. Gestion du cycle de vie des exigences	6. Analyse de la stratégie	7. Analyse des exigences et définition de la conception	8. Évaluation de la solution
10.40. Analyse de la cause fondamentale	3.5. Identifier les améliorations du rendement de l'analyse d'affaires			6.1. Analyser l'état actuel 6.3. Évaluer les risques	7.1. Spécifier et modéliser les exigences 7.5. Définir les options de conception	8.2. Analyser les mesures de performance 8.3. Évaluer les limites de la solution 8.4. Évaluer les limites de l'entreprise
10.41. Modélisation de la portée	3.2. Planifier l'engagement des parties prenantes			6.1. Analyser l'état actuel 6.2. Définir l'état futur 6.4. Définir la stratégie de changement	7.1. Spécifier et modéliser les exigences 7.4. Définir l'architecture des exigences	
10.42. Diagrammes de séquence					7.1. Spécifier et modéliser les exigences	
10.43. Listes des parties prenantes, cartographie ou personas		4.1. Préparer à l'élicitation 4.5. Gérer la collaboration avec les parties prenantes			7.1. Spécifier et modéliser les exigences	
10.44. Modélisation de l'état					7.1. Spécifier et modéliser les exigences	

10. Techniques	3. Planification et surveillance de l'analyse d'affaires	4. Élicitation et collaboration	5. Gestion du cycle de vie des exigences	6. Analyse de la stratégie	7. Analyse des exigences et définition de la conception	8. Évaluation de la solution
10.45. Sondage ou questionnaire	3.2. Planifier l'engagement des parties prenantes 3.3. Planifier la gouvernance de l'analyse d'affaires 3.4. Planifier la gestion de l'information de l'analyse d'affaires 3.5. Identifier les améliorations du rendement de l'analyse d'affaires	4.2. Effectuer l'élicitation		6.1. Analyser l'état actuel 6.2. Définir l'état futur 6.3. Évaluer les risques	7.5. Définir les options de conception 7.6. Analyser la valeur potentielle et recommander une solution	8.1. Mesurer la performance de la solution 8.2. Analyser les mesures de performance 8.3. Évaluer les limites de la solution 8.4. Évaluer les limites de l'entreprise 8.5. Recommander des actions pour augmenter la valeur de la solution
10.46. Analyse FFOM				6.1. Analyser l'état actuel 6.2. Définir l'état futur 6.4. Définir la stratégie de changement	7.6. Analyser la valeur potentielle et recommander une solution	8.4. Évaluer les limites de l'entreprise
10.47. Cas d'utilisation et scénarios			5.2. Maintenir les exigences		7.1. Spécifier et modéliser les exigences	8.1. Mesurer la performance de la solution
10.48. Récits utilisateur			5.2. Maintenir les exigences		7.1. Spécifier et modéliser les exigences	

10. Techniques	3. Planification et surveillance de l'analyse d'affaires	4. Élicitation et collaboration	5. Gestion du cycle de vie des exigences	6. Analyse de la stratégie	7. Analyse des exigences et définition de la conception	8. Évaluation de la solution
10.49. Évaluation du fournisseur				6.1. Analyser l'état actuel 6.2. Définir l'état futur 6.4. Définir la stratégie de changement	7.5. Définir les options de conception	8.1. Mesurer la performance de la solution
10.50. Ateliers de travail	3.1. Planifier l'approche de l'analyse d'affaires 3.2. Planifier l'engagement des parties prenantes 3.3. Planifier la gouvernance de l'analyse d'affaires 3.4. Planifier la gestion de l'information de l'analyse d'affaires 3.5. Identifier les améliorations du rendement de l'analyse d'affaires	4.2. Effectuer l'élicitation 4.3. Confirmer les résultats de l'élicitation 4.4. Communiquer l'information de l'analyse d'affaires	5.3. Prioriser les exigences 5.4. Évaluer les changements d'exigences 5.5. Approuver les exigences	6.1. Analyser l'état actuel 6.2. Définir l'état futur 6.3. Évaluer les risques 6.4. Définir la stratégie de changement	7.4. Définir l'architecture des exigences 7.5. Définir les options de conception 7.6. Analyser la valeur potentielle et recommander une solution	8.4. Évaluer les limites de l'entreprise

Appendix C: Collaborateurs

Comité du corpus de connaissances

Le contenu de cette publication a été principalement élaboré par le Comité du corpus de connaissances :

- Angela M. Wick, CBAP, PMP, PBA
- Emily Iem, CBAP, PMP : Présidente
- John M. A. Burns, M. Sc, B. Sc, Ing.
- Joy Beatty, CBAP, PMI-PBA
- Masahiko Soh
- Matthew W. Leach, CBAP
- Peter Lefterov, CBAP
- Phil Vincent, CBAP, M. sci. compt., PMP
- Shane Hastie, CBAP, MIM, ICE-VM
- Julian Sammy
- Laura Paton, CBAP, M.B.A., PMP : Ancienne présidente
- Tom Burke, CBAP, MS, CSPO

Équipe opérationnelle du corpus de connaissances

Les personnes suivantes se sont associées à toutes les parties prenantes et les ont appuyées pour établir le cadre de l'élaboration et de la livraison du contenu :

- Kevin Brennan, CBAP, OCEB, PMP, vice-président exécutif, Gestion et développement des produits, IIBA : Promoteur
- Paul Stapleton, directeur des normes et des publications, IIBA : Rédacteur en chef
- Sandi Campbell, chef de projet, IIBA : Chef de projet

Collaborateurs au contenu

Les personnes suivantes ont offert du contenu additionnel utilisé dans cette version :

- Alberto Vasquez
- Ales Stempihar
- Ali Mazer, CBAP, M.B.A.
- Andrew Guitarte, CBAP, DBA, PMP
- Angie Perris, CBAP, M.B.A., PMP
- Anne Fomim, CBAP
- Beth Faris, CBAP
- Brian T. Hunt, CBAP, Ing. I, Fellow, InstLM
- Cari J. Faanes-Blakey, CBAP, PMI-PBA
- Charles Bozonier, CBAP
- Christina D. Harris, ITIL, BA

- Colleen S. Berish, AIT
- Dean J. Larson, CBAP
- Dena Loadwick, CBAP
- Edwina Simons, CBAP, M.B.A., SSGB
- Ellan Kay Young
- Gagan Saxena
- Georgy Saveliev, CBAP
- Greg Geracie
- Heather Mylan-Mains, CBAP
- Inger Dickson, CBAP
- James (Jim) Baird, CMC
- James Taylor
- Janet Wood, CBAP
- Jason Andrew Oliver, CBAP, M.B.A., CISSP
- Jason Frink, CBAP
- Jason Questor
- Jennifer Battan, CBAP
- Jennifer Swearingen
- Josh Jones, CBAP
- Joyce Statz, Ph. D.
- Judith A. Haughton, CBAP, M.B.A.
- Jules Prevost, CBAP
- Kelly Morrison Smith, M.B.A., MS
- Manish S. Nachnani, CBAP, PMP, CSM
- Marcelo Neves, CBAP
- Maria Amuchastegui, CBAP, CTFL, CSM
- Marsha B. Hughes, CBAP, PMP, CSM
- Martin Schedlbauer, CBAP, Ph. D.
- Maureen McVey, CBAP
- McNaughton Lebohang, CBAP, B. Sc. (Hon.) CS, PMP
- Mike Crawford
- Mike Rosen
- Milena Komitska, Ph. D.
- Muhammad Saad Rahman, CBAP, M. Sc., PMP
- Neale Croutear-Foy, BA (Hon.), FBCS, FInstLM
- Norman A. Thuswaldner, CBAP
- Paul Mulvey, CBAP
- Poonam Dhanwani
- Ricardo Pereira, CBAP
- Richard Larson, CBAP, PMP, PMI-PBA
- Ronald G. Ross
- Sean P. Boylan, CBAP, MAppLing
- Sergio Conte
- Sherri L. Nowak, CBAP, MSM
- Silke Goodwin, CBAP
- Steven Blais, PMP, PBA
- Suneet K. Garg, CBAP, TOGAF 9, CBPP
- Suzanne R. Burgess, CBAP
- Tharshan Sreetharan, CBAP, PMP, M.B.A.
- Thea Rasins
- Thomas (Tom) Barker, CBAP, Ph. D., PMP
- Tina M. Underhill
- Victoria Cupet, CBAP, PMP, PMI-PBA

Groupe d'experts-conseils et d'examen

Les experts de l'industrie suivants ont généreusement offert à IIBA® des conseils et des recommandations sur la portée et le contenu de la version 3.0 du *Guide BABOK®* pendant sa planification et son élaboration, et ont donc inspiré le contenu et l'orientation de cette version.

- Barbara A. Carkenord, CBAP, PMI-PBA, PMP
- Bill Bigler, Ph. D.
- Brian Cameron
- Chuck Walrad
- Elizabeth Larson, CBAP, PMP, CSM
- Ellen Gottesdiener, SM, CPS
- Gladys S. W. Lam
- Greg Geracie
- James Robertson
- James Taylor
- Jason Questor
- Jeff Scott
- Kent J. McDonald
- Kitty Hass
- Linda R. Finley
- Mary Gorman, CBAP, CSM, PMI-PBA
- Mike Rosen
- Peter H.M. Brooks, B. Sc., FSM
- Roger T. Burlton, Ing. p., CMC
- Ronald G. Ross
- Suzanne Robertson
- Whynde Kuehn

Réviseurs praticiens

Les personnes suivantes ont fourni leur avis de praticien sur la version 3.0 et leurs recommandations ont inspiré le contenu et l'orientation de la version publique.

- Aljaž Prusnik, CBAP
- Angela Musa, CBAP
- Annette Brice, CBAP
- Ashok Kaushal
- Barbara J Monaco, CBAP
- Beth Gomolka, CBAP, PMP, CSP
- Carol R. Drew, CBAP
- Cei Sanderson, CSPO
- Charles Raj, CBAP, B. Com., FCA
- Chen-Kuang Yu
- Cherie Wagner
- Devendra Shrikant Upadhye, CBAP
- Diana Cagle, CBAP, M.B.A.
- Fabrício Laguna, CBAP, PMP, M.B.A.
- Geoffrey Griffin, CBAP
- Iavi Rotberg
- Jayesh Jain, CBAP, B. Sc., CSPO
- Joe Goss
- Joseph F. Ruffolo
- Karen Gras, CBAP
- Kathleen C. McGoey
- laith Obeidat, CBAP
- Laura R. Walker, LSS
- Lenche Pandovska, CBAP
- Lily V. Dang, CBAP
- Lynn Parkin, CCBA
- Michael D. Western, CBAP
- Nicolae Crudu, CCBA
- Partha Pratim Das, PMP, CSM
- Richard Freeley, CBAP

- Robert Dyason
- Steven J. Gara, CBAP, MS
- Teri A. McIntyre, CBAP, CAPM, MA
- Theodora Tonkovska
- Tolani J Hassan, ISEB
- Tricia K. Dreixler, CBAP
- Wayne Li
- Yoshinori Tanaka, CBAP
- Zoya Roytblat, CBAP

Les personnes suivantes ont également agi à titre de chefs d'équipe de révision :

- Billie Johnson, CBAP, PBA, CSM
- Camille L. Spruill, CBAP, PMP, CSM
- Chaithanya Atthanti, CBAP
- Jeanette Moore-Loggins, CBAP, BA, M.B.A.,
- Kimberley Byron, CBAP
- Peter Johnson, CBAP
- Tom Karasmanis

Extension Agile

Cette version renferme le contenu de l'*Extension Agile au Guide BABOK®*· IIBA® aimerait remercier les collaborateurs suivants de l'*Extension Agile au Guide BABOK®*.

- Ali Mazer
- Brian Hemker
- Carol Scalice
- Chris Matts
- David C. Cook
- David Morris
- Dennis Stevens
- Ellen Gottesdiener
- Kevin Brennan
- Luiz Claudio Parzianello
- Marsha Hughes
- Pascal Van Cauwenberghe
- Paul Stapleton, éditeur
- Peter Gordon
- Shane Hastie
- Steve Erlank
- Susan Block

Ébauche de l'Extension d'analyse d'affaires d'entreprise

Cette version renferme le contenu de l'Extension d'analyse d'affaires d'entreprise au *Guide BABOK®*. IIBA® aimerait remercier les collaborateurs suivants de l'E*xtension d'analyse d'affaires d'entreprise au Guide BABOK®*.

- Charlie Huai-Ling Ch'ng
- Dean Larson
- Jason Questor
- Joanne Dong
- Kevin Brennan
- Matt Northrup

- Neil Burton
- Nitza Dovenspike
- Phillip Quinn
- Ron Babin

La version 3.0 contient également du contenu élaboré pour des versions précédentes du *Guide BABOK®*.

Autres collaborateurs importants

- Aminah Nailor, CBAP
- Annie Thomas, CPAP
- Rose Ha, CBAP
- Bernard Aschwanden, Publishing Smarter : Disposition et mise en page
- Irena Duniskvaric, Publishing Smarter : Illustrations
- Lynda Sydney, Ignite Writing Services : Correction d'épreuves
- SOS Design Inc. : Couverture
- Vic Bhai, rédacteur/éditeur technique, IIBA : Rédaction technique

Remerciements additionnels

IIBA® et le Comité du corpus de connaissances aimeraient remercier tous les praticiens de l'analyse d'affaires qui nous ont fourni leurs commentaires et recommandations au fil des ans, ainsi que ceux qui ont commenté la version publique.

Version 2.0

Comité du corpus de connaissances

Le contenu de cette publication a été principalement élaboré par le Comité du corpus de connaissances :

- Kevin Brennan, CBAP, OCEB, PMP, vice-président, développement professionnel
- Barbara A. Carkenord, M.B.A., CBAP
- Mary Gorman, CBAP
- Kathleen B. Hass, PMP
- Brenda Kerton, MA
- Elizabeth Larson, CBAP, PMP
- Richard Larson, CBAP, PMP
- Jason Questor
- Laura Paton, M.B.A., CBAP, PMP (chef de projet)

Collaborateurs au contenu

Les personnes suivantes ont offert du contenu additionnel utilisé dans cette version :

- Tony Alderson
- James Baird
- Jake Calabrese, CBAP
- Bruce C. Chadbourne, PgMP, PMP
- Karen Chandler
- Carrolynn Chang
- Richard Fox, CBAP
- Rosemary Hossenlopp
- Peter Gordon, CBAP
- Ellen Gottesdiener
- Monica Jain
- Cherifa Mansoura Liamani, Ph. D.
- Karen Little
- Laura Markey
- Richard Martin
- Gillian McCleary
- William B. Murray
- Angie Perris, CBAP
- David Wright

L'équipe d'infographie a créé des graphiques et normes graphiques :

- Carl Gosselin
- Perry McLeod, CBAP, PMP
- Alexandre Romanov
- Patricia Sandino
- Maggie Yang

La version 2.0 contient également du contenu élaboré pour des versions précédentes du Guide BABOK®.

Groupe d'experts-conseils et d'examen

Les experts de l'industrie suivants ont généreusement offert à IIBA® des conseils et des recommandations sur la portée et le contenu de la version 2.0 du *Guide BABOK®* pendant sa planification et son élaboration, et ont donc inspiré le contenu et l'orientation de cette version.

- Scott Ambler
- James Baird
- Kurt Bittner
- Rafael Dorantes
- Robin F. Goldsmith, JD
- Ellen Gottesdiener
- Paul Harmon
- Dean Leffingwell
- Gladys S.W. Lam
- Kent J. McDonald
- Mark McGregor
- Meilir Page-Jones
- James Robertson
- Suzanne Robertson
- Ronald G. Ross
- David Ruble
- Steve Tockey

Réviseurs praticiens

Les personnes suivantes ont fourni leur avis de praticien sur la version 2.0 et leurs recommandations ont inspiré le contenu et l'orientation de la version publique.

- Sharon M. Aker
- Betty H. Baker, CBAP
- B. D. Barnes Ph. D., PE, PMP, CSSBB
- Jennifer S. Battan, CBAP
- Subrahmanya Gupta Boda
- Craig W. Brown, MPM, CSM
- Cathy Brunsting
- Peter Burg, PMP
- Greg Busby, CBAP
- Diana Cagle, M.B.A., CBAP
- Duncan Cairns
- Bruce Chadbourne, PgMP, PMP
- Carrollynn Chang
- Patricia Chappell, CBAP, M.B.A.
- Mark Cheek, PMP
- Huai-Ling Ch'ng, CBAP
- Desirée Purvis (née Chu), CBAP
- Pauline Chung
- Joseph Da Silva
- Nitza Dovenspike
- James Downey, Ph. D., PMP
- Tamer El-Tonsy, CISA, PRINCE2, ITIL
- Steve Erlank, B. Sc., B. Com. (Hon)
- Margaret Gaino Ewing, M.B.A., CBAP
- Stephanie Garwood, CBAP
- Joe Goss
- Karen Gras, CBAP
- Kwabby Gyasi
- Bob Hillier, PMP
- Billie Johnson, CBAP
- Peter Johnson, CBAP
- Hans Jonasson, CBAP, PMP
- Barbara Koenig
- Steven R. Koss, M.B.A.
- Douglas Kowalczyk
- Robert Lam, M.B.A., ISP
- Richard Larson, CBAP, PMP
- Karen Little, CBAP
- Joy Matthews
- Perry McLeod, CBAP, PMP
- Holly M. Meyer
- Michael Mohammed
- Brian Monson, PMP
- Nancy A. Murphy, PMP, CBAP
- Richard L. Neighbarger, CSQA, CSQE
- Tony Newport, CBAP
- Samia Osman
- Cecilia Rathwell
- Suzanna Etheridge Rawlins, PMP
- Helen Ronnenbergh
- Zoya Roytblat
- Christopher Ryba
- Julian Sammy
- Keith Sarre, CBAP
- Laura Schleicher
- Fred Seip
- Thomas Slahetka, CBAP
- Warren Steger
- Leah Sturm, CBAP
- James M. Szuch
- Robin Tucker
- Krishna Vishwanath

- A. S. Umashankar

Les personnes suivantes ont également agi à titre de chefs d'équipe de révision :

- Cathy Brunsting
- Patricia Chappell, CBAP, M.B.A.
- Stephanie Garwood, CBAP
- Robert Lam, M.B.A., ISP

Version 1.6

Comité du corpus de connaissances

- Kathleen Barret (présidente)
- Kevin Brennan, CBAP, PMP (Vice-président)
- Barbara Carkenord, M.B.A., CBAP
- Mary Gorman, CBAP
- Kathleen B. Hass, PMP
- Brenda Kerton
- Elizabeth Larson, CBAP, PMP
- Richard Larson, CBAP, PMP
- Dulce Oliveira
- Cleve Pillifant

Collaborateurs de la version 1.6

- Tony Alderson
- Finny Barker
- Neil Burton
- Karen Chandler
- Richard Fox, CBAP
- Rosemary Hossenlopp
- Peter Gordon, CBAP
- Monica Jain
- Peter Kovaks
- Chris Matts
- Laura Markey
- Patricia Martin
- Richard Martin
- Rosina Mete
- William Murray
- Harish Pathria
- Kathleen Person
- Tony Rice
- John Slater
- Mark Tracy
- Jacqueline Young

Réviseurs de la version 1.6

- Sharon Aker
- Betty H. Baker, CBAP

- Jo Bennett
- Cathy Brunsting
- Carrollynn Chang, CBAP
- Patricia Chappell, CBAP, M.B.A.
- Pauline Chung
- Joseph R. Czarnecki
- Stephanie Garwood, CBAP
- May Jim, CBAP
- Day Knez
- Barb Koenig
- Robert Lam
- Cherifa Mansoura Liamani, Ph. D.
- Gillian McCleary
- Kelly Piechota
- Howard Podeswa
- Leslie Ponder
- Cecilia Rathwell
- Jennifer Rojek
- Keith Sarre, CBAP
- Jessica Gonzalez Solis
- Jim Subach
- Diane Talbot
- Krishna Vishwanath
- Marilyn Vogt
- Scott Witt

Appendix D: Résumé des changements apportés au Guide BABOK® v 2.0

Aperçu

La version 3 du *Guide BABOK®* a grandement révisé, restructuré et remanié le Guide BABOK® version 2.0. Ce résumé des changements fournit un aperçu de l'emplacement dans la version 3 des sujets abordés dans la version 2.0. Ce résumé n'offre pas une description complète des changements et, dans certains cas, la portée d'une tâche ou d'une technique a changé de façon significative à un niveau inférieur.

Introduction

Analyse d'affaires

La définition de ce concept primaire a été actualisée afin de l'harmoniser avec les autres changements apportés au Guide BABOK®, notamment le modèle des concepts de base de l'analyse d'affaires (BACCM™).

Principaux concepts de l'analyse d'affaires

Modèle des concepts de base de l'analyse d'affaires (BACCM™) (NOUVEAU)

Il s'agit d'un modèle composé de six termes présentant une signification commune à l'ensemble des analystes d'affaires, et qui les aide à évoquer l'analyse d'affaires ainsi que ses corrélations avec une terminologie commune.

Exigences et conception (NOUVEAU)

Cette section décrit les différences entre et les recoupements de deux concepts majeurs de l'analyse d'affaires : les exigences et la conception.

Domaines de connaissances

Planification et surveillance de l'analyse d'affaires

L'objet et le nom de ce domaine de connaissances restent inchangés dans la version 3.

Certaines tâches ont été renommées, une nouvelle tâche a été ajoutée et certains éléments ont été déplacés. La version 3 continue d'aborder le rôle de l'analyste d'affaires dans la définition du travail d'analyse d'affaires et la définition de l'approche de l'initiative.

2.0 Tâche : Planification et surveillance de l'analyse d'affaires	3.0 Tâche : Planification et surveillance de l'analyse d'affaires
2.1 Planifier l'approche de l'analyse d'affaires Contenu sur la priorisation et la gestion du changement transféré vers la partie 3.3 Planifier la gouvernance de l'analyse d'affaires	3.1 Planifier l'approche de l'analyse d'affaires
2.2 Mener l'analyse des parties prenantes	3.2 Planifier l'engagement des parties prenantes
2.3 Planifier les activités de l'analyse d'affaires	3.1 Planifier l'approche de l'analyse d'affaires
2.4 Planifier la communication de l'analyse d'affaires	3.2 Planifier l'engagement des parties prenantes
2.5 Planifier le processus de gestion des exigences Contenu sur la priorisation et la gestion du changement transféré vers la partie 3.3 Planifier la gouvernance de l'analyse d'affaires	3.4 Planifier la gestion des informations de l'analyse d'affaires
2.6 Gérer le rendement de l'analyse d'affaires	3.5 Identifier les améliorations de rendement de l'analyse d'affaires

Élicitation (nom de la version 2.0) s'appelle maintenant Élicitation et collaboration (nom de la version 3)

L'objet de ce domaine de connaissances reste similaire, mais a été étendu afin d'intégrer des sujets de communication de la version 2.0 et le nouveau sujet sur la collaboration.

De plus, le contenu plus simple de la version 2.0 a été développé afin de fournir davantage de conseils aux praticiens. Enfin, une référence explicite à l'élicitation non planifiée est réalisée afin de souligner l'élicitation informelle pouvant survenir au cours d'une conversation. Les informations de l'analyse d'affaires sont également évoquées en continu, et non uniquement comme exigences pour les besoins de l'élicitation.

2.0 Tâche : Élicitation	3.0 Tâche : Élicitation et collaboration
3.1 Se préparer à l'élicitation	4.1 Se préparer à l'élicitation
3.2 Mener une activité d'élicitation	4.2 Effectuer l'élicitation

3.4 Confirmer les résultats de l'élicitation	4.3 Confirmer les résultats de l'élicitation
3.3 Documenter les résultats de l'élicitation	4.4 Communiquer les informations de l'analyse d'affaires
n/a	4.5 Gérer la collaboration des parties prenantes

Communication et gestion des exigences (nom de la version 2.0) s'appelle maintenant Gestion du cycle de vie des exigences (nom de la version 3)

Gestion du cycle de vie des exigences est apparu comme étant un titre plus adapté pour ce domaine de connaissances. Il souligne le fait que les exigences possèdent leur propre cycle de vie et que la gestion des exigences représente une activité continue.

Les activités de communication ont été déplacées de ce domaine de connaissances à celui de l'Élicitation et collaboration.

2.0 Tâche : Communication et gestion des exigences	3.0 Tâche : Gestion du cycle de vie des exigences
4.1 Gérer les exigences et la portée de la solution La Gestion de la portée de la solution est traitée à la section 5.1 Suivre les exigences. Les parties Gestion des problèmes et des conflits et Présentation des exigences en vue de leur vérification sont traitées dans le chapitre 5.5 Approuver les exigences.	5.1 Suivre les exigences 5.5 Approuver les exigences
4.2 Gérer la traçabilité des exigences La partie Gestion de la configuration et des relations est traitée à la section 5.1 Suivre les exigences. La partie Analyse d'impact est traitée dans le chapitre 5.4 Évaluer les changements d'exigences.	5.1 Suivre les exigences 5.4 Évaluer les changements d'exigences.
4.3 Maintenir les exigences en vue d'une réutilisation	5.2 Maintenir les exigences
4.4 Préparer l'ensemble d'exigences	4.4 Communiquer les informations de l'analyse d'affaires
4.5 Communiquer les exigences	4.4 Communiquer les informations de l'analyse d'affaires

	5.3 Prioriser les exigences Déplacé de 6.1 Prioriser les exigences (v 2.0)
N/A	5.5 Approuver les exigences Nouvelle tâche qui inclut les concepts de la solution v2 Gestion des conflits et des problèmes, Présentation des exigences à réviser et approbation à partir de la tâche v2 Gestion de la portée de la solution et des exigences.

Analyse de l'entreprise (nom de la version 2.0) s'appelle maintenant Analyse de la stratégie (nom de la version 3)

Ce domaine de connaissances possède un nouveau nom et un objectif élargi.

La partie Analyse de l'entreprise se concentrait sur le travail en amont réalisé par l'analyste d'affaires au démarrage d'un projet. La partie Analyse de la stratégie est plus étendue, et comprend le travail réalisé par l'analyste d'affaires afin de comprendre l'état actuel de l'entreprise, définir l'état futur souhaité, élaborer une stratégie de changement en vue d'atteindre les résultats d'affaires désirés et évaluer les risques inhérents à la stratégie de changement.

2.0 Tâche : Analyse de l'entreprise	3.0 Tâche : Analyse de la stratégie
5.1 Définir un besoin d'affaires La partie Opportunité ou problème d'affaires est traitée dans le chapitre 6.1 Analyser l'état actuel. Les parties Objectifs et buts d'affaires et Résultats souhaités sont traitées dans le chapitre 6.2 Définir l'état futur.	6.1 Analyser l'état actuel, 6.2 Définir l'état futur
5.2 Évaluer les écarts de capacités La partie Analyse de la capacité actuelle est traitée dans le chapitre 6.1 Analyser l'état actuel. Les parties Évaluation des nouvelles exigences de capacité et Hypothèses sont traitées dans le chapitre 6.2 Définir l'état futur.	6.1 Analyser l'état actuel, 6.2 Définir l'état futur, 6.4 Définir la stratégie de changement La partie Définir la stratégie de changement comprend une Analyse d'écart qui n'était pas explicitement identifiée dans le chapitre 5.2 Évaluer les écarts de capacités, mais constituait le but de la tâche.
5.3 Déterminer l'approche de la solution Les parties Génération alternative et Hypothèses et contraintes sont traitées dans le chapitre 6.2 Définir l'état futur. La partie Classement et sélection des approches est traitée dans le chapitre 7.5 Définir les options de conception et 7.6 Analyser la valeur potentielle et recommander une solution.	6.2 Définir l'état futur, 7.5 Définir les options de conception (domaine de connaissances Analyse des exigences et définition de la conception dans la v3), 7.6 Analyser la valeur potentielle et recommander une solution (domaine de connaissances Analyse des exigences et définition de la conception dans la v3)

5.4 Définir la portée de la solution	6.4 Définir la stratégie de changement
5.5 Définir le dossier d'affaires	7.6 Analyser la valeur potentielle et recommander une solution (domaine de connaissances Analyse des exigences et définition de la conception), 10.7 Dossiers d'affaires (Technique)

Analyse des exigences (nom de la version 2.0) s'appelle maintenant Analyse des exigences et Définition de la conception (nom de la version 3)

Ce domaine de connaissances a été renommé pour prendre en compte un contenu étendu.

La version 3 aborde désormais le sujet de la conception et explique les situations dans lesquelles les analystes d'affaires s'impliquent dans les activités de conception. La partie Analyse des exigences et définition de la conception intègre également certaines des tâches de la version 2.0 Évaluation et validation de la solution. Les activités faisant référence à l'évaluation de la solution proposée, avant l'élaboration d'une solution, en totalité ou en partie, font désormais partie de cette Analyse des exigences et définition de la conception.

2.0 Tâche : Analyse des exigences	3.0 Tâche : Analyse des exigences et définition de la conception
6.1 Prioriser les exigences	5.3 Prioriser les exigences (domaine de connaissances Gestion du cycle de vie des exigences de la v3)
6.2 Organiser les exigences	7.4 Définir l'architecture des exigences
6.3 Spécifier et modéliser les exigences	7.1 Spécifier et modéliser les exigences
6.4 Définir les hypothèses et les contraintes Les parties Hypothèses et Contraintes d'affaires sont traitées dans le chapitre 6.2 Définir l'état futur. La partie Contraintes techniques est traitée dans le chapitre 7.6 Analyser la valeur potentielle et recommander une solution	6.2 Définir l'état futur (domaine de connaissances Analyse de la stratégie de la v3) et 7.6 Analyser la valeur potentielle et recommander une solution
6.5 Vérifier les exigences	7.2 Vérifier les exigences
6.6 Valider les exigences	7.3 Valider les exigences

N/A	7.5 Définir les options de conception Il s'agit d'une nouvelle tâche dans l'Analyse des exigences et définition de la conception, qui intègre les parties 5.3 Déterminer l'approche de la solution (domaine de connaissances Analyse de l'entreprise de la v2.0), 7.1 Évaluer la solution proposée (domaine de connaissances Évaluation et validation de la solution de la v2.0) et 7.2 Répartir les exigences (domaine de connaissances Évaluation et validation de la solution de la v2.0)
N/A	7.6 Analyser la valeur potentielle et recommander une solution Il s'agit d'une nouvelle tâche dans l'Analyse des exigences et définition de la conception, qui intègre les parties 5.5 Définir le dossier d'affaires (domaine de connaissances Analyse de l'entreprise de la v2.0) et 7.1 Évaluer la solution proposée (domaine de connaissances Évaluation et validation de la solution de la v2.0)

Évaluation et validation de la solution (nom de la version 2.0) s'appelle maintenant Évaluation de la solution (nom de la version 3)

Le domaine de connaissances de la version 3 s'oriente moins vers la mise en œuvre d'une solution au profit de l'évaluation des solutions.

Il comprend des informations sur l'évaluation de la valeur apportée par une solution et évoque le rôle de l'analyste d'affaires dans l'évaluation des éléments qui empêchent une organisation de bénéficier de la valeur totale d'une solution.

2.0 Tâche : Évaluation et validation de la solution	3.0 Tâche : Évaluation de la solution
7.1 Évaluer la solution proposée	7.5 Définir les options de conception et 7.6 Analyser la valeur potentielle et recommander une solution (domaine de connaissances Analyse des exigences et définition de la conception de la v3)
7.2 Répartir les exigences	7.5 Définir les options de conception (domaine de connaissances Analyse des exigences et définition de la conception de la v3)
7.3 Évaluer la préparation de l'organisation	6.4 Définir la stratégie de gestion du changement (domaine de connaissances Analyse de la stratégie de la v3)

7.4 Définir les exigences de transition	6.4 Définir la stratégie du changement (domaine de connaissances Analyse de la stratégie de la v3), 2.3 Schéma de classification des exigences
7.5 Valider la solution	8.3 Évaluer les limites de la solution
7.6 Évaluer le rendement de la solution	8.5 Recommander des actions pour accroître la valeur de la solution
N/A	8.1 Mesurer le rendement de la solution Cette nouvelle tâche intègre la définition des mesures de rendement d'une solution et mesure le rendement réel
N/A	8.2 Analyser les mesures de rendement Cette nouvelle tâche se concentre sur la comparaison entre la valeur réelle (rendement de la solution) et la valeur attendue
N/A	8.4 Évaluer les limites de l'entreprise Cette nouvelle tâche détermine ce qui peut empêcher une solution d'atteindre sa valeur attendue, en dehors de la solution elle-même

Compétences fondamentales

Raisonnement analytique et résolution des problèmes

- NOUVEAU – Pensée conceptuelle
- NOUVEAU – Pensée visuelle

Caractéristiques comportementales

- Éthique – supprimé
- Organisation personnelle – renommé et développé dans la partie Organisation et gestion du temps
- NOUVEAU –- Responsabilité personnelle
- NOUVEAU – Adaptabilité

Connaissances en affaires

- Principes et pratiques d'affaires – renommé Sens des affaires
- NOUVEAU – Connaissance de la méthodologie

Capacités de communication

- Communications orales – renommé Communication verbale
- Enseignement – déplacé vers Compétences d'interaction
- NOUVEAU – Communication non verbale
- NOUVEAU -- Écoute

Compétences d'interaction

- Facilitation et négociation – fractionnement des compétences et renommé Facilitation
- NOUVEAU – Négociation et résolution des conflits

Applications logicielles (nom de la version 2.0) s'appelle maintenant Outils et technologies (nom de la version 3)

- Applications à portée générale – renommé Outils et technologies de productivité au bureau
- Applications spécialisées – renommé Outils et technologies de l'analyse d'affaires
- NOUVEAU – Technologies et outils de communication

Techniques

Changement de nom ou d'objet

- Analyse comparative et analyse du marché (Analyse comparative dans la v2.0)
- Dictionnaire de données (Dictionnaire de données et glossaire dans la v2.0)
- Glossaire (Dictionnaire de données et glossaire dans la v2.0)
- Vérifications (Révision structurée dans la v2.0)
- Analyse et gestion des risques (Analyse des risques dans la v2.0)
- Cas d'utilisation et scénarios (Scénarios et cas d'utilisation dans la v2.0)
- Récits utilisateurs
- Ateliers de travail (Atelier de travail sur les exigences dans la v2.0)

Nouvelles techniques

- Gestion du carnet de commandes
- Tableau de bord prospectif
- Analyse de capacité de l'entreprise
- Dossier d'affaires
- Canevas du modèle d'affaires

- Jeux collaboratifs
- Modélisation des concepts
- Exploration de données
- Modélisation des décisions
- Analyse financière
- Cartographie heuristique
- Priorisation
- Analyste des processus
- Matrice des rôles et autorisations
- Listes des parties prenantes, cartographie ou personas

Perspectives (NOUVEAU)

Les perspectives sont utilisées dans le travail d'analyse d'affaires afin de mettre l'accent sur les tâches et techniques spécifiques au contexte de l'initiative.

La plupart des initiatives sont susceptibles d'intégrer une ou plusieurs perspectives. Parmi les perspectives comprises dans le Guide BABOK® se trouvent :

- Agilité,
- Intelligence d'affaires,
- Technologie de l'information,
- Architecture d'affaires et
- Gestion des processus d'affaires.

Ces perspectives n'ont pas pour vocation de décrire l'ensemble des perspectives possibles à partir desquelles l'analyse d'affaires est réalisée. Les perspectives évoquées dans le Guide BABOK® représentent quelques-uns des points de vue les plus communs de l'analyse d'affaires au moment de sa rédaction.

Les perspectives ne s'excluent pas mutuellement, en ce sens qu'une initiative donnée peut employer plus d'une perspective.

Index

A

D

E

Q

R

S

T

U

V

Au sujet d'IIBA®

L'International Institute of Business Analysis™ (IIBA®) est une association professionnelle indépendante à but non lucratif constituée en 2003 dont le mandat est de servir le domaine en expansion de l'analyse d'affaires.

En tant que la voix de la communauté d'analyse d'affaires, l'IIBA appuie la reconnaissance de la profession et vise à faire respecter les normes de pratique et de certification. Grâce à un réseau global, IIBA lie ses membres, chapitres, sociétés et partenaires de partout dans le monde pour le rayonnement de la profession d'analyste d'affaires en unissant une communauté de professionnels afin de créer de meilleurs résultats d'affaires.

Pour les professionnels qui occupent une gamme variée de rôles, comme l'analyse d'affaires, l'analyse de systèmes, l'analyse des exigences, la gestion de projet, la consultation, l'amélioration de processus et plus encore, l'IIBA offre les ressources nécessaires pour vous aider à améliorer votre carrière et à développer votre parcours.

À titre de membre de l'IIBA, les analystes d'affaires professionnels profitent d'un accès étendu à des perspectives, connaissances et sources de soutien. IIBA peut vous aider à créer un parcours de carrière professionnel grâce à sa capacité de développer différentes compétences. Parmi les avantages dont profitent les membres, citons :

- L'accès à des outils et des connaissances essentiels, incluant des webinaires, conseils rapides, meilleures pratiques, bibliothèques en ligne et bulletins.
- Des liens avec un réseau mondial d'apprentissage et de collaboration.
- L'opportunité d'entrer en contact avec une communauté de professionnels et de se perfectionner à l'échelon local, grâce à votre chapitre de l'IIBA.
- Du soutien pour réussir, être reconnu et découvrir des opportunités dans votre carrière.
- Un accès gratuit aux versions PDF et électronique du Guide BABOK®.
- Un rabais sur l'examen de certification de l'IIBA.

Vous pouvez même en avoir encore plus pour votre argent en participant à votre chapitre local de l'IIBA. En vous joignant à un chapitre, vous pouvez également accéder à des outils et des ressources supplémentaires et avez l'occasion de participer à des événements, groupes d'étude et groupes d'intérêt général.

Pour devenir membre de l'IIBA, visitez le site iiba.org/Membership Pour trouver votre chapitre local, visitez le site iiba.org/Chapter.

Certifications IIBA

Les certifications IIBA sont la norme globalement reconnue d'analyse d'affaires.

De nombreuses certifications dans le domaine de l'analyse d'affaires couvrent les compétences fondamentales de la conception et de la gestion des exigences, cependant, les certifications de l'IIBA transcendent ces fondements et offrent une valeur unique.

Les programmes d'IIBA répondent au besoin de professionnels de l'analyse d'affaires d'associer la stratégie à l'exécution, de voir à ce que des bénéfices à long terme découlent du changement, et d'intégrer l'innovation et l'amélioration des processus avec le changement technologique. Cela signifie que les professionnels certifiés par l'IIBA peuvent contribuer à la réussite de l'entreprise entière et non se contenter de livrer un projet à temps, selon sa portée et en respectant son budget.

La certification de l'IIBA offre de nombreux avantages, dont :

- L'établissement et la mise en œuvre de meilleures pratiques d'analyse d'affaires par des personnes dont les connaissances et les compétences sont reconnues.
- Des résultats plus fiables et de meilleure qualité produits avec plus d'efficience et d'uniformité.
- Une reconnaissance à titre de professionnel d'analyse d'affaires parmi ses collègues, clients et parties prenantes d'affaires.
- Un perfectionnement et une reconnaissance professionnels pour les analystes d'affaires professionnels chevronnés.
- Un engagement démontré dans le domaine de l'analyse d'affaires, ce qui est de plus en plus reconnu comme essentiel pour tous les secteurs d'affaires.

www.ingramcontent.com/pod-product-compliance
Lightning Source LLC
LaVergne TN
LVHW080802011026
849160LV00015B/1512